ANALECTA BIBLICA
INVESTIGATIONES SCIENTIFICAE IN RES BIBLICAS

—————— 121 ——————

ANNE-MARIE PELLETIER

LECTURES DU CANTIQUE DES CANTIQUES

DE L'ENIGME DU SENS AUX FIGURES DU LECTEUR

EDITRICE PONTIFICIO ISTITUTO BIBLICO – ROMA 1989

ISBN 88-7653-121-1

EDITRICE PONTIFICIA UNIVERSITÀ GREGORIANA
EDITRICE PONTIFICIO ISTITUTO BIBLICO
Piazza della Pilotta, 35 - 00187 Roma

Table des Matières

ABRÉVIATIONS XIII
INTRODUCTION XV

PREMIÈRE PARTIE: BILAN D'UNE HISTOIRE CRITIQUE 1

CHAPITRE I: *Problématique des travaux contemporains* 3

I. UNE RECHERCHE DES APPARENTEMENTS CULTURELS . 3

   1. Un triple étoilement du Cantique des Cantiques 3
     a) Littérature égyptienne 3
     b) Textes mésopotamiens 5
     c) Folklore syro-palestinien 6

   2. Double constat critique 7
     a) Une intertextualité sans frontière 7
     b) Deux remarques méthodologiques 10

II. LE TRAITEMENT DU CANTIQUE DES CANTIQUES
COMME TEXTE BIBLIQUE 13

   1. Les tenants du sens naturel 13
     a) Le sens naturel comme position polémique 14
     b) Quelle légitimité biblique au Ct? 18
       * La thèse d'Audet 18
       * Une argumentation non textuelle 19
       * Une argumentation textuelle et théologique 21

   2. Les tenants du sens spirituel 25
     a) La lecture typologique 28
     b) La lecture allégorique 29
     c) Le Ct. comme parabole 31

III. SUR FOND DE POLEMIQUE, UNE MEME PROBLEMATI-
QUE 32

   1. Le Ct. considéré comme une «énigme» 33

2. Le projet de «fonder» le sens légitime   34
    a) Un propos démonstratif   34
    b) Les présupposés sous-jacents   35
    c) Les figures de l'origine   36
        * La notion d'auteur   36
        * La référence aux sources   37
        * L'identification du genre littéraire   37
        * La reconstitution d'un Ur-Text   38
        * Usage primitif   39

CHAPITRE II: *Evaluation des recherches modernes*   41

I. INCERTITUDES ET PROBLEMES DE METHODE OU LE
   PREMIER CERCLE CRITIQUE   41

    1. Indécidabilité de l'identification du Ct   41
       a) Le problème de la structure du texte   42
           * Variété des découpages   43
           * L'évidence du caractère composite   45
           * L'évidence de l'unité   46
       b) Le problème de la datation   47
       c) Le problème de la subscription   49
       d) Autres indécisions   50

    2. Les effets de projection   51
       a) Le vraisemblable de l'exégète   52
       b) Le problème de la constitution des séries pertinentes   53

    3. Les difficultés du concept d'origine   55

II. LES LIMITES THEORIQUES, OU LE SECOND CERCLE
    CRITIQUE   58

    1. Références à la «tradition de lecture»   60
       a) Une donnée encombrante ou anodine   60
       b) L'allégorie, une «hypothèse» sur le sens disqualifiée   62
       c) L'allégorie, réponse ancienne à des questions modernes? . .   64
       d) Structure des «histoires de l'interprétation»   66

    2. Une sémiotique et ses conséquences   70
       a) Du sens et des sens   70
       b) Conséquences théoriques   71
       c) Le problème des traductions   73

    3. Les sources de cette problématique   74
       a) La synthèse traditionnelle   75
           1) Approches insuffisantes   75

2) Qualification de la lecture dans la Tradition 76

b) La mise en cause des dispositions de la lecture traditionnelle et le remaniement de la Réforme 80

c) Développements ultérieurs du geste de la Réforme 84

1) Flacius: vers une méthodologie de la lecture 84
2) Le piétisme allemand: approfondissements théoriques .. 85

d) Naissance de l'exégèse critique 87

1) Le Tractatus Theologico-Politicus de Spinoza 87
2) L'Histoire critique du Vieux Testament de Richard Simon 91

e) L'Aufklärung ou l'identité retrouvée 94
f) L'Historicisme du 19ème siècle 95
g) Eléments d'un bilan 101

CHAPITRE III: *Mise en place d'une nouvelle problématique* 108

I. UNE RECONQUETE DE L'HISTORICITE DU TEXTE 109

1. Le concept de «Wirkungsgeschichte» de Gadamer 109
a) L'historicité selon Gadamer 109
b) Subjectivisme et dispersion? 113

2. Habermas contre Gadamer 115

3. Théories de la réception 118

4. Vers une «poétique» de la lecture 121

II. CONSEQUENCES METHODOLOGIQUES POUR L'ETUDE DU CANTIQUE DES CANTIQUES: UN DOUBLE DEPLACEMENT ET LES MOYENS DE SA MISE EN OEUVRE 124

1. Reformulation des termes du problème: un double déplacement 124
a) Premier déplacement: une analyse des formes d'existence du texte dans l'histoire 125
b) Second déplacement: débordement du commentaire vers les usages du texte 126

2. La citation et la paraphrase comme stratégies énonciatives 128
a) La citation 129
b) La paraphrase 132

III. PROPRIETES TEXTUELLES A L'APPUI DU DEPLACEMENT PROPOSE 134

1. Prégnance des phénomènes énonciatifs dans le corpus biblique 134

2. Traits énonciatifs spécifiques au Ct. 137
   a) Un texte exceptionnellement subjectivé 137
   b) Un pur signifiant énonciatif 139
   c) Problèmes de l'interprétation 140

DEUXIEME PARTIE: LE CANTIQUE DES CANTIQUES A L'AGE PATRISTIQUE, LECTURES ET USAGES 143

CHAPITRE I: *Le Cantique des Cantiques et la liturgie* 147

1. Le statut liturgique de l'Ecriture 148
2. Conséquences pour le Ct. 149

I. LE CANTIQUE DES CANTIQUES ET LA LECTURE LITUR-GIQUE 150

II. LE CANTIQUE DES CANTIQUES DANS LA LITURGIE BAPTISMALE 151

1. Naissance des catéchèses baptismales 151
2. Où trouver l'origine du lien entre le baptême et le registre nuptial? 152
3. Analyse des citations chez Cyrille de Jérusalem: Catéchèses baptismales et mystagogiques 153
   a) La Procatéchèse 153
   b) Les catéchèses baptismales 13 & 14 154
   c) Les catéchèses 3, 15, 17 et la catéchèse mystagogique 2 155
4. Analyse des citations chez Ambroise: De Sacramentis et De Mysteriis 156
   a) De Sacramentis 157
   b) De Mysteriis 158
5. Conclusions et remarques 160

III. LE CANTIQUE DES CANTIQUES DANS LA LITURGIE DE LA VELATIO VIRGINUM 164

1. Y a-t-il une citation liturgique du Ct. dans la velatio virginum? 164
2. L'explicitation théologique par le Ct. de la virginité consacrée 168
   A. Les textes 168
   B. Analyse des citations 168
      a) Le Ct. sert à définir la virginité consacrée 168
      b) Le Ct. fournit à Ambroise les mots de l'exhortation 172
      c) Remarques sur le discours paraphrastique 173

IV. CONCLUSIONS AUX USAGES LITURGIQUES DU CANTI-
QUE DES CANTIQUES 178

CHAPITRE II: *Le Cantique des Cantiques et l'hymnologie* 182

I. LES ODES DE SALOMON 184

II. AU-DELA DU 3ÈME S.: DEUX HYMNOLOGIES EN AFFI-
NITÉ AVEC LE CANTIQUE DES CANTIQUES 187
    1. Le Ct. dans l'hymnologie syrienne 187
    2. Le Ct. dans la tradition éthiopienne 195

CHAPITRE III: *Le Cantique des Cantiques dans le discours épistolaire* 200

I. DESCRIPTION DU CORPUS 200

II. LES CITATIONS DU CANTIQUE DES CANTIQUES 202
    1. Le Ct. comme argument 202
    2. Le Ct. explicitant d'autres textes 202
    3. Le Ct. mentionné à l'intérieur d'une série associative 203
    4. Le Ct. comme pourvoyeur des mots de l'exhortation 204
    5. Les mots du Ct. en position de paraphrase ou de description
      définie 207
    6. Le Ct., écriture de Jerome 208

III. CONCLUSIONS 209

CHAPITRE IV: *Les commentaires du Cantique des Cantiques* 214

I. LE COMMENTAIRE D'HIPPOLYTE 217
    1. Le système énonciatif dans le commentaire d'Hippolyte 219
      a) L'énonciateur 219
      b) Le destinataire 220
    2. L'opération d'interprétation 222
      a) Contenus de l'interprétation typologique 223
      b) Frontières de l'interprétation typologique 226

II. LECTURES ORIGENIENNES DU CANTIQUE DES CANTI-
   QUES 227

   1. L'hypothèque de l'allégorie 230
      a) Les termes du débat 230
      b) Mises au point 234
      c) Le Ct. comme «mauvais» texte 238

   2. L'interprétation origénienne du Ct. 241
      a) Sensus historicus et sensus spiritalis 242
         1) Sensus historicus 242
         2) Sensus spiritalis 243
      b) μυστήριον 246
      c) Exploration du sens spirituel 252

   3. La subjectivation du commentaire 260
      a) La place du destinataire 261
         1) Dans les Homélies 261
         2) Dans le Commentaire 265
      b) La place du destinateur 271
         1) Dans les Homélies 271
         2) Dans le Commentaire 274
      c) Conclusions 277

III. LES USAGES PATRISTIQUES DU CANTIQUE DES CANTI-
    QUES: BILAN 280

   1. Un dispositif de lecture complexe 280

   2. Créativité d'une interprétation instituée 282

   3. Fonction explicative du Ct. 283

   4. Exégèse et prédication, ou la subjectivation patristique de
      l'interprétation 286

TROISIEME PARTIE: L'HISTOIRE CONTINUEE DE LA LECTURE:
               ALLEGORIE ET SUBJECTIVITE   289

CHAPITRE I: Le sujet de l'exégèse patristique 291

   I. THEORIES MODERNES DE LA LECTURE PATRISTIQUE   291

   1. Deux représentations modernes de l'exégèse patristique 291

   2. Inventaire des difficultés 293
      a) Le handicap du formalisme 293
      b) La contradiction postulée, l'unité affirmée 294

c) L'exégèse «ancienne» des Modernes, projection de la théorie 298

II. LOGIQUES PATRISTIQUES DE L'ALLEGORIE 300

1. Les justifications de l'allégorie à travers les oeuvres spéculatives des Pères 301
   a) L'allégorie sauve le texte et la dignité de Dieu 301
   b) L'allégorie éduque le lecteur, assure le bonheur de la lecture 303

2. Les sens théologiques de l'allégorie 307
   a) Remarques sur le Peri Archon 308
   b) Remarques sur le De doctrina christiana 313

III. LECTURE PATRISTIQUE ET SUBJECTIVATION 317

1. Du sujet technicien à la non-maîtrise du sujet patristique 317

2. Théodore de Mopsueste et le Ct.: les enseignements d'une querelle ancienne 322
   a) La thèse de Théodore de Mopsueste 322
   b) Antioche, Alexandrie: situation de deux exégèses 325
   c) Retour à Théodore 330

CHAPITRE II: *Trois lectures non patristiques: le sens d'une répétition* 337

I. GUILLAUME DE S. THIERRY: L'ACTUALITE DU CANTIQUE DES CANTIQUES AU XIIème s. 341

1. Au-delà de l'originalité, la force du lien aux Pères 342
   a) Guillaume et le Ct. d'Origène 342
   b) Origène au XIIème s. 342
   c) Guillaume artisan de la renaissance origénienne 346

2. Un débat du temps 348

3. L'inspiration venue du Ct. 352
   a) Les raisons d'une prédilection 352
   b) Une audace sous l'inspiration du Ct. 353

II. LE CANTIQUE DES CANTIQUES LU PAR GERTRUDE D'HELFTA OU LE SENS NUPTIAL DE LA LITURGIE 358

1. Les Exercices et le Ct. 361
   a) Structure des Exercices 361
   b) La citation du Ct. 362

2. Une lecture théologique et liturgique du Ct. 367

  III. THERESE D'AVILA OU LA LIBERTE DE L'EPOUSE 370

Chapitre III: *Shir ha Shirim. Quelques aspects de subjectivation dans la
              tradition juive* 379

    I. TOPOGRAPHIE DES LECTURES DU SHIR HA SHIRIM .. 379

      1. Le Shir ha Shirim public et officiel 380
        a) Les débats sur la canonicité 380
        b) Le Shir ha Shirim dans le Talmud et le Midrash 342
      2. Le Shir ha Shirim et la tradition mystique 387
        a) La mystique de la Merkaba et du Sh'iur Qoma 388
        b) La mystique de la Kabbale 390

    II. LECTURES MIDRASHIQUES DU SHIR HA SHIRIM 392

      1. La place de l'oralité 395
      2. Quel sens du texte? 397
      3. La lecture pour l'action 398
      4. La lecture de la Torah totale 402

    III. LE SHIR HA SHIRIM, MIDRASH LITURGIQUE 403

      1. Le Shir ha Shirim à Pessah 404
      2. Le Shir ha Shirim et la liturgie du Shabbat 406
      CONCLUSIONS 408

Conclusion 413

Bibliographie Générale 425

Index des auteurs cités 441

Abréviations

BTT	Bible de tous les Temps, Beauchesne, ler volume 1984, publication en cours
CCL	Corpus Christianorum. Series latina. Turnhout-Paris
CSCO	Corpus Scriptorum Christianorum Orientalium. Paris
CSEL	Corpus Scriptorum Ecclesiasticorum Latinorum. Vienne
DACL	Dictionnaire d'Archéologie Chrétienne et de Liturgie. Paris
DBS	Supplément au Dictionnaire de la Bible. Letouzey. Paris
PG	Patrologia graeca, Migne
PL	Patrologia latina, Migne
RB	Revue Biblique. Paris
RTF	A. Robert et R. Tournay: Le Cantique des Cantiques, Traduction et Commentaire, avec le concours de A. Feuillet, Etudes bibliques, Gabalda, Paris, 1963
RSR	Revue de Science Religieuse. Paris
SC	Collection des Sources chrétiennes, Ed. du Cerf, Paris
TU	Texte und Untersuchungen. Leipzig

Introduction

Des grands textes de notre culture, peu ont été aussi assidûment, aussi obstinément commentés, jusque dans notre présent, que le *Cantique des Cantiques*. Cette constatation est une banalité. Elle est aussi devenue comme un rituel d'ouverture de la plupart des travaux qui, en cette époque moderne, continuent à scruter le poème biblique. Manière de se justifier, ou de s'excuser d'ajouter à la masse déjà considérable de paroles prononcées autour de ce texte. Préambule à une question qui devient presque gênante tant elle semblerait devoir être résolue depuis longtemps: que dit donc ce texte? Tant elle semblerait porter sur une évidence... il suffit de lire! Et beaucoup continuent à lire en effet à frais nouveaux, en engageant généralement le meilleur de leur science ou de leurs convictions. En fait, si les ouvrages consacrés au Ct. commencent habituellement ainsi, en répétant le même étonnement, c'est simultanément dans l'espoir de pouvoir, cette fois, arrêter le tourniquet du sens, en finir avec l'énigme rebelle et narquoise que le texte semble tendre depuis son introuvable origine. Pourtant, à l'heure présente, malgré tant d'application et de patience, bien des interrogations subsistent et le travail critique se poursuit, comme il le doit.

L'étude qu'on va lire a choisi une autre perspective. Disons d'emblée qu'elle n'a pas pour dessein de se prononcer personnellement sur une interprétation du poème plutôt qu'une autre. En décalage avec les traitements les plus courants de l'exégèse du Ct., elle a même pris le parti de commencer par écarter la question: «Que signifie le Ct.?». Afin de donner espace à d'autres questions facilement oubliées. Afin de raviver d'autres régimes d'existence du texte que ceux qui se conçoivent aujourd'hui le plus spontanément.

En particulier, dépassant les descriptions embarrassées et souvent un peu plates de l'histoire de l'interprétation du poème biblique, nous nous proposons de réenvisager celle-ci, non pas comme un ensemble de pièces d'archive dont on prend acte sans plus, mais en laissant au contraire se formuler les questions que suggère la longue existence spirituelle et culturelle du texte. Pourquoi l'insistance du commentaire à se porter sur lui, de siècle en siècle, dans le judaïsme comme dans le christianisme? Pourquoi cet acharnement à parler dans son sillage, s'il est vrai qu'une fois le sens dit (comme beaucoup ont eu dessein de le faire), il n'est plus à dire? Ou encore, comment rendre compte, au-delà du simple constat, de l'écart entre le *Cantique spirituel* de Jean de la Croix et les avatars vaudevillesques sortis depuis deux siècles du même poème?

L'exemple du débat sur la canonicité du texte peut éclairer nos intentions. On sait qu'il fait partie aujourd'hui des questions obligées que soulèveraient le Ct. et l'histoire de sa transmission. Or, à y regarder, on s'aperçoit que la canonicité n'a pris cette allure de problème que pour des Modernes majorant rétrospectivement quelques brefs instants isolés de l'histoire où quelques-uns discutèrent l'appartenance biblique du poème... Rabbi Aqiba pour la défendre, Théodore de Mopsueste pour la contester jusqu'à la refuser, d'autres, témoins de l'exégèse rationaliste (mais qui ne sont que des voix solitaires) pour en faire le résultat d'une méprise. En réalité, le fait dominant est bien plus l'existence d'une note profonde, continue et ferme, que le débat moderne a tendance à marginaliser: celle d'une lecture de familiarité et de connivence qui a occupé des générations de lecteurs, où la lecture est à elle-même preuve de canonicité, en ce sens qu'elle est faite de l'expérience, confirmée de lecteur à lecteur, de la cohérence biblique et de la nécessité spirituelle du texte.

C'est sur des textes témoins d'un tel mode de relation au Ct. que le travail qui suit a choisi de se fixer. Pour la raison que ce rapport au poème est dominant dans l'histoire de ses usages, de ses lectures et de sa transmission. Et avec cette pensée que l'identification d'un texte et son interprétation ne peuvent s'abstraire de ce que comporte sa transmission, puisque, comme le remarque P. Beauchamp avec un bon sens fort et incisif, s'il est possible de donner une bonne interprétation d'un texte sans avoir pris l'avis d'un maître, encore faut-il que quelqu'un soit là pour dire qu'elle est bonne...[1]. Ainsi, écartant méthodologiquement au départ la question de l'interprétation du Ct., nous ne désespérons pas de la retrouver, quelque part à l'arrivée, éclairée de nouvelles lumières.

Malgré l'écart que les textes anciens qui citent ou commentent le Ct. peuvent faire avec d'autres manières modernes de lire la Bible, et ce poème en particulier, notre propos est de les laisser, autant que faire se peut, parler leur propre langue, croiser leurs discours à celui du Ct., dire leur prédilection pour ce langage qu'ils identifient, avec un émerveillement sans lassitude, à une parole dialogale parfaite, révélation et promesse de la relation accomplie de l'homme à Dieu. Tout spécialement, nous laisserons jouer la distance entre la question: «Que signifie le Ct.?» (qui appartient avant tout à l'âge moderne en son versant d'exégèse critique) et cette autre question: «Comment lire le Ct.?» (qui

---

[1] *La Bible au présent*, Actes du XXIIème Colloque des Intellectuels juifs de langue française, Gallimard, 1982, p. 271.

occupe le plus gros de la tradition de lecture du poème). Nous activerons au maximum les suggestions du contraste entre ces deux questions: l'une qui équivaut le texte à son sens, et le sens aux limites de la textualité, l'autre qui saisit le texte dans la réalité empirique de sa lecture, implique des sujets dans la construction du sens, relève de cette orbe du discours où le sens déborde la structure autant que ses définitions métaphysiques.

Il va sans dire que nous avons dû renoncer, dès le début, à toute exhaustivité, car, en pareille matière, les documents sont légion. Nous avons donc constitué un échantillon de quelques grands textes significatifs — connus ou moins connus, nous nous en expliquerons — de la tradition chrétienne et juive. La première de celles-ci est représentée par son versant patristique (homélies, traités, lettres ou commentaires d'Hippolyte, d'Origène, de Cyrille de Jérusalem, d'Ambroise de Milan, etc...) et par son versant médiéval (Guillaume de S. Thierry, Gertrude d'Helfta, Thérèse d'Avila). La tradition juive est essentiellement celle du midrash qui, comme telle, est soustraite à la désignation de noms d'«auteurs», puisqu'elle est un collectif engendré d'innombrables paroles personnelles. A l'analyse de ces textes, nous ajouterons une attention portée à d'autres modes de citation du Ct., en particulier dans la sphère de la liturgie.

Les prémisses que nous avons formulées laissent deviner que nous ne lirons pas ces documents anciens avec l'idée d'y recueillir l'interprétation vraie du poème que l'on pourrait objecter à des interprétations modernes du texte. Nous veillerons plutôt à dégager la poétique spécifique qui les organise, c'est-à-dire une manière de nouer l'écriture avec une socialité historique, qui, en l'occurrence, n'en est pas moins mystique. Nous chercherons l'attestation de manières autres de penser et d'organiser la lecture, de construire l'interprétation de la Bible, de vivre l'histoire dans une solidarité avec elle qui engendre des sujets. Sujets lecteurs. Sujets croyants. Sujets de traditions qui sont des mémoires, suscitant des collectifs, Israël selon son mode, l'Eglise selon le sien. Aussi bien, cette étude s'efforcera d'honorer la probité qui refuse de rabattre ces textes anciens sur nos questions du temps, de plier leur logique à nos logiques en vogue, historiques ou sémiotiques, de supposer qu'ils ont pour but de répondre, à leur manière forcément un peu archaïque, à nos interrogations forcément plus raffinées et clairvoyantes. Instruit par le vaste et lumineux travail du Père H. de Lubac sur l'exégèse ancienne, nous éviterons de lire Origène ou Augustin avec cette prévention que l'allégorie serait chez eux ce qu'elle est devenue pour nous, une pratique artificielle et arbitraire, sans autre lien avec la vie que d'inventer dans les textes les raisons dont la vie a besoin.

Par là même, cette démarche revêt une dimension critique: explicitement, dans une première partie d'inventaire et d'évaluation, de repérage de l'historicité des questions modernes (et, bien entendu, du

«Que signifie le Ct.?»); plus implicitement, dans les deux parties suivantes de lectures et d'analyses.

Sur la notion de *critique*, toutefois, il est nécessaire de s'entendre car le malentendu est proche. Au point actuel, l'habitude veut plutôt que le théorique des Modernes soit en position de maîtrise pour inventorier et jauger les pratiques comme les intentions des Anciens. Prétention de la théorie qui se condamne ainsi souvent à un travail de confirmation qui l'exténue... C'est dans le sens contraire que nous voudrions laisser opérer la critique: abordant des textes qui lisent de manière synthétique (le texte dans l'expérience, l'expérience dans l'histoire), quitter l'idée trop simple et abstraite qui réduit le commentaire à une pure opération sur le sens au service de normalisations supposées nécessaires; renoncer à confondre l'histoire avec la seule origine que connaissent la philologie et le comparatisme, pour retrouver d'autres manières dont elle est investie dans la pratique de la lecture et l'identification des textes; faire éprouver par ces documents anciens les modèles dont vit présentement la théorie, soumettre finalement les questions de la théorie aux textes réels[2].

Ceci, soulignons-le, ne consiste pas à inverser la critique en la maintenant dans une simplification naïve. L'intérêt porté aux textes anciens n'est pas mû par le désir de restaurer un regard pré-critique, de périmer le présent en lui opposant des configurations culturelles révolues, avec cette arrière-pensée qu'il n'y aurait d'intelligence exégétique et spirituelle de la Bible que dans le passé. L'abondant savoir élaboré, à propos du Ct., par des travaux récents comme ceux d'A. Feuillet ou de R.J. Tournay, pour citer parmi les plus grands spécialistes, constitue à nos yeux le site actuel et donc réel du poème. Ce serait arracher de nouveau le Ct. à l'histoire et à la vie que de l'abstraire de ce champ de recherche contemporain. Il ne peut donc s'agir de jouer les richesses de l'exégèse patristique ou midrashique contre cette autre richesse, également précieuse, qui est celle du labeur patient, rigoureux et fécond de l'exégèse critique. Nous pensons que si une circulation doit être établie entre les diverses formes et les divers moments de l'exégèse, ce ne peut être en empruntant des résultats aux unes, comme un sens figé, achevé,

---

[2] Notons en ce sens la convergence entre notre propos, relatif à l'exégèse chrétienne, et celui de D. BANON, relatif à l'exégèse juive in *La lecture infinie, Les voies de l'interprétation midrachique*, Préface d'E. LEVINAS, Ed. du Seuil, 1987. Pointant cette «amnésie sélective» qui fait que «la lecture juive de la Bible est toujours considérée comme une herméneutique spécieuse, non rationnelle, pré-scientifique, qui ne satisfait pas aux normes de la pensée occidentale», BANON questionne: «Et s'il fallait, non seulement s'interroger sur les mobiles de cette exclusion, mais encore aller y regarder de près du côté de ce qui a été exclu? Et si ce détour était désormais nécessaire pour nous permettre de penser les impasses des lectures dites "scientifiques"?» (p. 21).

qui serait d'ailleurs l'achèvement de la lecture, pour les imposer aux autres. Il s'agit bien plutôt de faire réagir les uns avec les autres des modèles singuliers, d'introduire par là des écarts qui maintiennent en mouvement et en recherche les théories modernes, contribuent en elles à un travail de la différence qui les arrache à la fixité et aux dangers de l'autoconfirmation.

Indiquons encore que la réflexion philosophique récente appliquée aux problèmes de l'«acte de lecture» et de la «réception» a fourni un stimulant aux déplacements critiques que nous opérons. Ainsi les analyses de H.R. Jauss ont eu pour nous ce mérite d'écarter de l'analyse textuelle des figures réductrices de l'historicité qui détournent l'identification et l'analyse de celle-ci. Et encore, l'ample réflexion de P. Ricoeur, en ses derniers développements de *Temps et Récit*, nous a assuré que «l'interaction entre l'opérativité de l'écriture et celle de la lecture» concernait bien le coeur du problème du texte[3].

Un premier travail d'assainissement ainsi réalisé, il reste que la tâche, en positif, demeure ardue et complexe: il s'agit de rien de moins que de la construction d'une théorie du discours qui soit capable de rendre compte de la lecture comme d'une pratique de sujets historiques. L'attention aux phénomènes d'énonciation — qui manifestent l'engagement de l'histoire et de sujets dans l'écriture — sera, en ce sens, l'une de nos préoccupations majeures. Mais il est sûr qu'au point présent, une telle théorie du discours est encore, selon l'expression d'H. Meschonnic, «un inaccompli théorique». Nous travaillerons donc dans cet inaccompli, en maintenant le va-et-vient d'une linguistique du discours, esquissée par Benveniste, à ce que l'examen des textes laisse reconnaître des socialités spécifiques — à la fois par leur appartenance historique et parce qu'elles sont celles de croyants — qui ont été les lieux de la lecture du Ct. S'il est assez vite clair qu'il y a, dans la tradition juive, une énonciation propre à la lecture midrashique de la Bible, on devrait voir à l'examen des textes patristiques qu'il en est une également, chrétienne, qui empêche d'imputer à cette lecture une idéologie du sens confondu avec l'esprit, au détriment de la lettre. La comparaison de l'une et de l'autre énonciation sera, à son tour, un enjeu de l'analyse.

Ainsi donc, le travail s'organisera en trois moments.

Une première partie constituera un inventaire et une évaluation théoriques. On repèrera les questions qui centrent et occupent la recherche exégétique contemporaine sur le Ct.; on recherchera, en particulier, leurs déterminations historiques, en jalonnant quelques grandes étapes de l'histoire de l'herméneutique, depuis ses sources spécifiquement chrétiennes jusqu'à sa situation présente, engendrée et

[3] *Temps et Récit*, Tome I, Ed. du Seuil, 1983, p. 116.

décalée de celles-ci. Repartant de suggestions venues de «l'esthétique de la réception», on élaborera un projet d'analyse à partir de nouvelles questions et d'un intérêt centré sur les aspects énonciatifs du discours.

Une seconde partie se fixera sur un moment privilégié de l'histoire de l'interprétation du Ct.: celui de l'époque patristique. Le projet sera ici d'inventorier outre les textes qui se présentent explicitement comme des commentaires du poème, diverses autres formes de citations, de lectures, d'usages, attestés pour cette période. Étudiant les textes, notre souci sera de déterminer la nature de l'intérêt qui se porte sur le Ct. et de situer le profil des groupes de lecteurs qui font référence à lui, les circonstances qui sollicitent sa citation. Puis, traitant plus particulièrement des commentaires, on cherchera à élucider ce que *commenter* veut dire, au juste, pour les Pères qui lisent le Ct. La question de la lecture allégorique sera spécialement examinée à la lumière des textes considérés.

Une troisième partie fera toute sa place à la question du sujet de la lecture, telle qu'elle aura commencé à surgir précédemment, en relation avec la lecture allégorique. C'est cette référence au sujet qui éclairera notre enquête sur le sens de la répétition que constitue, au cours des siècles, la longue et intrigante reprise, apparemment sans profit ni progrès, de l'interprétation allégorique du poème. Après avoir vu comment l'apparence du même peut couvrir des modulations originales et inventives de la lecture, nous aurons l'occasion de montrer, dans un chapitre consacré à l'exégèse juive du texte, comment, inversement, la distance des interprétations juives aux lectures chrétiennes traditionnelles s'avère superficielle et secondaire au regard d'une problématique qui met au coeur de la lecture le rôle du sujet. Précisons que la mention de l'exégèse juive en bout de parcours est évidemment contraire à la chronologie. Nous avons cependant opté pour ce parti dans la mesure où le propos n'est pas ici de faire un historique des lectures du texte, mais de poser et d'éprouver une problématique de l'interprétation.

Tel est l'itinéraire qui devrait nous permettre, pour finir, de reprendre avec quelque nouveauté la question initiale de l'identité du Ct. et de mettre quelque lumière, s'il se peut, dans le problème plus général des relations du texte à son lecteur.

Une dernière précision est toutefois requise avant que ne s'engage le travail. Elle concerne les traductions dont on fera usage ou à partir desquelles on argumentera. Il est clair que toute décision prise à ce sujet implique un choix technique, mais plus encore théorique, dont les critères doivent être particulièrement sensibles à une réflexion sur l'interprétation. A elle seule, en fait, cette question pourrait fournir un abord tout à fait instructif et fécond de l'histoire des réceptions du Ct.: dès l'instant où le texte est traduit, c'est-à-dire transféré de sa langue dans une autre, mais aussi réécrit et réinscrit dans l'espace blanc d'une page, ce sont des éléments décisifs d'interprétation qui se trouvent mis en place[4]. De même encore, n'est-ce pas un détail anodin que de traiter le Ct. comme un «poème», — ainsi que le fait toute la tradition de lecture chrétienne —, et non plus comme un «chant», comme le désigne originellement l'hébreu dans lequel il s'écrit[5]. Il n'est pas douteux que l'on gagnerait beaucoup à mieux mesurer la portée de tels gestes. Pourtant nous nous abstiendrons de prendre en charge semblables questions: d'une part, la matière du travail, tel qu'il vient d'être fixé, est déjà fort abondante; d'autre part, et surtout, nous faisons l'hypothèse qu'à l'intérieur des limites que nous avons tracées, doivent émerger, à un autre niveau, des phénomènes de nature comparable à ceux que comporte le problème particulier de la traduction et qui, autant que celui-ci, sollicitent aujourd'hui une réflexion attentive. C'est pourquoi, en-deça de ce débat (et non en l'oubliant!), nous citerons, sans discussion, le texte du Ct. dans la traduction qu'utilise chaque auteur particulier que nous mentionnerons[6]. Remarquons enfin que, selon cette même logique, il nous arrivera de désigner le Ct. comme «poème» ou «épithalame»; non pas comme une manière de nous prononcer effectivement sur la nature du texte, mais plutôt comme la reprise d'une désignation reçue que, dans les limites du présent travail, nous renonçons à soumettre aux feux de l'évaluation critique.

Ce travail a bénéficié des avis, des conseils et des suggestions de plusieurs. Nous ne les oublions pas, au moment de prendre le parti de le déclarer fini — comme souvent, en pareille matière, en plein gué — conscient de tout ce qui lui manque... Tout spécialement, nous remercions le professeur Henri Meschonnic qui a accompagné patiemment et attentivement une enquête née de la fréquentation de ses ouvrages. Aux professeurs Jacques Briend, Jean Greisch, Alain Le Boulluec, nous devons de précieux conseils. Qu'eux également reçoivent l'expression de toute notre gratitude. Enfin, le Père Anselme Gendebien (†), moine de S. Benoît, a été pour nous, durant de longs entretiens à l'Abbaye du Bec Hellouin, guide et accompagnateur de notre lecture des Pères; selon le mouvement d'une transmission vive qui est la tradition même des Pères. Nous lui en gardons une immense reconnaissance.

---

[4] On pourra comparer ainsi l'ensemble des traductions habituellement données du Ct. des Ct. avec celle — singulière, mais en réalité simplement attentive à la poétique de l'hébreu — que donne H. MESCHONNIC in Les cinq Rouleaux, Gallimard, 1970.

[5] Sur cette question on consultera James KUGEL, The Idea of biblical Poetry, Parallelism and its History, Yale University Press, 1981, qui fournit de bons éléments permettant d'entamer quelques-uns des lieux communs les plus tenaces et les moins assurés concernant une supposée rhétorique biblique, opposant prose et poésie, fondant cette dernière sur la notion de parallélisme.

[6] Dans les autres cas nous citerons le Ct. dans la traduction récente qu'en a donnée R.J. TOURNAY et qui figure en tête de son ouvrage Quand Dieu parle aux hommes le langage de l'amour, Gabalda, 1982.

PREMIERE PARTIE

BILAN D'UNE HISTOIRE CRITIQUE

L'observateur de l'histoire moderne du Ct., même limitée aux quatre-vingts dernières années, se trouve immédiatement en présence d'un impressionnant lot de travaux. L'abondance étonnante des traductions et commentaires mentionnés par R.E. Murphy dans un article de 1954 faisant alors le point sur les parutions récentes consacrées à ce sujet[1] est représentative, bien au-delà de cette période particulière, du rythme tenu par la recherche au long de ce siècle. Le passé immédiat ne dément pas cette constatation. L'année 1982 a vu paraître dans les *Cahiers de la Revue Biblique* un recueil d'études de R.J. Tournay réouvrant un dossier auquel lui-même avait remarquablement contribué au cours des décennies passées[2]. L'année suivante, Bl. Arminjon donnait une lecture suivie du Ct. sous le titre de *La cantate de l'amour*[3], accordant la préséance sur l'enquête et le débat exégétique à une libre circulation dans le texte, selon des trajets déjà fréquentés par la Tradition. Peu après, en avril 1984, G. Casalis, H. Gollwitzer et R. de Pury[4] reparcouraient, chacun à son rythme, les versets du Ct., tout en croisant leurs chemins personnels à hauteur d'une commune option pour le sens naturel, contre des lectures moins réalistes, plus argumentatives ou moralisantes. Enfin, au terme d'une déjà longue fréquentation du poème, A. Feuillet poursuit, dans divers articles récents[5], l'inventaire de ses harmoniques néotestamentaires.

---

[1] R.E. MURPHY, Recent literature on the Canticle of Canticles, *The Catholic Biblical Quarterly*, vol. 16, 1954, reprint 1964.

[2] R.J. TOURNAY, *Quand Dieu parle aux hommes le langage de l'amour*, Etudes sur le Ct. des Ct., *Cahiers de la Revue biblique*, n. 21, Gabalda, 1982.

[3] Bl. ARMINJON, *La cantate de l'amour*, lecture suivie du Ct. des Ct., DDB, 1983.

[4] G. CASALIS, H. GOLLWITZER, R. DE PURY, *Un chant d'amour insolite: le Ct. des Ct.*, DDB, 1984.

[5] A. FEUILLET, «La Femme vêtue de soleil (Apoc. *12*) et la glorification de l'Epouse du Ct. des Ct. (*6,10*). Réflexions sur le progrès dans l'interprétation de l'Apocalypse et du Ct. des Ct.», *Nova et Vetera*, 1984, 59, n. 1, pp. 36-67; «Les épousailles messianiques et les références au Ct. des Ct. dans les évangiles synoptiques», *Revue thomiste*, 1984, 84, n. 2, pp. 181-211 puis n. 3, pp. 399-424.

Ainsi donc ce texte, passé sous silence par les grandes synthèses bibliques modernes[6] et aussi bien ignoré du plus grand nombre des familiers de la liturgie chrétienne, ne cesse de fixer l'attention sur lui. L'âpreté des polémiques qu'il continue à alimenter surprend. Mais aussi, simplement, l'insistance avec laquelle le poème est toujours lu et commenté, sans autre motivation que le plaisir d'y circuler. A quoi s'ajoute, pour l'observateur, le constat déroutant d'une étonnante variété de points de vue, d'une incroyable dispersion des questions soulevées et plus encore des solutions avancées par les uns et par les autres.

Dans la mesure où l'un de nos objectifs est de rompre avec une histoire de l'interprétation ramenée à une collection des sens attribués au Ct., nous ne nous attarderons pas longuement à une telle rétrospective. Nous rappellerons juste ce qui est nécessaire à rendre sensible toute la diversité des orientations d'une recherche où sont engagées à la fois les analyses comparatiste, philologique, historique, structurale ou théologique. Par là aussi devrait être perceptible le singulier acharnement exégétique que suscite encore le texte du Ct., soutenu par l'espoir de pouvoir — à force de science et de perspicacité — lui faire avouer, soit les secrets de sa fabrication, soit la formule de sa juste lecture. Une fois déployée toute la bigarrure critique de cette recherche, il sera possible de se demander si ce foisonnement apparent recouvre ou non des options de fond véritablement différentes, et de repérer la logique profonde qui organise aujourd'hui l'exégèse du Ct. des Ct.

---

[6] Ainsi par exemple, la *Théologie de l'Ancien Testament* de VON RAD, parue en 1957 ne fait à ce texte qu'une seule allusion, et encore insignifiante. D'une façon générale l'examen des grandes synthèses classiques confirme l'avis de A. FEUILLET selon lequel le Ct. «est considéré comme étranger à la doctrine religieuse de l'AT».

Chapitre I

Problématique des travaux contemporains

I. UNE RECHERCHE DES APPARENTEMENTS CULTURELS

L'une des contributions les plus originales de l'époque moderne à la connaissance du Ct. vient probablement des disciplines archéologiques. Trois champs culturels, on le sait, ont produit des données particulièrement suggestives, porteuses de similitudes plus ou moins étendues avec le Ct. et qui, en tout cas, imposent de prendre en considération les phénomènes d'intertextualité engagés dans l'écriture de ce texte. Il s'agit de l'Egypte, de la Mésopotamie et de l'aire syro-palestinienne. Le bref rappel que l'on proposera ici a moins pour but de redire ce qui a été excellemment exposé ailleurs[7], que d'acheminer vers une série de remarques sur la problématique des sources qui supporte une telle approche.

1. *Un triple étoilement du Cantique des Cantiques*

a) *Littérature égyptienne*

L'influence égyptienne qui a pu s'exercer sur la rédaction du Ct. est un fait reconnu sans difficulté par une grande partie des exégètes. Il y a en effet de saisissantes parentés entre ce texte et ceux qu'ont livrés à la lecture diverses découvertes égyptologiques modernes. La recension de R.J. Tournay, en appendice de l'étude de A. Robert[8], fournit d'abondantes traductions permettant de juger sur pièces. Deux documents apportent spécialement de troublants parallèles. Il s'agit d'une part des textes contenus dans le Papyrus Harris 500 découvert au Ramesseum de

---

[7] Pour des présentations de cette question, voir en particulier H.H.ROWLEY, «*The Servant of the Lord, and other Essays on the Old Testament*», 1ère publ. 1937 in *The Journal of theological Studies*, n. 38, rééd. en 1965.

E. WURTHWEIN, «Zum Verständnis des Hohenliedes», in *Theologische Rundschau*, Tübingen, 1967, pp. 177-213. Mais aussi l'abondante bibliographie du volume de l'*Anchor Bible* consacré par M. POPE au Ct. des Ct., New York, 1977.

[8] A. ROBERT, R. TOURNAY et A. FEUILLET, *Le Ct. des Ct., traduction et commentaire*, Gabalda, 1963. On désignera désormais cet ouvrage par l'abréviation: R.T.F.

Thèbes et publié par Maspero en 1883[9]; d'autre part des «Chants de la grande joie du coeur» du Papyrus Chester Beatty I publié en 1931 par A.H. Gardiner[10]. L'un comme l'autre ramène — tant au plan des motifs thématiques qu'à celui de la structure dialogique — à une atmosphère remarquablement proche de celle du Ct. Par un autre biais encore, les travaux de Gerlemann[11] s'appuyant, en particulier, sur l'étude de la statuaire égyptienne polychrome et sur celle de la poésie ancienne ont livré des convergences étonnantes ou fait surgir des étrangetés suggestives comme, par exemple, cette abondance dans le Ct. d'une racine «yfh» (être beau), fort peu attestée par ailleurs dans la Bible, alors qu'elle constitue une des valeurs-clés de la culture égyptienne. Sur la base de telles correspondances, l'hypothèse a pu être formulée que les poèmes du Ct. devaient être tenus simplement pour un exemplaire des textes de divertissement destinés en Egypte à l'agrément des fêtes. A cette conclusion aboutit, en particulier, P. Gilbert[12]. Une telle interprétation vient du reste conforter la vieille thèse émise par Théodore de Mopsueste, selon laquelle le Ct. célèbrerait, sans intention supplémentaire, les noces de Salomon avec une princesse égyptienne[13]. Nul doute que le relevé de semblables proximités soit utile et précieux. Néanmoins, on pourra juger un peu hâtive et précipitée l'interprétation qui, de la similitude matérielle des formes discursives et des thèmes, conclut à l'identité, sans se soucier de la réinterprétation qu'entraîne tout transfert d'un texte de son milieu d'origine dans un autre. En ce sens, c'est une élémentaire prudence qu'honorent des auteurs qui, attentifs à la variété des contacts, ne présument cependant pas au-delà d'une présence plausible de la poésie égyptienne parmi les sources du Ct. C'est en

---

[9] G. MASPERO, Les chants d'amour du papyrus de Turin et du papyrus Harris n. 500, *Journal asiatique*, 1883, pp. 5-47.

[10] A.-H. GARDINER, The Library of A. Chester Beatty, Description of a hieratic Papyrus..., *The Chester Beatty Papyri*, n. 1, Londres, 1931.

[11] G. GERLEMAN, Das Hohelied, in *Biblischer Kommentar Altes Testament*, XVIII, Neukirchener Verlag des Erziehungsvereins, 1963-1965.

[12] Cf. P. GILBERT, «La composition des recueils de poèmes amoureux égyptiens et celle du Ct. des Ct», *Chronique d'Egypte*, avril 1948, n. 45-46, p. 23: «La composition, touffue et décousue, du Ct. s'expliquerait par la juxtaposition de différents programmes de fête, célébrations de mariage ou autres réjouissances, dont la plus fréquente était peut-être, comme en Egypte, un simple "jour heureux", réunions d'amis chez l'un d'eux. Les répétitions et retours de thèmes viendraient de ce que le même sujet ou le même poème très prisé avait pu être retenu dans plusieurs programmes. Ce serait le cahier des choix les meilleurs qui aurait formé le livre actuel». Voir également S. SCHOTT, *Les chants d'amour de l'Egypte ancienne*, Paris, 1956, qui fournit un recueil de textes égyptiens permettant de mettre en évidence les parentés existantes.

[13] Cette thèse vient d'être reprise et argumentée en termes de structures par R. COUFFIGNAL, «Le glaive et la couronne». Approches nouvelles du Ct. des Ct. *3,6-11*, *Revue thomiste*, 1984, 84, n. 4, pp. 607-617.

particulier l'attitude adoptée récemment par R.J. Tournay dans une analyse qui s'arrête longuement à l'inventaire des correspondances extra-bibliques, tout en visant à établir le caractère allégorique, sui generis, du Ct.[14]. Cette même étude, qui ne néglige rien des travaux de G. Gerleman ou des recherches de J.G. Griffith[15], a, de surcroît, le grand mérite de dégager entre de telles sources et le poème proprement dit, un espace libre ménageant l'existence possible de textes relais proprement bibliques[16].

b) *Textes mésopotamiens*

En cette autre direction, un nouvel ensemble de textes livre des matériaux au comparatisme. Tour à tour, Sumer, l'Assyrie et Babylone sont censés apporter leur contribution. R.J. Tournay, M. Pope, mais aussi S.N. Kramer[17] fournissent d'abondants dossiers de documents candidats à devenir source du Ct. à travers les motifs récurrents du jardin, de l'évocation du printemps, des appels réciproques du bien-aimé et de la bien-aimée. Les textes sumériens spécialement, mettant en scène Dummuzi le pâtre, Enkimdu le cultivateur et la déesse Inanna dans des situations de rivalité amoureuse, donnent des recoupements impressionnants. Particulièrement remarquable est la forme dialoguée des poèmes «bal-bal» issus de Sumer dans lesquels les amants s'interpellent et se nomment «frère» et «soeur».

Pourtant le problème est complexe. Un trait propre à ce corpus mésopotamien, et qui le distingue nettement de la littérature égyptienne, ne peut être négligé: tous les textes invoqués ici appartiennent à la littérature religieuse et sont reliés à des usages culturels référés, en particulier, au rite hiérogamique. Outre une première et grave difficulté, proprement historique, concernant les possibilités de transmission du scénario hiérogamique de Sumer à Akkad, puis aux temps d'élaboration des documents bibliques[17bis], un tel rapprochement est lourd d'implica-

---

[14] Ouv. cit. 1982, en particulier le chapitre III: «Le roi Salomon et son épouse égyptienne».

[15] En particulier la thèse exposée par J.G. GRIFFITH sur l'existence de l'allégorie en Egypte telle qu'elle est développée dans «Allegory in Greece and Egypt», *Journal of Egyptian Archeology*, 53, 1967, pp. 78-102.

[16] Au nombre de ces textes jalons R.J. TOURNAY mentionne: Isaïe *5*,1 et sv.; Ezékiel *33*, 32; Psaume *78*, 63; 1 Macchabées *9*,39-41 ou encore Jérémie *7*,34; *16*,9; *25*,10; *33*,11. Il les commente ainsi: «Ces relais bibliques antérieurs ou postérieurs à l'Exil de Babylone permettent de supposer la transmission, de siècle en siècle, de chants d'amour dont plusieurs pouvaient s'inspirer des modèles égyptiens», ouv. cit. 1982, p. 45.

[17] Voir S.N. KRAMER, *Le mariage sacré à Sumer et à Babylone*, traduit et adapté de *The sacred Marriage Rite*, 1969, par J. BOTTERO, Berg International, 1983; chapitre IV: «Le Mariage sacré: les chants d'amour et le Ct. des Ct.».

[17bis] Cf. en particulier, J. BOTTERO, «La Hiérogamie après l'époque sumérienne», appendice à l'ouv. cit. supra, pp. 175-209.

tions redoutables puisqu'il conduit, plus ou moins directement, à l'hypothèse d'un usage cultuel du Ct. lui-même. C'est du reste cette audace qui sous-tend la théorie cultuelle développée par T.J. Meek[18], W. Wittekindt ou H. Hempel, au long de la première moitié de ce siècle, en harmonie avec l'ambiance scientifique du moment marquée par les travaux de Gunkel ou de Mowinckel mettant en lumière la dimension rituelle d'une partie des textes bibliques et singulièrement d'une bonne fraction des Psaumes. De Wittekindt (1926) reliant le Ct. à une célébration du Nouvel An qui, au 8ème siècle, se célébrait au moment du printemps[19], à G. Widengren rattachant sa canonisation et celle du Psaume 45 à une fête royale relevant d'un modèle oriental et intégrant un mariage sacré, on parvient ainsi, en 1940, à la position de M. Haller pour qui le Ct. aurait comme site d'origine la fête des Azymes, soit une fête agraire et cananéenne, ultérieurement refondue dans la célébration spécifiquement israélite de la Pâque. Au cours de ce transfert, la hiérogamie de Tammouz et d'Ishtar aurait glissé d'une fête à l'autre, non sans avoir été expurgée de ses données mythologiques et avoir été recodée selon les références propres à la foi d'Israël. Un tel processus rendrait compte des liens par ailleurs existant entre le Ct. et la célébration de la Pâque, tels que l'atteste, par exemple, la lecture targumique du Ct.

On indiquera plus loin les problèmes que pareilles suppositions soulèvent et laissent sans réponse[20]. Toutefois, on peut s'accorder à penser avec R.J. Tournay que le succès recueilli en son temps par les thèses de la théorie cultuelle était à la mesure de l'insatisfaction dans laquelle laissaient les interprétations naturalistes qui dominaient alors l'exégèse du Ct.

c) *Folklore syro-palestinien*

Enfin, l'observation ethnologique a pu suggérer une dernière hypothèse. Le point de départ est ici fourni par les remarques publiées en 1873 par J.G. Wetzstein, consul allemand à Damas, à propos d'un rituel syrien de mariage encore en vigueur à l'époque. Wetzstein y décrivait en particulier un cycle de sept jours de festivités comportant un couronnement des époux, célébrés à la manière d'un roi et d'une reine. Il y

---

[18] Voir en particulier, «Canticles and the Tammuz cult», *American Journal of Semitic Languages and Literature*, 1922-23, 39, pp. 1-14; «The Song of Songs and the fertility cult» in *A Symposium on the Song of Songs*, ed. W.H. SCHOFF, 1924, pp. 48-79.

[19] W. WITTEKINDT, *Das Hohelied und seine Beziehungen zum Ištarkult*, 1926.

[20] Sur ce sujet, voir l'article «Nouvel An» de H. CAZELLES in *Supplément au Dictionnaire de la Bible*, VI, col. 632, qui, en particulier, situe précisément l'apport de MOWINCKEL à cette question.

montrait l'usage de poèmes, tantôt exaltant la beauté physique, tantôt mettant en oeuvre des thèmes guerriers[21]. Et il soulignait la parenté entre la documentation recueillie et le Ct. Ce sont ces données ethnologiques qui servirent d'appui un peu plus tard à K. Budde, dans une étude publiée en 1894 où il identifiait le Ct. à une série de poèmes populaires chantés au long des sept jours d'un cycle de festivités nuptiales[22]. Cette thèse, qui voit dans le Ct. le témoin d'un usage multimillénaire préservé jusqu'à l'époque moderne, invoque la stabilité particulière des pratiques sociales dans la société rurale.

2. Double constat critique

Ce bref rappel des apparentements dégagés par l'exégèse moderne suggère trois remarques: la première aura un caractère, au départ, descriptif; les deux autres seront résolument méthodologiques.

a) Une intertextualité sans frontière

A parcourir la littérature comparatiste consacrée au Ct., on s'aperçoit qu'il est fréquent qu'un même détail ou une même caractéristique discursive reçoive une série de parallèles relevant de traditions disparates. Corrélativement, un examen un peu large des travaux publiés depuis un siècle prouve qu'il est à peu près impossible d'assigner univoquement le Ct., dans son détail ou son ensemble, à l'influence de telle culture ou de tel genre littéraire particulier. Ainsi, la forme dialoguée par deux interlocuteurs se désignant mutuellement du nom de «frère» et de «soeur» appartient bien à la poésie amoureuse égyptienne, mais elle se retrouve tout autant dans le poème «bal-bal» originaire de Sumer, ou encore dans des textes d'Ugarit. De même, la description ordonnée et systématique du corps, représentée par le développement de Ct. 5,1-10 se retrouve, elle aussi, attestée dans de multiples directions: une stèle de Mout à Karnak porte un poème construit selon ce schéma, mais aussi des incantations magiques du rituel assyrien décrivent Tammouz sur ce même modèle. Ou encore les désignations de l'époux en termes de «roi» et de «berger» peuvent être un écho de la tradition biblique qui applique à Dieu l'un et l'autre de ces titres[23], mais force est

---

[21] J.G. WETZSTEIN, «Die syrische Dreschtafel», *Zeitschrift für Ethnologie*, 5, 1873, pp. 270-302. L'*Anchor Bible* reproduit un de ces poèmes selon l'édition qu'en donna DELITZSCH en 1875, p. 142.

[22] K. BUDDE, «Was ist das Hohelied?», *Preussische Jahrbücher*, 78, 1894, pp. 92-117.

[23] Sur ces différents contacts inter-culturels voir les documents fournis dans R.T.F. pp. 349-350.

de constater que l'Egypte connaît elle aussi cet usage dans la dénomination du pharaon. Ainsi, les partisans de la lecture biblique allégorique, comme ceux de la lecture cultuelle, invoquent-ils de tels titres avec une égale assurance, chacun à l'appui de sa position. A l'intérieur même de l'interprétation cultuelle qui risque l'idée d'une proximité du Ct. avec la tradition des hiérogamies, les hypothèses oscillent entre un rattachement à la Mésopotamie (fort problématique, on l'a déjà dit), et un rapprochement avec l'Egypte, défendu en particulier par Neuschotz de Jassy[24]. Certes, les rapports entre Tammouz, Adonis, Osiris, Baal et Marduk sont complexes et on doit admettre la possibilité d'échanges entre les récits mythiques les concernant. Mais il n'en reste pas moins que, pour le texte du Ct., ce n'est pas emprunter le même chemin que de se référer à l'univers religieux de l'Egypte ou à celui de la Mésopotamie, même si, dans le périmètre de la culture du Proche-Orient ancien, on peut légitimement supposer des influences mutuelles et des correspondances de l'une à l'autre.

A l'horizon de la recherche comparatiste se découvre ainsi un Ct. éclaté en de multiples directions. Et il est remarquable que chaque fois l'exégète déclare se prononcer à partir d'une évidence forte et irrécusable, qu'il défende l'hypothèse cultuelle, la parenté égyptienne du Ct. ou sa proximité avec les rites syro-palestiniens. Mais il en résulte aussi que le Ct., relié à de si nombreuses influences — dont il paraît d'ailleurs irréel de penser qu'elles aient pu converger vers les cent dix-sept versets du poème — se trouve comme volatilisé et chargé en fait d'une étrangeté supplémentaire. Et cette dernière est encore accrue quand on s'avise que le travail comparatiste énonce des corrélations qui portent bien au-delà des grandes aires politico-culturelles — Mésopotamie et Egypte — qui ont dominé la vie du Proche-Orient ancien jusqu'au 6ème siècle. Là encore, l'*Appendice* de Tournay évoquant le rabbinisme, le judaïsme médiéval et moderne, l'Islam, la Palestine arabe et jusqu'à l'Ethiopie peut donner une idée du travail d'association que stimule la lecture du Ct.! A quoi on pourrait ajouter le rapprochement avec la *Gita-Govinda*, poème indien du milieu du 12ème siècle avt J.C., tel que le propose et l'argumente Pope dans l'Anchor Bible[25]. Ou bien encore, les parallèles établis, à plusieurs reprises, du 17ème siècle à nos jours, entre le Ct. et la poésie alexandrine du 3ème siècle avt J.C. représentée par Théocrite, Callimaque ou Apollonios de Rhodes[26].

---

[24] Neuschotz de Jassy, *Le Ct. des Ct. et le mythe d'Osiris-Hetep*, 1914.

[25] Voir Pope, ouv. cit. pp. 85 et sv.

[26] Cf. en particulier, la lecture que Dom J. Winandy donne du Ct., *Le Ct. des Ct. poème d'amour mué en écrit de Sagesse*, Casterman, 1960, et dans laquelle il invoque l'inspiration de la poésie alexandrine, p. 44.

L'intérêt de semblables associations, peu convaincantes si l'on s'en tient à leur prétention scientifique, est en revanche d'imposer la prise en compte d'un processus intrigant: celui de la prolifération autour du Ct. de références mutuellement inconciliables, quoiqu'elles soient marquées chaque fois du sceau de l'évidence. La question est alors de savoir quelle logique est à l'oeuvre dans la production de ces corrélations et dans leur multiplication.

Plusieurs types de réponse se profilent:

* Disons d'abord que l'on ne doit pas trop s'étonner du retour, dans diverses littératures, et au sein d'un genre déterminé, comme celui du discours amoureux, de formes discursives stables. C'est une découverte sans grande surprise de remarquer que le dialogisme du Ct. trouve des répondants dans d'autres poèmes lyriques non bibliques. Par ailleurs, on peut certainement imaginer que les échanges belliqueux ou pacifiques qui s'instaurèrent au long des siècles entre les puissances hégémoniques que furent tour à tour Sumer, l'Assyrie, la Babylonie et l'Egypte — chacune entraînant dans son sillage les populations qu'elle colonisait ou assimilait — produisirent en série, dans les champs religieux et culturels, de multiples interférences. On sait l'énorme influence exercée pacifiquement par l'Egypte à l'époque de Salomon. De telles réalités peuvent parfaitement rendre compte de l'importation en Israël de modèles littéraires étrangers. De même, pour reprendre l'exemple précédemment cité, on peut estimer que le rapport du Ct. à la poésie alexandrine n'est en fait que le rapport commun de l'un et de l'autre à la poésie égyptienne[27]. On sait également que la Bible se fait l'écho, en de multiples passages, de la persistance d'un vieux fonds culturel cananéen qui, malgré l'énorme effort de la foi orthodoxe, continua à tenter la conscience populaire en Israël, souterrainement, mais de façon très tenace[28]. Il y a là un argument qui peut peser en faveur de la théorie cultuelle d'un Meek ou d'un Schmöckel.

* On doit pourtant, dès maintenant, invoquer une tout autre ligne d'explication qui n'est plus, cette fois, du côté de l'objectivité historique mais qui engage un jeu moins conscient et moins contrôlé: celui du travail de la lecture sur la lettre d'un texte.

On s'aperçoit en effet qu'au-delà de rapprochements que vient étayer le vraisemblable d'échanges et d'influences culturelles, le comparatisme produit de très nombreux parallèles, limités, isolés, discontinus, qui ne sont que l'accrochage d'une association sur la base d'un mot, d'un motif ou d'une image. C'est ainsi, par exemple, que certains relient le

---

[27] Suggéré par F. DORNSEIFF, *Kleine Schriften*, I, 1956, pp. 189 et sv. comme l'indique R.T.F. p. 379.

[28] Cf. WIDENGREN, *Sakrales Königtum im Alten Testament und Judentum*, 1955, qui va jusqu'à supposer la célébration d'un mariage sacré en Israël.

«sceau» de Ct. *8,6* («Pose-moi comme un sceau sur ton coeur») à une même occurrence du mot dans le papyrus Harris 500. Ailleurs, c'est l'étonnante référence à la «mère» — dans un contexte défini comme nuptial et qui, comme tel, appellerait plutôt la mention du père — qui est mise en parallèle avec un même détail du recueil de Chester Beatty I. Ou encore, c'est le nom de «Sulamite» qui est associé à «Shulmanitu», la déesse vénérée à Assur. Dans la mesure même où la situation décrite par le Ct. est banale, on conçoit qu'il soit relativement aisé de multiplier et de laisser proliférer de telles correspondances[29]. En soi, le procédé n'est pas forcément illégitime. Le seul grief que l'on doive lui faire porte sur l'incohérence qu'il introduit dans une analyse des sources qui prétend précisément à une objectivité neutralisant de tels jeux associatifs issus du lecteur.

On voit pointer également une autre limite du procédé qu'il nous faut maintenant engager dans l'analyse: l'étude comparatiste du Ct. joue sur un mode essentiellement fragmentaire. Elle ne veut rien savoir de la cohérence globale du texte et encore moins de son insertion dans un contexte singulier qui le qualifie et l'interprète nécessairement.

b) *Deux remarques méthodologiques*

* Le texte comme totalité

Outre la mise au jour de contacts et de convergences littéraires, on a vu que le travail comparatiste débouchait sur des hypothèses d'ensemble concernant la nature ou la provenance du Ct. (théorie cultuelle, poésie galante sur le modèle égyptien, texte-témoin d'usages populaires nuptiaux). Or, l'impression que donnent ces interprétations est celle d'un passage un peu téméraire de constats localisés à l'explication d'ensemble. Ainsi P. Gilbert peut-il élaborer de façon souvent très convaincante les points de contact entre le Ct. et les collections de poésies égyptiennes, la conclusion qu'il en tire n'est pas pour autant fondée lorsqu'il déclare: «le long poème biblique n'est probablement qu'un ensemble de collections de ce genre, rapprochées suivant le ton et l'esprit, plus appuyé chez les poètes hébreux»[30]. De même pour le

---

[29] Il ne semble pas y avoir de limite à l'imprévisibilité des rapprochements énonçables. Ainsi, M. PAUL, dans son article «An unrecognized medical idiom in Canticles 6,12 et Job 9,21», *Biblica*, 1978, 59, n. 4, pp. 545-547, propose de rapprocher «lo yadati nafsi» de Ct. *6,12*, d'une expression similaire, courante dans les textes médicaux mésopotamiens.

[30] *La poésie égyptienne*, Bruxelles, 1949, cité in R.T.F. p. 351. On placera en regard de la thèse de P. GILBERT les analyses proposées récemment par M.V. Fox in «Love, passion and perception in israelite and egyptian love poetry», *Journal of Biblical literature*, 1983, 102/2, pp. 219-228 où l'auteur affirme que le jeu des métaphores est original dans le poème biblique.

rapprochement avec le folklore syrien et palestinien, ou encore pour les inférences de Budde à partir des publications de Wetzstein. En fait, ce sont des consonances de détail qui entraînent ici, dans leur sillage, la totalité du texte, en balayant des résistances que présentent à l'interprétation d'autres détails qui suggèrent d'autres hypothèses. Dans son article de 1937, Rowley a d'ailleurs pu faire l'inventaire de toute une série de difficultés soulevées par la réduction du Ct. au simple genre des poèmes nuptiaux connus par le folklore syrien et montrer comment une attention un peu fine au texte obligeait à mettre en face de similitudes effectives d'ambiance ou de vocabulaire de notables écarts qui soustraient le Ct. à cette filière explicative. Par où il devient clair que les pressentiments d'une intuition fondée sur des éléments isolés ne valent pas comme enquête et que la prise en compte de la totalité du texte doit faire barrage à un passage trop prompt à la synthèse et à l'explication.

De même souhaiterait-on que l'hypothèse cultuelle échappe plus à l'évidence de quelques convergences effectivement troublantes, pour garder la liberté de constater qu'en dépit de tout, rien dans le poème biblique n'évoque l'atmosphère proprement hiérogamique des textes issus des cultes d'Išhtar ou d'Inanna[31]. Certes, des rapprochements de détail (descriptions de la nature au printemps, thème insistant des bras enserrant l'amante) peuvent être saisissants. Ou encore, on peut tirer argument de ce que n'apparaissent pas dans le Ct. les noms divins présents dans les poèmes babyloniens et sumériens — par quoi les amants sont plus qu'un «bien-aimé» et une «bien-aimée» — pour imaginer un transfert et une adoption par Israël de textes qui auraient été arrachés au paganisme précisément à l'aide d'un tel effacement, sans que l'on ose, au-delà, remplacer le nom des idoles par le nom saint du Dieu d'Israël[32]. Pourtant, aussi perspicaces qu'elles soient, de telles reconstitutions butent, pour finir, sur la justification positive de l'insertion du Ct. dans le Canon. Ce n'est pas parce qu'on lève les obstacles à son entrée

---

[31] En particulier, la lecture attentive des poèmes «bal-bal» permet de repérer, dans l'éloge amoureux, des allusions aux rites de fécondité présents dans la cérémonie du Nouvel-An. Ce sont bien des dieux et non simplement des amants qui sont mis en scène par de tels poèmes.

[32] SCHMÖCKEL professe, à partir de cette même hypothèse cultuelle, des vues encore beaucoup plus audacieuses. On lira dans «Zur kultischen Deutung des Hohenliedes», *Zeitschrift für alttestamentliche Wissenschaft*, 1952, n. 64, pp. 148 et sv. l'impressionnante reconstitution qu'il propose du texte du Ct.; celui-ci est détaillé en quarante et une parties, appartenant successivement à un registre profane, aux cultes de la fertilité et à un rituel de hiérogamie. Au bout de l'analyse apparaît le filigrane du Ct.: un rituel de hiérogamie, disloqué et recomposé par un rédacteur biblique. Là encore, l'élan de l'invention procure des évidences. Rien n'interdit une telle lecture dès lors que celle-ci est comprise comme libre circulation dans un espace de signifiants. Seule la prétention à l'objectivité introduit la contradiction d'une logique opposée.

qu'on détient les motifs de son choix et de son élection. Et Lys, examinant la possibilité d'une influence des cultes étrangers, a raison d'affirmer qu'«il importe de savoir non seulement comment, mais surtout pourquoi, cette influence s'est exercée et a été acceptée et non rejetée»[33]. Ainsi voit-on aussi se formuler une seconde requête, à la base de toute théorie du texte: non seulement celui-ci, dans son intégralité, doit être pris en charge, mais cette intégralité déborde la clôture matérielle des signifiants rassemblés sous le titre de «Cantique des Cantiques» vers cette autre totalité qu'est le contexte biblique où il figure.

* Le Cantique des Cantiques et son contexte textuel.

C'est bien en définitive, à notre sens, la pierre de touche des propositions du comparatisme. Le travail s'arrête à mi-chemin quand, d'une part, il ne tient pas assez compte de ce qu'un motif (forme discursive ou thématique) emprunté et réemployé se retrouve réélaboré par son nouveau contexte: son sens est alors non celui de son lieu originel, mais celui, forcément décalé, du site nouveau où il entre en composition avec de nouvelles données textuelles. Le travail est encore incomplet quand, d'autre part, il écarte le souci de savoir comment et pourquoi il a pu être nécessaire de faire figurer un texte comme le Ct. à l'intérieur du corpus biblique. Certes, la question est redoutable, surtout pour une intelligence moderne qui attribue certainement au Ct. une plus grande étrangeté que ne le firent les siècles passés. Mais ou bien cette étrangeté n'est pas perçue et il n'est pas requis d'en rendre compte, ou bien elle est sensible et il devient indispensable qu'une théorie de l'origine et de l'identité du Ct. s'explique sur elle. C'est précisément ce qu'on peut déplorer dans nombre d'articles ou de travaux modernes cités précédemment. La question du Canon des Ecritures — c'est-à-dire, en fait, de la nécessité biblique du texte — est souvent esquivée ou résolue trop vite. Car on peut penser que c'est une solution trop facile que celle qui échappe au problème en concluant que le Ct. est dans le corpus biblique par suite d'une erreur (Budde), d'un manque de vigilance de l'orthodoxie, à cause de la concomitance de la célébration des mariages et de celle de la Pâque (Bentzen) ou bien encore — pour substituer le paradoxe à l'explication, comme le fait Neuschotz de Jassy — à cause de son caractère sacré païen lui-même[34].

---

[33] D. Lys, *Le plus beau chant de la création*, Cerf, Col. Lectio Divina n. 51, 1968, p. 49.
[34] Art. cit. note 17.

II. LE TRAITEMENT DU CANTIQUE DES CANTIQUES COMME TEXTE BIBLIQUE

C'est la qualification *biblique* du Ct. qui constitue le point de mire des travaux qu'il nous faut évoquer maintenant. On aura l'occasion de constater de nouveau, en cette autre direction de la recherche, l'éparpillement des interprétations formulées. Toutes cependant ont en commun le souci de lire le texte en cohérence avec l'entour textuel où il est pris. Savoir ce qu'est le Ct. et ce qu'il dit, ne peut être isolé de l'élucidation de sa présence parmi les autres documents bibliques. Son identité inclut sa présence au Canon. Remarquons que cette position ne règle pas a priori le problème de la provenance du poème ou des influences qui s'y croisent; elle n'invalide pas plus l'hypothèse selon laquelle le texte serait un emprunt. L'attitude d'un défenseur du sens allégorique, comme l'est Tournay, est à cet égard significative. Bien loin d'écarter l'idée de contacts étendus entre le Ct. et les textes poétiques ou culturels du Proche-Orient ancien, Tournay multiplie au contraire les recherches en ce sens. En témoignent l'*Appendice* à son commentaire de 1967[35] et, plus encore, celui mentionné précédemment qui figure à la suite de l'étude de Robert, complétée et publiée en 1963. De même Lys, qui justifie selon un autre mode la canonicité du Ct., admet tout aussi bien que «l'auteur ait fait des emprunts au folklore, à la poésie savante égyptienne, aux documents du passé d'Israël, en même tant qu'aux hymnes hiérogamiques et au vocabulaire de l'Alliance»[36]. Mais pour ces divers auteurs, le centre de gravité du texte n'en demeure pas moins son appartenance à la tradition juive et chrétienne ainsi que son caractère de livre «biblique».

Dans cette perspective, la tâche de l'exégèse est double. Elle consiste à rendre compte de la totalité du texte et à faire lire cette totalité par le contexte où il s'insère. Sur fond de cette option, se fait un partage entre deux types de lectures: l'une qui ne veut connaître qu'un sens naturel, l'autre qui maintient, selon des modalités variables, la découverte d'un sens spirituel.

1. *Les tenants du sens naturel*

Cette position, qui est celle d'une part importante de la recherche moderne, déclare que le Ct. chante l'admiration et l'amour mutuels d'un homme et d'une femme et qu'il ne doit pas être chargé d'intentions plus subtiles. Elle s'autorise de ce que, pris comme simple épithalame, le poème offre un sens cohérent et suffisant. Certes, le détail des versets,

---

[35] R. TOURNAY, *Le Cantique des Cantiques*, Ed. du Cerf, 1967.
[36] Ouv. cit. p. 54.

lus à l'aune d'une pensée rationalisante, présente des étrangetés, voire des énigmes. Mais un texte manifestement lyrique et poétique n'a pas à se justifier devant la seule autorité de l'histoire, de l'ethnologie ou de la science des religions. Ainsi, les tenants du sens naturel ont-ils beau jeu d'invoquer le fait difficilement contestable que «supposé que le Ct. ne fasse pas partie du recueil des écrits inspirés, il ne viendrait à l'idée de personne de lui donner un autre sens que son sens obvie et naturel»[37].

a) *Le sens naturel comme position polémique*

L'examen des travaux témoins montre que cette lecture ne consiste pas simplement à enregistrer ce qui serait une évidence commune et paisible. L'interprétation naturelle a pratiquement toujours une valeur polémique que les exégètes n'hésitent pas à souligner. Opter pour le seul sens naturel du Ct. situe, d'une manière ou d'une autre, en marge de la tradition de lecture du poème, voire dans une contre-tradition[38]: celle qui oppose à une séculaire lecture allégorique, le souci d'appréhender le Ct. hors de tout a priori confessionnel, comme un texte défini par ses déterminations historiques et textuelles. S'il est vrai que lire le Ct. en termes allégoriques revient, quel que soit le détail du sens désigné, à prolonger le sillage des lectures croyantes, le lire selon un sens naturel a presque nécessairement, du moins dans le cadre de la problématique exégétique dominante, un effet de décalage sinon de transgression.

* Les trente dernières années manifestent clairement combien le jeu de la polémique a pu être déterminant dans la conduite des recherches. Alors que précédemment l'interprétation cultuelle avait, pendant tout un temps, mobilisé les énergies à produire des variantes sans cesse affinées, dorénavant le travail se mène beaucoup plus dans le face à face de deux familles d'exégètes: tenants du sens naturel, tenants du sens allégorique. En outre, chacune d'elles semble mettre autant de soin à réfuter la thèse rivale qu'à construire positivement et à étayer ses propres affirmations. On reviendra plus loin sur cette logique où l'enquête est fortement marquée par un esprit démonstratif et une problématique de la preuve.

Les travaux publiés par A.M. Dubarle au cours de l'année 1954 pourraient en être une bonne illustration[39]. Ils ne se comprennent que

---

[37] J.P. AUDET, «Le sens du Ct. des Ct.», *Revue Biblique*, LXII, 1955, p. 199.
[38] Sur cette contre-tradition qui revendique le patronage de THEODORE DE MOPSUESTE et se poursuit avec CASTELLION, GROTIUS, E. REUSS, HERDER, RENAN, jusqu'à BUDDE, voir ROWLEY, art. cit. pp. 215 et sv.
[39] «L'amour humain dans le Ct. des Ct.», *Revue Biblique*, LXI, 1954, pp. 67-86. Recensions in *Revue des Sciences Philosophiques et Théologiques*, XXXVIII, 1954, pp. 92-102.

replacés dans l'ébullition d'une recherche dominée, au cours des années qui précédaient, par la publication de plusieurs articles de Robert (*Le genre littéraire du Cantique des Cantiques*, 1944, *La description de l'Epoux et de l'Epouse dans Ct. 5,11-15 et 7,2-6*, 1945, *Les appendices du Ct.*, 1948)[40], d'un article de A. Feuillet (*Le Cantique des Cantiques et la tradition biblique*, 1952) et du *Commentaire* donné par ce dernier en 1953[41]. Soit une série de travaux dont chacun cherchait à contribuer, sur des bases nouvelles, au renouvellement de la lecture allégorique. Ce sont eux qui servirent d'impulsion à l'article de Dubarle paru dans le tome 61 de la *Revue biblique* et qui a pour objectif d'affirmer la légitimité exégétique et doctrinale de l'interprétation naturelle du Ct. Après avoir relevé les objections que soulève l'option pour le sens spirituel, l'auteur fait remarquer que si l'appartenance biblique du Ct. peut paraître faire difficulté à qui le lit selon son sens naturel, a fortiori devient-elle problématique quand on prétend faire du texte le chant de l'amour divin: cette seconde hypothèse nécessitant plus d'audace que la première, puisqu'elle implique que soient outrepassées les limites rigoureuses de l'anthropomorphisme biblique très vigilant ailleurs à ne pas emprunter au domaine sexuel pour parler de Dieu. En suite de quoi A.M. Dubarle reprend à son propre compte, mais selon une ligne tout autre, la méthode des parallèles qui sert de nerf aux démonstrations de Robert et Feuillet. Alors que ceux-ci faisaient de la littérature prophétique le réservoir matriciel du Ct., Dubarle dégage, lui, un nouveau champ d'associations, dont l'effet est de conforter la lecture du sens naturel qu'il veut défendre face au retour des allégoristes.

En fait, dès son origine, la méthode des parallèles est loin de posséder un statut clair et rigoureux. Elle repose, comme on le verra plus en détail, sur l'idée juste d'une production de la Bible à travers le mouvement de sa réécriture — devenu décisif au retour d'Exil — du patrimoine textuel antérieurement constitué. Mais cette thèse a besoin, pour déployer sa fécondité, de dispositions méthodologiques rigoureuses permettant sa mise en oeuvre dans l'exploration exégétique des textes. Or dans l'article de A.M. Dubarle ici considéré, on doit reconnaître qu'on est moins en présence d'une méthode que d'un processus assez imprécis d'évocation, à propos du Ct., de situations bibliques ou de fragments de descriptions illustrant le thème général de l'amour conjugal (ainsi de Gn *24*, du Livre de Tobie, de 1 Sam *18* ou de Siracide *26*). En fait, tout se passe comme si, partant de l'évidence du sens naturel du Ct.,

---

[40] «Le genre littéraire du Ct. des Ct.», *Revue Biblique*, LII, 1944, pp. 192-213. «La description de l'Epoux et de l'Epouse dans Ct. 5,11-15 et 7,2-6, *Mélanges E. Podechard*, 1945, pp. 211-223; «Les appendices du Ct.», *Revue Biblique*, LV, 1948, pp. 161-183.
[41] «Le Ct. des Ct. et la tradition biblique», *Nouvelle Revue Théologique*, LXXIV, 1952, pp. 706-733. *Le Ct. des Ct.*, Lectio Divina n. 10, Ed. du Cerf, 1953.

l'auteur avait voulu confirmer celui-là en disposant autour du poème un florilège de textes bibliques qui, de façon plus ou moins lointaine, ont rapport général à l'amour conjugal. Or un tel jeu d'associations qui n'est pas forcément dépourvu de légitimité, s'accorde mal avec le principe d'une exégèse qui revendique une rigueur scientifique. C'est aussi pourquoi, ayant suivi ce parcours de A.M. Dubarle, on garde l'impression qu'il reste à démontrer que «la méthode des parallèles intégralement employée conduit à reconnaître un sens profane à ces chants d'amour», ou que «les parallèles les plus étroits, les plus complets, concernent des textes exaltant l'amour dans le mariage, tandis qu'il serait absolument contraire au style des auteurs bibliques d'appliquer à Yahvé un symbolisme de nature sexuelle, ou de parler longtemps de Lui sans le nommer»[42].

* Peu de temps après les articles ci-dessus mentionnés de Dubarle, la thèse du sens naturel du Ct. devait être défendue de nouveau dans le cadre d'une hypothèse originale soutenue par J.P. Audet. L'article est paru en 1955 dans la *Revue Biblique*[43] et accroche la critique au même point que Dubarle: c'est une erreur que d'inscrire la lecture du Ct. à l'intérieur d'un registre de significations spirituelles; la véritable référence de ce texte, au sein de la Bible, ne saurait être cherchée du côté des écrits prophétiques.

La partie critique de l'analyse de J-P. Audet est fortement argumentée. L'auteur refuse de considérer que ce texte biblique doive être reçu comme une énigme; ou, plus précisément, qu'il serait écrit pour tendre à son lecteur l'énoncé d'une question-piège, à la manière du sphinx posté aux portes de Thèbes. Il énonce sa méthodologie: celle d'une enquête historique, méticuleuse, rigoureuse, attentive à ne rien projeter de catégories ou de valeurs modernes sur un objet relevant d'une sphère culturelle dont les repères sont nécessairement largement distincts des nôtres. De même, il refuse d'introduire dans l'histoire du Ct. l'hypothèse d'un retournement radical qui, soit aurait changé un texte au sens initialement inacceptable en un texte canonique, soit aurait obscurci à ce point le sens premier du Ct. qu'il aurait fallu lui en attribuer de toutes pièces un nouveau. A l'inverse, il opte pour l'idée d'une continuité qui, au point présent, serait à retrouver par-delà les méandres des sens seconds et allégoriques imposés ultérieurement au texte: «Le sens principal et permanent du Ct. doit coïncider avec le sens dans lequel il était généralement lu quand il a été accepté dans le recueil des écrits sacrés» (p. 200). L'analyse ainsi proposée est, par ailleurs, pleine de remarques salubres. Quand elle invite, par exemple, à ne pas user trop

---

[42] Art. *Revue Biblique*, p. 81.
[43] Voir note 37.

légèrement des catégories modernes de «profane» et de «sacré». Et encore, quand elle rappelle que le Ct. appartient à un univers culturel où, au rebours d'une conception moderne, il n'existe pas de propriété privée du texte, mais où s'exerce, en revanche, un puissant travail de relecture, par lequel les textes sont remodelés et leur engendrement poursuivi.

De nouveau, cependant, on est amené à relever la place tenue dans cet article, comme dans l'étude de Dubarle, par le propos polémique. Il est très significatif que J.P. Audet consacre plus de pages à réfuter les thèses de la lecture allégorique qu'à indiquer les antécédents de sa propre problématique. Là encore, l'analyse est manifestement soutenue par la volonté de discuter et de dépasser les positions défendues au même moment par Robert et Feuillet. Ainsi, contre l'allégorie, Audet renouvelle longuement l'énoncé d'une série de réfutations. Il remarque que si l'on en maintient le principe, on doit consentir à ce que celle-ci n'existe que sur un mode tacite, puisque rien dans le texte ne la suggère directement. Il souligne, dans cette perspective, le paradoxe d'un texte allégorique qui pousserait si loin l'évidence de son thème apparent qu'il rende à ce point problématique le déclenchement même de l'allégorisation. Ou encore il note que le verset 8,6, souvent regardé comme la clé du texte, ne va curieusement nullement dans le sens de l'interprétation qui lit dans le Ct. une figure de l'amour de Yahvé pour son peuple: donner pour justification au Ct. que «l'amour est fort comme la mort», c'est en effet quitter le registre de l'amour décrit par les prophètes, gratuit et libre, pour celui d'une description sapientielle beaucoup plus attentive à de grandes réalités cosmiques et à des ordonnancements stables enjambant le jeu mouvant des libertés humaine et divine. Enfin, Audet objecte que le thème de l'amour d'Alliance de Yahvé pour Israël, mis en valeur par la lecture allégorique ne peut se soutenir jusqu'au bout sans difficulté si l'on remarque que ni les Chroniqueurs, ni les Prophètes, ni le Psalmiste qui disent fortement l'amour de Dieu pour l'homme, n'engagent la même liberté quand il s'agit de l'expression symétrique de l'amour de l'homme pour Dieu. Dans ces conditions, mieux vaut estimer que le Ct. ne parle pas de ce dont parlent les Prophètes, ou bien qu'il en parle en faisant un bond qui dilate de façon inédite le contenu du discours prophétique.

Mais l'argumentation la plus troublante et la plus forte de J.P. Audet concerne le rattachement du Ct. à la littérature sapientielle. La thèse allégorique, on l'a déjà signalé, a pour conséquence d'inscrire le Ct. dans la mouvance des textes prophétiques. C'est ainsi que la lecture pratiquée par A. Feuillet aboutit à en faire le fleuron de ce courant de l'écriture biblique. Or, à qui se rallie à pareille perspective, il devient extrêmement difficile ensuite de justifier l'ajout de l'en-tête sapientiel aussi bien que le dénombrement constant du Ct. parmi les textes de sagesse. Pareil glissement reste sans explication. Tout comme il est impossible de désigner dans le texte des traces explicites de la première lecture prophétique à laquelle, ensuite, il aurait été fait violence. D'où la conclusion ferme que formule J.P. Audet: identifier le Ct. impose de renoncer aux harmoniques des textes prophétiques qui, fixant trop rapidement le regard, masquent la véritable nature du texte et empêchent de reconstituer les péripéties de son histoire.

b) *Quelle légitimité biblique au Cantique des Cantiques?*

Affirmer contre la tradition allégorique que le sens obvie ne doit pas être outrepassé, ni considéré comme incompatible avec l'appartenance canonique du texte, ne justifie pas cependant, positivement, la présence du Ct. dans le corpus biblique. Il faut, pour qu'un texte soit distingué à l'intérieur de la masse discursive d'une culture, gardé et inscrit dans sa mémoire, que lui soient reconnues une spécificité et une forme de nécessité. C'est ainsi que l'on peut relever chez les tenants du sens naturel trois types de légitimation qui peuvent être évoqués à travers quelques lectures contemporaines du Ct.

* *La thèse d'Audet: un document de l'institution domestique*

La thèse d'Audet, dont on a rappelé précédemment les préliminaires critiques et les principes méthodologiques, peut être ramenée à cinq propositions.

1. Avant même que le Ct. ait une histoire littéraire dont témoignent la subscription du nom de Salomon et l'insertion d'appendices, avant que ce texte ne soit devenu ce que nous en appréhendons dans la lecture ordonnée de ses phrases silencieuses, il a existé comme un texte parlé, chanté, relié à des usages sociaux, en circulation au sein de son groupe porteur. En d'autres termes, il comporte une histoire pré-littéraire qui ne saurait être négligée par qui veut en comprendre la portée et élucider le processus de son insertion dans le Canon biblique.

2. Cette histoire pré-littéraire doit être mise en relation avec le fait que le Ct. se nomme et se développe comme un «chant». Rejoindre son existence première revient donc à explorer les usages qu'il a pu avoir comme tel, à la lumière de textes comme Jér. *25*,10 ou Osée *2*,17, faisant allusion à des chants nuptiaux dont le Ct. pourrait être un spécimen préservé.

3. A quoi il faut ajouter, contre des interprétations trop hâtives et projectives, que la portée de pareils chants ne peut être restreinte à une fonction décorative, assimilée à une expression de liesse ou de célébration rhétorique de l'amour humain. Tout au contraire, le Ct. serait un chant de l'institution domestique du mariage, lesté comme tel d'une

fonction sociale qui porte bien au-delà de la sphère du simple divertissement.

4. Ainsi ce texte devrait être rapporté à des sources populaires antérieures aux allusions relevées en Osée et Jérémie; les unes, portant le thème pastoral, émanant du Nord; les autres, marquées par la thématique royale, issues du Sud; ces deux recensions ayant été rapprochées à l'époque post-exilique et fondues en une nouvelle synthèse.

5. De la sorte — et même si le revêtement sapientiel est aujourd'hui le plus immédiatement voyant — c'est à ce moment premier, prélittéraire, populaire, qu'il faudrait revenir pour amarrer enfin solidement et avec sûreté le sens du Ct. L'annexion sapientielle ne déplace pas, en effet, le sens du texte. Elle témoigne seulement de ce que, alors même que l'usage du poème était tombé en désuétude, la mémoire de son ancienne fonction sociale était suffisamment forte pour entraîner son intégration au corpus des textes bibliques. Se prononcer sur la bonne lecture de ce texte revient, dans ces conditions, à ne vouloir rien admettre qui s'écarte du thème manifeste qu'il donne à lire et de l'usage qui, au sein de l'institution domestique, fut sa justification première en Israël. Ainsi sont doublement énoncés par J.P. Audet un mode de lecture du texte et l'explication de sa présence au Canon.

* Une argumentation non textuelle: l'amour humain comme valeur biblique

Cinq ans plus tard, en 1960, J. Winandy, tout en s'inscrivant dans le sillage de l'interprétation naturaliste, prenait à rebours les positions d'Audet. Dans son ouvrage *Un poème d'amour mué en écrit de sagesse*[44], il montrait la fragilité de la thèse du rituel de mariage: à la différence des chants nuptiaux antiques, le Ct. ne fait aucune allusion à la fécondité de l'union prétendument célébrée; ni le père du fiancé, ni celui de la fiancée ne sont mentionnés alors qu'on a toutes raisons de penser que l'un et l'autre occupaient une place stratégique dans le dispositif contractuel du mariage. Contre la thèse d'un texte populaire soutenant l'institution domestique, Winandy affirmait que le Ct. n'est rien de plus qu'un poème de lettré juif chantant l'amour sur le ton du badinage, sans plus de prétention. Ultérieurement, le texte aurait été interpolé par les Sages qui auraient projeté sur lui l'évocation de l'amour de Salomon pour la Sagesse Divine, malgré les difficultés de détail qu'une telle lecture rencontrait (position d'égalité des deux protagonistes du Ct. en dysharmonie avec la représentation très transcendante que l'Israël post-exilique se faisait de la Sagesse; ou encore attitude de la fiancée du Ct. qui

---

[44] Voir note 26.

poursuit de son assiduité le fiancé, plus encore qu'elle n'est objet de ses avances).

Aussi Winandy concluait-il que «l'interprétation sapientielle du Ct. peut difficilement se défendre» (p. 55), tout en ne justifiant sa nécessité biblique qu'en termes un peu plats. Citant Gelin et C. Charlier, il notait en effet: «Si l'amour est 'une belle réalité humaine', si 'la splendeur et la pureté de son idéal' persistent 'jusque dans ses aspects les plus terrestres' si, enfin, il a été chanté en des vers d'une radieuse poésie et placé par son auteur dans un cadre accordé à celui des autres écrits bibliques, nous aurions assurément mauvaise grâce à lui refuser audience...» (p. 60). Dès lors le lecteur se retrouve devant une pièce charmante et raffinée, évidemment sans l'ombre d'une prétention théologique. Winandy fait bien la concession d'une lecture allégorique et théologique possible qui hausserait le texte au-dessus du divertissement littéraire. Mais, pour l'essentiel, il s'en tient à la thèse d'une «récréation littéraire» (p. 111). Il étaie son argumentation en invoquant des textes bibliques qui, de manière similaire, figurent au Canon sans pour autant proposer rien de plus que des expressions de sagesse humaine. Ainsi de Prov. 25-29 ou encore du texte de l'Ecclésiaste. L'amour humain suffit et il est vain de chercher au Ct. d'autres nécessités. Telle est bien la conclusion qui est ici prononcée et qu'accompagnent nombre d'exégètes modernes, comme Rowley ou encore Dubarle[45].

Parce que notre propos n'est pas ici de débattre des solutions exégétiques, mais de tenter d'éclairer la logique de leur formulation, nous remarquerons simplement que la plupart des appuis bibliques invoqués par les auteurs jusqu'ici considérés sont amenés sur le mode d'une association subjective, beaucoup plus qu'ils ne sont introduits par une enquête textuelle rigoureuse.

Mentionnons une dernière expression de ce point de vue. Elle est prise à un article de P. Grelot argumentant en ces termes: «... L'amour humain correctement compris ne constitue-t-il pas, dans la révélation biblique, une valeur réelle dont l'expression serait en elle-même digne de la parole de Dieu? (...). Le sens théologique du Ct. réside exactement là, dans l'affirmation tranquille de cette valeur positive que possède la sexualité et son usage, conformément aux vues du Créateur»[46]. En fait, les derniers mots de cette citation qui font allusion à une 'justesse divine de l'amour humain', pointent vers un nouveau type de considération qui qualifie précisément un nouveau mode de lecture qu'il nous faut maintenant aborder.

---

[45] ROWLEY, art. cit. pp. 243-244.
[46] P. GRELOT, «Le sens du Ct. des Ct. d'après deux commentaires récents», *Revue Biblique*, LXXI, 1964, p. 46.

* *Une argumentation textuelle et théologique: le Cantique des Cantiques comme accomplissement*

Une dernière forme de légitimation de la lecture naturaliste consiste à montrer comment le Ct. s'insère dans le corpus biblique où il constitue le maillon nécessaire d'une chaîne textuelle qui est en même temps un dessein théologique. On a signalé précédemment l'effort de Dubarle en ce sens, dans le cadre d'un article trop rapide pour pouvoir produire des résultats convaincants.

En revanche, l'introduction du commentaire donné par D. Lys sous le titre *Le plus beau chant de la création*[47] et la lecture proposée par K. Barth dans sa *Dogmatique* fournissent deux bons témoignages de cette perspective.

S'inscrivant parmi les tenants du naturalisme, Lys refuse pourtant avec vigueur de se satisfaire de toute explication qualifiant «d'accidentelle» la présence du Ct. au Canon. Il se déclare au contraire décidé à prendre le texte «pour ce qu'il dit, en pensant que son auteur était conscient de ce qu'il faisait en écrivant» (p. 51). Et il ajoute: «Dans toute la littérature amoureuse qu'Israël a certainement vu fleurir comme tous les peuples, c'est le seul texte choisi pour la canonisation: pour quelle raison, sinon parce que le sens naturel du texte a une portée théologique?». Il montre que celle-ci ne peut être reconnue qu'en rapprochant le Ct. du texte de Genèse *2*, 27 et en discernant en lui une intention polémique et démythisante à l'égard des conceptions païennes ambiantes de l'amour. Non, il n'est pas gênant, affirme Lys, que le Ct. emprunte au vocabulaire hiérogamique, puisqu'il ne le sollicite que pour le réinscrire dans un contexte qui nie la dimension sacrale et mythique de la relation de l'homme et de la femme et qui formule en termes d'histoire et non de participation magique celle de l'homme à Dieu. Ce qui qualifie bibliquement le Ct. est l'opération de transformation qu'il contient: à partir d'un matériau païen, il énonce ce qui instruit précisément le procès du paganisme et donne à connaître une humanité affranchie des surcharges du mythe et du religieux. Ainsi pour Lys le Ct. n'est rien d'autre qu'un «commentaire de Genèse *2*». L'amour y est rendu à lui-même dans cette simple et paisible affirmation qu'il a sa fin en soi. Si Lys concède également la présence dans le poème d'un langage emprunté à l'Alliance, c'est pour conclure dans le même sens: «La meilleure manière de démythiser l'éros païen, c'est de décrire l'amour humain non seulement à la façon des chants profanes égyptiens, mais aussi sur le modèle de l'amour de Dieu pour son peuple, puisqu'en fin de compte, cette alliance elle-même constitue, dans une autre dimension, la démythisation fondamentale de la hiérogamie» (p. 53). Cette puissance de démythisation

---

[47] Voir note 33.

incluse dans le Ct. atteint la réalité sociologique elle-même qui sert de milieu au poème, puisqu'elle oppose à la bigamie ambiante l'idée d'un amour humain remodelé en monogamie par sa référence à l'amour divin.

Ainsi faut-il garder toute sa subtilité au texte en refusant le double sens ou l'hypothèse d'une réinterprétation tardive d'un texte initialement profane: «Il ne s'agit donc pas de distancer un premier état en réinterprétant et en dépassant l'amour humain pour décrire l'amour divin». Le Ct. n'énonce qu'un seul sens; sa force est de dire un sens spirituel totalement intérieur au sens littéral. Telle est la thèse de Lys.

La logique qui préside à cette analyse a été reformulée par son auteur dans un article de 1979[48]. Il s'agit bien pour lui d'«expliquer le Ct. comme un tout», et de «l'expliquer théologiquement»; entendons par là, en justifiant sa présence dans le corpus des Ecritures, c'est-à-dire en explicitant sa contribution à une intention théologique plus générale. C'est précisément sur ce dernier point que la lecture de D. Lys fait naître quelque gêne. Car il n'est pas du tout certain que la prétention déclarée soit effectivement honorée. On le percevra mieux en examinant la lecture que K. Barth faisait du Ct. quelques années plus tôt.

K. Barth ne s'arrête pas aux problèmes critiques que soulève le texte. En revanche, il consacre au Ct. plusieurs pages de sa *Dogmatique*[49] dans lesquelles il s'efforce d'expliciter son sens en référence à l'ensemble du corpus biblique et dans le cadre d'une forte synthèse théologique. Son point de départ est qu'«on ne doit pas souhaiter que ce livre ne soit pas dans le canon, ni faire comme s'il n'y était pas. Il ne faut pas non plus le spiritualiser, comme si tout ce qui se trouve dans le canon ne pouvait avoir qu'une portée spiritualiste». L'exégèse du texte doit donc se fixer sur le sens littéral et s'en tenir à lui: «Comme toute exégèse honnête est forcée de l'admettre, et comme on devrait le reconnaître volontiers, et non pas en hésitant et avec gêne, le Ct. est, au sens propre, une collection d'authentiques chants d'amour, où il est question non pas de l'enfant, mais de l'homme et de la femme dans leur différenciation et leur coappartenance réciproques, de leur être dans la rencontre, et de rien d'autre. Et c'est l'exégèse la plus naturelle qui sera ici toujours la plus pertinente» (p. 317). La clé de l'interprétation est ici dans le rapprochement du Ct. avec le chapitre 2 de la Genèse (en particulier v. 22-25). Soient deux textes singuliers dans la Bible, qui envisagent la relation de l'homme et de la femme pour elle-même, sans se préoccuper de postérité et de descendance. Ces deux textes, remarque

---

[48] «Le Ct. des Ct. Pour une sexualité non ambiguë», *Lumière et Vie*, XXVIII, 1979, pp. 39-53.

[49] K. BARTH, *Dogmatique*, Ed. Labor et Fides, Genève, 1960. Les passages relatifs au Ct. se trouvent in: 3ème volume, tome 1, pp. 337-340; tome 2, pp. 317 et sv.; tome 4, p. 225.

Barth, sont comme le début et la fin d'une chaîne tendue d'un bout à l'autre de l'histoire biblique, par-dessus la faille ouverte au chapitre 3 de la Genèse par le récit de la rupture qui est aussi la description d'une expérience désormais dysharmonieuse de l'amour humain. Le Ct. est le répondant, au terme de l'histoire, de la situation originelle. Il doit être lu littéralement, mais comme un texte eschatologique: il désigne — dans le langage de l'homme[50] — au débouché d'une histoire de péché et de grâce, le point d'aboutissement où l'amour défiguré acquiert la perfection, la simplicité et la transparence auxquelles il était au départ destiné[51].

On ne peut affirmer plus vigoureusement la nécessité théologique du Ct. Sans lui, le corpus biblique ne comporterait sur l'amour humain que deux affirmations qui s'annulent: l'une disant ce qu'il est en Gn 2, 23-25, l'autre déclarant la perte de cela en Gn 3, 16. Avec le Ct. c'est la promesse et la prophétie d'une suite de l'histoire qui sont posées. A partir de là et sans nullement quitter sa logique, Barth peut intégrer, sur le chemin qui va de la Genèse au Cantique des Cantiques, les textes prophétiques qui montrent la relation homme-femme incluse dans l'histoire de l'Alliance, accompagnant son déploiement pour être finalement remodelée par elle.

On le voit, il n'est plus question ici de justification anecdotique du Ct., pas plus que de considérations idéologiques un peu mièvres (l'amour est une belle et bonne chose, pourquoi la Bible ne lui ferait-elle pas sa part?). Tout au contraire, pris directement tel qu'il parle, le Ct. se retrouve au coeur de la révélation biblique. Il est l'expression la plus forte qui soit de la «création nouvelle» que désignent les prophètes et que célèbrent les textes néo-testamentaires.

On remarque aussi ce qui sépare une telle analyse de celle de Lys. La lecture que fait Barth prend le tout du discours tenu par la Bible sur l'amour humain. Celle de Lys choisit ce qu'elle veut entendre. Barth fait bien des termes de Gn 2, que Lys valorise tant, un appui essentiel de son exégèse. Il fait même porter à ces mots toute la grâce d'une prodigieuse plénitude dans la vision qui est donnée de l'amour de l'homme et de la femme: «...ce qui a préoccupé le poète de la tradition relative à la

---

[50] Cf. à ce propos, cette remarque de P. BEAUCHAMP, in *Parler d'Ecritures saintes*, Ed. du Seuil, 1987: «.. ce n'est pas assez pour nous atteindre et nous toucher que l'Ecriture parle de l'amour de Dieu. Elle parle de charité divine, mais aussi d'abord, elle parle *charité, parce qu'elle parle homme aux hommes*» (p. 23).

[51] On remarquera, à lire attentivement le tout de la documentation biblique sur ce point, que ces deux textes — Gn. 2 et Ct. — ne sont pas dans un rapport tel que le second accomplirait mythiquement une figure originelle, restaurerait simplement un état perdu. En Gn. 2, 27, seul le cri de l'homme est dit. Dans le Ct., l'émerveillement est mis à la fois dans la bouche de l'homme et dans celle de la femme: ainsi surgissent une réciprocité et une complétude de l'amour jusque là inconnues.

création et celui de ces chants d'amour a été le fait que la relation établie entre l'homme et la femme constitue une alliance unique en son genre, une union totale et sans réserve, et cela avant tout le reste, avant même en particulier, qu'elle ne détermine le rapport «père-mère-enfant»[52]. Mais il lit aussi l'énoncé de la rupture par laquelle cette bonté initiale est dite bouleversée, défigurée par l'apparition de jeux de pouvoir, d'un «pudendum», là où il n'y avait initialement que la réciprocité et l'émerveillement mutuel[53]. Pourtant, malgré l'évidence des détournements que subit l'amour, la Genèse et le Cantique des Cantiques ont l'audace de maintenir leur calme affirmation. Il y a à cela une raison précise et capitale: l'alliance de Dieu avec Israël — dont l'histoire difficile est le répondant de l'histoire des relations entre l'homme et la femme — contient la promesse d'une restauration, ou plus précisément, d'un accomplissement dont chaque rupture relance l'affirmation et l'attente. En ce sens, le Ct. ne peut pas être une simple pause d'attendrissement ou un moment de jouissance destiné à affirmer que «malgré tout» il est bon d'aimer. Il est une attente et une fin. Ainsi Barth peut-il écrire: «Derrière la tradition de la création, il y a la contemplation du commencement de l'alliance, et derrière les chants d'amour du roi Salomon, il y a la vision de son but. Si le poète de Gn. *2* et celui du Ct. parlent comme ils le font de l'homme et de la femme, c'est parce qu'ils savent que l'alliance rompue est et reste pour Dieu une alliance intacte, valable, accomplie, qu'elle constitue déjà le fondement interne de la création, et qu'elle sera renouvelée et révélée comme telle à la fin. A leur connaissance particulière de l'alliance dont l'origine précède et dont l'accomplissement dépasse l'infidélité d'Israël, en correspond une autre: celle, si singulièrement libre et dont leurs textes débordent, de l'amour et du mariage»[54].

D. Lys, lui, ne voit dans le Ct. qu'une machine à démythologiser les conceptions païennes de l'amour. Le poème peut être à bon droit considéré comme tel, mais son statut biblique requiert nécessairement plus. En effet, si le problème que pose la Bible est celui du dévoilement de l'idolâtrie, il est simultanément celui de sa guérison... Parce que Lys ne lit pas la révélation du péché, il ne lit pas non plus ce que désigne en creux, appelle et revendique un texte qui semble surmonter si aisément les perversions de l'amour dont Israël a bien conscience. Car l'ensemble du contexte du Ct. en témoigne: il n'y a pas, pour Israël, de discours naïf

---

[52] Ouv. cit. tome 1, p. 338.
[53] Même méconnaissance de cet aspect chez LYS, mais aussi dans les articles que F. RAURELL a récemment consacrés au Ct. Voir par exemple: «Erotic pleasure in the "Song of Songs"», *Laurentianum*, 1983, fasc. 1-2, pp. 3-45.
[54] *Ibid.*, p. 339.

possible sur une telle question. L'évocation de l'Alliance est sans cesse accompagnée du rappel de ses transgressions que sont la prostitution et l'idolâtrie. Et lorsque les écrits de Sagesse auxquels le Ct. appartient sont intégrés, on ne se contente pas de faire bon accueil aux simplifications de la sagesse profane. Ces textes sont travaillés par la perspective de la nouvelle Alliance (c'est-à-dire de la double fidélité de l'homme à Dieu et de l'amour conjugal) mise en place par la littérature prophétique exilique et post-exilique[55]; les passages qui, dans ce corpus, traitent des alliances proscrites ou permises, de la fidélité dans l'amour conjugal[56], le montrent tout spécialement. Dans ces conditions, il paraît difficile de prêter à la Bible la fausse naïveté de ces commentateurs modernes qui, s'insurgeant contre des subtilités spirituelles, les remplacent par de simples platitudes, éventuellement relevées de considérations goguenardes. Il nous semble que la remarque de M.V. Fox doit être entendue quand, commentant l'égalité qui caractérise les échanges de parole dans le Ct., il considère qu'«elle reflète une métaphysique de l'amour plutôt qu'une réalité sociale ou même un idéal social»[57]. Le propos est ici celui d'un comparatiste mettant en parallèle les chants d'amour égyptiens et le poème biblique, indépendamment de toute argumentation théologique. A fortiori, quand on revendique une pertinence biblique pour le Ct., devrait-on se rendre sensible au paradoxe que ce texte introduit dans l'Ecriture et dont K. Barth donne précisément la justification biblique en affirmant la portée eschatologique du poème.

2. *Les tenants du sens spirituel*

On remarquera d'abord que la désignation de cette nouvelle ligne interprétative ne correspond pas véritablement à un partage rigoureux. On a vu en effet qu'il existait une lecture biblique du sens naturel, spirituelle au plein sens du terme puisqu'elle va jusqu'à faire du Ct. un sommet de l'anthropologie biblique et de la théologie du salut. Le propre des analyses qui vont être maintenant mentionnées est de ne lire le sens spirituel qu'à hauteur de la relation de Dieu à l'homme, ce dernier étant

---

[55] Voir en particulier Jérémie *31,* 22: «Car Yahvé créé du nouveau sur la terre: la femme recherche son mari» (נְקֵבָה תְּסוֹבֵב גָּבֶר), (sur les énigmes de ce verset, voir *L'Ancien et le Nouveau,* ouv. col. Coll. Cogitatio Fidei n. 111, Paris 1982, en particulier le chapitre 14 rédigé par J. BRIEND, «Le peuple d'Israël et l'espérance du nouveau» avec les pages 64-68 consacrées à «Ancien - Nouveau dans le livre de Jérémie». Ou encore le verset également difficile de Malachie *3,*14-16 qu'il semble malgré tout légitime de rapprocher de Gn. *2,*24 d'une part et de Eph. *5,*24-32 d'autre part.

[56] La question de la «femme étrangère» au chapitre *5* des Proverbes est, à cet égard, très symptômatique.

[57] Art. cit., note 30, p. 228.

envisagé tantôt comme un collectif, tantôt comme un sujet individuel. Dans la mesure où le texte ne porte nulle part de référence explicite à Dieu, on aura donc affaire à des lectures qui constituent à chaque fois une interprétation du sens obvie du poème.

Un tel parti interprétatif a déjà été évoqué comme le contrepoint polémique des thèses défendues par les naturalistes. De son côté, symétriquement, il est ancré dans une critique sévère de l'option pour le sens naturel. La première cible des «allégoristes» est bien cette lecture qui identifie le Ct. à une simple collection de chants nuptiaux populaires. Et il est vrai que l'hypothèse d'un Ct. sans autre portée que le badinage amoureux ou celle d'un texte du folklore palestinien mobilise assez facilement les contre-arguments. D'abord parce que plusieurs détails insolites empêchent de tenir cette écriture pour simplement réaliste. Parce qu'aussi l'examen du poème révèle la présence d'un vocabulaire original et recherché qui ne s'accorde pas avec un texte populaire. A. Feuillet a pu attirer ainsi l'attention sur une série d'«hapax» qui, tout en n'étant pas amenés spécifiquement par le thème amoureux, se rencontrent plusieurs fois au long du poème dont ils contribuent à construire l'unité[58]. La curiosité botanique de P. Fournier a également mis en évidence le caractère idéalisé des jardins qui sont décrits dans le Ct.: «l'herbier du poème est composite, étrange, inattendu[59]. De même il est aisé d'apercevoir combien est peu banal un scénario qui donne régulièrement l'initiative à la bien-aimée, se situant en cela en opposition flagrante avec la conduite du discours amoureux folklorique qui prête systématiquement la parole, non à la femme, mais à l'homme. Pourtant les plus lourds griefs des allégoristes portent ailleurs: ils visent la manière dont les naturalistes traitent le texte lui-même. Les deux abus incriminés sont d'une part de faire silence sur un ensemble de versets effectivement énigmatiques, d'autre part de sortir des difficultés soulevées par d'autres en supposant des altérations du texte, des phénomènes de glose ou d'interpolation.

C'est ainsi que l'argument de la glose, si souvent invoqué par Winandy, fait le centre des reproches adressés par Feuillet à cet auteur: l'élimination des mentions du roi en *1*, 4 et *1*,12, de la description de la litière de Salomon de *3*, 7-8 ou des versets 1, 4b, 8 et 15 du chapitre *5* que décrète ce commentaire n'a aucune justification critique sérieuse; elle s'explique seulement parce que ces versets sont inassimilables à l'interprétation que veut défendre Winandy. De son côté R. Tournay note qu'«...il y a dans le Ct. un certain nombre d'anomalies et d'étrangetés

---

[58] A. FEUILLET, «La formule d'appartenance mutuelle (*2*,16) et les interprétations divergentes du Ct. des Ct.», *R.B.* LXVIII, 1961, pp. 10 et 11.
[59] Voir l'analyse proposée in *L'Ami du clergé*, 1957.

qui restent sans explication si on le considère comme un chant d'amour pour deux amants ou deux époux». Il cite, par exemple, le בֶּתֶר de 2,17 tantôt traité comme un toponyme introuvable que l'on rabat sur des appellations voisines, tantôt effacé dans sa lettre par l'allégorisation qui lit dans עַל־הָרֵי בָתֶר la désignation des seins de la bien-aimée. Ou encore l'irritant verset 12 du chapitre 6 réputé le plus obscur du poème, objet de multiples spéculations qui ont pour effet soit de le réécrire, soit, en désespoir de cause, de l'éliminer simplement[60]. Dans ces deux cas épineux Tournay choisit le parti ardu de maintenir le texte et d'en déterminer le sens allégorique sur la base d'une intertextualité stricte-ment biblique: בֶּתֶר vient s'inscrire — selon une logique convergeant avec les explications targumiques — dans la lignée des signifiants sacrificiels du récit de Gn 15,10 et de ceux de l'Aqeda de Gn 22; Ct. 6,12 trouve dans l'histoire de David, au prix d'un travail textuel il est vrai subtil, sa référence explicative.

Signalons aussi que la thèse du sens spirituel allégorique invoque volontiers aujourd'hui la meilleure connaissance que l'on a prise des procédés d'allusion, d'évocation indirecte, de codage historique dont l'extension, à l'intérieur de l'écriture biblique, dès une haute époque, se révèle supérieure à ce que l'on pouvait supposer[61].

On notera enfin que l'interprétation allégorique moderne montre un grand souci de ne pas faire du Ct. un poème systématiquement codé jusqu'en ses moindres détails. Instruite des débordements allégoriques dont témoignent certaines phases de l'histoire de la lecture, elle va répétant, par exemple avec Tournay (1963), qu'«il serait abusif de vouloir rendre compte de tous les mots et de toutes les expressions du Ct. en fonction de l'allégorie nuptiale prophético-messianique». La récente étude du même auteur (1982) décrit bien d'ailleurs des allusions tex-tuelles présentes à l'intérieur du poème; mais celles-ci portent sélective-ment sur de petites unités discursives, prises dans des jeux de significance chers aux hagiographes du temps.

En fait, la littérature biblique n'offre pas d'exemple de textes systématiquement et entièrement cryptiques à la manière que laisse-raient supposer certaines des lectures allégoriques qui ont pu être données du Ct.

Ces attendus étant rappelés, on ne peut cependant parler de lecture allégorique comme d'une qualification générique. Tous ceux qui lisent dans le Ct. plus ou autre chose que les mots d'un dialogue humain, sont

---

[60] Sur ce verset voir TOURNAY, 1982, chapitre 7 qui signale les différents effacements ou gloses qui ont été proposés.

[61] On consultera sur cette question les éléments bibliographiques que donne TOURNAY, 1982, à la suite du chapitre XI, «Polysémie et double entente».

loin d'engager exactement le même type de lecture. Trois variantes pour le moins doivent être distinguées: celle de la typologie, celle de l'allégorie stricto sensu et celle de la parabole.

a) *La lecture typologique*

A la différence de la parabole et de l'allégorie, la lecture typologique se définit par le fait qu'elle prend entièrement en compte le sens littéral, considéré comme partie intégrante du texte. Ainsi le Ct. est bien un chant amoureux, mais simultanément, selon un second sens, présent dans le texte sur un mode codé, il est célébration de l'Alliance entre Israël et son Dieu.

Sans évoquer ici le problème spécifique de l'exégèse patristique sur laquelle on reviendra, on constate que cette position est attestée au cours des siècles chez plusieurs auteurs. Parmi d'autres, Bossuet (*Notes et Commentaires sur l'Ecriture Sainte, Canticum canticorum*, 1693) reconnaît dans le Ct. sept chants pour les sept jours des noces de Salomon et, en même temps et de surcroît, l'exposé des sept degrés de perfection qui jalonnent la croissance de l'union à Dieu. Ou encore, à l'époque moderne, Delitzsch qui, dans son commentaire de 1875, décrit une histoire de caractère dramatique à laquelle se joindrait un sens typique concernant Israël et le Messie[62].

Les sens avancés dans cette perspective peuvent être, pour le détail, modulés de manières diverses. Mais le trait commun à ces exégèses est de proposer l'énoncé de deux sens, sans que soit vraiment élaborée, le plus souvent, l'articulation de l'un à l'autre. On se contente de décrire un détour sémantique sans s'expliquer sur la nécessité qui le sous-tend. Plus précisément, la contribution du premier sens au second n'est généralement pas explicitée. Ce flou de la configuration sémantique typologique permet ainsi à divers auteurs, tenants du sens naturel mais préoccupés de ne pas se rendre étrangers à la tradition de lecture confessionnelle, d'ajouter au passage, à leur interprétation, la mention d'un éventuel sens spirituel attesté par la tradition de lecture croyante. C'est ce que fait, par exemple, Winandy écrivant: «En affirmant comme nous le faisons, que le Ct. ne fut primitivement qu'un poème chantant l'amour humain, nous ne songeons nullement à contester la légitimité de son application à l'amour réciproque de Yahvé et d'Israël ou du Christ et de l'Eglise, etc. Ce qu'il faut nier, c'est que ce soit là son sens littéral»[63].

En réalité, c'est l'appellation même de sens typologique qui semble ici défectueuse. Cette notion, on le sait, reçoit dans la tradition

---

[62] *Hoheslied* in K. DELITZSCH, Bibl. Kommentar über d. AT, IV, Leipzig, 1875.
[63] Ouv. cit., p. 61.

exégétique une définition rigoureusement spécifiée: elle désigne la correspondance qui s'établit entre les événements de deux moments ou encore de deux régimes selon le partage et la succession que décrit une théologie chrétienne de l'histoire. Dans cette perspective, le sens littéral est nécessairement un sens historique appartenant à la sphère vétéro-testamentaire. Or, dans le cas du Ct., il est extrêmement malaisé de mettre en évidence un semblable niveau initial d'interprétation, comme le remarque H. de Lubac qui range le poème au nombre des quelques rares textes du corpus biblique dépourvus de sens historique littéral. Dès lors, la notion de lecture typologique employée ici perd évidemment sa simplicité et son efficacité classificatoire.

b) *La lecture allégorique*

Celle-ci introduit dans une tout autre logique. On y renonce à l'étagement d'un sens littéral et d'un sens figuré pour considérer que le texte fait sens d'emblée, en sa lettre, sur un mode figuré. Le sens qui pourrait être immédiatement lu n'existe que pour être le support d'une substitution conduisant à celui véritablement visé par le texte. La compréhension naturelle du Ct. n'a donc de consistance que dans la mesure où elle sert de vecteur au sens spirituel devant lequel elle s'efface. L'opération de conversion sémantique descend jusqu'au niveau linguistique du mot. Ainsi les descriptions de la bien-aimée, du prin-temps, de la maison ou de l'errance ne sont que des développements codés destinés à désigner plus ou, en tout cas, autre chose. Tout le problème est alors de briser l'énigme et de découvrir le sens effective-ment pointé. Dans son commentaire de 1909, *Le Cantique des cantiques, commentaire philologique et exégétique*[64], Joüon reprend rigoureusement la tradition du Targum et de la lecture juive du Ct. Dans cette ligne, le poème est, de part en part et d'intention explicite, récit allégorisé de l'histoire d'Israël. En sa lettre, la première partie du texte décrit la succession du temps de l'Exode à Salomon; en sa lettre encore, la seconde partie montre l'infidélité d'Israël aboutissant à l'Exil, puis au retour, à la restauration du Temple et des murs de Jérusalem. Le sens littéral du texte est l'allégorie et l'allégorie code chaque détail.

Plus récemment, la thèse du sens spirituel allégorique a été renouve-lée et illustrée par A. Robert et quelques exégètes se réclamant de lui. Leur postulat est que seule l'identification du genre littéraire, par le biais de la philologie, offre une voie méthodologique sûre. Robert met en évidence dans la littérature exilique et post-exilique une procédure d'autocitation de la Bible consistant à «remployer littéralement ou

---

[64] P. JOÜON, *Le Ct. des Ct.*, Paris, 1909.

équivalemment les mots ou les formules des écritures antérieures». Il lui donne le nom de «procédé anthologique». Il montre comment cette modalité d'écriture est systématiquement présente dans les écrits prophétiques et sapientiaux à partir du 6ème siècle[65]. Lire de tels textes, selon le sens qu'ils visent, revient donc à restituer les parallèles qui y sont investis, au besoin en recourant à l'enquête exégétique lorsque l'opération d'écriture les a rendus invisibles comme dans le cas du Ct. Il s'agit donc de faire jouer un comparatisme intra-biblique, à partir de l'hypothèse que chaque énoncé biblique s'engendre de la totalité du texte et par conséquent ne peut trouver sa juste interprétation qu'en référence à elle. Comme toujours en ce cas, il reste à réguler le travail de correspondances et à délimiter son champ de pertinence dans l'ensemble infini des corrélations que peut activer un texte. Pour cela Robert pose que «les seules références significatives sont celles dans lesquelles des termes identiques ou synonymes sont doublés d'un contexte énonçant une pensée identique ou positivement analogue».

A terme, l'explicitation de ces réseaux doit mettre au jour le sens spécifique et biblique des mots. Il s'agit moins, par là, d'énoncer des correspondances allégoriques abstraites et formelles que de relier des mots à une série de contextes qui en ont élaboré le sens dans la mémoire biblique. Ainsi par exemple de la vigne, de la mention de la rosée, du lis, du titre de berger. Pour ce dernier mot l'inventaire des contextes en littérature prophétique le montre clairement relié à une interprétation eschatologique, manifestant ainsi la faiblesse de l'acception simplement pastorale du terme, à laquelle le réduisent les naturalistes ou, d'une façon générale, les défenseurs de la théorie dramatique. Une fois ce lexique mis au jour, il reste à voir comment le «Sitz im Leben» du texte considéré retravaille le sens des mots et conduit plus loin le discours biblique. Au total, et dans cette perspective, le Ct. est défini comme un «midrash allégorique», au sens où ce type d'écrit a pour caractéristique le prélèvement de fragments textuels, leur mise en contact et leur réinterprétation mutuelle. L'auteur aurait puisé, comme en un réservoir de signifiants et de thèmes, dans la littérature prophétique et probablement en d'autres sources profanes, pour décrire la reprise et le développement de l'espérance d'Israël à l'époque ayant suivi l'intervention de Néhémie. L'argument des allégoristes en faveur de leur procédure est de parvenir, par ce moyen, à justifier un ensemble d'associations et de transitions qui, hors de cette hypothèse, demeurent pures étrangetés ou bien sont portées au compte d'une poéticité factice et décorative.

Redisons encore, dans la ligne de cette recherche, tout l'apport du

---

[65] Voir la définition détaillée que donne A. ROBERT in D.B.S. article: «Littéraires» (genres), vol. 5, col. 411 et sv.

dernier travail de R.J. Tournay déjà mentionné: *Quand Dieu parle aux hommes le langage de l'amour*. Refusant l'assimilation du Ct. à une allégorie ou même à une parabole, il montre à l'oeuvre dans le texte une polysémie beaucoup plus fine, légère et raffinée que celle des lectures systématiquement allégorisantes. Il propose en outre, sur cette base, une appréhension du Ct. qui maintient simultanément la teneur immédiate du poème et la signification messianique que l'analyse des allusions (ici menée en direction spécialement des *Livres de Samuel*, des *Rois* et des *Chroniques*) tend à justifier.

Le débat rebondit d'ailleurs à peu d'intervalle dans une série d'articles publiés par A. Feuillet en 1984[66]. Celui-ci accompagne l'analyse de Tournay jusqu'au point où il s'en sépare pour désigner, à la place d'un Messie davidico-salomonien, la figure de Yahvé-Epoux, héritière des grands textes prophétiques traditionnels (Osée, Jérémie, Deutéro-Isaïe). Il s'efforce par ailleurs de décrire une série de corrélations entre le Ct., des textes des Synoptiques («la controverse sur le jeûne» de Marc *2,18-20*, «la parabole du roi qui offre un festin pour les noces de son fils» de Matthieu *22,1-4*, «la parabole des dix vierges» de Matthieu *25,1-13*) et le chapitre *12* de l'Apocalypse.

c) *Le Cantique des Cantiques comme parabole*

Considérer le Ct. comme parabole introduit cette fois dans une logique qui n'est ni celle de l'étagement d'un sens littéral et d'un sens spirituel, ni celle de la réduction allégorique de la lettre du texte. Cette lecture revient à considérer globalement le Ct. comme un discours descriptif de la relation Dieu-Israël. La conversion de sens ne s'exerce plus ici que sur les deux repères textuels que sont les sujets d'énonciation porteurs du discours, soient le bien-aimé identifié à Dieu et la bien-aimée à Israël. Là s'arrête le travail de correspondance au sens rigoureux du terme, le reste du texte s'accrochant à lui sur le mode homologique de la parabole.

Buzy est, dans la recherche moderne, le représentant le plus convaincu de cette position qu'il a développée dans une série d'articles échelonnés entre 1940 et 1952[67]. Dans *Le Ct., exégèse allégorique ou parabolique?* il prétend l'étayer par une argumentation en termes d'analyse de genre littéraire. La démonstration consiste à montrer que le

---

[66] Se reporter à la note 5.
[67] «La composition littéraire du Ct. des Ct.», *R.B.* XLIX, 1940, pp. 169-194; «Un chef-d'oeuvre de poésie pure, le Ct. des Ct.», *Mémorial Lagrange*, 1940, pp. 147-162; «L'allégorie matrimoniale de Yahvé et d'Israël et le Ct. des Ct.», *R.B.* LII, 1944, pp. 77-90; «Le Ct. des Ct., exégèse allégorique ou parabolique?» *Mélanges Lebreton*, I, Recherches de Science Religieuse, 39, 1951-52, pp. 99-114.

genre biblique du «mashal» auquel il est courant de rapporter le Ct. — tout polyvalent et multiforme qu'il puisse être — pratique une écriture parabolique et non pas allégorique. Il examine, en ce sens, cinq textes prophétiques et sapientiaux qualifiés volontiers d'allégoriques (il s'agit d'Ezékiel *16*; *23*; Isaïe *5*,1-7; Proverbes *31*, 10-31 et Ecclésiaste *12*,1-7) et dont il montre que l'on n'y trouve jamais plus que la position d'une métaphore centrale autour de laquelle se construisent, de façon libre, lâche et inventive, des développements paraboliques. Cette analyse lui sert de référence analogique pour statuer sur le Ct. et refuser qu'on en fasse une lecture allégorique. A ceux qui tirent argument de leur capacité à attribuer une raison et une nécessité à chaque détail, Buzy objecte précisément cette richesse interprétative excessive qui se met à peser comme une charge sur le texte. Car il n'est pas sûr qu'il faille réduire toutes les surprises du Ct., borner le jaillissement imprévu en lui de noms que n'appelle pas la seule logique discursive du discours amoureux. Ni «expliquer» la mention des «tentes de Cedar», ou celle des «monts de Galaad», ou la désignation inopinée de la bien-aimée comme Sulamite. Buzy proteste contre l'acharnement explicatif qui engage par exemple Joüon, l'allégorie aidant, dans une lecture qui n'a de cesse de rabattre chaque mot du Ct. sur une identification géographique ou historique. Dans le vocabulaire aujourd'hui vieilli d'une stylistique esthétisante, Buzy revendique au contraire que ce texte puisse n'être considéré que comme poème, dans le libre jeu de ses paronomases, allitérations, rimes intérieures.

Même si l'argumentation contre les allégoristes se formule à l'occasion dans les termes d'un conflit de vraisemblance qui fait sourire, on doit garder de cette exégèse l'affirmation forte et importante selon laquelle les mots du poème peuvent valoir pour eux-mêmes, hors de l'obsession de leur référence. Une telle position constitue une originalité face à l'unanime préoccupation réunissant naturalistes et allégoristes, tout occupés, chacun selon ses voies, à convertir et à réduire la matière textuelle du Ct. en simples énoncés de sens.

III. SUR FOND DE POLEMIQUE, UNE MEME PROBLEMATIQUE

Quittant la bigarrure de surface des travaux réalisés sur le Ct. tels qu'on vieut de les évoquer, est-il possible de désigner les hypothèses de fond qui, en sous-main de la polémique, donnent leur impulsion à cette recherche et organisent sa conduite? On va le voir, derrière de violentes oppositions qui parlent haut et fort, c'est bien une même attitude de principe et un projet commun qui rassemblent les diverses lectures mentionnées jusqu'à maintenant.

1. Le Cantique des Cantiques considéré comme une «énigme»

La réputation contemporaine du Ct. est d'être l'un des textes les plus obscurs de la Bible. Cette opinion figure en préliminaire à la quasi totalité des travaux, éventuellement sous la forme d'une dénégation comme on l'a vu, par exemple, avec l'article de J.P. Audet. Ce «préjugé» doit être doublement souligné. D'abord parce qu'il n'a pas toujours été celui des lectures antérieures du Ct. On verra plus loin que des siècles entiers ont appréhendé ce texte, non dans l'optique d'une énigme, mais au contraire, dans un climat d'évidence et de connivence spontanée. Par ailleurs, un tel présupposé n'a pas simplement une existence anecdotique. Il constitue en lui-même une posture de lecture. Car on sait bien que celle-ci s'organise autrement, construit différemment son attente, selon qu'elle aborde un texte réputé poétique ou scientifique, transparent ou obscur: l'élaboration du sens y emprunte des chemins différents[68].

Ce jugement sur le Ct. est alimenté aujourd'hui de diverses manières. Il est incontestable qu'un texte aussi manifestement occupé à chanter l'amour profane que l'est le Ct. apparaît facilement — et probablement plus encore qu'en d'autres temps — en écart, voire en discordance violente avec le reste du corpus biblique. Il y a à cela, pour partie, des motifs objectifs (le Ct. est en effet le texte vétéro-testamentaire qui s'avance le plus loin dans la direction qu'il emprunte), pour partie, des raisons idéologiques reliées au profil d'une mentalité moderne jouant volontiers l'un contre l'autre le religieux biblique et la sphère corporelle de l'existence; nous ne chercherons pas ici à élucider cette situation. Reste le fait massif que, placé là où il est, le texte déroute ses lecteurs modernes. De plus, tout commentateur parle dorénavant en aval d'une énorme production interprétative qui a diffracté le sens du poème en de multiples et contradictoires directions. Aux deux extrêmes, il dit, soit l'expérience érotique la plus crue, soit la pointe, prétendument la plus désincarnée, de la connaissance mystique. Dans l'intervalle, les propositions de sens se succèdent, faisant jouer un nombre impressionnant de variantes. Or il est mal toléré qu'un texte puisse exister, à ce point désamarré, objet d'une dérive aussi spectaculaire. L'acharnement de la critique rationaliste est, à cet égard, symptômatique quand elle s'efforce de conjurer la menace que constitue un tel vacillement en multipliant les ouvrages annonçant: «Le Cantique des cantiques enfin expliqué».

---

[68] T. TODOROV désigne le champ d'analyses auxquelles renvoie cette question au-delà des deux problèmes classiques ordinairement pris en charge (la figure du lecteur et sa variabilité, l'image du lecteur représentée dans le texte) dans «La lecture comme construction», *Poétique 24*, p. 417.

2. *Le projet de «fonder» le sens légitime*

a) *Un propos démonstratif*

Même si la critique moderne est loin d'une naïveté aussi uniment formulée, on constate qu'en bien des cas, la recherche a pour horizon le souci d'échapper enfin au tourniquet vertigineux des interprétations. Dans ces conditions aussi, la visée de l'historien, de l'ethnologue, du philologue, de l'exégète n'est plus simplement de formuler un sens du Ct. mais de fournir les preuves du sens qu'il choisit. La lecture critique moderne est essentiellement une argumentation. Le vocabulaire est, à ce titre, très révélateur. Qu'il s'agisse du camp naturaliste ou du camp allégoriste, chacun s'exprime en termes de preuve et de justification. Robert se fixe pour tâche de «fournir la preuve exégétique de l'interprétation allégorique, en refusant que celle-ci soit fondée sur la tradition ou l'autorité»[69] et en s'efforçant de montrer le Ct. apparenté au «midrash allégorique». Ce que commente Tournay dans la Préface qu'il donne au commentaire de Robert: «Si l'interprétation d'A. Robert suffit à rendre compte du Ct. en son intégralité, elle apporte une justification scientifique à la "tradition doctrinale judéo-chrétienne" qui voit dans ce livre une allégorie concernant les noces spirituelles entre Dieu et son peuple, entre le Christ et son Eglise»[70]. En fait, la lecture allégorique ne se sépare plus chez les exégètes qui la défendent d'une démonstration ayant pour objet de la montrer inscrite dans la lettre du texte lui-même. Toutes positions différentes par ailleurs, R.E. Murphy (1954: *Recent literature on the Canticle of Canticles*) s'exprime à l'aide des mêmes termes de «preuve» et de «démonstration»[71], de même que l'article-bilan de E. Wurthwein (1967: *Zum Verständnis des Hohenliedes*) est entièrement commandé, dans l'évaluation des théories qu'il expose, par le souci de voir historiquement ou textuellement justifié chacun des sens qu'il décrit[72].

En réalité, au-delà des querelles affichées et des exclusions prononcées, au-delà du clivage confessionnel, on reconnaît, à l'examen du lexique des uns et des autres, le partage d'une position identique à l'égard du Ct.: celle que l'exégèse critique a inaugurée. Dès le 17ème siècle on argumente à propos du Ct. en termes de «preuve», d'une

---

[69] Art. cit., 1944, p. 190.

[70] R.T.F., p. 22.

[71] Art. cit., p. 9, «In the recent literature under survey, no new *proof* of this traditional catholic interpretation has been advanced». Ou encore: «His study is a praiseworthy, if unsuccessful, attempt to provide literary *proof*...» (c'est nous qui soulignons).

[72] Art. cit. L'objectif de fond de WURTHWEIN est qu'un sens du Ct. puisse être «historisch gerechtfertigt», p. 185.

manière inédite par rapport à la tradition de lecture passée, mais aussi étonnamment consonante aux déclarations des commentateurs modernes, comme en témoigne ce texte de 1685, mentionné par Rowley et dont il faut citer un fragment: «On croit communément que le Cantique des Cantiques est un Livre Mystérieux, qui décrit l'amour mutuel qui est entre Jésus-Christ et son Eglise. Mais on n'en a aucune *preuve*, ni dans le Vieux, ni dans le Nouveau Testament, ni dans le Livre même... N'ayant aucune *preuve* des mystères qu'on cherche dans ce livre, si nous en jugeons par le Livre même, nous trouverons que ce n'est qu'une Idylle, ou une Eglogue...»[73].

b) *Les présupposés sous-jacents*

Cette problématique doit être encore précisée. Elle consiste essentiellement à désimpliquer la lecture, autant que faire se peut, du jeu projectif de la subjectivité, ou encore des intérêts et des partis-pris confessionnels. L'espoir est bien que le cycle interminable des interprétations sera rompu dès lors qu'un sens sera proposé qui pourra produire des justifications objectives irréfutables.

Banal en sa formulation, ce projet comporte une série de présupposés qu'il convient d'énoncer d'autant plus soigneusement qu'ils ont pour propriété de se rendre invisibles à force d'évidence. Ainsi, il va de soi que *lire* consiste à *dire* le sens d'un texte; que, parmi tous les sens possibles, *un sens doive être distingué comme étant le sens légitime*; que *le sens légitime* est celui qui est fondé sur *l'identité du texte*. Dès lors, savoir ce qu'est le texte, livre son sens. Et symétriquement, le sens juste ne peut être que le sens correspondant à l'identité du texte. Le Ct. se révèle-t-il être un épithalame, alors son sens ne peut être que celui d'un discours amoureux. De la même façon, il n'y aura de sens allégorique recevable que si ses partisans fournissent la preuve que le texte est bien une allégorie. Là encore, on voit comment derrière des positions interprétatives irréconciliables règne une même et unique logique où le texte est constitué en critère exclusif du sens. Encore est-il nécessaire de préciser la manière dont on construit le concept de «texte». Les multiples discours critiques que nous avons mentionnés précédemment fournissent de cette notion, sous une forme diffuse ou implicite, mais avec beaucoup de continuité, une acception spécifique: un texte est son origine. Tel est le postulat fondateur. La variété des exégèses qu'il engendre tient seulement au fait que l'origine est susceptible d'être appréhendée et définie diversement.

---

[73] J. LE CLERC, «Sentimens de quelques théologiens de Hollande sur l'Histoire Critique du Vieux Testament, composée par le P. Richard Simon», 1685, pp. 273 et sv., cité par ROWLEY, p. 217. C'est nous qui soulignons le mot 'preuve' dans la citation.

c) *Les figures de l'origine*

Des travaux précédemment évoqués, on peut extraire cinq figures de l'origine telle que la désigne l'exégèse moderne. Ce sont respectivement les notions d'auteur, de sources, de genre littéraire, d'«Ur-text» et enfin, d'usage initial.

    * La notion d'*auteur* est d'autant plus aisément utilisée dans la recherche critique sur le Ct. que l'hypothèse d'un texte littéraire, présentant des caractéristiques rhétoriques élaborées, dispose de forts appuis. On passe aisément de ce caractère savant à une argumentation en termes d'auteur. Ainsi la quête de «l'intention de l'auteur» continue à être une voie d'accès au sens originel du texte, identifié à son sens légitime. Dubarle par exemple, paraphrase la notion de «sens littéral» par l'expression «sens voulu par l'auteur»[74]. Dans plusieurs analyses on s'aperçoit même que la fiction que représente la notion d'auteur l'emporte sur le texte réel donné à la lecture. Au nom d'une cohérence dont l'auteur serait le garant, Buzy, par exemple, retaille le texte, mettant sur le compte d'interpolations ou de gloses les versets qui contrarient son hypothèse de lecture[75].

On peut être étonné de voir maniée si aisément une notion dont les théories modernes du texte ont amplement fait le procès en montrant ses imprécisions et la part de fiction qu'elle recouvre. On doit d'autant plus en être surpris que l'écriture biblique décourage, en fait, le recours à un semblable concept. On sait en effet qu'il n'y a pas de propriété littéraire des textes en cette tradition scripturaire qui vit de relire, de convertir l'ancien en nouveau, de récapituler le passé dans un présent qui prend son sens dans ce qu'il accomplit. Dans ces conditions, il est d'un intérêt bien plus grand de raisonner plutôt à partir de la notion de «rédacteur», qui a été vigoureusement travaillée par la théorie exégétique des décennies passées[76] et qui a le mérite de ménager une réalité complexe intégrant des formes de transmission orale, des processus de lecture et d'écriture réinterprétant plus ou moins radicalement un matériau initial.

En fait, si la notion d'auteur dont la pertinence est étroitement reliée à une critique littéraire récente[77] continue à jouer un tel rôle dans les analyses du Ct., on doit se demander si ce n'est pas parce que, derrière le lieu commun ou la commodité d'expression, est perçu un

---

[74] Art. cit., 1954, p. 69.

[75] Art. cit., 1940, p. 181.

[76] Sur les grandes évolutions récentes de l'exégèse moderne on trouvera in *Bible de tous les temps*, Beauchesne, 1985, Le monde contemporain et la Bible, une synthèse très documentée aux pages 441-471 (L'exégèse scientifique au 20ème siècle, H. CAZELLES) et 473-511 (L'exégèse scientifique au 20ème siècle, W.G. KÜMMEL).

[77] Voir M. FOUCAULT, «Qu'est-ce qu'un auteur?», *Bulletin de la Société française de Philosophie*, tome LXIV, 1969, pp. 73-95.

précieux recours. Face à ce texte emporté dans un inquiétant mouvement d'interprétation, la solution ne serait-elle pas que le lasso critique
immobilise enfin la figure simple d'un auteur avec ses intentions et son
projet clairement définis? L'ayant identifiée, il n'y aurait plus qu'à
équivaloir à elle le sens du texte[78].

   * La référence aux *sources* du texte engage une notion moins
psychologisante. C'est elle qui sous-tend le considérable effort évoqué
plus haut à propos de la recherche des apparentements culturels.
Pourtant on ne peut ignorer le flou qui l'entoure. Les travaux du
Formalisme russe montrant que l'emprunt des formes pèse tout autant
que celui des motifs thématiques, la clairvoyance récemment acquise sur
le jeu de l'intertextualité dans l'engendrement de l'écriture rendent
difficile, là aussi, un usage trop insouciant de cette notion[79]. Mais
surtout, la problématique des sources, telle qu'elle est le plus généralement mise en oeuvre, laisse entière la question du devenir des éléments
empruntés et réinsérés dans une nouvelle totalité. Constamment revient
cette tentation, qui est une naïveté, de considérer le texte comme une
composition de motifs qui cumuleraient simplement des sens antérieurement constitués. A supposer qu'on parvienne à ramener un poème
comme le Ct. à un ensemble de pièces d'emprunt, rien ne serait encore
dit, à cette étape de l'enquête, de la construction finale opérée par
l'écriture et avec laquelle, seulement, commence le sens de ce texte, tel
qu'il est donné à la lecture. De surcroît, on a vu en quelles directions
variées et incompatibles conduisait la recherche des sources dans le cas
du Ct. Ou bien l'on choisit, par une décision qui, présentement, est
proche du coup de force, un apparentement unique et exclusif, ou bien
l'on ne choisit pas, mais on doit alors passer à une tout autre conception
de la lecture qui, en définitive, suppose une autre théorie du texte et de
son sens.

   * L'identification du *genre littéraire* du Ct. est une autre modulation
de la problématique de l'origine. On sait que le retour de cette vieille
notion, dont la naissance remonte à la poétique antique, représente un
acquis décisif de l'exégèse moderne depuis Gunkel. Que l'intelligence
d'un énoncé passe par la reconnaissance du genre discursif dont il relève
est devenu un savoir banal. Ainsi est-il sans surprise de voir les exégètes
chercher dans cette direction le moyen d'identifier le Ct. et de fixer sa
juste lecture.

---

  [78] Notons que c'est bien par la notion d'auteur que passent les travaux qui cherchent
à démontrer l'homogénéité de l'oeuvre. Voir par exemple, R. DUSSAUD, *Le Ct. des Ct.:
essai de reconstitution des sources du poème attribué à Salomon*, 1919.

  [79] Sur cette notion de «sources» et sur celle de «genre littéraire» que l'on
mentionnera ensuite, voir les analyses critiques et les propositions du Formalisme russe
dans les textes publiés in *Théorie de la littérature*, Seuil, 1965, spécialement l'article de J.
TYNIANOV, «De l'évolution littéraire», pp. 120-138.

D. Buzy, par exemple, prenant acte de l'impossible consensus des exégètes, décide, dans son article de 1951, de faire le détour par cette recherche préliminaire. Et c'est après avoir désigné, on l'a vu, le Ct. comme «mashal», qu'il argumentera, contre l'exégèse allégorique, sa lecture parabolique. On a vu aussi comment A. Robert, de son côté, se donnait pour tâche de prouver la qualité de «mashal» du Ct., entendant cependant cette notion dans une acception allégorisante que rejette précisément D. Buzy. C'est aussi la même ligne théorique de recherche qu'adopte Renan dans son commentaire de 1860 où il démontre, dans le sillage de l'interprétation dramatique de Jacobi, que le Ct. doit être considéré comme un drame obéissant à une rigoureuse progression qu'il décrit en retranscrivant le poème sous la forme d'une succession de scènes articulées en cinq actes.

On remarquera au passage combien il est étonnant de constater que des exégètes aboutissant à des conclusions diamétralement opposées, puissent le faire au nom d'une même confiance méthodologique dans la même notion de genre littéraire. La déclaration de Robert: «Nous pénétrons enfin le mystère du Ct., nous en découvrons le genre littéraire»[80] pourrait être aussi bien celle de défenseurs du sens naturel qui combattent la thèse du sens allégorique.

* La reconstitution d'un *Ur-text*, plongeant dans l'histoire souterraine du texte, relève par excellence de la quête de l'origine. Il ne s'agit pas ici de rechercher une forme investie dans le texte mais, déconstruisant la forme présente, de désigner une forme primitive qu'on imagine avoir été progressivement recouverte et défigurée. On a déjà dit le rôle joué par l'hypothèse de l'altération si abondamment invoquée dès que sont abordés les points les plus difficiles du texte. Du même esprit procède l'idée que, désintriqué de ses remaniements, reconstitué en sa vérité primitive, le poème lâcherait son secret, laisserait émerger son sens véritable. Les analyses de Schmöckel énumérant, à partir de l'hypothèse cultuelle, des états successifs d'un texte dont la première version remonterait au deuxième millénaire et serait le livret du drame sacré représentant la hiérogamie, appartiennent à ce type de recherche. Plus encore, le travail de J. Angénieux — inscrit d'ailleurs dans une autre hypothèse interprétative — est un modèle du genre. Dans deux articles minutieux, l'auteur s'efforce avec grande patience de remonter le cours de la transmission et de la tradition du Ct. afin d'en écarter les surcharges qui auraient fait sombrer le poème dans l'énigme[81]. Il s'agit

---

[80] Art. cit. *R.B.*, 1944.
[81] «Structure du Ct. des Ct.», *Ephemerides Theologicae Lovanienses*, 41, 1965, pp. 96-142; «Le Ct. des Ct en huit chants à refrains alternants», *Ephemerides Theologicae Lovanienses*, 44, 1968, pp. 87-140.

de restituer une vérité du sens par-delà les brouillages introduits par l'histoire. Le vocabulaire employé est ici transparent. Décrivant l'histoire d'une altération, Angénieux se voue à une tâche de «géologue», selon une métaphore plusieurs fois reprise. Ainsi est menée une analyse consistant à repérer des refrains, soit attestés explicitement, ou bien reconstitués à partir de traces encore perceptibles, ou même simplement déduits de la structure dont on postule l'existence[82]. Invoquant la récurrence de tels refrains, l'auteur conclut à la présence de huit poèmes dont il décrit soigneusement la progression avant de conclure: «Telle nous apparaît, en une synthèse harmonieuse, l'ordonnance du Ct. Cette symétrie entre ses deux parties, dont les thèmes principaux sont analogues deux à deux, cette combinaison savante des refrains principaux en disposition alternée ou symétrique, ces alternances de la nuit ou du jour, de la maison et de la campagne, cette légère dissymétrie entre les deux parties qui constitue le ressort dynamique de l'action, tout cela semble l'effet d'un art consommé» (1965, p. 136). L'harmonie que décrit J. Angénieux existe bien. Mais on doit constater qu'elle est sans rapport avec le texte réel qui se donne à lire. Elle est ici celle d'une pure fiction.

* Enfin l'origine peut se donner à travers une cinquième figure où elle n'est plus conçue en termes de forme mais d'*usage* primitif. Audet est un bon représentant de ce parti théorique: «Si nous retrouvions (...) l'usage primitif du Ct., nous aurions sa destination première, et par là même nous serions, pour l'essentiel, fixés sur son sens»[83]. Si le même récuse la prise en compte du sens allégorique, c'est en alléguant qu'il cache l'origine et interdit d'identifier la vraie motivation qui aurait fait introduire le texte au Canon des Ecritures. Toute la démonstration est faite pour rejoindre l'existence paisible, immédiatement légitimée du Ct. comme chant de l'institution domestique. L'histoire ici aussi est traitée comme un facteur d'obscurcissement: parce qu'au fil du temps cette fonction se serait effacée des pratiques de la société et de la mémoire collective, le texte serait devenu incompréhensible et aurait attiré sur lui des interprétations extrinsèques disparates. Pour sortir de la situation embrouillée ainsi créée, il est nécessaire de retrouver le moment initial de l'existence vive du poème.

Ainsi donc, malgré le voile de la polémique, c'est une même logique qui traverse l'exégèse moderne du Ct., un même aiguillon: l'énigme du

---

[82] «Nous essaierons de faire le compte du nombre total de chacun des refrains principaux qu'il devait y avoir dans le texte primitif, en restituant critiquement ceux qui ont laissé des traces manifestes dans le texte reçu, ou ceux qui ont disparu complètement, mais sont appelés par des refrains secondaires qui leur sont d'ailleurs liés» (art. 1965, p. 103).

[83] Art. cit., p. 211.

texte qui organise une même quête, celle de l'origine. Les terminologies peuvent diverger, une parenté foncière se découvre: celle d'une valorisation uniforme d'un terme zéro de l'existence du texte.

Le propos n'est pas ici d'évaluer les diverses figures qui ont été mentionnées et dont la rigueur théorique est d'ailleurs inégale. Nous voulons seulement attirer l'attention sur le danger potentiel que comporte une telle méthodologie. Car viser l'origine, c'est aussi enjamber le temps et annuler cette histoire à laquelle est imputée l'interminable errance interprétative du poème biblique.

C'est simultanément courir le risque de la fiction, comme on l'a vu exemplairement dans telle ou telle analyse qui, remontant jusqu'à une préhistoire du texte, se donne un imprenable lieu de repos où peuvent se contempler à loisir les belles symétries et les cohérences sereines d'une ordonnance imaginaire. On voit ainsi combien, paradoxalement, ce gommage de l'existence effective du texte dans l'histoire a pour conséquence de sacrifier le texte lui-même. Ces remarques formulées allusivement pour l'instant devront être reprises soigneusement dans la suite de l'enquête.

On se contentera, au point présent, de vérifier si la convergence que l'on vient de désigner fournit — sinon un consensus sur le sens, dont on sait qu'il n'existe pas — du moins quelques certitudes critiques quant au repérage et à l'identification du texte. C'est de cette question qu'on traitera maintenant en examinant les résultats obtenus par la recherche contemporaine.

CHAPITRE II

Evaluation des recherches modernes

Multiplicité des démarches méthodologiques, diversité des hypothèses modernes face au Ct.: le chapitre précédent a dû en donner quelque peu l'évidence. La question est désormais de savoir si, malgré cet éclatement ou grâce à lui, l'identification de ce texte biblique est aujourd'hui objet de consensus. Relativement aux traits que l'on considère habituellement comme définitoires (structure, datation, lien à établir avec Salomon, nature de l'écriture) débouche-t-on enfin sur des conclusions convergentes? De nouveau nous réduirons cet «état de la question» à quelques rappels de données facilement accessibles, réservant nos forces au travail d'évaluation et de critique.

Partant tout d'abord du soupçon que le travail scientifique n'est pas nécessairement organisé par les seuls principes qu'il déclare ouvertement, on s'efforcera de désigner quelques-uns des ressorts réels des enquêtes menées sur ce texte. Du sein même de la problématique de l'origine, provisoirement ratifiée, il nous faudra indiquer en particulier les difficultés méthodologiques que soulève la mise en oeuvre d'une telle herméneutique. Ainsi se dessinera un premier cercle critique.

Puis, reparcourant quelques grandes étapes de l'histoire de la lecture chrétienne des textes bibliques, on cherchera à décrire quelque chose du processus qui a progressivement soustrait la lecture à l'ellipse de l'histoire et l'a restreinte à n'être plus que la ressaisie d'un «sens vrai» emblématisé en quelques grandes figures de l'origine. La question de la tradition, devenue quasiment tabou depuis deux siècles, devra normalement, à cette étape, trouver place au centre de l'exposé. L'évaluation consistera précisément à apprécier les effets, positifs et négatifs, de l'effacement de cette référence à la tradition dans le champ de l'herméneutique moderne. Un second cercle critique sera ici déterminé.

I. INCERTITUDES ET PROBLEMES DE METHODE, OU LE PREMIER CERCLE CRITIQUE

1. *Indécidabilité de l'identification du Ct.*

On a vu précédemment comment la recherche du sens du Ct. se résolvait le plus communément en une quête de certitude sur l'origine du texte. On a commencé à percevoir la gêne qu'il pouvait y avoir à cette identification. Il reste néanmoins légitime d'attendre de cette exégèse quelques lumières tout autant sur l'ancrage historique du Ct. que sur ses caractéristiques textuelles. En fait, chacun des travaux que l'on a cités repasse par ces mêmes questions et, tantôt implicitement, tantôt en pleine lumière, opte pour une date de composition, pour une hypothèse sur l'organisation du texte, la nature et la portée de son propos.

a) *Le problème de la structure du texte*

Cette question, en sa plus grande généralité, se résume à l'alterna-tive suivante: ou bien le Ct. est une collection de textes regroupant des poèmes épars, originellement autonomes, reliés ensemble ultérieure-ment, sans autre souci qu'anthologique; ou bien on est en présence d'une oeuvre organique, profondément cohérente et qui doit être traitée comme une totalité structurée. Ces deux options exploitent également, chacune à sa manière, la présence dans le texte de nombreuses récur-rences. Plusieurs sont évidentes car elles interviennent, à de légères variantes près, sous la forme de refrains. Ainsi par exemple, l'invitation à ne pas réveiller l'amour de *2,7; 3,5; 8,4*; ou la question de *3,6* et *8,5*: «Qui est celle qui monte du désert?»; ou bien encore *2,6* et *8,3*: «Son bras gauche est sous ma tête et sa droite m'étreint». De même revient tout au long du poème l'invocation des filles de Jérusalem (*1,5; 2,7; 5,8; 8,4*; plus variante de *3,11* «filles de Sion»). Les trois unités que constituent *4,1-14; 6,4-10* et *7,2-10* sont un autre élément fort de structuration. Outre ces récurrences immédiatement visibles, bien d'autres peuvent être lues et exploitées. Un tel jeu de repérage mené de façon particulièrement aisée au niveau des refrains et de ce que l'on nomme avec flou les «retours thématiques» peut descendre jusqu'à celui des récurrences phonétiques et produire de bons résultats. Le problème qui se pose alors est celui d'organiser et de hiérarchiser ces répétitions en décidant de celles qui structurent les grandes articulations du texte et de celles qui délimitent simplement une sous-unité à laquelle elles confèrent sa cohérence. Cette discrimination entre refrains principaux et refrains secondaires est, par exemple, au principe de la lecture d'Angénieux. La tâche est également d'interpréter ces récurrences. Soit comme retour du même, indiquant que l'on repasse par les mêmes mots parce que le poème global ne serait que la somme de poèmes apparentés. Soit comme scansion des moments d'une progression qui serait celle d'une intrigue historique ou psychologique. Selon les réponses apportées à de telles questions et la combinaison des différents choix réalisés, on aboutit à des descriptions du texte extraordinairement disparates.

* Variété des découpages

Selon les auteurs, le découpage oscille entre cinq poèmes (A. Robert, 1963) et cinquante-deux unités (Krinetzki, 1964 puis 1980), en passant par une série d'options intermédiaires (à titre d'exemple, six poèmes pour J.C. Exum, 1973; huit pour Angénieux, 1965; vingt-trois pour Budde 1894; trente pour Wurthwein, 1967). L'histoire plus lointaine de l'exégèse témoigne de la même incertitude: à côté d'une partition en quarante-quatre unités proposée par une paraphrase germanique du 15ème siècle, l'analyse de Bossuet, reprise par Dom Calmet découpait le poème en sept moments...

L'explication de telles divergences est souvent cherchée dans l'hétérogénéité des critères retenus par les analyses. En particulier, on oppose volontiers découpage thématique à découpage formel[1]. Pourtant, une telle opposition est loin d'avoir la rigueur qu'il paraît. Toute identification thématique prend nécessairement appui sur un repérage de formes, même si ce dernier comme tel est ignoré, masqué par une théorie idéaliste du sens. Lorsque Bossuet découpe le Ct. en sept poèmes, il le fait en liaison avec le retour des six mentions dans le texte de la nuit et de l'aurore (*2,7; 3,1; 5,2; 6,9; 7,11-12; 8,4*), déterminant ainsi sept unités textuelles qu'il fait correspondre chacune à l'un des sept jours des festivités nuptiales. Certes on est loin du relevé méticuleux, contrôlé, théorisé, à prétention exhaustive, que l'on retrouve par exemple dans l'article d'Angénieux. Mais est-on pour autant dans une logique foncièrement différente? Nous ne le croyons pas. Chaque analyse lit effectivement dans le texte les récurrences qu'elle invoque: elle ne les imagine pas simplement; elle ne les importe pas dans celui-ci comme des éléments étrangers, purement fantasmatiques. On peut sans peine refaire de décompte de Bossuet! Tout le problème est, en fait, de savoir comment s'opère, dans la masse considérable des corrélations contenues dans le texte, la sélection de celles que l'on retient. Est-il possible que la mise en évidence de récurrences puisse se faire sur le mode d'un pur enregistrement? Ou bien faut-il imaginer que la sélection se fait — nécessairement ou occasionnellement — en fonction d'hypothèses préalablement constituées? En réalité, on le pressent, toute une théorie de la lecture, qui est probablement encore à constituer, se profile en un tel point.

Si Bossuet se rend ainsi sensible au retour thématique de la nuit qui découpe sept unités, ce fait ne peut être étranger à la connaissance qu'il a d'un cycle de festivités couvrant sept jours. Tout se passe comme si cette

---

[1] Soit, d'une part, une approche comme celle que propose BUZY (art. cit. *R.B.*, 1940, p. 172) estimant innover en substituant l'étude de la répétition de «termes» à celle de la répétition de vers ou de refrains; d'autre part, une analyse comme celle d. ANGENIEUX (art. cit., 1965, p. 97) optant pour un parti strictement formel.

série précise, effectivement inscrite dans le texte, venait servir d'appui à une interprétation préalable qui, en retour, la faisait émerger du texte et la rendait visible. De même, lorsque Budde atomise le texte en vingt-trois chants séparés qu'il décrit minutieusement, on est grandement tenté de penser que l'opération est précédée de l'hypothèse reprise de Wetzstein selon laquelle le Ct. serait une simple collection de chants de noces réunis sans véritable réécriture. Dans ces conditions, l'analyse se ferait dans le va-et-vient de données textuelles effectives et d'hypothèses préalables sur le sens du texte sélectionnant et interprétant les premières. Le travail d'Angénieux débute d'ailleurs en déplorant «le caractère subjectif» des partitions proposées. Ainsi remarque-t-il que «ceux qui considèrent que l'on a des chants indépendants mettent la coupure là où la suite des idées leur paraît faire défaut» (p. 96). Incontestablement sa propre démarche comporte la volonté d'un balayage systématique et sans prévention de l'ensemble du texte. Mais comme par un irrésistible et malicieux retour de l'effet qu'il dénonce, lui-même débouche très vite — on a déjà eu l'occasion de le signaler — sur une nouvelle intervention de l'imaginaire. Partant d'une problématique fine de la récurrence — trop fine, peut-être... — il finit par substituer au texte réel du Ct. une pure création de l'imagination où sont restitués tous les éléments absents du texte dont a besoin sa démonstration. Au total et de nouveau, la recherche de la structure joue comme vérification d'une hypothèse. De même que Winandy censure sans scrupule toutes les mentions du roi dans le texte afin que celui-ci n'objecte pas à sa lecture, de même Angénieux, par un mouvement inverse mais de même nature, supplée ce dont il a besoin pour mettre en évidence la succession des huit poèmes qu'il lit.

Face à de tels pièges, notons que quelques analyses récentes se distinguent par un souci rigoureux du texte, affranchi par ailleurs du désir trop hâtif d'un passage à l'interprétation. Ainsi de l'étude publiée en 1973 par J.C. Exum[2], qui se donne pour tâche la recension minutieuse des traits structurels du Ct. tels que peut les repérer l'analyse littéraire et stylistique. De façon étonnante, le problème de l'interprétation est ici totalement différé. Toute l'attention se porte sur l'enregistrement des formes et aboutit à la mise en évidence d'une structure complexe organisant six chants. Le schéma est celui d'une grande inclusion construite par les chants 1 et 6, à l'intérieur de laquelle les quatre autres se disposent dans l'ordre A B A' B'. La seule conclusion à laquelle s'attarde J.C. Exum consiste à voir dans la puissante organisation qu'elle a décrite la réfutation de la thèse assimilant le Ct. à une collection. De

---

[2] C. EXUM, «A Literary and Structural Analysis of the Song of Songs», *Zeitschrift für die alttestamentliche Wissenschaft*, n. 85, 1973, pp. 47-79.

même, la structure proposée s'inscrit-elle en faux contre une lecture dramatique, constamment acculée à inventer son texte sous la forme de jeux et de notations scéniques. C'est déjà à un schéma d'inclusion qu'avait abouti l'analyse de Robert présentée dans le Commentaire de 1963. L'étude récente de E.C. Webster reprend la même perspective[3]. Optant au départ pour l'hypothèse d'une collection de chants, l'auteur montre que ceux-ci ont été disposés et composés à l'intérieur d'une macro-structure faite d'inclusions et de chiasmes. Mais le même est ici également l'autre... Webster qui avoue une similitude d'approche entre son étude et celle de J.C. Exum prévient que les deux travaux «diffèrent cependant considérablement dans leurs détails comme dans leur conclusion».

R.J. Tournay propose un découpage différent mais maintient l'idée de l'unité du texte jusqu'en *8,7* compris; il met seulement à part *8,8-13* comme constituant trois additions qu'il n'intègre pas à sa structure. Lui aussi souligne l'existence d'éléments construisant une inclusion unifiant l'ensemble du texte. Ainsi, il remarque que le mot «amour» est repris trois fois dans *8,6-7*, exactement comme à la fin du premier poème (*2,4,5 et 7*)». Et il commente: «Cette symétrie est remarquable et constitue une inclusion bien calculée. D'autre part, les reprises qu'on vient de signaler concourent à assurer au Ct. une certaine unité littéraire du début jusqu'à la fin, avant même toute discussion sur son interprétation»[4]. H. Meschonnic, à son tour, dans les notes qui accompagnent sa traduction, montre comment «le poème se referme sur lui-même motif par motif» jusqu'aux derniers versets considérés comme des appendices[5].

Ainsi la caractéristique remarquable de chacune de ces lectures est de lire la totalité du texte (moins *8,8-13* chez Tournay) et, à travers le schéma de l'inclusion, de la manifester unifiée comme totalité organique. Il reste que la structure du Ct. constitue toujours aujourd'hui une question ouverte. Et il y a autant d'évidence en ceux qui affirment le caractère composite du texte, qu'en ceux qui estiment lire en lui un texte profondément unifié. Par où il apparaît que l'objectivité est une question subtile...

* L'évidence du caractère composite

Elle est soutenue par plusieurs auteurs qui, par ailleurs, n'optent pas forcément pour la même ligne d'interprétation. Dhorme estime que le Ct. est «un recueil de poèmes qui se chantaient dans les veillées nuptiales

---

[3] E.C. WEBSTER, «Pattern in the Song of Songs», *Journal for the Study of the Old Testament*, 1982, n. 22, pp. 73-93.
[4] TOURNAY, 1982, p. 26.
[5] H. MESCHONNIC, *Les cinq rouleaux*, Gallimard, 1970, p. 54.

avec alternance de solos, de duos, de chœurs, sans qu'il fût nécessaire de suivre un ordre rigoureux dans l'exécution des morceaux répartis en strophes inégales. Le refrain apparaissait çà et là, pour bien marquer le caractère collectif de cette poésie dans laquelle l'imagination et la passion se conjuguent pour exalter l'Amour»[6]. Buzy argumente sa thèse d'un texte de «poésie pure» en affirmant que le Ct. est fait de sept poèmes qui développent chacun le même thème sans que, de l'un à l'autre, puisse être perçue une quelconque progression. Ce thème unique est décrit comme «la description admirative de l'un des conjoints et leur mutuelle possession»[7]. Suit l'analyse détaillée du poème individualisant, de proche en proche, jusqu'au chapitre 8, le retour de cette structure thématique. Notons qu'au passage, l'auteur procède à quelques exclusions de «couplets adventices» qui «traitent de n'importe quoi comme s'il n'appartenaient pas au Cantique» et justifient donc que «n'étant pas du même auteur que le Ct.», on puisse décider qu'«ils ne doivent pas entrer en ligne de compte pour la délimitation des poèmes»! L'opération est connue et peut être jugée un peu facile. Bien d'autres auteurs optent pour une collection de poèmes avec toutes les nuances qui distinguent entre des poèmes d'amour et des poèmes de mariage, entre l'hypothèse d'une collection de textes homogènes ou celle, au contraire, d'une anthologie de documents de provenances dispersées[8].

En tout état de cause, on voit comment la récurrence est exploitée ici comme symptôme de l'hétérogénéité textuelle, à l'inverse exact de ce qu'elle est pour d'autres, qui voient dans le Ct. un texte fortement unifié.

* L'évidence de l'unité

En effet, l'unité du Ct., n'est pas moins vigoureusement affirmée, quoiqu'elle engage là encore des lectures qui peuvent être fort éloignées les unes des autres. Les retours et répétitions qui précédemment étayaient la thèse de l'anthologie deviennent ici des signaux marquant les étapes de la progression du texte. Pour Joüon celle-ci se confond avec le déploiement de l'histoire d'Israël en ses diverses péripéties, depuis la sortie d'Egypte jusqu'à l'ère messianique. C'est aussi sur le déroulement de l'histoire qu'est calquée la cohérence que Feuillet lit dans le texte. Mais cette fois, celle-ci est découpée dans une période plus tardive: le premier poème devrait être compris de la captivité à Babylone; les suivants, de la libération et du retour à Jérusalem, chargé d'une valeur messianique[9]. Dans une tout autre direction, la théorie dramatique

---

[6] La Bible, l'AT, Tome II, Bibliothèque de la Pléiade, 1959, p. 146.
[7] Art. cit., p. 173.
[8] Cf. par exemple, ROWLEY, ouv. cit., p. 221 et sv.
[9] Ouv. cit., 1953, pp. 91 et sv.

ressaisit l'ensemble des versets en une puissante unité de sens. Reprenant l'hypothèse dramatique lancée par Jacobi en 1772, Pouget et
Guitton lisent quasiment le Ct. comme un livret d'opéra déroulant les
aventures d'une bergère promise à son berger, à qui elle est arrachée de
force par Salomon qui la destine à son harem. A l'opposé de la répétition
anthologique, le texte serait traversé du mouvement tendu de l'action
dramatique, en progression de chapitre en chapitre. La position adoptée
récemment par R.E. Murphy[10] sort, elle, de la raideur de la lecture
dramatique ou de l'allégorie historique. L'auteur imagine une collection
de poèmes qui auraient été synthétisés par un rédacteur à l'aide
précisément de refrains, de thèmes, de phrases ou de mots répétés dont il
dresse un inventaire minutieux.

De nouveau nous constatons la difficulté à parvenir à un consensus.
De nouveau nous voyons aussi la conviction peser également dans la
formulation d'une thèse et dans celle de son contraire: ainsi l'hypothèse
qui lit dans le Ct. le déroulement de rebondissements dramatiques est
soutenue avec la même âpreté que celle qui y trouve une collection de
poèmes.

b) *Le problème de la datation*

Celle-ci confronte à de nouvelles incertitudes qui, jusqu'à ce jour,
n'ont pas réussi à être dépassées. L'amplitude de l'oscillation est
considérable: elle va de l'époque de Salomon à la fin du 3ème siècle!
Deux types d'arguments sont convoqués: les uns engagent les allusions
contenues dans le texte; les autres sont tirés de la langue du Ct.

Mis à part le débat qui se noue autour du nom de Salomon, le texte
ne comporte guère d'allusion historique. En revanche, les mentions
géographiques y sont très abondantes. Certaines d'entre elles présentent
cette particularité de citer des lieux rarement mentionnés dans le reste de
la Bible et qui simultanément évoquent l'époque de la royauté (l'énigmatique Beter, Sulam, Qedar, Tarsis, Hesbon)[11]. Le problème posé par le
nom de Tirsa est particulièrement typique. Renan tire argument de sa
présence dans le texte pour situer au temps du Royaume du Nord (fin du
10ème siècle, début du 9ème siècle) la rédaction du Ct. Mais quelle
assurance a-t-on, par exemple, que ce nom n'ait pas été substitué à celui
de Samarie — nouvelle capitale du Royaume du Nord — en un temps où
cette dernière était honnie et où sa mention était systématiquement
effacée? Cette autre hypothèse ramènerait alors à l'époque post-exilique
où l'on ne nomme plus Samarie. A moins que la présence de ce nom

---

[10] R.E. Murphy, «Towards a commentary on the Song of Songs», *The Catholic
Biblical Quarterly*, XXXIX, 1977, pp. 482-496.

[11] Winandy, ouv. cit., p. 40 propose un relevé détaillé de ces termes.

relève d'une nécessité poétique simplement étrangère au souci référentiel; l'enquête historique devrait alors se résoudre à n'en rien inférer. D'une façon générale, d'ailleurs, on sait qu'il est méthodologiquement impossible de tirer de la présence d'archaïsmes des conclusions dirimantes: l'hypothèse d'une écriture archaïsante vient toujours ourler celles-ci d'incertitude.

Le climat du Ct., très évocateur de la culture contemporaine de Salomon, est aussi invoqué comme argument. Sur cette base Segal en fait un texte issu des milieux de la cour salomonienne[12]. Gerleman mène son interprétation en référence aux motifs de l'art égyptien du 10ème siècle. Mais de telles constatations ne peuvent, sans plus, fonder une datation décisive. La culture sapientielle[13] qui s'épanouit au 5ème siècle a recueilli, entre autres, ce prodigieux héritage pour le faire revivre dans de nouvelles synthèses.

En revanche, l'analyse linguistique pourrait peser plus lourd. En particulier, c'est avancer un argument fort que de remarquer, comme le fait Tournay, que la présence d'indices de langue tardive rend improbable une datation haute[14]. C'est pourquoi, dès 1967, il propose la seconde moitié du 5ème siècle, époque de la restauration de Néhémie, faisant ainsi du Ct. le contemporain de *Jonas* et de *Ruth*. Robert, de même, raisonne à partir des données linguistiques: mots issus de l'Iranien, nombreuses racines araméennes, relatif כִּי suggérant l'époque perse. Albright conclut de même, remarquant que l'absence d'hellénismes rend inutile toute tentative de datation plus basse.

Notons que l'hypothèse d'une parenté entre le Ct. et la littérature indienne a été retravaillée récemment dans cette perspective. C. Rabin a ainsi décrit une série d'interférences thématiques mais aussi lexicales entre le poème biblique et la littérature Tamil ancienne[15]. Il l'explique par des contacts commerciaux ayant existé entre l'Inde et Israël à l'époque de Salomon. La même thèse a été reprise par A. Brenner, mais elle débouche, pour ce dernier, sur d'autres conclusions chronologiques: la rédaction finale du Ct. serait à placer plutôt à l'époque achéménide[16].

Là encore l'origine convoitée se dérobe... En réalité, les positions nuancées d'auteurs comme Haller ou Murphy semblent ultimement les

---

[12] M.H. SEGAL, «The Song of Songs», *Vetus Testamentum*, 12, 1962, pp. 470-490.
[13] Voir G. VON RAD, *Israël et la Sagesse*, 1971, Ed. Labor et Fides, traduc. de «*Weisheit in Israël*», 1970, spécialement l'introduction qui comporte une bonne bibliographie sur ce point.
[14] TOURNAY, 1967, pp. 12-13.
[15] C. RABIN, «The Song of Songs and Tamil Poetry», *Studies in Religion*, 3, 1973, pp. 105-219.
[16] A. BRENNER, «Aromatics and perfumes in the Song of Songs» *Journal for the Study of the Old Testament*, 1983, n. 25, pp. 75-81.

plus convaincantes: ceux-ci se prononcent pour une datation post-exilique de la rédaction tout en ménageant l'hypothèse d'une existence prélittéraire du texte qui plongerait en direction des temps retenus par Segal ou Gerleman. C'est également la position de Gordis (1974) faisant leur part, dans l'ensemble du texte, à un matériau pré-exilique et à des éléments postexiliques de la période perse. Quoi qu'il en soit pourtant de ces approximations qui cernent progressivement mieux la question, Lys continue à présenter le texte comme indatable et M.H. Pope conclut qu'«il y a des arguments à la fois pour les datations les plus hautes et les plus basses».

c) *Le problème de la subscription*

Il réside dans l'alternative entre une interprétation du nom de Salomon comme simple mention rhétorique, caractéristique de la littérature pseudépigraphique et sa prise en compte comme élément déterminant du sens du texte. Certes, la question de la datation est concernée par ce problème. Mais plus encore, en définitive, le choix des corrélations pertinentes à établir avec le Ct.: selon le poids accordé au nom de Salomon, des consonances sapientielles ou prophétiques seront légitimées. Là, de nouveau, le consensus échappe. Les uns décrivent un lien tout externe, quasi accidentel, qui expliquerait l'intégration du texte au canon mais interdirait de le tirer vers la littérature sapientielle (Rudolf, Feuillet). Le Ct. relèverait de la sphère prophétique. A l'opposé, plusieurs exégètes du Ct. valorisent décisivement la mention de Salomon selon des démarches qui cependant restent multiples. La thèse de J.P. Audet, déjà mentionnée, fait du nom de Salomon une preuve d'impossibilité de la lecture allégorico-prophétique. Sans se prononcer sur la valeur intrinsèque de l'attribution, il lui fait supporter toute la légitimité de la lecture sapientielle à laquelle il associe l'existence littéraire du texte. Winandy renchérit sur cette position en rappelant que depuis une très haute antiquité le texte est porté au nombre des écrits sapientiaux et que son ton énigmatique l'apparente bien à cette littérature[17]. En fait, Audet et Winandy évoquent à propos de Salomon une tradition de lecture et non pas une véritable correspondance historique qui relierait le texte à des événements du 10ème siècle. Cette dernière hypothèse est, en revanche, celle d'une vieille interprétation remontant à Théodore de Mopsueste: la longue description de *3*,6-11 aurait directement valeur de dénotation de l'événement qui serait prétexte et thème du poème: le

---

[17] «Ecrit de sagesse, le Ct. l'a été d'emblée par le milieu qui l'a vu naître. Il l'est devenu davantage encore quand un scribe s'est avisé de l'attribuer à Salomon, et de lui faire chanter les amours de ce roi et de la Sagesse», ouv. cit., p. 48.

mariage de Salomon avec une princesse égyptienne[18]. Toutes les consonances égyptiennes du texte — fort bien synthétisées par R. Tournay
(1982, ch.2) — peuvent conforter ce point de vue, cependant susceptible
d'une double version. Ou bien le texte est contemporain de l'évènement
qu'il décrit; le lien est alors étroit mais aussi peu contraignant: Salomon
n'est que l'horizon dénotatif du Ct. Ou bien celui-ci fut écrit à une
époque nettement postérieure, en lien avec la reviviscence de la figure
salomonienne à travers l'activation de l'attente messianique. La relation
à Salomon devient alors l'objet d'une élaboration beaucoup plus subtile,
repérable dans la texture de l'épithalame sous la forme d'un jeu
complexe de paronomases inscrivant la référence au nom de Salomon
(soit, par exemple, dans le Prologue, la chaîne שֶׁמֶן, שֵׁם, שְׁלֹמֹה croisant le
signifiant שָׁלוֹם dont dérive שְׁלֹמֹה et que reprendra plus loin la désignation
de la bien-aimée comme שׁוּלַמִּית׳ «la pacifiée»)[19].

De nouveau, il s'avère difficile d'arrêter le défilé des hypothèses.
Autant que pour la fixation de la structure ou de la datation, les
évidences contraires continuent à s'affronter. Quant aux paronomases,
elles conduisent à une frontière critique de l'analyse. Un peu à la
manière des anagrammes de Saussure[20], il semble qu'elles soient susceptibles de proliférer sans contrôle ni garantie, dès lors qu'une lecture se
met à accommoder sur la matière signifiante du texte à partir d'une
hypothèse interprétative donnée.

d) *Autres indécisions*

Bien d'autres alternatives relatives à l'identification du Ct. demeurent ouvertes. Sans renouveler pour chacune d'elles la démonstration,
signalons simplement les termes qu'elles mettent en jeu. Pour les uns, le
Ct. plonge résolument dans le monde palestinien et doit même être
précisément rapporté au ˙Royaume du Nord (Delitzsch, Albright,
Meek). Audet, lui, complexifie l'analyse en supposant deux documents,
l'un du Nord, l'autre du Sud réunis après l'Exil. Robert-Tournay
soulignent ce lien géographique au point de lire dans la description de la

---

[18] Ce passage, en réalité, fait difficulté à tous ceux qui ne lisent dans le Ct. qu'un
recueil de chants d'amour. Leur recours est alors de le mettre entre parenthèses en
décidant qu'il n'est qu'une addition postérieure, hétérogène au restant du poème
(JASTROW, MEEK). R. COUFFIGNAL (Cf. note 13 Ch. I) refuse ce parti: il fait de ces versets
le centre même du poème qu'il met en résonance avec d'autres textes vétéro-
testamentaires.

[19] Autres analyses in TOURNAY, 1982, ch. II. Un travail de N. WYATT, «"Jedidiah"
and Cognate Forms as a Title of royal Legitimation», *Biblica*, 1985, 66, n. 1, pp. 112-125,
retravaille cette question en montrant le rapport du nom «dod» à «David».

[20] J. STAROBINSKI, *Les mots sous les mots*, Les anagrammes de F. DE SAUSSURE,
Gallimard, 1971.

Sulamite faite en 7,2-6, une évocation allégorique de la géographie palestinienne[21]. Winandy, lui aussi, est sensible aux allusions géographiques, mais il en fait une mise en scène rhétorique, oeuvre d'un lettré juif qu'il imagine travaillant à Alexandrie, en proie à la nostalgie du pays. D'autres pourtant, passant outre à ces «évidences», tirent résolument le texte vers des sources étrangères à la Palestine. La Mésopotamie ou l'Egypte, on l'a vu, deviennent alors l'horizon privilégié du texte. Toute la thématique bascule et les références au sol palestinien sont, dans ce cas, englouties ou traitées comme écume, sans consistance, à la surface du texte.

Même dualité de position à propos du caractère populaire ou savant du texte. Certes, l'étude linguistique et rhétorique fournit de forts arguments à l'hypothèse d'un texte issu de milieux lettrés: langage raffiné et rare, «hapax», référence à une végétation qui ne peut être, de manière réaliste, celle de la Palestine. Pourtant le même texte devient pour d'autres spécimen de folklore populaire (lectures issues de Wetzstein ou d'Audet).

Enfin le débat s'élève sur un autre point. Plusieurs exégètes contemporains insistent sur la nécessité de délier le texte de tout rapport à un amour institutionnalisé dans le mariage. De fait, rien à la lettre, ne parle d'autre chose que de l'amour en son expression pure et jaillissante. D'autres, au contraire, développent longuement le thème d'un texte qui exalterait le mariage, institution divine dans la mesure où celui-ci est fondé sur une relation paritaire entre l'homme et la femme à la manière que décrit le texte du Ct. Corrélativement, la question de la visée du texte du Ct. se trouve posée et, là encore, non résolue: faut-il y lire des intentions didactiques, ou doit-on refuser tout détournement finaliste de son sens pour l'entendre dans la liberté d'un poème qui n'argumente pas mais dit seulement l'émerveillement de l'amour à travers la matière organisée des rythmes et des mots? De nouveau, à côté de la thèse d'une «poésie pure», divers exégètes prétendent mettre au jour des projets didactiques: Pouget-Guitton voient dans le Ct. une leçon de fidélité conjugale, dénonçant les divorces. Moins témérairement, Dubarle et Winandy veulent, dans la ligne des écrits de Sagesse, qu'il s'emploie simplement à enseigner la beauté et la bonté de l'amour.

2. Les effets de projection

On vient de le constater, même à propos de points que la critique historique tient pour fondamentaux, l'accord n'est pas fait, les débats se poursuivent. Pour toute une série de raisons obscures et probablement

---

[21] ROBERT, *Mélanges Podechard*, art. cit., 1945.

conjuguées, le Ct. se soustrait encore pour l'heure à toute affirmation critique ferme et décisive. Cette situation a pour effet d'activer autour du texte un énorme jeu de projections responsables des impressionnantes oscillations interprétatives que l'on a relevées. A ce titre, D. Lys montre bien dans l'introduction à son commentaire comment les décisions exégétiques sont ici constamment placées dans la dépendance d'une compréhension non critique du texte et comment la formule du «cercle vicieux» peut devenir une structure de l'analyse: le projet initial est de chercher l'origine pour fixer le sens, mais pour saisir l'origine, on fait intervenir à chaque fois, en sous main, une option préalable sur le sens du texte qui oriente la formulation des décisions critiques. En d'autres termes, l'interprétation règle déjà les décisions scientifiques qui préten-dent la réguler. On comprend dans ces conditions que le thème de la projection soit un argument favori de la polémique autour du Ct.

a) *Le vraisemblable de l'exégète*

Remarquons qu'il ne suffit pas d'incriminer les pièges de l'imagina-tion. Sont en cause, bien plus, les modèles de vraisemblance, que porte en soi chaque exégète et à partir desquels il découpe, analyse, décide de la progression du texte, suppute un milieu d'origine et détermine, pour finir, un sens. Dans bien des cas, les péripéties relevées dans le texte ne sont que placage de réminiscences non contrôlées ou projection d'une intrigue psychologique totalement importée. De là, de grandes composi-tions dramatiques autour des trois rôles d'un berger, d'une bergère et d'un roi, ou cette lecture inspirée des «wasfs» syriens qui retrouve dans le poème la trace d'une danse du sabre traditionnelle. De là encore, Buzy argumentant en termes de vraisemblance psychologique pour justifier les coupures et le découpage qu'il propose. Ou Winandy qui, voulant sauver la possibilité d'une lecture spirituelle, déclare que le texte n'aurait rien de sensuel, serait le chant d'un amour «légitime» (p. 26). Ou bien encore, les lectures récentes de H. Gollwitzer ou de R. de Pury trouvant dans le Ct. l'occasion de longs développements faisant la critique de l'institution du mariage en son acception bourgeoise et moralisatrice. Au vrai, sur ce dernier point, il devrait être clair pourtant que rien dans le texte n'ouvre véritablement de débat sur une telle question. Toutes les considérations concernant le problème de l'amour institutionnalisé/ amour libre, ou encore du licite/illicite tombent simplement hors des limites du poème. A cet égard il est étonnant de voir comment de si élémentaires évidences peuvent être méconnues et comment un texte qui fait de l'amour son enjeu central et exclusif peut devenir un prodigieux écran projectif. Car la situation est bien celle-ci: un poème appartenant à un contexte où la question constamment engagée, de front comme de biais, est celle du rapport d'amour de Dieu à l'homme, se met soudain à décrire l'amour de l'homme et de la femme sans l'ombre d'une référence à Dieu. Qui expliquera la raison de cette étrangeté? Qui saura pourquoi le corpus biblique intègre soudain un tel texte? A cette énigme particulièrement sensible à la mentalité moderne chaque critique s'efforce d'apporter une réponse qui est directement construite et mesurée par la légitimité que, lui, peut concevoir et admettre. C'est dire, qu'en cette dernière, sont impliquées les représentations qu'une culture, et à l'intérieur d'elle, un groupe lecteur, se donnent de l'amour humain, de la sphère du divin et du rapport de l'un à l'autre. Lorsque plusieurs commentateurs contemporains protestent de la valeur intrinsèque de l'amour humain et créditent le Ct. du mérite de le désacraliser, non seulement contre les cultes païens mais contre la tradition biblique elle-même et sa prétendue patriarcalisation[22], on peut craindre quelque simplisme et le placage sur la Bible de lieux communs du moment. On ne peut écarter le soupçon que ces lecteurs intrépides fassent du poème le simple support et l'argument d'une conviction personnelle. Car, relativement à cette question précise, il y a probablement dans la Bible beaucoup plus d'audace, de novation libératrice, d'équilibre originellement fondé, dès les premiers chapitres de la Genèse, que dans la totalité des mythologies qui sont contemporaines de la rédaction de ces textes. Mais tout se passe comme si, voulant s'arracher aux errances d'une spiritualisation qui n'est pas non plus biblique, on prétendait restituer, plus ou moins polémiquement, par l'intermédiaire du Ct., une vision attentive aux corps qui, en réalité, est de nouveau en-deça de ce que permet de concevoir une anthropologie biblique prise dans sa totalité[23]. La gêne que cause une telle position vient de ce qu'elle est une nouvelle manière de laisser court-circuiter le texte par des intérêts idéologiques qui ne sont pas les siens.

b) *Le problème de la constitution des séries pertinentes*

Le problème du modelage de l'interprétation sur le vraisemblable de l'interprète surgit encore en un point où il revêt une gravité accrue. On a vu précédemment comment, dans la recherche de la structure, chacun extrayait du texte les éléments de son argumentation. Ainsi par exemple, une même méthode, celle de la recherche des parallèles

---

[22] Cf. P. TRIBLE, «Depatriarchalizing in Biblical Interpretation», *Journal of the American Academy of Religion*, 41, 1973, pp. 30-48.

[23] Il n'est pas sûr que l'important travail de F. LANDY, *Paradoxes of Paradise: identity and difference in the Song of Songs*, The Almond Press, 1983, soumettant le poème à une fine investigation psychanalytique, échappe vraiment à une telle logique projective de la lecture.

bibliques, permet aussi bien à Robert d'étayer la thèse du sens spirituel, qu'elle sert, chez Dubarle, à prouver un sens profane. On a pu prendre, au passage, la mesure de la diversité effective et potentielle des constructions réalisables.

Il est clair que le texte présente beaucoup plus de chaînes associatives, de séries paradigmatiques que celles qui sont exploitées par les interprétations jusque là formulées. Bossuet lit la scansion du texte par le mot «nuit», mais pourquoi ne pas plutôt retenir l'existence des septénaires constitués autour des mots «Salomon», «filles de Jérusalem», «Liban» ou encore «vin», «myrrhe», «gazelle»? A l'horizon d'une telle situation surgit tôt ou tard le problème de l'évaluation des analyses concurrentes et donc des lectures proposées. On a pressenti qu'un raisonnement en termes de *vérité* du texte ne rendait pas compte de la complexité de l'objet textuel et de la lecture qui en est faite. Ce n'est pas dire qu'il faille renoncer à l'unicité du texte en prônant son éclatement. Mais en revanche, il est nécessaire de prendre acte de la multiplicité des voies qui s'offrent pour élaborer sa matière et qui débouchent sur des propositions de sens qu'il faut tôt ou tard confronter et évaluer. Méthodologiquement et dans des termes pour l'instant rapides, il semble que deux critères simples puissent être avancés: 1) De deux lectures, est meilleure celle qui mobilise le plus grand nombre d'éléments en les faisant concourir ensemble à l'opération finale d'interprétation. En ce sens, toute lecture n'a pas le même «rendement». Corrélativement, on peut poser que la patience qui accepte de différer le passage de l'inventaire à l'interprétation est le meilleur contrepoids au jeu de la subjectivité. Plus ample est l'effort de balayage des signifiants du texte, plus est rectifiée la projection subjective toujours tentée de se fixer sélectivement sur les éléments qui justifient son parti — au risque d'ignorer une masse plus grande de corrélations également construites par le texte. Ainsi la saturation des signifiants peut être tenue pour un bon critère d'évaluation. 2) Meilleure est la lecture qui intègre le texte le plus finement à son entour textuel. En l'occurrence celui-ci est le corpus biblique, en sa clôture qui dit non seulement une délimitation mais le dessin d'une cohérence. Dès lors que l'on prétend atteindre le texte en sa teneur biblique originale, on ne peut négliger de prendre en compte des séries signifiantes qui ont l'ampleur de ce texte total. Le Ct. est forcément traversé par une cohérence qui s'établit à une telle échelle. Il y a là un correctif radical à toute problématique des sources qui se contente d'enregistrer des convergences inter-culturelles et annule en fait, pour le texte cité et le texte citant, les interprétants qui donnent à chacun sa portée spécifique. C'est bien la faiblesse de l'hypothèse cultuelle que de s'en tenir au geste du transfert sans rien considérer au-delà d'une réappropriation qui redéfinit et peut réévaluer totalement l'élément emprunté, comme l'a bien montré C. Hauret à propos de l'influence de ces mêmes schémas cultuels dans l'écriture des Psaumes[24]. Le grand intérêt de la lecture de K. Barth évoquée plus haut[25] est précisément d'outrepasser les limites étroites des lectures prophétique et sapientielle pour montrer un jeu de corrélations jouant à l'échelle de l'ensemble du corpus biblique, là où devient perceptible à partir de quels problèmes et en vue de quel terme la Bible s'exprime quand elle parle de l'amour, de l'homme et de la femme. Toute clairvoyance acquise sur ce point — qui n'est rien d'autre qu'objectivité textuelle — devient simultanément moyen d'endiguer le jeu de la projection subjective.

3. *Les difficultés du concept d'origine*

Nous avons mentionné au chapitre précédent le concept d'origine. Nous avons énuméré quelques figures qui se trouvent subsumées sous une notion dans laquelle la plupart des exégètes placent leur espoir de *fonder* le sens vrai du Ct. Nous avons aussi constaté sa labilité et, a chaque fois, les ambiguïtés qui étaient attachées à telle ou telle de ses acceptions. Cependant, une difficulté particulière doit, à ce propos, être évoquée: celle de la délimitation précise de ce que l'on identifie comme «origine». Toutes les analyses du Ct., en effet, quelles que soient leurs options, mettent peu ou prou en évidence dans le texte l'existence d'une stratification plus ou moins complexe. Jamais on ne se trouve en face de la simple et mince ligne des mots. A tout le moins doit-on bien lire, dans la lettre même du texte, le décrochement de *8,8* et sv. où l'on passe soudain à un nouveau type discursif (apparition de nouveaux interlocuteurs, structure de «mashal»). Même Robert qui identifie le Ct., en son écriture initiale, à celle d'un «midrash» allégorique évoque, quand il aborde le commentaire de la finale, un travail d'ajout. Le texte final, tel que nous le lisons, apparaît bien comme le résultat d'un long processus que nous ne pouvons que conjecturer en construisant sous forme d'hypothèses des filières de production du texte. Tout le problème est alors de savoir ce que, dans la filière, on doit découper pour l'identifier à l'origine pertinente. Ou bien — à supposer que l'on retienne l'ensemble d'une filière — la question se pose des critères qui amènent à décréter celle-ci achevée, alors que le texte a continué d'être engagé dans les procédures d'écriture, sans cesse renouvelées au fil des siècles. En d'autres termes, sur ce dernier point, où situer la clôture des relectures originelles?

Le diagramme ci-dessous s'efforce de représenter synthétiquement

---

[24] C. HAURET, «L'interprétation des Psaumes selon l'école "Myth and ritual"», *Revue des Sciences Religieuses*, Janv. 1960, pp. 1-34.

[25] Voir supra, pp. 38 et sv.

la production et l'histoire du texte selon les deux hypothèses: 1) d'une existence pré-littéraire ayant préludé à sa rédaction et à l'histoire de sa lecture (type Audet), 2) d'une existence, dès le départ littéraire, ayant connu divers remaniements ou l'intervention d'ajouts (type Robert).

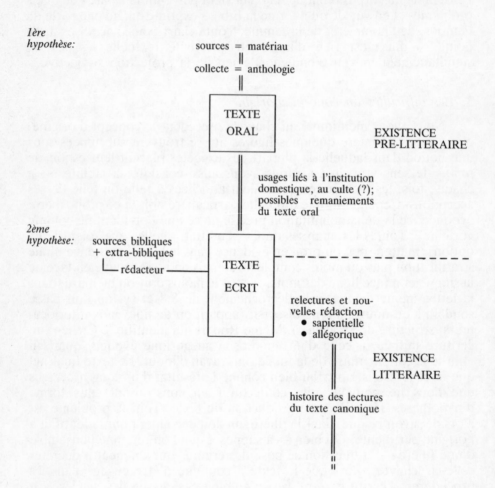

Dans l'un et l'autre cas, on perçoit que le texte du Ct. est pris dans une histoire où se succèdent réinterprétations et relectures.

Cherchant à identifier le texte de référence, Robert décide de s'en tenir au «midrash» qui s'achève en 8,7. Les versets 7-14 tombent alors dans le registre d'ajouts historiques sans rapport avec le texte lui-même (touche d'un rédacteur pharisien pour 8,8-9 et 8,11-12, d'un sage pour 8,13). Le même auteur ajoute que la seule origine que puisse invoquer une lecture juste du Ct. serait celle qui exclut ces ajouts circonstanciels et hétérogènes au propos du poème. Le *vrai* texte devrait, en conséquence, être ramené à son état antérieur au 2ème siècle. A quoi on est en droit d'objecter que le texte que nous lisons n'est pas le texte du Ct. amputé des v. 8-14, pas plus d'ailleurs qu'il n'est celui des poèmes de l'antiquité égyptienne dont Robert reconnaît qu'ils lui servent de matériau. Dans ces conditions, il devient difficile d'écarter tout sentiment d'arbitraire devant ce type de solution[26].

La reprise, une dernière fois, de l'analyse d'Audet permettra de mieux cerner encore le problème. Celui-ci, on l'a vu, postule à côté d'une phase d'existence littéraire du Ct., un long temps préalable de vie orale, sociale et folklorique: «A son origine, et tout au long de sa période pré-littéraire, son sens paraît avoir été lié à un certain usage». Or, cet usage serait celui d'un chant de l'institution domestique. Cette tradition aurait ultérieurement justifié l'insertion du Ct. au canon. Des Sages auraient été les artisans de cette admission, signée dans le texte par la référence alors introduite à Salomon, ainsi que par l'ajout des versets 8,6b et 7 qui relèvent du genre sapientiel et ne tiennent au Ct. que par l'artifice assez précaire de la conjonction כִּי , indice caractéristique de la «réflexion de l'éditeur» (op. cit. p. 217). Un nouveau sens aurait alors été superposé et peut-être substitué au premier. Cependant, tant que le texte serait resté en rapport avec sa tradition initiale, il n'aurait pas soulevé de difficulté. C'est parce que ce lien aurait été plus tard perdu, que l'on aurait recouru à la lecture allégorique, celle-là même qu'Audet juge abusive, dans la mesure où elle ignore tout de l'usage-sens primitif du poème. Ayant tracé une telle description, Audet peut conclure que «la portée exacte et la grandeur réelle du sens du Ct. sont à chercher dans la période pré-littéraire», confirmant ainsi l'usage matrimonial initial comme origine pertinente pour la fixation du sens.

Certes, pareille perspective est certainement possible, mais on doit convenir que rien non plus ne l'impose. Peut-être doit-on même dire qu'elle manifeste combien sont par nature arbitraires les positions prises en la matière. Car l'histoire du Ct. est celle de l'existence d'un discours — éventuellement oral en son départ, puis écrit — qui demeure inséparable de l'acte de sa lecture et de ses relectures. Rien ne permet décisivement de l'immobiliser en un point zéro de cette histoire, dans l'espoir d'y saisir un état originel. En amont, le texte s'échappe en direction des matériaux qu'il utilise et dont on a rappelé, pour commencer, la diversité d'origine et de nature. En aval, il est pris dans le mouvement de ses relectures qui sédimentent en lui de nouveaux

---

[26] L'analyse de ROBERT et développée dans l'article «Les appendices du Ct. des Ct.», *R.B.*, 1948, n. 2, pp. 161-183.

signifiants. Dès lors que la lecture sapientielle a ajouté sa touche dans les versets finals, que des résonances prophétiques sont apparues au texte, comment ne pas considérer que sens sapientiel et sens prophétique sont des composantes de son identité? C'est d'ailleurs vers une conclusion également nuancée que s'oriente P. Grelot quand il se demande si la lecture allégorique n'aurait pas «tout simplement relayé et prolongé» une tradition déjà ancienne «fixant de façon définitive le sens biblique de l'oeuvre». Et il ajoute «pourquoi n'aurait-elle pas été déjà celle du dernier éditeur du Ct., avant même que celui-ci passât dans la traduction grecque de la Bible en qualité de livre canonique»? Ce qui l'amène à envisager à côté d'un sens littéral premier du livre (celui de l'amour homme-femme), un sens littéral plénier constitué par la théologisation du premier sens, telle que la réalise déjà l'éditeur du texte[27].

Reste une ultime question: la frontière qui sépare les relectures originelles de celles qui ne le seraient plus, est-elle tellement ferme et tranchée? Certes, on peut considérer que sont originelles celles seulement qui laissent matériellement des traces dans le texte. Ce parti cohérent a néanmoins pour inconvénient d'introduire la discontinuité dans un processus de transmission et de lecture qui ne comporte pas d'interruption. De part en part, le texte est plongé dans une histoire à laquelle il est également malaisé d'assigner un point de départ et un terme d'arrivée. L'ignorer, c'est, ainsi que le dit fort justement J. Ladrière: «détacher le langage de son insertion dans un sujet et dans une histoire»; alors qu'il s'agit, à l'inverse, de «remettre en mouvement le langage déjà constitué, (de) prolonger l'effort de compréhension tel qu'il se déploie depuis les origines, en s'appuyant sur le mouvement de son historicité», et donc en renonçant au partage — qui n'est qu'un artifice abstrait — qui sépare d'un côté un fait et de l'autre une interprétation[28]. En réalité, on doit bien admettre que les contours du concept d'«origine» se brouillent et s'effacent dès qu'on s'engage dans le domaine encombré et foisonnant de l'histoire où les textes se forment et se transmettent, se réécrivent et s'interprètent dans le mouvement vif de l'existence sociale du langage.

II. LES LIMITES THEORIQUES, OU LE SECOND CERCLE CRITIQUE

Le bilan qui vient d'être esquissé montre les difficultés que continuent à rencontrer les travaux consacrés au Ct.: sur maints points

---

[27] Art. cit., note 49.
[28] J. LADRIERE, L'articulation du sens, II. Les langages de la foi, Ed. du Cerf, 1984, p. 118.

déterminants aux yeux d'une problématique historico-critique le texte se dérobe et ne livre rien de définitif. Quant à la volonté de *fonder le sens*, elle demeure pour l'heure également déçue. A la dérive des interprétations qui fait passer pour désespérante l'exégèse traditionnelle, s'est substituée une autre prolifération d'hypothèses dont aucune ne parvient mieux à faire la décision. Il ne serait pas juste de tirer argument de cette situation pour décréter que désormais, renonçant à des problèmes qui résistent trop, l'nalyse les ignorera et se fixera sur d'autres questions. Pareille conjoncture vaut au contraire comme invitation à poursuivre le travail. Mais elle devrait permettre aussi de se rendre plus attentif aux limites théoriques du modèle d'identification et d'interprétation qui supporte l'édifice de cette recherche exégétique. C'est à une telle critique élargie que l'on se consacrera maintenant. Le propos est de réenvisager la documentation moderne relative au Ct. en tâchant de repérer, comme en creux et par défaut, ce que ces mêmes analyses laissent pour compte dans la réalité textuelle globale, ou bien écartent délibérément, ou, en tout cas, omettent d'investir dans la recherche de l'identité du texte et de son sens.

Ce projet s'appuie sur une constatation qui, au point présent de notre exposé, n'est encore qu'une intuition à explorer et à éprouver. Elle concerne le statut de l'histoire telle que celle-ci est pensée et engagée dans le travail critique.

Déjà on a eu l'occasion de remarquer comment l'enquête historique, diversement mise en oeuvre, tendait dans la plupart des cas à absorber l'analyse. La question de la rédaction du texte, de son contexte historique initial est devenue pratiquement la pierre de touche de toute interprétation. Même les travaux qui prolongent la tradition de la lecture allégorique argumentent dans le cadre de cette problématique: ainsi, par exemple, A. Robert défendant le sens traditionnel, en s'efforçant de montrer que celui-ci trouve un répondant dans l'intention qui porte originellement et historiquement l'écriture du texte. Mais on a vu aussi que, dans le même temps, cette exégèse historique vivait d'une étrange restriction et d'un curieux appauvrissement de l'histoire même. A la fois elle décide de tout lui soumettre et elle en rétrécit l'acception jusqu'à ne vouloir en connaître que cette modalité limitée, et en définitive abstraite, qui est désignée par le terme d'«origine». De cette inflation du moment initial résulte par ailleurs un effacement à peu près complet des autres types de rapports qu'un texte entretient avec l'histoire. En particulier, l'observateur, exorbitant son regard sur ce qu'il nomme l'originel, oublie que l'histoire est son propre lieu, que la lecture est un acte entièrement traversé d'historicité, que toute enquête historique comporte nécessairement cette sorte de torsion par laquelle l'histoire se recourbe sur elle-même. C'est cette méconnaissance qui incite précisément à poursuivre la quête d'une position d'objectivité qui puisse être imprenable et indiscutable, comme le rêve plus ou moins toute problématique argumentant en termes de preuve ou de fondement du sens. Rivé à la considération de l'origine, l'observateur manque encore autrement sa propre historicité: il néglige de penser son appartenance à la lignée des lectures qui l'ont précédé. Il s'affranchit de cette référence. On objectera que c'est précisément dans ce décrochement que réside la nouveauté de la position inaugurée par la modernité critique. Mais le risque est grand, oubliant que l'on participe à cette histoire du texte, d'oublier cette histoire même, de la neutraliser, de ne plus avoir le souci d'en rendre compte en décrivant comment le texte l'a précisément rendue possible.

Afin d'apprécier l'ampleur de telles omissions, on regardera d'abord si, et comment, les travaux présentés précédemment font référence à la tradition de lecture du Ct. Après quoi on donnera une première esquisse de la théorie du sens et du sujet associée à cette conception de l'historicité. Enfin, on cherchera dans le reparcours de quelques grands moments de l'histoire de l'exégèse, la manière dont s'est progressivement construite cette situation moderne de la lecture critique.

1. Références à la «tradition de lecture»

Le *Cantique des Cantiques* tel que nous le lisons aujourd'hui est à la fois un texte et l'histoire de ce texte. D'une certaine manière, les commentateurs modernes en sont bien conscients qui l'abordent le plus souvent à partir de la perplexité que leur cause cette histoire. Mais relever un sentiment ou une impression ne fait pas une analyse. Celle-ci impose que l'on regarde précisément comment l'histoire de la lecture du Ct. est présente aux travaux contemporains qui s'attachent à ce texte.

a) *Une donnée encombrante ou anodine*

Remarquons qu'en de nombreux cas l'histoire de la lecture n'est présentée que sous la forme d'un propos introductif, désenchanté, variation sur le thème: «Peu de textes ont été autant commentés...». La leçon uniformément tirée de cette constatation est celle d'un encombrement de la question qui invite à un redoublement de rigueur au service d'une objectivité capable de surmonter le foisonnement des sens énoncés au cours du temps. Si l'histoire de la transmission se résume ainsi à l'impression déconcertante qu'elle laisse, elle stimule aussi logiquement le projet de sortir de l'ornière interprétative qui l'a fait être ce qu'elle est.

Quand il arrive, au-delà de cette impression globale, que l'intérêt se fixe un instant sur le passé du texte, il en résulte l'apparition de chapitres se proposant comme «histoire de l'interprétation», dont les caractéristiques, d'un auteur à l'autre, sont pratiquement identiques. L'histoire de la lecture y est essentiellement un «pour mémoire», juxtaposé à l'enquête philologique, comparatiste ou ethnologique. Ce chapitre entre dans l'inventaire des savoirs sur le Ct. en dressant le panorama des sens qui lui ont été associés. Mais la décision que prend personnellement l'exégète relativement au sens du Ct. n'est pas affectée par ce que comporte cette histoire. Il s'agit bien de deux rubriques distinctes, sans implication mutuelle. Prendre acte des usages ou des compréhensions successives du poème est finalement sans rapport avec le choix du sens que l'on défend.

Dans quelques cas cet historique se propose comme la rétrospective d'une série au terme de laquelle vient s'inscrire la nouvelle interprétation. C'est ce que l'on trouve, par exemple, dans la longue introduction du commentaire de M.H. Pope. Ayant traité des questions critiques classiques à propos du Ct., l'auteur dresse un long panorama des interprétations antécédentes, au terme duquel il expose, à titre personnel, une série de parallèles nouveaux et d'allusions polémiques de la littérature chrétienne primitive qui viennent étayer la thèse d'un rituel des funérailles. Mais rien n'est fait de plus, en cela, que d'ajouter un maillon à une chaîne.

D'autres travaux mentionnent le passé du texte avec l'intention d'y puiser une caution à l'interprétation qu'ils défendent. Ainsi le *Cambridge Bible Commentary* qui disqualifie d'emblée l'allégorie, puis s'attarde sur la lignée des lectures littérales, pour en faire surgir une synthèse où il exprime sa propre interprétation. Malgré les apparences, la référence à l'histoire demeure ici rigoureusement partiale et partielle. Sa mention est purement argumentative, sa figure sélective, issue de l'opération qui consiste à produire des précédents à l'appui d'une thèse, en abandonnant aux marges ce qui, dans cette même histoire, viendrait la contredire. De la même façon, quoiqu'en sens inverse, cette tendance n'est pas étrangère au grand travail de Robert, Feuillet et Tournay. L'histoire de l'interprétation y est représentée par un long et intéressant chapitre qui rend sensible l'éparpillement des interprétations. Mais le propos est simplement descriptif; rien n'est dit qui permette d'éclairer cette situation de fait, de rendre compte de la coexistence de thèses aussi rigoureusement incompatibles. Le vaste commentaire qui suit n'est en aucun cas atteint par ce que la rétrospective historique a mis au jour. Le sous-entendu est que, de tous ces sens en conflit, un seul est véritablement pertinent: celui que produit la lecture allégorique et auquel ce travail s'efforce d'apporter un fondement textuel.

Sans doute fait-il bien partie de la logique de l'enquête scientifique d'enregistrer le maximum de données autour d'un texte ou d'une question en débat. En ce sens, il serait illégitime d'objecter aux histoires descriptives de l'interprétation. Mais la difficulté commence lorsque l'on s'avise que l'héritage comporte des disparités telles qu'on ne peut simplement en prendre acte sans tenter de commencer à les expliquer. Et elle est redoublée quand on constate qu'une attitude communément représentée consiste à n'évoquer l'histoire qu'en la redécoupant selon des contours que dicte au commentateur son propre choix interprétatif.

b) *L'allégorie, une «hypothèse» sur le sens disqualifiée*

La manière dont est traitée l'allégorie est, à cet égard, tout à fait instructive.

* La majeure partie de l'histoire de l'interprétation du Ct., on le sait, est dominée par ce mode de lecture. Or, mis à part les quelques continuateurs de cette tradition, il apparaît que tous les autres commentateurs contemporains, rencontrant cette réalité, entreprennent plus ou moins ouvertement de la disqualifier du même mouvement qu'ils la désignent. D'emblée, la prise en considération de cette interprétation est assortie d'un jugement défavorable. Toute mention de l'allégorie est devancée par l'opinion que celle-ci ne peut être qu'une pratique symptômatique d'un âge obscur peu regardant sur la rigueur, incapable de penser objectivement, livré sans protection aux fantaisies de l'imagination spirituelle. Les exemples de cette attitude dépréciative foisonnent, dans des tons divers, mais avec une égale virtuosité d'expression. Pour Winandy, l'exégèse allégorique n'existe «que pour les besoins de la cause, pour ce qu'on croyait être tel, parce qu'on n'arrivait pas à concevoir qu'un écrit d'apparence purement profane ait pu être, à quelque moment que ce soit, assumé dans le canon des Ecritures»[29]. H. Gollwitzer, lui, ramène l'allégorie juive et chrétienne aux poncifs de la correspondance visible/invisible, matériel/spirituel, répétant après tant d'autres que «la méthode d'interprétation allégorique fut, pour Augustin et les théologiens de son temps, une aide précieuse pour écarter tous ces motifs de scandale et pour prouver aux philosophes la haute spiritualité du discours biblique»[30]. Plus radicalement encore, le *Cambridge Bible Commentary* estime que «les limites de l'allégorisation semblent n'être qu'une affaire de conviction et de goût»[31]. De quoi il n'est évidemment pas question de débattre scientifiquement.

* Quelques autres enfin ont une manière plus subtile d'ignorer la lecture allégorique en choisissant d'en traiter comme d'une... *hypothèse*. Ce faisant, on ne prend simplement pas en considération l'importance objective qu'a revêtue cette interprétation dans l'histoire du texte. On la ramène aux proportions d'une modeste proposition de lecture, une parmi d'autres. C'est ainsi que la conçoit explicitement J.P. Audet,

---

[29] Ouv. cit., p. 25.
[30] Ouv. cit., p. 36.
[31] Ouv. cit., p. 164.

affirmant à une étape de l'article déjà cité: «La discussion doit accepter ici provisoirement la lecture allégorique» (p. 207). Ou encore E. Würthwein structurant son article de synthèse, *Zum Verständnis des Hohenliedes*, selon la succession sans relief de l'allégorie, du sens typique, du sens cultuel ou mythologique alignés comme de pures variantes.

Il y a là une curieuse perte de perspective qui surgit comme un lapsus révélateur. Il est en effet audacieux de rabattre sur une simple hypothèse intellectuelle, un peu confidentielle, une forme de lecture dont l'existence traverse les siècles et dont les assises sont à l'échelle de groupes entiers. Car si les études historiques modernes constituent un abondant corpus qui dit un singulier intérêt pour le poème, celui-là est sans commune mesure avec le continent beaucoup plus vaste des traditions où se côtoient les Pères de l'Eglise, les rabbis d'Israël, les moines cisterciens du 12ème siècle, les mystiques rhéno-flamands ou espagnols, les Kabbalistes et les Piétistes. De plus, l'examen de cette histoire révèle un abord du texte parfaitement original: on ne vient pas au Ct. pour lui trouver un sens, comme nous sommes accoutumés à le faire, mais afin d'éclairer par sa référence la compréhension que l'on a de la Pâque (*Midrash Rabba*), pour fonder une ecclésiologie (Honorius Augustodunensis par exemple), une mariologie (Rupert de Deutz et, un peu plus tard, Guillaume de Newburgh), pour exhorter des moines à la perfection de leur vie (S. Bernard), penser la relation de l'Eglise à Israël (Nicolas de Lyre poursuivant une exégèse déjà présente chez Hippolyte), pour former à la vie spirituelle (Luis de la Puente), ou exposer quelques mystères de la vie mystique (Kabbale ou S. Jean de la Croix). On remarque aussi bien que si l'allégorie est à la source du *Lekha Dodi* d'Alkabez de Safed ou du *Cantique spirituel* de Saint Jean de la Croix, il est en revanche beaucoup plus difficile d'attribuer à l'hypothèse cultuelle, par exemple, la genèse d'un quelconque grand texte. Les deux lectures, critique et allégorique, n'ont manifestement pas le même rapport d'incitation à l'écriture. De même encore doit-on constater que, s'il existe une tradition de lecture allégorique, il ne peut être question de parler d'une tradition littérale. On trouve bien des lignées de lectures littérales, mais elles ne font précisément pas une tradition, au sens fort où celle-ci doit être définie, c'est-à-dire comme mettant en cause non seulement un objet de transmission mais un travail d'auto-identification de l'individu ou du groupe à travers ce qu'il transmet. En d'autres termes, rien ne surgit autour des lectures critiques qui ressemble à l'acte par lequel des sujets, léguant un patrimoine, se livrent en livrant ce par quoi ils construisent leurs repères et leur identité. Travaillant plus loin sur les usages patristiques du Ct., on aura l'occasion de détailler le processus par lequel, à l'intérieur d'une histoire et selon la diversité de ses moments, des sujets se découvrent et se connaissent dans le mouvement même où ils élaborent les signifiants du Ct. Mais déjà on peut soupçonner que ce modèle ait peu à voir avec le dispositif de la lecture critique où des figures spécifiques de l'histoire, du sujet et du texte s'organisent selon une rationalité propre.

   * Il apparaît ainsi que l'on n'a pas simplement affaire à deux options de même niveau, mais à *deux positions à l'égard du texte et à deux pratiques de lecture.* L'une est une attitude à partir de laquelle s'engendre, dans l'histoire, un nouveau corpus d'écriture; l'autre est une hypothèse sur le sens à donner au texte. L'une est une pratique, au nom de l'histoire, manifestant des sujets qui, en présence du Ct., simultanément lisent, parlent et écrivent; l'autre est une déduction de la raison critique moderne qui, au contraire, veut l'effacement du sujet. Or, on sait qu'une hypothèse se teste, s'éprouve, se falsifie. Un fait, en revanche, est d'abord reconnu et s'il se peut, expliqué. En ce sens, l'allégorie n'est pas simplement à prouver ou à fonder; elle doit d'abord être enregistrée pour ce qu'elle est effectivement: la modalité principale de lecture du Ct. à travers l'histoire de sa transmission. Pour cela, et parce qu'en outre, dans l'ordre du discours, les catégories de vrai et de faux, de fondé et d'arbitraire sont loin d'épuiser la description, toute exploration de l'identité de ce texte devrait, d'une façon ou d'une autre, prendre acte du fait et le faire participer comme tel à l'élucidation de l'identité du Cantique des Cantiques. C'est le mérite — d'autant plus grand que le propos est plus rare — d'un récent article de R.E. Murphy que de rappeler la pertinence et la nécessité d'une attention sans prévention, non sélective, à l'histoire du Ct. Partant de la question: «Patristic and Medieval exegesis: help or hindrance?», il rappelle les grands repères de l'exégèse patristique et médiévale: cette fois, non pour faire tableau, en traitant, comme d'une rubrique de dictionnaire, l'article «Interprétation du Ct.»; mais pour ramener le regard sur un aspect aujourd'hui volontairement ignoré de l'histoire du texte et suggérer à l'exégète de ne pas trop hâtivement se libérer des questions qu'il peut y croiser[32].

c) *L'allégorie, réponse ancienne à des questions modernes?*

   Nous aurons l'occasion de traiter plus amplement du problème complexe de l'allégorie dans la suite. Insistons seulement, pour l'instant, sur l'attitude méthodologique que révèle son assimilation à une «hypothèse» sur le sens. Dans les travaux qui s'expriment ainsi, l'allégorie n'est en réalité conçue que comme la réponse apportée par les siècles passés aux problèmes que nous énonçons, nous, aujourd'hui, à propos

---

[32] R.E. Murphy, «Patristic and medieval exegesis. Help or hindrance?», *Catholic Biblical Quarterly*, 43, 1981, pp. 505-516.

du Ct. Lire allégoriquement ne peut être alors que la solution, encore enfantine et de toutes façons facilitante, à laquelle recoururent des lecteurs qui pressentaient les difficultés qu'expérimente notre recherche laborieuse, sans avoir les moyens de les résoudre et de les surmonter. Cette perspective fait l'un des lieux communs les plus pratiqués par le discours critique contemporain. J.P. Audet assimile l'allégorie au moyen trouvé tardivement par le judaïsme, puis par le christianisme, pour sortir de la perplexité causée par un texte que l'on ne savait plus identifier[33]. A.-M. Dubarle, de même, n'y reconnaît pas plus qu'une solution de facilité à laquelle un exégète moderne doit savoir renoncer[34].

Pourtant, faisant ainsi de l'allégorie un recours ou un procédé de rattrapage, on ne prend pas suffisamment la précaution de se demander si le désarroi interprétatif qu'éprouve l'exégèse moderne face au Ct. a été effectivement partagé par les siècles antérieurs. Or rien ne garantit, avant qu'on en fasse la preuve, que les questions sur lesquelles achoppent nos lectures modernes aient eu une égale réalité pour des générations qui lurent sans répit, commentèrent et réécrivirent le poème de multiples manières. Avant de faire de l'allégorie une hypothèse ancienne pour dépasser les apories du Ct., une saine méthode voudrait que l'on s'assurât que, lisant le texte, les lecteurs passés y ont rencontré une énigme. En tout état de cause, il semble légitime de veiller scrupuleusement à toute projection qui rabattrait l'une sur l'autre, l'une au profit de l'autre, des lectures dont les économies risquent d'être totalement différentes. C'est bien précisément le risque que l'on voit dans une problématique qui, exclusivement occupée par l'origine, n'investit plus suffisamment d'attention et d'effort d'analyse sur cette dimension propre du texte que constitue l'histoire de sa transmission. Elle n'est plus alors capable de considérer celle-ci autrement que déformée par la projection de ses propres catégories et des questions qu'elle-même cherche à résoudre. C'est précisément ce que donnent à lire le plus couramment les «histoires de l'interprétation» dans lesquelles on puisera maintenant quelques exemples.

---

[33] «... c'est justement au moment où, la conception antique du livre s'étant déjà considérablement modifiée dans le sens individualiste que nous connaissons, on commença à prendre le Ct. en soi, indépendamment de son cadre, qu'il a causé ce premier étonnement, ou cette sorte de gêne, qui devait bientôt le soumettre, dans le judaïsme, aussi bien que dans le christianisme, au bon vouloir de l'allégorie», art. cit., pp. 206-207.
[34] «Le symbolisme a été parfois l'issue des Pères de l'Eglise quand le défaut de connaissances positives faisait d'un texte une énigme indéchiffrable. Mais un exégète moderne doit se tenir en garde contre une solution de facilité (les ressources du symbolisme sont infinies) et n'admettre un sens figuré que lorsqu'il est bien établi par des arguments positifs», R.B. 1954, p. 85.

d) *Structure des «histoires de l'interprétation»*

Elles sont avant tout énumérations des sens successivement donnés au Ct. La présentation varie en fonction des critères mis en oeuvre, mais elle revient finalement à une unique partition: celle qui met en regard sens allégorique et sens naturel considérés comme deux catégories homogènes et alternatives à l'intérieur d'un même espace sémiotique. Nous prendrons trois exemples puisés dans la littérature critique du 19ème et du 20ème siècle.

* Bien que l'*Histoire critique de l'interprétation du Cantique des Cantiques* remonte au siècle dernier[35], ce travail est exemplaire d'une démarche qui, au caractère naïvement polémique de l'expression près, se retrouve dans nombre d'exposés modernes. La «thèse» soutenue est classiquement celle d'un texte dont le sens a été perdu. Partant de là, Cunitz décrit le règne de l'obscurantisme confessionnel qui l'a recouvert des siècles durant, avant que ne triomphent laborieusement et difficilement les évidences d'un point de vue libre de préventions dogmatiques et de souci apologétique. L'histoire du Ct. serait, à ce titre, l'illustration parfaite d'un processus de détournement confessionnel capable d'assujettir durablement un texte à ses préjugés, jusqu'à ce que soit soulevé «le voile épais dont le mysticisme avait enveloppé ce livre» (p. 35).

Sur la base de la dichotomie indiquée plus haut, l'histoire de l'interprétation est décrite comme celle de deux moments qui s'articulent autour des novations critiques du 18ème siècle, promues en particulier par J. Dav. Michaelis et Semler. Dans le premier de ces temps, celui de l'interprétation allégorique, on assiste, selon Cunitz, à l'interminable travail de confirmation du dogmatisme, étayant ses positions doctrinales à l'aide de commentaires qui trouvent «des mystères dans chaque mot du Cantique des Cantiques». Le Moyen-Age «fait preuve de la nullité des progrès que l'on avait faits dans l'interprétation du Ct., à la fin de tant de siècles» (p. 27). Seul brille au milieu de cet obscurantisme un précurseur qui fut aussi un martyr de la vérité: Théodore de Mopsueste lisant dans le Ct. un simple épithalame. Sur l'autre versant de l'histoire se lève progressivement le soleil de la science et de la vérité. Et si des attardés du sens allégorique ne manquent à aucune génération, la lumière gagne irrésistiblement. Avec J. Dav. Michaelis qui refuse le sens spirituel mais sauve la dignité biblique du poème en en faisant le chant des amours de deux époux. Avec Semler insistant sur l'absence d'indice d'un sens qui serait autre que le littéral. Avec Jacobi lançant l'idée d'un poème à trois voix dominantes (celle de Salomon, d'une jeune bergère séduite par lui mais demeurant fidèle à son berger). Avec Herder enfin, résolu à voir

---

[35] Ed. CUNITZ, *Histoire critique de l'interprétation du Ct. des Ct.*, Strasbourg, 1834.

dans le sens littéral une justification hautement suffisante à un texte qu'il tient pour l'un des fleurons de la poésie orientale[36].

En fait cette histoire consiste à aligner des noms propres associés à des interprétations, sans nulle analyse de fond. Sa valeur «critique» doit sans doute être rapportée à la violente opposition qui barre l'exposé et sépare le règne de l'obscurantisme de celui des Lumières.

* Un siècle plus tard, le panorama fort documenté, d'une tout autre valeur scientifique, proposé par H.H. Rowley, ne se situe pourtant pas vraiment dans une perspective différente[37]. Dans les deux premiers paragraphes l'auteur décrit les lectures juive et chrétienne; puis, aux paragraphes 3-5, il s'intéresse successivement aux diverses modalités des interprétations dramatique, naturaliste et spirituelle (i.e. cultuelle). De nouveau il énumère des noms reliés à des constructions de sens, montre le jeu des influences, discute les problèmes internes à chaque option. Mais de nouveau aussi, on remarque qu'analysant l'existence d'un texte dans l'histoire, on se contente d'une vision accommodant sur les mots du poème, pour y relever les dessins variés, configurés à partir d'eux par les diverses interprétations. En d'autres termes, la lecture est ignorée comme relation d'un texte et d'un lecteur. Des théories sont exposées, mais hors contexte, dans l'abstraction de toute situation réelle leur servant de milieu. La classification gagne certes en finesse par rapport à un travail méthodologiquement rudimentaire comme celui de Cunitz; mais quittant ce simplisme, elle devient aussi plus vulnérable. Alors que les paragraphes 1 et 2 de l'exposé renvoient à des milieux de lecture (juif et chrétien) et aux sens qui y sont accrédités, les paragraphes 3, 4 et 5 décrivent des hypothèses sur le sens, sans l'accompagnement d'aucune analyse qui manifesterait la spécificité nouvelle des lieux qui les ont produites. En réalité, tenant la cohérence pour laquelle Rowley semble opter au départ, la description devrait envisager, en leur singularité, les trois milieux de lecture que sont celui du judaïsme, du christianisme et celui de l'exégèse critique. Le fait que Rowley ne procède pas ainsi prouve simplement que ce qui pouvait passer au départ pour un effort de description synthétique de lieux et d'usages du texte, n'était que l'épinglage de séries de sens. Quand, en finale, Rowley décide de se prononcer personnellement, il n'a d'autre recours, au terme de cette accumulation dispersée, que celui d'alléguer le sentiment personnel qui lui fait affirmer qu'il n'y a rien d'autre dans le Ct. «que ce qui y apparaît,

---

[36] On retrouve cinquante ans plus tard la même perspective exprimée par F.W. FARRAR dans son *History of interpretation*, Eight Lectures, Londres, 1886, qui rêve à une lecture du «simple sens» de la Bible, en sa «majesté native», tout en n'hésitant pas à penser l'histoire de la Révélation en termes purement hégeliens. L'avènement de l'exégèse historique lui arrache des cris d'enthousiasme.

[37] Art. cit., note 7.

les chants d'amants se disant leur amour, et la chaude émotion de leurs coeurs» (p. 243).

* Le parcours que propose Lerch de cette même histoire a pour intérêt de travailler à une systématique moins convenue[38]. L'objectif est de ramener la profusion des sens à une combinatoire simple. Pour cela Lerch formule une double opposition:

— l'une, concernant la forme littérale du Ct., oppose une lecture métaphorique à une lecture littérale (soit, le Ct. comporte-t-il, par intention de son auteur, un ou bien plusieurs sens?),

— l'autre, concernant le contenu de cette forme, distingue entre l'évocation par le texte d'un jeu de relations (entre des figures théologiques, des personnages mythologiques ou simplement des amants) et celui de séquences à portée historique (Israël libéré de l'Egypte, mariage de Salomon avec la fille du Pharaon, Incarnation du Christ).

A partir de quoi (p. 269) Lerch dresse le tableau dont on donne ici l'équivalent traduit:

	RELATIONS	FAITS HISTORIQUES
METAPHORIQUE	– Dieu/Christ - l'âme: Origène/Bernard et alii – Dieu - le gouvernement: (Augustin)/Luther – Relations entre divinités cananéennes: interprétation mythologique	– Libération d'Israël de l'Egypte: commentateurs juifs et alii – Incarnation du Christ: Athanase – Mariologie: Rupert de Deutz et alii – Histoire de l'AT et du NT: Aponius, Perez de Valentia et alii – Histoire de l'Eglise: Coccejus – Séparation du dixième du royaume des tribus de Juda: Hug
LITTERAL	– Mariage: époux-épouse. Conception en termes de chants nuptiaux qui décrivent le mariage idéal, par ex. nouveaux interprètes catholiques (Thilo) – Amour libre: conception d'une collection de chants purement érotiques, par ex. Haupt	– Salomon - fille de Pharaon – Salomon - Sulamite - Berger, etc. = interprétation dramatique dans ses différents scénarios

Lerch estime pouvoir prendre à son filet, de manière exhaustive, les multiples types d'interprétations avancées au cours des siècles. Pourtant, cette description produit des regroupements qui laissent deviner que la

---

[38] D. LERCH, «Zur Geschichte der Auslegung des Hohenliedes», *Zeitschrift für Theologie und Kirche*, 1957, pp. 257-277.

combinatoire proposée est probablement trop pauvre et rudimentaire. Ainsi, par exemple, il semble difficile de juxtaposer sans plus la lecture allégorique d'Origène et l'interprétation cultuelle. Outre des différences déjà mentionnées entre ces deux registres de sens, un contraste massif s'objecte: dans un cas (lecture cultuelle), celui qui construit ainsi le sens du Ct. reste totalement à distance des rapports qu'il lit dans le texte; dans l'autre cas (commentaire d'Origène), le lecteur s'inclut dans l'un des pôles de la relation que sa lecture fait jouer (Origène, comme ses lecteurs ou ses auditeurs appartiennent au groupe «Eglise» ou «âme» qui forme l'un des deux partenaires du dialogue lu dans le poème). On montrera plus loin toute l'importance que l'on croit devoir attacher à une telle remarque qui ramène au premier plan, et comme préalable de toute interprétation, le rapport de réénonciation construit par la lecture entre le texte et son lecteur.

L'examen du reste du tableau relance ce même problème. Dans l'histoire effective du Ct., ce n'est pas au sein du même type de rapport de lecture que se formule l'interprétation historique littérale (poème à relier au mariage de Salomon avec une princesse égyptienne) et celle qui en appelle métaphoriquement aux grandes phases de l'histoire d'Israël ou à celles de l'histoire de l'Eglise. Là, de nouveau, se découvre avant même que l'on doive parler de sens, la place d'une régulation préalable, plus englobante. Car avant la lecture du sens, il y a des sujets qui lisent, et une histoire qui construit des positions et des cohérences successives parmi lesquelles — une parmi d'autres — celle de l'exégète dont la figure est aujourd'hui dominante.

Ainsi la classification de D. Lerch rend-elle lisible la logique purement sémiotique[39] qui organise cette histoire de la lecture. De plus, en oubliant de s'intéresser à qui lit, en vue de quoi, selon quels types d'intérêt, en annulant ce qui sépare un discours homilétique d'un commentaire scientifique, en faisant comme si lire par intérêt érudit ou selon une tradition mystique devait être sans conséquence sur l'identification du sens, en ignorant qu'un texte n'a pas simplement le sens de ses mots — parce qu'entre lui et son sens intervient un tiers qui a ses raisons de lire ou de ne pas lire, de lire allégoriquement ou de lire littéralement — cette synthèse de Lerch désigne aussi, par défaut, les paramètres que revendiquerait une véritable poétique de l'interprétation.

---

[39] Nous entendons cette notion au sens où l'entend BENVENISTE comme renvoyant à la langue et au signe («Qui dit "sémiotique", dit intra-linguistique». Chaque signe a en propre ce qui le distingue des autres signes»), et en opposition au «sémantique», comme «domaine de la langue en emploi et en action». *Problèmes de linguistique générale*, II, Gallimard, 1974, pp. 215-238.

2. *Une sémiotique et ses conséquences*

De telles dispositions relatives à l'histoire sont en réalité solidaires de la théorie du sens qui leur sert de cadre et qui les autorise. C'est celle-ci qui doit être caractérisée. On a précédemment relevé que l'enquête critique sur le Ct. se présentait comme une recherche du «sens vrai» fondé en référence à un terme originel. Cette démarche est reliée à des présupposés qu'il nous faut formuler.

a) *Du sens et des sens*

* Viser un sens vrai du texte, revient à postuler que *celui-ci possède son sens, en soi,* absolument et sans condition, hors de toute opération d'interprétance. Le vrai sens est une propriété du texte comme le sel est une propriété de la mer ou la radioactivité de l'uranium. Il est *vrai* pour autant qu'il s'identifie à l'intentionnalité d'un auteur, à la structure du texte, à son usage primitif ou à l'inventaire des matériaux dont il est fait. Cette conception largement régnante dans la critique et l'herméneutique depuis un siècle et demi traite donc du sens comme d'un en-soi qui est fait pour être recueilli, dans un geste en quelque sorte blanc. La validité de l'interprétation a pour critère l'intégration de ces données objectives, à l'exclusion de tout autre paramètre subjectif.

* L'existence pleine et a priori du signifié a pour contrepartie *la figure d'un sujet transparent*, non-interventionniste qui est présentement le sujet technicien, désintéressé et dégagé de tout intérêt autre que celui supposé neutre de la connaissance. Son émergence peut être datée. Elle est reliée à des étapes, notamment le siècle des Lumières occupé à faire le procès d'un sujet rivé à l'imagination, enclin à la croyance, assujetti aux préjugés de l'usage confessionnel de l'Ecriture.

A l'opposé naît un sujet qui n'est légitime qu'en s'annulant précisément comme sujet personnel, pour devenir libre poseur et vérificateur d'hypothèses[40]. Dans ces conditions la lecture critique a pour objectif d'effacer de son discours toute trace énonciative en même temps qu'elle écarte toute intervention du sujet personnel. Une *représentation de la vérité* domine cette scène. Elle est tributaire, on va le voir, d'un héritage dont on a neutralisé les contenus mais dont les formes clés sont maintenues. Cette vérité qui n'est plus théologique demeure pourtant entièrement soustraite à l'ordre de l'histoire comme à celui de l'intérêt ou du désir. Elle se connaît comme fait et non pas comme enjeu ou objet

---

[40] Nous formulons quelques réflexions relativement à ce processus qui aboutit à la mise en regard l'une de l'autre de deux exégèses in *Esprit*, sept. 1982: «Sur deux exégèses», pp. 96-102.

d'une volonté[41]. Il est clair qu'une telle perspective est étrangère à la maxime de Goethe disant la facticité du fait: «Das Höchste wäre zu begreifen: dass alles Faktische schon Theorie ist»[42]. On n'y entend pas plus le propos de Nietzsche ébranlant l'illusion d'une vérité scientifique détachée du vouloir qui supporte sa quête, pour la montrer prise dans le double jeu d'une volonté de savoir et d'une volonté de cacher ou de fuir ce qui pourrait se dire hors de la vérité de la science.

* Par voie de conséquence, on conçoit que la multiplicité des sens donnés au Ct. soit tenue pour l'effet négatif d'une situation de lecture n'ayant pas encore accédé à maturité, c'est-à-dire à la maîtrise critique. Ainsi le foisonnement interprétatif passe-t-il naturellement pour l'envers de la thèse du «sens vrai». On a vu précédemment les retombées de cette conception dans l'élaboration des histoires de l'interprétation du Ct. des Ct.

b) *Conséquences théoriques*

On peut discerner et formuler dès maintenant quelques conséquences théoriques de cette situation.

D'une part, en assimilant l'histoire passée de la lecture à un processus de tâtonnements ou à une aberration, on se dispense de s'en préoccuper sur un mode autre que celui d'un simple enregistrement prenant acte d'un moment de l'histoire. On ne se demande pas comment le Ct. a pu, comme tel, positivement, autoriser et stimuler la production de sens divers, selon des modes variés qui vont de la simple paraphrase à des écritures neuves, autonomes, métonymiques. Ainsi reste non résolu, parce que non formulé, le problème de la logique textuelle inscrite dans le Ct. qui est à la source de cette situation[43].

Par ailleurs, on ne tire aucun parti de cette paradoxale histoire de la transmission pour faire avancer la réflexion théorique, pour progresser dans la mise à l'épreuve des modèles reçus de la lecture et inventorier à neuf les composantes de cet acte singulier. Car c'est bien aux points de

---

[41] J. FAVRET SAADA fournit des remarques pleines d'intérêt sur cette question in *Les mots, la mort, les sorts*, Gallimard, 1977.

[42] Cité par P. GISEL, *Vérité et histoire, La théologie dans la modernité*, Ed. Beauchesne, Labor et Fides, Théologie historique, n. 41, 1977. Sur ce problème de l'histoire, voir encore de NIETZSCHE, *La Seconde considération inactuelle*, «Vom Nutzen und Nachteil der Historie für das Leben», Ed. bilingue Aubier, 1964, p. 196-389.

[43] M. CHARLES désigne cette question dans l'ouverture de sa *Rhétorique de la lecture*, Seuil, 1977, p. 9: «Dans le grand jeu des interprétations, les forces du désir et les tensions de l'idéologie ont un rôle décisif. "Il reste" que ce jeu n'est possible que dans la mesure où les textes le permettent. Cela ne signifie pas qu'un texte autorise n'importe quelle lecture, mais simplement qu'il a lui-même du "jeu". Ici, peut-être, un espace à explorer».

l'observation où un objet déborde la théorie ou n'est envisageable par elle que comme une anomalie, qu'il convient de relancer l'effort de théorisation. En fait, tout se passe comme si l'on préférait neutraliser ou dévaluer d'emblée une tradition de lecture plutôt que de la voir mettre en procès le modèle théorique qui sert à l'appréhender. Etrange effet de la clairvoyance critique, qui suggère bien l'importance des enjeux engagés dans une question apparemment confinée aux limites d'un débat technique. C'est toujours, en clair comme en plus obscur, la même métaphore de Saadia qui, à base de serrure et de clé, vient modeler et régler l'interprétation de l'histoire de l'interprétation du Ct.: «Sache mon frère que tu rencontreras de grandes différences dans les interprétations du Ct. A la vérité, elles diffèrent parce que le Ct. ressemble à une serrure dont on aurait perdu la clé». Ainsi la dispersion des sens n'est-elle vue que comme accumulation des clés essayées. Mais on ne se demande pas qui tient la clé, ni si chacun a les mêmes motifs de vouloir ouvrir. On ne se demande pas non plus si les générations successives de lecteurs et de commentateurs du Ct. se reconnaîtraient également dans cette métaphore.

Car, au vrai, il est une autre énigme dont on ne se préoccupe guère: celle non pas de l'abondance des sens associés au Ct., mais celle, plus immédiate, du retour obstiné de la lecture vers ce texte. Là est la véritable surprise qui se découvre quand on s'aperçoit que le Ct. est le texte scripturaire le plus constamment commenté après celui des Psaumes, et très au delà de l'inventaire des divers sens qu'on lui a prêtés. Par où se devine qu'on n'a pas lu simplement le Ct. pour dire son sens. Un sens a pu être dit, reçu par des générations de lecteurs qui, à partir de lui, se sont mis à relire, commenter, réécrire sans nécessairement opposer une nouvelle interprétation à la précédente, sans non plus répéter sans progrès, comme on patine en un même point.

C'est aussi pourquoi l'histoire de ce texte devrait avoir l'effet salubre de manifester l'impasse sur laquelle débouche ici une théorie du texte prise à une conception historiciste qui pense sans sujet, sans histoire et sans signifiant; qui par conséquent réduit le sens à des signes qui sont déliés de tout sujet et s'épuisent dans un dualisme dominé par la transcendance du signifié; qui, enfin, exténue la lecture dans la question du sens du texte. C'est un tel modèle qui identifie le Ct. à une énigme à résoudre, un mystère à forcer, relayant ainsi — mais en la décalant, en la sécularisant — la phrase de Saadia citée plus haut[44].

---

[44] En son départ, cette phrase de SAADIA a forcément un sens distinct de celui qu'il a spontanément pour nous. Elle doit certainement être rattachée à une problématique de la connaissance mystique de Dieu, aujourd'hui scellée, vers laquelle l'homme s'avance comme vers un mystère, alors qu'elle lui était initialement ouverte.

c) *Le problème des traductions*

Enfin, avant de poursuivre, une objection grave et massive, relative-ment aux problèmes du sens, doit être prise en compte. Il faut en effet prendre acte de ce qu'à la racine même de l'histoire de l'interprétation du Ct. est placée une énorme censure qui semble l'inscrire tout entière et irrémédiablement dans la logique du signe dont on disait à l'instant l'insuffisance. On veut parler des réductions qu'opèrent les traductions par rapport au texte hébraïque originel. Toute une poétique de la traduction est ici en cause. Il ne peut être question de s'engager en ce point dans le détail de ce qui exigerait, en soi, une minutieuse analyse. Remarquons seulement ce fait massif auquel ont rendu sensible des travaux récents, comme ceux d'Henri Meschonnic: toutes les traductions qui, dès le départ de la tradition chrétienne, servent de base à la lecture et aux commentaires ignorent systématiquement et constamment la rythmique propre à l'écriture hébraïque, par conséquent inhérente au discours biblique et constitutive du sens qui s'y construit[45]. Si l'on tient, avec H. Meschonnic, que «le rythme est l'organisation même du sens dans le discours» et que «le sens étant l'activité du sujet de l'énonciation, le rythme est l'organisation du sujet comme discours dans et par son discours», on voit de quel poids risque de peser une telle situation. Toute lecture qui ne lit pas le texte original est condamnée à ne lire le sens que dans l'ignorance du rythme qui précisément fait le sens! Il y a là, au seuil de toute argumentation, un immense obstacle. Pourtant, on ne déses-père pas de montrer comment, à l'intérieur du périmètre déterminé par cette limitation, se reconstitue un espace d'énonciation; comment un jeu subjectif peut reprendre, au moins en partie, ouvrant ainsi à la lecture la possibilité de déborder le modèle auquel tenterait de le réduire une problématique qui pense le texte en termes de langue et de signes. On perçoit mieux à partir de cette remarque comment le modèle historiciste de la lecture, à part égale avec le modèle sémiotique (i.e. centré sur les signes de la langue dans l'oubli du discours et de ses composantes) vient, dans ces conditions, redoubler et sceller le premier effacement qui éliminait la rythmique au profit d'une économie exclusive du signifié. Certes, on ne prétend pas remonter au-delà de ce premier oubli, car celui-ci est un fait qui ne s'annule pas. En revanche, on peut s'efforcer de ne pas le surcharger d'un second oubli qui, lui, n'est pas un fait, mais l'effet projeté de notre propre modèle de lecture. Pour cela, il convient de prendre en compte l'histoire du Ct. — comme on tentera de le faire

---

[45] C'est là tout le sujet de *Critique du rythme*, Verdier, 1982. La phrase d'IBN EZRA citée p. 395: «Tout commentaire qui n'est pas sur un commentaire des accents tu n'en voudras pas et tu ne l'écouteras pas» déboute évidemment d'emblée la cause que nous plaidons ici.

dans la deuxième partie — en ses diverses dimensions respectives, là où se manifeste une logique de la réénonciation laissant affleurer ensemble, malgré tout, non des signifiés, mais des sujets et des signifiants dans une histoire.

3. *Les sources de cette problématique*

On vient de constater, à travers la description de la problématique moderne du Ct., le geste d'une mise à l'écart et d'un effacement: la tradition de lecture du texte, ramenée à une curiosité obsolète, est systématiquement méconnue; elle n'est mentionnée par la recherche que comme ce qui doit être surmonté par la science critique. Cette disposition moderne à l'égard de l'histoire de la transmission exprime en réalité une manière singulière d'appréhender le présent et le passé, et aussi de penser le rapport de l'un à l'autre. C'est cette attitude mentale et méthodologique que l'on voudrait tenter de situer maintenant en repérant: 1) de quelle autre conscience de l'histoire elle prend le contrepied, 2) où se situe son émergence historique, 3) comment, s'élaborant progressivement, elle engendre le regard et les méthodes qui définissent l'abord moderne des textes. En fait, à travers de telles interrogations, nous sommes renvoyés à un ensemble beaucoup plus complexe de termes qui, composés entre eux, constituent pour chaque époque la figure propre de l'exégèse. C'est l'histoire même de l'exégèse chrétienne qui est donc ici concernée. On ne peut la reprendre dans son ensemble[46]. On se contentera, en référence aux questions posées, d'en rappeler quelques étapes importantes, en gardant le souci d'éviter les lieux communs; spécialement celui, relevé dans les histoires de l'interprétation du ct., qui consiste à simplifier l'histoire en deux moments: celui d'une lecture confessionnelle où le sens, donné à l'avance, spiritualiserait en sacrifiant l'histoire; celui d'une lecture critique, transparente et désintéressée, qui ferait droit sans entrave à l'objectivité historique. Notre hypothèse est que d'autres niveaux de caractérisation doivent et peuvent être rejoints.

---

[46] On trouvera un bon panorama in R.M. GRANT: *L'interprétation de la Bible des origines chrétiennes à nos jours*, traduction Seuil, 1967. De plus, P. PIRET, *L'Ecriture et l'Esprit*, Une étude théologique sur l'exégèse et les philosophies, Editions de l'Institut d'Etudes Théologiques, Bruxelles, 1987, comporte une longue analyse, historique et philosophique de cette question.

a) *La synthèse traditionnelle*

1) *Approches insuffisantes*

On a vu comment la lecture allégorique, ou encore traditionnelle, était communément tenue pour un lieu intermédiaire, antichambre vague où se seraient amoncelés pendant des siècles des essais d'interprétations spiritualisantes dans l'attente d'un accès enfin trouvé à la lecture critique. Certes, l'histoire de l'interprétation allégorique comporte du disparate: Hippolyte au 2ème siècle ne lit pas exactement comme lit Rupert de Deutz au 12ème siècle ou Rusbroeck au 14ème. Les différentes atmosphères spirituelles de chaque temps et de chaque lieu introduisent des variations, suscitent des nouveautés. Pourtant cette diversité n'apparaît pas comme le fait de lecteurs désemparés qui multiplieraient les essais. La plupart de ces lectures sont fermes, vigoureuses, pleines d'un grand élan affirmatif. De plus, on perçoit, dans la suite du temps, de lecteur à lecteur, une sorte de connaturalité entre des interprétations pourtant différentes, et qui suggère l'existence d'une forte unité. En quels termes définir celle-ci afin de caractériser la synthèse initiale dont a vécu pendant des siècles l'exégèse chrétienne? Comment, une fois écartée l'explication qui se contente d'invoquer l'emprise d'un dogmatisme usant des textes à son profit, discerner et formuler positivement les dispositions qui sont à la source de cette lecture en sa continuité?

Une ligne de réponse commode et immédiate, parce que directement commandée par un pli actuel de notre mentalité, consiste à mettre l'unité dans la répétition de contenus: ainsi la compréhension allégorique du Ct. se définirait par la succession des interprétations issues et inspirées des modèles patristiques fondateurs. Il est vrai, et de plus en plus facile à prouver grâce à des travaux précis, qu'il existe des filiations fortes, au-delà de ce qui en est avoué, entre des commentaires pourtant réputés originaux. Il est évident que des associations proposées par Hippolyte ou Origène sont devenues quasiment normatives pour la suite de la littérature chrétienne relative au Ct. et peuvent être filées de siècle en siècle. Rien cependant n'autorise à mettre le tout de la notion de tradition dans une telle reprise. Avant de montrer sur pièce que la solidarité qui lie les siècles de lecture allégorique est tout autre chose que la répétition modulée de quelques topoï patristiques, on doit déjà avancer qu'il faut plus pour identifier une tradition que relever la permanence de valeurs ou de sens transmis, que faire le constat de leur stabilité. En ce sens, la réponse est trop courte qui consiste à alléguer, sans plus de précision, le célèbre principe du *Commonitorium* de Vincent de Lérins identifiant l'invariant constitutif de la tradition comme: «ce qui a été cru partout, toujours et par tous»[47]. Plus précisément, cette proposition, prélevée et transformée en maxime, a l'inconvénient de pointer un contenu d'une manière qui occulte trop la dynamique de la transmission.

2) *Qualification de la lecture dans la Tradition*

C'est précisément cette dynamique qu'il faut mettre en valeur. Ce ne sont pas seulement des contenus et des représentations interprétant la lettre d'un texte, ou bien justifiant une configuration sociale, ou encore disant un sens de l'existence, qui manifestent la nature d'une tradition. Bien au contraire, celle-ci est typée et individualisée d'abord par des systèmes d'attitudes liant les sujets entre eux, construisant le rapport de chacun aux références et au patrimoine du groupe. Une tradition est dans la forme de la transmission autant que dans le contenu de celle-ci. Repérer de tels systèmes d'attitudes implique que l'on n'accommode plus sur le seul ordre des contenus mais que l'on envisage celui des sujets.

C'est en ce registre qu'apparaît une première détermination importante de l'exégèse que l'on veut décrire. Elle porte sur la forme de la réception croyante de l'Ecriture. L'analyse systématique d'un tel rapport à la Bible appellerait des développements considérables dans la mesure où, en ce point stratégique, s'investissent quelques-unes des composantes les plus centrales de la foi chrétienne. Nous préférons laisser la description lever progressivement de l'étude ultérieure de textes patristiques et proposer seulement pour l'instant le rappel bref de quelques traits fondamentaux.

* Rappelons donc que pour ce moment de l'exégèse, l'Ecriture est d'emblée abordée dans la conscience de foi qu'elle est *réalité divine*. Elle est la Parole de Dieu. Toute lecture passe par cet a priori que l'on peut dire «sacral» à condition de préciser la nature du «sacré» ici en cause. Celui-ci ne concerne l'autorité ni d'une lettre, ni d'un sens, ni d'une vérité, mais celle d'une personne, celle de Dieu qui énonce la parole biblique et finalement, dans la personne du Christ, l'incarne et l'accomplit. Le Dieu de la Bible, qui est l'inverse de l'idole dans laquelle l'homme projette ses pensées et à laquelle il prête ses mots, parle, de mots humains, pour dire, dans l'histoire et par elle, ce dont la connaissance est effacée ou repoussée et qui se nomme techniquement «révéla-

---

[47] «Quod ubique, quod semper, quod ab omnibus creditum est» *Commonitorium*, § 2, in Tradition et progrès: Le Commonitorium, Trad. P. de Labriolle, DDB, 1978, p. 26. Sur la situation de ce texte au point d'aboutissement d'un débat étendu sur quatre siècles, voir W. RORDORF, A. SCHNEIDER, *L'évolution du concept de tradition dans l'Eglise ancienne*, 1982, Ed. Peter Lang.

tion». C'est dans cette logique que «lire» est «écouter» et se décrit très communément chez les Pères de l'Eglise, symétriquement à la prière, dans les termes d'un grand échange énonciatif structuré par la séquence «parler-écouter-répondre» (ainsi Augustin: «Quand tu lis, c'est Dieu qui te parle, quand tu pries, c'est avec Dieu que tu parles» [En. in Ps *85*,7]; ou Jérôme: «Pries-tu, tu parles à l'Epoux. Lis-tu, c'est lui qui te parle» [Lettre *22*, § 25]). Remarquons à ce propos qu'il n'est pas du tout sûr que la notion juive de «mikra» qui dit «lecture» en disant «écriture» soit sans pertinence pour qualifier cette tradition de lecture patristique: l'Ecriture des Pères n'existe bien que comme écriture proclamée et exposée dans l'acte foncièrement social qu'est la prédication.

   * La qualification de l'Ecriture comme parole écoutée et reçue s'exprime encore par la *dimension sacramentelle* que lui attribuent les Pères: elle est modalité de la présence. Non pas au titre d'une spéculation métaphysique sur le langage en général qui, convertissant la lettre en parole, mettrait ensemble la voix et la présence, mais comme manifestation de l'Incarnation, conséquence de l'acte de foi qui confesse ce qu'exprime en ouverture l'Epître aux Hébreux: «Après avoir à maintes reprises et sous maintes formes parlé jadis aux Pères par les prophètes, Dieu, en ces jours qui sont les derniers, nous a parlé par le Fils...» (*1*,1-2).

   * On comprend aussi, dans ce conditions, que l'acte de lecture, perçu comme relation de personne à personne, atteigne du lecteur *la totalité de l'existence*. C'est pourquoi il n'est jamais possible de ramener cette exégèse à une activité simplement spéculative. On peut penser que le déploiement traditionnel des sens de l'Ecriture dans les différents registres de l'histoire, de l'allégorie, de la tropologie et de l'anagogie exprime quelque chose de cette globalité de la lecture. Les prolongements tropologique et anagogique de la compréhension d'un texte ne sont pas de simples excroissances facultatives en direction, ici du comportement moral, là d'un accomplissement futur et encore inactuel. Ils signifient que le texte saisit le lecteur dans toutes les dimensions de son existence et de son être historique, l'implique dans sa capacité de connaître, de croire, mais aussi d'agir. En particulier, la rectitude du comportement moral devient la pierre de touche qui manifeste que ce qui est lu est compris, cru, reçu[48].

   * A l'intérieur de cette même tradition, l'Ecriture est inséparable du *lieu institutionnel* où elle est gardée, interprétée et transmise. Elle n'existe pas hors de son enracinement ecclésial qui est son identité

---

[48] Sur cette question voir H. DE LUBAC, *Exégèse médiévale* 1ère Partie, Tome II, pp. 558 et sv. pour la question du sens tropologique; pp. 635 et sv. pour celle du sens anagogique.

même. Mais de nouveau, cette caractéristique n'est intelligible qu'en rapport avec la vision théologique qui identifie rigoureusement le fait institutionnel comme une réalité spirituelle et mystique. L'Eglise ne garde l'Ecriture et ne dit légitimement et justement son sens qu'au titre de son identité telle que l'exprime, par exemple, une théologie du «corpus mysticum» ou, pour puiser au registre du Ct., une perception nuptiale de son être. C'est aussi pourquoi, lorsqu'Augustin définit la bonne lecture comme celle qui est «in fide catholica tractata», il ne se prononce pas en privilégiant une interprétation, mais il prétend désigner le seul sens vrai du texte, qui est aussi son sens christologique, celui dont l'accès est précisément ouvert à celle qui est l'Epouse de l'Epoux. De même Origène encore, à côté de tant d'autres, affirmant que l'interprétation spirituelle de l'Ecriture, c'est l'interprétation que «l'Esprit donne à l'Eglise». Ressaisissant ces divers éléments en quelques phrases d'une grande puissance d'analyse synthétique, H. de Lubac peut caractériser ainsi l'Ecriture lue et vécue au cours des siècles patristiques: «C'est une parole, c'est-à-dire l'amorce d'un dialogue. Elle s'adresse à quelqu'un dont elle attend une réponse. Plus exactement, c'est Dieu qui s'offre par elle, et il attend plus qu'une réponse, un mouvement de retour (...). Seul le comprend (le livre), dans l'unité de son intention divine, celui qui opère le mouvement de conversion auquel Dieu l'invitait à travers tous ces mots. Seule l'Eglise comprend l'Ecriture, l'Eglise, c'est-à-dire cette portion de l'humanité qui se convertit au Seigneur: "Ecclesiae ad Deum conversae ablatum est velamen"»[49].

Ce dernier point est capital. On peut considérer qu'il concentre l'essentiel de l'exégèse patristique en son existence stricte comme en ses prolongements ultérieurs. C'est aussi, on va le voir, la remise en cause de cette compréhension de l'institution ecclésiale qui enclenchera une étape nouvelle de l'histoire de l'exégèse.

Redisons encore que les dispositions à la fois pratiques et théologiques que l'on vient d'énoncer concernent avant tout les conditions, les lieux, les modalités de la transmission. Elles n'engagent pas directement son contenu. Plus précisément, l'acte du «transmittere» et le contenu de la transmission sont indissociablement mêlés. La tradition apparaît bien comme une manière de recevoir, de vivre, de transmettre, comme le sait de longue date la Bible, réitérant avec constance et insistance la consigne de se souvenir, d'observer la parole et de la donner. Dans le christianisme, cette conception de la tradition reçoit le prolongement de l'acte du Christ. Elle est «paradosis» au double sens du mot qui dit simultanément la «transmission» et la «livraison». Le Christ qui «livre sa vie» (par exemple: Galates 2,20), accomplit le sens de la tradition et fixe par là le

---

[49] H. de Lubac, *Histoire et Esprit*, Aubier 1950, p. 303.

paradigme de toute transmission chrétienne. Dès le 2ème siècle l'*Adversus haereses* d'Irénée formule en détail cette série de corrélations en traitant précisément de la tradition comme «transmission» et «livraison» dont la forme suprême est le témoignage du «martyre»[50]. La tradition est l'acte double par lequel le dépôt de la foi est transmis par des témoins qui le livrent jusqu'à se livrer eux-mêmes, engendrant par là de nouveaux témoins par lesquels le passé ne cesse de s'actualiser. La réalité de cet engendrement est très exactement ce que vise l'appellation de «Pères» appliquée aux auteurs patristiques. Autorités, références, inspirateurs et artisans du vaste travail d'élaboration théologique des premiers siècles, ils sont avant tout, et par leur nom même, signes et témoins de la relation de paternité qui instaure et construit cette tradition[51].

Certes, l'âge patristique ne s'étend pas sur l'ensemble de la période qui est concernée par le type de lecture que nous envisageons présentement. Pourtant, le temps des Pères étant clos, la relation au passé continuera bien à se penser selon la solidarité que crée le rapport de paternité. Pendant plusieurs siècles, l'histoire va demeurer sans contestation le lieu d'une croissance et d'une maturation vivantes. La tradition qui s'y déploie ne répète pas; elle engendre dans la fidélité à ce qui est avant. L'éloignement de l'origine ne signifie pas son brouillage ou son effacement, mais au contraire son extension active, sa prise de possession du temps de l'histoire. Par voie de conséquence la considération du passé se fait hors d'une quelconque idée de perte, de manque ou d'exil dont il faudrait rattraper les effets néfastes. Une circulation de vie met le passé dans le présent et le garde pour l'avenir.

On est là en présence d'un rapport singulier au temps qui peut être aussi dépaysant pour la mentalité moderne que l'est, dans de nombreux cas, la perception mystique de l'institution ecclésiale que l'on désignait plus haut. La suite de l'histoire de l'exégèse se construit précisément comme un décalage progressif par rapport à cette vision initiale.

---

[50] IRENEE, *Adversus haereses*, SC 34, Livre III, montrant comment «La "Tradition" qui vient des Apôtres existe dans l'Eglise et se maintient parmi nous», à travers la chaîne des apôtres, des évangélistes, des évêques, des Eglises de Rome et de Smyrne qui fournissent le témoignage des martyrs.

[51] Ainsi, de l'époque patristique, cette déclaration de CLEMENT D'ALEXANDRIE, «Nous appelons "Pères" ceux qui nous ont instruits en religion (1 Cor. *4*,15), et la Sagesse peut être partagée, elle aime les hommes. Salomon dit: "Mon fils, si tu reçois mes paroles et enfouis mes préceptes en ton coeur, ton oreille entendra les ordres de la Sagesse" (Prov. *2*,10). Il veut dire que la parole est semée et enfouie dans l'âme comme un grain en terre, dans l'âme du disciple: semailles spirituelles» *Stromates*, I, ch. 2, 1,3-2,1, Sc. n. 30, pp. 44-45. Voir également Y. CONGAR: Les saints Pères, organes privilégiés de la Tradition, in *Irénikon*, 1962, Tome 35, pp. 480-494.

b) *La mise en cause des dispositions de la lecture traditionnelle et le remaniement de la Réforme*

1) Précisons tout d'abord que l'élaboration du grand système thomiste qui, à beaucoup d'égards, marquera une frontière entre deux moments de la pensée théologique chrétienne, n'entre pas comme étape dans cette évolution. S. Thomas s'inscrit ici simplement dans la tradition qui est celle des Pères. Sa réflexion sur les «sens de l'Ecriture» en particulier ne fait que prolonger l'enseignement des «auctoritates» auquel il cherche seulement à donner un fondement rationnel à travers l'exposé d'une théorie reliant rigoureusement la signification à la connaissance de l'être de la réalité, élaborant les corrélations entre être, pensée et langage, spécifiant la Parole divine par la description du processus singulier qui ordonne une réalité à une autre, de manière telle qu'elle puisse la signifier. Certes, il réarticule les partages traditionnels en désignant un «sens propre» dont relèvent à la fois le sens littéral et le sens spirituel (*Quodlibet* VII, q.6, a.1, obj.5). Il définit le sens littéral comme «tout ce qui est entendu correctement à partir de la signification même des mots»; le sens spirituel, articulé en sens allégorique, moral et anagogique, comme relevant de la signification que l'auteur divin a en vue[52]. Mais toutes ces nuances et précisions sémiologiques n'apportent nulle nouveauté sur le fond. Même si la «suffisance de l'Ecriture» est fortement affirmée dans des formules où certains auteurs protestants verront des pierres d'attente pour le principe réformé de la «sola Scriptura», la fonction interprétative de l'institution ecclésiale n'est à aucun moment mise en discussion. Le fondement traditionnel de la lecture croyante est entièrement maintenu et légitimé. Comme le montre longuement E. Ménard, «auctoritas Ecclesiae» et «auctoritas Scripturae» continuent à s'ajuster sans nul conflit chez S. Thomas[53].

2) Au même moment mais ailleurs, cette position de tradition va pourtant commencer à être mise en cause par quelques-uns.

Tout débute en sourdine, comme l'a bien montré G. Tavard[54], lorsque le 13ème siècle finissant pousse en avant, dans un discours qui n'est encore que d'école, la question d'Henri de Gand: «Faut-il croire l'autorité de cette doctrine (c'est-à-dire de l'Ecriture) plutôt que celle de

---

[52] Cf. P. SYNAVE, La doctrine de S. Thomas d'Aquin sur le sens littéral des Ecritures, *Revue Biblique*, 35, 1926, pp. 40-65.

[53] E. MÉNARD, *La Tradition, Révélation, Ecriture, Eglise selon S. Thomas d'Aquin*, DDB, Studia n. 18, 1964 (ch. III et IV), mais également P. DE VOOGHT, Le rapport écriture-tradition d'après S. Thomas d'Aquin et les théologiens du 13ème siècle, *Istina*, 1962, pp. 499-510.

[54] G.-H. TAVARD, *Ecriture ou Eglise? La crise de la Réforme*, Unam Sanctam, n. 42, 1963 auquel nous emprunterons l'essentiel de l'information qui suit.

l'Eglise ou inversement?» (Summa, art. 10, q.1, fol. 73). La réponse qui suit demeure absolument classique: «En matière de foi l'Eglise et la sainte Ecriture sont entièrement d'accord et rendent témoignage à une seule et même chose, la vérité de la foi. En cela il est raisonnable de les croire toutes deux (...)». Pourtant, par le suspens de l'alternative qu'introduit le fait même de poser la question, une lézarde se dessine: deux réalités vivant jusqu'alors dans un rapport de pure inhérence sont soudain dissociées par l'argumentation. Et comme, plus loin, la même *Somme* d'Henri de Gand émet l'hypothèse que l'Eglise, porteuse et interprète des Ecritures, puisse ne pas toujours coïncider avec le groupe revendiquant ce nom, on doit considérer que ce texte modeste et prudent contient déjà les prémisses de l'attitude réformée. S'il n'est pas imaginable qu'il puisse exister une discordance entre l'Ecriture et l'Eglise, il n'est pas exclu, au moins en théorie, que surgisse un jour un écart entre la première et une portion dénaturée de la seconde.

La question d'Henri de Gand se retrouve, au début du 14ème siècle, chez Gérard de Bologne. Elle se profile encore chez Nicolas de Lyre écrivant: «Je déclare ne rien vouloir affirmer ou déterminer qui n'ait été clairement déterminé par la sainte Ecriture ou par l'autorité de l'Eglise» (Prol. de *Commendatione Scripturae*, PL 113, col. 31). Et encore chez Guillaume d'Occam dans son *Dialogue*, où cette fois, émerge, non comme une hypothèse mais comme principe théologique, l'idée d'un sens biblique indépendant de l'autorité de l'Eglise.

3) Les raidissements concomittants, renchérissant soit sur le pouvoir papal (dont les canonistes du 15ème siècle se firent les champions), soit sur l'autonomie de l'Ecriture, allaient creuser à leur tour, un peu plus, le fossé et acheminer, presque par nécessité, jusqu'à ce nouveau temps de la lecture biblique qui s'ouvre avec le 16ème siècle et dont on tient ici qu'il est plus qu'une simple péripétie dans l'histoire de l'exégèse sacrée. Ainsi, à la triangulation qui reliait paisiblement le sens du texte à l'existence historique d'une tradition portée par une institution, vont se substituer d'autres rapports entre des termes eux-mêmes soumis à redéfinition.

Le processus sera celui d'un double procès, l'un intérieur au christianisme et relié, en sa phase aiguë, à l'intervention de Luther, l'autre instruit dans le cadre de la philosophie. Le point d'aboutissement en sera l'herméneutique du 19ème siècle et ses héritages contemporains.

La première étape vers cette nouvelle distribution n'est pas d'abord le fait d'un geste en soi herméneutique. En son point de départ la critique engagée par Luther vise moins une pratique de la lecture qu'elle n'a pour objet d'atteindre globalement une institution en ses divers comportements. A l'appréhension mystique traditionnelle se substitue en effet une vision de l'Eglise qui ne donne plus à percevoir en elle que l'institution de pouvoir, grevée de limites, tentée et infidèle.

L'objectif devient alors d'en affranchir l'individu croyant, de le soustraire à une dépendance à la lettre aliénante, de le délier d'une obéissance qui n'est qu'une sujétion à l'arbitraire d'un pouvoir qui travaille pour soi d'autant plus aisément qu'il le fait à l'abri de justifications sacrées.

Dans la mesure où, comme on vient de le voir, Ecriture, Tradition et institution sont organiquement liées, on comprend aussi que le procès et le rejet de cette dernière viennent, à terme, bouleverser profondément la perception de la seconde et transformer l'accès que l'on a à la première. Ainsi va-t-on glisser de la critique des «indulgences» à cet autre abus de pouvoir qui consiste à confisquer un texte, à accaparer et détourner un sens en soi clair, puis à auto-légitimer l'opération en invoquant une autorité divine. Si l'institution n'est qu'institutionnelle, la Tradition dont elle se dit gardienne n'est elle-même que chose humaine, surcharge, fruit souvent pervers d'une histoire d'hommes gérant leur volonté de pouvoir. Là s'enracine le rejet que la Réforme opère de la Tradition au sens où elle est contenu de savoir et d'expérience. Contrairement à ce que laisserait croire trop vite le débat abrupt exprimé dans la question: «L'Ecriture et la Tradition constituent-elles deux sources de la Révélation, parallèles et complémentaires?», on s'aperçoit que ce refus porte sur autre chose qu'un corpus oral ou écrit d'enseignements qui viendraient en sus de ceux qui se tirent de l'Ecriture. C'est en fait tout un capital existentiel constitué autant de pratiques liturgiques, d'attitudes spirituelles que d'interprétations théologiques qui est soudain mis à l'écart comme relevant d'une histoire qui apparaît trop peu sainte. C'est finalement une forme de solidarité historique et une perception du présent engendré vitalement et paternellement du passé qui sont récusées à cette étape de l'histoire et pour ce secteur de la conscience chrétienne.

Ce qui peut se décrire ainsi négativement, a également, dans la perspective de Luther, sa contrepartie positive. Un nouveau sujet croyant et donc un nouveau sujet de la lecture émerge du même mouvement. Désormais, affranchi des tutelles traditionnelles, le lecteur se retrouve face à un texte dont ne le sépare plus aucune médiation: «sola Scriptura sui ipsius interpres». Dès lors, le chemin de la vérité de l'Ecriture est réouvert. Lire devient cet acte qui trouve sa fin dans la coïncidence vive et directe avec le sens vrai.

Telle est la pointe de l'oeuvre critique dont vit, à son début, la Réforme. Aux propositions précédentes qualifiant la lecture traditionnelle s'oppose donc, à cet instant précis, le triple geste qui:
1. disqualifie et écarte les régulations traditionnelles et institutionnelles[55],

---

[55] En réalité, le problème est plein de subtilités qu'il faut veiller à ne pas écraser

2. promeut simultanément une nouvelle figure du sujet lecteur de la Bible, qui cependant n'est pas encore le sujet libre et rationnel que va élaborer la philosophie au cours des 17ème et 18ème siècles[56],
3. crédite le texte sacré d'une transparence qui fonde la confiance en un accès à sa vérité.

Le premier de ces points énonce un fait sur lequel, au sein de la Réforme, on ne reviendra pas. Même en veillant à ne pas supposer de filiations trop hâtives entre la Réforme et l'Aufklärung[57] et en étant attentif aux déplacements et croisements survenus, on peut dire qu'ici naît une disposition nouvelle qui commande directement la suite de l'histoire de l'interprétation. En ce sens, on souscrit tout à fait au propos de Dilthey affirmant: «Nicht exegetische Kunst oder Versuche der Reflexion über dieselbe, aber wohl die hermeneutische Wissenschaft beginnt erst mit dem Protestantismus»[58] et montrant comment tout le travail herméneutique qui peut se trouver chez Origène, les Antiochiens, Augustin et d'autres lecteurs traditionnels de la Bible est séparé de celui qui se constitue au 16ème siècle par cette différence fondamentale: le premier demeure sous l'autorité de la tradition, l'autre s'en délie.

Les points 2. et 3., en revanche, désignent ici une toute première phase de l'évolution qui s'ouvre avec l'affranchissement de la tutelle ecclésiale. La transparence encore gardée au texte sacré, la représentation d'un libre sujet croyant marquent une position à mi-chemin dans le procès de la tradition et la refonte du modèle de la lecture. C'est dire

---

sous des formulations trop hâtives. La Réforme ne bannit pas toute idée de tradition objective. Mais elle refuse de considérer comme toujours actuel et légitime le principe de l'Auctoritas Ecclesiae qui a été, par le passé, l'origine de cette tradition. Ainsi LESSING décrète que la «traditio viva» se tarit à la fin du 4ème siècle; KNUPF place la frontière à la mort de S. BERNARD. Sur ces questions voir de VOOGHT, «Ecriture et tradition d'après des études catholiques récentes», Istina, 1958, n. 5, pp. 183-196. Parallèlement, l'article de R. GEISELMANN «Un malentendu éclairci: la relation «Ecriture-Tradition» dans la théologie catholique» in Istina, 1958, n. 5, montre bien comment à partir des durcissements polémiques du Concile de Trente (et d'autres, post-conciliaires, développant la théorie des «deux sources» à partir de l'expression «in libris scriptis et sine scripto traditionibus») il a été difficile et laborieux de reconquérir, côté catholique, une expression juste de la définition de la Tradition. MOEHLER, au siècle dernier, déclarant «totum in Scriptura et iterum in viva traditione» parvient à retrouver l'équilibre. Dès lors la Tradition s'entend bien d'«un processus qui se poursuit de façon continue dans l'Eglise: celui de la prédication vivante».

[56] P. RICOEUR fournit des éléments intéressants sur le statut du croyant et du lecteur chez LUTHER in Histoire de la philosophie allemande, Ed. Bréhier, Lib. Vrin, 1954, pp. 15 et sv.

[57] Comme le recommande, en particulier G. HORNIG, Die Anfänge der historisch-kritischen Theologie, J. Semlers Schriftverständnis und seine Stellung zu Luther, Vandenhoeck und Ruprecht, Göttingen, 1961.

[58] Cité in Seminar: Philosophische Hermeneutik, herausgegeben von H.-D. GADAMER und G. BOEHM, Suhrkamp 1979, p. 9.

qu'en la suite du temps, cette figure du lecteur et celle du texte seront reprises, retravaillées et puissamment remodelées. L'histoire de l'herméneutique est précisément, à nos yeux, celle des transformations de cette double représentation.

c) *Développements ultérieurs du geste de la Réforme*

1) *Flacius: Vers une méthodologie de la lecture*

Affirmer que le texte est transparent, ne manquait pas d'aller contre l'évidence de l'obscurité et des difficultés dont toute lecture faisait l'expérience, et sur lesquelles, au même moment, divers auteurs catholiques attiraient polémiquement l'attention. C'est bien ce problème qui est pris en charge, très vite, quelques années après la parution des thèses luthériennes dans un petit ouvrage que Dilthey donne pour l'un des textes fondateurs de l'herméneutique. Il s'agit de la *Clavis Scripturae Sacrae* de Flacius parue en 1567[59].

Cet ouvrage s'inscrit dans la mouvance de la Réforme. Il postule une double suffisance de contenu et de forme de l'Ecriture. La suffisance de contenu (l'Ecriture contient tout le donné de la foi) n'est autre que celle qu'affirme le discours apostolique, dès que l'on en soustrait des formules durcies ou bien outrées, issues du débat tridentin. La suffisance de forme, en revanche (le texte contient, à l'intérieur de ses limites, les ressources de sa propre interprétation) est à relier au débat confessionnel. Elle est une manière de réaffirmer, contre le Concile de Trente, l'autonomie de la lecture à l'égard de toute intervention et autorité extérieures. C'est précisément à partir de cette thèse de la suffisance formelle qu'une théorie de la lecture va se constituer ici. Ayant à répondre aux déclarations du catholicisme tridentin renchérissant par la bouche de Bellarmin sur l'obscurité du texte et sa non-suffisance, Flacius oppose l'affirmation que celui-ci est clair, ouvert, aisé, à condition seulement que soient observées quelques règles méthodologiques simples. L'objet de la *Clavis* est de les énoncer. Pour partie ces règles ont une portée négative. Elles visent à traiter les difficultés. Pour ce faire sont mobilisés le savoir linguistique et l'interprétation grammaticale. Pour partie aussi elles renvoient à une théorie de la lecture globale. L'idée de Flacius, qui emprunte pour s'exprimer le vocabulaire de la

---

[59] Voir la présentation qu'en fait Dilthey in «Origines et développement de l'herméneutique», 1900, traduit in *Dilthey*, par A. Kremer-Marietti, Ed. Seghers 1971, pp. 130-149. Eléments introductifs également in Gadamer/Boehm cité supra, pp. 13, 43-52.

rhétorique, est que l'intelligence du texte dépend d'une opération préalable ayant pour but de déterminer la visée d'ensemble du texte, ce qu'il appelle son «scopus». A partir de quoi le sens des parties devient sûrement accessible. De prime abord ce principe semble évoquer sans plus l'«analogia fidei» traditionnelle, qui considère que l'Ecriture doit être comprise comme un tout unifié dont chaque moment ou chaque terme renvoie aux autres. Pourtant une différence est décisive: l'«analogia fidei» est liée à la forme de la Révélation, à une économie théologique de l'histoire et à une théorie singulière de l'inspiration de ce texte unique. En revanche, le «scopus» qui concerne lui aussi l'interprétation des parties par le tout, est un concept strictement méthodologique. C'est la structure de l'esprit humain avec ses exigences ainsi que la constitution sémiotique du texte en général — et non plus une vision théologique — qui conduit à penser et à formuler une telle notion. Par là s'annonce et s'amorce une approche de la lecture biblique de plus en plus à l'écart des grands motifs théologiques qui organisaient la lecture traditionnelle, de plus en plus soucieuse de références à des principes herméneutiques valables pour tout texte, sacré ou non, indistinctement.

2) Le piétisme allemand: approfondissements théoriques

A leur tour, les milieux piétistes de l'Allemagne du 18ème siècle issus de la Réforme, apportent leur contribution aux questions ouvertes par la mise à l'écart, deux siècles plus tôt, de la «traditio interpretativa». L'oeuvre de Francke peut être considérée comme un bon témoin du travail de réflexion qui se fait là autour du texte et de sa lecture. Sa *Manuductio ad lectionem Scripturae Sacrae* publiée en 1693 émane tout droit des milieux de la nouvelle Réforme piétiste, activement occupée à dénoncer et à contrecarrer le retour de la scolastique au sein même de la Réforme. Certes, l'ambiance est celle de la «Frömmigkeit» et de l'«unio mystica». Toutefois, on doit tenir que Dilthey a majoré, dans la présentation qu'il donne des thèses de Francke, leur aspect émotif, transi de sensibilité. La pensée de Francke comporte en fait plus de complexité et d'équilibre que ne le laisse supposer Dilthey[60].

Une théorie du texte s'approfondit avec la *Manuductio* qui est loin

---

[60] Pour la présentation du piétisme allemand voir: *Die Religion in Geschichte und Gegenwart*, article «Pietismus», col. 371-379; Der deutsche Pietismus als Wegbereiter für die Arbeit der Bibelgesellschaften, in *Mélanges Nida*, Ed. K. ALAND, Mouton, 1974; MAX WEBER, *L'éthique protestante et l'esprit du capitalisme*, 1947, Traduction française Plon, 1964, pp. 161-181. Sur FRANCKE consulter l'article de E. PESCHKE H. «Francke und die Bibel», in *Pietismus und die Bibel*, Ed. sous la direction de K. ALAND, 1970, qui donne une bonne analyse de la *Manuductio*, des *Deutsche hermeneutische Schriften*, ainsi que des *Praelectiones hermeneuticae*.

de s'accorder les facilités d'une lecture imprécise et immédiatement subjective. Distinguant dans le texte la «Schale» (écorce) du «Kern» (noyau), Francke détermine, pour chacun de ces registres, la série d'opérations qui doivent être parcourues pour parvenir à une intelligence méthodique et ferme du sens. L'exploration de la «Schale» se fait par le truchement de trois lectures spécialisées: «lectio historica» (connaissance historique de la Bible), «lectio grammatica» ou «sensus litterae» nécessitant la connaissance des langues anciennes; «lectio analytica» enfin par où se déterminent le but et la structure interne de l'écrit que l'on considère. Le «Kern» est à son tour parcouru selon une quadruple lecture: une «lectio exegetica» livrant le «sensus litteralis» qui est le véritable objectif de l'étude; puis une «lectio dogmatica» de caractère christologique qui met en jeu la «piété» du lecteur; une «lectio porismatica» de caractère déductif, faisant jouer l'«analogia fidei», pour le «coeur préparé à la reconnaissance» et ultimement une «lectio pratica» où le texte peut entrer en relation avec l'«affect» du lecteur et, de proche en proche, avec l'ensemble de la vie. Comparant l'état de cette théorie avec celle de Flacius, on mesure le chemin parcouru en deux siècles: on est loin, d'une part, du thème optimiste et rassurant de la transparence de l'Ecriture; on regagne progressivement, par ailleurs, une conscience plus claire de l'intervention subjective dans la compréhension du texte. Les différentes lectures énumérées ci-dessus n'ont pas simplement pour but de livrer différents niveaux de sens, mais d'explorer le texte en équilibrant investigation objective et intervention subjective.

Les *Praelectiones hermeneuticae* de 1717 renchérissent sur l'aspect subjectif: Francke souligne, côté Ecriture, l'importance de l'écrivain sacré, de ses «affects» modelés par l'Esprit Saint, qui interviennent dans le texte de façon telle que la lecture ne peut négliger de les élucider. En cela s'inaugure un souci de l'auteur qui deviendra central pour l'herméneutique. Symétriquement, la subjectivité du lecteur est engagée dans la théorie. Lui aussi est porteur d'«affects» qui retentissent sur la manière dont le sens est élucidé et compris. L'intérêt que porte Francke à cet aspect de la subjectivité est d'autant plus remarquable que l'herméneutique ultérieure ne saura guère lui donner d'attention. La théorie de Francke insiste au contraire pour montrer que le contenu du texte («Inhalt») et le but de la lecture («Zweck») se composent, sans que le premier puisse être atteint hors des déterminations de l'autre. S'il y a un sens juste et un sens faux, c'est parce que le même texte peut être lu par un lecteur «enfant de Dieu» ou un autre «enfant du monde». Cette perspective, en définitive foncièrement tropologique (il s'agit de lire pour amender ses «affects» au contact du texte), renoue avec la tropologie traditionnelle qui identifie, elle aussi, le sens juste à la bonne position du lecteur. La différence est seulement que, dans un cas, la juste place se décrit dans les termes d'une piété privée (thème du «Wiedergeborene» cher à Francke), dans le second cas — celui de la Tradition — il équivaut au lien de solidarité avec l'Eglise, par où la lecture se fait précisément attentive, selon une expression du Moyen-Age, à ne pas détruire l'Ecriture «en l'expliquant avec les images du coeur».

Dans le prolongement direct de l'oeuvre de Francke, ce même thème des «affects» est repris et développé dans les *Institutiones Hermeneuticae Sacrae* de J. Jacob Rambach de 1723[61]. Il concerne cette fois exclusivement le texte et son auteur. Rambach construit une théorie de l'inspiration qui a pour centre la figure psychologique d'un auteur écrivant à partir d'«affects» dont la présence dans le discours est la clé de son interprétation. Le discours biblique est un composé de pensées explicitement exprimées et d'«affects» implicites qui les portent. Lire revient à comprendre les premières et à les composer avec les secondes restituées à l'aide d'un acte d'interprétation. La compréhension juste est une identification exacte des «affects» de l'auteur de l'Ecriture. Si un même texte peut comporter des sens variés et contradictoires, cela tient au caractère inévitablement hypothétique du repérage des «affects» et au fait qu'il est possible d'associer aux mêmes mots des intentions différentes.

Cette représentation du texte et de son auteur se situe entièrement dans le registre du «fühlen» piétiste. La figure psychologique du croyant piétiste sert à penser et à construire celle de l'auteur de l'Ecriture: lire consiste à faire coïncider la sensibilité du premier avec celle du second, par-delà le fossé creusé par le temps qui sépare écriture et lecture. Car le drame auquel affronte en définitive toute lecture est bien celui que pointe Rambach dans ses *Commentaires sur les Institutiones Hermeneuticae Sacrae*[62], en montrant la perte — qui s'opère dans l'écriture — de la vive-voix, de l'immédiateté, de la contemporanéité.

d) *Naissance de l'exégèse critique*

1) *Le Tractatus Theologico-Politicus de Spinoza*

Dans ce parcours sélectif destiné à repérer quelques grandes élaborations de la figure du texte scripturaire et du sujet de sa lecture, on ne peut omettre les sept premiers chapitres du *Tractatus Theologico-Politicus* de Spinoza. «Puisqu'en effet la plus haute autorité appartient à chacun pour interpréter l'Ecriture, il ne doit y avoir d'autre règle d'interprétation que la Lumière Naturelle commune à tous; nulle lumière

---

[61] Sur RAMBACH, *German Pietism during the 18th century*, ed. à Leiden, 1973.
[62] Citations de ce texte in GADAMER/BOEHM, pp. 62-68.

supérieure à la nature, nulle autorité extérieure»[63]. Même revendication de l'individu contre toute autorité instituée en cette déclaration inaugurale; l'autonomie du sujet, déjà affirmée par les thèses de la Réforme, se renforce ici d'une théorie qui en fait le porteur de la raison universelle. Même volonté aussi, martelée, en cette approche résolument moniste de l'Ecriture, de ne rien avancer qui ne soit du texte et dans le texte[64]. Une grande nouveauté pourtant se fraie un passage qui marquera un tournant. Elle concerne le statut du texte lui-même ainsi que la nature et la portée de l'opération engagée par la lecture.

On le sait, la réflexion de Spinoza construit dans ces chapitres deux grands paradigmes. D'un côté, la Prophétie ou Révélation dessine le lieu géométrique de la Raison, de la Sagesse, de la vérité spéculative et de la certitude intellectuelle. La lumière naturelle en est l'unique et décisive clarté qui ménage la possibilité de la connaissance immédiate et de l'expérience de l'évidence. C'est en ce sens que Spinoza redéfinit l'Ecriture au chapitre 12 du *Tractatus* comme parole de Dieu énonçant l'universel, précisément dans la mesure où elle n'est pas confondue avec les mots de l'écrit qui se lisent. La Parole de Dieu est identifiée à la raison que possède et exerce l'homme: «La Parole éternelle de Dieu, son pacte et la vraie religion sont divinement écrits dans le coeur de l'homme c'est-à-dire dans la pensée humaine» *C.* 12. Ce que commente Stanislas Breton: «L'Ecriture est Parole de Dieu parce qu'elle enseigne une loi et une religion universelles, c'est-à-dire indépendantes de toute contingence historique de l'écrit et de l'oral»[65]. Ainsi cette vérité — qui est la Vérité — échappe-t-elle au cercle de la parole. Elle est vérité de ce qu'elle se forme hors langage.

Un second paradigme comporte ce qu'exclut le premier: non plus la Prophétie dans son universalité, hors contingence, mais les Prophètes comme auteurs concrets d'une écriture matériellement faite de mots, mêlée de figures, de visions et de corporel. Il faut s'y résoudre, l'Ecriture qui se lit ainsi n'est qu'opinion humaine, déversoir de rêves sous l'empire de la passion et de l'imagination. Son infirmité est d'ailleurs signée, de manière décisive pour Spinoza, par la nature anthropomorphique de son langage. Dans la médiatisation du corporel, dans les méandres de l'invention imaginaire se perdent les lumières et l'immédiateté de la

---

[63] Nous citons le texte dans l'édition de C. APPUHN des *Oeuvres de Spinoza*, aux éditions Garnier-Flammarion, tome II, p. 158.

[64] Voir S. ZAC, *Spinoza et l'interprétation de l'Ecriture*, PUF, 1965.

[65] S. BRETON, *Politique, religion, écriture chez Spinoza*, Profac Lyon, 1973, ch. IV: «La nouvelle méthode d'interprétation et ses conséquences», pp. 49 et sv. Voir également E. CASSIRER: *La philosophie des Lumières*, Ed. Fayard 1966, affirmant que c'est SPINOZA «qui le premier a conçu en toute lucidité l'idée d'une historicité de la Bible et qui l'a clairement et positivement développée», pp. 196-197.

Révélation. On est là dans le registre de la vérité morale, celle à laquelle on obéit et qui n'est vraie que pour autant qu'elle a valeur et efficacité pragmatiques. Ce domaine exclut la vérité spéculative, celle qu'aime la philosophie. A le méconnaître, on trahit la raison et on sert les illusions du dogmatisme.

Il résulte de cette description un remaniement complet de l'accès à l'Ecriture, des formes et des finalités de sa lecture. Un geste y commande tout: tandis que le texte sacré passait jusqu'alors pour une clé de l'histoire et de la nature, il devient dans le *Tractatus*, partie de celles-ci. Il figure comme élément parmi d'autres, traversé d'historicité et de caducité. Il doit par conséquent être traité sans privilège particulier et sans revendiquer aucune vertu interprétative supérieure. Bien plus, par la nature de son langage narratif ou poétique, saturé d'anthropomorphismes, il requiert plus que tout autre l'intervention d'une clairvoyance critique capable de démêler les entrelacs d'intérêts qui sont à l'opposé de ceux de la sereine raison spéculative.

La naissance d'une méthodologie critique est accrochée à cette analyse. La démarche spinoziste est foncièrement «simple» en ce qu'elle «n'exige d'autre lumière que la naturelle» (TTP, p. 153). Mais dans cette simplicité, il y a toute l'ascèse d'un abord du texte qui accepte de s'en tenir au pur exercice de la raison à l'exclusion des raisons de l'affectivité ou de l'imaginaire qui font le lit du dogmatisme[66].

La méthode a en même temps un projet rigoureusement délimité: il ne s'agit que d'accéder au sens du texte sans prétendre outrepasser celui-ci en lui donnant valeur de vérité. Le célèbre principe du chapitre 7 qui interdit de «confondre le sens d'un discours avec la vérité des choses» trace une ligne de partage essentielle à l'économie de la nouvelle lecture. Celle-ci n'aura d'autre prétention que de construire le sens vrai du texte en faisant concourir à ce but les connaissances philologiques, le travail méticuleux de l'analyse littéraire et historique et encore, la recherche attentive de ce qu'a voulu l'auteur. Ainsi Spinoza précise-t-il le rôle d'une histoire de l'Ecriture qui «doit rapporter au sujet des livres des Prophètes toutes les circonstances particulières dont le souvenir nous a été transmis: j'entends la vie, les moeurs de l'auteur de chaque livre; le but qu'il se proposait, quel il a été, à quelle occasion, en quel temps, pour qui, en quelle langue enfin il a écrit». Et il ajoute: «Elle doit

---

[66] «De même en effet que la méthode dans l'interprétation de la nature consiste essentiellement à considérer d'abord la nature en historien et, après avoir ainsi réuni des données certaines, à en conclure les définitions des choses naturelles, de même, pour interpréter l'Ecriture, il est nécessaire d'en acquérir une exacte connaissance historique et, une fois en possession de cette connaissance, c'est-à-dire de données de principes certains, on peut en conclure par voie de légitime conséquence la pensée des auteurs de l'Ecriture» TTP, p. 138.

rapporter aussi les fortunes propres à chaque livre: comment il a été recueilli à l'origine, en quelles mains il est tombé, combien de leçons différentes sont connues de ce texte, quels hommes ont décidé de l'admettre dans le canon, et enfin comment tous les livres reconnus canoniques par tous ont été réunis en un corps» (TTP, p. 142).

Ainsi le texte est-il désormais ouvert, offert à une enquête historique remarquablement organisée. Son sens vrai se formule au débouché de ce que celle-ci produit. L'ère des historiens de la Bible commence. «La règle universelle à poser dans l'interprétation de l'Ecriture, est donc de ne lui attribuer d'autres enseignements que ceux que l'enquête historique nous aura très clairement montré qu'elle a donnés» (TTP, p. 140).

Simultanément, ces dispositions nouvelles sont reliées à une conscience historique en curieuse mutation: au moment où l'histoire entre en force dans le champ de l'éxégèse, elle se met en effet à porter de bien ternes couleurs. Il apparaît qu'elle a pour objet ce qui, de la réalité humaine, est le plus compromis avec le particulier, ce qui est du côté du provisoire et du caduc. La contingence et la bigarrure des sujets qui parlent en elle et y oeuvrent lui sont comptés de façon purement négative, comme le note Cassirer commentant l'émergence de la nouvelle perception de l'historicité de la Bible: «L'idée d'une historicité de la Bible ne comporte qu'un sens essentiellement négatif; car tout savoir qui s'attache et se limite aux rapports de temps, porte une fois pour toutes, la marque de l'imagination»[67]. En somme, l'histoire est concernée par ce que la raison universelle veut précisément surmonter.

On voit quel écart la méthode spinoziste creuse entre elle et les autres lectures de la Bible qui lui sont antérieures ou contemporaines. Certes les Réformés, par le biais de la critique de l'institution et de la Tradition, avaient déjà largement entamé la vision traditionnelle de l'histoire: elle n'était plus pour eux ce milieu vital dans lequel la vérité s'incarnait, se transmettait, subsistait à travers les aléas de l'infidélité des individus et de l'institution. Il y avait bien déjà cette conscience d'une pureté et d'une rectitude gâchées et aliénées par le temps. Mais cette vérité perdue pouvait être regagnée par le nouveau sujet croyant en train de naître, apprenant à exercer librement les ressources de sa foi et de son intelligence. Ce sujet, encore confessionnel, fait une première différence avec la théorie spinoziste: il ne peut évidemment pas être celui auquel l'auteur du *Tractatus* confie la tâche de manifester la vérité raisonnable des choses. Un second écart est plus radical encore. Il concerne l'identité du texte qui va subir un remaniement complet. Le statut de la Bible était demeuré, en effet, par-delà le clivage catholique-réformé, celui d'un texte qui, simultanément, devait être interprété (par le truchement de

---

[67] Ouv. cit, p. 197.

l'institution ecclésiale ou celui d'une méthodologie) et exerçait en retour une fonction d'interprétation. Une fois lue et comprise, la Bible était tenue pour un chemin de connaissance. Elle avait affaire à la vérité des choses. Elle conduisait même jusqu'à son coeur puisqu'elle était reçue comme texte de révélation. Cette valeur révélante traditionnelle est précisément ce que dénie l'analyse de Spinoza: l'Ecriture n'est pas concernée par la vérité, sauf celle, pratique, de la morale qui convient à une société. La Bible a besoin des lumières de son lecteur pour que son sens puisse se former, mais son lecteur, lui, n'a pas besoin d'elle. Ainsi l'interprétation joue-t-elle désormais unilatéralement, du côté d'un sujet qui ressort inaltéré de sa lecture. Elle est essentiellement critique, du lecteur en direction du texte. Et cette opération critique est le tout du rapport à l'Ecriture: lire consiste à se rendre conscient de l'histoire du texte; et dans cette connaissance est ramassé sans reste le tout de son identité.

Une méthode puissante va sortir de ces propositions. Elle dicte les opérations que Spinoza fixe à l'histoire de l'Ecriture au chapitre 7 du *Tractatus*. Mais il est clair que si le philosophe d'Amsterdam ouvre la Bible à la critique, il le fait comme un vainqueur pénètre dans une ville dont il vient de faire tomber les défenses. L'instauration de la méthode est l'occupation d'un territoire conquis. Le progrès de la connaissance que va rendre possible la critique spinoziste est entièrement dépendant d'une philosophie qui, préalablement, a redéfini le statut de la vérité et exclu qu'elle puisse avoir un rapport avec les textes de l'Ecriture.

Faut-il en conclure qu'il existe une implication mutuelle entre cette démarche et la profanation de l'Ecriture qu'opère Spinoza? En d'autres termes, faut-il renoncer à lire la Bible comme parole divine pour pouvoir commencer à la connaître historiquement?

2) L'Histoire critique du Vieux Testament de Richard Simon

Une oeuvre contemporaine de celle de Spinoza, méconnue, oubliée à peine écrite, celle de Richard Simon, oblige à refuser cet amalgame simpliste. Les textes de Richard Simon ne sont pas faciles à évaluer. On a répété qu'ils obéissaient à une logique de prudence qui n'avouait pas toujours l'essentiel. On a voulu faire de l'auteur de l'*Histoire critique du Vieux Testament* un allié des incrédules. Pourtant la comparaison de la démarche de Simon et de celle de Spinoza laisse paraître des différences remarquables et pleines d'enseignements[68].

---

[68] Richard SIMON, *Histoire critique du Vieux Testament*, Slatkine Reprints, 1971, réimpres. de l'Ed. de Rotterdam de 1685. On consultera également J. STEINMANN, *Richard Simon*, DDB, 1959, qui propose une lecture libre, et à nos yeux très clairvoyante, de l'oeuvre de SIMON.

A s'en tenir aux principes méthodologiques et à leur mise en pratique, les deux oeuvres présentent des similitudes frappantes. Simon n'a d'ailleurs pas caché la connivence que l'exégète, en lui, avait avec l'auteur du *Tractatus*. Le premier livre de l'*Histoire critique*, en particulier, expose une théorie de l'inspiration qui, pour être devenue banale en son principe depuis, comportait en son temps une teneur de novation et de provocation égale à celle des écrits de Spinoza. Non seulement le Pentateuque ne pouvait être l'oeuvre personnelle de Moïse, mais il fallait renoncer systématiquement à attribuer les textes de la Bible à de simples individus qui parleraient en leur nom propre. Il convenait de faire leur place à des phénomènes complexes de transmission impliquant des groupes entiers et de voir dans les documents bibliques l'oeuvre de scribes ou d'écrivains publics — de rédacteurs selon notre terminologie moderne — témoins et représentants de collectivités. Cette thèse de Simon est assortie d'un vaste travail de critique textuelle qui se développe sur tout l'espace du second livre. Sont étudiées, évaluées, comparées les anciennes versions de l'Ancien Testament antérieures à la révision massorétique. Simon discute l'inspiration de la Septante, analyse la version grecque des Samaritains, débat de celle de la Vulgate, passe en revue les traductions modernes de la Bible en latin, forcément décevantes, dit-il, car «pour éclaircir une infinité de mots obscurs et équivoques qui se trouvent dans la Vulgate, il est absolument nécessaire d'avoir recours au texte hébreu, et même au grec des Septante, qui est entendu de très peu de personnes». La troisième partie formule des points de méthode (comme la nécessité de se donner une version sûre de la Bible à travers une traduction claire, respectueuse du texte sans être asservie aux tournures hébraïques) et propose une série de considérations portant sur l'histoire de l'exégèse.

De place en place, l'exposé est scandé par l'énoncé de distinctions méthodologiques impératives. Le savoir historique ne doit pas interférer avec des arguments théologiques. La préoccupation de légitimer le dogme n'a pas à intervenir. Simon y insiste: «Ceux qui font profession de critiques ne doivent s'arrêter qu'à expliquer le sens littéral de leurs auteurs, et éviter tout ce qui est inutile à leur dessein» (I, III, ch. 15). Il délimite soigneusement son champ d'intervention et, pour ce champ, définit clairement quelles considérations seront pertinentes et quelles autres ne le sont pas. En cela on se retrouve dans le climat du *Tractatus* qui, lui aussi, opère, on l'a vu, de drastiques mises à l'écart. Mais c'est aussi là que se marque toute la différence. Tout en affirmant qu'ils ne sont pas partie prenante des réponses aux questions qu'il pose, Simon ne disqualifie ni le dogme, ni l'autorité de l'Eglise. Le traitement qu'il réserve à la Tradition est également remarquable. Il ne se fait pas faute de relever des faiblesses chez les Pères et il n'est pas sûr, qu'à ce jeu où il se complaît, il ne manque une partie de ce qui s'y trouve de meilleur.

Mais en même temps, il ne considère pas la Tradition comme une entrave à la saine intelligence des textes. Il puise même dans l'expérience qu'il en a de quoi éclairer les processus d'écriture de l'Ancien Testament. Et quand il montre les limites de l'exégèse des Pères, le débat qu'il instaure avec eux est encore une manière de marquer une solidarité dont il ne considère pas qu'elle soit rompue par l'exercice de la méthode critique. En d'autres termes, à aucun moment Simon ne paraît jouer le savoir critique contre la foi. Son oeuvre est en fait intérieure au cercle de la foi telle qu'elle se définit et se vit dans le catholicisme, même si ce cercle figure comme un horizon sur lequel l'oeil de Simon accommode rarement, tout absorbé qu'il est à scruter les manuscrits et leurs variantes, à interroger les étymologies et les accents.

Une remarque de Paul Hazard dans le chapitre de *La crise de la conscience européenne* qu'il consacre à Simon peut servir d'illustration à ce que nous avançons[69]. P. Hazard lui reproche de faire d'abord la démonstration que le texte de la loi mosaïque est composite, contrairement à l'idée reçue sur ce point, puis de récupérer ensuite l'inspiration qui a été retirée à Moïse, au profit des auteurs des remaniements du texte. Inconséquence, contradiction déclare Hazard: Simon abandonne à mi-chemin du parcours la rigueur critique; il passe de l'ordre des faits démontrables, qui est celui de la première proposition, à celui de la croyance qui, dans la seconde affirmation, échappe à toute preuve. En fait, il est vrai que rien n'exigeait de Simon qu'il reporte l'inspiration sur la personne des rédacteurs. Une logique exclusivement scientifique l'autorisait et devait l'inciter à déserter le problème ardu de l'inspiration de l'Ecriture qui sert de fondement à l'affirmation confessionnelle de son autorité. Or Simon n'a pas délaissé le problème. Il en a même fait le coeur du premier livre de l'*Histoire critique*. Comment ne pas voir que son mérite est ici celui de la synthèse? A partir du savoir nouveau que lui livre l'enquête critique, il se met en tête de repenser le vieux thème de l'inspiration de l'Ecriture, et il le fait de manière neuve, cohérente et en devancier d'analyses modernes[70].

Ainsi donc, si la reprise théologique du savoir critique acquis occupe fort peu de place dans l'oeuvre de Richard Simon — dont la vie et les intérêts sont ceux d'un pur érudit —, cette synthèse n'est nullement

---

[69] P. HAZARD, *La crise de la conscience européenne, 1680-1715*, Boivin, 1935, p. 195.

[70] En ce sens, notre jugement est inverse de celui de CASSIRER, ouv. cit., p. 196, qui veut qu'il y ait moins de liberté dans la position de SIMON que dans celle de SPINOZA. Sur les rapports de R. SIMON et de SPINOZA, voir également: «Richard Simon et Spinoza» par PAUL AUVRAY, in *Religion, érudition et critique à la fin du 17ème siècle et au début du 18ème siècle*, PUF, 1968, pp. 200-214, où l'auteur montre comment la Préface mise en tête de l'*Histoire critique* par SIMON démontre que son livre, conçu et réalisé sans aucune intention d'apologétique directe, est la vraie réponse chrétienne à l'oeuvre de SPINOZA.

rendue impossible par les résultats de l'*Histoire critique*. Le progrès de la connaissance ne ruine pas chez Simon les propositions de la foi, contrairement à ce qu'affirment les critiques passionnées et tempétueuses que Bossuet s'obstina à lui opposer. L'*Histoire critique* dilate certes considérablement la place de l'enquête historique selon des exigences devenues de plus en plus pressantes au cours des dernières décennies du 17ème siècle; mais cette enquête ne devient pas pour autant hégémonique au point que ses frontières coïncident, comme chez Spinoza, avec celles de l'acte global de lecture.

e) *L'Aufklärung ou l'identité retrouvée*

Le 18ème siècle ne fera qu'approfondir, sur un mode qui va le radicaliser, ce début de conscience négative de l'historicité que l'on relevait chez Spinoza. P. Gisel a proposé une analyse, à nos yeux remarquable, de la mutation qui s'opère alors dans l'ordre de la conscience historique: l'Aufklärung «ouvre une période où l'on ne dira pas seulement qu'on est éloigné du passé, mais qu'on est "autre"»[71]. C'est ce thème que pointe Lessing quand il désigne «l'affreux fossé» que voit s'ouvrir devant lui tout regard porté sur le passé.

Le temps n'est pas simplement, comme à l'époque de la Réforme, ce qui vient déposer sa poussière et donner une patine de vieillesse à ce qui, en-dessous, reste neuf. Le temps est le *passé* révolu d'où est en train de sortir un avenir engendré des Lumières. Il est le passé dont il faut s'affranchir en découvrant qu'il a systématiquement dédaigné les ressources de la raison pour se vouer aux préjugés et au jeu des pouvoirs manipulateurs. Même lorsqu'il semble que l'on prenne de ce passé une conscience plus tempérée, comme cela se fait dans la «théorie de l'accommodation» en l'assimilant au temps d'une pédagogie divine, c'est pour le ramener à être une succession de pures étapes provisoires, chacune étant tendue vers son dépassement. Le passé reste le temps d'une enfance dont il faut sortir, qu'il faut repousser derrière soi comme on se débarrasse d'un étai devenu inutile[72].

Le temps est encore et surtout le *futur* plein des promesses de l'exercice enfin souverain d'une raison libérée. Pour être lui-même, ce futur a besoin de s'arracher aux leurres du passé qui sont dans les réponses dont il a vécu, mais aussi et plus encore dans les questions qui

---

[71] A propos de l'Aufklärung, voir de nouveau: P. Gisel, ouv. cit., p. 47.

[72] Sur cette thèse d'un langage qui «accommode», voir en particulier les positions de J.S. Semler et leur présentation in Hornig, ouv. cité ch. *8*, «Semlers Akkommodationstheorie» pp. 211 et sv.; W. Schmittner, *Kritik und Apologetik in der Theologie J.S. Semlers*, Kaiser Verlag, München 1963. Voir aussi Lessing, *Die Erziehung des Menschengeschlechts*, Ed. bilingue, Aubier, 1968.

l'ont mobilisé et dans les références auxquelles il a puisé. Ainsi, souligne
Gisel, naît une nouvelle forme de critique, beaucoup plus résolument
incisive, «qui ne porte plus cette fois sur les 'écrans' qui cachent
indûment le texte, mais bien sur l'objet même dont il est question dans le
texte»[73]. Par là, la critique biblique entre dans une phase de radicalité
inédite à l'horizon de laquelle se profilent les questions qui occuperont
l'exégèse critique du 19ème siècle.

Une telle évolution rend impossible — comme y insiste Gisel après
Hornig — de traiter l'Aufklärung comme un simple prolongement de la
Réforme. Deux mondes mentaux et spirituels, deux univers de connaissance sont ici face à face. En revanche, il ne nous paraît pas indu de relier
cette nouvelle étape à la logique d'un processus dont les hommes de la
Réforme ont été parmi les vecteurs. Le thème de la «grande étrangeté»
du passé développé par l'Aufklärung était en effet comme en germe dans
le désamarrage du texte et de la tradition opéré au 16ème siècle. En
formulant le lien du lecteur à l'Ecriture dans les termes nouveaux d'une
relation privatisée, déliée de la solidarité historique qui constituait le
nerf de la lecture traditionnelle, la Réforme ouvrait le sillage, au-delà
d'elle-même, à de profonds remaniements de la conscience historique.

Pourtant, au point où nous nous trouvons, la position de l'Aufklärung n'est encore exposée que pour moitié. En effet, tout se passe
comme si la distance, que l'on vient de désigner, n'avait alors été creusée
et soulignée que pour être mieux surmontée. Car la conviction du 18ème
siècle fut bien que le fossé pouvait être franchi: parce qu'est décrétée
l'autonomie de la raison affranchie des préjugés du passé; parce que l'on
place la vérité dans le ciel intemporel des idées générales et universelles.
Il suffit d'enjamber le non-nécessaire, de faire la part de l'universel et
celle de l'accidentel: «D'un côté ce qui est éternel, stable, sûr, universel,
vrai; de l'autre, ce qui est fruit des circonstances, occasionnel et
accessoire: le texte, la tradition, le langage»[74]. Ainsi se retrouve le sol
d'une vérité avec laquelle la raison peut être en état de participation
immédiate, dès lors que sont écartées les médiations qui relèvent de
l'existence historique.

On voit le sort réservé ici au langage. S'il est opaque, simplement
véhiculaire, s'il freine l'expression de la vérité et la travestit de préjugés,
il suffit de son élision pour rétablir le contact avec le monde intemporel
qui se tient, au-delà de l'histoire, comme le refuge tranquille où se meut
la Raison libre.

f) *L'Historicisme du 19ème siècle* se trouve dans un rapport subtil
avec cette position de l'Aufklärung. La toile de fond demeure bien le

---

[73] Ouv. cit., p. 52.
[74] *Idem*, p. 58.

même pessimisme historique, orchestré à l'envi par l'idéologie romantique et grandiosement exprimé par les théories linguistiques sur l'origine et le dépérissement des langues[75]. En même temps, des glissements se produisent qui dessinent une nouvelle herméneutique. Là où les théodicées rationalistes parlaient de nature, on se met à désigner l'histoire. Là où se quêtaient l'universel et le général, c'est le particulier et le contingent qui sont valorisés. Contre les généralisations finalement théologiques d'une philosophie spéculative qui parle en termes de «révélation de l'Esprit» et de récapitulation, les «faits» menus, discontinus, sont désignés comme la matière plus prosaïque mais véritable de l'histoire. La totalisation hégelienne est refusée et combattue. L'«Erlebnis» devient valeur dominante. Le sens n'est plus dans la synthèse. Il est dans le vécu, analytiquement, tel qu'il s'expérimente par la conscience.

Pourtant ces vues ne disent que le plus superficiel. Car c'est à la même logique que celle du siècle précédent, prolongée et approfondie, que s'alimente cette pensée de l'histoire. Si le fait est substitué à l'universel abstrait, c'est bien pour être, à sa place, le nouveau lieu de l'immédiateté qui garantira, autrement mais aussi sûrement, la saisie du sens. Une nouvelle fois le rêve de la coïncidence est satisfait. Au-delà des mots qu'affecte une contingence qui en rendra toujours l'interprétation décevante et incertaine, il suffit de se porter en cette origine qui, par chance, relève de la neutralité et de la stabilité du factuel. En ce point, qui est celui où se vit la vie qui a produit le texte, s'annule la distance du présent au passé. Le labeur historique dégageant, sur un mode rigoureusement immanent, les faits qui devancent le texte, est le chemin sûr d'une connaissance certaine. Ainsi, après s'être exposé un bref instant aux turbulences du vécu en sa particularité et sa discontinuité, on regagne de nouveau une rive heureuse où amarrer le sens et se l'approprier.

Le bilan d'une telle problématique se dresse aisément, relativement à la double question qui nous occupe, de l'histoire et du texte.

Plus que jamais l'histoire reçoit une juridiction inédite et exclusive. Mais parce que la connaissance du passé n'est perçue qu'à travers le prisme simplifiant du positivisme, sa compréhension se trouve à ce point édulcorée et idéologisée que l'on doit conclure finalement que l'historicisme exténue l'histoire. Celle-ci tend à n'être plus que l'évocation fantasmatique d'un passé ressurgi du néant, coupé de tout autre lien avec le présent que celui de l'acte de divination qui le ressuscite. Un double leurre est ici à l'oeuvre. On suppose que le sens du texte est identique à

---

[75] Nous avons donné quelques réflexions sur «Les modalités imaginaires de la généralité» dans notre article: Les tribulations de la linguistique générale, *Recherches et débats*, n. 88, 1978.

son aval factuel et le désigne par un renvoi simple et direct. On considère que le discours historique a pouvoir de rejoindre ce réel, de nouveau de manière simple et directe. On méconnaît qu'il peut être le moyen de se débarrasser du passé en sémantisant le rapport qu'on entretient avec lui. Par où l'on saisit l'aspect mythique du positivisme qui vit de refuser le jeu des médiations à travers lesquelles se construit le sens, de façon complexe et surdéterminée[76]. Au nombre de ces dernières, figure, une nouvelle fois sacrifié, le texte. Pas plus que précédemment il ne retient le regard et n'attire l'analyse. C'est aussi pourquoi cette lecture historique ne comporte nulle véritable intelligence de l'acte qui articule, à partir d'un texte, un présent sur un passé, une réénonciation sur une énonciation première.

Une place particulière doit cependant être réservée à l'oeuvre de Schleiermacher. On sait que celui-ci fait du geste kantien relatif à la connaissance, le modèle de l'intervention qu'il prétend réaliser dans le champ de l'herméneutique. Avant de comprendre, il importe d'inventorier les lois qui régissent l'acte de comprendre. C'est à cette fin que l'objet de l'herméneutique est ici étendu, des textes bibliques et antiques, à tout phénomène linguistique, désormais relié au problème de l'interprétation. Bon nombre de textes de Schleiermacher manifestent cette préoccupation et relient sa réflexion au cadre de l'idéalisme allemand. Dilthey, plus encore, dans la présentation qu'il fait de son devancier, majore cette dimension au point de trop effacer l'autre versant de l'activité de Schleiermacher, directement occupé à l'analyse du dispositif herméneutique[77]. Cette réduction est d'autant plus regrettable qu'on a là l'exemple d'une puissante synthèse intégrant à la fois la considération du texte et de sa lecture. Rappelons que deux principes fondamentaux sont au départ de l'analyse de l'acte de compréhension. Le premier consiste en ce que: «Tout ce qui est à présupposer dans l'herméneutique et tout ce qu'on peut y trouver, n'est que du langage». Or ce dernier présente le double caractère d'être à la fois commun et singulier (c'est-à-dire marqué par la subjectivité). Le second fait de la compréhension un acte relevant d'une dialectique du tout et de la partie: le sens du tout naît de la partie; mais la partie s'éclaire du tout.

Sur cette base se conçoivent deux modes d'interprétation reliés au double statut du discours: l'un concerne la langue, l'autre l'activité du

---

[76] Voir à l'appui M. DE CERTEAU, *L'écriture de l'histoire*, Gallimard, 1975, spécialement p. 60 et 61.

[77] En ce sens, il faut retenir l'invitation de P. SZONDI à «s'attacher moins à l'intention philosophique soulignée par DILTHEY qu'aux considérations de SCHLEIERMACHER sur la pratique effective de la compréhension et à son projet d'une herméneutique nouvelle fondée sur l'observation des matériaux du langage», in «L'herméneutique de Schleiermacher», *Poétique* 2, 1970, pp. 141-155.

sujet pensant. L'herméneutique sera donc simultanément linguistique et psychologique, à parité de ces deux aspects dont l'un ne peut être valorisé aux dépens de l'autre.

  * Les protocoles de l'approche linguistique ou grammaticale sont décrits dans la première partie de *Herméneutique et critique* qui établit fermement la liaison du discours à la totalité de la langue[78]. Deux règles servent d'ouverture: «Premier canon: tout ce qui dans un discours donné, nécessite une détermination plus précise, ne doit être déterminé qu'à partir de l'espace linguistique commun à l'auteur et à son public d'origine». Puis «Deuxième canon: le sens de chaque mot, dans un passage donné, doit être déterminé à partir des relations qu'il entretient avec ce qui l'entoure». Ainsi l'élucidation met en jeu le système que constitue la langue d'une part, et le niveau de la parole où se nouent les relations syntagmatiques dans l'utilisation individuelle qu'un discours fait de la langue d'autre part. On retrouve, étonnamment préfigurées, les deux modalités de la relation linguistique — syntagmatique et paradigmatique — que décrira plus tard Saussure. On trouve également mention, dans ce même exposé, de la question du «genre» littéraire dont l'identification, pour Schleiermacher, commande directement l'interprétation.

  * L'interprétation dite «technique» ou psychologique a pour objet l'auteur comme individualité qu'elle met en relation avec le lecteur sur le mode de l'identification psychologique et de la pénétration affective (Einfühlung). C'est ce second aspect qui a été exclusivement retenu chez Schleiermacher dans la mesure où il est en connivence avec une philosophie de la vie qui sera fortement valorisée plus tard. Mais cette prédilection ne peut que ruiner l'équilibre d'un édifice dont la base demeure l'interprétation grammaticale. Il est clair que l'«Einfühlung» est le ressort clé de cette deuxième étape de l'interprétation. Il s'agit bien d'entrer autant que faire se peut dans l'état psychique de l'écrivain, de «comprendre l'auteur mieux qu'il ne s'est compris», afin de déterminer plus justement le sens. Mais ceci ne veut pas dire s'enfermer dans «l'épicerie anecdotique» (Anekdotentkrämerei). C'est déformer la pensée de Schleiermacher que de gommer de ce temps interprétatif sa dimension d'objectivité: ici même la médiation de la langue demeure le sol objectif à partir de quoi s'édifie l'analyse. Ce sont bien, au vrai, le spéculatif et l'empirique, l'objectif et le subjectif, la dialectique de l'historique et du «divinatoire» qui font la pensée herméneutique de Schleiermacher et signent le passage en elle d'une problématique du sens à une problématique de la compréhension. Parvenus à ce point, nous ferons une double remarque.

---

  [78] E. SCHLEIERMACHER, *Hermeneutik und Kritik*, Publication Suhrkamp, 1977, pp. 79-307.

Abordée sous l'angle précis de cette pratique concrète de la lecture, la pensée de Schleiermacher est très loin de se perdre dans les méandres d'un idéalisme empêtré de théologie. L'histoire est au centre de cette herméneutique. C'est dire que l'individuel ne peut s'apprécier indépendamment du collectif et de l'historique. Ceux-ci modulent, pour chaque époque, le contenu de la notion et ils représentent, synchroniquement, les termes de référence à partir desquels la nouveauté se détermine[79].

Cependant, et tout en faisant sa part réelle à l'interprétation grammaticale et historique, on perçoit des limites à cette herméneutique. Ce sont celles d'abord du sujet psychologique auquel est référée l'interprétation, à travers la figure de l'auteur, le concept d'«Einfühlung», toute la thématique de la compréhension comme affinité et intimité. La conséquence en est, de nouveau, une approche participative de la compréhension qui se décrit entièrement comme acte de report — fût-il méthodologiquement conduit — vers un amont originel du texte. Cette tâche consiste à reconstruire, à refaire la genèse de l'oeuvre, mais elle n'a pas le souci d'intégrer les médiations occupant l'espace qui va du texte à son lecteur. Ce dernier, tout en étant présent à l'analyse, a d'ailleurs une consistance vague. Soit il est identifié à travers la mise en oeuvre de la méthode herméneutique; soit il se montre dans sa capacité d'«Einfühlung» avec l'auteur. Dans un cas, il s'efface en une figure technicienne ahistorique, dans l'autre, il est absorbé dans la participation au vécu d'un auteur qui est le seul à être véritablement conçu comme sujet.

Mais l'herméneutique ne s'arrête pas avec Schleiermacher et Dilthey. Bien au contraire, il conviendrait de souligner comment, à partir d'eux, elle poursuit son travail de définition, prend un nouvel essor et marque le virage qui la constitue en ce qu'elle est présentement: un problème philosophique, l'exploration d'une question transcendantale. En ce sens Schleiermacher, décidé à surmonter la régionalité des herméneutiques spécialisées vers une forme universelle, est le premier jalon de cette existence moderne de l'herméneutique. Dilthey la prolonge en plaçant l'universalité dans la conscience historique, capable de «tout comprendre et de tout pardonner». Après quoi Heidegger franchit une nouvelle étape décisive en portant le problème au niveau existential, identifiant l'existence herméneutique à «l'être au monde» lui-même. Parallèlement à cette évolution, il faudrait montrer comment s'écrit une contre-histoire de l'herméneutique dénonçant la «Schleiermacherei» et

---

[79] Par là se manifestent aussi des liens inédits entre SCHLEIERMACHER et DILTHEY, du moins si on évalue justement la démarche de ce dernier, comme faisant brèche dans la tradition de l'idéalisme allemand en pensant ensemble et en interaction l'histoire et le particulier. Sur la «poétique» de DILTHEY, voir H. MESCHONNIC, «La vie pour le sens, Groethuysen», *Nouvelle Revue Française*, n. 299, déc. 1977, pp. 100-108.

une manière d'être toujours rivé à des réflexes théologiques. Feuerbach, Marx et Nietzsche en seraient les figures dominantes. Ainsi donc, et bien loin que l'espace qui nous sépare de Dilthey soit indifférent ou vide, il pourrait être décrit comme le temps saturé d'une promotion, d'une extension de juridiction, d'un apogée, basculant pour finir dans ce que l'on peut nommer avec J. Greisch «la crise de l'herméneutique». Cette crise est celle d'un procès multiple qui rassemble plusieurs sortes de plaignants. Les uns, comme Habermas, désignent en elle de fausses évidences tributaires d'une philosophie qui n'a pas su faire son profit des leçons de l'Aufklärung et de leurs prolongements critiques depuis deux siècles. D'autres, comme E.D. Hirsch ou E. Betti, refusent le postulat d'universalité qui domine l'herméneutique moderne et lui donne une tournure exclusivement spéculative; ils veulent, à l'inverse, faire retour à des préoccupations méthodologiques en prise effective sur l'exercice concret de l'interprétation. D'autres enfin, avec J. Derrida, subvertissent totalement le projet herméneutique en démasquant l'incurable logocentrisme qui est à sa racine[80].

Signalons encore que la généralisation philosophique de l'herméneutique a pour effet l'effacement de la spécificité de l'herméneutique biblique. Il en résulte qu'au niveau théorique cette dernière ne progresse plus de manière autonome. Seules se renouvellent les méthodes qui, soit prolongent, soit prennent le contre-pied de l'historicisme du 19ème siècle. En quoi elles peuvent lui être rapportées comme à une source commune qui produit le même et l'autre. Bultmann donne ainsi à voir le double jeu de la référence philosophique (Dilthey puis Heidegger) et d'une méthodologie qui reste dans la dépendance de l'historicisme dans la mesure même où elle se définit comme son refus et son inversion. Käsemann, à son tour, prolonge cette lignée, à travers une réflexion qui se veut la réhabilitation polémique de l'«Historie» écartée par Bultmann, au profit de la «Geschichte», et par une reprise de contact avec une textualité constamment méconnue au cours des décennies passées[81]. Cette même textualité retrouve parallèlement pertinence et consistance dans des travaux originaux et décisifs comme ceux de Gunkel puis de la Form-et Redaktionsgeschichte[82]. Ce sont bien la question de l'histoire et celle du texte qui sont reprises et retravaillées au long de ce développement de l'exégèse moderne qui fournit un remarquable capital de

---

[80] Pour une analyse de cette crise voir: J. GREISCH, La crise de l'herméneutique, Réflexions méta-critiques sur un débat actuel in *La crise contemporaine, du modernisme à la crise des herméneutiques*, Beauchesne, Théologie historique, n. 24, 1973.

[81] Synthèse sur Käsemann in P. GISEL, ouv cit. supra.

[82] Pour une présentation d'ensemble voir *Le monde contemporain et la Bible*, sous la direction de C. SAVART et J.-N. ALETTI, Bible de tous les temps, Beauchesne, 1985, pp. 375-517.

connaissances inédites. Mais malgré la diversité des références et des méthodes, on constate que tout se fait à l'intérieur d'un cercle précisément délimité, dans le prolongement de l'exégèse du 19ème siècle, et dans le balancement de positions déterminées bien antérieurement.

g) *Eléments d'un bilan*

La quête des sources de l'exégèse moderne a permis de mesurer quelque peu le chemin parcouru depuis le 16ème siècle. L'histoire qui se découvre ainsi est simultanément celle d'un éloignement grandissant du dispositif traditionnel de lecture et l'édification progressive, à travers les avatars de la conscience historique, d'autres formes de rapports au texte scripturaire livrant passage à des savoirs nouveaux. Du strict point de vue de la connaissance, cette histoire comporte des gains mais aussi des pertes qu'il faut expliciter pour conclure. Redisons encore notre projet à travers ce long détour: il est d'éclairer l'état présent de l'exégèse du Ct. tel qu'on l'a décrit précédemment, et à partir de là, de relancer les questions sur ce texte dans des directions ignorées des problématiques qui lui sont ordinairement appliquées.

Deux remarques tout d'abord concernant le trajet d'ensemble suivi par l'exégèse biblique.

a) Dans une communication faite il y a quelques années, P. Beauchamp définissait la critique comme le service du texte qui incombe aux «hommes du parvis» tandis que l'exégèse est la tâche qui consiste à lire «à partir du sanctuaire». Il ajoutait: «Mais, comme beaucoup de fonctions moins nobles, la fonction critique est absolument vitale. Elle consiste à honorer le domaine où les choses doivent être appréciées indépendamment de tout choix de croyance religieuse»[83]. Les trois siècles passés ont été avant tout ceux de la critique. On ne peut dire qu'ils l'aient purement et simplement inventée car ses soucis et ses exigences existaient déjà auparavant. Ils lui ont en revanche donné une ampleur telle que sa juridiction s'est totalement transformée et son statut décisivement renouvelé. La critique avait jusqu'alors — comme critique textuelle essentiellement — joué à l'intérieur des limites d'une perception d'ensemble de l'Ecriture qui fournissait le sens spirituel utile à l'édification de la foi mais aussi les réponses à un ensemble de questions techniques concernant le sens historique, la datation ou encore la rédaction des textes bibliques. A cette critique, dont la place était rigoureusement assignée, il était essentiellement demandé qu'elle procure un texte sûr, correctement établi. La révolution fut que celle-ci se

---

[83] P. BEAUCHAMP, Critique et lecture: tendances actuelles de l'exégèse biblique, Colloque des intellectuels juifs de langue française, 1981, Données et débats publiés in *La Bible au présent*, Idées, Gallimard, 1982. La communication figure pp. 241-256.

portât, à partir du 17ème s., sur des points jusqu'alors soustraits au questionnement. Un savoir supposé acquis et chargé, à l'occasion témérairement, d'une portée de révélation se transforma alors en champ d'hypothèses et de débats où l'on se mit à argumenter dans les termes d'une herméneutique de plus en plus générale et de moins en moins spécifiquement biblique. Le développement de la critique biblique se situe dans la ligne créée par ce dynamisme. Selon les moments ou les domaines, la probité de la science l'emporta sur le jeu projectif des systèmes ou céda devant lui. Ici on scruta avec rigueur et méthode le texte, dégageant ainsi de proche en proche, à la place de l'attribution traditionnelle du Pentateuque à Moïse, les couches de stratifications rédactionnelles, puis les traces d'une histoire enfouie de traditions orales. Là on inventa des «histoires de Jésus» alignées sur le vraisemblable historique et spirituel que portaient en eux les maîtres de la théologie libérale. Mais à travers ce tout, la connaissance progressa, et continue de le faire, fruit du consentement à plonger le texte biblique, hors privilège, dans le vaste milieu des textes de la culture humaine et à renoncer à lui appliquer des méthodes sur mesure empêchant de prendre au sérieux, en lui, le lent travail de l'histoire et de sa vie au milieu d'un peuple dont il s'engendre.

En même temps, cette situation, considérée du point de vue de l'exégèse, peut être perçue comme celle d'un entre-deux. De toute évidence, le savoir produit sur ce mode n'est plus immédiatement accordé, ni automatiquement intégrable à la synthèse théologique antérieure dont les cassures sont précisément liées au développement de la critique. Mais, pour autant, ce savoir n'est pas non plus véritablement réélaboré en une nouvelle synthèse capable d'exploiter théologiquement, pour le moment présent, les contenus de connaissance acquis. En ce sens, il risque de demeurer flottant, sans finalité au-delà de lui-même, privé des prolongements que pourtant il porte. Des données de plus en plus raffinées s'accumulent, mais un peu comme une cargaison de vivres s'entasse, qui demeure emballée, sans servir véritablement à la vie.

De là, la conclusion que nous sommes portés à formuler: de même qu'il serait absurde de renoncer aux connaissances nouvellement disponibles en prétendant revenir aux limites de la synthèse traditionnelle antérieure, de même on doit penser qu'il est notoirement insuffisant de s'en tenir à une situation où l'on connaît toujours plus, mais en perdant de vue la question de la reprise théologique du nouvel acquis. A quoi nous ajouterons une dernière remarque: à négliger d'élaborer la spécificité qui fait de ce texte la Bible, et non simplement un document historique ou sociologique du Proche-Orient ancien, on obscurcit un préalable pourtant engageant: on masque les motifs de l'intérêt qui porte des générations de lecteurs sur ce texte alors même qu'ils ne peuvent invoquer la justification juive d'y lire les archives de l'histoire des pères, ce paradoxe devenant d'autant plus fort — et suggestif — au moment où la critique moderne oblige à prendre toute la mesure du particularisme historique et culturel attaché au texte biblique.

b) Le même geste de généralisation qui a inscrit progressivement l'exégèse dans la cadre d'une herméneutique générale, a eu, du côté de la théorie également, des effets lourds de conséquences: par un choc en retour, il retentit sur les concepts dont use aujourd'hui l'herméneutique philosophique. On a vu comment le point présent était l'effet d'une lente évolution qui a consisté à s'écarter d'un moment initial parfaitement typé et singulier, celui de la lecture exclusive d'un texte — la Bible —, selon des protocoles rigoureusement spécifiques, parce que reliés à la réception confessionnelle, c'est-à-dire croyante du texte. On a vu comment cette forme de réception, la première, a été l'objet de mises en cause et de remaniements. A travers la Réforme d'abord, soustrayant le texte à sa régulation institutionnelle traditionnelle. A travers la critique philosophique ensuite décidant de disjoindre en ce texte la question de son sens de celui de la quête de la vérité, égalisant aussi le problème herméneutique que pose sa lecture avec celui que pose n'importe quel autre. Telle est l'évolution que nous nommons «profanisation» de la Bible et dont on a vu, au paragraphe précédent, les conséquences dans l'ordre de la connaissance du texte.

Cet éloignement de la tradition selon un processus apparemment simple relève néanmoins d'une transformation complexe et progressive dont les effets ont opéré dans plusieurs directions. Il ne s'est pas produit en effet comme une franche rupture, encore moins comme une mue qui fait passer brutalement d'un état à un autre. Mais comme un lent écart qui déporte insensiblement ailleurs, sans que l'on s'aperçoive que le sol que l'on quitte continue à coller aux pieds. Ainsi, au moment même où l'exégèse était tirée vers le profane des sciences historiques et d'une herméneutique philosophique, par un effet croisé, celles-ci se construisaient, à leur insu, dans une dépendance étroite du théologique qu'elles s'employaient à fuir. En particulier, on garda des mots après avoir écarté leurs contenus, mais ces derniers ne furent pas complètement effacés et continuèrent à hanter des signifiants que l'on croyait avoir arraché à leur sol originel théologique. Ainsi par exemple, le plein, l'autorité, la charge qui, selon la rigueur d'une pensée théologique cohérente et spécifique, étaient attachés à des notions comme celles de «sens», de «vérité» ou d'«auteur» passèrent en contrebande, pour tout ou partie, dans le discours profane et philosophique. La «vérité» que désigne Spinoza à la pointe de l'exercixe de la raison naturelle parle aussi fort et de la même autorité que celle que nomme la Bible; pourtant ses titres sont totalement différents, ses justifications d'un autre ordre. De même, la figure mythique de «l'auteur» qui a su si fortement s'imposer dans le discours critique n'est, elle aussi, que le démarquage de celle très spécifiquement construite (en des termes qui ne peuvent qu'être théologiques) de l'auteur divin d'un texte lu comme révélation. Mais là encore il n'est pas sûr que l'«aura» qui entoure la seconde puisse légitimement se transposer à la première.

Telle est une des voies, à nos yeux, par laquelle s'opère l'invasion du «sacré» qu'H. Meschonnic a fortement dénoncée dans *Le signe et le poème* et qui structure nombre de pensées modernes aussi bien linguistiques que philosophiques[84]. On voit que la présence du sacré ici incriminée n'est pas le fait d'une hégémonie du théologique, mais au contraire, historiquement, l'effet de sa mise en question et de son détrônement par des théories constituées à travers le décalage et le démarquage profane de ses concepts.

L'histoire de ce passage, d'une part profanisant, de l'autre sacralisant, mériterait une longue étude attentive aux grandes oeuvres clés de la philosophie qui ont progressivement déterminé, au sein d'une culture largement confessionnelle, l'espace d'une pensée autonome. Il faudrait voir, de même, comment la violence des réactions de l'orthodoxie à des entreprises comme celle de Spinoza a probablement contribué au renforcement, dans le champ proprement philosophique, de références théologiques destinées à donner le change et à fournir des alibis contre l'accusation d'athéisme. Ce qui n'était peut-être à l'origine que l'effet d'une adresse prudente a pu devenir, pour de plus naïfs, pensée effectivement assumée; puis servir de sol à une mentalité ambiante à laquelle des penseurs originaux vinrent ensuite donner forme et envergure. Ainsi par exemple de Lessing englobant dans l'histoire, non sans naïveté, l'accomplissement rationnel de promesses eschatologiques. Ou plus tard de Schleiermacher faisant de la religion «l'intuition de l'Univers», constituant la foi en «province particulière de la sensibilité», c'est-à-dire réitérant cet échange par lequel la foi est édulcorée tandis que le profane est reversé au religieux. Mais nous nous contenterons sur de tels sujets de désigner le lieu de recherches à engager, sans aller ici plus loin.

c) Nous reviendrons plutôt pour finir sur deux notions — celles d'histoire et de sujet — qui apparaissent, à leur place, comme des points névralgiques dans cette évolution.

On a souligné précédemment comment la préhistoire de l'herméneutique était celle d'une contemporanéité du texte à la lecture par le biais de l'institution ecclésiale interprétante. Tant que cette régulation subsiste, soit jusqu'au 13ème siècle, le problème de l'histoire demeure invisible. Plus exactement, il reçoit une réponse au moment même où il se pose, à travers le concept de tradition qui est simultanément vie dans

---

[84] Gallimard, 1975.

l'histoire et pensée de l'histoire. Quand cette économie est mise en question par le procès de l'Institution, puis par l'effondrement de la figure réformée du sujet lecteur, l'histoire surgit comme question désormais dépourvue de réponse et donc comme problème à résoudre. Mais il est essentiel de voir que cette venue au jour du problème historique n'est pas simplement la promotion d'une réalité qui aurait jusqu'alors été oubliée ou censurée par la culture[85]. L'avènement de la science historique ne peut être confondu sans plus avec l'avènement de la conscience de l'histoire. Car avant la science de l'histoire, il y a l'expérience de l'historicité vécue, assumée, gérée; mais selon un mode qui nous est devenu à ce point étranger que nous ne le reconnaissons plus pour tel. Un paradoxe comparable a d'ailleurs été remarquablement décrit, pour le judaïsme, par Y.H. Yerushalmi, confrontant l'une avec l'autre mémoire juive, telle qu'elle s'exerce de l'intérieur de la vie vécue, et histoire juive, telle qu'elle peut s'écrire réflexivement, en s'abstrayant de la réalité même qu'elle montre[86]. Dans les deux cas on est en présence d'un rapport au temps parfaitement singulier.

En ce sens encore, l'installation hégémonique de l'histoire devenue pensée modélisante de la conscience culturelle occidentale ne promeut pas abstraitement l'*histoire*, mais des *acceptions* particulières de celle-ci qui taillent dans l'ample réalité de l'historicité. Aussi les découpes successives pratiquées au long des trois siècles passés, permettent-elles de repérer ce qui est retenu de l'historicité mais aussi ce qu'en exclut systématiquent l'herméneutique.

Avant tout est annulée la pertinence historique du temps qui sépare la production d'un texte de celui de sa lecture. On apprend ainsi à penser le contenu du mot «tradition» en amont du texte écrit, mais on perd le sens de cette notion quand il s'agit de l'aval de l'écriture. De cette façon se constitue, dès le 18ème siècle, une place béante, vide, l'espace désormais désaffecté de l'histoire du texte dans le temps continu de ses lectures successives. C'est pourquoi la même herméneutique n'aura de cesse de conjurer cette béance, de la recouvrir en recourant aux sortilèges de l'identité. Pour toute l'herméneutique sortie de l'Aufklä-rung et produite au 19ème siècle, l'identité sera à la fois l'objet de la quête et un recours quasiment magique face aux difficultés de la lecture. Paradoxalement donc, au moment où se gagnent des pensées neuves du temps, de la culture et des sociétés dans leur devenir, toutes les démarches de la connaissance apparaissent peu ou prou finalisées par un

---

[85] B. GUENÉE, *Histoire et culture historique de l'Occident médiéval*, Ed. Aubier - Montaigne, 1980.
[86] Y.H. YERUSHALMI, *Zakhor, Histoire juive et mémoire juive*, Ed. de la Découverte, 1984.

objectif: celui de coïncider, par-delà la distance historique, avec l'oeuvre ou l'objet, de réintégrer un point originel. C'est pourquoi il faut dire à la fois que le problème de l'histoire y est partout présent et qu'il est ce que la réponse trop hâtive de l'identité vient constamment occulter. La passion de la reconstruction chère au 19ème siècle est telle que la distance n'a plus le temps d'être véritablement reconnue, éprouvée, de produire ses fruits, de commencer à introduire en définitive, à la conscience de l'historicité. Tantôt le positivisme traque des faits originels permettant de court-circuiter l'écriture du texte et de son histoire. Tantôt l'herméneutique est, comme l'écrit J. Greisch, «tâche reproductive» occupée à récupérer pour la conscience les «traces de la vie»[87]. Et c'est bien dans le sillage de cette herméneutique que se situe celle de R. Bultmann quand elle postule «la toujours neuve actualité du même»[88].

Toute l'exégèse scientifique comportera désormais programmatiquement, ou plus souvent implicitement, l'enjambement de cet espace vide en direction de l'être du texte... ou de ses substituts, puisqu'à parcourir l'exégèse romantique aussi bien que la critique historique, la surprise est de constater que le texte comme tel ne fait pas, le plus souvent, son profit des nouvelles dispositions de la lecture. Dans la mesure où son sens est identifié ici à la figure de l'auteur, là aux conditions de sa production, ailleurs aux faits dont il se fait l'écho, il est pris dans une élision à peu près continuelle. A terme, ce sont donc conjointement la tradition de lecture et la matérialité du texte qui sont mises hors jeu.

Est enfin éliminée l'historicité du sujet de la lecture, mué en figure abstraite, supposé capable d'échapper aux déterminations de son lieu. N'est pas plus soupçonné en lui le jeu des censures dans ce qui est à lire, que celui des résistances à ce qu'il ne veut pas lire. A quoi il faut ajouter qu'à chaque fois où se pose la question herméneutique du passage de l'«explication» au «comprendre», c'est systématiquement dans les termes d'une philosophie du sujet individuel, et finalement du psychologisme, que se développent les réponses. La problématique de Schleiermacher et celle de Dilthey en témoignent. Et on est tenté de se demander si la conception bultmanienne du cercle herméneutique, malgré sa thématisation en termes ontologiques, n'est pas encore, plus tard, tributaire de cette orientation. Il est patent que le lecteur qui oeuvre dans ces diverses lectures ne revêt jamais la figure d'un sujet identifié dans l'histoire, par l'appartenance à une lignée ou à une solidarité. De celles-ci il s'efforce au contraire de se dégager, au prix d'un effort vigilant; et au rebours de la recommandation contenue dans le texte même qu'il lit et qui associe,

---

[87] J. GREISCH, *Herméneutique et grammatologie*, Ed. du CNRS, 1977, p. 31.
[88] Sur ce point, voir GISEL, ouv. cit. pp. 76-90.

avec obstination, tout lecteur à ses pères, et l'Ecriture à la parole. Non pas en un sens métaphorique, mais au sens où lire est identiquement relire ce que les pères ont transmis et endosser la responsabilité d'une nouvelle transmission. C'est précisément cette consigne dans laquelle le texte dit lui-même la formule de son usage, et avec elle une conscience spécifique du texte et de la tradition, qui est clairement éliminée de l'exercice de l'exégèse critique. Si celle-ci continue à lire la consigne dans le livre qu'elle ouvre, elle ne la lit plus que comme archive, et non comme l'injonction qui spécifie la nature du livre lu et la manière de le lire. Autre mise à distance du texte. Nouvelle rupture, mais cette fois entre ce que dit le texte et son lecteur. Lessing écrivant à son père pasteur: «La religion chrétienne n'est pas une affaire que l'on doive accepter de ses parents par fidélité et foi»[89] qualifie négativement, mais d'une manière tout à fait exemplaire, le sujet qui naît alors et présidera aux destinées de la nouvelle herméneutique. Sur ce point également la critique moderne doit donc faire preuve de vigilance. En se construisant sur un rejet, cette nouvelle position risque de se fermer durablement à la connaissance des modes de lecture qui la précèdent, ou de ne les appréhender que dans des images stéréotypées, appauvries, éventuellement caricaturales.

C'est ce triple effacement du texte, du temps de ses lectures, mais aussi d'une figure ancienne du lecteur, fortement subjectivée, qui va devenir pour nous, dans la suite de ce travail, le lieu d'une reprise faisant apparaître à côté de ce que l'exégèse moderne manifeste du *Cantique des Cantiques*, d'autres réalités discursives associées à ce texte et généralement laissées pour compte.

---

[89] «Die christliche Religion ist kein Werk das man von seinen Eltern auf Treu und Glaube annehmen soll», *Lessing. Gesammelte Werke, 9*, hg. von Rilka, Augbau Verlag, 1954-1958, p. 22.

Chapitre III

Mise en place d'une nouvelle problématique

Disons-le de nouveau: ce ne sont pas les incertitudes ou les insuffisances de ce qui a été produit jusqu'à maintenant dans l'ordre du travail critique qui motivent le déplacement que nous proposons d'opérer. Les exigences du savoir exégétique ne sauraient être levées sous prétexte qu'un texte se révèle plus insaisissable. Confrontée à la difficulté, l'analyse doit simplement redoubler de perspicacité et de méthode. En revanche, à un autre niveau, certaines des propositions qui organisent ce savoir nous paraissent appeler une investigation critique: en particulier, les conceptions de l'historicité et de la production du sens qu'elles mettent en oeuvre, comportent des étroitesses qu'il importe de montrer. Simultanément, nous pensons qu'il n'est pas possible d'identifier complètement un texte comme le Ct. des Ct. sans prendre en compte — relativement à ces deux points — diverses données que les dispositions habituelles de l'analyse omettent de solliciter.

Rappelons que pour les exégèses du Ct. précédemment envisagées: 1) l'historicité du texte se confond avec l'histoire de son origine; 2) le sens de ce texte est équivalent au sens de son origine; 3) la lecture est une opération blanche qui consiste à recueillir le sens du texte.

A quoi nous nous proposons d'opposer que: 1) l'historicité porte bien au-delà de la notion d'origine qu'elle ne fait qu'inclure comme une de ses composantes; 2) le sens du texte est concerné par l'origine, mais non réductible à elle; 3) la lecture est l'élaboration par des sujets inscrits dans l'histoire des signifiants du texte.

Cette nouvelle série de propositions est en fait directement reliée à un ensemble de réflexions philosophiques contemporaines menées autour du processus de la transmission et de la réception des textes. Ce sont ces réflexions, à travers lesquelles nous frayons le chemin de notre problématique, qu'il nous faut, même allusivement, laisser émerger au début de ce chapitre.

Certes, il n'est pas question d'emprunter des concepts ici ou là et de les réarticuler en faisant comme s'ils étaient simplement prélevables et dissociables de la totalité théorique où ils figurent. On ne prétend pas composer de force des notions hétérogènes venant d'horizons opposés. Au contraire, c'est une même et unique logique que l'on poursuivra, en dépassant à chaque fois ce qui vient recourber sur elles-mêmes les théories envisagées et qui, en un certain point, les fait déraper hors de l'historicité qu'elles avaient retrouvée. C'est pourquoi, l'exposé consistera à confronter les unes aux autres des écoles et des théories globales: le dépassement critique de chacune par l'autre devant permettre l'avancée progressive vers un site théorique satisfaisant aux exigences que nous mettons à l'appréhension du texte.

La trajectoire suivra le mouvement suivant. Avec le concept gadamérien de «Wirkungsgeschichte» on dépassera tout d'abord une esthétique de la production et de la représentation. Puis, ricochant de là, grâce aux critiques de l'Ecole de Francfort, on débordera le traditionalisme de Gadamer. On entendra H.R. Jauss mettre en évidence le substantialisme qui caractérise encore la pensée du sens chez Habermas. Enfin, repassant par les analyses de l'herméneutique de P. Ricoeur, on rejoindra les éléments d'une «poétique» capable de faire droit à la matérialité du texte autant qu'à l'historicité des sujets engagés dans l'acte de lecture.

I. UNE RECONQUETE DE L'HISTORICITE DU TEXTE

1. *Le concept de «Wirkungsgeschichte» de Gadamer ou la critique de l'objectivisme historique*

a) *L'historicité selon Gadamer*

La représentation de la distance historique en termes de béance et d'aliénation, tout comme la prétention de la conscience historique à atteindre une objectivité, sont précisément des pensées que vient déranger et contester l'herméneutique de Gadamer. Dans une conférence prononcée en 1965[1], l'année même de la seconde édition de *Wahrheit und Methode*[2], l'auteur revient vigoureusement sur son refus des vues herméneutiques qui font de la compréhension «la reproduction productive de l'acte originaire de la production». Il se déclare tout aussi mal à l'aise devant l'ambition affichée par certains de fonder l'intelligence sur une congénitalité retrouvée avec l'auteur. Il qualifie de fiction le projet de fixer le sens en exhumant l'horizon historique du texte et en prétendant inventorier les matériaux et les conditions d'expression à partir desquelles il s'est construit. En posant des questions comme celles qui scandent *Wahrheit und Methode*: «Comment l'herméneutique pour-

---

[1] Conférence de Walberberg, 12.10. 1965, reproduite dans *Archives de Philosophie*, 33, 1970, pp. 3-27.
[2] *Vérité et Méthode*. Les grandes lignes d'une herméneutique philosophique, traduction française Le Seuil, 1976. On mentionnera cet ouvrage sous l'abréviation V.M.

rait-elle rendre justice à l'historicité de la compréhension?», «Comment rétablir dans ses droits le facteur de la tradition dans les sciences de l'homme?», «... reconnaître dans la tradition un facteur constitutif de l'attitude historique et en explorer la fécondité herméneutique?», Gadamer ramène au centre de sa réflexion des interrogations écartées par la tradition qui le porte lui-même. Ce faisant, il traite selon un biais nouveau le problème de l'historicité. Il ne la considère plus comme ce qui doit être surmonté par le secours d'une méthodologie capable de restituer une objectivité perdue ou brouillée. Tout son effort vise au contraire à en démêler et à en décrire les composantes et les modes d'intervention, bien au-delà de ce qui est communément reconnu. Il oeuvre donc, du moins en ses intentions, à l'opposé d'une quelconque volonté de neutraliser l'histoire. Sa théorie a pour objet de décrire l'investissement par l'histoire de toute forme de compréhension. C'est pourquoi aussi les concepts clés qui l'orchestrent (comme ceux de «médiation», de «pré-jugé», d'«application», d'«expérience», de «Wirkungsgeschichte») sont autant d'explorations de la manière dont, à tout instant, l'histoire est présente à la lecture d'un texte.

Chacun de ces concepts a fait l'objet dans *Wahrheit und Methode* d'analyses approfondies dont nous ne pouvons rappeler ici que les grandes lignes.

* Au terme herméneutique traditionnel de la «Gleichheit», est opposée la *médiation*.

Comme le rappelle longuement Gadamer (V.M. p. 96 et sv.), ce thème de la médiation est typiquement hégelien et s'inscrit polémiquement contre les thèses de Schleiermacher. Ces dernières tiennent qu'une oeuvre d'art n'est pas dissociable de son sol originaire et que ce n'est que par violence qu'elle en est exilée par sa vie dans l'histoire («Elle est comme une chose qu'on a soustraite au feu et qui porte désormais la marque de ses brûlures»)[3]. Dans ces conditions, comprendre revient à tenter un retour à l'origine perdue. Comprendre s'entend comme une reconstruction. Tout à l'inverse, Hegel affirme que l'essence de l'esprit historique ne consiste pas dans la restitution du passé, mais dans la médiation opérée par la pensée avec la vie présente (p. 99).

C'est précisément à cette opération que se voue l'herméneutique de Gadamer. La tâche d'interprétation consiste en une intégration, signifiée par le terme même de l'Er-innerung. Il s'agit de mettre en interaction présent et passé; non de les rabattre l'un sur l'autre, mais de maintenir

---

[3] Cité par GADAMER in V.M. p. 96: SCHLEIERMACHER, *Aesthetik*, Ed. Odebrecht, p. 84.

leur tension, car c'est dans leur écart que se joue la production du sens. La forte nouveauté de Gadamer, par rapport à l'herméneutique qu'il continue, est d'affirmer «la productivité de l'écart historique» car, «le temps n'est plus en premier lieu cet abîme qu'il faut franchir parce qu'il sépare et éloigne; il est en réalité le fondement et le soutien du procès où le présent a ses racines» (p. 137). Bien loin de l'enjamber, il importe donc de maintenir visible l'entre-deux du passé et du présent, de rendre active leur différence. Il s'agit, dans le présent où nous campons, de gérer notre rapport au passé sur le mode de la «traduction», pour reprendre une analogie que Gadamer sollicite souvent, en la chargeant d'un contenu puisé à la lecture des thèses de Humboldt.

   * Il en résulte qu'il ne saurait y avoir d'herméneutique que d'*expérience*.

   En ramenant au centre de son herméneutique la notion d'expérience, Gadamer soustrait cette discipline au modèle scientifique régnant. Ce faisant, il suggère qu'il y a une autre connaissance que celle obtenue par l'application d'une méthodologie à une réalité constituée en objet. La notion scientifique de la vérité n'est qu'une modalité de la vérité. Ni la perception artistique, ni le discours philosophique ne sont adéquatement appréhendés par elle. L'attitude de détachement et de distance à l'égard de l'objet observé, caractéristique de l'investigation méthodologique, n'est pas transportable dans le champ des sciences humaines, ces dernières manifestant un régime de la vérité résolument participatif. Autrement dit, l'oeuvre d'art se définit par sa capacité à impliquer son spectateur.

   La théorie esthétique de Kant et sa notion de jugement esthétique sont à l'arrière-plan de cette analyse; mais tandis que chez Kant et ses successeurs (spécialement Schiller) cette position se paie d'une dévalorisation croissante de l'objectivité et d'un exil de l'art loin de toute question de connaissance, Gadamer, au contraire, définit l'art comme modalité du connaître et cherche à qualifier le type de vérité qui s'y profile.

   Mais en affirmant que la compréhension ressortit à l'expérience, que veut signifier précisément Gadamer? Cette notion fait l'objet, on le sait, dans la *Phénoménologie de l'esprit* de Hegel, d'une minutieuse élaboration. Dans la Préface, l'Absolu y est décrit non comme substance, mais comme sujet qui se sacrifie et s'aliène sous les espèces de la nature et de l'histoire. Ce qui signifie encore que la vérité de l'esprit ne peut s'appréhender que dans le temps, sous la forme de ce qui se nomme «expérience». La mémoire a pour fonction de ressaisir et de récapituler ce déploiement, de manière à ce que soit surmontée l'aliénation initiale de l'esprit. Or, chez Hegel précisément, cette expérience n'est qu'un moment, destiné à être dépassé vers un savoir absolu, celui de la science. C'est sur cette dernière proposition que Gadamer se sépare décisivement du philosophe d'Iéna[4]. Il refuse en effet que l'expérience, avec tout son contenu d'historicité, doive être débordée et relevée par un savoir absolu; il la place au contraire en repoussoir à l'idée d'un savoir universel susceptible d'un achèvement. Ainsi de la compréhension qui doit consentir à renoncer au mirage d'une vérité absolue pour se penser uniquement comme cheminement dialectique qui ne peut être définitivement totalisé et arrêté: «La dialectique de l'expérience trouve son achèvement propre, non dans un savoir définitif, mais dans l'ouverture à l'expérience suscitée par l'expérience elle-même» (p. 201). Il en résulte fondamentalement une «mobilité historique de la compréhension» qui n'est pas une disgrâce mais plutôt la loi constitutive de tout rapport de compréhension au monde.

* Ainsi voit-on la réalité de l'histoire refluer au point qu'occupe le lecteur d'un texte ou, plus généralement, le sujet de la connaissance.

«Nous sommes toujours au sein de la tradition et cette immersion exclut toute attitude objectivante» remarque Gadamer. Toute connaissance est précédée. Et cette précession n'est pas un piège ou une entrave dont la science devrait commencer par se dégager. Elle est la condition de l'élaboration du savoir, le «préconstruit» duquel s'engendrent les questions de la science. Le mot de *pré-jugé*, si drastiquement critiqué par l'Aufklärung, subit ici une minutieuse réévaluation qui aboutit à le reprendre en son sens propre: préjugé, praejudicium, c'est-à-dire préjugement qui ne relève que par accident de la précipitation ou du dogmatisme. Dépasser le préjugé de l'Aufklärung à l'égard du pré-jugé, ce n'est rien d'autre que renoncer au rêve d'une science maîtrisant ses commencements; c'est prendre acte de la finitude qui «domine non seulement notre être, mais également notre conscience historique» (p. 114). Le cercle herméneutique, à l'inspiration de Heidegger, est structure même de la connaissance. Ainsi n'y a-t-il pas de faits, au sens naïf du positivisme. Toutes les reconstitutions de l'origine qui occupèrent tant l'historicisme ne sont que des récits proportionnés au vraisemblable de leurs auteurs. D'un bout à l'autre du spectre des activités de connaissance, l'objectivité demeure toujours affaire subtile! Peut-être ne commence-t-elle précisément qu'avec la conscience des antécédents qui précèdent toute identification et toute nomination du «fait»[5]. C'est pourquoi Gadamer questionne: «A quelles questions ces faits apportent-

---

[4] Sur cette question de l'expérience voir V.M. p. 191 et sv. ainsi que l'article de R.L. FETZ, «Expérience et histoire, la notion hégelienne de l'expérience et son interprétation par M. Heidegger et H.-G. Gadamer», *Revue de Théologie et de Philosophie*, 111, 1979, pp. 1-12.

[5] Sur ce même problème voir l'étude indiquée en note (1), p. 11 qui suggère l'extension de la validité de la structure herméneutique ainsi décrite au domaine des sciences exactes.

ils une réponse et quels sont les faits qui commenceraient à parler si d'autres questions étaient posées?». Car le savoir naît, selon le même, des questions posées par un sujet immergé dans l'histoire et non d'abord d'une succession discontinue de méthodologies.

* Enfin, dans la logique de ce qui vient d'être dit, l'oeuvre tout comme l'objet de l'investigation herméneutique ne sauraient plus être pensés en eux-mêmes, comme des réalités autonomes, détachables de leur histoire. Toute oeuvre, dans le mouvement même par lequel elle parvient au présent, a produit des traces. Ayant été l'objet d'accueils successifs, selon la suite historique des intérêts et des esthétiques, elle n'existe pas hors de ce déploiement qui se nomme *tradition*. Ainsi s'identifie-t-elle par ce qu'elle est et fait initialement, mais encore par sa capacité à exister dans l'histoire et par les formes de celle-ci. C'est pourquoi il ne suffit pas de prendre acte de cette historicité sous forme d'un supplément historique à la description de l'oeuvre. S'engager dans l'exploration de cette dernière, c'est nécessairement faire partie d'une histoire que l'on continue. Cet amont que constitue la tradition structure par nécessité tout acte présent d'interprétation; il est cette pré-compréhension qui devance toute nouvelle compréhension.

Tel est le contenu qu'il est permis de mettre sous le terme complexe de Wirkungsgeschichte («conscience de l'oeuvre elle-même en tant qu'elle produit des effets», p. 185) placé au centre de l'analyse de Gadamer. La notion implique une historicité de l'oeuvre et de toute lecture qui en est faite. Mais plus encore, elle signifie que ce qui est à lire se définit à travers l'existence même du processus historique dans lequel se fait la compréhension. C'est ce qu'exprime clairement Gadamer dans la Préface à la seconde édition de *Vérité et Méthode* (p. 12) en affirmant sa volonté de montrer que «comprendre n'est jamais un comportement subjectif à l'égard d'un "objet" supposé donné, mais appartient à "l'histoire de l'efficience", autrement dit: à l'être de ce qui vient à être compris».

Ainsi, par ces différents biais, l'herméneutique de Gadamer contribue-t-elle à réintroduire l'écart et la distance, et à leur accorder un statut positif et productif. Le sujet lisant apparaît excédé par ce que la conscience de soi ne peut pas simplement embrasser. L'historicité du texte n'est pas cantonnée en son amont; elle concerne aussi son aval et informe, qu'on le veuille ou non, toute lecture. Comprendre revient à s'insérer dans un mouvement indéfini qui renonce au mirage d'un savoir absolu.

b) *Subjectivisme et dispersion?*

On vient de voir comment la notion de tradition, si communément suspectée par ailleurs, revient en force, comme régulateur majeur, dans l'herméneutique de Gadamer. Non pas comme «persistance morte d'un être aliéné» (p. 154) ou comme le contraire de la «liberté rationnelle» (p. 265) à la manière dont le pense le romantisme. Mais plutôt comme facteur constitutif de l'attitude historique (p. 267), acte raisonné de préservation[6], support nécessaire de l'acte d'interprétation, puisque celui-ci ne peut se produire qu'au sein d'une historicité qui a pour consistance le procès même de cette tradition.

Il reste à savoir si ce renoncement à l'objectivisme historique ne signifie pas simplement une plongée dans le subjectivisme. C'est bien ainsi, par exemple, que E.C. Hirsch perçoit l'entreprise de Gadamer, lui reprochant:

— d'aboutir à une théorie de l'indétermination du sens, dans la mesure où il renonce à voir dans le «sens de l'auteur» la référence normative permettant, selon lui, d'évaluer une interprétation,

— de tenter de sortir de cette difficulté et du scepticisme qu'elle induit par le recours à une notion de tradition qui resterait largement imprécise[7].

Nous ne pensons pas que ces griefs puissent être maintenus. Tout au long de sa réflexion, Gadamer a le souci d'échapper à cette facilité qui consisterait à inverser l'objectivisme en son contraire. Il s'agit bien pour lui, avant tout, de maintenir l'altérité du texte en «réfrénant l'assimilation du passé à nos propres attentes de sens» (p. 146). L'ensemble de la théorie est construite en référence à ce projet. Le long développement qui décrit l'expérience artistique à partir de la notion de «jeu» est issu, lui aussi, de cette vigilance: l'examen de la logique du jeu conteste la suprématie subjective du joueur, car le jeu joué se rend aussi maître de celui qui joue[8]. Or, cette expérience est présentée comme le paradigme de l'interprétation esthétique en général. En outre, la référence faite ici à la notion de «mimesis» vient fonder ultimement l'unité de la compréhension: parce qu'il n'y aurait, en fait, de compréhension que de la «chose même», la dispersion des interprétations serait toujours assurée de converger. C'est pourquoi aussi Gadamer place en exergue à la deuxième partie de *Vérité et Méthode* la phrase de Luther: «Qui non

---

[6] «Même quand la vie est soumise à de violents bouleversements, en période révolutionnaire, par exemple, on voit se préserver, sous le prétendu changement de toutes choses, une part insoupçonnée du passé qui s'unit au nouveau pour acquérir une validité nouvelle. En tout cas, la préservation n'est pas moins un acte de liberté que le bouleversement et l'innovation», V.M. p. 120.

[7] E.C. HIRSCH, «Gadamer's theory of interpretation», in *Review of Metaphysics*, 1965, vol. II, pp. 245-264.

[8] «Le jeu lui-même est plutôt une métamorphose, telle qu'elle ne laisse plus subsister pour personne l'identité de celui qui joue. Chacun se contente de demander ce qui doit advenir, ce qui est "visé" alors. Les joueurs (ou l'écrivain) ont disparu; il n'existe plus que ce qui est joué par eux», V.M. p. 38.

intelligit res, non potest ex verbis sensum elicere», le rapport mimétique étant le principe d'unité des sens apparemment disparates qui s'engendrent dans la tradition[9].

En réalité, tel qu'il nous apparaît, le problème de cette herméneutique n'est pas d'abord celui que formule Hirsch quand il objecte à Gadamer que «toute interprétation, par son existence même appartient à la tradition et altère la tradition, de sorte que celle-ci ne peut pas véritablement fonctionner comme un concept stable et normatif, puisqu'elle est, en fait, un concept changeant et descriptif». En théorisant cette notion, Gadamer — dont le propos est celui d'une investigation phénoménologique — ne prétend nullement constituer la tradition en repère normatif. Ainsi le reproche de Hirsch porte à faux de nouveau quand il fait de la théorie de Gadamer une façon de substituer simplement au problème de la variation du sens celui de la variation de la tradition.

La difficulté, à nos yeux, du concept gadamérien de tradition viendrait beaucoup plus de la manière dont est postulée trop vite une unité construite sur la base de neutralisations idéalistes. C'est en ce point précis qu'il faut se mettre à entendre la critique d'Habermas.

2. *Habermas contre Gadamer ou la critique du traditionalisme*

Tout en relevant de deux aires spéculatives différentes, les réflexions de Gadamer et d'Habermas se rejoignent dans le projet commun de débouter l'illusion positiviste qui se profile dans l'exercice des sciences, et des sciences de l'homme en particulier. C'est ainsi que la Préface de *Connaissance et intérêt* qu'Habermas publia en 1968 dans la foulée des travaux de l'Ecole de Francfort, énonce, dès les premiers mots, la volonté de «reconstruire la préhistoire du positivisme moderne, dans l'intention systématique d'analyser la connexion de la connaissance et de l'intérêt»[10]. Mais là où Gadamer instruit le procès dans les termes de la réflexion herméneutique classique, Habermas mobilise une anthro-

---

[9] L'argumentation de GADAMER est bien ramassée dans la description qu'il fait de la représentation théâtrale d'un texte en termes de «double mimesis»: «Ce que l'exécutant joue et que le spectateur reconnaît, ce sont les figures et l'action elle-même, telles qu'elles ont été conçues par l'écrivain. Nous avons donc ici une "double mimesis": l'écrivain représente et l'exécutant représente. Mais voilà: cette double "mimesis" n'en fait qu'"une": c'est la même chose qui accède à l'existence dans l'une comme dans l'autre mimesis», V.M. p. 44.

[10] J. HABERMAS, *Connaissance et intérêt*, Trad. française Gallimard, 1976, p. 31. A quoi il faut associer, au point présent, la reprise critique qu'H. MESCHONNIC fait de la théorie du langage qui supporte et limite, chez HABERMAS, la théorie critique de la société: «Le langage chez Habermas ou, Critique, encore un effort» in *Critique de la théorie critique*, Séminaire de poétique d'H. MESCHONNIC, PUV, 1985.

pologie de la connaissance qui s'alimente au marxisme et à la psychanalyse. Il en résulte que, si l'un et l'autre contestent la possibilité d'une connaissance désubjectivée en rappelant que le lien de la connaissance à l'intérêt est impossible à défaire, chacun pense l'intérêt en des sens résolument différents.

C'est à propos du sujet d'une part, de la tradition de l'autre, que la disjonction est la plus remarquable. Alors qu'Habermas autant que Gadamer tiennent que le sujet de la connaissance a une part décisive dans la constitution de ce qui est connu, ce sont deux figures philosophiquement rivales et mutuellement exclusives que se renvoient leurs théories. Quant à la tradition, l'un en fait le centre du dispositif de la compréhension, l'autre entreprend de l'effacer en se déclarant, sur ce point, l'héritier résolu de l'Aufklärung.

On percevra plus clairement le heurt des deux philosophies en précisant encore la théorie gadamérienne.

Décrivant la compréhension comme un «prendre part» où un sujet se laisse revendiquer par une oeuvre, qu'à son tour il réalise par un acte d'interprétation (au sens où s'interprète un texte musical), Gadamer, qui se réfère à Collingwood (p. 217), développe ce qu'il nomme une «logique de la question et de la réponse». De la sorte, c'est le schéma du dialogue qui sert de modèle herméneutique. Comprendre consiste à reconstituer «la question dont un texte donné représente une réponse» (p. 355) et simultanément à s'exposer à la question, à «l'interpellation par la voix du passé» contenue dans le texte (ibid.). La pensée de Gadamer s'élabore ici autour des mots d'interpellation, d'ouverture, de fusion des horizons. Soit dans le climat idéal d'une compréhension qui ne peut être que «véritable», parce qu'elle est reconnaissance et acceptation de «questions véritables», dans une médiation sans heurt ni détournement (p. 222). Ainsi se construit un univers de la compréhension herméneutique où il n'y a d'événement que pacifique et transparent. La notion d'«Andenken» y a une place de choix. Elle s'y oppose à la volonté de maîtrise du «begreifen». Le passé se donne comme «Übergabe» et objet de reconnaissance qui sollicite l'écoute. Le «comprendre» est consentement à un laisser-être de la vérité qui advient dans l'épaisseur de l'histoire à qui questionne, c'est-à-dire à qui reconnaît qu'il ne sait pas, à qui donc prend acte de sa finitude et en fait un appui pour déplacer les frontières du savoir, selon un mouvement qui construit l'histoire.

C'est bien aussi pourquoi cette théorie de l'intérêt étaye une théorie de la tradition également lisse et sereine. A la fois intérieure et extérieure au sujet, celle-ci est le lieu d'une «Heimlichkeit» englobante, à l'abri de laquelle se fait l'expérience, par ailleurs revendiquée, de l'altérité. Le propre de cette herméneutique, qui parle de la tradition au singulier, est de neutraliser la violence. Rien ne vient y suggérer la présence possible de la compétition, l'affrontement d'intérêts dont on sait pourtant qu'ils régissent la Wirkungsgeschichte. Rien dans la description de l'acte interprétatif ne ménage la prise en compte de l'hésitation, du refus ou du détournement. Rien n'y laisse prévoir la possibilité d'un «conflit des interprétations», ni l'exercice d'une méconnaissance capable, par exemple, d'interpréter le texte de manière à ne pas entendre ce qu'il dit.

C'est précisément cette surface d'évidences paisibles que trouble la réflexion d'Habermas.

Celle-ci montre en effet que l'intérêt qui entre en jeu comme moteur de la connaissance n'est la relation d'ouverture et de coopération décrite par Gadamer que selon une modalité elle-même intéressée de la connaissance réflexive. Une telle forme d'«intérêt» n'a d'existence qu'à neutraliser ce qui se joue de pseudo-communication, de fausse conscience, de volonté de puissance ou encore d'utopie dans la constitution et la transmission d'une culture.

C'est pourquoi la tradition que décrit Gadamer est considérée par Habermas comme une fiction intéressée, violemment contredite, de surcroît, par l'expérience historique que l'on peut en avoir aujourd'hui. On sait l'ouverture de la *Théorie esthétique* d'Adorno prenant acte de l'«Entfremdung» dans laquelle la conscience occidentale serait entrée à l'égard de sa propre tradition culturelle[11]. Ainsi, parce que les évidences de l'expérience esthétique — et d'une façon générale de l'expérience culturelle — sont devenues pour beaucoup incertaines et inévidentes, le postulat paisible de la «Zugehörigkeit» gadamérienne apparaît problématique. Pour reprendre le scénario connu des enfants questionneurs de la Haggadah de Pâque, on pourrait dire que c'est le troisième enfant, celui qui pose la question naïve, ignorante des présupposés de la demeure où il continue de se tenir, qui représente le mieux la façon contemporaine de vivre la Heimlichkeit dont parle Gadamer. A moins que ce ne soit le quatrième, qui ne sait pas même questionner... Ainsi doit-on s'arracher à la problématique de la question-réponse qui occupe l'herméneutique de *Vérité et Méthode*.

Pour la même raison, le concept de classicisme qui sert, dans la même théorie, à penser la médiation entre le passé et le présent n'est-il pas recevable. Gadamer affirme: «L'oeuvre que l'on appelle "classique" n'a pas besoin pour être comprise que soit surmontée d'abord la distance historique, car elle exerce elle-même constamment la médiation par laquelle cette distance est surmontée». Soit une vision qui sort tout droit du postulat d'un fonctionnement mimétique de l'art, en faisant de

---

[11] «L'art a perdu son caractère d'évidence. Il est devenu évident que tout ce qui concerne l'art, tant en lui-même que dans sa relation au tout, ne va plus de soi, pas même son droit à l'existence...», *Théorie esthétique*, Trad. française Klincksieck, 1974, p. 9.

l'oeuvre, hors histoire, une émanation, en substituant, au réel complexe et vivant, la vision d'un texte qui est passé à la catégorie pétrifiante d'oeuvre d'art. Mais Habermas enseigne qu'il n'y a d'oeuvres exemplaires, se transmettant par nécessité interne, par la puissance d'une autorité irréfutable, que selon l'illusion d'un regard qui, de nouveau, fuit métaphysiquement l'histoire. C'est précisément à cette fiction et à cette manière de resubstantialiser que s'attaque la pensée d'Habermas en faisant la guerre au traditionalisme. Comme déjà, au vrai, le Formalisme russe l'avait fait en élaborant la notion d'«évolution littéraire» de manière dynamique, en la pensant comme processus heurté, de compétitions et de mutations[12].

3. *Théories de la réception*

Le débat sur le concept de tradition se poursuit aujourd'hui dans le cadre de l'Ecole de Constance, avec des théoriciens comme H.R. Jauss ou W. Iser occupés à constituer une «esthétique de la réception». Le rapport d'un Jauss à un Gadamer est, pour une part de connivence, pour une part de réaction. Lui n'invalide pas, comme le fait Habermas, la dimension de tradition que comporte l'herméneutique de Gadamer. Il vise néanmoins à la remanier.

Estimant à son tour que la nature historique d'une oeuvre ne peut se réduire à la somme de ses déterminations historiques, Jauss fait de la «Wirkungsgechichte» le concept à élaborer et à construire, dans la déprise du substantialisme gadamérien comme dans le dépassement des apories de la théorie marxiste du reflet, incapable d'«expliquer que l'art d'un passé lointain survive à la destruction de son infrastructure économique et sociale»[13]. Ce faisant, Jauss redit sa dette à l'égard d'un Mukarovsky pour qui: «L'oeuvre n'est pas donnée comme une structure indépendante de sa réception mais seulement comme 'objet esthétique' et ne peut donc être décrite que dans la série de ses concrétisations»[14]. Aussi Jauss tient-il que: «C'est la réception, autrement dit la vie historique de l'oeuvre dans la tradition littéraire qui, dans et par la relation active entre l'oeuvre littéraire et son public, fait apparaître sa structure sous une série ouverte d'aspects successifs»[15]. Ayant rappelé

---

[12] On relira sur ce point les Formalistes russes, en particulier B. Eikhenbaum, La théorie de la «méthode formelle», J. Tynianov, «De l'évolution littéraire», publiés et traduits in *Théorie de la littérature*, Ed. du Seuil, 1965.

[13] H.R. Jauss, *Pour une esthétique de la réception*, Trad. française Gallimard, 1978, p. 36.

[14] Ouv. cit., p. 118.

[15] Ouv. cit., p. 119.

comment le Formalisme d'une part, le marxisme de l'autre, avaient contribué à réévaluer la dimension d'historicité de l'oeuvre, il constate pourtant que l'un comme l'autre échouent à en saisir l'existence dynamique, transformante, dans la durée de l'histoire. C'est là que prennent leur départ sept thèses qui peuvent être résumées comme suit:

— «L'historicité de la littérature ne consiste pas dans un rapport de cohérence établi a posteriori entre des 'faits littéraires', mais repose sur l'expérience que les lecteurs font d'abord de l'oeuvre». Et cette relation est «dialectique», au sens où elle est dialogique.

— La reconstitution et la prise en compte de l'horizon d'attente du premier public de l'oeuvre permettent de parer à la dominance du psychologisme.

— L'analyse historique doit tenter d'évaluer «l'écart esthétique» produit par l'oeuvre au moment de sa première réception, «mettant en regard, dit Jauss, l'horizon d'attente préexistant et l'oeuvre nouvelle dont la réception peut entraîner un changement d'horizon».

— La reconstitution de l'horizon d'attente permet de «poser des questions auxquelles l'oeuvre répondait et de découvrir ainsi comment le lecteur du temps peut l'avoir vue et comprise» (P. 58). On pare ainsi à la «fausse évidence d'une essence poétique intemporelle».

— L'esthétique de la réception consiste à ressaisir «le sens et la forme de l'oeuvre littéraire tels qu'ils ont été compris de façon évolutive à travers l'histoire» (p. 63), «mais aussi à restituer l'oeuvre à la série littéraire historique où elle trouve place».

— L'analyse diachronique ne peut se faire sans description synchronique du système complexe, en équilibre momentané, des diverses productions artistiques simultanées[16].

— L'histoire de la littérature implique finalement que soient décrits les rapports entre cette histoire particulière et l'histoire générale de la société («La fonction sociale de la littérature ne se manifeste dans toute l'ampleur de ses possibilités authentiques que là où l'expérience littéraire du lecteur intervient dans l'horizon d'attente de sa vie quotidienne, oriente ou modifie sa vision du monde et par conséquent réagit sur son comportement social» (p. 73). Il s'agit que soit mise au jour la fonction de création sociale (gesellschaftsbildende Funktion) de la littérature.

On constate que ces propositions excluent que le sens d'un texte soit, ou bien une propriété substantielle, ou bien un simple produit de la réception. Le sens est au contraire décrit comme le produit de la dialectique intersubjective: «Une oeuvre ancienne ne survit dans la

---

[16] JAUSS se réfère ici aux travaux de KRACAUER, en particulier, *Zeugnisse Th. Adorno zum 60. Geburtstag*, Francfort, 1960 et *History: the last things before the Last*, New York, 1969.

tradition de l'expérience esthétique ni par des questions éternelles ni par des réponses permanentes, mais en raison d'une tension plus ou moins ouverte entre question et réponse, problème et solution, qui peut appeler une compréhension nouvelle et relancer le dialogue du présent avec le passé» (p. 113).

Une telle théorie pourtant comporte ses limites. La réflexion s'y découvre massivement menée dans le registre du signifié. Le raisonnement assimile la lecture à une enquête sur une question dont le texte est la réponse. L'écriture est tout entière dans le signifié. Elle est une réponse de signifié à signifié. La problématique dialogique qui vise à cerner le rapport du lecteur au texte édulcore la réalité matérielle du texte à laquelle vient se prendre le sujet historique qui lit. L'absence d'une théorie intégrant véritablement le sujet, le texte et l'histoire semble bien directement responsable de cette situation.

C'est une remarque analogue que nous ferions à propos des descriptions que donne W. Iser dans *L'acte de lecture*[17]. Cette vaste réflexion s'ouvre sur la distinction de deux problèmes connexes: celui de la «réception», engageant des processus qui relèvent des méthodes historico-sociologiques, celui de l'«effet», impliquant les structures textuelles qui «mettent en branle et jusqu'à un certain point contrôlent les processus de réception» (p. 5). L'intérêt d'Iser est précisément pour ces «effets» dont le concept interdit de penser le sens comme simple donnée du texte pour le saisir dans les actes de lectures produits selon des contraintes déterminées pour partie par le texte, échappant pour partie à son contrôle. Ce faisant, l'objet de la théorie recoupe bien le problème qui nous occupe: «Si pendant longtemps l'interprétation s'est assignée pour tâche de divulguer la signification d'un texte littéraire, il faut supposer que celui-ci ne formule pas lui-même sa signification». De là le déplacement, du sens vers les conditions de sa constitution, de l'explication vers «le potentiel d'action du texte» que déploie l'histoire de l'interprétation. Le texte et le lecteur sont simultanément concernés, déterminés l'un par l'autre («le lecteur est l'implicite du texte») dans cette théorie qui a pour objet de décrire l'interaction qui fixe l'identité de l'oeuvre littéraire. Mais le regret que l'on éprouve tient aux moyens engagés pour traiter l'objet ainsi déterminé. L'argumentation montre, en effet, que les problèmes touchant au lecteur et à l'acte de la compréhension sont appréhendés à travers une psychologie de la perception et une théorie communicationnelle qui ont pour limite la pauvreté des modèles techniciens du sujet et du texte mis en oeuvre. Il apparaît bien difficile, dans ces conditions, que la théorie ainsi construite soit en mesure de

---

[17] W. Iser, *L'acte de lecture*, Théorie de l'effet esthétique, Trad. française Pierre Mardaga éd., 1985.

penser la spécificité littéraire. «La dimension vécue du texte», «l'expérience du lecteur» demeurent pensées à l'intérieur d'une problématique pour laquelle ne compte pas la dimension d'histoire que comportent des processus qui ne sont pas seulement gérés par des sujets, mais qui sont au principe de la constitution de sujets.

Dès lors, on peut faire le bilan du parcours qui vient d'être réalisé. Sans doute, celui-ci a-t-il pour effet de replacer au centre du problème de l'interprétation des éléments effacés par les théories substantialiste ou structuraliste du sens. Il a aussi pour effet de rendre à l'histoire, sans établir dans l'historicisme. On remarquera cependant que ces données une fois acquises, on n'a pas pour autant l'assurance que les termes nouvellement dégagés soient effectivement théorisés sans réduction. L'exemple de Gadamer est particulièrement démonstratif. Sa théorie, en effet, ne parvient pas à faire de l'écriture autre chose qu'une auto-aliénation du sens. C'est dire qu'il ne l'envisage nullement dans une économie propre, ayant ses ressources spécifiques. Corrélativement, la lecture qu'il théorise a pour but de réveiller le texte de cette aliénation en le restituant à la vie de l'énonciation («Aussage»), comprise comme circuit dialogique qui en ranime le sens. Ainsi, l'analyse se meut entièrement dans une perspective qui identifie la voix-la vie-la présence. La théorie de la signification est dominée par le primat du signifié et commandée par le modèle de la «phoné». C'est pourquoi, après la chance entrevue chez Gadamer d'une possible «union du philologique et de l'historique», selon l'expression de J. Greisch, on se retrouve déçu. Car ni le philologique, ni l'historique ne peuvent y avoir véritablement de densité. La notion de discours («Rede»), dans laquelle est reversée l'écriture, est entièrement absorbée par le schéma du dialogue idéal qui est abstrait. De sorte qu'on est tenté de se demander si on ne reperd pas, par le biais du phonocentrisme, ce que par ailleurs la théorie cherche soigneusement à regagner contre tous les leurres de l'immédiateté.

4. Vers une «poétique» de la lecture

Longuement et diversement occupée par le problème herméneutique, l'oeuvre de P. Ricoeur a produit, en ses développements récents, une théorie de la lecture riche, puissamment intégrante et qui prouve que la difficulté que l'on vient de désigner n'est probablement pas insurmontable. Refusant d'opposer distanciation aliénante et appartenance, — comme il se fait dans la perspective gadamérienne —, P. Ricoeur prétend aussi bien s'affranchir du vieux principe de Dilthey, souvent implicite, toujours limitant, qui disjoint le «comprendre» de l'«expliquer». Or, c'est précisément par l'élaboration d'une pensée du texte, dense et exigeante, que se fait chez lui ce double dépassement.

En effet, bien loin que pour Ricoeur le texte ne soit «qu'un cas particulier de la communication inter-humaine» et que sa compréhension puisse être ramenée aux termes d'un dialogisme transparent, il doit être reconnu comme le lieu par excellence où s'impose la réalité de la distanciation et où s'expérimentent la fécondité et la productivité de celle-ci: «(le texte) est le paradigme de la distanciation dans la communication» écrit-il[18]. Ce qui s'exprime encore dans le constat que «la distanciation n'est pas le produit de la méthodologie, et, à ce titre, quelque chose de surajouté et de parasitaire; elle est constitutive du phénomène du texte comme écriture»[19]. Dès lors, le modèle dialogique ne saurait plus être tenu pour adéquat: «...dans le dialogue, en effet, le vis-à-vis du discours est donné à l'avance par le colloque lui-même; avec l'écriture, le destinataire originel est transcendé»[20]. De là cette autonomie du texte dont la réception à travers le temps, sous la forme de ses lectures, peut se penser comme succession de décontextualisations et de recontextualisations[21]. C'est d'alleurs dans la mesure où l'écriture d'un texte ménage cette possibilité de déborder ses déterminations initiales, sociologiques aussi bien que psychologiques, c'est parce qu'il a pouvoir d'exister de manière vive en chaque nouveau présent de la lecture, qu'il relève de ce qui se nomme une *oeuvre*. Aussi, en cette dernière herméneutique de P. Ricoeur, la lecture désignée comme opération active, médiatrice et configurante, ne se sépare pas d'une textualité reconnue et assumée avec sa consistance et sa spécificité. C'est aussi pourquoi cette herméneutique ne congédie nullement le texte mais, bien plutôt, fait signe à une poétique qu'elle revendique comme son moment préalable.

Le projet d'une poétique de la lecture est trop central dans l'oeuvre d'H. Meschonnic pour que, de manière peut-être inattendue (celui-ci en appelle à de tout autres références que celles de Ricoeur), on n'évoque pas ici des convergences avec les perspectives que développe l'auteur de *Temps et Récit* sur la lecture. Rappelons qu'H. Meschonnic se fixe pour objectif de penser ensemble la réalité matérielle qu'est un texte — conçu comme valeur au sein de la culture — *et* la réalité historique du sujet qui énonce et de celui qui réénonce, dans la succession historique des actes de lecture. Or, «la production de sens *déborde* le sens lui-même»[22]: non par l'effet d'un dialogue conceptuel (dont l'hypothèse a pour effet d'annuler le texte), ni par le fait d'une sorte d'auto-signifiance ou de

---

[18] *Exegesis*, Travaux publiés sous la direction de F. Bovon et G. Rouiller, Delachaux et Niestlé Ed., 1965, p. 202.

[19] Ibid. p. 210.

[20] P. Ricoeur, Herméneutique et critique des idéologies, in *Du texte à l'action*, *Essais d'herméneutique, II*, Col. Esprit/Seuil, 1986, p. 366-367.

[21] *Exegesis*, p. 210.

[22] *Pour la poétique II*, Gallimard, 1973, p. 301.

pouvoir occulte du signifiant (cette autre perspective expulsant le sujet et idéologisant le signifiant), mais parce que l'efficace d'un texte est celle d'une signifiance à l'oeuvre dans et par la matérialité du langage, lui-même inséparable d'un sujet d'énonciation. C'est ainsi que le texte est «opérateur de glissement idéologique» et que «le poème fait aussi l'histoire, en changeant la poésie, le sujet et le langage». «S'il les change, ajoute H. Meschonnic, il est poème, sinon une variante des discours idéologisés du temps»[23].

De telles perspectives dictent un abord nouveau des questions du sens. D'une part, il ne peut y avoir accès à lui que par le déplacement d'une linguistique de la langue vers une linguistique du discours, c'est-à-dire d'une linguistique du signe qui ignore le sujet, vers une linguistique de l'énonciation, mettant sujet et signifiant en interaction. D'autre part, l'historicité du texte ne peut plus être confondue avec la date, le lieu, la production en son origine: «l'historicité est l'aspect social de la spécificité» énonce H. Meschonnic[24], en lien avec une théorie du sujet qui définit celui-ci comme un je-ici-maintenant, à la fois transsocial, transhistorique et transsubjectif, également éloigné donc de ses représentations abstraites, non-historiques que de la cible — version individualiste, invention moderne — que se donne la critique marxiste pour en finir avec le sujet.

De cette poétique enfin se déduit une théorie de la lecture. Que le sens se construise dans l'interaction d'une écriture et de sa lecture se retrouve chez Meschonnic qui y voit «un faire, un prendre, un donner. Un acte, toujours, l'infini de l'interaction de la réécriture»[25]. Le texte doit être pensé comme un état construit de la lecture.

On notera au passage qu'une telle théorie revendique une inspiration puisée à une pratique biblique, juive, de la langue où, en particulier, l'Ecriture se dit comme Lecture («mikra»), en relation avec un texte — la Bible — dans lequel H. Meschonnic voit «le meilleur terrain d'expérimentation des théories du discours»[26]. On ne peut développer ici les justifications apportées à ces vues. Indiquons seulement que c'est en référence à la rythmique propre à la Bible qu'est argumentée l'idée de sa valeur critique spécifique: récusant des modèles du langage fondés sur le signe, l'écriture biblique appelle une théorie qui intègre à la langue une oralité qui est une socialité et qui met ensemble subjectivité et collectivité[27]. A partir de là encore peut se concevoir un «texte-lecture»

---

[23] «Langage, histoire, une même théorie», *Nouvelle Revue Française*, Sept. 1977, n. 296, p. 84.
[24] *Critique du rythme*, Ed. Verdier, 1982, p. 27.
[25] Art. cit., NRF, 1977, p. 85.
[26] *Jona et le signifiant errant*, Gallimard, 1981, p. 35.
[27] On consultera *Les états de la poétique*, PUF, 1985, par ex. p. 125. On prendra acte

qui est une «activité individuelle-collective, un passage trans-énonciatif d'un signifiant, le texte, à un autre signifiant, le lecteur». Ainsi voit-on cette réflexion croiser une théorie de l'écriture biblique avec une poétique générale, la seconde faisant son profit de suggestions et de résultats issus de la première, jusqu'à définir à neuf la notion de texte. «Si, en effet, écrit encore H. Meschonnic, les textes de la Bible se textualisent indéfiniment, en partie hors de leur propre énoncé», c'est aussi parce que ce que l'on nomme *texte*, «malgré toute illusion de fermeture, est un énoncé qui ne cesse de s'ouvrir»[28]. Par où l'on se retrouve finalement dans le voisinage de la théorie de la lecture exposée par P. Ricoeur.

Tel est donc le site théorique dans lequel s'inscrit la recherche qui va suivre, tel que le dessine, en son aboutissement, le chemin qui vient d'être parcouru, dans la suite de théories qui affirment le dépassement nécessaire de l'historicisme et qui rendent sa légitimité à une attention portée à la tradition; à titre général chez Gadamer ou chez Ricoeur, à titre particulier chez Meschonnic faisant de la «mikra» biblique un levier de la théorie du texte et de l'interprétation. Reste à savoir, dans ce dernier cas, si la lecture juive est la seule à posséder les dimensions que lui donne H. Meschonnic. Il ne sera possible de le dire qu'après le parcours d'autres traditions de lecture de la Bible.

II. CONSEQUENCES METHODOLOGIQUES POUR L'ETUDE DU CT.: UN DOUBLE DEPLACEMENT ET LES MOYENS DE SA MISE EN OEUVRE

1. *Reformulation des termes du problème: un double déplacement*

Rappelons sommairement les conclusions auxquelles était parvenue la description des exégèses modernes du Ct., telles que nous les avons présentées dans le chapitre I.

— Malgré un effort considérable d'enquête, l'identification de l'origine du texte demeure problématique, voire indécidable. De là, la difficulté à tenir une pure méthodologie du «sens de l'auteur» (Hirsch) ou de ses variantes mettant leur espoir dans un sens originel normatif.

— L'histoire des lectures du texte apparaît sous la forme d'une suite non analysée d'interprétations disparates. Les considérations qui accom-

---

également des remarques consacrées à Humboldt (pp. 141-144) chez lequel se trouve déjà un discours tenant à la fois l'historicité et la subjectivité.

[28] *Pour la poétique II*, ouv. cit., p. 255 pour la première citation, p. 252 pour la seconde.

pagnent ces inventaires se réduisent à un double parti qui consiste soit à décrire une histoire du sens naturel prenant le relais de la lecture allégorique, soit à jouer la première contre la seconde en faisant de l'interprétation allégorique l'errance naïve d'une exégèse dans son enfance. Rien n'est dit, par ailleurs, de dispositions du texte qui expliqueraient cette histoire contrastée.

— En tout état de cause, la question toujours saillante et non résolue demeure celle d'un *sens objectif* qui puisse être saisi en-deça de toutes les formes de lectures «intéressées». Malgré les difficultés rencontrées par sa mise au jour, c'est le *sens de l'origine* qui est crédité le plus souvent de cette valeur objective. Les diverses méthodologies de l'exégèse moderne sont faites pour assurer l'accès à ce niveau d'existence du texte; avec cette conséquence qu'elles se rendent peu aptes à comprendre des logiques de la lecture qui ont d'autres finalités et d'autres critères de justesse du sens.

A de telles stratégies qui polarisent leur intérêt sur le sens originel et tiennent la suite historique des interprétations du texte pour le simple déploiement d'hypothèses cherchant à dire *le sens vrai* du poème, nous opposerons, pour notre part, d'autres dispositions plus conformes aux conclusions exposées précédemment. L'objet de notre recherche sera déterminé par un double déplacement.

a) *Premier déplacement: une analyse des formes d'existence du texte dans l'histoire*

Nous considérerons que l'histoire de la genèse et l'histoire des effets de l'oeuvre au long de sa transmission ne sont pas dans un simple rapport d'implication. De même il est nécessaire de distinguer entre l'effet produit par le texte à son surgissement et l'histoire de sa réception (contre l'avis de R. Weimann cité et critiqué par Jauss: «La meilleure façon de favoriser l'action de l'oeuvre littéraire ancienne dans notre temps, c'est d'en étudier la genèse dans le temps qui a été le sien»[29]). Ainsi l'histoire de la transmission du Ct. doit-elle être traitée pour elle-même.

Notre attention se déplacera donc de la synchronie de l'origine et de la recherche de l'effet premier, vers la diachronie de la transmission. Soit encore des signifiants du poème donnés à la lecture, vers les formes de leur existence dans l'histoire. Ou encore, du débat strictement exégétique, vers la description de quelques zones clés de cet immense continent de textes qui s'est engendré du Ct. Ces derniers seront considérés comme des constructions signifiantes issues d'une lecture qui est un acte inscrit

---

[29] Pour la discussion des thèses de WEIMANN voir JAUSS, ouv. cit., pp. 254 et sv.

dans l'histoire et qui met en jeu des solidarités à travers lesquelles s'identifient les groupes lecteurs du Ct.

Redisons que ce parti n'a pas pour logique de substituer aux questions relatives à l'origine, des questions plus accessibles portant sur la transmission. Mais de restituer aux premières le complément sans lequel l'analyse s'enferme dans une conception tronquée de l'historicité et de ce que l'on nomme «le sens» du texte[30].

Par ailleurs, nous faisons entièrement nôtre la position de Jauss qui, citant Gadamer, remarque dans *Pour une esthétique de la réception*: «Croire que l'interprète situé hors de l'histoire n'aurait qu'à se plonger dans le texte pour voir, par-delà toutes les "erreurs" de ses devanciers et de la réception historique, se révéler directement et totalement la "vérité intemporelle" du sens d'une oeuvre, c'est "occulter l'implication de la conscience historique elle-même dans l'histoire de la réception"» (p. 59).

Dès le premier chapitre nous avons montré le jeu de miroir qui se créé entre les questions formulées, le vraisemblable de l'observateur et les données «objectives» que livrent finalement les analyses. Ainsi, nous n'avons nul projet d'ajouter au genre déjà abondant des études prétendant «dévoiler» le sens du Ct. En revanche, nous cherchons à reprendre en considération l'histoire de la lecture du texte avec l'idée que ce qu'il est, est aussi concerné par ce que l'on en a fait et la manière dont il a été lu.

b) *Second déplacement: débordement du commentaire vers les usages du texte*

Ce premier déplacement acquis, nous en opèrerons un second à l'intérieur de l'histoire du texte.

On a longuement indiqué précédemment comment les considérations modernes relatives à l'histoire de la lecture du Ct. revenaient, de

---

[30] Le schéma suivant décrit ainsi sous la forme de deux trajets spécifiques les démarches de l'exégèse historico-critique et de l'éxégèse traditionnelle:

```
              ┌──────────────────► TEXTE ................. sens originel (reçu)
              │                                             | (1)
              │                                          ⎡ lectures produites ⎤
              │                                          ⎢ au long de l'histoire ⎥
              │                                          ⎣ de la transmission ⎦
              │                                                    │
              │                                                    ▼
              └──────── (2) Exégèse historique et critique
                              * veut s'en tenir à la première ligne
                              * ne considère la série des sens transmis
                                que comme déploiement d'hypothèses
                                cherchant à dire le «sens vrai».
```

manière stéréotypée, à un propos sur le sens. Notre hypothèse est que l'intérêt par lequel un texte est gardé, transmis, lu, commenté, comporte bien plus que la considéraion de son sens. Parce qu'il y a plus dans un texte que le sens de ce texte. C'est pourquoi, à l'idée courante que l'histoire du Ct. ne peut être qu'une histoire de ses commentaires, nous substituons la perspective plus vaste d'une histoire des usages du texte. Disant *usage*, nous impliquons une réalité qui met en jeu, à part égale, le texte et des sujets qui se l'approprient. Nous nous déplaçons donc d'une théorie de l'énoncé vers une description des faits d'énonciation, en refusant d'isoler des signifiants en une existence autonome, finie et suffisante, pour les penser et les décrire dans leur lien aux composantes d'une situation qui les met en scène et les interprète.

Parlant d'usage à la place de sens, nous brisons encore la double limite dans laquelle tient enfermée la notion de commentaire:

— limite d'une catégorie qui, devenue hégémonique, empêche de prendre la mesure d'autres relations possibles au texte,

— limite d'une définition qui décrit le commentaire comme une simple opération de transcodage sémantique.

A la première de ces limitations, nous opposerons la prise en compte d'une série de stratégies énonciatives qui n'entrent pas dans le schéma de la lecture explicative. Certes, on ne peut ignorer que l'histoire du Ct. soit faite, d'époque en époque, de très nombreuses «expositiones», «commentationes» «explanationes», ou «catenae», ou encore de commentaires qui, pas à pas, dans l'ordre de déroulement des versets, parcourent le texte, l'éclaircissent, le mettent en résonance avec d'autres, l'amplifient de considérations connexes. Mais cette pratique textuelle n'est qu'une modalité de traitement du Ct. qu'il faut resituer dans un spectre beaucoup plus large, allant de la simple citation, telle qu'elle se pratique dans une lecture orale, jusqu'à des formes beaucoup plus radicales où — dans un jeu d'intertextualité plus ou moins affiché — les mots du Ct. induisent de nouveaux textes. Dans l'intervalle figureraient toutes les formes intermédiaires qui conjoignent citation et expression métalinguistique que l'on peut provisoirement désigner comme paraphrase, en regroupant sous ce terme diverses variantes du «commentaire», comportant aussi bien le genre de l'homélie que celui du discours épistolaire ou que le commentaire systématique à objectif «scientifique».

Quant à la réduction du commentaire à un mécanisme de transcodage sémantique, nous la dépasserons en appréhendant les deux protocoles qui l'organisent — citation et paraphrase — comme relevant de l'énonciation. Sans alourdir l'exposé de détails trop techniques, il nous faut rappeler sommairement quelques éléments du débat ouvert à hauteur de ces deux opérations.

2. La citation et la paraphrase comme stratégies énonciatives

Plonger les notions de «citation» et de «paraphrase» dans le creuset des théories de l'énonciation, n'est pas un geste anodin. C'est, d'une part, quitter la convention qui fait de la citation, globalement, un placage ou un collage d'énoncé sur énoncé, tantôt ornemental, tantôt — c'est le cas dans le commentaire —, ordonné à des fins techniques. C'est aussi cesser de s'en tenir à une paraphrase qui reformulerait le même, se contentant de mettre à profit des équivalences contenues dans la langue. C'est, en réalité, livrer des notions naïvement simples aux tours et détours de l'interaction subjective. C'est laisser le passage à des évidences que les linguistes eux-mêmes ont soigneusement tenues à la marge. C'est encore s'enfoncer dans le chantier ouvert, occupé de théories sectorielles, parallèles ou rivales, où s'élaborent les descriptions encore parcellaires de la réalité langagière, telle qu'elle existe en acte, disant sans dire, faisant en disant, ou disant pour ne pas faire...

On sait qu'un travail vaste et polymorphe, mené à partir de prémisses variées, mais aussi d'une commune réaction aux limitations inhérentes à une linguistique de la langue, a fait des phénomènes énonciatifs présents au discours le centre de son intérêt. Une linguistique du discours et une pragmatique sont nées du savoir que la «langue» ne fait pas tout le langage; qu'on ne peut pas même se contenter de dire que celle-là existe «pour» le discours, mais plutôt qu'il faut dire qu'elle existe «par» lui, selon une hiérarchie inversée de celle du structuralisme.

De Searle à Reichenbach l'effort consiste donc à déborder la systématicité abstraite d'une langue hors discours, à travers une série de concepts ressaisissant l'opérativité du discours, c'est-à-dire, en fait, rejoignant la construction de la signification. Ainsi la notion de valeur «illocutoire», d'abord utilisée de façon restrictive par Austin, est devenue chez Searle une propriété de tout énoncé[31].

Certes, les théories élaborées pour l'heure autour de cette dimension du langage ne sont pas exemptes de faiblesses. Le danger est toujours de demeurer dans une perspective dualiste où l'on se contente de fournir un supplément d'énonciation à la langue en laissant intacts la

---

[31] J.L. AUSTIN, *Quand dire c'est faire*, trad. française Le Seuil, 1970, J.R. SEARLE, *Les actes de langage*, *Essai de philosophie du langage*, trad. française Hermann, 1972. De surcroît, sur l'opposition de la «signification» au «thème» formulée par M. BAKHTINE, voir T. TODOROV in *M. Bakhtine, le principe dialogique*, suivi de Ecrits du Cercle de Bakhtine, Ed. du Seuil, 1981, p. 67 et sv. Sur sa reformulation dans le vocabulaire peircien du «type» et du «token» voir F. RECANATI, *La transparence et l'énonciation*, Ed. du Seuil, 1979, ch. 8. On trouvera également des éléments précieux concernant cette ressaisie du langage à travers la philosophie analytique et les théories de l'énonciation dans J.-P. SONNET, *La parole consacrée*, Bibliothèque des Cahiers de l'Institut de Linguistique de Louvain, n. 25, 1984.

définition et le statut de celle-ci à l'intérieur de la théorie. Penser de manière synthétique la langue dans le discours reviendrait d'ailleurs simultanément à construire une théorie du sujet parlant, historique et social; or, un tel projet est loin d'être réalisé. Prenant acte de telles limites actuelles de la théorie, nous maintenons cependant notre objectif qui est de ressaisir, dans les discours associés au Ct. des Ct. que nous allons lire, l'émergence des dispositions de leur énonciation. Ce souci se concrétisera dans l'analyse de la citation et de la paraphrase par lesquelles se fait l'articulation du texte de référence (en l'occurrence le poème biblique) au texte d'arrivée (qu'il s'agisse d'une homélie, d'un discours épistolaire, d'un commentaire ou d'un traité théologique). Notre hypothèse est que ce rapport n'est correctement décrit qu'en engageant le discours comme totalité empirique de parole, dite de sujets à sujets, en référence à un texte dont la traversée a précisément pour effet d'identifier des sujets. En ce sens, le mode d'inclusion des citations dans le discours citant, comme le type d'équation propositionnelle construit par la paraphrase, impliquent beaucoup plus que les mécanismes de langue. C'est ce qu'il nous faut indiquer brièvement.

a) *La citation*

     * Il est aujourd'hui difficile d'aborder la *citation*, avec quelque rigueur théorique, hors de la référence à la problématique plus vaste de l'intertextualité. On sait que cette dernière notion a pour origine des travaux de Mikhaël Bakhtine sur le dialogisme, où le concept est défini, sa productivité descriptive montrée, à travers des analyses consacrées à l'écriture de Dostoievski. Le principe dialogique consiste à reconnaître qu'il n'y a d'énoncé qu'en relation avec d'autres énoncés, que toute écriture, donc, relève de la structure du dialogue[32].

     Cette intuition qui parcourt le Formalisme, et spécialement l'oeuvre de Tynianov, a été reprise par J. Kristeva sous le terme d'intertextualité pour décrire le fait que «tout texte se construit comme une mosaïque de citations et tout texte est une absorption et transformation d'un autre texte»[33]. Les analyses de Lautréamont, proposées par le même auteur

---

[32] BAKHTINE précise ce point essentiel: «Ces relations (dialogiques) sont profondément spécifiques et ne peuvent être ramenées à des relations logiques ou linguistiques, ou psychologiques, ou mécaniques, ou à une autre espèce de relations naturelles. C'est un type particulier de relations "sémantiques" dont les membres doivent être uniquement des "énoncés entiers" (ou considérés comme entiers ou potentiellement entiers), derrière lesquels se tiennent (et dans lesquels s'expriment) des sujets de parole réels ou potentiels, les auteurs des énoncés en question», cité in TODOROV, ouv. cit., p. 96.

[33] J. KRISTEVA, *La révolution du langage poétique*, Ed. du Seuil, 1974, chapitre 1, spécialement p. 60 et sv. où la notion d'inter-textualité est affinée à l'aide du concept de «transposition».

dans *Révolution du langage poétique*, ont largement contribué à explorer cette réalité qui règle exemplairement les *Poésies* et les *Chants de Maldoror*. Nous ne nous attarderons pas ici aux problèmes que soulève cette référence de la théorie à des textes marqués par un incontestable «excès» critique. Contentons-nous d'indiquer la variété des formules que peut subsumer la notion d'intertextualité. Bakhtine peut servir de guide, lorsqu'en référence à l'esthétique de Wölfflin il distingue deux formes de citation rapportées à ce qu'il nomme «style linéaire» et «style pictural». Le premier, qui maintient «une réaction active au discours d'autrui», a pour caractéristiques de «donner au discours d'autrui des limites nettes et stables». Le second «s'efforce de dissoudre le caractère compact et clos du discours d'autrui, de le résorber, d'effacer ses frontières... Sa tendance consiste à effacer le caractère tranché des contours de ce discours»[34]. De notre côté, nous avons déjà fait allusion précédemment à deux formes de l'échange intertextuel attestées dans les lectures du Ct. des Ct. et qui représentent comme les deux formules limites de l'interaction discursive. D'un côté, un ensemble de textes mettent en relation discours citant et texte du Ct. sur le mode de la citation: la démarcation entre les deux registres est clairement maintenue, que le texte citant soit en position de dominance ou que le texte cité, au contraire, conduise le déroulement du discours. A l'inverse, l'hypothèse d'une écriture du Ct. à partir de matériaux de remploi, pris aux traditions païennes ambiantes, renvoie à une autre figuration de l'intertextualité, caractérisée par l'absorption d'éléments préexistants. Variante de cette formule, saint Jean de la Croix réécrivant le Ct. dans son *Cantique spirituel*: le rapport au texte cité est tel que s'abolit, de nouveau, toute limite intérieure au discours. On remarquera, au passage, à considérer ces deux derniers exemples, combien un même processus peut être porté par des intentions énonciatives opposées. Dans un cas, on aurait une stratégie du détournement: la relation de Dieu à Israël décrite avec les mots du paganisme, empruntés et décalés. Dans l'autre cas, une stratégie de la connivence maximale: celui qui écrit se glisse dans la position énonciative du premier texte, au point de réendosser, pour lui, dans son propre acte de parole, le matériau signifiant qu'il trouve en celui-là.

Au-delà de cette remarque, et d'une façon générale, on notera que l'intertextualité se dit à la fois des formes les plus visibles de la mise bord à bord d'un discours citant et d'un discours cité, et du brouillage de cette jonction au sein de discours qui ne manifestent explicitement qu'un seul niveau énonciatif. Dans l'intervalle, elle comporte, par ailleurs, divers scénarios formels: le discours direct contre-distingué du discours indirect

---

[34] Cité par T. Todorov, ouv. cit., p. 108.

ou libre indirect[35], diverses figures du rapport des deux textes l'un à l'autre[36]. A ces divers types nous aurons affaire en traitant de l'histoire de la lecture du Ct.

* Travaillant sur des textes écrits très au large de l'intention critique et déconstructive qui s'observe dans les scénarios modernes du discours cité, nous ferons de la citation explicite, — réputée la plus simple et la plus transparente, ou la moins opaque —, la formule de base et de référence de notre analyse. Soit une citation qui maintient lisible la dénivellation du discours citant et du discours cité, qui préserve ce décrochement jusqu'à l'énoncer visiblement par l'opération typologique des guillemets.

Option facilitante, dira-t-on, qui fait aborder l'intertextualité par son versant le plus accessible et donc le moins prometteur... ou par ce qui ne serait qu'un cas très particulier, un peu artificiellement rhétorique, d'une beaucoup plus vaste réalité langagière. Ce n'est pas si sûr! Car cette formule apparemment rigide et très voyante, abrite, en fait, tout un subtil jeu d'appel et de réponse, d'attirance ou de mise à distance de signifiants, de relation d'un présent à un antécédent, de composition de situations de parole hétérogènes, soudain mises en collusion. La citation explicite n'est jamais simple. Toujours se profile en elle l'énigme à déchiffrer de l'incitation qui conduit le citateur à activer la précipitation dans son discours de discours antérieurs, à faire main basse sur le déjà-dit ou, au contraire, à lui soumettre sa propre parole. Contrairement aux apparences, la citation explicite engage une relation complexe, non pas simplement entre les textes, mais entre les énonciations de textes. En ce point, nous reprenons à notre compte les remarques que A. Compagnon propose dans *La seconde main*[37] au titre d'une phénoménologie et d'une sémiologie de la citation. Sa théorie peut être ramenée aux points suivants:

— La citation doit être comprise non seulement comme chose ou comme produit, mais selon l'acte qu'elle constitue. Car la citation ne «va pas de soi», «comme une automobile»... Oublier en elle l'acte, la production, c'est masquer la force, l'énergeia, c'est effacer la personne du citateur, «le sujet de la citation comme déménageur, négociant, chirurgien ou boucher» (p. 31)! Quant à l'acte, il est doublement qualifié comme prélèvement et comme greffe; c'est-à-dire encore comme lecture et comme écriture.

---

[35] Voir C. KERBRAT-ORECCHIONI, *L'énonciation, De la subjectivité dans le langage*, A. Colin, 1980, p. 162 et sv. qui fournissent des éléments pour la typologie de la citation.

[36] L. JENNY, «La stratégie de la forme», *Poétique* 27, pp. 279 et sv. distingue trois grands types d'idéologies intertextuelles (l'intertextualité comme détournement culturel, l'intertextualité comme réactivation du sens, l'intertextualité comme miroir des sujets).

[37] A. COMPAGNON, *La seconde main* ou *Le travail de la citation*, Ed. du Seuil, 1979.

— La pensée du sens de la citation impose d'envisager «la relation instantanée de la chose à la force actuelle qui l'investit» (p. 38). C'est à la problématique nietzschéenne que se réfère ici A. Compagnon. Il s'agit, comme le décrit G. Deleuze dans *Nietzsche et la philosophie*[38], d'opposer, avec le sophiste, à la question «qu'est-ce que?» («qu'est-ce que le beau?» ou «qu'est-ce que la citation?») la question intempestive du «qui?», facilement passée sous silence, parce qu'elle est trop dévoilante. Ce qui revient encore à rejoindre le registre des «objets concrets pris dans leur devenir», donc à rejoindre l'empirisme et le pluralisme où il se découvre qu'il n'y a de sens qu'en passant par les forces qui s'emparent d'une chose, par «la volonté qui la possède» (p. 87). Ainsi donc, il s'agit de traiter de la citation à partir des questions: «qui cite?», «dans quel rapport avec ce qu'il cite?», «pour qui?», «selon quelle nécessité?», «en vue de quelle action?».

— L'élaboration d'une théorie de la citation impose d'en traiter comme pratique de discours, c'est-à-dire comme énoncé répété *et* énonciation répétante, ré-énonciation. Ce qui est à décrire en elle, est la composition mutuelle de deux systèmes d'énonciation mis en contact[39]. D'où il résulte encore que le sens d'un énoncé cité est fait de la série ouverte de ses sens contextuels.

C'est dans le sillage de ces propositions que nous conduirons notre propre analyse de la citation du Ct. des Ct.

b) *La paraphrase*

Parce que, dans bon nombre de cas, «citer» entraîne un processus de reformulation, la description des lectures du Ct. que nous projetons doit avoir affaire conjointement à des formules de citation et à des procédures de paraphrase.

On sait que la paraphrase est un thème central dans la linguistique contemporaine où elle figure, à la fois, comme un outil et comme un problème théorique plein d'embûches.

Dès l'abord, l'idée qu'un énoncé puisse prétendre en doubler un autre ne va pas sans surprise. Il existe une immédiateté et une évidence de la paraphrase pour le locuteur qui en a communément la pratique. En même temps, un ensemble de paradoxes cristallisent autour de cette opération dès que l'on tente de faire la théorie de l'usage spontané.

Disons seulement, avec C. Fuchs, que la paraphrase est couramment définie sur le modèle de la synonymie, comme reformulation du

---

[38] *Nietzsche et la philosophie*, PUF, 1962, pp. 86-88.
[39] Pour l'exposé des «valeurs de répétition» selon une analyse inspirée de PEIRCE, voir COMPAGNON, ouv. cit. pp. 76-82.

contenu X par Y; mais, ce faisant, on va contre ce principe élémentaire que le structuralisme a fini par rendre trivial: il n'est pas possible de dissocier expression et contenu de manière telle qu'une intervention sur l'un soit sans conséquence sur l'autre[40]. D'ailleurs, l'affirmation définitionnelle de l'identité de X et Y s'accompagne, en même temps, et malgré la contradiction, du constat de différences. Il est convenu, par exemple, que Y puisse être plus long que X. La justification la plus couramment donnée de Y est même que la paraphrase puisse redire X «autrement», ou «mieux», en l'éclairant et en l'expliquant. Il s'agit, en somme, de redire «la même chose» «autrement». D'où les questions qui surgissent: 1) Une telle visée a-t-elle un sens? 2) «Par quel glissement incontrôlable la "reproduction" du contenu peut-elle se transformer en "déformation" du contenu?» (p. 9), 3) Quelles fins expliquent le recours à une telle procédure? Que poursuit-on en paraphrasant? Questions apparemment naïves, mais qui surgissent simplement de la prise au sérieux de l'empirique dans le langage et auxquelles une théorie de la paraphrase doit pouvoir un jour répondre. Ce qu'elle ne fait pas encore, ni à travers le traitement logique, ni à travers l'abord linguistique de la question.

Pour l'heure, l'avancée la plus originale demeure celle qu'à proposée C. Fuchs. Rompant avec une linguistique qui fait de la paraphrase une simple relation sémantique inscrite dans le système de la langue, mais aussi avec une socio-linguistique qui la résorbe dans l'idéologie[41], elle voit dans la paraphrase une opération située à la jointure de la langue et du discours. Ainsi serait-on en présence d'une activité métalinguistique spontanée et pré-consciente qui ne peut être véritablement saisie que dans une situation d'échange discursif réelle. Il s'ensuit que la paraphrase n'exploiterait pas des données préalables; elle les élaborerait plutôt dans l'acte singulier de la mise en oeuvre du langage. Dans ces conditions, il n'y a pas «identité» des séquences, mais mise en relation par et pour un sujet donné. Dès lors, le jugement d'équivalence relève du champ de l'énonciation.

Ainsi donc, l'intérêt que nous porterons à la paraphrase engagera-t-il plus qu'une attention aux propositions mises en équivalence avec le Ct. Elle visera, de nouveau, l'acte de parole total, c'est-à-dire la réalité globale, historique et personnelle que constitue chaque lecture du Ct. attestée par les textes.

---

[40] Un bilan critique des travaux réalisés sur cette question se trouve dans C. Fuchs, ouv. cit., pp. 21-88.

[41] Voir M. Pecheux, *Analyse automatique du discours*, Ed. Dunod, 1968.

III. PROPRIETES TEXTUELLES DU Ct. A L'APPUI DU DEPLA-CEMENT PROPOSE

Le projet d'analyse qui a été exposé plus haut, avec ses accents propres et ses déplacements, relève d'arguments théoriques généraux. A ceux-ci on doit adjoindre, dans le cas du *Cantique des Cantiques*, d'autres motivations qui tiennent aux particularités du texte lui-même. Certaines de ces particularités qualifient l'ensemble du corpus biblique, d'autres, en revanche, sont des traits singuliers du poème.

1. *Prégnance des phénomènes énonciatifs dans le corpus biblique*

On n'affirme plus aujourd'hui, comme le faisait R. Virzel travaillant sur le dialogue à la fin du siècle dernier[42], que le texte biblique — à la différence d'autres écritures de l'Antiquité — serait fermé à la pratique du dialogue auquel il ne recourrait qu'en «le rendant prisonnier du cadre narratif». Sans doute, la désignation directe de la catégorie de «dialogue» semble faire défaut en hébreu biblique; mais diverses expressions ou périphrases[43] serrent de très près cette réalité discursive, par ailleurs abondamment attestée dans les textes. Des approches modernes du texte biblique — philosophique, théologique ou stylistique — ont même pu faire de l'énonciation le lieu de ses caractéristiques majeures. Dans la mesure même où la structure de l'Alliance traverse et organise l'histoire d'Israël, on conçoit que tout en elle, dans ce qui la parle et l'élucide, comme dans les institutions qu'elle promeut, donne à reconnaître, d'une manière ou d'une autre, des figures dialogales. Ainsi R. Lapointe a pu mettre en évidence, pour l'ensemble du texte biblique, la prégnance d'une dialogicité qui enjambe les genres et les structures du discours. Non seulement le dialogue construit des textes dont la structure dramatique est immédiatement perceptible (le *Ct. des Ct.* ou *Job*), mais également des textes narratifs (*Jonas, Esther, Daniel*); et c'est encore lui qui organise les textes historiques, avec les modulations différentes qu'introduisent les traditions élohiste ou yahviste, deutéronomiste ou sacerdotale.

Certes, A. Neher a raison quand il précise: «... Encore, cette notion de "dialogue" ne doit-elle avoir rien de superficiel ni de conventionnel quand on l'applique à la Bible. Il faut la prendre, elle aussi, au sérieux et accepter son contenu dramatique qui conduit logiquement au silence"[44].

---

[42] R. VIRZEL, *Der Dialog*, Hildesheim, 1963, reproduction photocopiée de 1895, mentionné in R. LAPOINTE, *Dialogues bibliques et dialectique interpersonnelle*, Paris, Tournai, Montréal, 1971, p. 20.

[43] Ouv. cit., p. 26.

[44] A. NEHER, *L'exil de la parole*, Ed. du Seuil, 1970, p. 53.

Cette salubre mise en garde recueillie, il reste que l'on est en droit de voir une caractéristique essentielle du discours de la Bible dans ce fait que — à la différence des autres énoncés religieux ou mythologiques qui parlent du divin ou mettent en présence et en dialogue des dieux entre eux — celui-là est constamment occupé à se dégager des diverses formes de l'objectivation du discours sacré. Ceci a pour effet que le Dieu biblique n'est pas «celui dont on parle» ou même «dont on rapporte qu'il parle», mais celui dont la parole troue, au point présent de l'énonciation, toute formule objectivante, en la traversant de la relation dialogique du «je»-«tu». Et cela, déjà et entièrement, pour la raison que la totalité du texte, en ses multiples strates d'écriture, de méditation, de transmission et de réécriture, est d'emblée dominée par l'injonction de l'écoute qui met précisément en place cette relation. Cela signifie encore que, là même où le texte est archive, il est, en fait, arraché à cet état de figement et réinscrit dans le présent de l'énonciation par laquelle il est toujours de nouveau scruté et transmis. Il y a là une structure transdiscursive remarquable qui fonde, à la fois, une temporalité profondément originale et une anthropologie singulière.

Il faudrait ici évoquer quelques analyses très pénétrantes de P. Beauchamp mettant en évidence le caractère central de la structure de l'Alliance comme pôle autour duquel tournent les autres formes bibliques, mais aussi décrivant la temporalité qui s'engendre d'elle, conduisant constamment le récit du passé jusqu'à ce «et maintenant» de sa ré-énonciation, déroulant l'histoire comme série des renouvellements de l'Alliance et, à partir de l'Exil, rebrassant autour de cette notion temps passés et temps futurs, faisant surgir de la césure intérieure produite par la parole prophétique («Je conclurai avec la maison d'Israël et la maison de Juda une alliance nouvelle», Jér. *31*, 32) la perception que «l'alliance nouvelle est plus ancienne que l'ancienne», qu'elle touche au commencement («Ton époux c'est ton créateur», Is. *54*,5), d'où elle part en direction d'un accomplissement qui se profile en avant du moment présent. On se contente de renvoyer au chapitre VI de *L'un et l'autre Testament* qui propose un exposé magistral de cette question[45].

De même encore, il est clair que la problématique bubérienne du «je» et du «tu» ne peut être dissociée du dialogisme qui organise le discours biblique. Ce dernier n'étant d'ailleurs pas platement celui des formes discursives dialogales immédiatement observables mais, à la racine de l'écriture, celui d'une posture d'écoute, de médiation et de reformulation, qui fonde la mémoire et forge l'identité du peuple. On

---

[45] P. BEAUCHAMP, *L'un et l'autre Testament*, Ed. du Seuil, 1976. Mais également: «Propositions sur l'Alliance de l'Ancien Testament comme structure centrale», RSR, 1970, n. 58, pp. 161-193.

sait que les chemins de Levinas diffèrent sensiblement de ceux de Buber[46]. En particulier, Lévinas ne ratifie pas la description bubérienne de la réciprocité intersubjective, affirmant au contraire «l'asymétrie de l'interpersonnel»[47]. Pourtant, lorsque Lévinas remarque, dans *Humanisme de l'autre homme*: «L'homme libre est voué au prochain, personne ne peut se sauver sans les autres. Le domaine réservé de l'âme ne se ferme pas de l'intérieur. C'est "l'Eternel, qui ferma sur Noé la porte de l'Arche" nous dit avec une admirable précision un texte de la Genèse»[48], un ressort comparable se découvre alors: celui d'une relation dont la forme est inscrite dans le geste même narré par le texte biblique.

L'intérêt d'analyses qui se trouvent chez Neher ou encore chez Rosenzweig est de filer, rigoureusement, dans la suite du texte, tel qu'il est aujourd'hui constitué et lisible, l'engendrement de cette subjectivité biblique. De nouveau, pour le premier, on se contente de renvoyer aux foisonnants chapitres de l'*Exil de la Parole* construisant à travers la lecture des formes, des mots, des suspens et des blancs du texte, une histoire du silence, matrice et horizon du langage biblique. Quant à Rosenzweig, on sait que la triple scansion de la Création, de la Révélation et de la Rédemption, proposée dans son *Etoile de la Rédemption*, adosse l'analyse de chacun de ces moments à la description grammaticale d'un texte biblique qui, à chaque fois, en concentre le sens. Genèse *1* dit la création d'abord dans la pure objectivité du «il créa» qui éclôt au v. 26 en un «faisons», promouvant de façon intriquée le «je» et le «tu», comme le laisse lire, de façon transparente, l'impératif allemand «Lasset uns» («... pour la première fois est rompu le joug de l'objectivité, pour la première fois sort, de l'unique bouche qui jusqu'à présent parle dans la Création, au lieu d'un «il» un «Je», et plus qu'un «Je»: avec le «Je», simultanément un «Tu», un «Tu» que le «Je» s'adresse à lui-même: "Faisons"»[49]. Le Ct. dit ensuite la Révélation en laissant se former le «Je» et le «Tu» de l'amour qui est «langage totalement actif, totalement personnel, totalement vivant, totalement... parlant» car «toutes les propositions vraies à son sujet doivent être des paroles sorties de sa propre bouche, des paroles portées par le Je» (p. 239). Pour finir, le Ps. *115* désigne la Rédemption parce qu'il commence et finit par le «nous» désormais «introduit dans l'accomplissement de la proximité immédiate du Nom divin» et dans l'éternité qui traverse la mort (p. 297).

---

[46] Voir par exemple le texte éclairant in *Difficile liberté*, Albin Michel, Présences du judaïsme, 1976, intitulé «Aimer la Torah plus que Dieu», pp. 189-193.
[47] E. LEVINAS, *Totalité et infini*, La Haye, Boston, Londres, 1981, pp. 190 et sv.; ou encore *Noms propres*, Fata Morgana, 1975, p. 29.
[48] *Humanisme de l'autre homme*, Fata Morgana, 1972, p. 97.
[49] F. ROSENZWEIG, *L'étoile de la Rédemption*, Col. Esprit/Seuil, traduction française 1982, p. 185.

Ainsi l'analyse de l'énonciation, remarquablement pressentie par Rosenzweig, atteindrait le coeur de la logique discursive et simultanément théologique du texte. A son tour, H. Meschonnic met en elle la spécificité de ce discours qui «dit d'un seul "je" l'individuel et le collectif indissociables», qui compose un «je-tu-nous» qui «se voit et est vu comme du particulier qui reste particulier tout en étant généralisable, métaphorisable», qui «se voit et est vu comme un accompli sans cesse réversible dans l'inaccompli pour porter à sa puissance de "figure" le "et", renversif dans la grammaire de l'hébreu biblique»[50].

2. *Traits énonciatifs spécifiques au Ct.*

Si, par son insertion biblique, le Ct. croise nécessairement les propriétés énonciatives que l'on vient d'évoquer, il présente de surcroît plusieurs traits originaux. Cette spécificité doit être soigneusement notée, car nous montrerons que c'est elle qui détermine et règle les différents types de lecture qui ont été faites du poème. Nous présenterons d'abord deux séries de réflexions qui ont trouvé leur impulsion première dans quelques pages étonnantes de l'*Etoile de la Rédemption* de F. Rosenzweig déjà mentionné; puis nous en tirerons les conséquences pour l'interprétation du Ct.

a) *Un texte exceptionnellement subjectivé*

C'est encore une remarque banale que celle de voir dans le Ct. l'un des textes du corpus biblique les plus pétris de subjectivité[51]. Qui lit le poème, lit un dialogue. La remarque est triviale. Pas tout à fait pourtant si l'on s'avise qu'est ainsi ouvert à la lecture un double parti: soit elle fige le dialogue en objet textuel, soit la même lecture saute la distance des signifiants au lecteur, pour se prendre elle-même au jeu du dialogue. Mais de cela il sera question plus loin...

---

[50] *Pour la poétique II*, Gallimard, 1973, p. 294. Cette perception de l'énonciation biblique est certainement essentielle. Cependant il est clair qu'elle n'épuise par la réalité énonciative du texte biblique. La triangulation évoquée ici par MESCHONNIC couvre des données complexes, où il faudrait faire intervenir aussi bien la présence d'un «il» qualifiant l'extériorité qu'intègre le discours sapientiel que des notions comme celle de «personnalité corporative» ou encore des passages inattendus de «je» à «il» soulignés, par exemple par S. MOWINCKEL, cf. «Ich» und «er» in der Ezrageschichte, in *Festschrift W. Rudolph*, Tübingen, 1961.

[51] Cf. par exemple, L. HODL écrivant: «Das Wort Gottes hat dialogischer Charakter. Kein Buch der Heiligen Schrift demonstriert diesen Charakter augenscheinlicher als das Hohe Lied, das sprachlich und sachlich Dialog ist», in Bild und Wirklichkeit der Kirche bei H. Anselm, *Actes du Colloque du Bec 1982*: Les mutations socio-culturelles au tournant des 11ème et 12ème siècles. Ed. du CNRS.

Des multiples observations accumulées sur ce thème, se détachent celles de F. Rosenzweig («Il n'existe pas, dans la Bible, de livre où le mot *je* reviendrait, proportionnellement, plus souvent qu'ici», p. 238). Le Ct. dit «Je» et son corrélat «tu». D'un bout à l'autre. Mis à part l'unique moment d'objectivité de *8*,6 («car l'amour est fort comme la mort...») qui interrompt le pur jeu du «je-tu», précisément pour énoncer sur l'amour l'unique chose qu'on puisse en dire, qu'on puisse exprimer de lui, raconter de lui, comme le remarque encore Rosenzweig (p. 239). De plus, «je» et «tu» ne désignent rien qui soit du registre de la collection ou de la multiplicité. Ils sont de l'ordre du nom propre qui est immédiate-ment déterminé. C'est pour cela que le même auteur peut affirmer qu'avec ces pronoms «la parole de la Révélation entre dans le véritable dialogue», car «dans le nom propre, c'est une brèche qui est ouverte dans le mur figé de la choséité» (p. 221). Corrélativement et dans le même sens, le temps verbal apporte sa contribution. Au passé de la Création comme acte, s'oppose le présent de l'expérience qui s'énonce par la parole d'un «Je» qui «est à lui-même son propre genre» et pour qui «l'endroit où il se tient est un centre et le moment où il ouvre la bouche est un commencement» (p. 221).

Deux précisions poursuivront la caractérisation de cette énoncia-tion:

* Tout d'abord, on doit noter ce trait déconcertant pour tous ceux qui s'efforcent de rabattre le poème sur des modèles pris aux littératures sacrées ou païennes: le texte ici considéré suppose une totale parité entre le «je» et le «tu» qui parlent. C'est ce que souligne fortement A. Neher en opposant, à ce propos, la dissymétrie intrinsèque des diverses formules d'alliance qui lient le Maître et le Serviteur, ou le Roi et le Sujet, ou le Créateur et la Créature, à l'égalité, également intrinsèque, qui fonde la relation conjugale. L'Alliance biblique a «sur tous les autres symboles de l'alliance, l'avantage de dégager un lieu où le Divin et l'Humain non seulement dépendent l'un de l'autre, mais se rencontrent. Ce lieu de rencontre est celui de la Parole»[52].

* Par ailleurs, le texte ne se contente pas de placer un «je» et un «tu» face à face, dans l'isolement, en laissant simplement retentir de l'un à l'autre, l'un pour l'autre, la parole échangée. Tout au long, il fait intervenir des collectifs:

· Filles de Jérusalem apostrophées (*1*,5; *2*,6; *3*,5; *5*,8; *5*,16; *8*,4 plus la variante «filles de Sion» de *3*,5)

· Amis du bien-aimé (*1*,7; *5*,1)

· Gardes (*3*,3; *5*,7)

· Choeur intervenant en *1*,8; *3*,6; *5*,1; *5*,9; *7*,1.

---

[52] «Le symbolisme conjugal: expression de l'histoire dans l'AT» in *Revue d'Histoire et de Philosophie religieuses*, 1954, pp. 30-49.

A quoi il faut ajouter des groupes englobant Lui et Elle, à l'intérieur desquels ceux-ci sont distingués et qualifiés d'uniques (groupe des jeunes hommes; groupe des «fils de ma mère», des «jeunes femmes», des «reines et concubines»).

b) *Un pur signifiant énonciatif*

Non seulement le texte du Ct. est fortement subjectivé, mais on peut considérer qu'il est tout entier dans cette subjectivité. C'est l'affirmation forte que l'on trouve développée, de nouveau, chez Rosenzweig.

Alors qu'une analyse comme celle de R. Lapointe assimile la dialogicité du Ct. au jeu théâtral en son intrigue et ses rebondissements, Rosenzweig lit, lui, la forme pure du dialogue, au-delà de ses contenus anecdotiques. Il voit dans le Ct. le passage de la parabole de l'amour — si abondamment présente dans la Bible —, vers sa pure forme signifiante. «Comme parabole, la parabole de l'amour traverse toute la Révélation» constate Rosenzweig. Mais ici, la parabole s'accomplit, en ne figurant plus que le rapport qu'elle cherche à exprimer. Pour cela, il lui faut apparaître sans un «cela signifie», «sans renvoi par conséquent à ce dont elle doit être la parabole». Car:

> «Il ne suffit (...) pas que le rapport de Dieu à l'homme soit présenté à travers la parabole de l'amant et de l'aimée; la parole de Dieu doit contenir immédiatement le rapport de l'amant à l'aimée, il faut qu'il y ait signifiant sans la moindre allusion au signifié. Et c'est ainsi que nous le découvrons dans le Ct.» (p. 235).

Il en résulte que la force du texte est proportionnelle à l'effacement des motifs figuratifs qui font le contenu de la parabole. Le dessin de la structure énonciative qui devient la fin de ce discours est d'autant plus fulgurant qu'on ne cherche pas à repasser les traits des éléments dramatiques figurant dans le texte. Car alors, on ne fait que voiler d'anecdotes le rigoureux discours de l'énonciation; on y perd la singularité du texte et la leçon qu'il comporte. Et comme la mise est importante, on perd gros... De même que le statut philosophique du sujet se modifie quand «on substitue au cogito de l'homme seul un "je parle et tu m'entends"»[53], de même, c'est une anthropologie spécifique qui est construite par la Bible, dès lors qu'on y relève que le rapport Dieu-homme y est déterminé sur le mode d'un «je parle et tu me réponds», réversible et rigoureusement paritaire.

---

[53] F. Jacques, *Dialogues, recherches logiques sur le dialogue*, PUF, 1979, p. 106.

c) *Problèmes de l'interprétation: comment interpréter cette pure structure?*

Tout discours dit «je» à «tu», à l'horizon de «il»: ces éléments, qui fixent le jeu des personnes dans le discours, possèdent les propriétés de ce que l'on nomme usuellement les «déictiques». Ceux-ci n'acquièrent leur existence que dans l'effectuation énonciative de la parole. Ils ne sont interprétables que dans le va-et-vient de l'énoncé à cette effectuation et donc au contexte dans lequel ils apparaissent. Ainsi, E. Benveniste peut-il écrire: «le "je", le "cela", le "demain" de la description grammaticale (...) ne sont que les "noms" métalinguistiques de je, cela, demain, produits dans l'énonciation»[54]. La régulation première de tout acte de parole est donc bien la «présence du locuteur à son énonciation» qui fait que «chaque instance de discours constitue un centre de référence interne».

On sait aussi que «je» entre immédiatement dans des jeux complexes de déplacement et de dédoublement. Tout «je» de l'énoncé est loin de désigner le «je» extra-textuel qui formule l'énoncé. La fiction et le récit posent d'emblée un double niveau de réalisation de «je»: celui de l'énoncé au compte duquel est mis ce qui est dit; celui de l'énonciation qui, éventuellement sans aucune visibilité linguistique, supporte la totalité du discours énoncé et donc la réalité du premier «je». En présence du «je» fictionnel, la tâche est donc celle d'une double identification: qui est «je» sujet de l'énoncé? Quel rapport entretient-il avec «je» sujet de l'énonciation? Et la question est d'autant plus cruciale que l'on considère avec T. Todorov que la construction qu'opère toute lecture s'accroche initialement et prioritairement aux éléments référentiels d'un texte[55]. Lire impose de construire la référence de «je»[56].

Relativement au Ct., la question est donc de savoir quelles représentations associer au «je» et au «tu» du poème qui permettent de les identifier. Si ce texte comporte une énigme, c'est précisément qu'il laisse indécidable cette identification. Et cela d'autant plus que le poème cherche à présenter la pure figure de rôles qui ne se définissent chacun que comme un «je» dans son adresse à un «tu». La lecture se trouve ainsi tout près de la structure de la devinette qui, disant «je», ajoute «devine qui je suis». Mais la devinette n'a pas ici de réponse définitive. Une

---

[54] E. BENVENISTE, *Problèmes de linguistique générale II*, Gallimard, 1974, pp. 80-88.
[55] T. TODOROV, «La lecture comme construction», *Poétique* 24, 1975, pp. 417-425.
[56] On rattachera à ce point W. ISER, ouv. cit. pp. 117 et 122 tirant les conséquences du fait que le discours fictionnel n'a pas de situation référentielle: «Ce qui doit préexister dans le cas de l'usage linguistique courant du discours doit être ici produit. Cela peut avoir un inconvénient: il se peut en effet qu'aucun accord ne survienne, mais cela peut avoir également un avantage: le lecteur s'entendra peut-être avec le texte au-delà d'une action linguistique pragmatique», p. 122.

conséquence très visible de cette situation est la difficulté que les éditions du texte éprouvent à répartir les rôles. D'une version à l'autre, des déplacements sensibles s'observent. Signalons, à titre d'exemple particulièrement significatif, le cas du verset *2,7* repris en *3,5* et *8,4*: «Je vous en conjure, filles de Jérusalem, n'éveillez pas, ne réveillez pas l'amour avant son bon vouloir». R. Lapointe a fait l'inventaire des positions selon les auteurs. Certains (Codex S de la LXX, Origène, Meek, Guitton et Ringgren) attribuent l'adjuration à l'Epouse. D'autres (Vulgate, Robert et Bible de Jérusalem, Buzy, Dhorme) le mettent au compte de l'Epoux. Quelques autres, enfin, rapportent cette parole au poète (Schneider) ou au rédacteur (Fischer). Force est de constater que le seul niveau textuel ne fournit pas d'éléments permettant, de façon décisive et contraignante, d'opter pour l'une ou l'autre des solutions; c'est la portée que l'on donne au verset qui règle l'attribution.

Ainsi, l'histoire de l'interprétation du Ct. est-elle nécessairement, et avant tout, une histoire des identifications des partenaires du dialogue. Mais telle quelle, cette proposition est encore beaucoup trop vague. Car l'histoire ne se réduit pas à la molle énumération d'un jeu de portrait désignant Salomon et son épouse égyptienne, Ishtar et Tammouz, ou encore les figures génériques de l'époux et de l'épouse dans le rituel populaire des noces syriennes. Parce que le texte focalise puissamment l'attention, comme on l'a déjà indiqué, sur le pur jeu de l'interlocution dialogique, la lecture est nécessairement une prise de parti à l'égard de l'énonciatif: ou elle élimine cet énonciatif en convertissant tout «je» et «tu» en «il» et «elle»; ou elle maintient vif le saillant énonciatif et y reconnaît l'appel que le texte fait au lecteur à entrer dans l'acte d'énonciation.

Ainsi, l'histoire de l'interprétation serait moins celle de variations de contenus que celle des diverses attitudes adoptées à l'égard du scénario énonciatif du poème. Telle est, en tout cas, une des intuitions que l'on se propose de vérifier dans la suite.

On notera au passage que l'on rejoint ainsi ce motif de la théorie de W. Iser qui veut que «les processus d'élaboration déclenchés par le texte» soient aussi «pré-structurés par celui-ci» («le texte est un potentiel d'action que le procès de la lecture actualise»)[57]. C'est une relation de type dialectique qu'il faut donc supposer entre le texte et les lieux de sa réception, au cours du temps. Un milieu de réception peut, consciemment ou non, détourner un texte, ou le marginaliser, ou l'éliminer. Mais aussi, dès lors que le texte est lu et reçu, il impose en retour ce qu'il est à la lecture. Les variations d'interprétation du sens ne sont pas infinies, à la mesure de l'infinité potentielle du nombre des lecteurs. La diversité

---

[57] Ouv. cit., p. 9.

des sens lus est elle-même réglée et contrôlée par le texte. C'est pourquoi, en l'occurrence, il sera particulièrement intéressant de mettre en relation l'histoire de la réception, telle qu'on va la parcourir, avec les traits textuels que l'on vient de relever.

En montrant le poids de l'énonciation dans le discours biblique en général, dans le Ct. en particulier, nous renforçons la légitimité de notre projet. Si le Ct. est bien structuré comme dit F. Rosenzweig, et comme nous le pensons, toute lecture est nécessairement une réponse à la sollicitation énonciative du poème et une élaboration du rapport du lecteur aux mots du dialogue qu'il lit. Ainsi est-on fondé à aborder la description des divers usages où est entré le poème, par le biais de l'énonciation, c'est-à-dire là où se laisse saisir la construction qui relie le Ct. à une situation qui le mentionne ou à un discours qui le cite et le commente.

DEUXIEME PARTIE

LE Ct. DES Ct. A L'AGE PATRISTIQUE: LECTURES ET USAGES

L'idée la plus communément reçue à propos des premiers siècles patristiques est que le Ct. des Ct. y fut lu et interprété par le christianisme dans la ligne inaugurée par le judaïsme, c'est-à-dire symboliquement; et encore qu'une oeuvre — celle d'Origène — y domine de toute la taille puissante de son auteur et de tout le poids de son influence ultérieure: il s'agit du *Commentaire* qu'Origène donna dans les années 240, joint à ses deux *Homélies sur le Ct.* que Jérôme traduisit dès 383. Par ces deux documents Origène devait marquer de son sceau, décisivement pour la tradition chrétienne, le texte même du poème. Tout au long du Moyen-Age en effet, le *Commentaire* comme les *Homélies* se retrouvent dans les bibliothèques malgré la suspicion qui entoure la personne et les écrits de l'Alexandrin. On les recopie, puis on les imprime inlassablement[1]. Ils ouvrent un sillage, contiennent l'engendrement futur d'autres grands textes qui puiseront à leur source[2].

Cependant un arbre si imposant risque de cacher la forêt... D'abord parce qu'il est trop rapide de penser que, tenant la source, on possède la substance de tout ce qui en vient. Ensuite parce qu'il est trop léger de s'en tenir à ce que privilégie spontanément un oeil moderne habitué à une problématique explicative, enclin à laisser dans l'ombre des motivations de la lecture qui ne sont pas les siennes, prêt à ignorer qu'un texte peut avoir divers modes d'existence et que le commentaire n'est pas la seule forme discursive de relation à un texte. C'est pourquoi, sans

---

[1] Voir les précisions que donne J. LECLERCQ in *Initiation aux auteurs monastiques du Moyen-Age*, Cerf, 1957, p. 83.

[2] Cf. l'introduction aux *Homélies sur le Cantique* (S.C. 37bis) où O. ROUSSEAU écrit: «On peut dire que toutes les générations chrétiennes se sont penchées sur ces écrits, qui ont été un des aliments les plus constants de la piété à travers les siècles, en même temps que les inspirateurs de toute la mystique occidentale». De même, pour l'influence exercée sur GREGOIRE LE GRAND, voir H. DE LUBAC: *Exégèse médiévale*, 1ère partie, t. I, pp. 198-257; t. II, pp. 586-599 et l'analyse que donne de cette question S.C. 314, pp. 43-49. Ou encore, sur les rapports de S. BERNARD avec le *Commentaire* d'ORIGENE, L. BRESARD, *Bernard et Origène commentent le Cantique*, Recueil d'articles des *Collectanea Cisterciensia*, 1983.

négliger le domaine du commentaire proprement dit, on s'attachera à décrire également d'autres rapports au texte, éventuellement estompés ou disparus aujourd'hui, mais attestés dans la tradition de lecture du Ct. Pour ce faire on explorera quatre champs concernés par la citation, la lecture ou la paraphrase du Ct., en n'oubliant pas que chacun d'eux renvoie à une situation discursive précise et à un scénario énonciatif dont les caractéristiques doivent être prises en compte si l'on veut tenter de rendre raison de la réception du texte.

On examinera successivement le champ de la *liturgie*, soit un lieu discursif rigoureusement typé que qualifie à la fois son caractère collectif et un statut original de la parole; celui, connexe, de l'*hymnologie* où le Ct. apparaît en filigrane d'autres textes qui, partant de lui, le réécrivent et lui acquièrent de nouvelles formes d'existence; celui du *discours épistolaire* dans la mesure où il écrit avec les mots du Ct.; celui, enfin, du *commentaire* compris comme discours à finalité explicative.

Il n'est évidemment pas question de traiter exhaustivement la matière qui se découvre au parcours de ces quatre grands domaines discursifs. L'abondance des données est telle qu'elle serait de nature à décourager tout projet. On se contentera d'interroger quelques textes privilégiés, exemplaires de chaque forme de discours, en gardant à l'esprit que les conclusions formulées seront nécessairement proportionnées au corpus initialement délimité. Tout spécialement on choisira dans l'immense domaine des commentaires patristiques du Ct. deux textes témoins: celui d'Hippolyte qui, écrit au 3ème siècle, est le plus ancien document de ce genre consacré au Ct.; celui d'Origène, associé aux deux homélies conservées grâce à la traduction de Jérôme et qui sert de base à toute la tradition chrétienne ultérieure. Elire ces deux noms revient à en écarter beaucoup d'autres, qui ne présentent pas moins d'intérêt et dont la prise en compte nuancerait et enrichirait nécessairement l'analyse. Les oeuvres des Cappadociens, en particulier, seraient un complément utile à l'étude que nous engageons. Mais il est apparu plus fructueux de consentir à un corpus limité et partiel qui garantisse la possibilité d'une lecture plus précise des textes[3]. La liturgie constitue, à son tour, un monde complexe où l'on ne pénètre pas sans outils spécialisés. Nous nous en tiendrons, pour la tradition orientale, aux Catéchèses de Cyrille

---

[3] On trouvera des inventaires détaillés de cet immense corpus in: L. WELSERSHEIMB: Das Kirchenbild der griechischen Väterkommentare zum Hohen Lied in *Zeitschrift für katholische Theologie*, t. 70, 1948, pp. 394-449. D. LERCH, Zur Geschichte der Auslegung des Hohen Liedes, in *Zeitschrift für Theologie und Kirche*, t. 54, 1957, pp. 257-277. F. OHLY, *Hohelied Studien: Grundzüge einer Geschichte der Hohenliedauslegung des Abendlandes bis zum 1200*, Wiesbaden, 1958. H. RIEDLINGER, *Die Makellosigkeit der Kirche in den lateinischen Hohenliedkommentaren*, Münster, 1958. Et encore, l'article «osculum» du *Dictionnaire de Spiritualité*, Tome XI, col. 1012-1026.

de Jérusalem, texte clé qui, compte-tenu de son influence, représente plus que lui-même. La tradition latine sera prise en compte par l'analyse d'un corpus de textes d'Ambroise de Milan dont les écrits sollicitent fréquemment le Ct. Le discours épistolaire sera considéré à travers la correspondance de Jérôme qu'une bonne édition moderne rend aisément abordable; cette facilité se doublant du caractère exemplaire d'un document où l'on voit l'un des plus éminents représentants du monde patristique user librement du Ct., alors même qu'il n'en a donné aucun commentaire suivi. Enfin, avec l'hymnologie, nous prendrons le risque d'envisager une tradition difficile d'accès, encore mal connue, celle de l'Ethiopie, qui entretient avec le Ct. des rapports étonnants de proximité.

Deux dernières remarques avant d'engager l'analyse.

* On doit se souvenir que «citer» se distingue de «commenter». D'abord formellement puisque le commentaire constitue une forme originale de citation. Il en est un type. Nous l'entendrons au sens où le définit M. Charles comme «citation intégrale de fragments originellement contigus»[4], en ajoutant toutefois que le trajet discursif ne se parcourt pas dans le même sens selon que l'on commente ou que l'on cite. Le commentaire du Ct. prend ainsi son départ dans le texte qu'il paraphrase. La citation, elle, s'opère sous la dominance d'un texte citant qui découpe, prélève et réemploie. On peut supposer que pratiquées ici et là, l'une et l'autre formule manifestent deux appréhensions différentes du texte du poème. Mais de nouveau, on devra veiller à ne pas verrouiller l'analyse en présupposant hâtivement que dans un cas, le texte est commenté simplement parce qu'il est obscur, et que dans l'autre, il est cité pour autant que l'on a besoin de solliciter sa fonction d'autorité. Seule l'analyse des textes permettra de préciser le statut et le fonctionnement de ces deux opérations, dans la logique peut-être aujourd'hui dépaysante de la lecture patristique des textes.

* Signalons enfin le problème que pose, de prime abord, le repérage des citations. Toutes les occurrences citationnelles sont loin d'être également individualisées et lisibles. Pour une partie d'entre elles, l'irruption dans le discours de fragments pris ailleurs est marquée explicitement par des formules introductives («il est écrit...», «l'Ecriture dit...»). Dans bien d'autres cas en revanche la citation existe sur le mode de simples allusions, de réminiscences de termes scripturaires devenus, en fait, la langue de l'auteur. Ce second régime de la citation est abondamment représenté à l'époque patristique, en un temps où la Bible lue est un livre dont on vit en mémorisant ses mots et ses situations. Il est clair que le repérage de telles citations requiert de l'analyse une vigilance

---

[4] La lecture critique, *Poétique*, 34, pp. 130-131.

accrue. Car celles-ci engagent des formes de relation au texte du Ct. beaucoup plus subtiles que celles que retiennent habituellement les index et les inventaires[5]. On se trouve là dans le registre d'une intertextualité fluide, moins artificielle que ne l'est la citation explicite, plus proche du régime commun de la langue[6]. C'est bien aussi pourquoi cette forme de citation est de tout premier intérêt puisqu'elle est l'indice d'un rapport au texte cité comportant le maximum d'intériorisation. La patience et l'attention nécessaires à la perception de telles interférences discursives nous valent aussi comme argument pour préférer un corpus resserré à un ensemble de plus vastes proportions dont on ne pourrait déchiffrer que les lignes les plus générales.

---

[5] Ce problème est bien connu de tous ceux qui ont affaire à l'analyse et au traitement du texte biblique. Voir à propos de la composition de la *Biblia Patristica*, P. PRIGENT, Les citations de l'Ecriture chez les Pères, *Revue d'histoire et de psychologie religieuses*, 1966, n. 1, pp. 161-168; ou à propos de la *Vetus Latina*, H.J. FREDE, Bibelzitate bei Kirchenväter, *La Bible et les Pères*, PUF, 1971, Colloque de Strasbourg, 1969.

[6] Nous comprenons «intertextualité» au sens où J. KRISTEVA déclare: «Tout texte se construit comme mosaïque de citations, tout texte est absorption et transformation d'un autre texte», *Séméiotiké, Recherches pour une sémanalyse*, Seuil, 1969, p. 146.

Chapitre I

Le Cantique des Cantiques et la liturgie

Traiter des rapports du Ct. et de la liturgie revient à se porter immédiatement en un point à la fois très spécifique et particulièrement significatif de l'usage de l'Ecriture. La liturgie est en effet un lieu dont les caractéristiques engagent une manière tout originale de penser le collectif et l'individuel, de fonder le rapport du sujet à l'histoire, de composer l'écriture et l'oralité, le dire et l'agir, d'associer un énoncé et sa référence. Nous ne pouvons que renvoyer ici aux analyses par lesquelles J. Ladrière s'est appliqué à décrire le mode singulier d'opérativité du langage liturgique[7], sous l'inspiration des travaux d'Austin et de Searle[8]. Il montre ainsi fortement comment toute parole liturgique a une structure dialogique et comment, en particulier, rien n'y est dit sans engager au maximum la responsabilité de son énonciateur ou de son auditeur. De même encore, il donne à percevoir comment le «nous» qui s'énonce dans un tel discours n'est pas une somme de «je» constitué avant l'acte liturgique, ou en dehors de lui, par un consensus préalable, mais, bien plutôt, est suscité et modelé par le lieu même de l'énonciation. De ce «nous» qui se connaît comme fruit d'une convocation ratifiée jaillit l'identité croyante individuelle qui dit: «je crois», «je confesse». Enfin, la parole liturgique comporte une force de «présentification» qui lui donne sa qualification la plus singulière. Ainsi J. Ladrière peut-il écrire: «Par tous les actes qu'il met en oeuvre, ce langage rend présent, pour tous les participants, non comme un spectacle mais comme une réalité dont ils assument l'effectivité en leur vie même, ce dont il parle et

---

[7] J. LADRIERE, *L'articulation du sens*, II, Les langages de la foi, Ed. du Cerf, 1984, Chapitre 3. On lira également avec intérêt sur les questions dont nous traitons maintenant, J.P. SONNET, *La parole consacrée*, Bibliothèque des Cahiers de linguistique de Louvain, 1984.

[8] J.L. AUSTIN, *How to do Things with Words?*, Oxford, 1962; traduction française, *Quand dire c'est faire*, Ed. du Seuil, 1970. J.R. SEARLE, *Speech acts*, 1969, traduction française: *Les actes de langage*, Hermann, 1972. On notera cependant que l'«illocutionnaire», tel que le décrit J. LADRIERE suppose une linguistique de la parole qui déborde largement les possibilités descriptives d'une théorie comme celle D'AUSTIN. Par ailleurs, LADRIERE dépasse sur ce point, fort à propos à nos yeux, l'analyse proposée par F. ISAMBERT, *Rite et efficacité symbolique*, Le Cerf, 1979, ch. 3: «Langage performatif et action rituelle».

ce qu'il met en oeuvre de différentes manières»[9], à savoir le «mystère» qui est l'objet propre de la confession de foi et, en définitive, l'horizon et l'unique référent d'un tel discours. L'aspect sacramentel du langage liturgique est évidemment la manifestation la plus fondamentale de cette présentification[10].

1. *Le statut liturgique de l'Ecriture*

a) Il résulte de cette situation que, lorsque la liturgie lit des textes, elle les engage nécessairement dans le cadre énonciatif et pragmatique que l'on vient de décrire. Deux effectivités se composent alors: celle du locuteur et celle du texte. «La reprise n'est pas une simple citation, ou une simple remise en mémoire. Elle est réassomption dans des actes d'aujourd'hui de paroles qui ont été écrites ou prononcées à un moment donné dans le passé»[11]. Ce qui est énoncé là, l'est au présent d'un acte de parole qui ne rappelle le passé que pour autant qu'il reconnaît en lui, au moment de la réénonciation, une actualité et une pertinence présente. On ne fait mémoire du passé que pour connaître ce que contient le présent et pour y vivre la répétition nouvelle de ce qui déjà est donné[12].

b) En outre, le régime d'existence liturgique de l'Ecriture manifeste le passage décisif de l'écriture à l'oralité. Ce qui signifie simultanément la restitution au langage de sa corporalité et de sa socialité. On a déjà rappelé que l'hébreu, faisant converger ces diverses réalités dans le terme de «mikra», dit indissociablement l'écriture et sa lecture. Il est indiscutable qu'une telle acception de l'écriture s'est profondément affadie, sinon même quelquefois effacée, dans certaines pratiques chrétiennes du texte biblique devenues de plus en plus abstraites au cours des siècles. Mais l'évidence présente de cette situation ne doit pas amener à négliger d'autres attitudes de lecture dont l'existence est tout aussi centrale. Il est en particulier essentiel de prendre acte du lien qui n'a cessé d'unir la Bible à la liturgie. Probablement n'est-il pas abusif d'énoncer que la Tradition chrétienne voit dans la liturgie le lieu de réalisation le plus plénier de l'Ecriture. C'est là que celle-ci déploie toute la réalité d'un engagement énonciatif extrêmement riche, puisqu'elle y est à la fois proclamée, «mimée», commentée, répétée, prolongée. D'innombrables déclarations depuis l'époque patristique redisent cette compréhension d'une Ecriture constamment reliée à l'écoute, à la parole

---

[9] Ouv. cit., p. 62.
[10] Voir spécialement *Parole de Dieu et liturgie*, Congrès de Strasbourg 1958, Lex Orandi n. 25; ou CAZELLES et alii: *La parole dans la liturgie*, Lex Orandi n. 48.
[11] Ouv. cit., p. 62.
[12] Voir L.-M. CHAUVET, *Du symbolique au symbole*. Essai sur les sacrements, Ed. du Cerf, 1979, pp. 223 et 224.

et au vivre. On voit en tout cas qu'à prendre ainsi en compte la totalité de l'histoire, il devient impossible de réduire la perception chrétienne de l'Ecriture aux limites inhérentes à une sémiotique du signe.

c) Enfin, et en continuité avec ce qui précède, il apparaît que le texte qui est introduit dans l'énonciation liturgique contracte avec son groupe lecteur des liens spécifiques à forte densité existentielle. Plus exactement, et pour ne pas tomber dans une représentation naïve courante, c'est parce qu'un texte est perçu par le groupe comme significatif pour lui, qu'il est lu liturgiquement. La Bible ne fournit pas des textes à la liturgie en estampillant préalablement ce qui peut et doit être gardé et réactualisé. Au contraire, il faut affirmer que «Bible et liturgie sont liées dans leur genèse même»: la liturgie est l'un des lieux décisifs de la production du texte[13].

2. Conséquences pour le Cantique des Cantiques

On voit, à partir de là, l'intérêt d'une enquête vérifiant l'existence d'usages liturgiques du Ct. Leur attestation ou leur absence et, dans le premier cas, les formes de cette attestation, seront hautement significatives du rapport réel entretenu par la tradition chrétienne avec ce texte. Compte-tenu de ce qui vient d'être rappelé, il devient difficile en effet d'aligner l'utilisation liturgique du Ct. sur une finalité normalisatrice, comparable à celle que l'on assigne communément au commentaire patristique ou à l'allégorie. On n'utilise pas liturgiquement un texte encombrant en vue de l'acclimater ou de le faire accepter. C'est la démarche inverse qui doit être affirmée: un groupe perçoit un texte nécessaire à l'expression de sa foi; dans cette mesure il l'utilise liturgiquement; à partir de quoi il l'inscrit à l'inventaire de ses textes de référence. Mettre en évidence des usages liturgiques du Ct. amènerait donc à tempérer le postulat de la discordance — si répandu dans l'approche moderne de ce texte — en lui opposant l'existence d'un autre rapport placé, au contraire, sous le signe de la nécessité.

Soulignons enfin, puisque notre enquête aura pour limites chronologiques celles de l'époque patristique, le lien très particulier qui relie,

---

[13] P. Beguerie, La Bible née de la liturgie, La Maison-Dieu, n. 126, 1976, pp. 108-116. Sur ce sujet voir encore: Sacrement de Jésus-Christ, ouv. col. dirigé par J. Dore, pp. 216-221. Ou encore J.-A. Sanders, Identité de la Bible, Torah et canon, Lectio Divina n. 87, Ed. du Cerf 1975. Voir en particulier: C. Vagaggini, Initiation théologique à la liturgie, 2 volumes, Biblica, Bruges, Paris, 1963. On consultera spécialement au tome 2 les chapitres 14: «L'emploi de l'Ecriture dans la liturgie» et 19: «Théologie et liturgie chez les Pères». L'ouvrage de J. Danielou: Bible et liturgie, Lex Orandi n. 11, Ed. du Cerf, 1951 reste, par ailleurs, un classique auquel nous nous réfèrerons régulièrement dans la suite de ce travail. Il comporte un chapitre entier consacré au Ct., pp. 259-280.

pour cette période, liturgie et théologie. Non seulement la lecture liturgique de la Bible est un des lieux privilégiés de la catéchèse primitive, mais beaucoup parmi les textes majeurs où s'élabore la théologie des Pères ont un ancrage liturgique. On peut donc supposer que, rencontrant des usages liturgiques du Ct., c'est à une contribution de ce texte à la théologie patristique que l'on aura affaire du même mouvement.

C'est ce que nous examinerons maintenant en étudiant successivement:

— la place tenue par le Cantique des Cantiques dans la lecture liturgique,

— sa contribution à la liturgie du baptême,

— son rôle dans la «velatio virginum».

I. LE CANTIQUE DES CANTIQUES ET LA LECTURE LITURGIQUE

Ce qui vient d'être rappelé justifie que cette question soit prioritairement prise en considération, même si l'accès aux documents de la période concernée ne permet pas si aisément de traiter d'un usage dont il est d'emblée prévisible qu'il fut très discret. De la trilogie chère à l'époque patristique et associant les *Proverbes*, l'*Ecclésiaste* et le *Cantique des Cantiques*, il apparaît que seuls les premiers furent abondamment sollicités aux fins de l'instruction des catéchumènes. L'*Ecclésiaste* en revanche fut lu plus parcimonieusement. Quant au *Cantique des Cantiques*, il dut intervenir de façon encore beaucoup plus marginale[14]. Il reste que la lecture liturgique de l'AT selon un cycle de trois ans, pratiquée aux premiers siècles et assortie d'homélies[15], amenait nécessairement au contact du Ct. C'est cette pratique qui explique l'existence de documents comme les homélies d'Hippolyte ou celles d'Origène. Par ailleurs, lorsqu'au 4ème siècle on se mit à réserver la lecture de certains Livres à un temps liturgique déterminé, les Livres salomoniens furent associés à la fin de l'été. La fête de l'Assomption apparaissant au 5ème siècle se trouva de ce fait en phase avec la lecture du Ct. Et l'on peut penser que cette occurrence n'est pas étrangère à l'interprétation mariale qui devait prendre son essor plus tard. Les *Ordines Romani* publiés par Andrieu[16] confirment ainsi pour le Haut Moyen-Age une telle lecture du

---

[14] I.-H. DALMAIS fait le point dans «Le Cantique des Cantiques dans la liturgie chrétienne», *Bible et Terre sainte*, n. 162, 1974, pp. 6 et 7.

[15] Voir P. NAUTIN, *Origène*, Beauchesne, 1977, chapitre X: «Le régime des lectures dans les différents types d'assemblées», pp. 394 et sv.; également H. CHIRAT, *L'assemblée chrétienne à l'âge apostolique*, Lex Orandi n. 10.

[16] M. ANDRIEU, *Les «Ordines Romani» du haut Moyen-Age*, Louvain, Spicilegium 1931 et sv., 5 volumes parus.

Ct. au mois d'août et montrent, pour la fête de l'Assomption et les jours de son octave, que le premier Nocturne de l'ancien Office reprenait le texte dans son entier.

Pourtant, à consulter les *Studies in early Roman Liturgy* de Frere, on constate que le Ct. n'est pas mentionné pour la liturgie romaine[17]. Seul le lectionnaire de Milan emprunte un texte pour la Nativité de la Vierge et un autre pour l'Assomption[18]. Le *Liber commicus* (6ème siècle) que P. de Urbel a édité en 1950 le mentionne également pour l'Assomption.

Incontestablement le texte fut parcimonieusement cité par les célébrations liturgiques ordinaires. Un parcours dans son histoire ultérieure confirmerait cette constatation: on ne lui emprunte guère de lecture qu'à l'occasion de fêtes mariales; on ne puise en lui les motifs d'antiennes et de répons que pour les fêtes de la Vierge et des vierges. Et encore — détail d'importance — est-ce le bréviaire monastique qui livre de telles données. Soit un document dont les destinataires constituent un groupe bien spécifique d'auditeurs du texte biblique. Indiquons enfin que nous ne traitons pas ici du problème historique important qui surgit à l'horizon de ces remarques. On sait, en effet, que c'est au 12ème siècle spécialement que s'est développée la piété mariale et les fêtes qui en relèvent. La question est alors de savoir si l'usage liturgique et marial du Ct. ne commence qu'avec cette période. Traitant de l'hymnologie au chapitre II, on verra que, de nouveau, la question ne doit pas être tranchée trop vite.

Ainsi cette première exploration semblerait devoir rester décevante. Force est de constater que les liturgies occidentales lisent peu le Ct. Pourtant une investigation plus soignée laisse progressivement surgir tout un réseau de contacts et d'usages dont on va voir qu'ils font plonger l'analyse, de manière étonnante, en pleine réalité liturgique et sacramentelle. Deux domaines se révèlent en étroite connexion avec le Ct.: celui de la liturgie baptismale et celui de la liturgie de la Velatio. On s'attachera successivement à l'un puis à l'autre.

II. LE CANTIQUE DES CANTIQUES DANS LA LITURGIE BAPTISMALE

1. *Naissance des catéchèses baptismales*

On sait que les quatre premiers siècles de l'Eglise qui connurent de grands afflux de convertis développèrent une préparation et une liturgie

---

[17] FRERE, *Studies in early Roman liturgy*, Londres, 1935.
[18] Signalé dans l'article «épître» du DACL.

baptismales remarquablement amples et structurées, toutes tournées vers la Nuit pascale durant laquelle, de manière privilégiée, se célébrait alors l'initiation chrétienne[19]. C'est à cette tradition que se rattachent les «catéchèses baptismales», dont on va voir qu'elles entretiennent des rapports étroits avec le Cantique des Cantiques. Quelques recueils de ces textes ont été conservés: soient les vingt-quatre *Catéchèses* de Cyrille de Jérusalem (dix-huit étant adressées aux catéchumènes, cinq étant mystagogiques)[20]; le *De Sacramentis* et le *De Mysteriis* d'Ambroise de Milan qui doivent être rattachés aux catéchèses mystagogiques[21]; deux catéchèses «*Ad illuminandos*» et huit *Homélies baptismales* de Jean Chrysostome[22]; des *Homélies catéchétiques* de Théodore de Mopsueste[23]. Nous ne demanderons rien à ces dernières qui, comme on peut s'y attendre, compte tenu des positions générales de leur auteur à l'égard du Ct., n'apportent aucune contribution à notre sujet. En revanche, les catéchèses de Cyrille et d'Ambroise doivent être soigneusement envisagées: les unes comme les autres sont tissées de références au Ct. qui confirment l'affirmation de J. Daniélou selon laquelle «toute la tradition catéchétique nous montre dans le Cantique des Cantiques une figure de l'initiation chrétienne»[24]. La lecture de ces textes manifeste bien que le baptême était pensé, dans sa plus profonde signification, comme une réalité nuptiale que le Ct., abondamment cité, permettait d'exprimer.

2. *Où trouver l'origine du lien entre le baptême et le registre nuptial?*

Une première hypothèse serait que le Ct. faisait partie, sous la forme de lectures ou de citations, de la liturgie baptismale elle-même. Les allusions au Ct. seraient alors des allusions à ces citations. Mais on ne possède aucune attestation explicite confirmant une telle vue[25].

---

[19] Voir J. JUNGMANN, *La liturgie des premiers siècles*, Lex Orandi n. 33, pp. 119 et sv.; A.G. MARTIMORT, *L'Eglise en prière*, Tome IV, nouvelle édition DDB, 1983, pp. 46 et sv.; P. TH. CAMELOT, *Spiritualité du baptême*, Lex Orandi, n. 30, 1963.

[20] P.G. 33, colonnes 331-1128. Une traduction française de l'ensemble des catéchèses de CYRILLE est parue en 1962 aux éditions du Soleil Levant à Namur. Le volume 126 des SC donne une édition critique et une traduction des Catéchèses mystagogiques.

[21] SC n. 25 bis.

[22] SC n. 50.

[23] Elles ne sont conservées que dans une traduction syriaque dont P. TONNEAU a donné une édition et une traduction française en 1949: *Les homélies catéchétiques de Th. de Mopsueste*, Cité du Vatican.

[24] *Bible et liturgie*, ouv. cit., p. 278.

[25] En ce sens on peut difficilement souscrire sans plus à l'affirmation de E. SCHMIDT in *Le mariage chrétien dans l'oeuvre de S. Augustin, une théologie baptismale de la vie conjugale*, Etudes augustiniennes, 1983, évoquant «certains versets du Ct. alors couramment employés dans les cérémonies baptismales».

Une autre explication avancée par J. Daniélou dans *Bible et Liturgie* semble, elle-aussi, sujette à caution. Il écrit ainsi: «On sait que le Cantique des Cantiques était lu dans la liturgie juive, durant le temps de la Pâque. Nous savons que la liturgie chrétienne ancienne a été fortement marquée par la liturgie juive. Il est donc possible qu'ici encore la liturgie chrétienne ait pris la succession de la liturgie synagogale et montré dans le Baptême et l'Eucharistie la réalisation même du texte lu durant ce temps liturgique» (p. 261). Mais là encore les preuves manquent car rien ne permet de confirmer avant le 5ème siècle l'existence d'une telle lecture juive du Ct., probable mais non vérifiée.

Plutôt que de voir les allusions au Ct. comme le rebondissement dans la catéchèse de la citation liturgique du texte, on serait volontiers porté à imaginer l'existence d'une interprétation globale de l'initiation chrétienne en termes nuptiaux. Les appuis scripturaires seraient alors des textes comme Ephésiens *5*,25 ou 2 Corinthiens *11*,2. Le Ct. fournirait son lexique à l'expression de cette interprétation spirituelle. A quoi on doit ajouter qu'une série d'éléments du rituel du baptême procuraient un accrochage aisé aux mots du Ct. Qu'il s'agisse de l'entrée solennelle dans le baptistère, chargée d'une puissante symbolique qui évoque Ct. *1*,4: «Le Roi m'a introduite dans sa chambre» et qui peut être, par le biais du symbole du Jardin paradisiaque, rattachée aux évocations de jardin contenues dans le Ct. Ou encore du geste par lequel le catéchumène était dépouillé de ses vêtements qui peut aisément se dire dans les termes de Ct. *5*,3: «J'ai déposé ma tunique, comment la revêtirai-je à nouveau?». Ou encore, de son revêtement d'une tunique blanche, au sortir du baptême, qui évoque sans peine Ct. *8*,5: «Qui est celle-ci qui monte vêtue de blanc?».

3. *Analyse des citations chez Cyrille de Jérusalem: Catéchèses baptismales et mystagogiques*[26]

a) *La Procatéchèse*

Ce sermon d'introduction, probablement prononcé le premier dimanche du Carême, s'ouvre sur une reprise libre de Ct. *2*,12 et *1*,2 qui

---

[26] Elles furent prononcées au cours du Carême et de la Semaine Sainte de 348. C'est l'ensemble le plus ancien et le plus complet de catéchèses proprement dites. Voir sur ce sujet: A. PAULIN, *S. Cyrille de Jérusalem catéchète*, Lex Orandi n. 29, 1957. Et encore, F.L. CROSS, *S. Cyril of Jerusalem, Lectures on the Christian Sacraments*, Londres, 1951. On remarque cependant à la lecture de ces deux ouvrages que ni l'un ni l'autre ne s'intéresse à l'usage pourtant abondant du Ct. dans les homélies de CYRILLE.

consiste à décrire la situation du catéchumène comme celle de la fiancée du Cantique, introduite dans le palais royal:

Ἤδη μακαριότητος ὀσμὴ πρὸς ὑμᾶς, ὦ φωτιζόμενοι, ἤδη τὰ νοητὰ ἄνθη συλλέγετε, πρὸς πλοκὴν ἐπουρανίων στεφάνων· ἤδη τοῦ Πνεύματος τοῦ ἁγίου ἔπνευσεν ἡ εὐωδία. Ἤδη περὶ τὴν πρόαυλιν τῶν βασιλείων γεγόνατε· γένοιτο δὲ ἵνα καὶ ὑπὸ τοῦ βασιλέως εἰσαχθῆτε²⁷.

En rigueur de termes, on n'a pas affaire à une véritable citation puisqu'aucune démarcation n'intervient entre le texte de Cyrille et les mots puisés au Ct.

En réalité, l'opération citationnelle est entièrement et invisiblement réglée par le jeu du présupposé qui peut se formuler dans ces termes:

«C'est de vous dont il est question dans le Ct.»,
«Vous êtes, vous qui m'écoutez, l'épouse du Ct.».

On peut considérer qu'une telle pratique représente le degré d'intégration maximal du texte cité au texte citant puisqu'elle est supportée par la rigoureuse superposition des deux situations d'énonciation. Tout au long des catéchèses de Cyrille, du reste, et même lorsque la citation use de marques introductives, on constate une remarquable fluidité du discours qui témoigne de l'intensité de la connivence avec le texte cité. La clé de ce phénomène nous semble précisément à chercher dans l'équivalence posée d'entrée de jeu par la *Procatéchèse*.

b) *Les Catéchèses baptismales 13 et 14*

Commentant pour l'instruction du catéchumène la Passion (Cat. *13*) et la Résurrection du Christ (Cat. *14*) sur le mode allégorique, ces deux catéchèses recourent plusieurs fois au Ct. Moyennant un acte d'interprétation détaillé par Cyrille, le poème biblique joue comme prophétie des moments et des circonstances de la Passion et sert à en explorer le sens:

καὶ πόθεν ἐγήγερται ὁ Σωτήρ; Λέγει ἐν τοῖς Ἄσμασι τῶν ἀσμάτων Ἀνάστα, ἐλθέ, ἡ πλησίον μου· καὶ ἐν τοῖς ἑξῆς Ἐν σκέπῃ τῆς πέτρας (...) ποίῳ καιρῷ ἐγείρεται ὁ Σωτήρ; ἆρα θέρους ὁ καιρός, ἢ ἄλλος; Ἐν αὐτοῖς τοῖς Ἄσμασιν ἀνωτέρω τῶν εἰρημένων εὐθὺς λέγει Ὁ χειμὼν παρῆλθεν, ὁ ὑετὸς παρῆλθεν ἑαυτῷ, καὶ ἐπορεύθη· τὸ ἄνθη ὤφθη ἐν τῇ γῇ· καιρὸς τῆς τομῆς ἔφθασεν²⁸.

---

²⁷ «Déjà vous arrive un parfum de bonheur, ô illuminés, déjà vous cueillez les fleurs mystiques pour en tresser des couronnes célestes; déjà le Saint-Esprit a soufflé la douce odeur. Déjà vous avez atteint le vestibule du palais royal: que ce soit pour être introduits par le roi!» PG col. 332 et 333.
²⁸ «Et de quel lieu ressuscite le Sauveur? Il dit dans le Ct. des Ct.: "Lève-toi, viens, ma compagne" et dans la suite: "Dans la caverne du rocher" (...). En quelle saison se

A partir de quoi, Cyrille identifie successivement la myrrhe de Ct. 5,1 au vin et au vinaigre de la Passion, le «jardin du noyer» de 6,11 au jardin de la Crucifixion, la caverne du rocher de 2,14 au tombeau de Jésus. Mais plus encore, il commente ces événements en mettant dans la bouche de leurs protagonistes des phrases prises au Ct. Ainsi c'est le Christ qui cite par exemple 6, 1,2 en adresse directe à l'auditeur de Cyrille (CB 13,31):

Ἦλθον ὁ ποιμαίνων ἐν τοῖς κρίνοις, ἦλθον ποιμᾶναι ἐν τοῖς κήκοις.

Et c'est sa personne qui devient ici la paraphrase du texte:

Πρόβατον εὗρον ἀπολωλός · ἀλλ' ἐπι τοὺς ὤμους μου τοῦτο λαμβάνω[29].

De même:

Λέγει (ἡ Μαριὰμ) τοίνυν ἐν Ἄσμασι τῶν ᾀσμάτων · Ἐπὶ κοίτην μου ἐξήτησα ὃν ἠγάπησεν ἡ ψυχή μου[30]

où c'est le propre comportement de Marie-Madeleine décrit dans l'Evangile qui fait la paraphrase des mots du poème. On voit que cette lecture allégorique est beaucoup plus subtile qu'une pure opération sur le sens des mots. Elle est la reprise du récit de la Passion et de la Résurrection sous une forme dialogique ayant pour protagonistes le Christ d'une part et l'auditeur de Cyrille de l'autre. On est bien dans la logique posée initialement par la *Procatéchèse*. Parce que l'auditeur est introduit par le baptême dans la situation d'énonciation du Ct., il lui est possible désormais d'identifier ses protagonistes comme étant ceux du récit évangélique et, à partir d'eux, de percevoir en clair les sens anticipés de manière voilée dans le texte vétéro-testamentaire.

c) *Les catéchèses 3, 15, 17, et la Catéchèse Mystagogique 2*

Les citations qui s'y retrouvent peuvent être ramenées aux deux schémas suivants:

(1)

quand z, x dit Ct. à y

où «z» = quand vous serez baptisés,
«x» et «y» = les partenaires du dialogue,

---

réveille le Sauveur? Est-ce la saison d'été ou une autre? Dans les Cantiques eux-mêmes, un peu avant les passages cités à l'instant, il est dit: "L'hiver est passé, la pluie s'est passée et s'en est allée; les fleurs ont apparu sur la terre; la saison de la taille est vite arrivée"», col. 834.

[29] Soit: «Je suis venu, pasteur du champ des lis» paraphrasé en «J'ai trouvé une brebis perdue; et je la prends sur mes épaules», col. 810.

[30] «Marie dit dans le Ct. des Ct.: "Sur ma couche j'ai cherché celui que chérit mon âme"».

ex: CB 3,16: quand vous serez baptisés, χορεύουσι περὶ ὑμῶν ἄγγελοι,
καὶ ἐροῦσι: 8,5 (Δεσπότης) ἐπιφωνήσει: 4,3[31]

(2)

$$\boxed{\text{fais a et } \begin{array}{c} \text{dis} \\ \text{puisses-tu dire} \end{array} \text{ Ct.}}$$

où «a» énonce l'attitude ou le comportement requis de «x»,

ex: CB 3,2: Ἄρξασθε πλύνειν τὰς στολὰς ὑμῶν διὰ μετανοίας, ἵνα εἰς
τὸν νυμφῶνα καθαροὶ κληθέντες εὑρεθῆτε[32]

Dans les deux cas, la présupposition est que le baptême constitue
l'entrée dans la situation d'énonciation du Ct. Soit que l'état du baptisé
appelle les paroles du Ct. prononcées à son adresse (type [1] de caractère
simplement descriptif). Ou qu'il soit convié au comportement qui lui
permette de dire lui-même ces paroles (type [2]). Plus précisément, dans
le second type, la citation est présentée sous la forme d'une injonction
(«dis») ou d'un souhait («puisses-tu dire»), eux-mêmes placés sous la
dépendance d'un premier jussif («fais a») qui désigne les conditions
pragmatiques de l'énonciation de Ct.

On remarque de quel poids pèse ici l'énonciation. La visée majeure
est celle d'une réénonciation des paroles du Ct. Tout le problème est
d'être dans la situation qui rende possible et pertinente cette citation. On
est par conséquent très loin d'un décodage abstrait du sens.

On constate également que très peu de paraphrases explicatives sont
associées aux citations du Ct. En fait, le schéma (2) montre que le
rapport paraphrastique est à situer entre l'objet du «faire» et celui du
«dire». Le juste «faire» autorise le «dire» qui, en retour, explicite le sens,
l'intention ou l'effet du premier.

4. *Analyse des citations chez Ambroise: De Sacramentis et De Mysteriis*

Ces deux textes ont confronté la critique à des problèmes délicats au
cours des derniers siècles: qu'en est-il de l'authenticité du premier? Quel
rapport concevoir entre l'un et l'autre? Le travail ici poursuivi ne
nécessite pas que l'on s'engage dans l'exposé des péripéties du débat.
Indiquons seulement qu'avec le *De Sacramentis* on a affaire à une série
de sermons probablement pris par un tachygraphe tandis que le *De
Mysteriis* relève plutôt d'un traité coulé dans la forme du sermon. L'un
comme l'autre, qui parcourent les différents rites de l'initiation chrétienne depuis le geste préliminaire de l'«apertio» jusqu'à la participation

---

[31] «Les anges chanteront autour de vous ces paroles: Ct. 8,5; le Maître s'écriera: Ct.
4,3», col. 448.
[32] «Mettez-vous à laver vos robes en vous convertissant, pour que vous trouve
propres l'appel à la chambre nuptiale», col. 425.

du nouveau baptisé à l'eucharistie, citent abondamment le Ct. On examinera la distribution des citations dans les deux écrits successivement.

a) Le *De Sacramentis* concentre la mention du Ct. dans sa partie finale (IV, 5; V, 5-8, 9, 10, 11; V, 14, 15 et VI, 6), lorsque le catéchumène, ayant été baptisé, accède à la liturgie eucharistique («uenistis ergo ad altare»). C'est donc moins une explicitation ponctuelle par le Ct. des divers gestes rituels eux-mêmes qui est proposée, que le déploiement de la situation nouvelle à laquelle introduit le sacrement. Ambroise définit l'état de baptisé par le dialogue du Ct.

Le schéma citationnel dominant est le suivant:

quand z, alors x dit (à y) Ct.

où «z» désigne essentiellement le moment qui suit le baptême proprement dit, ou encore celui de «l'accès à l'autel». Les mots du Ct. sont tour à tour mobilisés pour dire l'admiration étonnée des anges ou de l'Eglise devant le nouveau baptisé, la parole qui lui est désormais adressée ou celle que lui-même peut dire.

> ex: IV, 5: «Sequitur ut ueniatis ad altare. Coepistis uenire, spectarunt angeli, uiderunt uos aduenientes (...). Ideoque dixerunt: *Quae est haec quae ascendit a deserto dealbata?*».
>
> V, 5: «Uenisti ad altare, uocat te dominus Iesus uel animam tuam uel ecclesiam et ait: *Osculetur me ab osculis oris sui*».
>
> V, 7: «... anima tua uel conditio humana uel ecclesia (...) uidet sacramenta mirabilia et ait: *Osculetur me ab osculis oris sui*».
>
> V, 14: «Uenistis ergo ad altare, accepistis gratiam Christi, sacramenta estis caelestia consecuti. (...) Ideoque (ecclesia) ait: *Descendat fraternus meus in hortum suum et capiat fructum pomiferarum suarum*».
>
> VI, 6: «Accepisti ergo spiritum sanctum in corde tuo. Accipe aliud, quia quemadmodum sanctus spiritus in corde, ita etiam Christus in corde. Quomodo? Habes hoc in Canticis canticorum, Christum dicentem ad ecclesiam: *Pone me sicut signaculum in corde tuo, sicut signaculum in bracchiis tuis*»[33].

---

[33] IV, 5: «Après cela, vous avez à vous approcher de l'autel. Vous avez commencé à vous avancer. Les anges ont regardé, ils vous ont vu approcher (...). Aussi ont-ils demandé: «Qui est celle-ci qui monte blanchie du désert?"». «Tu t'es approché de l'autel. Le Seigneur Jésus t'appelle, ou appelle ton âme ou bien l'Eglise, et dit: "Qu'il me baise des baisers de sa bouche"»,

V, 7: «... ton âme ou l'humanité ou l'Eglise (...) voit les sacrements admirables et dit: "Qu'il me baise des baisers de sa bouche"»,

V, 14: «Vous vous êtes donc approchés de l'autel, vous avez reçu la grâce du Christ, vous avez obtenu les sacrements célestes (...); c'est pourquoi (l'Eglise) dit: "Que mon frère descende dans son pardin et cueille les fruits de ses arbres"»,

VI, 6: «Tu as donc reçu l'Esprit-Saint dans ton coeur. Voici un autre point: de même que l'Esprit-Saint est dans ton coeur, ainsi le Christ est aussi dans ton coeur. Comment? Tu

Dans un certain nombre de cas, la citation est assortie d'une paraphrase destinée à justifier le recours que le prédicateur trouve dans les mots du Ct. Ainsi à propos de la citation de *1*,1: «Qu'il me baise des baisers de sa bouche», Ambroise envisage successivement que ce souhait soit énoncé par le Christ ou par le baptisé et il propose une double paraphrase justifiant l'une et l'autre forme d'énonciation. A partir de quoi se développe en V, 8 et 9 une allégorisation in verbis (seins = pensées = sacrements; les «jeunes filles aimées» = «les âmes qui ont déposé la vieillesse de ce corps»). Mais on le voit, l'allégorisation n'intervient que lovée dans une lecture dont la finalité dominante est d'apprendre à l'auditeur, c'est-à-dire au nouveau baptisé, à entrer dans l'échange de paroles du Ct., en lui manifestant qu'elles sont totalement appropriées à sa nouvelle situation.

Au total, dans le *De Sacramentis*, le Ct. est essentiellement utilisé pour donner une expression verbale, un prolongement articulé aux gestes du rituel qui viennent d'être accomplis pour l'auditeur d'Ambroise.

b) *Le De Mysteriis*, plus abondamment encore que le *De Sacramentis*, cite le Ct. Il en comporte quatorze mentions.

Le Ct. est introduit essentiellement selon la formule citationnelle:

quand z, alors x dit Ct. car...

comparable à la précédente.

Mais «z» y est plus différencié et plus précisément relié au scénario rituel, puisqu'il désigne l'onction et la réception des vêtements blancs; «x» représente tantôt les baptisés, l'Eglise, les Filles de Jérusalem, le Christ.

> ex: M 35: «Haec uestimenta habens ecclesia per lauacrum regenerationis adsumpta dicit in Canticis: *Nigra sum et decora, filiae Hierusalem*. Nigra per fragilitatem conditionis humanae, decora per gratiam, nigra quia ex peccatoribus, decora fidei sacramento».
> M 37. M 39: «Christus autem uidens ecclesiam suam in uestimentis candidis (...) dicit: *Tota formosa es, proxima mea, et reprehensio non est in te*, quia culpa demersa est»[34].

---

trouves cela dans le Ct. des Ct.: "Place-moi comme un sceau dans ton coeur, comme un sceau sur tes bras"».

[34] M 35: «Après avoir pris ces vêtements blancs par le bain de la régénération, l'Eglise dit dans le Ct.: "Je suis noire et belle, filles de Jérusalem". Noire par la fragilité de la nature humaine, belle par la grâce, noire parce que composée de pécheurs, belle par le sacrement de la foi»,
M 37, 39: «Cependant le Christ, voyant vêtue de blanc son Eglise (...) dit: "Tu es toute belle mon amie, et il n'y a en toi aucun défaut" parce que ta faute a été engloutie».

De nouveau on a affaire à:

— un acte de réappropriation énonciative du Ct. par lequel se font à la fois une identification de l'énonciateur des mots du Ct. cités et l'auto-identification du catéchumène à cette situation d'énonciation, à partir d'une situation «z» qui l'autorise («je suis celui qui est dans la situation «z» permettant de dire ou d'entendre Ct.»),

— une opération de commentaire, introduite par «car», éventuellement de nature allégorique, mais commandée par la question: «En quoi 'x' peut-il dire Ct.?».

> ex: M 39: «Unde ad eam uerbum deus dicit: *Tota formosa es, proxima mea, et reprehensio non est in te*, quia culpa demersa est. *Ades huc a Libano, sponsa, ades huc a Libano, transibis et pertransibis a principio fidei*, eo quod renuntians mundo transierit saeculum, pertransierit ad Christum»[35].

On doit encore signaler qu'à deux reprises dans la seconde moitié du *De Mysteriis* (37-41 et 51-58), la réénonciation des mots puisés au Ct. investit le texte et y restitue longuement l'alternance dialoguée du poème. Ambroise reconstitue entre le Christ et le nouveau baptisé l'échange des paroles du Bien-aimé et de la Bien-aimée du Ct. De nouveau, la paraphrase, ici ou là allégorique, est dominée par la reprise énonciative qui est le véritable objet de la catéchèse.

Au total, dans le *De Mysteriis*:

* Il apparaît que c'est le sens de l'acte sacramentel et ses effets que l'exposé d'Ambroise a en vue et jamais le sens comme tel du Ct. Celui-ci est seulement justifié dans ce qu'il énonce par sa mise en relation avec la description des «mystères» auxquels l'auditeur a désormais participation.

* Des paraphrases, le plus souvent allégorisations in verbis, accompagnent généralement les citations, beaucoup plus fréquentes d'ailleurs que chez Cyrille de Jérusalem; mais elles consistent essentiellement à éclairer le texte cité par un renvoi aux gestes du rituel. Par là le texte est bien interprété, mais c'est avant tout la situation sacramentelle placée en contrepoint de la citation qui bénéficie de l'opération herméneutique et reçoit un surcroît de lisibilité. Même lorsque les apparences semblent réduire le discours ambrosien à la recherche du sens du texte, c'est en fait l'explicitation de ce qui s'opère dans l'initiation chrétienne qui est première. L'examen du *De Mysteriis* confirme bien l'analyse de Dom Botte: «L'enseignement catéchétique repose sur deux bases: le symbo-

---

[35] M 39: «Aussi le Verbe lui dit-il: "Tu es toute belle mon amie, et il n'y a en toi aucun défaut", parce que la faute a été engloutie. "Tu arrives du Liban, mon épouse, tu arrives du Liban; tu passeras et tu parviendras dès le début de ta foi", parce que, renonçant au monde, elle a traversé le siècle, elle est parvenue au Christ».

lisme des rites et celui des Ecritures. (...) Ce symbolisme des rites va recevoir l'appui d'un autre symbolisme, que le néophyte ne connaît pas encore, celui des Ecritures. Sans doute il connaît déjà les récits bibliques, mais on n'en a tiré jusqu'ici pour lui qu'un enseignement moral. Il n'en connaît pas encore les «mystères». C'est bien là d'ailleurs le sens du titre *De Mysteriis*: ce sont les mystères de l'Ecriture qui vont servir à donner l'explication des rites sacrés (rationem sacramentorum)»[36].

5. *Conclusions et remarques*

a) L'analyse des catéchèses baptismales de Cyrille et d'Ambroise montre massivement l'engagement des phrases du Ct. citées dans un acte de réénonciation. Mis à part le cas particulier de Cyrille CB *13* et *14* — dont on a relevé d'ailleurs qu'il devait être interprété en liaison avec la position d'énonciation décrite par la *Procatéchèse* — le Ct. est à chaque fois donné à l'auditeur:

— comme parole à lui adressée,
— ou comme parole dont l'accès lui est ouvert par l'acte baptismal.

Cette situation suppose un double processus:

— d'identification des protagonistes du dialogue du Ct.,
— d'auto-identification, quand l'auditeur de la catéchèse est sensé se reconnaître en l'un des énonciateurs précédents.

La citation est tantôt reliée précisément aux gestes rituels pris selon leur déroulement chronologique (Ambroise), tantôt rapportée plus globalement à l'acte de l'initiation baptismale (Cyrille).

Elle peut être associée à deux finalités:

— Celle d'interpréter le rite, de commenter le geste. Le texte n'intervient alors que pour servir et faire grandir cette intelligence. Le Ct. n'est donc pas ce qu'il faudrait interpréter. Il est au contraire l'adjuvant à l'interprétation de rites qui, sans le doublage de l'expression verbale, risqueraient de s'abîmer dans le mutisme du geste seul.

— Celle de donner à celui qui accomplit ces gestes les mots de son acquiescement et de sa reconnaissance. En ce sens, la catéchèse vise non seulement à rendre intelligible le sacrement, mais encore à enseigner à son bénéficiaire l'attitude et les mots par lesquels il doit répondre au don qu'il reçoit.

Remarquons que c'est Cyrille qui charge le plus l'aspect pragmatique puisque le Ct. est cité par lui dans une perspective exhortative: il est la parole qui consacrera l'agir auquel on exhorte le catéchumène. La visée est d'amener celui-ci à accomplir les gestes du sacrement dans des conditions telles qu'il puisse dire avec justesse les mots du Ct. Ainsi,

---

[36] Introduction à l'édition des SC p. 33.

dans ce dernier cas, s'il existe un problème à l'intelligence du Ct., celui-ci se trouve non du côté du texte, mais de la position de celui qui le lit ou le reçoit. C'est ainsi que l'exhortation vise à promouvoir une vie (agir) telle que le baptisé puisse devenir l'énonciateur (dire) des mots du Ct. C'est le sens de la seconde formule citationnelle relevée chez Cyrille qui met en jeu le double jussif: «Fais et dis». On voit ici intervenir, au coeur du processus herméneutique, la question de la position du lecteur, dans son acception la plus forte: pour pouvoir lire de façon juste, et mieux encore, redire les mots lus, il faut, selon Cyrille de Jérusalem, une justesse de l'agir. Le sens du Ct. n'est donc pas dans ses mots, mais dans leur réception, selon la rectitude de position de l'auditeur.

b) Notre point de vue vise prioritairement ici le fonctionnement de la citation. Et il est juste de mettre le Baptême au centre des catéchèses que nous venons d'analyser. Toutefois, il faut signaler que dans une initiation chrétienne qui intègre à côté du Baptême les sacrements de l'Eucharistie et de la Confirmation, ce qui est montré de l'utilisation baptismale du Ct. concerne aussi ces deux autres sacrements. Cela est particulièrement évident en Ambroise, *De Sacramentis* V, 5-7 ou VI, 6[37]. Sur cet aspect plus thématique, J. Daniélou: *Bible et Liturgie* (pp. 258-280) fournit les compléments nécessaires à notre analyse et justifie pleinement la conclusion selon laquelle c'est «toute l'initiation sacramentaire qui devient l'expression du mystère nuptial»[38].

c) Enfin, on doit se demander quelle portée attribuer aux deux analyses que l'on vient de présenter? S'agit-il d'un thème d'auteur propre à Cyrille et à Ambroise? Ou peut-on y reconnaître un motif plus ample, effectivement caractéristique de la catéchèse baptismale primitive?

Il est certain qu'Ambroise, dont on a vu le recours au Ct. dans le *De Sacramentis* et le *De Mysteriis*, mentionne par ailleurs fréquemment ce texte dans le reste de son oeuvre: que ce soit dans son *Commentaire du Psaume 118*, dans le *De Isaac et Anima*[39] ou dans un ensemble de textes que l'on va évoquer sous peu. On doit remarquer également qu'un document important comme le *Traité du Baptême* de Tertullien ne comporte pas la moindre allusion à la thématique du Ct.

Cependant d'autres données doivent être prises en compte. En particulier, il faut lire les catéchèses d'Ambroise et de Cyrille comme des

---

[37] Dans le premier cas, c'est l'Eucharistie qui est visée; dans le second, le sacrement de la Confirmation.

[38] Sur cette question, voir également Th. CAMELOT, *Spiritualité du baptême*, Lex Orandi, n. 30, 1963, pp. 168 et sv.

[39] Voir S. SAGOT, Le Ct. dans le *«De Isaac et anima»* d'Ambroise de Milan, Etude textuelle et recherches sur les anciennes versions latines, in *Recherches Augustiniennes*, volume XVI, 1981.

textes témoins, heureusement préservés, d'un genre de discours qui fut sans doute abondamment pratiqué, bien au-delà des traces qui nous restent. Compte tenu du rôle d'initiateur de Cyrille dans l'histoire de la liturgie orientale, on peut penser sans témérité que de multiples autres catéchèses prononcées après lui ont dû repasser par les motifs présents dans les siennes. De même retrouve-t-on dans la tradition africaine latine, avec Augustin, une intelligence du baptême très imprégnée des thèmes nuptiaux du Ct.[40]. On notera également l'histoire intéressante que présente l'interprétation de Ct. *4,2:*

«Tes dents, un troupeau de brebis tondues qui sont remontées du bain»

rendu célèbre par l'exégèse qu'en donne Augustin dans le *De Doctrina Christiana 2*,6. Il pourrait sembler à première vue que l'allégorisation de ce verset (qui compare les saints aux dents de l'Eglise qui coupent les hommes de leurs erreurs et à des brebis tondues, parce qu'ils se sont dépouillés des préoccupations du siècle...) soit un pur exercice rhétorique, réservé en tout cas aux jeux d'imagination d'oeuvres spéculatives. Or, on s'aperçoit que ces mots du Ct. reviennent spontanément dans la bouche des prédicateurs traitant du baptême. Cyrille les cite dans Cat. Bapt. *3*,16; Ambroise également dans le *De Mysteriis, 38*; mais aussi Théodoret dans son *Commentaire du Cantique des Cantiques* (PG 81)[41]. Les interprétations ne sont pas rigoureusement identiques d'un auteur à l'autre. Mais en tout état de cause il est évident qu'il existe là une tradition accoutumée à relier au baptême ce passage du Ct.

Chrysostome enfin apporte une contribution supplémentaire par ses *Catéchèses baptismales* redécouvertes et publiées en 1957 par A. Wenger. Aucune de ses huit catéchèses ne cite directement le Ct. Cependant, la première d'entre elles orchestre de façon remarquable le motif nuptial. Il importe peu que la référence de Chrysostome soit plutôt le psaume *44*, puisqu'on sait que cet épithalame est dans la proximité immédiate du poème du Ct. En revanche, il est très significatif que tout le début de cette catéchèse soit dominé par les «noces spirituelles» et que la prédication consiste, en parallèle rigoureux avec ce que l'on a vu chez Cyrille et Ambroise, à s'adresser au catéchumène en lui montrant sa nouvelle qualité d'épouse:

φέρε τοιγαροῦν καθάπερ μελλούσῃ νύμφῃ εἰς τὰς παστάδας εἰσάγεσθαι τὰς ἱερὰς διαλεχθῶμεν καὶ ὑμῖν ὑποδεικνύντες τοῦ νυμφίου τὸν

---

[40] C'est ce que montre A.-M. LA BONNARDIERE dans son étude: «Le Ct. des Ct. dans l'oeuvre de S. Augustin», *Revue des études augustiniennes*, 1955, pp. 225 et sv.

[41] Ce point est souligné par J. DANIELOU ouv. cit., p. 267. Il remarque que si ce motif apparaît chez THEODORET, dont l'exégèse est fort peu portée à l'allégorie, c'est que l'on a certainement affaire là à une tradition commune.

ὑπερβάλλοντα πλοῦτον καὶ τὴν ἄφατον φιλανθρωπίαν ἣν περὶ αὐτὴν ἐπιδείκνυται, καὶ αὐτῇ δείξωμεν οἵων ἀπαλλαττομένη, τίνων ἀπολαύειν μέλλει[42].

Le rapprochement s'impose donc. Non d'abord parce que le baptême y est de nouveau décrit en termes de noces spirituelles. Mais, du point de vue qui nous occupe ici, parce qu'on s'aperçoit que les citations scripturaires qui portent ce thème y sont introduites de la même façon, visent la même entrée dans le même échange de paroles.

On est bien là en présence, non d'évocations ou de réminiscences thématiques, mais d'une convergence, chez les Pères, dans la manière de qualifier la situation du baptisé.

Nous ajouterons enfin une dernière remarque destinée à affiner la portée chronologique de ce qui vient d'être exposé. On a vu que les catéchèses baptismales mettaient clairement en relation plusieurs rites (onction, lavement des pieds, remise du vêtement blanc) avec le Ct., assurant ainsi les bases d'une intelligence nuptiale du rituel. Un passage du *De Sacramentis* 1,2-3 et un autre, correspondant, du *De Mysteriis* 3-4 laissent pourtant penser que ce va-et-vient du Ct. aux rites de l'initiation n'était déjà, à l'époque d'Ambroise, probablement plus aussi transparent et naturel qu'aux siècles précédents. Considérant le rite de l'«apertio», préludant le samedi, veille de Pâques, au baptême proprement dit, Ambroise avoue implicitement son embarras. Le geste consiste à toucher les oreilles et les narines du catéchumène. Il est compris et explicité par Ambroise en relation avec l'épisode de Marc 7,31-37 dans lequel Jésus guérit un sourd-muet en lui touchant les oreilles et la bouche et en commandant «effatha», «ouvre-toi». Or, cette référence qui peut parfaitement dire le sens du geste de l'évêque qui touche les oreilles, ne peut évidemment pas rendre compte de celui qui concerne les narines. Ambroise évoque donc des motivations de convenance pour expliquer le supposé passage d'une signation de la bouche, conforme à Marc 7, à la signation des narines qui est effectivement pratiquée, selon une tradition attestée clairement dans la *Tradition apostolique* d'Hippolyte (215) et reliée au Ct.[43]. Il s'agit, en effet, par l'onction du nez, d'être rendu

---

[42] «Eh bien donc, tâchons de vous parler comme à l'épouse qui doit être introduite dans la chambre sainte de ses noces, et en vous faisant connaître la richesse surabondante de l'époux et la bonté ineffable qu'il témoigne à l'épouse, faisons-lui voir, à elle, de quels maux elle est délivrée et de quels biens elle va jouir» (1ère Catéchèse, 3).

[43] Sur cette question on consultera la description du déroulement rituel que donne Dom B. BOTTE dans l'introduction à son édition des deux traités d'AMBROISE, pp. 25-31. Egalement: DOELGER, *Der Exorcismus in altchristlichen Taufritual*, Paderbon, 1909, pp. 130-137. Et encore, A. NOCENT, *Quaestiones de initiatione christiana*, Pontificum Institutum Liturgicum Anselmianum, 1969-1970, Pars tertia: De cathecumenatus ritibus, pp. 85 et sv.

capable de suivre «la bonne odeur de l'Epoux» que disent, en particulier, les premiers versets du texte. On a là l'exemple d'un voilement de sens qui laisse bien penser qu'à l'intérieur même de l'époque patristique et malgré une familiarité incontestable avec le Ct., a commencé l'obscurcissement qui devait, plus tard, effacer pratiquement la signification nuptiale accordée à l'origine au baptême.

III. LE Ct. DANS LA LITURGIE DE LA VELATIO VIRGINUM

En ce nouveau domaine où le Ct. est directement intéressé, nous devrons distinguer, cette fois encore, entre les citations directes du texte dans la liturgie et les références faites à ce texte dans les homélies prononcées au cours de la célébration de la Velatio virginum.

Rappelons que cette célébration de Velatio est un rite de consécration des vierges, accompagné d'un voeu public dont l'origine — au moins explicite — remonte au 4ème siècle. Dès le départ, il semble bien que cette consécration ait été assimilée à un mariage, comme l'indique l'expression «Sponsa Christi» courante dès le 4ème siècle[44]. Dans ces conditions, la référence au Ct. paraît naturelle. Et elle l'est, en effet, dans tout un ensemble de discours (textes homilétiques valant, à l'occasion, comme véritables traités sur la virginité, Actes de vie de saints) engagés de près ou de loin dans la liturgie. C'est donc cet ensemble qu'il faut interroger en considérant que le rituel lui-même de la Velatio ne représente peut-être que la retombée publique d'une réalité qui ne s'explicite vraiment que dans le cadre plus construit et plus contrôlé de prédications ou, on le verra plus tard, de lettres de direction. Repérer l'interférence du Ct. avec cette sphère liturgique revient donc à prendre en compte les divers registres de ce corpus en se rendant attentif à la manière dont ils s'influencent mutuellement.

1. *Y a-t-il une citation liturgique du Ct. des Ct. dans la Velatio?*

A première vue l'examen est parfaitement décevant pour les siècles qui nous occupent. Certes, il est difficile de reconstituer le détail du rituel le plus ancien: aucun des *Ordines Romani* ne traite de cette cérémonie. On ne possède aucune formule de prières s'y rapportant que l'on puisse attribuer avec certitude au 4ème siècle. On doit probablement imaginer avec R. Metz une célébration extrêmement sobre jusqu'au 9ème siècle prenant place, au cours de la messe, au moment des lectures, et centrée sur la remise du voile empruntée au rituel du

---

[44] Sur ce point, voir R. METZ, *La consécration des vierges dans l'Eglise romaine*, PUF, 1954.

mariage, lui-même héritier des traditions païennes[45]. En fait, il faut attendre le 13ème siècle et l'époque de Guillaume Durand de Mende pour enregistrer des citations du Ct. dans le rituel de la Velatio. Le célèbre liturgiste romain ravive et développe la thématique traditionnelle du mariage mystique, estompée précédemment dans la liturgie romaine. Il remet en honneur le rite de l'anneau et introduit la citation de Ct. *2,10*:

> «Desponsari, dilecta, veni, hiems transiit, turtur canit, vineae florentes redolent».

à propos de laquelle R. Metz confirme: «Elle nous paraît être une innovation due à G. Durand car nous n'avons rencontré ce chant dans aucun des pontificaux antérieurs à la fin du 13ème siècle que nous avons consultés» (p. 303). Mais même en considérant l'édition du *Pontifical Romain* de 1485 qui reprend la liturgie de Durand de Mende en l'augmentant d'un nouveau répons puisé au Ct.[46], on doit constater que le nombre de phrases du poème textuellement citées est finalement bien réduit. Dès les origines, pourtant, on sait que le rituel de la Velatio est tout imprégné de l'atmosphère sponsale du Ct. Le texte *Deus castorum corporum*, par exemple, qui figure au *Sacramentaire léonien* (5ème siècle) ne laisse pas de doute sur ce point. Comment donc, dès lors, le Ct. peut-il être si fortement source d'inspiration sans être cité directement?

La question peut s'éclairer si l'on se livre à une courte investigation dans l'histoire cachée de cette liturgie.

En ce point, il faut se rappeler que G. Durand, bien loin d'être un commencement, est plutôt l'aboutissement de dix siècles de pratique liturgique de la Velatio conçue dès le départ en rapport étroit d'inspiration et de forme avec les rites du mariage. En fait, le rituel du 13ème siècle est l'héritier d'un texte du 10ème siècle figurant au *Pontifical Romano-Germanique* et dont la consultation apporte des surprises. Ce dernier en effet se caractérise par une ample et lyrique mise en scène des épousailles mystiques. Mais tout en présentant en maints passages des affinités évidentes avec le Ct., ce n'est pas lui qu'il cite, mais un texte du 5ème siècle, connu sous le nom de *Passio de sainte Agnès*[47]. Ce texte, qui a joui d'une grande popularité aux premiers siècles de l'Eglise, pose de multiples questions. Attribué longtemps à Ambroise, figurant dans la *Patrologie de Migne* sous la rubrique: «Epistolae ex ambrosianarum numero segregatae» (PL XVII, col. 735 et suiv.), on sait aujourd'hui

---

[45] Ouv. cit., pp. 124 et sv.

[46] Il s'agit de: «Mel et lac ex eius ore suscepi, et sanguis eius ornavit genas meas» qu'insère de surcroît l'édition du Pontifical Romain réalisée en 1485 par Agostino Patrizzi Piccolomini.

[47] Voir Dacl, I, 1, article «Agnès», col. 905-918.

qu'il est postérieur d'un siècle à l'évêque de Milan. Rien ne permet de préciser plus qui en serait l'auteur. Le texte raconte la persécution subie par sainte Agnès ainsi que son martyre et le début du culte qui en accompagna très tôt le souvenir. Cette *Passio* figure en parallèle de trois autres récits que l'on a conservés des mêmes faits: l'un d'Ambroise dans le traité *De Virginibus*, l'autre de Damase, dans un poème épigraphique consacré à cette sainte, et un dernier de Prudence dans la quatorzième Ode de son *Peristephanon*. La comparaison de ces quatre textes permet d'isoler les trois derniers comme des versions sensiblement divergentes quoiqu'à peu près contemporaines d'un même événement qui avait dû susciter toute une tradition de narration orale probablement à la source de ces écrits. En revanche, la *Passio* qui nous intéresse semble être, elle, un texte plus tardif faisant la synthèse des trois documents selon les topoï du genre hagiographique. Alors que les trois récits du 4ème siècle évoquent bien, mais sans développement, le thème nuptial, la Passio met dans la bouche d'Agnès un discours qui réécrit plusieurs passages du Ct. Le texte est le suivant:

> «... quia iam ab alio amatore praeventa sum, qui mihi satis meliora obtulit ornamenta, et annulo fidei suae subarrhavit me, longe te nobilior et genere et dignitate. Ornavit inaestimabili dextrocherio dexteram meam, et collum meum cinxit lapidibus pretiosis. Tradidit auribus meis inaestimabiles margaritas, et circumdedit me vernantibus atque coruscantibus gemmis. Posuit signum in faciem meam, ut nullum praeter ipsum amatorem admittam. Induit me cyclade auro texta, et immensis monilibus ornavit me (...). A quo mihi iam thalamus collocatus est, cuius mihi organa modulatis vocibus resonant, cuius mihi virgines iustissimis vocibus cantant. Iam mel et lac ex ore eius suscepi, iam amplexibus eius castis astricta sum, iam corpus eius corpori meo sociatum est, et sanguis eius ornavit genas meas. Cuius mater virgo est, cuius pater feminam nescit; cui angeli serviunt, cuius pulchritudinem sol et luna mirantur, cuius odore reviviscunt mortui, cuius tactu confortantur infirmi, cuius opes numquam deficiunt, cuius divitiae numquam decrescunt». (PL XVII, col. 736, ed. 1845)[48].

---

[48] «... parce que j'ai déjà été présentée à un autre amant qui m'a offert de bien meilleures parures et qui s'est engagé envers moi par l'anneau de la foi, lui qui est bien plus noble que toi, en race et en dignité. Il a orné ma main droite d'un bracelet sans prix, et il a entouré mon cou de pierres précieuses. Il a pendu à mes oreilles des perles sans prix et m'a entourée de joyaux brillants et resplendissants. Il a posé un signe sur mon visage pour que je n'accueille aucun autre amant que lui. Il m'a revêtue de longs vêtements tissés d'or et m'a parée de magnifiques joyaux. Déjà il a préparé pour moi le lit nuptial, à cause duquel les instruments résonnent, pour moi, avec des voix modulées et les vierges chantent, pour moi, avec des voix parfaites. Déjà j'ai recueilli le miel et le lait de sa bouche, déjà j'ai été entourée d'une chaste étreinte, déjà son corps s'est uni au mien et son sang a orné mes joues. Sa mère est vierge et son père ne connaît pas la femme; les anges le servent; le soleil et la lune s'émerveillent de sa beauté, les morts

Ce sont ces phrases qui sont précisément exploitées par le *Pontifical Romano-Germanique*. On voit donc que le rapport de la Velatio au Ct. se fait, non pas directement, mais par l'intermédiaire d'un troisième texte, fort ancien, placé, lui, dans la dépendance directe du Ct. On voit aussi que ce document relance le débat sur la place du Ct. dans la liturgie primitive. La question se pose en effet de savoir, considérant la *Passio de sainte Agnès*, quelle est l'origine des motifs issus du Ct. qui s'y découvrent. Faut-il imaginer, comme on a pu le faire, que la *Passio* serait l'écho d'une déclaration remarquable d'Agnès elle-même, inspirée par une liturgie de la Velatio qu'elle aurait connue? Une telle hypothèse requiert l'existence, dès le 3ème siècle, date probable du martyre de sainte Agnès, de semblables liturgies. Mais rien ne permet d'assurer qu'elles étaient effectivement pratiquées. Faut-il, abandonnant cette piste, penser que la *Passio* du 5ème siècle s'inspire simplement d'une liturgie de sainte Agnès, alors existant, qui utiliserait le Ct.? Ou bien, faudrait-il penser qu'on est là en présence d'une intervention originale du rédacteur qui d'ailleurs, en d'autres points de la *Passio*, montre sa capacité à mobiliser l'Ecriture pour développer et commenter son récit? L'auteur de la *Passio*, prenant appui sur la thématique mise en place par Ambroise, l'aurait amplifiée en construisant un discours d'Agnès intégrant une série de représentations du Ct. Ce serait alors à la *Passio* que l'on serait redevable pour la première fois de la triade: martyre, virginité, Cantique des Cantiques[49].

Les divers textes sur la virginité que l'on va évoquer, et qui témoignent d'une intense activité de prédication jumelant la virginité et le Ct. interdisent de répondre de manière trop rapide et tranchée. Ce qui peut être soutenu avec vraisemblance, c'est que, dès le 5ème siècle au plus tard, le Ct. est utilisé en liaison avec le martyre et la virginité. Le récit de la *Passio de sainte Agnès* en témoigne. Ce qui n'exclut pas que cette association ait pu s'affirmer et s'énoncer dans le texte tardif de la *Passio* parce que précisément existait une tradition, sinon directement liturgique, du moins méta-liturgique, qui avait pris l'habitude de relier fortement la «consecratio virginum» au Ct. C'est cette tradition, de nature essentiellement homilétique, qu'il faut maintenant envisager.

---

ressuscitent à sa bonne odeur, les infirmes sont fortifiés par son toucher, lui dont les œuvres jamais ne font défaut, lui dont les richesses jamais ne diminuent».

[49] On trouvera des éléments historiques intéressants sur cette question in O. HARRISON, The formulas *«ad virgines sacras»*, a study of the sources, in *Ephemerides liturgicae*, n. 66, 1952 sous la forme de deux articles publiés aux pages 252-269 et 352-366.

2. L'explicitation théologique par le Cantique des Cantiques de la virginité consacrée.

A. Les textes

On retiendra pour l'instant les quatre «traités» d'Ambroise relatifs à cette question. C'est plus loin que l'extension de la liaison virginité consacrée-*Cantique des Cantiques* sera discutée[50].

Chacun des textes d'Ambroise est relié de manière particulière à des circonstances liturgiques. Le *De Virginibus* qui date de janvier 376 a pour source, dans son premier livre (§ 5-9), une homélie pour la fête de sainte Agnès et, dans le troisième, un discours du pape Libère prononcé à l'occasion de la consécration de Marcelline, soeur d'Ambroise. Le *De Virginitate* (juin 377) qui se présente comme un traité a très certainement pour matériaux des homélies refondues et harmonisées après coup. Le *De Institutione Virginis* se place à la fin de l'épiscopat l'Ambroise; il trouve son origine dans la profession de la jeune Ambrosia. Enfin, le dernier texte d'Ambroise consacré à ce sujet, l'*Exhortatio*, plonge lui aussi en plein climat liturgique. Il a pour occasion une célébration d'offrande de reliques à Florence associée à une «présentation» à la consécration. Ainsi donc, même si ces textes sont transmis au titre de «traités», ils nous maintiennent dans l'orbe de l'homilétique et donc de la liturgie. Comme pour les Catéchèses baptismales, il s'agit de repérer l'usage qui y est fait du Ct. et les finalités qui organisent sa citation.

Le recours au Ct., dans cette nouvelle série de textes, apparaît ordonné à une double fin. L'une s'est déjà trouvée dans les catéchèses baptismales évoquées précédemment: le Ct. est cité dans une perspective exhortative. Mais celle-ci est subordonnée ici à une autre fonction préalable et plus centrale qu'il faut commencer par évoquer: l'état de virginité consacrée s'identifie par le Ct. et grâce à lui.

B. Analyse des citations

a) Le Ct. sert à définir la virginité consacrée

* On doit faire une place à part dans la description à la première partie du *De Virginitate*. Jusqu'au § 48 de ce texte, Ambroise développe un discours argumentatif qui vise, par dessus l'assemblée face à laquelle il parle, des contradicteurs qui lui reprochent de traiter de la virginité

---

[50] Ces divers textes figurent en PL XVI. On trouvera une édition française et une traduction dans S. Ambroise, *Les écrits des vierges*, Solesmes, 1971, d'après l'édition critique d'O. Faller, *Sancti Ambrosii de Virginibus*, Florilegium patristicum, 31, 1933, Bonn.

consacrée avec trop d'éloquence et de succès auprès des jeunes chrétiennes! Le discours est un plaidoyer. Ambroise y mobilise les ressources qu'il puise dans le Ct. et dont il fait les appuis et les arguments de sa position. La citation obéit ici à une logique originale par rapport à celle des autres textes du même auteur sur la virginité. C'est l'argumentation qui fait le nerf du discours: Ambroise commence par avancer, motu proprio, son opinion qu'il paraphrase ensuite à l'aide d'une citation du Ct.

> ex: § 34: «Nemo ergo uel qui coniugium elegit, reprehendat integritatem: uel qui integritatem sequitur, condemnet coniugium (...). Audite enim quid dicat sacrosancta Ecclesia: *Ueni, frater meus, exeamas in agrum, requiescamus in castellis, diluculo surgamus in vineas, videamus si floruit vitis*».

La paraphrase qui suit consiste à expliciter le lien entre la proposition d'Ambroise et la phrase invoquée:

> «Multos ager fructus habet, sed ille melior est qui et fructibus redundat et floribus. Est ergo Ecclesiae ager diversis fecundus copiis»[51]

soit, en fait, à poursuivre et à développer l'argumentation.

On remarque aux § 45-48 un entrecroisement des deux niveaux discursifs — citant et cité — particulièrement intéressant. A titre d'illustration citons le début du § 46:

> «In foro aut in plateis Christus non reperitur, denique nec illa eum in foro et in plateis potuit reperire, quae dixit: *Exsurgam, ibo, et circumibo civitatem, in foro et in plateis, et quaeram quem dilexit anima mea. Quaesivi eum, et non inveni eum: vocavi eum et non obaudivit me.* Nequaquam igitur ibi quaeramus Christum, ubi invenire non possumus. Non est Christus circumforaneus»[52].

De toute évidence, Ambroise argumente là une position qui est en lui largement construite à partir de sa familiarité avec le Ct. De sorte que l'on ne sait plus trop qui, d'Ambroise ou du Ct., devance l'autre.

---

[51] «Donc si l'on a choisi le mariage, qu'on ne s'en prenne pas à la virginité; si l'on cultive la virginité, qu'on ne condamne pas le mariage (...). Ecoutez en effet ce que dit la Sainte Eglise: "Viens, mon frère, sortons aux champs, reposons-nous dans les villages; levons-nous de bonne heure pour aller aux vignes, voyons si la vigne est en fleurs"».

[52] «Le Christ ne se trouve pas sur les places et aux carrefours: aussi bien celle-là n'a pu le trouver sur les places et aux carrefours, qui a dit: "Je vais me lever, j'irai parcourir la ville, sur les places et aux carrefours, à la recherche du bien-aimé de mon âme. Je l'ai cherché et ne l'ai pas trouvé; je l'ai appelé et il ne m'a pas écoutée". Donc ne cherchons jamais le Christ là où nous ne saurions le trouver. Le Christ n'est pas l'homme du forum».

L'intimité qu'il décrira ensuite entre ses auditrices et le poème du Ct. est déjà la sienne propre avec ce texte. C'est elle qui ici même, c'est-à-dire dans le discours polémique, croise très serré le discours cité et la parole propre d'Ambroise.

* Cette section mise à part, les homélies d'Ambroise s'adressent à des femmes engagées ou prêtes à s'engager dans la virginité consacrée. L'objectif de l'évêque de Milan est de décrire pour elles cet état de vie, les conditions qui sont mises à son accès et les engagements qu'il comporte. Dans cette perspective la lecture du Ct. fait jouer une double identification:

— celle de la bien-aimée du Ct. assimilée à l'Epouse telle que se définit l'Eglise,

— celle des auditrices d'Ambroise invitées à se connaître comme représentantes de la figure collective précédemment identifiée.

La démarche n'est donc pas différente en son fond de celle que l'on trouve dans les catéchèses baptismales. Mais ici, plus encore que pour l'accès à l'état baptismal, la résonance est immédiate de la bien-aimée du Ct. à la virginité consacrée, car celle-ci est dès le départ perçue comme un état d'épousée, ainsi qu'en témoigne un rituel de consécration construit à partir de celui du mariage. Non seulement la vierge est celle qui dit et entend les mots du Ct., est introduite dans l'action qui y est décrite, mais c'est elle qui réalise la figure dessinée par le poème.

Le *De Virginibus*, l'*Exhortatio* et l'*Institutio* contiennent une expression quasiment pure de cette utilisation définitionnelle du Ct.

— § 38 du *De Virginibus*:

> «Haec, haec profecto vera pulchritudo est, cui nihil deest, quae sola meretur audire a Domino: *Tota es formosa, proxima mea, et reprehensio non est in te. Ueni huc a Libano, sponsa, ueni huc a Libano: transibis et pertransibis a principio fidei, a capite Sanir et Hermon, a latibulis leonum, a montibus pardorum*»[53].

Vierge est donc celle qui a le droit d'entendre les paroles du Ct. qui décrivent la beauté parfaite:

— § 28 de l'*Exhortatio*:

> «... virgo est et illa quam vocat Iesus, cui et dixit: *Ades huc a Libano, sponsa, ades huc a Libano: transibis et pertransibis a principio fidei*».

---

[53] «Voilà assurément, voilà la véritable beauté, celle à qui rien ne manque, qui seule a le droit d'entendre du Seigneur ces paroles: "Tu es toute belle mon amie, en toi il n'y a pas de tache! Viens à moi du Liban, mon épouse, viens à moi du Liban, tu passeras et repasseras, depuis la source de la foi, des sommets du Sanir et de l'Hermon, des tanières des lions, des montagnes des léopards"».

Vierge est celle qui est appelée et décrite par les paroles du Cantique:
— § 3 du *De Institutione*:

«Quae est proxima, nisi quae Christo propinquat, cui dicit Uerbum: *Exsurge, veni, proxima, formosa mea, columba mea; quia ecce hyems praeteriit*»[54].

Dans ces différents cas, on perçoit que le Ct. n'est pas simplement invoqué pour ce qui serait sa valeur descriptive de l'état que l'on veut typer. La relation de ce texte à cet état est beaucoup plus intime: elle s'exprime en termes pragmatiques. C'est l'accès même au texte qui devient un critère pertinent pour déterminer l'appartenance au groupe des consacrées. Rien à voir ici avec une évocation lâche ou même une description. L'écoute du texte et l'implication du lecteur en lui ont fonction de définition et de sélection. Les quatre traités reviennent, selon des modes propres à chacun, à mettre en scène cette implication de l'auditeur dans l'écoute, la parole et le faire du Ct. Il s'agit d'«imiter» (*Institutio* § 87) «celle à qui s'applique bien la prophétie faite au sujet de l'Eglise: *Ta démarche s'est faite belle en tes sandales, fille d'Aminadab*».

   * Le *De Virginitate*, à partir du § 49, développe ainsi un véritable mime de l'action du Ct. Plus précisément, Ambroise propose une sorte de code d'apprentissage des situations contenues dans le poème. Ce sont les actes, les mouvements, les initiatives rapportés par le Ct. qui sont ici objet de citations. L'objectif de l'homélie est d'affirmer: ce qui t'arrive est ce qui arrive à la bien-aimée du Ct. Ou, autrement formulé: la virginité consacrée consiste à réaliser le Ct. Il est d'ailleurs remarquable qu'après trois citations introduites sur le mode exhortatif («qu'à ce spectacle l'Eglise soit dans l'allégresse et la joie et dise: Ct., § 52»; «que l'Eglise dise Ct., § 53»; «appelle l'Esprit Saint en disant Ct., § 54»), le *De Virginitate* soit la reprise en série des épisodes du Ct. énoncés au présent de l'énonciation de l'homélie (§ 55: «il vient, dis-je, souvent, et à travers le treillis passe la main»; § 56: «voilà ce que dit l'âme dévouée à Dieu»; § 61: «l'âme est encore dans le trouble, elle tâte encore les murs de sa demeure, elle cherche encore la porte où se tient le Christ...»; § 67: «celle qui possède ce parfum reçoit le Christ»; § 70: «tu as entendu sa voix, il frappait à la porte et disait Ct. 5,2»).

   A partir de ces actions qui décrivent un scénario auquel ont part les interlocutrices d'Ambroise, celles-ci acquièrent l'accès à la totalité des

---

[54] § 28 de l'*Exhortatio*: «Vierge est celle que Jésus appelle et à qui il dit: "Tu viens du Liban, mon épouse, tu viens du Liban; tu passeras et parviendras, étant partie de la foi"».

   § 3 du *De Institutione*: «Proche, n'est-ce pas celle qui approche du Christ, celle à qui le Verbe dit: "Lève-toi, viens ma proche, ma belle, ma colombe: car voilà l'hiver passé"».

paroles de l'épouse (§ 78: «celle qui cherche le Christ ainsi, celle qui trouve le Christ, peut dire: Ct. *3,4*»). On est en présence d'une superposition quasiment parfaite des situations d'énonciation du texte cité et du texte citant. C'est pourquoi lire le Ct. consiste à dupliquer son scénario énonciatif. C'est aussi pourquoi cette lecture passe si aisément à l'écriture. Ainsi, à partir du § 72 du *De Virginitate* la citation libre l'emporte-t-elle largement sur les autres formes de citations. Quelques mentions explicites jalonnent encore l'homélie (§§ 75, 77, 78, 80, 84, 91, 94) mais l'invasion du discours ambrosien par le Ct. dépasse de beaucoup ces quelques positions. Tout décalage entre discours explicitant/discours explicité, discours citant/ discours cité tend à s'annuler au profit d'une écriture brassant pour elle-même les mots du Ct. Parallèlement, les citations du poème n'ont plus simplement valeur de modèles, elles sont l'effectivité du présent de l'énonciation. On le voit, la citation est ici de part en part traversée de subjectivité, au point de s'annuler comme citation.

* Le *De Virginibus* et l'*Institutio* promeuvent également l'identification de la consécration virginale avec la situation du Ct. Mais alors que le *De Virginitate* l'envisageait sur le mode du «faire», ces deux autres traités l'établissent plutôt dans une similitude d'«être» et de «dire». Les citations puisent préférentiellement dans les passages descriptifs du Ct. La visée des textes n'est plus d'introduire dans le dynamisme d'une action comme précédemment, mais, plutôt, de formuler ce qu'est l'Epoux pour l'Epouse, et l'Epouse pour l'Epoux:

Ex: *De Virginibus* § 44, décrivant la beauté du Christ comme celle du cèdre du Liban de Ct. de *5,15*; § 45, décrivant la beauté de l'épouse à travers les paroles sur le jardin de Ct. *4,12*.

Ex: *De Institutione* proposant aux § 92-93 une interprétation de Ct. 2,1-2: «je suis la fleur des champs et le lis des vallées, tel un lis au milieu des épines» jouant sur une double identification de l'énonciateur de cette phrase attribuable à la fois à l'Epoux et à l'Epouse.

b) *Le Ct. fournit à Ambroise les mots de l'exhortation*

Si la Velatio introduit dans l'état qui réalise le Ct., elle implique la résolution de celle qui la reçoit à «imiter» le bien-aimé. C'est ce qui s'exprime dans l'adresse par Ambroise d'une série d'exhortations qui nous font retrouver le modèle citationnel relevé dans les catéchèses:

Soit   : | Dites
 Faites | : | «Ct.» |

Ex: *De Virginibus*, Livre I, § 40: «*Favum itaque mellis tua opera componant*»; § 48: «Accipe a domino praecepta quae serves: *pone me ut sigillum, inquit, in cor tuum et velut signaculum super bracchium tuum*»[55].

Institutio - § 97: «Unde egredimini, filiae Hierusalem, sicut hos hortatur Scriptura divina in Canticis canticorum: *Egredimini et videte regem Salomonem in corona, qua coronavit eum mater eius in die sponsalium eius, et in die iucunditatis cordis eius*»[56].

Exhortatio - § 56: «...et dicite sicut illa dicebat: *Annuntia mihi quem dilexit anima mea*»; § 57: «Disce interrogare cum venerit, ubi pascat, ubi maneat, sicut illa dicebat: *Ubi pascis, ubi manes in meridiano*»[57].

c) *Remarques sur le discours paraphrastique*

* Celui-ci est extrêmement abondant. La quasi totalité des citations est développée par une digression paraphrastique, relevant tour à tour de plusieurs types. L'un d'eux est, comme on s'y attend, l'équivalence allégorique. Citant les mots du Ct., il indique en quel sens ceux-ci s'appliquent à la vie consacrée par la Velatio.

Certains motifs du Ct. contiennent en eux-mêmes les développements de leur interprétation. Ainsi de 4,12 qui est l'occasion, dans le *De Virginibus* comme dans le *De Virginitate*, d'un long commentaire qui ne fait que poursuivre la métaphore posée dans le Ct. à partir du mot «jardin». Ou encore de la quête de la bien-aimée à la recherche de celui qui lui a échappé, qui est au départ de plusieurs variations ambrosiennes.

En revanche, pour toute une série de détails, la torsion allégorique se fait beaucoup plus artificielle et déporte ici ou là le texte vers une spiritualisation qui pourra paraître bien abstraite:

Ex: *De Virginitate* § 61 citant Ct. 5,5:
> «...adhuc Christus foris pulsat: *Manus autem, inquit, meae stillaverunt myrrham, et digiti mei pleni in manibus clausurae*»

où la myrrhe est ensuite identifiée avec l'odeur que «fragat anima quae Christo aperire incipit»; ou encore, § 69:
> «Audisti quia te a leonum et pardorum, id est, a spiritalium nequitiarum incursionibus separavit: audisti quia placet ei tuarum pulchritudo virtutum: audisti quia vestimentorum tuorum aromata, hoc est, bonum odorem integritatis omnibus odoribus praetulit...»[58].

---

[55] § 40: «Que tes oeuvres composent un rayon de miel!». § 48: «Reçois cet ordre du Seigneur et accomplis-le: "Place-moi, dit-il, comme un sceau sur ton coeur, comme un sceau sur ton bras"».

[56] «Sortez donc, filles de Jérusalem, comme vous y exhorte la divine Ecriture, au Cantique des Cantiques: "Sortez et voyez le roi Salomon avec la couronne dont l'a couronné sa mère, au jour de ses épousailles, au jour de la joie de son coeur"».

[57] § 56: «... et dites ce que telle disait: "Annonce-moi celui qu'a aimé mon âme"». § 57: «Apprends, quand il sera venu, à lui demander où il fait paître, où il demeure, comme disait l'autre: "Où fais-tu paître, où demeures-tu à midi?"».

[58] § 61: «Le Christ frappe encore au dehors: "Mes mains, dit-elle, répandent la myrrhe, et mes doigts en sont pleins sur la poignée du verrou"». § 69: «Tu l'as entendu: il t'a séparée des lions et des léopards, c'est-à-dire des assauts des fauves spirituels; tu l'as

Mais on remarque clairement à ce second exemple que l'explication allégorique ne se développe pas a priori et pour elle-même. Elle est tout entière sous la dominance d'un propos dont le but est de réactualiser l'énonciation du Ct. Par là le discours d'Ambroise et ses paraphrases sont résolument arrachés à l'abstraction.

* Par ailleurs, la paraphrase s'échappe dans deux directions opposées à la simple équation allégorisante.

La première consiste à commenter la citation en l'insérant dans un réseau textuel construit à partir d'un ensemble de nouvelles citations scripturaires. L'association ne se fait pas simplement sur une base thématique. Mais un signifiant de la phrase citée du Ct. déclenche, de proche en proche, une série de réminiscences qui construisent un commentaire de la citation. Ceci se trouve par exemple:

— dans le *De Virginibus*, Livre I, § 48, citant: «*Pone me ut sigillum in cor tuum et velut signaculum super bracchium tuum*»[59] et où, à partir du mot «signum», on a un enchaînement qui met en série Heb. *1*,3, Eph. *1*,13, 2, Co *4*,4, aboutissant ainsi au «signum Trinitatis»;
— dans le *De Virginitate* en plusieurs endroits dont § 54 où, à partir du signifiant «manducare» pris à Ct. *5*,1 (*Descendat fraternus meus in hortum suum et manducat fructus pomiferarum suarum*»[60], on enchaîne sur Prov. *9*,5: «Venite, manducate panes meos et bibite vinum meum»; ou encore au § 55 où à partir des signifiants de Ct. *5*,3 («*Nocte exui me tunicam meam*»[61], on enchaîne sur Jean *13* évoquant le lavement des pieds; ou encore au § 60 où le signifiant «turbatus» déclenche la référence à l'Annonciation (Luc *1*,29), à la Pâque (Ex. *12*,11) et à Jean *14*, 23.

Une seconde transformation de la paraphrase en fait une véritable réécriture du texte cité. Cette formule est très abondamment représentée dans le corpus qui nous occupe.

On a déjà signalé que le *De Virginitate* (§§ 72 à 100) était écrit sur ce mode. Pour l'essentiel, on a affaire à un discours qui puise ses mots dans le Ct., en reprend les motifs et les épisodes qu'il décrit en les agençant de manière originale. Quand la citation n'est pas purement et simplement disséminée dans le texte d'Ambroise, son écriture intègre sa réinterprétation sur le modèle du § 82:

«*Tunc tibi myrrha sudabit*» repris de Ct. *5*,5 ou du § 88:
«*Quomodo igitur isti custodes angeli sunt qui castae animae pallium tollunt*»
repris de Ct. *5*,7[62].

---

entendu: il se complaît dans la beauté de tes vertus; tu l'as entendu: il préfère à tous les parfums les aromates de tes vêtements, c'est-à-dire la bonne odeur de ta chasteté».
[59] «Place-moi comme un sceau sur ton coeur, comme un sceau sur ton bras».
[60] «Que mon frère descende dans son jardin et mange du fruit de mes pommiers».
[61] § 55: «Dans la nuit j'ai quitté ma tunique».
[62] § 82 du *De Virginitate*: «C'est alors que la myrrhe suintera pour toi». § 88:

La prière sur laquelle s'achève le *De Institutione* relève, à son tour, en grand part, de cette écriture:

> «...inueniat quem dilexit, teneat eum, nec dimittat eum; donec bona illa uulnera charitatis excipiat, quae osculis praeferuntur. Semper parata noctibus et diebus toto spiritu mentis invigilet ne umquam Uerbum eam inueniat dormientem. Et quoniam vult se dilectus eius saepius quaeri, ut exploret affectum, recurrentem sequatur...»[63].

Ainsi les quatre traités-homélies donnent-ils à lire de longs développements réemployant librement les situations et les signifiants du Ct. A l'origine de ce fait d'écriture nous voyons de nouveau l'homologie quasiment parfaite des situations d'énonciation du texte cité et du texte citant, telle qu'elle est revendiquée par la conscience croyante patristique. A partir de quoi il devient en outre possible de poursuivre l'écriture du Ct. On a là l'attestation du caractère à la fois nécessaire et «scriptible» du texte du Ct. pour ce champ de la liturgie.

Mentionnons enfin un dernier texte qui apporte un complément d'information aux résultats qui viennent d'être présentés. Il s'agit de la fameuse lettre *Cogitis me* portée au compte de Jérôme pendant des siècles et figurant au volume XXX de la Patrologie latine de Migne (S. Hieronymi operum mantissa, col. 126-147). Bien que ce texte, très vraisemblablement écrit par Paschase Radbert selon les arguments de D.C. Lambot[64], nous fasse franchir les limites chronologiques strictes dans lesquelles s'inscrit ce travail, il ne nous paraît cependant pas indu d'en maintenir la mention car, même plus tardif, il garderait l'intérêt de montrer une exégèse mariale du Ct. antérieure à la grande efflorescence de cette interprétation au 12ème siècle[65].

Les citations qui s'y trouvent reposent en effet sur l'identification de l'épouse du Ct. à la Vierge. Leur introduction relève de schémas que les

---

«Comment donc sont-ils les anges, ces gardes, qui enlèvent son manteau à l'âme sainte?».

[63] «Qu'elle rencontre celui qu'elle a aimé, qu'elle le retienne et ne le lâche pas, jusqu'à ce qu'elle reçoive ces bienheureuses blessures d'amour, préférables aux baisers. Toujours prête, nuit et jour, qu'elle veille de tout son esprit, de toute son âme, de peur que le Verbe ne la trouve endormie. Et puisque son Bien-aimé veut être fréquemment cherché, pour éprouver son amour, qu'elle le suive quand il revient».

[64] Sur les différentes étapes du débat poursuivi autour du *Cogitis me* voir D.G. Morin: Du sermon pour l'Assomption attribué à S. Jérôme, *Revue bénédictine*, n. 5, 1888, p. 350 et sv.; D.C. Lambot, L'homélie du Pseudo-Jérôme sur l'Assomption et l'Evangile de la Nativité de Marie d'après une lettre inédite d'Hincmar, *Revue bénédictine*, Tome XLVI, 1934, pp. 265-282; Dom C. Charlier, Alcuin, Florus et l'apocryphe hiéronymien «Cogitis me» sur l'Assomption, *Studia Patristica* (Texte und Untersuchungen 63), Berlin, 1957, Tome I, pp. 70-81; H. Barre, La lettre du Pseudo-Jérôme sur l'Assomption, *Revue bénédictine*, 1958, Tome LXVIII, pp. 203-225.

[65] Sur ce point, voir G. Bardy, Marie et le Ct. chez les Pères, *Bible et vie chrétienne*, Sept.-Nov. 1954, pp. 32-41.

précédentes analyses ont déjà permis d'expliciter. Le texte est cité pour autant que l'on veut manifester que la Vierge dont on chante les mérites est le référent véritable du chant biblique:

> ex: «De qua Salomon in Canticis quasi in laudem eius; *Ueni, inquit, columba mea, immaculata mea: iam enim hiems transiit, imber abiit, et recessit.* Ac deinde inquit: *Ueni de Libano, ueni, coronaberis».*
> «De huius nimirum ad caelos ascensione, multo admirantis intuitu secretorum contemplator coelestium in Canticis: *Uidi, inquit, speciosam ascendentem, quasi columbam desuper rivos aquarum»*[66].

Sur cette base, la lettre du Ct. est justifiée, les correspondances entre le texte et les traits de la figure référentielle que l'on a posée, soulignées et déployées:

> ex: «Propter quod ex persona supernorum ciuium in eius ascensione admirans Spiritus sanctus, ait in Canticis: *Quae est, quae ascendit per desertum, sicut uirgula fumi ex aromatibus?»,*
> «Unde dicitur, *terribilis ut castrorum ordinata.* (…)»,
> «Unde canitur in eisdem Canticis de ea: *Hortus conclusus, fons signatus, emissiones tuae paradisus»*[67].

La nouveauté du *Cogitis me* dans son traitement du Ct. est de le lire strictement en référence à la Vierge, et non simplement d'une manière générale en relation avec la virginité. La raison, soulignée par le texte, en est la prééminence et le privilège de celle-là sur toutes: «...beata Maria incomparabilis est virginibus caeteris» (col. 129,C). Un passage de la Lettre, en revanche, peut sembler plus intrigant. Il décrit l'accueil fait dans la Jérusalem céleste à celle qui attire par «la bonne odeur» de sa présence. L'ambiance est ici totalement celle du Ct. Mais un détail est remarquable. Le cortège qui honore Marie est décrit comme un accompagnement de martyrs et de vierges («animae martyris rubricatae» et «virginitatis splendore candidatae») car, remarque le *Cogitis me*, elle-même est martyre et vierge («quoniam beata Dei genitrix et martyr, et

---

[66] «C'est à son sujet que Salomon au Ct. des Ct. dit cet éloge: "Viens ma colombe, immaculée, car voici l'hiver passé, la pluie est partie et s'est éloignée". Puis il lui dit: "Viens du Liban, viens et je te couronnerai"».
«C'est, sans aucun doute, de son ascension aux cieux que parle dans le Cantique celui qui contemple les secrets célestes dans une grande vision émerveillée: "Je t'ai vue, ma belle, montant comme une colombe, au bord de l'eau"».

[67] «C'est pour cela que l'Esprit-Saint, admirant son ascension en la personne des citoyens des cieux, dit dans le Ct.: "Qui est celle qui monte, à travers le désert, comme une trainée de fumée qui s'élève d'aromates?"».
«C'est pourquoi elle est dite terrible comme une armée rangée».
«C'est pourquoi on dit d'elle, dans le même Ct.: "Tu es un jardin fermé, une fontaine scellée. Tes rejetons font le paradis"».

uirgo fuit, quamuis in pace uitam finierit» col. 138,A). Et l'on constate que c'est précisément à partir de cette identification de la Vierge comme martyre que se fait le croisement le plus intime entre les mots de la Lettre et ceux du Ct. ou encore du psaume 44. Le *Cogitis me* se met à réécrire le Ct. en décrivant la Vierge Marie, toute frontière de citation étant abolie:

> «Nunc autem circumdant eam flores rosarum, indesinenter eius admirantes pulchritudinem inter filias Ierusalem: in qua posuit rex thronum suum, quia concupivit eius speciem ac decorem: fuit enim plena charitate et dilectione: idcirco sequitur post eam purpuratorem exercitus, et candidatorum grex»[68].

On voit ainsi se profiler de nouveau dans la lecture patristique du Ct., de la même manière que dans la *Passio de sainte Agnès*, mais de façon plus inattendue, la référence au martyre. Etant relié à la virginité, le Ct. l'est aussi au martyre. En fait cette constatation ne crée pas une réelle surprise. Divers textes anciens associent fortement virginité et martyre, à la manière par exemple de Méthode d'Olympe déclarant que «les vierges s'engagent à subir une sorte de martyre perpétuel», ou à celle d'Evagre exhortant une vierge «afin qu'elle soit pour tous un modèle achevé d'endurance, car il sied à un disciple du Christ de lutter jusqu'au sang»[69]. L'intérêt du *Cogitis me* est de montrer le Ct. associé à cette dyade au-delà du récit de la *Passio* et en particulier en relation avec la figure mariale. Il est aussi, corrélativement, de permettre de mieux saisir comment la réception du Ct. est celle d'un texte propre à énoncer les modalités les plus radicales de la consécration à Dieu. Il faut se rendre à l'évidence: dans la tradition ici concernée, le Ct. est à l'opposé du registre élégiaque ou pastoral auquel a tendu à le confiner une partie de la critique moderne. Il est exemplairement le texte des situations spirituelles les plus absolument engageantes. Ce que l'on a mentionné

---

[68] «Mais maintenant les roses en fleur l'entourent, admirant sans fin la beauté qu'elle a parmi les filles de Jérusalem, au milieu de laquelle le roi a placé son trône car il a désiré sa beauté et sa gloire: elle était en effet pleine d'amour et de dilection. C'est pourquoi la suivent l'armée des martyrs et la foule des vierges».

[69] Le premier texte, cité par P. POURRAT, *La spiritualité chrétienne*, Gabalda, 1951, Tome I, p. 61, est tiré du *Banquet des dix vierges*, VIII, 3, PG. XVIII, 128-129. Le second est tiré d'une lettre d'Evagre. A quoi on pourrait associer, de nouveau entre beaucoup d'autres: «Vous-mêmes, soyez des hosties. La virginité est l'holocauste du Christ. Toute chasteté, soit de virginité, soit de viduité, soit de continence, est hostie au Christ. Je vais dire une chose neuve: l'hostie de la chasteté se porte elle-même», Jérôme, In Psalm. 95. Ou encore: «... c'est de là que d'entre tous les peuples ont surgi les troupes des saints martyrs; et c'est pour avoir voulu égaler les combats de ces martyrs qu'une multitude, après la persécution, a brillé dans la vie monastique, à la manière de flambeaux» in *Les Moines d'Orient* III/1. Les moines de Palestine. Cyrille de Scythopolis, trad. par A.J. FESTUGIERE, Cerf, pp. 57-58.

précédemment de son intervention dans les catéchèses baptismales venant au reste corrober cette analyse, dès lors que l'on reprend la mesure de la vigueur théologique avec laquelle était appréhendé ce sacrement dans les tout premiers siècles de la chrétienté.

IV. CONCLUSIONS AUX USAGES LITURGIQUES DU CT.

Au terme de l'enquête, plusieurs remarques s'imposent.

1. Dans sa dimension la plus publique, et autant qu'on puisse en juger, *la liturgie des premiers siècles recourt de façon parcimonieuse au Ct.* Un prochain chapitre où nous traiterons de l'hymnologie apportera un léger rectificatif à cette première constatation en produisant quelques exemples d'autres usages liturgiques spécialement puisés dans la tradition éthiopienne. Mais il n'y aura là rien de plus, en fait, que quelques filons très délimités et situés dans les liturgies chrétiennes.

2. Deux domaines liturgiques croisent clairement les mots du Ct.: il s'agit de l'initiation chrétienne et de l'explicitation théologique de la virginité consacrée par la Velatio. L'analyse manifeste cependant à chaque fois *l'existence de régulations et de restrictions*. Dans le premier cas, le public concerné est large et peu typé, surtout à partir du 4ème siècle, lorsqu'affluent les candidats au baptême. Mais d'une part, on doit considérer les catéchèses baptismales comme des discours reliés à des conditions d'interprétation relativement privilégiées: il s'agit d'un enseignement continu, dense et entièrement tendu vers l'acte liturgique sur lequel il est fait pour déboucher. D'autre part, on a eu l'occasion de le remarquer, il semble bien que dès le 4ème siècle, le sens de la référence encore maintenue au Ct. ait commencé à s'estomper. Avec cet effacement disparaîtra, en fait, l'unique voie d'accès de la masse des croyants au Ct. Seule, plus tard, la dévotion mariale remettra le texte en contact avec la piété populaire[70]. Dans le cas des homélies-traités sur la virginité, il va de soi que c'est une catégorie de destinataires cette fois rigoureusement spécifique qui est visée. L'évolution ultérieure maintiendra un lien privilégié entre cette classe de lecteurs et le Ct.: le monde monastique sera le gardien, spécialement à travers le prière de l'Office, d'une forte tradition de lecture du Ct., limitée toutefois à un milieu restreint et relativement clos.

3. Examinant le mode de citation du Ct. et sa finalité, on a été amené à remarquer que le texte est lu et cité non pour être expliqué mais *afin d'être réénoncé.* C'est là un trait capital de cette exégèse et qui la distingue du commentaire communément compris. Or il y a à cette réénonciation des *conditions spirituelles* dont l'exposé est précisément

---

[70] Par l'intermédiaire des Vêpres de la Vierge, en particulier.

l'objet des discours citateurs. Nulle part l'accès au texte du Ct. n'est donné comme immédiat et banal. Tout au contraire, le souci de Cyrille de Jérusalem comme d'Ambroise est d'acheminer l'auditeur jusqu'à cette position qui légitime l'écoute du Ct. ou qui le rend apte à entrer dans son dialogue. On est fondé à penser que ces conditions qui régulent la réception du texte commandent, dès le départ, la sélection des groupes utilisateurs du Ct.

4. On a constaté en outre que la logique de la citation n'était nullement celle du commentaire. Le point de départ n'est pas le texte qui appellerait une explication, mais une situation spirituelle qui, pour s'expliciter, passe par les mots du Ct. Ainsi, même lorsque la citation est accompagnée d'une paraphrase, la relation paraphrastique première s'établit entre une situation non discursive et le texte du Ct. En d'autres termes, *le texte explique avant d'être objet d'explication.*

5. Une fois admis que l'usage du Ct. est soumis à des restrictions, il n'en demeure pas moins qu'à l'intérieur des groupes qui le lisent, le texte n'existe nullement sous une forme problématique. On n'y a nulle idée des objections qu'un lecteur moderne peut faire à ce texte (ou des justifications qu'il a idée d'invoquer...). Tout au contraire, le Ct. *est un texte nécessaire.* Et ce caractère se manifeste non tant par des citations explicites, effectivement présentes, que par des développements où les signifiants du Ct. se trouvent dispersés, inscrits dans l'élan d'une nouvelle parole. En ce premier temps de son utilisation chrétienne, le Ct. se qualifie donc comme un texte ayant la capacité de susciter chez ses lecteurs de nouveaux discours, métonymiquement.

Ce point nous semble important pour apprécier la nature de l'interprétation ainsi produite. Une facilité est de dire que celle-ci consiste simplement en une transposition spirituelle où les charmes palpables de la bien-aimée sont édulcorés en vertus, et où les lions de l'Hermon deviennent les passions mauvaises. Tel serait le cas si l'on était précisément dans le régime du commentaire, c'est-à-dire de la reconversion sémantique. Mais parce qu'ici il n'est pas question, abstraitement, d'expliquer un texte, mais de vivre un état (baptême, virginité) en le parlant avec les mots du Ct., l'opération joue en sens inverse. Ou plus précisément, l'opposition du charnel et du spirituel est brouillée puisqu'il apparaît que le spirituel a besoin pour se dire adéquatement des mots de l'amour humain et physique. Ainsi contrairement à l'effet de telle interprétation allégorique ponctuelle, isolable dans les textes d'Ambroise et de Cyrille, le mouvement de fond est l'inverse d'une spiritualisation abstraite.

Lorsqu'Ambroise, dans l'*Institutio* paraphrase Ct. 2,10-11:

«Lève-toi, viens ma proche, ma belle, ma colombe: car voilà l'hiver passé», en explicitant pour ses auditrices le sens spirituel de l'hiver mentionné, il ne volatilise pas la ferme et terrestre réalité du poème en un discours de piété évanescente. Au contraire, il met dans le spirituel la densité de ce qui se palpe et s'éprouve sensiblement. Il faut citer ici la paraphrase en latin:

> «Antequam Uerbum Dei reciperet, hyems erat in honora, sine fructu: ubi Uerbum Dei recepit, et mundus ei est crucifixus, aestas est facta. Denique fervore sancti Spiritus vaporata, flos esse coepit, et spirare odorem fidei, fragrantiam castitatis, suavitatem gratiae»[71].

6. Enfin, pour finir, une question semblerait devoir être évoquée: celle de la citation ou de l'usage du Ct. *dans la célébration du mariage.* On a indiqué précédemment que la Velatio, qui se déroule dans une ambiance théologique fortement marquée par le Ct., puisait les gestes de son rituel dans celui du mariage. Ainsi est-on fondé à se demander si, dans ces conditions, le mariage lui-même ne se retrouverait pas normalement en contact avec le Ct. En réalité, une telle question se révèle sans objet quand elle est replongée dans les conditions historiques qui sont celles de la période qui nous intéresse ici. Ainsi, A. Nocent note-t-il qu'«en Occident, à part la bénédiction de l'épouse, qui n'est pas le sacrement proprement dit, on ne trouve pas de liturgie spécifique du mariage avant le 9ème siècle finissant. La cérémonie se calque sur les usages courants, surtout à Rome, dès que ces usages ne contrarient pas la foi ni les moeurs chrétiennes»[72]. Ce qui laisse penser que la Velatio a emprunté ses gestes à ceux du mariage, qui étaient eux-mêmes ceux de la célébration païenne, et qu'elle a de surcroît, pour son champ propre, élaboré à l'aide du Ct. une théologie qui faisait défaut à la compréhension du mariage, essentiellement rabattue, elle, sur une acception juridique. La question retrouverait de la pertinence, au-delà des limites temporelles auxquelles nous nous restreignons ici. Et elle imposerait la surprise de voir qu'effectivement le Ct. n'est pas sollicité dans cette direction[73]. Etonnement d'ailleurs relatif si l'on s'avise que le Ct. figure dans le corpus biblique comme un texte de «révélation»: il manifeste que

---

[71] «Avant de recevoir le Verbe de Dieu, elle était un hiver sans parure, sans fruit; dès qu'elle accueillit le Verbe de Dieu et que pour elle le monde fut crucifié, elle est devenue été: caressée par la chaleur de l'Esprit-Saint, elle s'est mise à fleurir, à exhaler le parfum de la foi, l'arôme de la chasteté, la suavité de la grâce».

[72] A. Nocent, Apport du judaïsme à la liturgie chrétienne du mariage, *Sidic*, vol. 14, n. 1, 1981, pp. 11-19.

[73] Ainsi ni K. Ritzer, *Le mariage dans les Eglises chrétiennes du 1er au 11ème siècle*, Paris, 1970, ni J.-B. Molinet, P. Mutembe, *Le rituel du mariage en France du 12ème au 16ème siècle*, Théologie historique, n. 26, 1974, ne mentionnent à aucun moment une utilisation du Ct.

les mots qui disent le rapport de l'homme à la femme disent aussi celui de l'homme à Dieu. Parce qu'il en est ainsi, — en retour et en un second temps! — l'amour humain se trouve investi d'une dimension nouvelle puisque, par là, il devient manifestation du mystère de la relation que Dieu instaure entre l'homme et lui. Les mots de l'amour résonnent alors de la plénitude à laquelle ils font signe. Mais on voit que cette perspective implique le trajet d'une «révélation» qui commence par désigner le lien nuptial du Christ et de l'Eglise. On comprend, dans ces conditions, que les théologies du mariage se soient abstenues de référence à un texte dont la compréhension nécessitait un parcours théologique forcément subtil.

CHAPITRE II

Le Cantique des Cantiques et l'hymnologie

Traiter de l'hymnologie et d'éventuels contacts entre ces textes et le Ct., n'éloigne pas du domaine dont relevaient les précédentes enquêtes. Les pièces que l'on désigne comme hymnes sont en effet directement partie prenante de l'énonciation liturgique. Soit qu'elles figurent comme des pauses faisant place à la célébration lyrique ou à la contemplation dans la suite des moments d'un rituel; soit que simplement elles donnent voix, et voix rythmée de chant, à la prière d'une assemblée. Leur singularité, dans ce rôle qu'elles partagent avec le chant des Psaumes canoniques ou celui des cantiques bibliques, est seulement de n'être pas empruntées à l'Ecriture. Avec elles, nous quittons donc le registre de la citation scripturaire pour des écritures ayant leur autonomie et marquées, à leur source, par le jeu de l'inventivité.

Sans entrer dans le détail de l'histoire de l'hymne, rappelons seulement avec B. Fischer[1] que les premières d'entre elles furent créées pour occuper la place laissée vacante par le refus de certains milieux d'adopter la prière juive des Psaumes. A ce titre, le site primitif qualifiant la fonction et la forme des hymnes serait celui même des Psaumes. Avec cette différence majeure qu'en cette place s'introduiraient, au lieu de la citation-énonciation de l'Ecriture, des écritures nouvelles, fruits d'une richesse de création inédite, mais posant en même temps, au long des premiers siècles, un problème doctrinal aigu, celui de la rectitude du contenu de foi qui s'y exprimait.

En fait, et par-delà des débats nés de l'appropriation de l'hymnologie par les courants hérétiques[2], on s'aperçoit que si pour une bonne part celle-ci invente ses formes, les hymnes ne s'écrivent pourtant pas sans précédents ni sans appuis. Cela est d'autant plus vrai que, normalement,

---

[1] B. FISCHER, Le Christ dans les Psaumes. La dévotion aux Psaumes dans l'Eglise des martyrs, in *La Maison-Dieu*, n. 27, 1951, pp. 86-113.

[2] Voir DACL, article «hymnes», fascicules LXVI-LXVII, colonnes 2897-2899 et A.G. MARTIMORT, *L'Eglise en prière*, Tome IV: La liturgie et le temps, Desclée, 1983, pp. 228 et sv. De plus, sur les péripéties du débat en Occident ayant abouti au Concile de Tolède de 633, voir *Dictionnaire pratique des connaissances religieuses*, fascicule XIV, colonne 835, qui reproduit l'ensemble de la déclaration conciliaire prononçant «que soient excommuniés ceux qui oseront rejeter les hymnes».

elles n'ont pas pour but de produire des nouveautés mais seulement de déployer sur un mode lyrique le contenu d'une vision de foi ou la réaction croyante à un évènement célébré par la liturgie. En ce sens, interroger la relation du Ct. à l'hymnologie ne peut avoir simplement pour but de vérifier si des hymnes reprennent des thèmes ou des images du Ct. Car ce souci serait celui d'une plate problématique des sources confinée au plus extérieur de l'écriture, et donc aussi au moins significatif. Il s'agit beaucoup plus de repérer si l'énonciation propre au Ct., dans laquelle la Tradition lit un modèle révélant du rapport de Dieu et de l'homme, se retrouve à la source de textes hymniques. Plus encore — dans la mesure où les hymnes constituèrent au profit de l'orthodoxie comme à celui des hétérodoxies, des lieux d'élaboration théologique — il s'agit de savoir si certaines traditions hymniques ne contiendraient pas des synthèses théologiques reliées à l'écriture du Ct. De tels faits, s'ils étaient attestés, mettraient en évidence une fonction neuve du Ct. dans le champ du discours: celle d'un texte inducteur, servant de stimulant à des expressions à la fois originales et homogènes à son écriture. On pense évidemment dans cet ordre au *Cantique spirituel* de Jean de la Croix. Mais rien n'interdit d'imaginer qu'il y ait d'autres textes, au long de l'histoire de la transmission du Ct., témoins d'un tel type de rapport métonymique au poème biblique. Si tel était le cas, il faudrait concevoir, en bordure du Ct., une tradition d'accompagnement jouant à son égard dans un rapport bien différent de celui que désigne l'exclusive prise en compte de la relation métaphorique instaurée par le commentaire.

Certes, il existe a priori une forte connivence entre le Ct. et le genre hymnique lui-même. Celle-ci peut soutenir la présomption de trouver des échanges entre l'un et l'autre. Dans les deux cas, on a affaire à des énoncés fortement subjectivés où un «je» parle et s'expose dans sa parole sous la forme de l'éloge, de la contemplation, de la recherche ou de la supplication. Mais on ne doit pas en tirer plus de conséquence avant de s'être engagé dans l'inventaire et l'examen des textes. Remarquons enfin combien un tel projet rencontre de sérieuses limitations techniques. L'hymnologie est un domaine immense qui demeure encore largement inexploré. Les publications de pionnier d'U. Chevalier au début du siècle, pour la tradition occidentale, ont inauguré un travail de mise au jour qui n'est pas achevé[3]. La tradition orientale, beaucoup plus considérable et protéiforme, est un champ encore plus redoutable, nécessitant des compétences linguistiques très spécialisées. Ce serait donc une énorme naïveté que de prétendre approcher une quelconque

---

[3] U. CHEVALIER, *Repertorium hymnologicum*. Catalogue des chants, hymnes, proses, séquences, tropes en usage dans l'Eglise latine depuis les origines jusqu'à nos jours. Bruxelles, Bollandistes, 1892-1921, 6 volumes. Réimpression 1959.

exhaustivité. Notre propos n'est que de discerner, dans la mesure où elles existent, des traces d'une hymnologie écrite dans le sillage du Ct. Ce serait trouver ainsi le témoignage d'une productivité ancienne de ce texte, aussi bien dans l'ordre de l'écriture que, peut-être, dans celui de la théologie. Ce serait désigner une nouvelle forme de la nécessité de ce texte pour la tradition chrétienne ancienne et, simultanément, de l'attachement de celle-ci à celui-là.

L'exposé se fera en deux moments. Tout d'abord, on relira dans cette perspective de recherche les *Odes de Salomon* qui constituent un document privilégié de l'hymnologie primitive. Puis, pour les siècles suivants, et prenant acte de ce que la tradition orientale présente plus de variété et de richesse hymnologiques que celle de l'Occident[4], on se fixera sur celle-là afin d'indiquer quelques modes de présence du Ct. à cette littérature liturgique.

I. LES ODES DE SALOMON

Parmi les rares textes hymnologiques rescapés des polémiques des premiers siècles figurent les *Odes de Salomon*[5]. Elles furent redécouvertes en 1905 par R. Harris et publiées en 1909. L'hypothèse d'un original syriaque l'emporte aujourd'hui sur celle d'un texte initialement écrit en grec. Sa rédaction serait à situer dans les premières décennies du 2ème siècle. On a beaucoup discuté des apparentements qui s'y laisseraient reconnaître. Certains comme Harnack ont pu soutenir qu'il s'agissait d'un document strictement juif interpolé ultérieurement par les chrétiens. Contre cette hypothèse, qui morcelle un texte puissamment unifié, il est acquis aujourd'hui que l'on a affaire à un recueil d'une seule venue dont il est d'ailleurs difficile de situer l'exacte provenance[6]. Outre des contacts assez frappants avec la pensée johannique, ou d'autres avec l'inspiration de Qumrân, la parenté la plus suggestive est peut-être celle qui relie les Odes aux Psaumes de David. Tout se passe comme si elles avaient été écrites en référence consciente avec ceux-ci. Comme les Psaumes en effet elles proposent sous des formes diverses le discours d'un orant qui, tantôt invoque Dieu à la première personne, tantôt raconte l'oeuvre divine dont il est le bénéficiaire, tantôt encore exhorte le lecteur à accueillir le mystère qu'il est en train de célébrer. Ainsi l'ode

---

[4] Sur la situation de l'hymnologie orientale, voir en particulier: I.H. DALMAIS, La poésie dans les liturgies orientales, in *La Maison-Dieu*, n. 151, 1982, pp. 7-17.

[5] *The Odes and Psalms of Salomon*, Cambridge, 1909, 2ème édition 1911. Nous utiliserons ici la traduction qu'en ont donnée J. GUIRAU et A.G. HAMMAN en 1981 aux éditions Desclée de Brouwer.

[6] Voir *Dictionnaire de Spiritualité*, Article «Odes de Salomon», M. PETIT, Tome XI, Col. 602-608; J. QUASTEN, *Initiation aux Pères de l'Eglise*, Tome 1, P. 182 et sv. ou encore l'Introduction à l'édition GUIRAU, HAMMAN mentionnée précédemment.

se présente-t-elle comme un acte d'énonciation explicite, le plus souvent adressé à Dieu, et proposé simultanément au lecteur afin que celui-ci en fasse sa propre énonciation.

Sur fond de cette structure discursive dont la forte subjectivation rappelle celle du Ct. apparaissent, de place en place, des motifs thématiques qui semblent venir tout droit de l'épithalame biblique. L'ode *11* décrit ainsi un paradis très comparable à celui qu'évoqueront plus tard certaines catéchèses baptismales ou certains traités sur la virginité[7]. L'explication en est probablement dans la référence implicite que ces textes font ensemble au Ct. L'orant qui parle dans l'ode est blessé d'amour, renouvelé par un vêtement de sainteté, transformé en une terre qui «germe, fleurit et porte des fruits», son visage reçoit la rosée et son haleine a goûté le parfum du Seigneur[8]. Plusieurs odes ramènent également avec insistance la mention du repos où est établi l'homme saisi par le Christ. Ce motif est si fort que certains commentateurs ont désigné les *Odes de Salomon* comme «Odes du repos du Seigneur». On songe évidemment à Ct. *1*,7: «Dis-moi donc toi que mon coeur aime, où mèneras-tu paître le troupeau, où le mettras-tu au repos à l'heure de midi», ou encore: «Mon bien-aimé est un sachet de myrrhe/ qui repose entre mes seins».

L'ode *42*, elle, fait parler le Christ qui s'y désigne comme le fiancé:

> «Comme le bras du fiancé sur sa fiancée,
> ainsi est mon joug sur ceux qui me connaissent.
> Comme la tente des fiançailles est dressée chez le fiancé,
> mon amour protège ceux qui croient en moi».

Beaucoup plus intéressant encore est le cas où une ode renvoie au Ct. non pas tant par le contact de thèmes ou de mots qu'en présupposant, comme son lieu et sa source, un scénario énonciatif qui est précisément celui du Ct. Ainsi par exemple l'ode *26*, pourtant pauvre en réminiscences directes, peut être lue entièrement comme une parole qui se formerait au sein même de la situation d'énonciation du Ct.:

> «De mes lèvres jaillit un hymne au Seigneur
> car je suis son bien.
> Je chante un saint cantique
> mon coeur est près de lui.
> Sa cithare est dans mes mains
> et les cantiques de son repos n'auront point de fin (...)».

On voit comment, au-delà d'une citation véritable des thèmes ou des mots du Ct. qui est ici introuvable, c'est un amont du discours qui est

---

[7] Voir notre chapitre I de cette seconde partie, pp. 285-322.
[8] Voir spécialement l'Ode 11.

concerné. On ne répète pas des formes ou des métaphores, mais on parle de la place qui est celle de l'épouse du Ct., ou encore, de l'expérience même qui requiert la présence de ce poème dans le corpus scripturaire canonique.

Enfin, il faut accorder une attention spéciale à quelques formules remarquables qui reviennent plusieurs fois au long des quarante-deux odes. Il s'agit de déclarations d'appartenance réciproque ou de présence mutuelle. La conclusion de l'ode 5 en fournit un exemple: «Car le Seigneur est avec moi, je suis avec lui». A travers ce qui résonne de manière proche de la formule d'Alliance («Je serai leur Dieu et ils seront mon peuple» Jér. *31*,33 ou «Vous serez mon peuple et moi je serai votre Dieu» Ez. *36*,28), on retrouve par là toute une lignée d'expressions bibliques qui scandent l'histoire des relations d'Israël et de son Dieu. Or la formule d'appartenance mutuelle qu'on lit pour la première fois chez Osée (présentée par son contraire: «Elle n'est pas ma femme et je ne suis plus son mari» mais présupposant l'expression positive correspondante) a probablement son modèle dans une formule matrimoniale disant l'appartenance conjugale. Dès le 8ème siècle, la formule d'Alliance, par ailleurs proche des contrats d'alliance politique qui se pratiquaient dans le Proche-Orient ancien, est donc assortie d'une résonance sponsale qui se transmettra aux textes prophétiques de l'Exil, chez Jérémie et Ezékiel. C'est alors l'Alliance nouvelle qui sera visée, celle que les textes chrétiens, — et parmi eux les *Odes* — s'attacheront précisément à célébrer. On peut imaginer également que dans l'ascendance de ces mots néo-testamentaires figure cette autre formule qui exprime la promesse de l'assistance divine sous la forme: «Dieu est (sera) avec toi» telle qu'elle est faite, dans plusieurs récits bibliques, à celui auquel est confiée une mission divine. Reprise dans Ez. *37*,27, elle réapparaît dans Apocalypse *21*,3 pour évoquer, de manière résolument nuptiale, Jérusalem parée pour son Epoux. Il n'est pas abusif de mettre en relation une telle description et les paroles prononcées dans telle des *Odes de Salomon*, tout comme de voir dans l'ensemble de ces textes l'émergence des mots et d'une expérience spirituelle puisés au Ct. L'ode *3* est particulièrement significative à ce propos. Il faut en citer le début:

> «[L'amour du Seigneur...] je le revêts.
> Ses membres sont près de moi;
> je les enlace et il m'étreint.
> Je n'aurais pas su aimer le Seigneur,
> si lui-même ne m'avait aimé le premier.
> Qui peut comprendre l'amour,
> si ce n'est celui qui est aimé.
> J'étreins l'aimé et mon âme l'aime.
>
> Où est son repos,
> là je me trouve.

Je ne serai plus un étranger,
miséricordieux est le Très-Haut.
Je suis uni à lui,
car l'Amant a trouvé celui qu'il aime».

Il est clair que la formule d'appartenance réciproque: «Je suis uni à lui, car l'Amant a trouvé celui qu'il aime» a ici une portée nuptiale qui en fait une véritable variante de Ct. *2,6* repris en *8,3*:

«Son bras gauche est sous ma tête
et sa droite m'étreint»

ou encore de *2,16* repris en *6,3* et *7,11*:

«Mon bien-aimé est à moi et moi à lui».

La suite de l'ode dit d'ailleurs l'incorporation de l'homme au Christ à travers l'oeuvre du baptême dont on sait qu'elle est précisément perçue dans les catéchèses primitives comme un mystère nuptial («Parce que j'aime le Fils/ je deviendrai fils./ Oui, qui adhère à celui qui ne meurt pas/ sera lui-même immortel./ Celui qui se complaît en la Vie/ sera vivant à son tour»).

Ainsi cette ode chante-t-elle l'Alliance, mais saisie selon l'accomplissement que lui voit le christianisme: celui d'une réalité nuptiale vécue entre Dieu et l'homme, suggérée et figurée par le Ct. auquel le poème semble d'ailleurs bien se référer explicitement en recourant au lexique de l'étreinte amoureuse.

Par là on saisit probablement une des originalités majeures de l'écriture de plusieurs des *Odes de Salomon*: on y retrouve bien l'énonciation psalmique, mais remaniée par l'introduction d'une réciprocité rigoureusement paritaire qui est typiquement celle de la relation d'amour que montre le Ct. Il y a en cela beaucoup plus qu'un simple transfert de thèmes ou un jeu d'influences superficielles. Il y a l'émergence d'une écriture neuve qui, en même temps, pousse à l'extrême la subjectivité du discours psalmique et fournit au Ct. le prolongement d'énoncés nouveaux issus de l'épithalame mais, cette fois, inscrits dans la forme discursive de l'oraison.

II. AU-DELA DU 3ème s.: DEUX HYMNOLOGIES EN AFFINITE AVEC LE Ct.

1. *Le Cantique des Cantiques dans l'hymnologie syrienne*

Avant d'envisager les textes hymnologiques eux-mêmes, il convient de noter tout d'abord combien la tradition liturgique syrienne[9], d'une

---

[9] Pour une présentation de la tradition syrienne, voir I.H. DALMAIS, L'hymnographie syrienne, in *La Maison-Dieu*, 1967, n. 92, pp. 63-72.

façon générale, est accueillante au Ct. Les deux fêtes qui ouvrent l'année ecclésiastique syrienne — celle de la Consécration et celle de la Dédicace de l'Eglise — en sont une illustration typique. Dans les deux cas est orchestrée une vigoureuse théologie de l'Eglise reposant entièrement sur une conception nuptiale de son identité. Tout naturellement s'y retrouvent les motifs du Ct. Les prières figurant aux bréviaires chaldéen et syrien en témoignent. La tonalité de ces textes développant le mystère des noces du Christ et de l'Eglise préfigure, sur le mode d'une expression liturgique publique, ce qui s'écrira, un millénaire plus tard, dans des cercles mystiques beaucoup plus confidentiels de l'Occident chrétien.

Le point de départ de ces prières qui ne sont pas des hymnes à proprement parler, mais constituent bien ici ou là de véritables réécritures du Ct., est l'identification de l'Eglise à l'Epouse royale et bien-aimée. C'est à partir d'elle que l'assemblée proclame dans sa liturgie:

«D'entre les nations, le Fils du Roi m'a choisie et exaltée.
Je suis mêlée à lui comme l'âme au corps,
et il est uni à moi comme la lumière à l'oeil.
Tout ce qui est à lui est à moi et moi à lui.
A Dieu ne plaise alors que je le renie: il a souffert la mort pour moi»[10]

ou encore:

«De son huile délicieuse il a oint ma tête,
de son calice de vie, il a enivré mon coeur,
ses miséricordes sont meilleures que le vin...
Jésus est à moi, et moi je suis à lui.
Il se complaît en moi: Il s'est revêtu de moi,
et moi, je me suis revêtue de Lui...»[11].

De là aussi tout le détail et toutes les variations d'une liturgie qui célèbre l'entrée de l'Epouse dans l'appartement du Roi et aime décrire longuement le cortège qui l'accompagne. Ou encore l'insistance sur le bonheur de ce moment nuptial exprimé en des termes proches des *Odes de Salomon*[12].

---

[10] Ce texte est cité par G. Khouri-Sarkis, La fête de l'Eglise dans l'année liturgique syrienne, in *Irénikon*, 1955, tome XXVIII, n. 2, p. 192. Voir aussi les textes cités par W. de Vries, Der Kirchenbegriff der von Rom getrennten Syrer, in *Orientalia Christiana Analecta*, Rome, 1955, spécialement le chapitre VIII: Das innere Wesen der Kirche.

[11] Cité par F. Graffin, Recherches sur le thème de l'Eglise-Epouse dans les liturgies et la littérature patristique de langue syriaque, in *Orient syrien*, III, 3, 1958, p. 319.

[12] Voir H. Engberding, Die Kirche als Braut in der ostsyrischen Liturgie, in *Orientalia Christiana Periodica*, 1937, vol. III, en particulier pp. 25-40 qui cite dans une traduction allemande des extraits de textes liturgiques:
«Mit Gaben zieht dem König sie entgegen,
jungfräuliche Gespielinnen sind ihr Gefolge;

Cette présence du Ct. à la liturgie syrienne se retrouve d'ailleurs au-delà des deux fêtes de la Consécration et de la Dédicace comme l'indique par exemple tel passage de l'Office de l'Ascension. C'est de nouveau le Ct. qui est sollicité pour dire la quête de l'Eglise privée de la présence visible du Christ:

«Filles de Jérusalem, où avez-vous vu l'époux-Roi? Est-il monté à sa demeure? Je l'ai beaucoup cherché mais ne l'ai pas trouvé. Je suis atteinte du mal d'amour pour lui, mon Epoux, et je le cherche. Je l'aime parce qu'il est beau entre tous»[13].

A cette théologie et à son expression liturgique, l'hymnologie vient faire écho. L'énorme corpus des hymnes d'Ephrem, dont procèdera ensuite l'hymnologie officielle de l'Orient, est significatif du mode de présence du Ct. à cette tradition. Ainsi *Les hymnes sur le paradis*[14] évoquent celui-ci dans des termes qui sont en affinité immédiate avec le Ct. En particulier l'hymne IX décrit un extraordinaire jardin de délices rempli d'arbres et de parfums à la manière du Ct. Le banquet nuptial qui y est situé maintient également dans l'ambiance du poème biblique, même si le texte insiste sur la nécessité d'entendre ce qu'il dit, non du corps mais de l'âme. Ailleurs, en revanche, il semble qu'Ephrem croise beaucoup plus le Ct. au niveau de quelques motifs implicites qu'à travers une citation ou une allusion directes. Cet implicite n'est en fait rien d'autre que le présupposé de la théologie ecclésiale hérité de la tradition nuptiale des Prophètes dont vit fortement ce milieu: l'Eglise est l'Epouse du Christ son Epoux. Cette conviction de foi s'illustre par le moyen des mots du Ct., mais aussi par divers autres textes scripturaires dont, en particulier, la parabole des vierges attendant le retour de l'Epoux (Mt. 25,1-13), sans qu'on puisse vraiment, la plupart du temps, démêler quelle référence précise soutient le texte d'Ephrem. Tout ce qu'il semble possible d'affirmer c'est que de multiples détails d'écriture sont modelés

---

sie ziehen in Freude und Wonne;
sie treten ein ins Heiligtum des Königs».
«Selig du,
die du die Wonne im seinem Brautgemach geniessest».
«Freu dich, Kirche, ob des Brautgemaches dein
und klatsche in die Hände
am Tage deines Hochzeitsmahles.
Lobsinge auf der Zither dein;
denn er hat mit der Kron' des Glanzes dich geziert».

[13] Cité par R. LANCHON, Le temps pascal dans la liturgie syrienne, in *Orient syrien*, VII, 3, 1962, pp. 337-356.

[14] EPHREM, *Hymnes sur le paradis*, traduit du syriaque par R. LAVENANT, SC 137. Sur ce sujet voir également: Le paradis eschatologique d'après S. Ephrem, par I.O. DE URBINA in *Orientalia Christiana Periodica*, volume XXI, 1955, pp. 467-472.

à partir d'une intelligence de l'Alliance qui trouve son expression culminante dans le Ct. On en donnera quelques exemples tirés de l'édition allemande d'Ephrem au Corpus Scriptorum Orientalium de Louvain.

Dans les *Hymnes de Pâques* l'entrée de Jésus à Jérusalem est chantée dans ces termes:

> «Siehe der Bräutigam steht in der Tür. Komm heraus, ihm entgegen! Sie sah ihn; doch er gefiel ihr nicht. Sie zürnte, weil er der Reine ist. Sie erzitterte, weil er der Retter ist; sie wunderte sich, weil er der Demütige ist»[15].

Plus loin un éloge du mois de Nisan — mois de la sortie d'Egypte et de la Passion — retrace l'histoire d'Israël dans des termes systématiquement nuptiaux: la Résurrection est décrite d'une manière toute proche de Ct. 2,11 et suivants:

> «Da er ihre Liebe und Treue erprobte, verband er sie mit sich und vereinigte er sich mit ihr, — damit niemals eine Scheidung erfolge. Siehe sie thront im königlichen Palast, — gehüllt in den königlichen Schmuck. Ihr dient der Monat Nisan, — geschmückt und gehüllt in Blüten. Lob sei dir, Herr des Nisan!
> Im Nisan durchbrechen die Blüten die Schosse ihrer (Knospen), kommen die Rosen hervor. — Sie lassen (die Schosse) nackt zurück und werden für Kronen für andere»[16].

Ou encore, dans le *De Fide*, la prière est évoquée à travers le portrait d'une fiancée de fils de roi, consacrée à l'amour:

> «Eine Jungfrau in (ihrer) Kammer ist die reine Bitte. — Doch wenn sie die Schwelle des Mundes überschreitet, gleicht sie einer Umherschweifenden. — Die Wahrheit ist ihr Brautgemach und die Liebe ihre Krone, — Stille und Schweigen sind die Eunuchen an ihrer Tür. Sie ist die Verlobte eines Königssohnes; nicht gehe sie aus (noch) schweife sie aus!»[17].

---

[15] *Des Heiligen Ephrem des Syrers Paschahymnen*, übersetzt von E. BECK, CSCO, vol, 249, Scripti Syri, tomus 109, Lovain 1964, p. 34. Soit: «Vois le fiancé debout sous le linteau de la porte. Sors! Viens à sa rencontre. Elle le vit, mais ne fut pas séduite. Elle en fut irritée parce qu'il est le Pur, elle en fut alarmée parce qu'il est le Sauveur, déconcertée parce qu'il est celui qui est humble».

[16] *Ibid.*, pp. 69-70: «Comme il avait mis à l'épreuve son amour et sa fidélité, il la lia à lui et s'unit à elle, de sorte que jamais il n'y ait de séparation entre eux. Voici qu'elle siège dans le palais royal, parée des bijoux royaux. Son serviteur est le mois de Nisan paré et revêtu de fleurs. Honneur à toi, Seigneur de Nisan! Au mois de Nisan les fleurs éclatent sur les bourgeons des rejetons. Elles laissent nus les rejetons; on fera d'elles des couronnes pour d'autres».

[17] *Des Heiligen Ephrem des Syrers Hymnen de Fide*, CSCO, vol. 155, tomus 74, 1967, p. 59: «Une jeune fille dans sa chambre est une pure prière. Mais qu'elle franchisse le seuil de ses lèvres, elle devient une errante. La vérité est sa chambre nuptiale et

Ou, dans les *Hymnes De Virginitate*, de nombreux passages exaltent la virginité en décrivant une figure dont les traits sont puisés au Ct.:

> «Vom wahren (bräutigam) bist du verlassen, weil du ihn verlassen hast. — Und jener trügerische hat dich verstossen und in die Irre geführt an den Wegkreuzungen. — Und wohin wirst du jetzt noch ausschauen? O Taube, die ihr Nest zerstörte und aus Liebe zur Schlange wegflog, — mögest nicht auch du das finden, was Eva fand, — damit du nicht darin Gewissensbisse findest!»[18]

ou bien:

> «Selig Braut, dem Lebendigen angetraut! — Denn nach einem Sterblichen trugst du kein Verlangen. — Töricht ist die Braut, die stolz ist auf — (ihren) Eintagskranz, der kein Morgen kennt. — Selig ist dein Herz, das sich fangen liess von der Liebe — zu jener Schönheit, deren Bild du in deinem Sinn trägst. — Das Brautgemach einer Stunde vertauschtest du mit dem Brautgemach, — dessen Freuden nicht vergehen»[19].

Un siècle après Ephrem, le développement de l'hymnologie byzantine sous l'influence de Romanos le Mélode poursuivra cette même écriture. Son *Hymne des dix vierges*, celles *Sur l'Annonciation* ou *Sur la Nativité* en sont de bons témoins[20].

Mais c'est probablement dans l'oeuvre de Jacques de Saroug, l'un des grands hymnographes syriens de la seconde moitié du 5ème siècle, que se trouvent les textes les plus étroitement inspirés du Ct. La raison en est que la spiritualité de cet auteur syrien est plus que toute autre habitée par une vision nuptiale de l'identité de l'Eglise. Sa célèbre homélie *Sur le voile de Moïse* en particulier s'enfonce somptueusement dans l'épaisseur du mystère sponsal de la relation du Christ et de l'Eglise[21]. L'argumentation de départ est la suivante: de même que

---

l'amour est sa couronne. La paix et le silence sont les gardiens de sa porte. Elle est la bien-aimée d'un fils de roi; qu'elle ne sorte pas, qu'elle n'aille pas sur la place publique».

[18] *Des Heiligen Ephrem des Syrers Hymnen de Virginitate*, CSCO, vol. 224, tomus 95, p. 12: «Te voilà abandonnée du vrai fiancé parce que tu l'as abandonné. Et l'autre, le trompeur, t'a répudiée et fourvoyée à la croisée des chemins. Où vas-tu maintenant porter tes regards? O colombe qui a détruit son nid et qui l'a quitté par amour du serpent. Ne souhaiterais-tu pas retrouver ce qu'Eve trouva, pour que tu n'y trouves pas de remords».

[19] *Ibid.*, p. 76, «Bienheureuse fiancée confiée au Vivant, car tu n'as pas désiré un mortel. Insensée est la fiancée qui se targue de sa couronne nuptiale qui n'atteindra pas le matin. Mais bienheureux est ton coeur qui s'abandonna à l'amour de cette beauté dont tu portes l'image dans ton esprit. La chambre nuptiale d'une heure, tu l'as échangée contre celle dont les joies ne passent pas».

[20] ROMANOS LE MELODE, *Hymnes*, SC 99.

[21] Une traduction de l'homélie *Sur le voile de Moïse* est donnée dans *La vie spirituelle*, Juillet 1954, Tome 91, pp. 142-156. Le texte cité ici se trouve pp. 146-147.

Moïse gardait le visage voilé devant le peuple qui ne pouvait soutenir son éclat, de même la parole des prophètes qui portait la révélation du Christ demeura pendant tout un temps recouverte et indéchiffrable. Ce régime subsista jusqu'au jour de plein dévoilement, jour de Noces, où fut manifesté le «mystère» du plan divin fixé à la création:

> «Moïse, le visage voilé contemplait le Christ et l'Eglise; l'un il l'appela: Homme et l'autre: Femme, pour éviter de montrer aux Hébreux la réalité dans toute sa clarté. De diverses manières il voila ses paroles à ceux du dehors; il décora la demeure du royal Epoux d'une image qu'il intitula: l'Homme et la Femme, bien qu'il sût que sous ce voile se cachaient le Christ et l'Eglise (...)
> Le voile sur le visage de Moïse a enfin disparu (...). Que les convives de la noce se réjouissent à la vue de la beauté de l'Epoux et de l'Epouse! Il se donna à elle, il se livra à celle qui était dans l'indigence et en fit sa possession; unie à lui, elle participe à sa joie; pour l'exalter il s'abaissa à son humble niveau; car ils sont un: là où il est, elle demeure avec lui».

Alors rétrospectivement devint discernable dans toute l'Ecriture, et comme son filigrane, la figure de l'Epoux et de l'Epouse. Les versets de la Genèse énonçant: «De deux ils deviennent une seule chair» (Gn 2,24) révélèrent leur vraie portée. En disant la vocation conjugale, ils signifiaient l'inconcevable union de Dieu et de l'humanité perçue par Moïse qui vit «le Christ dès le sein virginal attirer l'Eglise à lui, et l'Eglise dans l'eau du baptême, attirer le Christ à elle. Epoux et Epouse devinrent ainsi mystiquement unis de façon totale; voilà pourquoi Moïse écrivit que de deux, ils deviendraient un».

C'est précisément à ce relevé de figures et à leur explication que se consacrent nombre de «memrê» ou homélies rythmées de J. de Saroug. F. Graffin fournit un bon corpus de tels textes composés sous l'inspiration d'une exégèse typologique et sponsale. Nous leur emprunterons quelques exemples. Ainsi l'*Homélie sur les fiançailles de Rébecca* décrit, à travers le voyage d'Eliezer et la rencontre d'Isaac et de Rébecca, la préfiguration de l'oeuvre de Jean-Baptiste et de la venue du Christ pour ses épousailles avec l'Eglise:

> «A qui sait comprendre, des figures sont cachées dans les Ecritures, et celui qui plonge au milieu des textes trouve une abondante richesse. (...) Quand on parle de l'histoire d'Isaac en clair, vois-y toi, une autre, en figure... Quand on s'avance sur la route que prit Eliezer, toujours et après toutes les distances on aboutit à Jean. Considère la Vierge qu'il maria du milieu des eaux: elle était figurée par la fille des Araméens quand elle fut épousée.
> Le Père l'envoya préparer une épouse à son Fils. Il sortit, ouvrit le «baptistère» avec un grand amour (...).
> A ses oreilles, en guise de bijoux, il pendit la voix des commandements; il

orna ses mains de toutes sortes d'oeuvres spirituelles, la parole de vie, et sur ses mains encore, il plaça le travail de la perfection»[22].

L'*Homélie sur Thamar*, dans sa partie finale, décrit elle aussi l'âme dans les termes mêmes où le Ct. décrit la quête de l'Epouse tendue vers la rencontre:

«O âme, toi qui as aimé le monde comme une prostituée, cherche le Christ par les chemins.
Et quand tu l'auras trouvé, réfugie-toi dans la foi pleine de lumière.
Revêts-toi du baptême comme d'une armure de justice. Et la Croix de lumière, suspends-la à ton cou comme un collier. Sois sûre alors que la flamme ne s'approchera pas de toi»[23].

Une *Homélie sur le baptême* présente, à son tour, de remarquables contacts. Reprenant Ct. *8,5*, Jacques de Saroug interroge:

«Quelle est celle pour qui se sont réunies les nations de la terre?
Et qui leur distribue des vêtements de gloire pour les revêtir?
Quelle est cette Epouse qui remonte du milieu des eaux; et qui ressemble à un encensoir de parfums choisis et variés? Quelle est celle dont la beauté a stupéfait le fleuve du Jourdain et qui a préparé devant elle une noce et des eaux pour y être épousée?...
Quelle est celle qui s'appuie sur l'Unique, couverte de son sang? Elle l'étreint pour prendre ses délices avec lui».

Suit une description de la parure de l'Epouse et, toujours à la manière du Ct., un éloge de sa beauté:

«La mariée dit: j'ai la croix qui me tient lieu de parures; et par elle tous mes charmes sont disposés en mes membres.
      C'est lui qui teindra mes vêtements avec son sang et qui m'ornera, et je ne demande pas à la mer le sang de ses coquillages.
      Il me signe sur le front et me purifie. Je ne me sers pas de boucles d'or ni de perles.
      Par son onction, il illumine mon visage et me sanctifie. Je n'ai pas de lames d'argent; elles ne me vont pas.
      En guise de médaillons et de joyaux, Il m'a donné ses clous, afin qu'avec les clous je prépare toutes les parures des mariées.
      Que tu es belle, fille des Araméens, que tu es belle; toute ta beauté ressemble au radieux éclat de l'aurore.
      Sur ton front luit une si grande lumière, que le soleil même, s'il te contemplait, serait aussitôt terni.
      Ta bouche si fine ressemble à un filet de pourpre, et même tes lèvres m'apparaissent teintes de sang (...)»[24].

---

[22] Art. cité p. 325.
[23] *Ibid.*, p. 331.
[24] *Ibid.*, p. 333.

Signalons enfin un «mimro», proche de la forme populaire et dialoguée du «soughito»[25], intitulé: *Sur la Synagogue et l'Eglise*. Devant une assemblée qui doit décider à qui revient le nom d'épouse du Christ, la Synagogue et l'Eglise produisent leurs titres. La conclusion de ce débat s'écrit, de nouveau, dans les termes du Ct. Il faut la citer en entier:

«Je suis noire, mais belle, ô fille des Hébreux.
Ne vous moquez pas de moi, ténèbre que lumière épousa.
Le soleil en est cause: c'est en l'adorant que je suis devenue noire:
Fumées des holocaustes m'ont frappée au visage,
Vapeurs des sacrifices ont souillé tous mes traits;
Les fumées m'ont rendue noire et détestable.
Filles de Jérusalem, venez voir ma gloire,
L'Epoux m'a épousée, je suis devenue blanche, plus que neige et lumière.
L'Epoux m'a prise méprisable et noire;
Il ne [m'] a plus haïe quand de mes souillures Il m'eut purifiée.
Le Feu et l'Esprit, Il les fit descendre, les mit en moi au baptême;
Au sortir des eaux, Il m'a donné resplendissant visage.
La couleur méprisable que j'avais, a été recouverte,
Car j'ai revêtu la lumière, en sortant des eaux divines.
Par la fumée des holocaustes, j'étais corrompue et salie;
Avec l'huile et l'eau, au nom de l'Epoux, je me suis parfumée.
Sa main sur ma tête, de sa droite Il m'a enlacée;
Il m'a baptisée pour me sanctifier; lavée, pour me purifier,
                                                    et me rendre la liberté.
Il m'a appelée, arrachée aux idoles dont j'étais l'esclave;
Il m'a remis, donné la maison de son Père pour que j'en sois fière.
La maison de mon père, je l'ai quittée et méprisée; j'ai laissé leurs idoles.
Et l'unique Seigneur de toute la terre, je l'ai servi en vérité.
Que tu es belle, fille des Amoréens, que tu es belle,
Tes paroles sont plus douces que le miel en rayon.
Ton regard est lumière, ta parole, vie, suavité.
L'Epoux est ta parure, son sang sur ton cou comme un collier.
Sa Croix vivante, glorieux diadème sur ta tête placé;
Son Corps dans ta bouche, remède pour la vie éternelle.
Sur tes lèvres est peint comme un filet écarlate.
Couleur de son sang dont la vue, loin de toi, écarte le Malin.
A toi tous les trésors de la maison de Dieu.
Béni le Christ, par qui le Père t'a remis la richesse»[26].

---

[25] Sur ces formes du discours hymnique voir R. DUVAL, *Littérature syriaque*, Paris, 1899, p. 24.
[26] Mimro de Jacques de Saroug sur la Synagogue et l'Eglise, dont une traduction est donnée dans l'*Orient syrien* VII, 2, 1962, p. 143 et sv.

2. *Le Cantique des Cantiques dans la tradition éthiopienne*

Enfin, une autre tradition pleine d'intérêt au regard de la présente recherche doit être mentionnée: celle de l'Eglise éthiopienne. En réalité, celle-ci ne constitue pas une simple illustration qui serait cumulable avec les usages hymnologiques déjà répertoriés: la tradition éthiopienne entretient un rapport singulier et tout à fait privilégié au Ct. A preuve déjà ce fait que souligne H.I. Dalmais[27]: de toutes les liturgies, celle de l'Ethiopie est la seule à avoir intégré dans l'Office l'ensemble des sept cantiques bibliques énumérés par Origène; partout ailleurs, comme en témoignent les manuscrits des Septante ou les Constitutions apostoliques (Antioche, fin du 4ème siècle), seuls les six premiers (Cantique de Moïse, Ex. *15*,1 et suivants; Cantique des puits, Nb. *21*,17,18; dernier Cantique de Moïse, Dt. *32*,1 et suivants; Cantique de Débora, Jg. *5*,2 et suivants; Cantique de David, 2 Rois, *22* et suivants; Cantique de la vigne, Is. *5*,1 et suivants) à l'exclusion du Ct., sont objet de citation et de prière dans l'Office.

De même encore l'existence en Ethiopie de ce que S. Euringer a appelé «une exégèse créatrice du Ct.» témoigne d'une familiarité de lecture tout à fait exceptionnelle[28]. Ainsi le texte figure dans nombre de manuscrits associé, de manière typographiquement indiscernable, à un ensemble de gloses et de commentaires, à la manière du targum juif. Ici l'ajout est une prise de position sur une difficulté grammaticale du texte; ailleurs il détaille la ligne d'interprétation chrétienne et plus spéciale-ment pascale du poème. Euringer montre comment une tradition orale de lecture a été de la sorte intégrée à l'écriture du texte au point que dans certains cas l'orthographe a pu être retouchée pour appuyer l'interpréta-tion.

Ce long entraînement à la lecture du Ct. a laissé des traces perceptibles dans les textes que la liturgie s'est donnés à travers les créations de l'hymnologie. Malheureusement, plus que jamais, croissent les difficultés d'accès à des textes peu édités ou en tout cas lisibles seulement, pour le non-spécialiste, dans les traductions fragmentaires que contiennent des études particulières. En outre, il est généralement malaisé de situer précisément dans le temps les documents que l'on va citer. En parenté étroite avec le monde copte, cette tradition hymnologi-que connaît sa période de plus grande création au 7ème siècle, avec des prolongements aux siècles suivants. Mais on prend certainement des risques limités en admettant que ce qui s'est écrit au 7ème siècle ne peut

---

[27] I.-H. DALMAIS, Le Ct. des Ct. dans la liturgie chrétienne, in *Bible et Terre sainte*, n. 162, Juin 1974, pp. 6-7.

[28] S. EURINGER, Schöpferische Exegese im äthiopischen Hohenliede, in *Biblica*, 1936, XVII, pp. 327-344, puis 481-500.

être détaché d'une tradition vraisemblablement beaucoup plus haute dont certains éléments au moins doivent être contemporains des tout premiers siècles.

a) Un premier document porteur de contacts impressionnants est le *Sebata Naghé* ou «Louange du matin» chanté au «temps des fleurs» (26 juin-26 septembre). Ce long poème de sept cent quatre-vingts vers est une réécriture du Ct. appliquée à Marie et foisonnante de digressions lyriques. Sa lecture est répartie sur l'ensemble de ce temps liturgique et fournit en outre la matière d'une partie des antiennes et des psalmodies pour cette même période. Nous reprenons à une étude de G. Nollet[29] la citation de quelques strophes qui permettront de juger, autant que donne à le faire une traduction, de l'entrelacement du Ct. et du poème éthiopien. C'est à la Vierge Marie que se rapporte l'éloge:

«Le lait d'étonnement coule de tes dents blanches
Et de tes lèvres un rayon de miel pur,
Marie, Fleur, toi dont la saison est le printemps,
Parfume ma puanteur de tes parfums,
Assaisonne ma fadeur du sel de ton amour».

«La beauté de tes joues, Marie, est comme la fleur de grenade
Et pour moi elle a mis la joie dans mon coeur.
Tes miracles sont plus nombreux que les grains du froment
        et les fruits de la vigne.
Le paraclet-colombe a crié par ma bouche en disant:
Le temps de la moisson est venu...»

«Voici la floraison et les bonnes odeurs,
Voici ton miracle, le nard, qui délecte l'Eglise.
Tandis que par lui tu me forces, ô Marie, à courir sur le
        chemin de la Rédemption,
Fais-moi fuir comme une gazelle ou un jeune cerf
De la face de la faute, soeur du serpent, dont le venin tue...»

«Lève-toi, Oiseau du Paradis, des montagnes de myrrhe et d'aloès,
Regarde dans l'Eglise par les fenêtres.
Marie, Colombe de la prophétie, tes miracles sont délicieux,
Ton aile est ornée d'une blanche plume d'argent
Et ton côté d'une fleur d'or vert...»

«La Porte du Jardin que les Séraphins ont fermée par la faute
d'Adam et d'Eve,
Qui l'aurait rouverte, si ce n'est ta justice?
Réjouis-toi, Marie, qui ramènes Adam de la captivité.
Lorsque par ton miracle tu es rentrée dans la terre des fleurs,
Eve a bondi comme une génisse».

---

[29] G. NOLLET, Le culte de Marie en Ethiopie, in *Maria, études sur la Sainte Vierge*, sous la direction d'Hubert du Manoir, Tome premier, Beauchesne, 1949, pp. 397-413.

b) La liaison faite ici entre le Ct. et la figure mariale est, semble-t-il, un motif familier aux recueils proprement dits de prières mariales éthiopiennes. D'ailleurs celles-ci sont probablement à situer dans le sillage de la grande tradition copte des «théotokies» qui ne manquent pas de faire figurer dans leurs séries litaniques de titres et d'éloges de la Vierge des références prises au Ct.[30]. De nouveau, au titre d'une simple illustration suggestive, la finale d'une de ces hymnes liturgiques appartenant à l'Office canonique Saatât:

«O toi dont la pensée est pleine de tendresse, écrin du Seigneur,
Toi que sa droite a construite, Aie pitié de moi, Vierge,
                                        sois-moi propice en tout temps (...).
Place-moi comme un anneau à l'intérieur de ton coeur tendre.
Porte-moi comme un bracelet à ton bras...
Salut à ton image dont la lumière est agréable
Et dont la beauté gracieuse est désirable,
Marie, foi de Philippe. Comme le déclare Paul
La souffrance, le glaive, la torture,
Qui pourra me faire abandonner ton amour?...»[30bis]

c) Enfin une autre originalité de l'hymnologie éthiopienne doit retenir l'attention. Il s'agit cette fois d'une forme discursive dite «malkee» (image, portrait), qui sert de base à de multiples poèmes très populaires. Son principe est de célébrer un saint en énumérant les membres de son corps et en assortissant leur mention d'un salut et d'une intercession. Quelle que soit l'origine du procédé, copte peut-être, on voit le rapprochement qu'il suggère avec les éloges de l'époux et de l'épouse qu'on lit dans Ct. 4,1-15, 6,4-10 et 7,1-10. Certes le propos dominant est ici de décrire et de détailler des vertus spirituelles; les références au corps fournissent seulement un ordre et un ancrage à des développements destinés à rappeler l'oeuvre du salut. Mais précisément, plutôt que de voir dans ces «malkee» une forme transdiscursive, qui se retrouve par exemple dans les «wasfs» syriens, on peut penser qu'on a là un nouveau témoignage d'une pratique, radicale cette fois, de l'exégèse créatrice du Ct. observable dans les versions éthiopiennes du texte. Un extrait du «malk' ea Maryam» (image de Marie) figurant dans la *Chrestomathia Aethiopoca* de Dillmann donnera idée du procédé. De toute évidence ici le «malk'ea Maryam» fait allusion au Ct. quand il désigne une beauté «plus brillante que l'éclat du soleil et de la lune» ou quand il célèbre «ton nombril semblable à un cratère arrondi»:

«Salut à ton visage, visage de sainteté glorieuse,
Dont la beauté est plus brillante que l'éclat du soleil et de la lune!

---

[30] A. MALLON, Les théotokies ou office de la Sainte Vierge dans le rite copte, in *Revue de l'Orient chrétien*, 1904, IX, pp. 17-31.
[30bis] Cité par G. NOLLET (trad. A. Roman).

Signe du pacte (Kidān), Marie, arc-en-ciel lumineux,
Dès que de la part de Dieu miséricordieux Noé t'eut prise comme
[protectrice,
Le déluge n'a pas recommencé à ravager la terre».

«Salut à tes yeux, type de deux luminaires,
Que l'Artisan a suspendus dans une haute tour de chair!
Marie, toi, source de miséricorde et de clémence,
Sauve-moi par ton pacte et délivre-moi de la perdition,
Car en dehors de toi personne ne peut sauver».

«Salut à tes narines, fenêtres géminées de vie,
Que Dieu a ajustées avec des doigts de sagesse et d'intelligence!
Marie, protège-moi, par la force de ton pacte, contre la tentation.
Si la bête ouvre sa gueule, pour me dévorer,
Brise sa tête par la verge de la souffrance et de la maladie».

«Salut à ta bouche, bouche de bénédiction excellente!
Porte des Saintes Ecritures,
Défends-moi par ton pacte agéable.
Que je ne sois pas confondu devant ton Fils et ses myriades d'anges,
Lorsque le nerf de (ma) langue sera coupé et que (ma) bouche
[sera scellée.

«Salut à ta gorge belle et agréable,
Dans laquelle les espèces d'amertume et de douceur sont séparées.
Que ferai-je, Marie, car ma force est faible,
L'oeuvre est mesquine partout et le monde est étroit?
Cependant par ton pacte console-moi, ô Mère».

«Salut à tes bras et à tes avant-bras, appuis
Qui ont étreint le Christ, substance de la divinité cachée!
Marie, élue parmi les anges et les hommes,
S'il fait ta mémoire avec une confiance solide,
Le pécheur régnera avec toi dans le royaume du ciel».

Salut à tes doigts, à tes ongles blancs
Et à tes deux seins, sources de lait suave!
Marie, fleur dont le printemps est l'époque.
Languissant, je me suis réfugié dans tes seins et dans ta beauté.
Que par la puissance de ta prière, je sois sauvé du feu qui est préparé».

«Salut à ton nombril semblable à un cratère arrondi,
A ta matrice pure et à tes lombes bénis!
Marie, génératrice sainte du Dieu saint,
Fais un rempart autour de mon âme jusqu'au troisième ciel
Lorsque l'ange envieux s'insurgera contre elle dans l'éther»[31].

---

[31] Le texte est cité par S. GREBAUT, Note sur la poésie éthiopienne, in *Revue de l'Orient Chrétien*, 1909, XIV, pp. 90-98 et, pour partie, dans l'étude de Nollet citée plus haut.

La présentation qui vient d'être faite n'est que fragmentaire et illustrative. Pourtant, elle doit permettre de repérer, dès les premiers siècles de lecture chrétienne du Ct., le rôle d'inspiration étonnamment varié que tient ce texte dans l'hymnologie. Les *Odes de Salomon* lui empruntent et le réécrivent dans une perspective d'expression personnelle et lyrique de la foi. Les hymnologies éthiopienne et syrienne puisent dans ses versets, soit pour appuyer les expressions d'une piété mariale, soit même pour développer le contenu d'une théologie de l'Eglise, certes incluse dans le Nouveau Testament, mais qui est comme radicalisée et vivifiée par la référence directe à l'amour célébré dans le Ct. De ceci on donnera, pour finir, un dernier exemple en citant une hymne du 4ème siècle composée par Epiphane de Salamine[32]:

«Viens du Liban, ô épouse, tu es toute belle, il n'est point de tache en toi.

O paradis du grand Architecte, cité du Roi saint, fiancée du Christ immaculé, Vierge très pure.

Promise dans la foi à l'unique époux, tu rayonnes et tu brilles comme l'aurore.

Tu es belle comme la lune, pure comme le soleil, redoutable comme une armée rangée en bataille.

Les reines te proclament bienheureuse, les femmes te célèbrent, et les jeunes filles louent ta beauté.

Tu montes du désert, brillante d'une éblouissante clarté, tu avances enveloppée de parfums.

Tu montes du désert,
comme une colonne de fumée,
exhalant la myrrhe et l'encens,
avec tous les aromates du parfumeur,
qui répandent la plus suave des odeurs.
Celui qui l'avait annoncé disait:
Tes parfums ont une odeur suave,
aussi toutes les jeunes filles t'ont-elles aimée.

Tu as pris la place à la droite du Roi, vêtue d'une robe éblouissante, tissée de l'or le plus pur.

Tu as été noire, un jour, aujourd'hui tu es belle et toute blanche.

Quand nous venons auprès de toi,
nous oublions toutes les tristes épreuves des hérésies
et nous nous reposons, auprès de toi,
des tempêtes qui agitent les flots,
ô sainte mère, Eglise,
et reprenons coeur,
dans ta doctrine sainte,
dans la seule foi et la vérité de Dieu».

---

[32] Cité in *Prières des premiers chrétiens*, textes choisis et traduits par A.G. HAMMAN, DDB, 1981, pp. 214-215.

CHAPITRE III

Le Cantique des Cantiques dans le discours épistolaire

C'est dans les écrits de S. Jérôme que nous puiserons le corpus témoin de ce nouveau chapitre destiné à mettre au jour une autre forme de présence du Ct. à la mentalité et à l'écriture patristiques. Bien que celui-ci ait réalisé de nombreux travaux exégétiques sur les livres de l'Ancien Testament (commentaire des Psaumes, de l'Ecclésiaste, des Prophètes pour tout ou partie du texte et avec une prédilection particulière pour Isaïe), il n'a jamais écrit de commentaire du Ct.[1]. A lire sa correspondance, en revanche, telle quelle est aujourd'hui connue et éditée, on découvre une présence non négligeable de ce texte sous la forme de citations explicites ou implicites. Ce sont ces documents épistolaires que l'on se propose maintenant d'examiner[2].

I. DESCRIPTION DU CORPUS

· Il s'identifie à la fois par les traits définitoires du genre épistolaire en général et par une série de spécifications reliées à la nature des interlocuteurs de Jérôme et aux motifs qui soutiennent son activité d'écriture.

1. On a vu précédemment que le discours liturgique avait entre autres caractéristiques d'être résolument public, d'impliquer une adresse collective qui, pour s'établir, a besoin de gommer les particularités individuelles de l'auditoire. Le discours épistolaire, au contraire, écourte au maximum la distance du destinateur et du destinataire. Il fait jouer entre eux une relation concrète qui tend à engager fortement les subjectivités. Si dans le discours public les images mutuelles des interlocuteurs sont forcément des abstractions au sens propre du terme (chacun des rôles est construit comme extraction du général à partir des particularités individuelles), dans le genre épistolaire ces mêmes rôles conservent une teneur subjective bien plus grande.

---

[1] Voir ALTANER, *Précis de patrologie*, Ed. Salvator, Mulhouse, 1961 et pour la situation des différentes lettres que l'on citera: F. CAVALLERA, S. Jérôme, *Sa vie et son oeuvre*, in Spicilegium Sacrum Lovaniense, Louvain, Paris, 1922.

[2] On utilise l'édition du texte donnée par J. LABOURT aux Editions des Belles Lettres, 2ème tirage, 1982, 8 tomes.

2. Par ailleurs, sur fond de l'invariant que l'on vient d'indiquer, le discours épistolaire se diversifie de multiples manières, comme en témoigne précisément la correspondance de Jérôme. Les destinataires des lettres sont aussi divers que son ami le pape Damase, de grandes dames romaines attachées à l'enseignement de Jérôme depuis son séjour sur l'Aventin de 382 à 385, un simple prêtre de Rome. Leur portée est également variable: une série d'entre elles ont un propos essentiellement exégétique ou dogmatique: elles répondent à des questions directement posées à Jérôme ou qui lui sont suggérées par tel débat ecclésial du moment; d'autres sont des lettres de direction spirituelle; d'autres sont des pièces polémiques; quelques-unes enfin ressortissent à l'oraison funèbre.

3. Sur les cent cinquante-quatre lettres publiées, vingt-deux comportent des citations du Ct. souvent abondantes. Si l'on s'en tient un peu artificiellement à leur visée la plus manifeste, elles peuvent être répertoriées comme suit: sept lettres ont une portée essentiellement exégétique (Lettre 18 à Damase sur Isaïe 6, Lettre 21 à Damase sur Luc 15,1-32, Lettre 36 à Damase sur des versets de la Genèse, Lettre 65 à Principia sur le Ps 44, Lettre 78 à Fabiola sur le Ps 77, Lettre 74 au prêtre Rufin sur le jugement de Salomon, Lettre 121 à Algasia); trois lettres ont une teneur polémique (Lettre 47 à Pammachius concernant le conflit né entre Jovinien et Jérôme à propos du mariage et de la virginité, Lettre 69 à Oceanus sur l'accession à l'épiscopat d'hommes ayant été mariés deux fois, Lettre 97 à Pammachius et Marcella, comme pièce de la querelle origénienne); trois sont des oraisons funèbres (Lettre 66 à Pammachius sur la mort de sa femme Pauline, Lettre 75 à Théodora sur la mort de son mari, Lettre 108 sur la mort de Paula); huit relèvent de la direction spirituelle (Lettre 22 à Eustochium, Lettre 54 à Furia, Lettre 71 à Lucinus, Lettre 76 à Abigaus, Lettre 107 à Laeta sur l'éducation de sa fille, Lettre 122 à Rusticus, Lettre 123 à Geruchia, Lettre 130 à Demetrias).

4. En réalité, ce classement ne constitue qu'une première approximation. Si la Lettre à Laeta et celle à Eustochium peuvent être ramenées à des traités, l'un sur l'éducation, l'autre sur la vie consacrée, la plupart des autres relèvent simultanément de plusieurs qualifications. La Lettre à Principia ou celle à Fabiola mêlent des explications exégétiques à un propos de direction spirituelle. L'oraison funèbre à Pammachius sur la mort de sa femme et celle à Théodora sur la mort de son mari, sont tout autant des Lettres de direction.

C'est pourquoi on ne peut, sans plus, déclarer que les Lettres de direction spirituelle sont plus ouvertes à la citation du Ct. que ne le sont les Lettres polémiques ou exégétiques. La non-homogénéité du discours invite à plus de raffinement. Comme celui qui constate, par exemple, que dans les Lettres exégétiques le surgissement, la citation et la mise en

scène du Ct. sont directement reliés aux points où le discours interprétatif le cède à la relation primaire du «je» et du «tu» qui soutient l'écriture
épistolaire. Plutôt que de raisonner à partir de catégories en chevauche-
ment, il paraît plus judicieux de dégager, transversalement au corpus,
différentes modalités de fonctionnement de la citation du Ct., en
indiquant à quels types de Lettres ils sont préférentiellement reliés.

II. LES CITATIONS DU CANTIQUE DES CANTIQUES

On peut distinguer six modes de fonctionnement qui constituent par
ordre croissant six degrés d'implication du texte du Ct. dans le discours
épistolaire de Jérôme.

1. *Le Cantique des Cantiques comme argument*

Le corpus ne comporte qu'un seul exemple clair d'un tel usage du
Ct. Il se trouve dans la Lettre à Geruchia (Lettre 123) discutant du bien
fondé du remariage des veuves. Jérôme conclut au non-remariage
comme à la disposition la plus juste théologiquement en invoquant Ct. *6*,
7-8:

> «Sexaginta sunt reginae, et octoginta concubinae, et adulescentulae,
> quarum non est numerus. Una est columba mea, perfecta mea: una est
> matri suae, electa genetrici suae»[3]

appuyé par d'autres textes de l'Ancien Testament et un passage de la
seconde Epître de Jean. La citation joue ici comme preuve scripturaire.
Elle est un argument que mobilise, à distance de toute implication
subjective, le débat théologique.

2. *Le Cantique des Cantiques explicitant d'autres textes*

On s'attendrait à ce que cette fonction de la citation du Ct. soit
abondamment représentée dans les Lettres de caractère exégétique qui
constituent, on l'a noté plus haut, une part importante du corpus. En
réalité, elle est peu attestée. On en trouve un exemple dans la seconde
des Lettres au pape Damase consacrée à l'exégèse de Luc *15*,1-32. Au §
21 Jérôme commente le geste du père de l'enfant prodigue: «et il
l'embrassa» en l'associant à Ct. *1*,1: «qu'il me baise des baisers de sa
bouche». Le processus de la citation apparaît en toute clarté. Il consiste à

---

[3] «Il y a soixante reines, quatre-vingts concubines et d'innombrables jeunes filles;
mais unique est ma colombe, ma parfaite; elle est l'unique de sa mère, l'élue de sa
génitrice», traduction J. LABOURT.

associer deux textes, à partir d'un signifiant commun («et oscultatus est eum» et «osculetur me»), le second étant bien dans une fonction de prolongement, d'élucidation du premier. Mais on voit en même temps comment le procédé dépasse le simple commentaire qui viserait seulement à décrypter le sens ou à le paraphraser. On assiste en fait à une opération croisée qui met deux termes en résonance mutuelle et en situation d'échange. En l'occurrence, parce qu'il est associé à la parabole du fils prodigue, le baiser du Ct. devient l'expression du pardon divin, tandis que le baiser de la parabole reçoit le sens et l'ampleur de l'amour du Ct. et devient, dans une perspective chrétienne, le geste même de l'Incarnation. On est loin d'une démarche simplement explicative.

3. *Le Cantique des Cantiques mentionné à l'intérieur d'une série associative*

De la même façon, mais en engageant cette fois la citation de plusieurs textes, le Ct. apparaît à l'intérieur de séries associatives. Par une dynamique qui est celle d'un sens qui s'engendre de signifiant à signifiant, le discours parcourt une suite de textes qui dessinent un motif théologique. Il s'agit moins d'expliquer le premier texte cité, que d'exposer, à partir de lui et en direction d'autres textes, une chaîne de sens.

Un bon exemple est fourni aux §§ 11-12 de la première Lettre à Damase (Lettre 18). Le point de départ est le verset 7 d'Isaïe 6, objet de la demande d'éclaircissement de Damase et relatif à la purification des lèvres du prophète («inmunda labia habeo»). A partir d'où la lecture de Jérôme ricoche vers Jn *13*, 4-5 décrivant Jésus qui lave les pieds de ses disciples et citant le dialogue qui s'établit à propos de la purification («non solum, Domine, pedes sed et manus et caput»). A quoi viennent se nouer Isaïe *52*, 7 évoquant la beauté des pieds du messager de paix («quam speciosi pedes evangelizantium pacem!») et, pour finir, Ct. *5*,3: «lavi pedes meos, quomodo inquinabo illos?».

Dans ce même passage, Jérôme glisse bien une réflexion incidente sur la nature du sens à l'oeuvre dans les Ecritures:

> «Non sunt, ut quidam putant, in scripturis verba simplicia; plurimum in his absconditum est. Aliud littera, aliud mysticus sermo significat»[4].

Mais, on le voit, pratiquement, sa démarche exégétique est moins celle d'un décryptage de sens enfouis que le parcours d'une série

---

[4] «Dans les Ecritures, les mots ne sont pas simples, comme d'aucuns le pensent: très nombreux y sont les sens cachés. Autre est la signification de la lettre, autre celle du langage mystique».

associative que construit sa lecture globale de l'Ecriture. La lecture ne consiste pas, selon une métaphore éculée, à s'enfoncer sous la surface du texte, mais au contraire à manifester des cohérences que construisent, en cette surface, les signifiants dont elle est faite.

Une place à part doit être réservée ici à la Lettre 65 à Principia qui commente le Ps *44* en usant du contrepoint constant du Ct. Jérôme conclut cette épître en déclarant que la lecture du Ps *44* n'est qu'une propédeutique à celle du Ct. adressée à Principia afin que: «quae partem intellexisti carminis, intellegas, si vita comes fuerit, et totum Canticum canticorum»[5]. Parce que l'épithalame psalmique et le Ct. sont perçus dans un rapport de paraphrase implicite, le passage de l'un à l'autre se fait constamment dans la Lettre de Jérôme. On retrouve les mêmes procédés d'association par lesquels les textes cités s'éclairent mutuellement:

> Ex: §12: «Sagittae tuae acutae potentissime, populi sub te cadent in corde inimicorum regis» (Ps *44*,6)
> associé à: «vulnerata caritatis ego» (Ct. *2*,5)
> ou encore § 14: «Murra et gutta et cassia a vestimentis tuis, a domibus eburneis...» (Ps *44*,9)
> associé à: «murra et aloe cum omnibus unguentis primis» (Ct. *4*,14)
> et à: «manus meae stillaverunt murram, digiti mei murra pleni» (Ct. *5*,5)[6].

4. *Le Cantique des Cantiques comme pourvoyeur des mots de l'exhortation*

Cette fonction de la citation est largement attestée dans plusieurs Lettres du corpus de caractère varié. Compte tenu de ce qui a été indiqué précédemment de l'usage du Ct. à propos de la virginité consacrée, on ne s'étonne pas de voir ce texte cité dans la Lettre *130* à Demetrias, qui peut être tenue pour un petit traité explicitant cet état de vie. De même, la Lettre *22* à Eustochium, fille de Paula, donne à lire sans surprise de grands développements issus de citations du Ct. A partir de l'identification initiale de la destinataire par les mots du Ps *44*: «Ecoute, ma fille, regarde, prête l'oreille, oublie ton peuple et la maison de ton père, car le

---

[5] «... afin que, toi qui a déjà compris une partie du poème sacré, tu comprennes aussi — si la vie t'accompagne encore — le Ct. des Ct. tout entier». A propos de l'usage du Ps. 44 et du Ct. dans cette lettre, voir Y. BODIN, *S. Jérôme et l'Eglise*, col. Théologie historique, n. 6.
[6] § 12: «Tes flèches sont aiguës, ô tout puissant; les peuples tomberont sous tes coups, dans le coeur des ennemis du roi» Ps. *44*,6 associé à «Je suis blessée d'amour», Ct. *2*,5; § 14: «La myrrhe, la gutte, le casse s'exhalent de tes habits, de tes palais d'ivoire», Ps. *44*,9 associé à «Mes mains ont distillé la myrrhe, mes doigts sont pleins de myrrhe», Ct. *5*,5.

roi convoitera ta beauté» (§ 1), les allusions au Ct. se suivent, sans interruption, jusqu'à la finale (§ 41), reconstituant avec des mots puisés au poème, le dialogue de Dieu et d'Eustochium à l'heure de sa mort, scandé par: «tu entendras Ct.», «tu t'écrieras Ct.». Les autres citations de la Lettre recourent aux mêmes schémas introductifs déjà rencontrés:

Ex: § 17: «Quin potius semper ingemina: «*super lectum meum in noctibus quaesivi quem dilexit anima mea*»
§ 24: «... sede ad pedes Domini et dic: "*inveni eum quem quaerebat anima mea; tenebo eum et non dimittam eum*" et ille respondeat: "*una est columba mea, perfecta mea; una est matri suae, electa genitrici suae*", caelesti videlicet Hierusalem»[7].

On retrouve en outre un parallèle exact des §§ 68-93 du *De Virginitate* d'Ambroise mentionnés plus haut, lorsqu'au long des §§ 25 et 26 Jérôme réécrit le Ct. en faisant jouer par Eustochium le rôle de la bien-aimée. Une comparaison précise des deux textes révèle cependant des nuances pleines d'intérêt pour l'exégèse traditionnelle du Ct. Les passages du poème réécrits par Ambroise et par Jérôme ont le même propos exhortatif; il s'agit d'inviter les interlocutrices à une vie cachée dans le secret, retirée dans la chambre que vient visiter l'Epoux. Les citations implicites ou plus explicites du Ct. sont, dans les deux cas, à peu près les mêmes. Chez Ambroise comme chez Jérôme, ce sont les épisodes de *3*,1-5 et de *5*,1-9, soient deux scènes dominées par le motif du «chercher-trouver», qui constituent la référence centrale. De part et d'autre, on retrouve la citation de *2*,5 avec la déclaration: «Je suis malade d'amour» et celle de *4*,12 nommant la bien-aimée «un jardin fermé», «une source scellée». Pourtant, en dépit de la similitude des situations et de l'homogénéité des allusions, les parcours interprétatifs dessinés dans le texte du Ct. sont très sensiblement différents. Jérôme invite à ne pas imiter la démarche de la bien-aimée s'aventurant sur les places et s'exposant aux gardes qui la maltraitent:

«Nolo te sponsum quaerere per plateas, nolo circumire angulos civitatis» (§ 25)[8].

Eustochium doit se tenir au lieu secret où elle entendra le Bien-aimé frapper et lui parler.

---

[7] § 17: «Bien plutôt, répète sans cesse: "Sur mon lit, pendant la nuit, j'ai cherché celui qu'a aimé mon âme"»; § 14: «Reste assise aux pieds du Seigneur et dis: "J'ai trouvé celui que cherchait mon âme, je le tiens et ne le lâcherai pas". Et puisse-t-il te répondre: "unique est ma colombe, ma parfaite, elle est l'unique de sa mère, l'élue de sa génitrice", c'est-à-dire de la Jérusalem céleste».

[8] «Je ne veux pas que tu cherches ton époux à travers les places, ni que tu fasses le tour des coins de la cité».

Ambroise, lui, lit tout autrement et tire une autre consigne de *5,7* en conseillant:

«Sed etiam si tibi ille abiisse videtur, exi, rursus explora»[9].

Jérôme demande d'éviter soigneusement les gardes; Ambroise prétend qu'ils doivent être affrontés sans peur, car loin d'être des ennemis de la bien-aimée, qui seraient postés sur les murailles de pierre d'une cité humaine, ils sont à identifier à de mystérieux et divins gardiens de la Jérusalem céleste décrite par Apocalypse *21*.

Ainsi ces deux lectures parallèles du Ct. constituent-elles un bon exemple de la manière dont l'exégèse patristique use des textes qu'elle cite, et de la liberté qui s'y manifeste, dans les limites d'une première invariance interprétative qui, en l'occurrence, est celle d'une commune identification énonciative.

On retrouve un schéma proche des citations de la Lettre à Eustochium ou à Demetrias dans celle que Jérôme adresse à Furia (n. 54). Il l'exhorte à ne pas se remarier et à garder la condition dans laquelle elle pourra le mieux entendre, adressés à elle, les mots de Ct. *4,7*: «Tu es toute belle, mon amie, tu es immaculée». De même la lettre à Laeta sur l'éducation de sa fille cite à trois reprises le Ct. (§ 7), dans une perspective qui est celle maintenant bien connue de l'exhortation adressée aux vierges.

Plus inattendue est la mention qui se trouve dans une Lettre qui n'est plus, cette fois, d'abord de direction spirituelle et qui, de surcroît, s'adresse à un homme. Elle se trouve dans la Lettre *66* à Pammachius, sur la mort de sa femme Pauline. Le Ct. intervient dans cette oraison funèbre pour exhorter Pammachius, délié du mariage, à mener une vie solitaire et sainte.

Quelques lignes durant, le discours de Jérôme se fait rigoureusement comparable à celui de la Lettre à Eustochium ou à Demetrias. Le texte doit être cité pour donner idée de la similitude de l'écriture qui n'est nullement affectée ou freinée de ce que les mots de l'épouse soient, cette fois, attribués à un énonciateur masculin:

«Siue leges, siue scribes, siue uigilabis, siue dormies, amor tibi semper bucina in auribus sonet, hic lituus excitet animam tuam; hoc amore furibundus quaere in lectulo quem desiderat anima tua, et loquere confidenter: «*ego dormio et cor meum uigilat*». Cumque inueneris eum et tenueris, ne dimittas. Et si pauxillulum dormitanti elapsus fuerit e manibus, noli protinus desperare. Egredere in plateas, adiura filias Hierusalem, repperies eum cubantem in meridie, lassum, ebrium, noctis

---

[9] «Mais alors même qu'il te semble être parti, sors, cherche encore».

rore madefactum, inter greges sodalium, in aromatum varietatibus, inter poma paradisi» (§ 10)[10].

5. *Les mots du Cantique des Cantiques en position de paraphrase ou de description définie*

Les différents modes de citation évoqués à l'instant sont très dégagés d'un objectif explicatif. Ceux que l'on doit mentionner maintenant s'éloignent plus encore d'une telle finalité.

On voit, en effet, ici ou là, le Ct. apparaître en simple position de paraphrase de l'énoncé de Jérôme.

Ex: Lettre *65* où la reprise de Ct. 7,5 en «...ut super fratruelem dealbata conscendas» (version des Septante) est donnée à Principia comme commentaire et explicitation du comportement auquel la convie Jérôme: oublier son père («cum (...) antiqui patris fueris oblita»), quitter ses anciennes souillures («depositis pristinis sordibus»).

Ou, mieux encore, on voit les mots du Ct. utilisés à la façon de simples descriptions définies du nom de l'Epoux, soit ici du nom du Christ[11]. C'est ce qui s'observe tout particulièrement avec le verset 2,1: «Je suis la fleur des champs et le lis des vallées». Ainsi, la Lettre *65* écrit-elle:

«...quarum altera (Asella) te per prata uirentia et uarios diuinorum uoluminum flores ducat ad eum qui dicit in Cantico: *ego flos campi et lilium conuallium*»[12].

Ou encore, de manière comparable, au § 19 de la Lettre *22* à Eustochium:

«Virgae flos Christus est dicens: ego flos campi et lilium conuallium»[13]

---

[10] «Que tu lises ou que tu écrives, que tu veilles ou que tu dormes, puisse l'amour sonner toujours comme un buccin à tes oreilles; que cette trompette réveille ton âme; envoûté par cet amour, cherche quand tu es au lit celui que désire ton âme, et dis avec confiance: «moi je dors, mais mon coeur veille». Quand tu l'auras trouvé, puis saisi, ne le lâche pas. Si pendant une brève somnolence, il s'échappe de tes mains, ne désespère pas pour autant. Sors sur les places publiques, adjure les filles de Jérusalem; tu le trouveras faisant la sieste, las, enivré, humide de la rosée nocturne, parmi les troupeaux de tes compagnons, dans la diversité des parfums, parmi les arbres fruitiers du Paradis».

[11] On entend «description définie» au sens où depuis B. RUSSELL, *On denoting* (1905), réédité dans *Logic and Knowledge*, New York, 1956, on distingue deux modalités dans l'acte de référence selon que l'on use du nom propre (ex: César) ou d'une description définie (ex: le vainqueur de Vercingétorix).

[12] «L'une (Asella) à travers les prés verdoyants et les fleurs diaprées des livres saints, peut te conduire à Celui qui dit dans le Ct.: "Je suis la fleur des champs et le lis des vallées"».

[13] «La fleur de cette branche, c'est le Christ qui dit: "Je suis la fleur des champs et le lis des vallées"».

repris de la même façon au § 2 de la Lettre *75* à Théodora.

6. *Le Cantique des Cantiques, écriture de Jérôme*

La familiarité de Jérôme avec le Ct. pourrait s'évaluer à travers cette seule dernière rubrique. Le texte n'est plus cité cette fois en association avec un premier texte citant; il n'explique ni n'est expliqué; il n'exhorte pas plus. Il fournit simplement ses mots à Jérôme. Il est sa propre écriture.

Ainsi, par exemple, s'adressant à Lucinus (Lettre *71*):

«...ne aratri situam, ne fimbriam saluatoris, ne cincinnos eius noctis rore madefactos, quod semel tenere coepisti, aliquando dimittas...» (§ 1, faisant allusion à Ct. *5*,2).

ou à Fabiola (Lettre *78*):

«Cumque commoti fuerimus ad euangelicam tubam, et excitati tonitrui gaudio, eximus in mense primo, quando *hiems praeteriit, et abiit sibi*, quando ueris exordium est, quando terra parturit, quando cuncta renouantur...» (allusion à Ct. *2*,11).

Et plus loin à la même:

«Beelsephon non enim est ab austro, unde Dominus uenit, et a meridie, in qua Sponsus recumbit in floribus»[14].

Ou encore à Algasia à qui il expose la difficulté de lire l'Ancien Testament à travers la métaphore de la porte scellée qui requiert l'intervention de celui qui possède «la clef de David» et qui est encore celui qui, dans le Ct., tire le verrou et permet à la bien-aimée de dire: «le roi m'a introduite dans sa chambre».

C'est encore à l'aide des mots du Ct. que Jérôme se décrit lui-même à deux reprises. Dans la Lettre à Eustochium, il évoque son séjour au désert, traversé de combats féroces et de moments de sérénité divine qu'il désigne en reprenant Ct. *1*,3:

«...post multas lacrimas, post caelo oculos inhaerentes nonnumquam

---

[14] «... ne regarde pas en arrière le mancheron de la charrue, la frange de la robe du Sauveur, et ses cheveux tout humides de la rosée de la nuit, puisque tu es parvenu une bonne fois à les saisir, ne les lâche jamais» (n. 71 à Lucinus),
«Lorsque nous avons été vraiment remués par la trompette évangélique, éveillés par le tonnerre de la joie, nous sortons nous-mêmes le premier mois, après que "l'hiver est passé, et s'en est allé", quand le printemps commence, quand la terre enfante, quand tout se renouvelle» (n. 78 à Fabiola),
«Béelsephon n'est pas de l'auster, d'où vient le Seigneur, ni du midi, où l'époux repose parmi les fleurs» (idem).

uidebar mihi interesse agminibus angelorum, et laetus gaudensque canta-
bam: *post te in odorem unguentorum tuorum currimus*»[15].

Dans la Lettre *36*, à Damase, il se décrit sur le ton de la conversa-
tion, de nouveau avec les mots du Ct., en train de résoudre des énigmes
exégètiques:

«...qui habet clauem Dauid, et introduxit me in cubiculum suum posuit-
que in foramine petrae, ut post spiritum saeuientem, post terrae meae
motum, post incendium ignorantiae quo urebar, uox ad me aurae lenioris
accederet diceremque: *inueni quem quaesiuit anima mea; tenebo eum et
non dimittam eum*»[16].

III. CONCLUSIONS

Le parcours que l'on vient de réaliser dans la correspondance de
Jérôme permet d'aligner quelques conclusions et remarques:
1. Le Ct. n'y est jamais un texte que l'on cite comme une référence
savante ou qui apparaîtrait dans les passages les plus intellectuels et
spéculatifs de la correspondance. Tout au contraire, il se découvre chez
Jérôme comme une réserve de signifiants, très familiers et intériorisés,
qui ressurgissent aux points les plus concrets et les plus personnels du
discours.
Plus la distance se fait courte du destinateur au destinataire, plus le
Ct. a de chance d'être sollicité. Les textes cités ne forment pas pour
autant un discours intimiste, car ils maintiennent le va-et-vient interprétatif d'une figure individuelle à une figure ecclésiale collective.
2. On constate que l'allégorie tient une très faible place dans la
lecture que Jérôme fait du Ct. Celle-ci est, en réalité, entièrement
dominée par l'identification des partenaires du dialogue. Le travail
interprétatif se résorbe à peu près complètement dans cette opération.
De même, les citations sont pratiquement dépourvues de paraphrase au sens strict et explicatif du terme. Selon ce qui s'observait déjà
précédemment dans les usages liturgiques, le Ct. a moins besoin d'être
explicité que d'être inséré par la citation dans le juste contexte pragmatique où ses mots trouvent leur pertinence et leur légitimité.

---

[15] «... après avoir beaucoup pleuré et fixé mes regards au ciel, il me semblait parfois
être mêlé aux cohortes des anges; alors, plein de joie et d'allégresse, je chantais: "après
toi nous courons, à l'odeur de tes parfums!"» (n. 22 à Eustochium).

[16] «Celui qui possède la clé de David m'a ouvert la porte, introduit dans la chambre
et placé dans le creux du rocher, pour qu'après la fureur de l'ouragan, l'ébranlement de
mon propre sol et l'incendie de l'ignorance qui me brûlait, le son d'un très doux zéphyr
m'atteignît et je dis: "j'ai trouvé celui que cherchait mon âme, je le tiendrai et ne le
lâcherai point"».

3. Enfin, comme dans le cas des utilisations baptismales, on doit évaluer la portée d'une telle référence. Qu'il s'agisse des homélies-traités d'Ambroise étudiées à la fin du précédent chapitre ou des Lettres de Jérôme intéressées à cette question, les sondages jusque là pratiqués ont montré en effet l'importance que revêt le Ct. dans les écrits traitant de la virginité. Le problème consiste dès lors à savoir si l'on a affaire à une liaison stable, commune et générale, la compréhension de l'état de virginité consacrée étant solidaire d'une méditation du Ct. Ou bien, doit-on tenir que l'on a simplement là une particularité d'auteur qui se justifierait un peu fortuitement, par une prédilection d'Ambroise et de Jérôme pour le Ct.?

a) Du moins pour Ambroise, il est évident que le Ct. a tenu une place importante dans son activité d'exégète et dans sa spiritualité. Outre les documents cités précédemment, on a déjà signalé qu'il a consacré plusieurs travaux à ce livre biblique. Le tout premier d'entre eux est le long commentaire, semble-t-il homilétique, rédigé sur le psaume *118*[17] qui, constamment, s'appuie sur le poème. Le *De Isaac et Anima*[18] passe de même, très rapidement, de l'exégèse du Livre de la Genèse au Ct. dont il fournit un abondant commentaire, manifestement tributaire du commentaire d'Origène. A quoi s'ajoutent les traités sur la virginité, puis le *De Sacramentis* et le *De Mysteriis* étudiés plus haut et que l'on peut considérer comme les retombées pastorales du travail d'exégèse précédemment réalisé. Un tel intérêt pour le Ct. suffit à justifier l'abondance des citations parénétiques présentes dans le discours homilétique.

b) La question cependant est trop complexe pour pouvoir être résolue en termes de préférence d'auteur. Elle ne peut être évoquée qu'en liaison avec un ensemble de données historiques complexes d'où la notion chrétienne de virginité consacrée tire sa signification et sa valeur. Parmi celles-ci figurent les déclarations de S. Paul, à titre personnel, dans le chapitre *8* de la première Epître aux Corinthiens, situant l'un par rapport à l'autre mariage et virginité dans le cadre d'un moment très particulier de la conscience eschatologique chrétienne. Figurent aussi les attaques d'une mentalité païenne résolument étrangère, voire hostile, à toute valorisation de la virginité. Par là s'expliquent les abondants développements apologétiques autour de ce sujet, que l'on trouve dans la littérature chrétienne des premiers siècles. Même les *Lettres aux Vierges* de S. Athanase[19] insèrent, à l'intérieur d'un discours dont les lois sont peu propices au débat d'idées, un long exposé consacré à l'incompa-

---

[17] Expositio Psalmi 118, CSEL, 62.
[18] Edition Schenkl du Corpus de Vienne, CSEL 32, 1, 1897, pp. 641-700.
[19] Voir le texte in S. ATHANASE, *Lettres festales et pastorales*, traduites par LEFORT, in CSCO, vol, 151, Scriptores coptici, Tome 20, 1965 et sa présentation au volume 150 de la même collection.

tibilité de la virginité consacrée chrétienne et la tradition païenne qui est à l'origine de l'institution des Vestales. Mais, enfin et avant tout, les divers «De Virginitate» de l'époque ne peuvent être isolés des débats polémiques surgis autour de la question de la virginité, tantôt à l'intérieur même de l'Eglise (comme en témoignent certains textes d'Ambroise), tantôt, et plus fréquemment, au sein de la controverse contre les Gnostiques et les Manichéens, ou contre les Pélagiens. Il est patent que la virginité — dont on a traité précédemment à partir de sa consécration liturgique et de l'évidence dont elle y est parée — est, au même moment, l'enjeu de rudes débats théologiques ou s'affrontent les grandes argumentations orthodoxes et hétérodoxes des premiers siècles du christianisme.

Si l'on considère la littérature issue de ces débats en se rendant attentif à la place qu'y a la référence au Ct., on est tenté, dans un premier temps, de faire l'hypothèse d'une double filière théologique[20]. L'une, africaine, représentée par Tertullien, Cyprien et plus tard Augustin, ignore résolument le texte du Ct. A l'inverse, les Asiatiques et les autres Occidentaux mettent tout naturellement en rapport la thématique nuptiale du Ct. et la virginité consacrée. On l'a vu avec Ambroise, s'inspirant d'ailleurs de très près, en certaines références, de S. Athanase[21]. On l'a vu aussi avec la correspondance de Jérôme. A quoi il faudrait ajouter l'énigmatique *Convivium* de Méthode d'Olympe. Ecrit dans la seconde moitié du 3ème siècle par un pasteur de l'Eglise de Lycie dont on ne sait à peu près rien, ce double dialogue imbriqué à la manière du *Banquet* platonicien, situé dans un jardin, réplique de celui de l'Eden, associe aux références platoniciennes qui lui servent de trame de très nombreuses allusions au Ct. et au Ps *44*[22].

Pourtant ce partage géographique et culturel ne paraît pas capable de rendre compte à lui seul du corpus des divers De Virginitate. Non que de tels jeux d'influence doivent être négligés. Quand Cyprien écrit le *De*

---

[20] C'est en ce sens qu'A.-M. LA BONNARDIERE écrit: «Il est à remarquer que S. Augustin n'emploie jamais le Ct. des Ct en l'appliquant à l'état de la Virginité chrétienne (aucune citation dans le "De sancta virginite"), alors que cette attribution est normale de la part de S. Ambroise ("De Virginibus") et de S. Jérôme (Ep. 22 à Eustochium). Au contraire, en Afrique, pour Cyprien et Augustin, le Ct. évoque l'aspect nuptial du baptême; le symbolisme est essentiellement ecclésial, jamais individuel (remarquer l'orchestration: Ephes. *5*, 25-27; Ps. *44*»), in Le Cantique des Cantiques dans l'oeuvre de S. Augustin, *Revue des études augustiniennes*, 1955, volume 1, pp. 225-237.

[21] Sur les rapports d'Athanase et d'Ambroise, voir L. TH. LEFORT, Athanase, Ambroise et Chenoute, in *Le Muséon*, 1935, Tome 48, pp. 55-75.

[22] Voir l'édition du texte in SC n. 95. On trouvera les citations du Ct. aux § 150, 151, 157, 165 et 198. Sauf dans un cas, ce sont des paroles du Ct. désignant la Bien-aimée, mises dans la bouche du Christ pour qualifier la virginité. Ex: § 152: «Tels sont les éloges que le Christ fait résonner en l'honneur de celles qui se sont élevées aux cîmes de la virginité et qu'il a toutes englobées sous le nom de "fiancée"».

Virginum habitu[23], il se souvient certainement du *De Virginibus velandis* de Tertullien[24]. Quand Ambroise écrit son *De Virginibus*, il démarque au mot près un passage des *Lettres aux Vierges* de S. Athanase. Mais une autre considération doit intervenir et peut-être même substituer en partie sa logique à la précédente. Il y a loin en effet, et d'une distance qui est cette fois tout intérieure à l'énonciation de la parole, du *De Sancta Virginitate* d'Augustin au *De Virginibus* d'Ambroise ou aux Lettres de Jérôme. Dans un cas, l'identité des destinataires, mais aussi les lois de la parole et donc son contenu, sont déterminés par la nature polémique du discours. Dans l'autre, les mêmes éléments sont fixés en référence à de tout autres conditions énonciatives caractérisées par la connivence ou, en terme théologique, par la communion.

Ainsi se profile une typologie qui met en regard des textes prononcés ou écrits à partir d'une reconnaissance non discutée de la valeur théologique de la virginité, et d'autres qui, se portant à la frontière de cette reconnaissance, ont pour objectif l'argumentation, la justification, la défense de cette position. Or il se trouve que cette distinction décrit en même temps le partage évoqué plus haut entre des documents qui utilisent le Ct. et d'autres qui l'ignorent. Les premiers de ces textes ont été objet d'analyse au chapitre précédent. Quant aux seconds, qui doivent être évoqués rapidement, ce sont, tout d'abord, le *De Bono Coniugali* et le *De Sancta Virginitate* d'Augustin. Dyptiques d'une même argumentation, ces deux textes ont été rédigés en 401, en pleine fièvre de débats anti-pélagiens et anti-manichéens. Les chrétiens mariés et les chrétiens consacrés sont évidemment concernés par les discours d'Augustin, mais comme objets du débat et non comme ses destinataires. Ces derniers sont explicitement les Joviniens dont Augustin cherche à repousser les arguments en affirmant l'orthodoxie d'une position qui refuse de jouer l'un contre l'autre mariage et virginité[25].

La situation polémique est moins clairement typée dans le *De Virginibus velandis* de Tertullien écrit près de deux siècles plus tôt. Il s'agit d'un débat technique et un peu vétilleux, sur le voile des femmes. On n'y est certainement pas dans un discours de direction spirituelle, ni non plus dans la franche polémique; mais plutôt dans une discussion, déjà menée dans la proximité du montanisme auquel Tertullien se ralliera bientôt.

Enfin, le *De Virginitate* de Jean Chrysostome, est sans conteste traversé par la fougue de la diatribe. En sous-impression des arguments

---

[23] CYPRIEN, *De virginum habitu*, in CSEL, 3, 1 (1868), pp. 185-205.
[24] TERTULLIEN, *De Virginibus velandis*, CCL, 2, 1954, pp. 1209-1226, édité par E. DEKKERS.
[25] Sur ce point voir E. SCHMIDT, *Le mariage chrétien dans l'oeuvre de S. Augustin*. Une théologie baptismale de la vie conjugale, Etudes augustiniennes, 1983, pp. 68-69.

de Chrysostome, on déchiffre les thèses de l'encratisme discutées et pourfendues. Quant aux considérations sur le mariage, elles reflètent plus des idées toutes faites et peu élucidées qu'elles ne sont dictées, comme ce sera le cas plus tard, et selon une inspiration nettement plus nuancée, par des préoccupations de pasteur[26].

Aucun de ces textes, en tout cas, n'invoque ni ne cite le Cantique des Cantiques.

Une nouvelle fois, et par un autre biais, nous sommes donc amenés à relever la liaison étroite qui existe entre l'usage et la citation du Ct. et le caractère fortement subjectivé des discours citants. Plus une forme discursive neutralise la dimension subjective, moins elle est portée à citer le texte.

Les constatations faites au cours de ce dernier parcours, après celles auxquelles conduisait la considération de la liturgie, renforcent donc la conviction que le Ct. est tout autre chose, à l'époque patristique, qu'un texte difficile, délicat, suscitant la mise en branle de toute la grande machinerie allégorique. Les diverses lectures rencontrées ont au contraire pour principe, dans leur grande majorité, une opération en définitive très simple. Son ressort est l'identification des partenaires du Ct. aux deux figures du Christ d'un côté, de l'Eglise et de ses variantes métonymiques (le baptisé, la vierge consacrée) de l'autre. Et son objectif, l'entrée du lecteur ou de l'auditeur dans le scénario dialogique qui relie ces deux voix.

---

[26] JEAN CHRYSOSTOME, *De Virginitate*, SC n. 125; sur la situation de ce texte voir l'introduction de B. GRILLET.

CHAPITRE IV

Les commentaires du Cantique des Cantiques

On vient de constater qu'il est possible de dégager pour l'époque patristique un ensemble de discours associés au texte du Ct. qui orchestrent la lecture du poème, trouvent en lui les appuis de l'exhortation à la perfection spirituelle, l'inscrivent dans des usages liturgiques qui concernent le coeur de la confession de la foi chrétienne. De tels documents ont pour intérêt majeur de mettre en évidence un régime d'existence du Ct. tout différent de ce que serait celui d'une écriture marginale ou d'un texte simplement curieux. Ni Ambroise, ni Cyrille, ni Jérôme, qui citent abondamment le poème biblique, ne font de lui un usage rhétorique sous forme d'associations convenues, artificielles ou ornementales. Nous avons vu que s'ils recouraient au Ct., c'était non pour dissiper les énigmes du poème biblique, mais comme attirés par ses lumières, drainés par la suggestion de ses mots qu'ils voient eux-mêmes tournés vers les mystères les plus essentiels de la foi.

Or il se trouve que ces textes, témoins d'un lien étroit entre le Ct. et l'expérience vive, sont très peu mentionnés, pratiquement ignorés à l'ordinaire des histoires de l'interprétation. C'est bien pour redonner espace et présence à un registre discursif ainsi méconnu que nous avons choisi d'ordonner l'enquête en écartant provisoirement de notre champ des documents plus imposants, que la mémoire culturelle associe plus spontanément à l'épithalame biblique. Bravant la logique des influences historiques, court-circuitant les phases successives de l'élaboration d'un sens chrétien du Ct., nous avons négligé jusque là ces textes plus attendus que sont les grands commentaires patristiques. Agissant ainsi, notre justification était aussi notre projet, qui vise moins à rendre raison de l'engendrement historique du contenu des interprétations, qu'à retrouver les attitudes de lecture, elles aussi historiques, qui sont à nos yeux l'englobant et l'interprétant du sens qui est lu. Ce sont ces commentaires qu'il faut maintenant associer à l'analyse, en gardant présent à l'esprit que, quels que soient leur prestige et la place qu'ils ont tenue dans l'histoire de la compréhension du texte, ils ne sont que l'une des formes de l'existence patristique effective du Ct.

Parmi plusieurs grands noms appartenant aussi bien à la tradition orientale qu'à celle de l'Occident et auxquels est attachée la rédaction d'un commentaire du Ct., nous nous contenterons d'en retenir deux, faute de pouvoir étendre l'enquête sans l'engager dans le dédale de lectures trop nombreuses où elle se perdrait. Nous nous arrêterons à Hippolyte d'abord, à qui doit être rapporté le premier commentaire aujourd'hui connu du Ct. Puis à Origène ensuite dont les *Homélies* et le *Commentaire* forment la source principale, sans cesse réouverte, de plus de dix siècles d'histoire d'exégèse du poème. Bien que subsistant aujourd'hui sous forme tronquée et par le truchement de traductions successives, ces oeuvres se laissent reconnaître pour des «commentaires», au sens où la lecture qu'elles font, prend appui sur le texte qu'elles parcourent, pas à pas et systématiquement, dans l'ordre de sa progression. Leur propos le plus immédiat semble être d'éclairer le texte du poème. En cela, nous retrouvons donc un régime de citation et de paraphrase, ignoré des discours qui nous ont occupé précédemment, proche en revanche de ce qu'un observateur moderne identifie à l'activité de commentaire. Le problème sera précisément de ne pas se laisser abuser par l'impression d'une familiarité retrouvée, mais de se rendre réceptif à la logique propre de textes qui, dans leur distance et leur singularité, peuvent déborder et dérouter de diverses manières les représentations actuelles du commentaire.

Issus des premières décennies du 3ème siècle, ces deux documents sont liés l'un et l'autre à l'émergence, en son départ difficile et tâtonnante, d'un commentaire scripturaire chrétien, dans le double espace de la chrétienté orientale et occidentale. On sait que c'est en référence au débat ouvert — de Marcion à Méliton ou à Justin — sur le statut des Ecritures juives, qu'il faut placer l'histoire des débuts de ce commentaire chrétien[1]. On sait aussi que la source de celui-ci n'a pas d'abord été savante, mais pastorale. La tradition inspiratrice est ici celle de la pratique synagogale associant le commentaire à la lecture publique des textes. Cette situation fut reconduite dans l'Eglise primitive. Selon le témoignage de Justin (Apologie, I, 67, 3-6), l'assemblée eucharistique du dimanche comportait une lecture de l'AT, jointe à celle de l'Evangile, des Actes et des Lettres apostoliques. C'est à l'AT encore qu'était prise l'unique lecture faite au cours des assemblées non eucharistiques de la semaine. Selon le modèle juif, on lisait ainsi de façon continue, sur trois ans, l'ensemble de la Bible[2]. Cette masse de lectures assidues laisse

---

[1] W. RORDORF, La Bible dans l'enseignement et la liturgie des premières communautés chrétiennes, in B.T.T. *Le monde grec ancien et la Bible*, pp. 69-94, donne une description de cette histoire. De même, les publications de la *Biblia Patristica*, Index des citations et allusions bibliques dans la littérature patristique, Paris, CNRS, 1975-1982, recensant pour chaque verset biblique les citations patristiques, permet désormais et jusqu'à l'époque d'ORIGENE, de suivre l'histoire de l'interprétation chrétienne primitive.

[2] L'examen des cycles d'homélies d'ORIGENE instruit clairement de ces pratiques. Sur ce point, voir P. NAUTIN, *Origène* Ed. Beauchesne, 1977, pp. 389 et sv.

imaginer l'existence d'une masse non moindre de commentaires — des plus humbles aux plus prestigieux, selon les qualités spirituelles et oratoires des prédicateurs — qui non seulement avaient pour but d'indiquer les prolongements moraux des textes entendus, mais aussi et d'abord d'enseigner le sens chrétien des Ecritures. Commenter a bien trait, pour une large part, au 3ème siècle, à l'activité de prédication. La typologie n'est pas une opération savante, mais le mouvement même de la compréhension chrétienne des Ecritures. C'est parce que le contenu de la foi est typologique que l'enseignement public le plus courant est une exégèse des Ecritures juives.

Ainsi rattaché à la situation pastorale, ordonné à ses besoins, se constitua un abondant corpus de textes, tantôt voués à l'oubli de la parole orale, tantôt fixés au vol par les tachygraphes, qui forme proprement la première littérature exégétique chrétienne. Son but est d'entraîner le peuple croyant à l'intelligence du Nouveau Testament en parcourant pour lui la totalité des Ecritures, en déployant sous son regard la logique spirituelle d'ensemble d'une révélation qui ressaisit l'origine et le terme.

Déjà, dans les chapitres précédents, nous avions été conduit jusqu'à des textes relevant du genre homilétique. Traitant maintenant des lectures suivies de l'épithalame biblique, nous aurons encore affaire à lui. Et tout d'abord avec le commentaire d'Hippolyte. Nous considèrerons cependant d'autres documents qui, eux, commentent en étant totalement dissociés de la situation homilétique. Car commenter a trait aussi, à l'âge patristique, à une activité spécifique qui fait du texte son objet, sans autre objectif que celui de le scruter et de le comprendre. Le même Hippolyte donne précisément l'exemple de cette autre modalité du commentaire: son *Commentaire sur Daniel*, par exemple, survivant d'une oeuvre exégétique quasiment engloutie, ne présente aucun élément qui puisse être relié à une préoccupation de prédication. Le cas d'Origène est, quant à lui, exemplaire, puisqu'on sait que le même auteur a commenté l'ensemble des livres bibliques sur les trois modes successifs de la scholie, de l'homélie et du commentaire. Notre chance est de posséder, relativement au Ct., et malgré tous les avatars subis par l'oeuvre de l'Alexandrin, à la fois les *Homélies* qu'il a consacrées au poème et le grand *Commentaire* où il l'explique, en un texte qui constitue l'un des monuments historiques de l'exégèse patristique.

Retenons donc pour l'instant que la pratique ancienne du commentaire renvoie au moins à deux formes discursives distinctes: l'une paraît proche de notre acception moderne du genre, ayant son départ dans le texte et sa fin dans l'explication; l'autre inscrit l'élucidation du texte dans le cadre plus général et moins «désintéressé» de la prédication. En fait, la différence ainsi désignée est celle d'une double construction énonciative, définissant et motivant autrement dans chaque cas le rôle de lecteur du texte-source et celui de récepteur du commentaire. De nouveau nous rencontrons l'énonciation comme un enjeu central qui pourtant, ici comme précédemment, attire rarement l'attention. D'excellentes et de nombreuses études s'intéressent en effet au contenu des commentaires. En particulier on a pu étudier, à travers ceux d'Hippolyte ou d'Origène, la naissance et l'approfondissement des représentations anciennes de l'Eglise, ou encore l'élaboration, en elle, de l'individuel et du collectif[3]. Mais cette concentration de l'intérêt sur les contenus efface, dans le même temps, une autre interrogation: celle qui porterait sur la forme de ces contenus et, singulièrement, sur leur dimension énonciative. En réalité et de ce point de vue, lisant aujourd'hui les grands commentaires traditionnels, on fait tacitement, et plus ou moins consciemment, la supposition que ceux-ci relèvent de la même formule énonciative que nos commentaires scientifiques, neutralisant les rôles énonciatifs et ignorant leur poids dans la construction du sens. Or s'il est immédiatement clair que cette équivalence rapide n'est pas tenable dans le cas des commentaires homilétiques, il n'est pas sûr qu'elle se vérifie mieux dans celui des grands commentaires systématiques. Notre projet, en reparcourant les oeuvres retenues d'Hippolyte et d'Origène, sera donc, de nouveau, de dégager en elles les caractéristiques de leur énonciation et la contribution de celle-ci à la logique de la lecture et à la réalisation du sens que dit l'interprétation. Ainsi espère-t-on, sur ce nouveau terrain, apporter un éclairage supplémentaire à notre question obstinée: pourquoi lit-on et commente-t-on le Cantique des Cantiques?

I. LE COMMENTAIRE D'HIPPOLYTE

On ne connaît pas présentement d'interprétation chrétienne du Ct. antérieure à celle d'Hippolyte[4]. C'est donc avec celle-ci que commencent toutes les histoires de sa lecture. Le texte qui se lit aujourd'hui comporte une série de difficultés. Tout d'abord, et sans entrer dans le détail de la querelle relative à son auteur[5], on constate qu'il n'est pas répertorié sur la statue du Latran qui porte la liste des oeuvres d'Hippolyte[6]. Mais

---

[3] Par exemple, G. BARDY, *La théologie de l'Eglise de S. Irenée au Concile de Nicée*, Coll. Unam Sanctam 14, Cerf 1947; U. VON BALTHASAR, *Parole et Mystère chez Origène*, Cerf 1957, pp. 50-57 et 86-94 ou encore J. CHENEVERT, *L'Eglise dans le Commentaire d'Origène sur le Ct. des Ct.*, Studia 24, DDB - Bellarmin, 1979.

[4] W. RIEDEL, *Die Auslegung des Hohenliedes in der jüdischen Gemeinde und der griechischen Kirche*, Leipzig, 1898, pp. 47 et sv.

[5] Face à CAPELLE, BARDY, DANIELOU, BOTTE et d'autres, considérant que le nom d'HIPPOLYTE ne désigne qu'un seul auteur, P. NAUTIN a voulu distinguer entre un écrivain oriental du 3ème siècle et un prêtre romain martyr sous Calliste qui, ultérieurement, auraient été confondus l'un avec l'autre.

[6] Voir G. MORIN, La liste épigraphique des travaux de S. Hippolyte au Musée du Latran, R.B. 7, 1900, pp. 241-251; P. NAUTIN, *Note sur le Catalogue des oeuvres*

Eusèbe le mentionne sans équivoque et des chaînes sur le Ct. rattachent explicitement de leurs fragments au nom d'Hippolyte. On peut trouver là une assurance que celui-ci a bien commenté l'épithalame biblique. Par ailleurs, la version actuelle du texte nous vient par le détour d'une longue série de traductions. Jusqu'à la fin du siècle dernier, seuls quelques fragments grecs, syriaques, arméniens et slaves, gardaient le souvenir du commentaire d'Hippolyte[7]. L'édition actuellement consultable résulte de la découverte que fit Marr, à Tiflis, en 1888, d'une version géorgienne qu'il édita en 1901. Bonwetsch publia ensuite, en 1902, une traduction allemande du manuscrit de Marr[8], avant que Garitte ne donne, en 1965, une édition et une traduction latine associant à la version de Marr celle d'un manuscrit découvert depuis par Blacke, au Patriarcat de Jérusalem[9]. Le parcours mouvementé de cette édition prévient de la distance qui séparera nécessairement toute analyse du texte originel d'Hippolyte.

Celui-ci se présente aujourd'hui comme un commentaire des trois premiers chapitres du poème (*1,2 - 3,8*). Il est difficile de décider si l'on a affaire au début d'un commentaire complet dont la suite a été perdue, ou si Hippolyte a eu le dessein de s'en tenir là. Rien ne justifie a priori cette seconde hypothèse. Mais la doxologie qui conclut notre texte suggère une manière de clôture qui n'est toutefois, peut-être, que celle d'une pause dans la lecture.

Ce *Commentaire* appartient aux quelques textes fondateurs et inauguraux de l'histoire de la lecture chrétienne des Ecritures. Il est, après l'âge des «testimonia» et celui de la quête difficile d'une expression équilibrée de la légitimité chrétienne des Ecritures juives, le témoin d'une relation plus paisible au texte, où la lecture trouve plus facilement en elle-même sa propre finalité. Hippolyte ne commente encore, sélectivement, que quelques livres bibliques, et à l'intérieur d'eux, quelques passages précis (Livre de Daniel, Cantique des Cantiques, Genèse *27* et *49*, Premier livre des Rois *17*, Psaumes). Mais ces textes, même limités, sont de bons révélateurs de la nouvelle attitude[10].

---

d'Hippolyte, R.S.R. 34, 1947, pp. 99-107; M. RICHARD, Dernières remarques sur S. Hippolyte et le soi-disant Josipe, R.S.R. 43, 1955, pp. 379-394.

[7] Des fragments latins et syriaques furent édités par PITRA en 1883 et sont consultables in *Analecta Sacra Spicilegio Solesmensi parata*, au tome IV, Patres Antenicaeni, pp. 306-310.

[8] G.N. BONWETSCH, *Hippolyts Kommentar zum Hohenlied* auf Grund von N. Marrs Ausgabe der grusinischen Texte herausgegeben (T.U. 23, 2c), Leipzig, 1902.

[9] *Beati Hippolyti Sermo, Interpretatio Cantici Canticorum*, version géorgienne traduite par G. GARITTE, C.S.C.O. vol. 264, 1965. C'est ce texte que nous citerons dans la suite.

[10] J. DANIELOU, *Message évangélique et culture hellénistique*, DDB 1961, note p. 235: «Il ne s'agit pas en effet chez lui, comme ce sera le cas chez ORIGENE, de

Le *Commentaire sur le Ct.* qui nous intéresse a incontestablement une jeunesse et un élan qui en font un document privilégié de cette exégèse en plein surgissement. En cohérence avec les analyses précédentes, nous nous arrêterons d'abord à son appareil énonciatif, dont une lecture même superficielle laisse prévoir l'intérêt en manifestant le ton fortement subjectivé du discours. Nous chercherons ensuite à préciser quels sont les ressorts et les effets de l'interprétation typologique dont Hippolyte est considéré comme l'un des meilleurs représentants.

1. *Le système énonciatif dans le commentaire d'Hippolyte*

Depuis longtemps déjà on a constaté la présence dans le *Commentaire* de traits homilétiques[11]. Il ne semble pas téméraire de penser que ce document a eu pour matériau des homélies prononcées sur le Ct. Détaillons ce que sont les marques de l'énonciateur et celles du destinataire.

a) *L'énonciateur*

Sa place est fortement marquée, tout au long du texte, sous la forme d'une série d'exclamations par lesquelles Hippolyte donne voix à l'admiration que suscitent en lui les paroles qu'il lit dans le Ct. Pour plus de la moitié, de telles occurrences qui n'ont d'autre rôle que d'introduire l'expression de l'émerveillement du lecteur, viennent en accompagnement direct de citations du poème. La citation achevée, et avant même que le commentaire en soit donné, Hippolyte dit ardemment son éblouissement: «O magna mysteria! O veritatem quae iuste nobis annuntiata est (VIII, 3, p. 33)[12]. Ainsi le projet d'analyse et d'explication est-il devancé par une compréhension synthétique qui livre, a priori, la perception des trésors spirituels que contient le poème. Dans d'autres cas, l'exclamation vient interrompre un commentaire en cours, ponctuer la paraphrase ou introduire dans un long développement allégorique la respiration d'une pause admirative (VIII, 1-9, p. 33-34). Le contenu de

---

commentaires de toute l'Ecriture, mais de certains lieux privilégiés. Et ces déterminations sont intéressantes parce qu'elles n'apparaissent pas comme arbitraires, mais comme désignant des textes qui se trouveront rester chez les Pères objets d'une attention particulière».

[11] Cf. QUASTEN, *Initiation aux Pères de l'Eglise*, II, p. 207: «Le commentaire est d'allure oratoire et plusieurs passages supposent que l'auteur s'adresse à une assemblée. Il semble donc que cet ouvrage soit composé d'homélies». De même RIEDEL parle d'«homelitische Anwendungen». Il cite TH. ZAHN y décelant «einen frischen Predigtton» et, reprenant BONWETSCH, il suppute la présence d'une homélie pour Pâques sur Ct. *3*, 1-4.

[12] «O grands mystères, o vérité qui, à juste titre, nous a été annoncée».

ces exclamations se répartit en deux types. Tantôt l'émerveillement
d'Hippolyte concerne la vision des «mysteria», selon la plénitude qu'en
dévoilent les versets du Ct. Les mots de «vox» et de «praedicatio»
servent de variantes métonymiques à celui de «mysteria». C'est ainsi que
sont loués la «nova dispositio», le «mirabilium mysteriorum» dont le Ct.
porte révélation pour son lecteur. Ailleurs, l'admiration a pour point
d'application un mot précis ou un élément d'une description de l'épithalame [type: «O bonitas aromatis huius quod diffudit ut mundum
impleret», II, 6, p. 27][13].

Signalons encore combien la distribution des citations est elle-même
subjectivée. Si chaque développement s'ouvre bien sur la citation qu'il
commente, celle-ci ressurgit bien au-delà de cette disposition technique
du commentaire. Au rythme de la progression de la compréhension et de
la croissance de l'enthousiasme, Hippolyte réintroduit, répète le texte
qu'il vient d'expliquer; il le réécrit pour tout ou partie, prolongeant et
relançant ainsi l'enthousiasme initialement exprimé.

Un tel commentaire est manifestement étranger aux modèles de
discours distancié qui nous sont familiers et dans lesquels l'interprète,
tenant le texte loin de lui, se cantonne dans un rôle explicatif. Hippolyte
commente un texte qui, avant de requérir des éclaircissements ou le
travail de l'allégorie, le comble et le réjouit. La simple lecture est en soi
porteuse de lumière et de saveur. Le commentaire ne consiste donc
nullement à trouver des issues aux difficultés du texte. Il est bien plutôt
l'expression d'une connivence jubilante qui prend son plaisir à ouvrir
tour à tour chaque signifiant du poème aux différents signifiants qui, de
proche en proche, articulent l'histoire chrétienne du salut.

b) *Le destinataire*

Sa place est, elle aussi, fortement inscrite dans le commentaire.
Toutefois, ses marques ne sont pas toutes de poids égal. Le terme le plus
voyant qui scande le texte, de son début à sa fin, est celui de «dilecti». Il
désigne, sans plus, les interlocuteurs d'Hippolyte. Il a pour variantes des
expressions comme «Venite», «Videte», «Intellegite», soit des appels
rhétoriques adressés aux auditeurs, dont on peut penser qu'ils n'ont pas
beaucoup plus de portée que de maintenir en éveil l'attention de ceux-ci.
On n'a rien de plus en cela que les marques traditionnelles du discours
public. On peut en conclure avec vraisemblance que le commentaire
d'Hippolyte porte, au moins en son noyau initial, les traces d'une
situation de parole de type homilétique. L'implication de l'auditeur que

---

[13] «O bienfait du parfum qu'il répandit pour que le monde en soit rempli».

veulent promouvoir de telles marques est simplement technique et limitée: il ne s'agit que de s'assurer l'écoute de ce qui est dit.

La faiblesse énonciative de ce premier type de marques est encore plus sensible si l'on s'avise que le commentaire comporte d'autres allusions au destinataire, cette fois beaucoup plus efficaces. Celles-ci se trouvent par exemple en:

> II,   3: «Nunc suge ex uberibus lac, ut aedificatus et perfectus testis sis»,
> II,   9: «Accipe vas, o homo, et veni, et appropinqua, ut possis unguento implere...»,
> II, 35: «Sequere Christum, audi mandata, (con)versare praeceptis, adhaere culminibus, ut retineatur tua concupiscentia»,
> VIII,   8: «Paenitentiam age, synagoga, ut tu etiam praedices de Christo, ut forte iumentum ei fias ad celeriter currendum in mundo sicut Paulus...»,
> VIII,   9: «Si paenitentiam ages, disce qua pulchritudine adornata futura sis»[14].

La portée de telles marques n'est plus celle des précédentes: accrochées à un mot ou à une situation du Ct., ces expressions ont pour but d'exhorter l'auditeur à refaire par lui-même, pour son propre compte, ce qui se fait dans le Ct. Nous retrouvons ici un schéma familier, rencontré précédemment dans les homélies baptismales et dans les liturgies de la «velatio»: comprendre le Ct., tel que l'explique Hippolyte, consiste à pouvoir tenir à son tour le rôle de l'épouse. Et cet objectif n'est pas lié ici simplement à une logique homilétique soucieuse de capter l'intérêt d'un auditeur. Il doit être porté au compte du commentaire proprement dit, même si l'on a de bonnes raisons de penser que celui-ci est le produit d'une mise en forme de documents au départ simplement homilétiques. A preuve ce qui s'observe dans le *Commentaire sur Daniel* du même Hippolyte: détaché cette fois de tout lien avec la prédication, ce texte comporte néanmoins diverses adresses à un destinataire[15], il utilise le mot «dilecti» et, dans la finale de son chapitre XXXIII, va jusqu'à ramener la formule de l'exhortation que nous ont rendue familière les textes précédemment étudiés: «Allumez vos lampes

---

[14] «Bois maintenant le lait du sein afin d'être édifié en témoin parfait». «Reçois le vase, o homme, viens et approche afin de pouvoir recevoir l'onguent». «Suis le Christ, écoute les commandements, mets en pratique les préceptes, tiens-toi aux sommets afin que ta concupiscence soit maîtrisée». «Fais pénitence, o Synagogue, afin que tu puisses toi aussi prêcher le Christ, pour que tu sois, si possible, son coursier qui court, rapïde, par le monde, comme Paul ...». «Si tu fais pénitence, apprends de quelle beauté tu seras parée».

[15] Celles-ci ont pu être invoquées par BARDENHEWER pour avancer que le commentaire aurait été parlé avant d'être écrit. Mais BARDY, dans la Préface à l'édition qu'il a donnée de ce texte (S.C. n. 14), écarte cette possibilité.

et attendez l'Epoux pour que, dès qu'il aura frappé vous le receviez, vous chantiez des hymnes à Dieu, par le Christ, à qui soit la gloire dans les siècles. Amen». Ainsi est-il permis de penser que la subjectivation du commentaire est autre chose que la surimpression en lui d'une situation homilétique: elle est partie intégrante de l'activité qui commente et explique le texte.

2. *L'opération d'interprétation*

Avant d'entrer dans le détail de la description, rappelons qu'Hippolyte est communément considéré comme le témoin exemplaire d'une des attitudes qui typent l'exégèse primitive. La sienne est typologique, selon la tradition de Justin et d'Irénée. Par là, elle doit être mise en regard d'une autre attitude qui, au même moment, s'assure une emprise décisive dans l'exégèse d'Origène et qui fait de l'allégorie — démarquée, dit-on, de Philon et des courants gnostiques — le nerf de la lecture[16]. Il n'est pas sûr cependant qu'ainsi formulée cette opposition ne soit trop durcie et qu'il y ait tant de distance de l'exégèse du Romain à celle de l'Alexandrin.

Il n'est pas discutable que l'interprétation scripturaire d'Hippolyte, conformément à la typologie, ait pour pivot une théologie de l'histoire, ou encore des «économies» divines qui en articulent les moments. Sa lecture est un repérage des temps. Elle consiste à épaissir, dans l'écriture de l'AT, les traits de la prophétie et à désigner, dans celle du NT, les paroles et les formes de son accomplissement. Ainsi les commentaires d'Hippolyte ont-ils pour principe d'étoiler les événements et les personnages de l'AT de séries d'harmoniques chrétiennes. Une vision de l'histoire compose une attitude de lecture et détermine un principe d'interprétation. Dans *David et Goliath* (1 Rois *17*), par exemple, la figure de David est présentée lourdement chargée d'anticipations du récit évangélique. David, oint à Bethléem, figure à la fois la naissance du Christ et son onction (*David et Goliath 2* et *4*, Ed. Bonwetsch, p. 79-80). Pasteur des brebis, il est aussi image du Christ, pasteur des saints (*2* et *5*, p. 79 et 81). Arrachant les brebis aux loups et aux ours, il donne à voir encore le Christ qui reprend les âmes au démon (*10*, p. 88). Et, de façon privilégiée, le combat contre Goliath préfigure la victoire du Christ sur Satan (*12-15*).

---

[16] Cf. J. DANIELOU, ouv. cit., p. 235, décrivant, à propos d'ORIGENE et d'HIPPOLYTE deux grandes oeuvres qui «s'orienteront dans deux directions radicalement différentes». On trouvera dans le même ouvrage, au chapitre IV: "Hippolyte et l'extension de la typologie" de bons exemples de cette exégèse d'HIPPOLYTE auxquels nous emprunterons dans la suite de notre exposé.

C'est dans cette même perspective que le Ct. est lu[17]. Stricto sensu l'appellation de lecture typologique apparaît ici difficile. A la différence de l'histoire de David, il n'y a pas, dans le Ct., de récit historique qui puisse être tenu pour figure d'une histoire à venir. Pourtant le terme de τύπος revient à chaque étape d'une lecture dont la formule caractéristique est la suivante:

> qui
>   est x, sinon x' (= quisnam [qui-, quaenam] est... nisi...)
> quoi

En II, 23 τύπος sert à désigner David, choisi parce qu'il est «selon le coeur de Dieu», comme figure du Verbe «sorti du coeur de Dieu». Mais en XVII, 2 et 3, le «type» est appliqué à «l'odeur des lis» qui devient «type des saints» dont les oeuvres, comme les lis, «resplendissent et s'épanouissent dans les vallées». En XXIV, 2, c'est la quête de l'épouse de Ct. *31-3* («Sur ma couche, la nuit, j'ai cherché celui que mon coeur aime...») qui est le type des femmes de l'Evangile à la recherche du corps du Christ. En XXVII, 2 enfin, le lit de Salomon fait écho au lit préparé par la Sunamite pour Elisée et devient le type grandiose de tous les lits dont parle la Bible, d'où des morts se sont relevés.

Ainsi, le mot de τύπος à la fois désigne des personnages faisant signe au-delà d'eux-mêmes et qualifie un processus interprétatif qui s'avance fort avant en direction de l'allégorie. A cette constatation, nous accrocherons deux remarques. Elles concerneront successivement les contenus que met en oeuvre la typologie et les frontières à l'intérieur desquelles elle opère. Soit, en fait, la définition même du procédé typologique.

a) Contenus de l'interprétation typologique

Les deux principaux rôles du poème sont, évidemment, en priorité, objet de l'investigation typologique. L'Epoux est, sans surprise, identifié au Christ et l'Epouse à l'Eglise. Pourtant l'examen précis des paradigmes construits autour de ces deux figures livre des détails pleins d'intérêt.

---

[17] On trouvera un exposé détaillé de l'exégèse pratiquée par HIPPOLYTE dans son commentaire sur le Ct. in G. CHAPPUZEAU, «Die Auslegung des Hohenliedes durch Hippolyt von Rom», *Jahrbuch für Antike und Christentum*, 1976, 19, pp. 45-81. L'auteur relève soigneusement les contacts entre ce commentaire et l'exégèse rabbinique. En particulier, elle montre comment la lecture du Ct. comme prophétie de l'histoire du salut s'enracine dans la tradition juive: «HIPPOLYT deutet das Hohelied also heilsgeschichtlich. Nach rabbinischer Auffassung bedeutete es die in der Geschichte offenbar werdende Liebe Gottes zu dem einen von ihm erwählten Volk, Israël, und die Liebe Israëls zu Gott», p. 80.

Un long développement appuyé à Ct. *1*,3 («L'odeur de tes onguents est bonne, ton nom est un onguent répandu») s'attache à identifier l'onguent — terme métonymique de l'Epoux — dont parle le poème. A ce propos, Hippolyte entreprend de passer en revue l'ensemble de l'histoire biblique pour y énumérer et y évoquer d'une part tous ceux qui ont reçu l'onguent dont parle le Ct. (c'est-à-dire, en fait, le Christ: «Nunc quisnam erat unguentum illud, nisi ipse Christus?»), d'autre part ceux qui l'ont refusé. Ainsi est constituée une étonnante lignée qui va de Noé à Marie, mère de Jésus, par Eber, Abraham, Isaac et Jacob, Thamar, Joseph, Moïse et Aaron, Phineas, Josué, David et Salomon, Daniel, Ananias, Azarias et Misaël, Joseph. La personne des jeunes filles de l'épithalame devient ainsi le type de cette génération sainte qui traverse l'histoire humaine, sans rupture, de l'Ancien au Nouveau Testament[18]. Dans cette perspective l'unité de l'histoire humaine est celle de la présence de Dieu à elle, reconnue et accueillie par les justes. Parallèlement, une contre-histoire, celle du refus de Dieu, met ensemble Cham, Nemrod, Esaü et Judas. La lecture chrétienne d'Hippolyte est donc foncièrement une lecture biblique, au sens le plus ample d'une histoire totale de l'humanité.

La grande figure féminine du Ct. est, elle aussi, travaillée par cette large perspective. L'identité que lui attribue Hippolyte est profondément originale. Sa singularité tient doublement à sa dimension collective et à la place qui est faite, en elle, à Israël. On aura l'occasion, en effet, de constater comment l'interprétation de l'Epouse du Ct. usera, dans la suite des temps, de plus en plus fréquemment, de termes individuels, voire individualistes. Elle deviendra souvent — et chez certains, de façon réductrice — «l'âme croyante» appelée à se reconnaître dans la femme du Ct. Rien de tel ne s'observe ici. L'Epouse est, de bout en bout, un collectif. Plus précisément, elle est un peuple qui se définit dans et par une histoire. Cela ne signifie pas que l'individu y soit perdu; mais son identité est faite des liens qui le relie aux pères, à une tradition, à une même confession de foi. En d'autres termes, le collectif n'est pas chez Hippolyte une somme d'individus, mais l'articulation d'une totalité. C'est ce que désigne Welsersheimb en soulignant la conception organique de l'Eglise que déploie le *Commentaire* d'Hippolyte[19].

Qui plus est, l'Eglise à laquelle il identifie l'Epouse est définie avec audace comme étant la Synagogue. Non à la manière d'une simple

---

[18] G. CHAPPUZEAU (ouv. cit. note 19) rapproche ce développement d'une interprétation comparable de Rabbi JOHANAN et montre que, compte tenu des dates de ce dernier (200-279), la convergence ne peut être que celle des présupposés communs aux deux exégèses.

[19] L. WELSERSHEIMB, Das Kirchenbild der griechischen Väterkommentare zum Hohenlied, in *Zeitschrift für katholische Theologie*, 70, 1948, p. 404.

préfiguration provisoire de l'Eglise à venir, mais comme l'Eglise, dans son identité pleine. C'est à cette figure précisément qu'est rapporté, en XXIV, 2 comme en XXV, 6, l'épisode évangélique de la visite des femmes au tombeau qu'évoque pour Hippolyte Ct. *3*, 1-4 («J'ai trouvé celui que mon âme a aimé»). Et ce trait n'est qu'un parmi beaucoup d'autres. Tout au long de son commentaire, Hippolyte réserve une place éminente aux figures judéo-chrétiennes. C'est ainsi que dans l'interprétation somptueuse qu'il accroche à Ct. *1*,9: «A ma jument attelée au char de Pharaon, je te compare ma bien-aimée», il assimile les quatre roues du char aux quatre Evangélistes, en soulignant fortement que ceux-ci sont du peuple d'Israël. Il les décrit comme étant Israël ayant pour mission de conduire le char qui rassemble des Nations. A la suite de quoi, le texte formule l'invitation à la Synagogue d'imiter les Evangélistes, puis il rappelle à Israël la promesse que contient le Ct. pour lui: «Si converteris tu, popule, annumerabo te mei ipsius, sicut iumenti mei quod (est) alligatum curribus Pharaonis (VIII, 1); «Paenitentiam age, synagoga, ut tu etiam praedices de Christo (...); Si paenitentiam ages, disce qua pulchritudine adornata futura sis» (VIII, 8,9).

Adresse inattendue qui témoigne d'un temps où, quelle que soit la violence réelle des affrontements, l'Eglise garde mémoire de ce qui la fonde et du rapport réciproque, en elle, d'Israël et des Nations. De nouveau nous constatons combien la théologie de l'histoire dont est pétri le Commentaire est profondément unitaire. La typologie y est moins une vision de l'histoire faite de deux moments dont le premier n'est que l'ombre du suivant, qu'elle n'est une saisie synthétique: la nouveauté de l'accomplissement ne fait pas sortir de la promesse mais la dilate au-delà du prévisible. Le terme fait apparaître que ce qui est en lui était déjà dans le début.

Cette continuité est montrée, tout au long du commentaire, à travers de multiples épisodes. Les «soixante braves» entourant la litière de Salomon en Ct. *3*,7 appellent la mention des «soixante pères» qui constituent la suite des générations par laquelle Adam est relié à Joseph (XXVII, 10-12). La méditation que suggère à Hippolyte Ct. *3*,5 évoquant la quête nocturne de la bien-aimée dit cette même unité, à travers la figure d'Eve, qui est à la fois au point de départ, là où la relation de l'homme à Dieu est ruinée, et au point d'aboutissement, là où elle est refaite en la personne des femmes — nouvelle Eve — qui cherchent, de nuit, le corps de Jésus[20].

---

[20] Sur cette place d'Israël dans l'exégèse et la théologie d'HIPPOLYTE, voir A. HAMEL, *Kirche bei Hippolyt von Rom*, 19. «Indem er den Inhalt auf Dialogue der Synagoge und der Kirche mit dem Logos, das ist Christus, deutete, übernahm er das Grundprinzip der synagogalen Auslegung, die das Hohelied als Gespräche Gottes mit Israël auslegte», p. 20.

b) Frontières de l'interprétation typologique

On aura eu l'occasion de constater, à travers les exemples qui viennent d'être déjà donnés, que la recherche typologique des référents du poème se poursuit bien au-delà du repérage des rôles de l'action dramatique. Et dans cette extension on se rapproche fort, en fait, des procédures de l'allégorie. C'est bien d'allégorie qu'il s'agit lorsque le commentaire de Ct. *1*,9 («A une jument parmi les chars de Pharaon je t'ai comparée, ma bien-aimée») associe au mot «iumenta» un ample développement identifiant les chevaux de l'attelage de Pharaon aux douze apôtres qui conduisent le rassemblement des païens, et lorsque la lecture s'attarde à décrire la course docile et harmonieuse des chevaux conduits par les rênes de l'amour et soumis au joug de la foi. De même, lorsque, dans un passage en allusion directe au chapitre *1* du Livre d'Ezékiel, Hippolyte s'applique à décrire les quatre roues du char comme la figure des quatre Evangélistes. Plus loin, ce sont les poutres en cèdre de la maison de Ct. *1*, 17 qui deviennent la désignation des «pères dont la gloire, comme le bois du cèdre, ne disparaît pas dans la corruption», puis, de là, des «apôtres» qui, comme ce même bois, «conservent une valeur inchangée à travers tous les temps». Les renards que Ct. *2*, 15 invite à attraper sont, à leur tour, identifiés allégoriquement — et d'une lecture qui deviendra classique plus tard — comme les représentants de tous les hérétiques destructeurs de la foi. Enfin, lorsque l'Epoux se présente à la fenêtre et, de là, invite la bien-aimée à le rejoindre, de nouveau, le commentaire interprète en mettant en oeuvre ce qui doit bien s'appeler une allégorie: Hippolyte identifie les «fenêtres» aux prophètes qui, dans la suite des temps, ont invité Israël à revenir à Dieu et à s'approcher de lui.

On voit ainsi sur quel foisonnement interprétatif débouche la typologie d'Hippolyte. Celle-ci repose bien sur une représentation de l'histoire articulée en deux grands moments qui s'appellent et se complètent. A partir de là naît une lecture qui a pour fonction d'inventorier et d'expliciter les correspondances. Mais on perçoit comment, une fois ce principe posé, l'interprétation descend dans les détails du texte pour y faire jouer des identifications qu'il serait bien subtil de déclarer étrangères à l'allégorie. Il reste vrai cependant que la régulation des rapprochements relève non de l'association libre, mais d'une méditation sur une logique de l'histoire menée divinement, de projets en réalisations, de promesses en accomplissements.

Ce parcours du texte d'Hippolyte permet de conclure que la prise en compte nouvelle d'une lecture du Ct. se proposant explicitement comme commentaire ne bouleverse pas fondamentalement les observations que l'on avait formulées précédemment.

D'abord parce que ce commentaire reste rigoureusement «intéressé». Il n'existerait pas sans la proximité du lecteur au texte que signe en lui, on l'a vu, l'importance des marques de la subjectivation. Par ailleurs, et même si la rhétorique de l'explication y est abondante, le Ct. n'est pas traité ici comme un livre à expliquer. Mais plutôt comme un texte qui attire l'intérêt beaucoup plus par les lumières qu'il contient et le savoir qu'il porte, que pour de prétendues énigmes par lesquelles il stimulerait la curiosité. L'attrait du Ct. est bien dans cette propriété qu'il a d'être poème, délié de toute référence historique, et qui pourtant ouvre les secrets de l'histoire. Dans ces conditions, l'interprétation concerne moins l'élucidation du discours interprété, que celle, par le texte, de ses interprétants. Somme toute, le *Commentaire* d'Hippolyte dirait peu s'il se contentait de désigner le Christ dans le bien-aimé de l'épithalame. Toute la nouveauté et la puissance inventive de cette lecture tiennent précisément au fait qu'elle dépasse le point de vue timide qui verrait dans le Ct. une simple parabole. Une fois les grandes lignes de l'identification typologique posées, le dynamisme de cette exégèse consiste au contraire à poursuivre le questionnement et à découvrir, à partir de là, comment sont justifiés les mots et les situations du poème. Ainsi, par exemple, si l'Epoux est le Christ, que révèlent sur celui-ci les signifiants dont use le discours de la Bien-aimée, lorsqu'elle déclare en 2,8: «J'entends mon bien-aimé! Il vient. Il bondit au-dessus des montagnes. Il court au-dessus des collines!»? C'est précisément de cette question que surgit dans le *Commentaire* un développement grandiose où Hippolyte décrit la course bondissante du Verbe de Dieu, dessinant l'histoire du salut en franchissant les espaces et les temps: «Le Verbe a bondi du ciel jusque dans le corps de la Vierge. Du ventre sacré, il a bondi jusque sur le Bois. Du Bois jusque dans les Enfers. Et de là dans la chair de l'humanité, sur la terre. O nouvelle résurrection! puis, aussitôt, il bondit de la terre dans le ciel. Là, il est assis à la droite du Père et il reviendra dans un bond sur la terre, pour le rachat final» (XXI, 2)[21]. Le commentaire retourne ici sa logique ordinaire: l'intelligence du Ct. n'est pas l'oeuvre de son lecteur; mais bien plutôt celle du texte lui-même dans un lecteur qui se prend aux mots du poème.

II. LECTURES ORIGENIENNES DU CANTIQUE DES CANTIQUES

Situées elles aussi à l'orée de l'âge patristique, les lectures origéniennes du Ct. représentent, plus encore, la source indiscutable, constamment désignée, de l'interprétation traditionnelle du poème. Divers auteurs ont montré comment, soit par référence explicite, soit par

---

[21] Thème qui sera repris ensuite, en particulier par AMBROISE et GREGOIRE.

influence tacite, ou par osmose invisible, ce qu'Origène a expliqué et décrit commande les lectures spirituelles qui furent faites du Ct. au long des siècles[22]. Mais il faut affirmer plus: au-delà de l'intelligence de ce texte précis, c'est l'histoire générale des formes de l'interprétation qui est ici concernée. Le vaste *Commentaire* d'Origène sur le Ct. fait en effet partie de ces textes repères à travers lesquels se sont forgés les modèles privilégiés de l'exégèse patristique. C'est donc d'un corpus qui a valeur de source à un double titre que l'on va traiter maintenant.

On a déjà rappelé qu'Origène avait commenté l'Ecriture selon les trois modes de la scolie, de l'homélie et du commentaire continu. Le Ct. a précisément été l'objet de cette triple lecture[23]. Mais des textes qui en sont nés, il ne reste aujourd'hui qu'une faible partie. Les scolies ont disparu[24]. Le *Commentaire* composé à partir de 240, considéré par Jérôme comme l'oeuvre exégétique maîtresse d'Origène[25], n'a survécu que dans ses Livres 1-4, alors qu'Eusèbe affirme qu'il en comportait dix; de surcroît, il n'est accessible que par la traduction latine qu'en donna Rufin à la fin de sa vie. Deux *Homélies sur le Ct.*, recouvrant curieusement la portion du texte expliquée dans ce qui a été conservé du *Commentaire*, n'ont été gardées et transmises que grâce à une traduction réalisée par Jérôme pour le pape Damase. Par ailleurs, s'il semble bien que ces *Homélies* soient postérieures au *Commentaire*, ce sont elles, en tout cas, qui, traduites avant celui-ci, ont été le principal vecteur de diffusion de l'interprétation origénienne du Ct.[26].

Travaillant sur Origène, et a fortiori sur Origène lecteur du Ct., nous nous retrouvons en présence des deux appréciations contrastées, sinon contradictoires, qui sont attachées à cette oeuvre. Pour les uns, attentifs à l'énorme entreprise que fut la constitution des *Hexaples*, occupant la vie entière d'Origène comme le grandiose indice du souci de rigueur textuelle et philologique qui habita l'Alexandrin, celui-ci doit être tenu pour un initiateur et un devancier. Avec lui naîtrait un commentaire qui met la probité de l'interprétation dans l'exactitude de la

---

[22] Cf. par exemple, à l'article «Ct. des Ct.» du *Dictionnaire de Spiritualité*, II, col. 95, l'avis en ce sens de CAVALLERA.

[23] C'est en tout cas ce qu'atteste JEROME in *Praef. in XIV Homilias in Ezech. Origenis*. Ed. Baehrens, tome 8, p. 318.

[24] Dom ROUSSEAU dans son Introduction à l'édition des *Homélies sur le Ct. des Ct.* (SC 37 bis) indique que seul un court fragment en a été conservé dans la *Philocalie* de S. BASILE et de S. GREGOIRE de NAZIANZE, P.G. 13, 36.

[25] Selon la phrase célèbre de la Préface à sa traduction affirmant: «Origenes cum in caeteris libris omnes vicerit, in Cantico canticorum ipse se vicit».

[26] Sur ce point, voir Dom ROUSSEAU, ouv. cit. pp. 45-49 et encore J. LECLERCQ, Origène au 12ème siècle, in *Irénikon*, 24, 1951, pp. 425-439.

lettre[27]. Pour d'autres, en revanche, il est le maître d'oeuvre le plus accompli et donc le plus encombrant, d'une exégèse allégorique outrée et obsolète qui aurait pendant des siècles immobilisé la lecture chrétienne de la Bible dans des interprétations spiritualisantes violentant la lettre, baroques et non contrôlées. Le *Commentaire sur le Ct.* est spécialement désigné comme le type de cette exégèse où la lecture renonce à tout fondement objectif, platonise trop complaisamment et perd ainsi le réalisme avec lequel l'Incarnation, professée par la foi chrétienne, devrait conduire à traiter de l'histoire, de la lettre et du corps[28].

Le travail que l'on se propose, dans l'idée de jalonner une étape clé de l'histoire de la lecture du poème, aura, de cette façon, pour objectif associé, de tester, sur pièces, cette double évaluation de l'exégèse d'Origène. Certes, l'enquête sera bornée à deux textes particuliers: les *Homélies* et le *Commentaire sur le Cantique des Cantiques*[29]. Ainsi, en toute rigueur, nous ne pourrons prétendre décrire l'exégèse origénienne en général. Toutefois, nous estimons que procédant ainsi, à la différence d'études revendiquant une portée plus générale, mais menées à distance de l'examen des textes, nous augmentons nos chances de parvenir, par le détour du particulier, à une plus grande objectivité, capable d'infléchir éventuellement certaines idées reçues.

L'enquête consistera à repérer, pas à pas, la manière dont se déploie la lecture, dans sa triple dimension de citation, d'explication du poème et

---

[27] Cf. J. QUASTEN désignant ORIGENE comme "fondateur de la science biblique», *Initiation aux Pères de l'Eglise*, Tome II, p. 58.

[28] C'est l'idée que l'on trouve par exemple chez R.L.P. MILBURN, *Early christian interpretations of history*, Londres, 1954, p. 47: «... But Origen's method of Biblical interpretation opens up the way to profounder dangers than undue nicety in verbal juggling. St. Jerome gave it as his opinion that "Origen surpassed himself in his book on the Song of Songs", but it is perhaps in this commentary that Origen has his feet least firmly placed on a secure foundation of brute fact».

[29] On travaillera sur les éditions suivantes des textes:
— Pour le Commentaire: Edition Baehrens, tome VIII des Oeuvres d'ORIGENE dans le corpus de Berlin (G.C.S. tome 33).
Les références prises dans ce texte seront précédées de la mention Bae. Signalons qu'une traduction anglaise du *Commentaire* est accessible in: *Ancient christian writers*, ORIGEN, The Song of Songs Commentary and Homilies translated and annoted by R.P. LAWSON, The Newman Press, Londres, 1957.
— Pour les Homélies: édition et traduction par Dom ROUSSEAU, SC n. 37 bis, 1966.
Sur la datation respective des deux œuvres, on trouvera dans une longue note de L. BRESARD (Bernard et Origène commentant le Ct., *Analecta Cisterciensia*, 1983) une bonne synthèse des positions de Dom ROUSSEAU et de P. NAUTIN. Le premier place le *Commentaire* avant les *Homélies*; le second relève des indices qui lui font opter pour l'antériorité des *Homélies* sur le commentaire. RIEDEL, *Die Auslegung des Hohenliedes in der jüdischen Gemeinde und der griechischen Kirche*, 1898, p. 55, préférerait également placer les Homélies avant le Commentaire.

d'implication du lecteur, si cette dernière est attestée. Parce que l'épithalame passe pour le support des allégorismes les plus échevelés et les plus représentatifs des boursouflures d'une certaine exégèse patristique, c'est très directement au délicat problème de la lecture traditionnellement désignée comme «allégorique» que l'on sera confronté. La question cruciale sera de savoir, d'observation, comment Origène la met en oeuvre pour lire le Ct. Afin de rendre plus clairs les enjeux de l'analyse, nous commencerons par reformuler les grandes lignes du débat qui continue à être ouvert en ce point.

Précisons encore que nous ne négligerons pas l'intérêt que comporte le fait de posséder, d'un même auteur, sur un même texte, la double série d'une lecture homilétique et d'un commentaire. La confrontation de l'une avec l'autre peut laisser présager des lumières sur le fonctionnement de la lecture patristique de l'Ecriture, sur les différentes logiques de sa mise en oeuvre, sur leurs invariants et leurs principes de différenciation.

1. *L'hypothèque de l'allégorie*

a) *Les termes du débat*

La notion d'allégorie n'a pas bonne presse habituellement. Elle n'est évoquée, la plupart du temps, dans les analyses traitant de l'histoire de l'exégèse, qu'assortie de jugements qui en font le symbole de l'obscurantisme herméneutique de l'âge des Pères ou du Moyen-Age. Cette position se monnaie en plusieurs attitudes, chacune selon son mode, également négative.

Dans un premiers cas, on fait remarquer que l'allégorie appartient à un univers de pensée spécifique, pour une bonne part devenu étranger au nôtre. Mais on n'hésite pas pour autant à en donner des descriptions et des définitions péremptoires qui présentent la question comme allant de soi et qui se dispensent généralement de l'examen des textes. L'idée reçue dans cette ligne est que l'allégorie s'oppose au sens littéral comme l'arbitraire à l'objectif, l'imaginaire au factuel. Peu ou prou en fait, le mot finit par s'entendre assez platement d'une activité d'interprétation contournée et artificielle. On voit essentiellement en elle une opération sémantique qui, soutenue par la métaphore douteuse de la profondeur du texte, aurait pour fin de surmonter les difficultés auxquelles affronterait le respect de la lettre. Allégoriser serait le moyen de dépasser les incohérences, les contradictions ou les inconvénients du sens littéral. On reviendra — en particulier dans la troisième partie — sur ce thème d'une procédure de rattrapage dont les sources sont complexes. Indiquons seulement, pour l'instant, qu'il est constant dans le traitement moderne de la question. Des travaux comme ceux de J. Pépin mettent minutieusement au jour les racines de cette justification de l'allégorie qui se retrouve, par ailleurs, et malgré une perspective sensiblement différente, au centre de la description que donne T. Todorov de l'exégèse patristique, ou encore dans la manière dont A. Compagnon décrit le jeu de la citation scripturaire dans la littérature patristique. De ces diverses analyses il sera de nouveau question ultérieurement[30].

Une interprétation un peu différente fait de l'allégorie une procédure permettant au lecteur de substituer son propre texte aux mots qu'il lit. Ainsi cette pratique qui, par la liberté et l'excès même de ses foisonnements pourrait paraître simplement ludique et anodine, devient ici une stratégie: destinée non pas à défendre le jeu d'une certaine liberté de la lecture face aux contraintes de la lettre, mais plutôt à servir les besoins du dogmatisme confessionnel. La lecture allégorique assurerait de lire dans les textes le contenu préalable de la foi ou d'y retrouver les propositions qui consacrent et légitiment l'autorité du groupe lecteur, en l'occurrence ecclésial. Sur ce point aussi nous reviendrons en détail. Remarquons seulement pour l'instant que cet aspect de la problématique de l'allégorie, sensible aux modernes, est bien au centre du débat instauré autour de la lecture de la Bible au 16ème siècle par la Réforme. Certes Luther pouvait argumenter en désignant ce repoussoir constitué par l'efflorescence, dans l'exégèse médiévale tardive, d'allégorisations totalement abstraites défigurant le texte sans l'ombre d'un gain pour le lecteur ou le croyant. Mais le véritable point d'application de sa critique était ailleurs. Son refus de l'allégorie était solidaire de la lutte menée contre l'Eglise institutionnelle. S'il récusait si énergiquement ce mode de lecture, c'est pour autant qu'il l'identifiait à la procédure permettant à l'autorité ecclésiale d'exercer sa juridiction sur les textes et de leur faire confirmer sa légitimité. Ecarter les substructions allégorisantes pour revenir au sens littéral, revenait à soustraire l'Ecriture à l'emprise du pouvoir combattu. On notera que déjà au 13ème siècle, à l'époque où Bernon prônait lui aussi le retour au texte, le problème de l'autorité était associé à celui de l'usage de l'allégorie[31]. Mais cette fois, revenir au texte avait pour but, à l'inverse, de faire barrage au sentiment personnel, de lutter contre l'envahissement d'un subjectivisme coupé de la tradition ecclésiale.

Enfin, l'allégorie serait l'indice même du déni de la lettre et de l'histoire qu'on trouverait, selon certains, au principe de l'exégèse chrétienne. En elle, cristalliseraient les influences platonisantes qui auraient décisivement coupé la tradition chrétienne du réalisme historique et du sens matériel de la lettre préservés par la tradition biblique

---

[30] Voir troisième partie, chapitre 1.

[31] Cette question est longuement étudiée in H. de LUBAC, *Exégèse médiévale*, 2ème partie, Tome 1, pp. 9 et sv.

juive. Mais là encore, la recherche des sources — qu'elle s'en tienne à un inventaire historique ou qu'elle ait une visée polémique — présente ce trait curieux de résorber à peu près sans reste l'interprétation de l'allégorie chrétienne dans les schémas et les finalités de formes préexistantes d'allégorismes.

Les origines grecques de l'interprétation allégorique sont inlassablement rappelées. Certes, on sait que le mot lui-même d'ἀλληγορία, dans son usage païen, est d'apparition tardive. Il se trouve chez le Pseudo-Héraclite du Pont, stoïcien contemporain d'Auguste, et encore dans le traité *De la lecture des poètes* de Plutarque. A chaque fois, il désigne la pratique beaucoup plus ancienne de l'ὑπόνοια qui remonte, elle, au 6ème siècle et qui concerne les apologistes d'Homère. On sait que ceux-ci, aux prises avec certains passages scabreux de l'Iliade et de l'Odyssée, trouvent dans l'allégorie un moyen de contourner élégamment les étrangetés et les turpitudes du récit; et encore, de transposer le texte dans les divers registres de la cosmologie, de la physique, de la morale et de la métaphysique. Plus tard, le relais est pris par d'autres penseurs moins soucieux de justifier Homère que de se trouver des antécédents et des cautions grâce à une lecture habile des textes de la tradition. Puis les vagues successives des Pythagoriciens, des Platoniciens, des Cyniques et des Stoïciens adoptent la méthode, à leur tour. Celle-ci étend en même temps son champ d'application à l'ensemble des textes de la mythologie qui peuvent être expliqués, grâce à elle, «pieusement et philosophiquement»[32]. De même, conclut-on, de l'exégèse allégorique chrétienne. Quand elle se rencontre, on estime avoir affaire à un simple transfert de méthode, d'un domaine textuel à un autre: au mythe d'Osiris ou à l'Antre des Nymphes se substituent désormais les épisodes de l'histoire biblique. La méthode, elle, est censée demeurer inchangée dans ses usages païens; elle consiste à justifier le texte quand il cesse de l'être naturellement, à lui assurer une cohérence là où celle de sa lettre défaille. Et c'est cette idée, déjà soutenue au 3ème siècle par un adversaire du christianisme comme Porphyre[33], qui précisément se transmettra et sera répétée jusqu'à l'époque moderne.

---

[32] PLUTARQUE, Isis et Os. p. 355, cité par H. de LUBAC, *Exégèse médiévale*, 1ère partie, II, p. 375.

[33] Cf. EUSEBE, *Histoire ecclésiastique*, Livre VI, chapitre XIX (trad. Grapin dans la collection Hemmer-Lejay, T. II, P. 205): «Certaines gens, remplis du désir de trouver le moyen, non pas de rompre tout à fait avec la pauvreté des écritures judaïques, mais de s'en affranchir recourent à des commentaires qui sont incohérents et sans rapport avec les textes, et qui apportent, non pas une explication satisfaisante pour les étrangers, mais de l'admiration et de la louange pour les gens de la maison. Ils prônent en effet comme des énigmes les choses qui, chez Moïse, sont dites clairement, et ils les proclament pompeusement des oracles pleins de mystères cachés; ils fascinent par la fumée de l'orgueil le sens critique de l'âme, puis ils font des commentaires...».

Une autre source classiquement invoquée conduit en direction du juif Philon d'Alexandrie. Ce rapprochement a pour mérite de ramener à la considération de cet entre-deux culturel où, aux alentours du 1er siècle, judaïsme et hellénisme se croisèrent en une synthèse originale qui ne devait pas être sans conséquence pour le développement du christianisme. On sait que Philon, héritier en cela de la *Lettre d'Aristée* (2ème siècle av. JC), ou encore d'Aristobule (fin du 1er siècle av. JC), déjà occupés à une lecture allégorique de la Bible, développe à travers *L'explication de la Loi, L'allégorie des Lois* et les *Quaestiones* un ample travail d'exégèse du Pentateuque. Au centre de celle-ci se trouve la distinction du sens littéral et du sens figuré du texte dont Philon va négocier les rapports de façon originale et, en définitive, équilibrée.

Contre un judaïsme trop intellectuel qui s'affranchit des contraintes de la pratique en se portant immédiatement à une allégorisation de type philosophique, Philon maintient la nécessité de sauvegarder la lettre. Bien qu'il ne manifeste guère, face au texte biblique, de souci critique qui le conduirait à un véritable travail d'«emendatio», il se montre attentif jusqu'au scrupule à tous les détails de la lettre dont il cherche à rendre compte avec les outils de la grammaire et de la rhétorique. Contre les littéralistes, par inculture ou par syncrétisme (les institutions juives ne doivent pas être distinguées des coutumes païennes), il refuse de s'en tenir à la lettre et engage l'exploration des différents registres du sens spirituel[34]. Pour ce faire, il mobilise toutes les ressources, fort raffinées, de la culture hellénique de son temps. La lecture allégorique se fait ainsi interprétation cosmologique, exégèse anthropologique, psychologique et morale. Dans quelques oeuvres plus confidentielles, le sens allégorique s'exprime en un sens mystique qui dégage la présence, dans le texte, des «grands mystères» dont l'accès est réservé aux plus parfaits. On a pu avancer qu'il s'agissait là d'un écho de la spiritualité des Thérapeutes du lac Maréotis que Philon fréquenta avec sympathie à certains moments de sa vie. Signalons encore la résonance tropologique de nombre de ces exégèses qui témoignent du dépassement chez Philon de la spéculation vers la pratique et l'exhortation de ses condisciples.

Outre des thèmes explicitement repris par les Pères de l'Eglise à Philon (que l'on songe à Grégoire de Nysse lui empruntant son exégèse de la création de l'homme, trouvant en lui la source de sa thématique de la «ténèbre» ou du «progrès perpétuel»), outre de subtiles et intrigantes convergences avec la théologie chrétienne du «logos», on peut difficilement réfréner une première interprétation faisant de l'exégète alexandrin le précurseur de la tradition allégorique chrétienne. Ce rapprochement viendrait conforter l'idée que celle-ci est dépourvue d'originalité,

---

[34] On trouvera des éléments sur cette question dans J. DANIELOU, *Philon d'Alexandrie*, Fayard, 1958, pp. 102-117.

qu'elle n'est finalement qu'un pur emprunt, ou, si l'on préfère, un effet particulièrement voyant de l'hégémonie culturelle de l'hellénisme.

On comprend dans ces conditions la tentation, pour qui veut atteindre la substance propre de l'exégèse patristique, de quitter l'allégorie et d'aller chercher ailleurs la vraie spécificité de cette exégèse. Telle est en particulier l'attitude de J. Daniélou qui, dans un article de 1947, invitait à distinguer soigneusement l'une de l'autre, typologie et allégorie[35]. Voyant essentiellement dans la seconde un effet de contamination culturelle, il faisait porter à la première seule la charge de caractériser la démarche exégétique chrétienne. On sait que la typologie consiste à considérer des événements, des personnages ou des institutions de l'Ancien Testament comme des «types», anticipations ou préfigurations d'autres événements, personnages ou institutions appartenant au Nouveau Testament. Dans ce dernier cas, le sens initial du texte est maintenu, puisque c'est à partir de lui qu'est désigné ce qui ne pourrait se reconnaître et se dire sans lui. Au rebours de l'allégorie conçue comme manipulation sémantique, la typologie a donc pour caractéristique l'attention qu'elle porte, à la fois, à la lettre du texte et à l'histoire, en ses figures passées comme en ses nouveautés. Elle est nécessairement chrétienne puisqu'elle a pour axe l'événement néotestamentaire qui détermine les deux temps de l'histoire du salut que l'interprétation a pour objet de rendre lisibles les uns par les autres. En elle seulement — selon l'argumentation de J. Daniélou, reprise par d'autres, — pourrait être atteint le vrai rapport chrétien au texte biblique.

b) *Mises au point*

La distinction vigoureusement marquée par J. Daniélou entre allégorie et typologie semblerait donc fournir une issue aux problèmes complexes que pose l'identification d'une herméneutique spécifiquement chrétienne. Grâce à elle, il serait possible de faire le départ entre l'emprunt et la création.

Cependant, un observateur comme H. de Lubac considère que ce partage ne fait pas complètement droit à la réalité historique des faits. Ce dernier a souligné, à plusieurs reprises, que le terme de «typologie» n'avait, dans le discours chrétien, qu'une existence tardive[36]. Le même

---

[35] J. DANIELOU, «Traversée de la Mer Rouge et baptême aux premiers siècles», *Revue des Sciences Religieuses*, 1946, pp. 402-430; mais aussi, du même auteur, la vaste étude de *Sacramentum Futuri*, Etudes sur les origines de la typologie biblique, Beauchesne, 1950 et l'article «Typologie patristique» du *Dictionnaire de Spiritualité*, Tome IV, 1, col. 133 et sv.

[36] On n'oubliera cependant pas que le NT utilise τύπος pour dire le rapport entre les deux Testaments (Rm. *5*,14; 1 Co. *10*, 6). De plus, le terme ἀντίτυπος est mentionné en 1 Pet. *3*,21 à propos du baptême et en Heb. *9*,24.

fournit un abondant dossier montrant que l'époque patristique ne l'emploie que très occasionnellement. Il faut se rendre à l'évidence: dès le départ, c'est le mot d'allégorie qui est d'usage courant et naturel. Plus précisément encore, ajoute H. de Lubac, «Le premier usage exégétique du mot n'est probablement pas païen, mais à peu près simultanément juif et chrétien»[37]. De surcroit, il est inutile d'aller lui chercher des antécédents du côté de formes helléniques apparentées, puisqu'une source directe et spécifique se présente immédiatement. Elle se trouve chez Paul expliquant, dans l'Epître aux Galates (*4*,21), à propos de Sarah et d'Agar, que les deux femmes doivent être tenues pour deux figures allégoriques: «Il y a là une allégorie: ces deux femmes représentent deux alliances...». Le P. de Lubac cite divers textes de Tertullien et d'Origène se reconnaissant sans nulle ambiguïté dans cette paternité[38], et rapprochant tout aussi fermement cette notion du mysterium de l'Epître aux Ephésiens. Une telle allégorie n'a évidemment rien à voir avec l'opération rhétorique décrite par Quintilien: «ἀλληγορία quam inversionem interpretantur, aliud verbis, aliud sensu ostendit»[39]. Pas plus qu'elle ne peut être confondue avec le travail interprétatif des allégoristes païens. Son sens est rigoureusement situé: elle désigne le sens chrétien de l'Ecriture, soit la relecture, à partir de l'événément du Christ, des moments de l'histoire d'Israël, vus comme des signes posés au long du temps, en attente de leur réalisation qui est en même temps leur interprétant. Ainsi, dans une perspective où «l'histoire est l'universel fondement», cette allégorie relie deux sens historiques: l'un, nommé littéral, est le sens juif de l'histoire et de l'Ecriture, l'autre, nommé allégorique est le sens chrétien de cette même histoire, formé à partir de ce qui est considéré comme son accomplissement. C'est pourquoi aussi l'allégorie biblique est, en son principe, «allegoria in factis». Il s'agit d'une intelligence spirituelle, non pas au sens où elle spiritualiserait le matériel, comme il se dit trop souvent, mais dans la mesure où elle met en regard deux compréhensions de l'histoire, l'une qui intègre l'événement du Christ, l'autre qui l'exclut. De nouveau, rappelons que c'est bien ce que prétend affirmer la phrase paulinienne si souvent citée et travestie: «La lettre tue, mais l'esprit fait vivre» (2 Cor. *3*,6) qui oppose non pas deux régimes sémiotiques, mais deux «économies», au sens technique où ce terme désigne deux régimes de l'histoire humaine dans son rapport à Dieu. Autrement dit encore, le sens allégorique, également désigné comme «sens spirituel» ou «mystique» est, pour les Pères, le sens donné par l'Esprit qui, bien loin d'avoir pour objectif de

---

[37] H. de LUBAC, *Théologies d'occasion*, DDB, 1984, p. 138.
[38] H. de LUBAC, *Exégèse médiévale*, 1ère partie, II, pp. 377 et sv.
[39] QUINTILIEN, *Institution oratoire*, 8,6.

volatiliser l'histoire et d'éliminer la lettre, prétend ouvrir celle-ci et montrer l'achèvement de celle-là.

Ainsi donc, partant d'un mot dont l'usage est attesté chez les écrivains grecs comme chez les chrétiens, c'est à un registre tout à fait original et singulier que l'on aboutit. Il y a bien convergence, mais c'est celle de signifiants, pratiquement dans une relation d'homonymie. Lorsque Paul adopte le terme d'allégorie, celui-ci acquiert, dans le contexte de l'exégèse chrétienne, un contenu parfaitement spécifique. Le sens allégorique est, en définitive, le sens dogmatique: il est la lecture de l'Ecriture que produit la foi chrétienne[40].

On voit dès lors quel paradoxe se découvre: ce qui qualifie le plus décisivement la lecture chrétienne est aussi ce qui se pense ordinairement de la manière la moins spécifique, sous les espèces de l'emprunt, de la contamination, du procédé démarqué; c'est ce qui, à l'époque moderne, est frappé de la plus certaine méconnaissance, renvoyé à la péremption de la contingence culturelle. Certes, cette situation a des excuses. Il est parfaitement vrai que l'exégèse chrétienne elle-même a confondu, ici ou là, l'allégorie, en son sens spécifique, avec le sens métaphorique ou sens littéral figuré, donnant à penser que le second disait simplement le premier. Et la confusion ne fut pas seulement terminologique. Certaines époques substituèrent effectivement à la première de purs jeux verbaux alimentant une «allegoria in verbis» interminable. Il n'en reste pas moins souhaitable de faire l'effort d'intelligence historique qui restitue le sens originel de la méthode en la dissociant de ses dérapages et en l'arrachant aux lieux communs alimentés à ces derniers.

Les rapports que cette exégèse entretient avec Philon, et que l'on a évoqués précédemment, doivent également être révisés et décrits plus finement. De nouveau, à une certaine distance, des similitudes peuvent faire illusion et conduire à réunir à l'intérieur d'un même cercle tous ceux qui, Thérapeutes et Stoïciens, Platoniciens et Alexandrins, d'une façon ou d'une autre, ont usé de l'allégorie. Sur ce point, l'oeuvre de Philon, la première, a été l'objet de rapprochements quelquefois trop hâtifs, ramenant l'autre au même, en l'occurrence et par exemple, faisant de sa conception d'un enseignement allégorique appliqué à l'Ecriture un simple emprunt aux mystères païens[41]. De toute évidence, cette question de l'allégorie incite à l'amalgame.

---

[40] De nouveau, voir *Exégèse médiévale*, 1ère partie, Tome II, pp. 373-548 contenant des analyses magistrales sur ce thème. Et encore, du même auteur, H. de LUBAC, *Catholicisme*, Cerf, 1965, en particulier chapitre 5: «Le christianisme et l'histoire» et chapitre 6: «L'interprétation de l'Ecriture».

[41] Pour ce débat, voir V. NIKIPROWETZKI, *Le commentaire de l'Ecriture chez Philon d'Alexandrie*, Brill, 1977, p. 27, qui refuse de s'aligner sur la thèse de BREHIER.

Ici encore, des analyses d'H. de Lubac, d'une acuité qui est restée relativement solitaire, doivent être prises en compte. Dans *Histoire et Esprit*, il consacre à la question des pages pleines de perspicacité destinées à montrer comment l'apparentement souvent suggéré entre l'exégèse d'Origène et celle de Philon ne ménage pas toute la complexité des deux oeuvres et de leurs univers de pensée[42]. Il rappelle que le schéma des sens de l'Ecriture donné au ch. 4 du *Peri Archon*, énumérant «sens littéral, sens moral, sens allégorique», pour être le plus connu, ne s'efface pas moins, dans la pratique d'Origène, devant la séquence «sens littéral, sens allégorique, sens moral», où le «sens moral» n'est plus, cette fois, le développement de considérations parénétiques précédant l'entrée dans le sens allégorique proprement chrétien, mais la réalisation individuelle, en ses conséquences pratiques, du «mysterium» déployé et explicité (au sens du projet divin qui traverse l'histoire) dans le sens spirituel allégorique. Or, remarque H. De Lubac, une comparaison entre Philon et Origène ne saurait mettre en jeu que le premier schéma origénien, qui est aussi le plus faible, le moins représentatif de l'exégèse effective de l'Alexandrin. Dans ce cas seulement, il est possible de décrire des similitudes entre spéculation sur l'âme à la manière de Philon et certains propos tropologiques origéniens. Ailleurs, la similitude est barrée par l'intervention chez Origène d'un sens allégorique dont il faut affirmer qu'il est sans équivalent chez Philon. H. de Lubac montre d'ailleurs que ce dernier ne met jamais en oeuvre que deux sens: un sens littéral et un sens figuré[43]. Sans doute, ce sens figuré peut-il se différencier en sens cosmologique, physique, anthropologique, psychologique et même mystique. Mais d'une part, ceux-ci ne sont pas systématisés en une échelle stable de sens à parcourir successivement, comme il se trouve dans l'exégèse origénienne. D'autre part, aucun de ces sens n'est assimilable au sens allégorique chrétien: il n'y a rien dans le système conceptuel et la vision spirituelle de Philon qui donne l'équivalent du saut radical que représente, pour l'exégèse chrétienne, l'intervention de l'événement christologique qui sert d'accrochage, de logique et de fin au sens allégorique que celle-ci pratique. Du reste, c'est bien sur le terrain de l'histoire que se manifeste le plus évidemment le caractère propre à chacune de ces deux exégèses. Celle d'Origène — quoi qu'il en soit de

---

[42] *Histoire et Esprit*, Aubier, 1950, spécialement le chapitre 4: «Le sens spirituel», pp. 139-194.

[43] Prenant ainsi le contrepied de H.A. WOLFSON, *The Philosophy of the Church Fathers*, 1956, qui estime, lui, pouvoir faire correspondre à la trichotomie de l'exégèse chrétienne un triple sens philonien. H. de LUBAC montre que: 1) le sens physique philonien ne peut en aucun cas être assimilé au sens allégorique origénien, 2) quand ORIGENE dégage un sens physique, il le fait toujours en correspondance avec la catégorie de l'âme, et non avec celle de l'esprit.

réelles préciosités rhétoriques issues de l'alexandrinisme — repose, en son principe, sur une saisie typologique, donc historique du texte. C'est en tout cas ce que l'on pense pouvoir montrer dans la suite de cette analyse. Celle de Philon, par contre, malgré ses attaches juives, et en connivence avec la pratique de l'allégorie reçue dans les écoles philosophiques grecques de son temps, attire résolument le texte biblique hors de l'historique, puisqu'elle le constitue, ultimement, en «reflet sensible d'un monde intelligible intemporel»[44].

Ainsi est-on fondé à conclure que l'examen de la source philonienne de l'exégèse allégorique ne livre probablement qu'une intelligence très partielle de cette dernière. La raison en est d'abord simplement méthodologique: c'est penser hors de l'histoire que d'imaginer des transferts qui ne seraient pas des remaniements. Elle est de surcroît conjoncturelle: même un homme nourri de culture grecque comme l'est Origène rencontre en Philon l'Alexandrin cette différence qui constitue l'un comme juif et l'autre comme chrétien, et dont le contenu — christologique — est avant tout celui d'un événement de l'histoire. Jamais Origène ne pourrait se dispenser d'en tenir compte, sous peine de ruiner les bases mêmes de la foi à laquelle il consacre ses énergies intellectuelles et spirituelles.

c) *Le Ct. des Ct. comme «mauvais texte»*

Il n'empêche, objectera-t-on, que toute cette argumentation peut être d'un coup remise en question et violemment balayée, dès lors qu'on la confronte avec des lectures allégoriques effectivement pratiquées sur des textes bibliques, et parmi celles-ci, plus démonstratives qu'aucune, celles qui sont données du Ct. des Ct. Bien des commentaires qui ont été faits de l'épithalame semblent s'offrir comme les meilleures preuves que puissent invoquer les critiques de l'allégorisme patristique. Le commentaire moderne de Pouget et Guitton, écrit en rupture résolue avec cette forme de lecture, estime ainsi: «Il est bien inutile de souligner que le *Cantique* appelait, exigeait, plus que tout autre texte ancien, l'exégèse allégorique. Elle n'eût pas existé que le *Cantique* aurait forcé à l'inventer pour lui tout seul!»[45].

Il est vrai que le Ct. fait partie d'une classe originale de textes bibliques dont les traits obligent à remanier la description classique des «sens de l'Ecriture». On a déjà remarqué que ce texte dialogal ne fournissait aucun élément fixant de façon contraignante l'interprétation de ses rôles énonciatifs. En fait, la fixation d'un sens littéral engage déjà

---

[44] J. DANIELOU, ouv. cit. p. 119.
[45] G. POUGET et J. GUITTON, *Le Ct. des Ct.*, Gabalda, 1934, p. 105.

des processus interprétatifs complexes, comme le cas se rencontre ailleurs dans la Bible avec les proverbes ou les paraboles. Un chapitre de l'*Exégèse médiévale* d'H. de Lubac inventorie les «particularités de langage» attachées à de tels textes et fournit, pour en rendre compte, un dossier de citations prises jusque chez les auteurs du Moyen-Age attestant, comme le déclare Origène au ch. 4 du *Peri Archon*, que «tout dans l'Ecriture n'a pas un sens littéral». Le Ct., en particulier, est décrit à peu près unanimement comme composé «in modum dramatis», c'est-à-dire comme ne présentant les faits et gestes de ses personnages que «per historiae speciem». Ou encore, rien n'y est décrit comme «historialiter factum», car c'est de «mystica sacramenta» qu'il s'agit, cachés «sub velamine locutionis tropicae figurataeque»[46]. H. de Lubac s'attarde d'autant plus volontiers à ces témoignages qu'ils corroborent la démonstration qu'il mène pour restituer la définition ancienne du sens littéral comme sens historique. Pourtant on remarquera ici que son propos n'outrepasse pas la portée du regard de l'exégète. En particulier, il ne cherche pas à rendre compte de ce qui, dans le texte du Ct., est responsable de cette situation, malgré tout exceptionnelle dans le corpus biblique. Ses remarques enchaînent simplement avec le rappel du partage entre explications naturalistes et explications allégoriques de l'épithalame. Il ne dit rien non plus de la manière dont peut se construire le sens spirituel quand fait défaut le sens littéral. Il mentionne seulement cette possibilité, attestée dans le corpus des commentaires, que le sens historique manquant, la lecture se porte immédiatement au sens spirituel. Le problème reste donc de savoir comment, en pareille circonstance, se construit et se légitime une interprétation qui demeure cohérente avec la grande perspective typologique — et donc nécessairement historique — que l'on a précédemment rappelée. En d'autres termes, comment se porte-t-on au sens spirituel dès lors que manque le point d'appui du sens littéral? N'est-on pas précisément acculé, faute de pouvoir pratiquer l'allégorisation «in factis», au passage à une allégorie «in verbis» menacée rapidement de ne plus être chrétienne? Le Ct. ne serait-il pas l'un de ces textes périlleux qui ont favorisé et activé un tel glissement, illustrant le «mépris de la lettre» dans lequel nombre d'historiens mettent tout ou partie de l'exégèse ancienne? Nous confirmerons la réalité et l'importance de semblables questions en leur adjoignant deux remarques.

    * D'une part, il est clair que l'écriture du Ct. est, d'un bout à l'autre, structurée par des comparaisons à travers lesquelles s'identifient les différents rôles du poème et se parle la relation des amants. Si J. Kristeva impute à tort au *Livre des Lamentations*, en son appellation

---

[46] *Exégèse médiévale*, I, 2, p. 449.

hébraïque de «eikah» (Comme elle est assise à l'écart, la ville popu-
leuse...!) une structure comparative qu'elle oppose au Ct. des Ct.[47], elle
a raison, en revanche, de voir «l'adverbe de comparaison, pivot des
allégories, des symboles, du sens figuré», au principe de ce dernier. Et
c'est à bon droit qu'elle désigne «cet univers du sens indécidable qu'est
l'univers des allégories, mis en scène dès le début du poème dans
l'association du sensitif et du significatif, du corps et du nom», en
l'associant à une logique de «polyvalences sémantiques que brasse l'état
amoureux — foyer de l'imaginaire, source de l'allégorie»[48]. Précisons
que l'allégorie, dont il est question ici, s'entend du discours figuré
présent au long du poème, tantôt sous la forme de comparaisons
explicitées par exemple par כְּ [type 2,2; 6,4; 6,10], tantôt sous la forme
d'équivalences métaphoriques, nombreuses d'un bout à l'autre [type
1,15: «tes yeux sont des colombes»], ces dernières constituant la forme
rhétorique de base à partir de laquelle sont construites, en particulier, les
trois descriptions du poème.

On a évidemment là un matériau extrêmement abondant qui, au
premier degré, inscrit dans l'écriture la dynamique de l'«allegoria in
verbis». Comment, dans ces conditions, les commentaires du Ct. ne
renchériraient-ils pas sur cette logique qui leur est tendue par le texte
lui-même?

Par ailleurs et en outre, on constate que toute l'histoire du commentaire traditionnel du Ct. soulève à propos de ce texte un problème
spécifique: celui de son accès et de la légitimité de sa lecture. Pris sans
précaution, ce registre de considérations peut sonner étrangement.
L'idée se profile que l'exégèse qu'on en fait serait, en définitive, de type
gnostique. Nous retrouverons plus en détail cette question dans un
paragraphe suivant et nous essaierons d'apprécier la nature exacte de la
régulation qui est en vue. Relevons seulement, pour l'instant, que le
commentaire court en effet un risque quand il traite de cette question. Il
est vrai que le sens spirituel est, d'une façon très générale, décrit par la
tradition comme le «sensus fidei»: non pas sens du texte que produirait
une opération de lecture simplement technique, mais sens que la foi
reconnaît, sait discerner à partir de la «clé de David» qu'est pour elle le
Christ. Ainsi, la foi est, pour les Pères, condition de l'intelligence
spirituelle. Mais là s'arrête l'exigence mise à la lecture. Dans le cas du
Ct. — comme dans celui de quelques autres textes bibliques — semblent
s'ajouter d'autres dispositions plus exigeantes et élitistes; pour être

---

[47] J. KRISTEVA, *Histoires d'amour*, Denoël, 1983, p. 87.
[48] *Ibid.*, p. 90.

capable d'entendre ce qui est dit là, il ne suffit pas de satisfaire aux conditions mises, par ailleurs, à la compréhension du sens spirituel. Un avancement particulier dans le progrès spirituel est requis. Or, on sait que les raffinements scrutateurs de la lettre joints à de subtiles théories sur les degrés de la connaissance font précisément partie de l'univers du gnosticisme.

Ainsi donc, il semble bien que la lecture traditionnelle du Ct. accumule les obstacles et soit toute faite pour éveiller la suspicion. Il fera partie du travail qui suit d'observer si même dans un tel cas — le Ct. lu par Origène! — les principes de l'exégèse allégorique, en son acception chrétienne, sont préservés et ses exigences effectivement honorées.

Traitant tout d'abord de la nature des sens que l'interprétation origénienne distingue dans le poème, on s'arrêtera sur la notion de «mysterium» qui paraît être une clé essentielle pour rendre raison de la logique de cette lecture. Puis, dans la ligne de préoccupations qui guidaient déjà les précédentes études, on cherchera à évaluer la place et la portée qu'ont, dans les *Homélies* et dans le *Commentaire*, les phénomènes d'énonciation. Redisons le caractère rigoureusement empirique de notre propos: il s'agit, au point présent de notre démarche, non pas d'abord de prendre appui sur des déclarations à tournure théorique qui peuvent se lire dans d'autres parties de l'oeuvre d'Origène, mais d'observer de quel pas les explications avancent, comment elles se construisent, selon quelle logique et quelle finalité le texte est lu et expliqué.

2. *L'interprétation origénienne du Cantique des Cantiques*

Au sens strict du terme, l'interprétation qu'Origène donne du poème ne met pas en oeuvre le principe typologique: pour la raison que le texte n'offre pas de sens littéral historique précédant l'acte de son interprétation. Origène ne met pas plus en regard deux interprétations historiques confrontant une compréhension selon l'histoire d'Israël à une autre selon l'histoire de l'Eglise. Son explication est entièrement intérieure au temps de l'Eglise. En ce sens encore, cette exégèse ne fait jouer aucun écart. Elle ne traite d'aucune coupure. Elle ne cherche pas d'abord à expliciter le fait — qui organise le regard patristique sur la Bible — d'une continuité de l'Ancien au Nouveau Testament, associée à une nouveauté qui opère le passage de l'un à l'autre. Toutes les explications avancées par les *Homélies* et le *Commentaire* concernent l'expérience et l'existence chrétiennes. Une distinction, en revanche, structure la lecture d'un bout à l'autre: celle qui oppose le registre du «sensus historicus» à celui du «sensus spiritalis». Précisions d'abord le contenu de ces notions.

a) *Sensus historicus et sensus spiritalis*

1) *Sensus historicus*

En tout premier lieu, le Ct. est pour Origène une action dramatique («Epithalamium libellus hic, id est nuptiale carmen, dramatis in modum mihi videtur..., Prol. 1, 5-6) conduite à travers une succession de dialogues que soutient un scénario non explicité. Origène relève dans le Ct. la présence de quatre personnages («quattuor personas»). Deux sont individuels: ce sont l'époux et l'épouse; deux autres ont une dimension collective: ce sont les compagnons de l'époux et les compagnes de l'épouse. Expliquer consiste d'abord à identifier, pour chaque instant de l'action dramatique, lequel de ces personnages parle et à qui il s'adresse[49]. Expliquer est aussi décrire les mouvements scéniques sous-entendus par les dialogues, et encore formuler les réactions psychologiques qui guident et justifient le déroulement de l'action. D'un bout à l'autre des *Homélies*,on retrouve ce projet de restituer explicitement le support gestuel et psychologique des paroles du poème. A partir de quoi, d'ailleurs, il est possible à O. Rousseau d'extraire un véritable livret dramatique à l'intérieur duquel s'inscrivent les paroles commentées[50].

Le *Commentaire* est moins systématique sur ce point. Cependant il s'organise autour de l'exposition de deux sens, dont le premier, désigné comme «sens littéral», «historique» ou «dramatique» correspond bien à ce niveau de lecture. L'«historia» est ici simplement le narratif dont le *Commentaire* explicite les péripéties et les enchaînements en se fondant sur un vraisemblable de type scénique et psychologique. D'une façon générale, l'alternance des voix et des interlocuteurs qui, à la lecture continue du poème, demeure assez floue, est très soigneusement justifiée par la description des mouvements de la bien-aimée et du bien-aimé. Leurs déclarations sont mises en rapport avec des considérations psychologiques: l'éloge des joues de la bien-aimée, par exemple, est expliqué en invoquant le rouge de la honte qui les colore après les remontrances formulées aux versets précédents. De même, rencontrant l'étrangeté de

---

[49]Ce problème des πρόσωπα et de l'attribution des paroles d'un énoncé au personnage qui les prononce est plusieurs fois traité par ORIGENE dans ses oeuvres exégétiques. Il est tout particulièrement évoqué, à propos du Ct. des Ct., dans l'extrait du petit Commentaire sur le Ct. conservé dans la *Philocalie*, SC 302, Introduction, texte, traduction et notes par M. HARL, pp. 326-329. Sur cette même question voir M.-J. RONDEAU, *Les commentaires patristiques du Psautier*, IIIè et Vè siècles, vol. II. Exégèse prosopologique et théologie, *Orientalia Christiana Analecta*, Rome, 1985, en particulier p. 44-51 où est envisagé précisément le cas du Ct. L'auteur montre que ce mode de lecture prosopologique, pratiqué dans les écoles païennes du temps, est utilisé par ORIGENE avec une faveur toute spéciale, et même dans le cas de textes qui, comme l'Epître aux Romains, ne semblent pas, de prime abord, requérir sa mise en oeuvre.

[50] Ouv. cit. SC n. 37 bis, pp. 41-45.

certains prédicats métaphoriques du poème, Origène s'efforce d'en rendre raison. Ainsi trouve-t-il sens à la déclaration du bien-aimé: «Equitatui meo in curribus Pharaonis similem te», en expliquant comment, lors de l'Exode, l'attelage de Dieu «l'ayant emporté sur ceux de Pharaon», il peut désormais servir de référence à l'intérieur d'un discours d'éloge.

2) *Sensus spiritalis*

Pourtant, l'essentiel de la lecture spirituelle pratiquée par Origène suppose le passage à un autre niveau. Il s'agit du «sensus spiritalis» qui vient prendre le relais du «sensus historicus». Celui-ci est clairement désigné et qualifié par le *Commentaire*. Les *Homélies*, elles, s'y installent comme naturellement, sans s'attarder à le définir. Précisons une autre différence: ce nouveau sens est sillonné dans le *Commentaire* selon deux axes disjoints, mais rigoureusement solidaires: celui du sens ecclésial où le Ct. est entendu du Christ s'adressant à l'Eglise, celui du sens individuel où il est lu comme dialogue du croyant avec le Christ[51]. Les *Homélies* ne développent, elles, que le sens ecclésial. Mais parce qu'il est clair que l'âme concernée par le sens individuel se définit dans et par la réalité ecclésiale, cette distinction ne fait pas une opposition, ni même, comme il se dit, un franc virage dans l'histoire de l'exégèse. Les contenus développés dans l'un et l'autre registres s'impliquent mutuellement[52]. Et les ressorts du commentaire sont, eux aussi, identiques.

Il est capital de bien situer cette nouvelle phase de la lecture, car c'est évidemment à son propos que l'on court le risque des plus grands contresens. Il nous semble qu'à se fonder sur le *Commentaire*, qui est ici le seul véritablement explicite, l'identité du «sensus spiritalis» doive être appréhendée selon deux types de références complémentaires mais cependant distinctes.

Incontestablement, la lecture «spirituelle» ou encore «mystique» est reliée à une problématique du sens spirituel opposé au sens charnel, qui s'insère elle-même dans un plus vaste système d'oppositions. Précisons ce dispositif.

* Le point de départ en est le développement du Prologue lisant dans les premiers chapitres de la Genèse le récit d'une double création: celle d'un homme créé «à l'image et à la ressemblance de Dieu» et celle

---

[51] Sur cette question on consultera J. CHENEVERT, *L'Eglise dans le Commentaire d'Origène sur le Cantique des Cantiques*, Studia 24, DDB, Bellarmin, 1969.

[52] Cf. H. de LUBAC, *Exégèse médiévale*, I, 1, pp. 202-203 écrivant: «... L'âme individuelle y apparaît toujours à l'intérieur de l'Eglise, son union avec le Verbe y est montrée comme la conséquence de l'union du Christ avec son Eglise, les diverses explications qui la concernent font toujours l'objet d'une "tertia expositio", ou d'un "tertius expositionis locus", en dépendance du mystère de l'Eglise».

d'un autre homme «tiré du limon de la terre». Cette interprétation est déjà chez Philon où elle est assortie de justifications résolument platoniciennes. Origène la reprend, en lui donnant cette fois des appuis essentiellement pauliniens (en particulier 2 Corinthiens 4,16: «... Encore que l'homme extérieur en nous s'en aille en ruines, l'homme intérieur se renouvelle de jour en jour»). A partir de cette vision initiale des «deux hommes» s'engendre une série de couples distinguant deux types de vie, deux intelligences (ψυχή et νοῦς), deux amours (ἔρως et ἀγάπη) et aussi deux registres de sens. Le second terme est à chaque fois valorisé comme porteur d'une dimension spirituelle spécifique. Le premier terme, au contraire, renvoie à l'orbe des réalités corporelles sensibles et limitées. Dans cette perspective, Origène rappelle, de place en place, le danger qu'il y aurait à lire charnellement le Ct. Il met en garde contre une compréhension «grossière», c'est-à-dire rivée à l'ordre des corps qui est un voile d'obscurité, puisque «... Job dit que toute "vie humaine" "sur la terre" est une ombre, signifiant par là, je le crois, que toute âme dans cette vie est obscurcie par le vêtement de ce corps grossier» (*Bae.* p. 183, 1.7-9).

Mais plus encore, Origène lit le poème lui-même comme une invitation pressante à quitter le monde corporel. Ainsi, par exemple, lorsque Ct. *2,9* parle de «fenêtres» ou de «treillis», il interprète ceux-ci comme désignant les restrictions inhérentes à la connaissance sensible: «Le Verbe de Dieu parle le premier à cette âme si belle. Il lui est apparu par les sens de son corps, comme par des fenêtres, par l'oeil qui permet de lire et par l'oreille qui écoute les enseignements... Il l'invite à sortir pour que, vivant désormais hors des sens corporels, elle cesse d'être dans la chair...» (*Bae.* p. 223, 1. 14-20). De la même façon, l'appel de l'époux à l'épouse a pour objet de l'arracher aux étroitesses du sensible: «... Le Verbe de Dieu vient à l'Epouse: il l'appelle à sortir, non seulement de la maison, mais de la cité, pour se trouver au dehors, non des vices de la chair seuls, mais de tout le corporel et le visible contenus en ce monde...» (*Bae.* p. 230, 1.1).

Enfin, l'*énoptique* ou *inspective* dont parle le Prologue comme du sommet vers lequel doit tendre tout l'effort de l'homme, est précisément cette science de Dieu et des êtres intelligibles, accessible à qui a surmonté toutes les épaisseurs et les opacités du sensible: «Elle est appelée "inspective" car, ayant transcendé le sensible, nous contemplons quelque chose des réalités divines et célestes, les considérant par l'intelligence seule, parce qu'elles dépassent le regard corporel» (*Bae.* p. 75, 1.21)[53].

Certes, il est possible de lire l'ensemble des textes origéniens sur le

---

[53] Nous citons ces extraits du *Commentaire sur le Ct.* dans la traduction qu'en donne H. CROUZEL dans son ouvrage *Origène et la «connaissance mystique»*, DDB, 1961.

Ct. à travers une telle grille philosophique et platonicienne qui, sans cesse, oppose le céleste au terrestre, l'intelligible au sensible, l'image au modèle. Il est possible de n'entendre que le refrain des mises en garde qui semblent, à chaque page, arracher le lecteur au monde réel pour le transporter dans un univers de fiction spirituelle. Il est encore possible de dresser l'inventaire de toutes les odeurs qui deviennent des sens divins, des nourritures qui ne seraient nommées que pour repousser leur réalisme, des renards changés en hérétiques et des collines en prophètes. Ces translations sont effectivement présentes au long des *Homélies* et du *Commentaire*. Pourtant, il est aussi possible de montrer que cette explication n'est encore que partielle.

   * Un second registre d'explication doit en effet être engagé dans l'analyse. Un passage du troisième Livre du *Commentaire* (*Bae.* p. 208 et sv.), nous servira de premier indice, encore allusif, orientant vers cette autre logique, moins visible, de l'exégèse de l'Alexandrin. Commentant Ct. 2,9, de nouveau, Origène y reprend la question du «sensible»: «Paul l'apôtre nous enseigne que les choses invisibles de Dieu sont comprises par le moyen de celles qui sont visibles. Les choses qui ne sont pas vues sont saisies par leur relation et leur ressemblance avec celles qui sont vues». Cette fois cependant, il n'invite pas le lecteur à fuir ou à surmonter l'écran de la réalité visible; il l'engage plutôt à scruter celle-ci avec minutie, afin de faire d'elle un chemin, une voie d'accès au monde invisible dérobé à l'emprise de la connaissance immédiate. Partant de l'exemple du grain de moutarde, image adéquate du Royaume de Dieu, Origène expose le jeu de renvoi qui s'établit entre le monde sensible et le monde spirituel, et à travers lequel l'homme est guidé jusqu'à la connaissance. Peut-être est-on là en présence du thème du grand livre ouvert de la création où, grâce à des séries de correspondances réglées, l'exploration du sensible révèle les secrets de l'invisible. Pourtant, il est remarquable que l'argument clé soit constitué par une citation biblique qui, pour appartenir à un texte tardif en contact avec l'hellénisme, ne peut certainement pas être décrétée platonisante. Au milieu de la digression, en effet, sont plantés cinq versets pris au Livre de la Sagesse (7,17-21). Ceux-ci évoquent le grand vivier du monde de la nature, organisé et vivant selon une puissance d'intelligence qui règle les rythmes des saisons, la position des astres, qui ordonne la variété foisonnante des plantes, qui donne aux éléments leurs propriétés et aux animaux leurs instincts. Or, cette puissance est précisément la mystérieuse Sagesse de Dieu, «ouvrière de toutes choses», dont la figure s'élabore progressivement au cours des derniers siècles de la rédaction de la Bible, dans une méditation qui accueille quelque chose du patrimoine des Nations, mais d'une manière qui l'intègre à la synthèse biblique déjà constituée[54]. Ainsi

---

[54] Sur la place des éléments d'emprunt dans le Livre de la Sagesse, et en particulier

donc, lorsqu'Origène brasse la réalité dans un gigantesque jeu de correspondances, on doit admettre qu'il n'agit pas seulement en homme habité par des références philosophiques. Il demeure enraciné dans la Bible qui, à travers le témoignage divin qu'il y lit, est tout à la fois pour lui, une anthropologie, une vision du réel et une histoire sainte. Un arrêt sur le motif du μυρτήριον, qui n'est pas étranger à celui de la Sagesse, devrait confirmer ce point de vue.

b) Μυστήριον

Prononcer le mot de μυστήριον, revient certainement à désigner un élément qui figure au centre de la spiritualité d'Origène et traverse l'ensemble de son oeuvre. C'est aussi pointer un terme rendu complexe précisément par cet usage origénien, mais également par son histoire antérieure. Nous ne prétendons pas rendre compte ici d'une telle notion qui, de plus, croise les difficultés attachées au terme connexe de «sacramentum» (par suite de la double traduction latine du μυστήριον en «mysterium» et «sacramentum»)[55].

Rappelons seulement que le mot appartient originellement au vocabulaire des «mystères» païens, mais qu'il est aussi présent dans les livres tardifs de l'AT, tout particulièrement en Daniel 2, où il traduit, dans la version grecque, le mot רָז d'origine persane[56]. Et c'est dans cet usage biblique que s'enracine la reprise néo-testamentaire du mot, tel qu'il figure spécialement chez Paul, avec le sens d'emblée très spécifique de: plan divin du salut demeuré caché pendant les siècles, révélé dans le Christ. D'entrée de jeu et principiellement, cette notion biblique a donc une acception puissante et ample, quoique parfaitement unifiée autour de la personne du Christ qui en est la pointe, la récapitulation et l'expression lisible dans l'histoire des hommes. Corrélativement, dès cette origine, elle désigne l'association des Nations, à travers le Christ,

---

de l'influence stoïcienne, voir J.M. REESE, *Hellenistic Influence on the Book of Wisdom and its Consequences*, Rome, 1970. Egalement les pages 181-236 de L. LARCHER, *Etudes sur le livre de la Sagesse*, Gabalda, 1969. On retiendra ici la conclusion d'H. CAZELLES montrant comment «synthèse nouvelle, l'enseignement de la Sagesse est profondément traditionnel, car on y retrouve des éléments dispersés dans les prophètes et les sapientiaux», *Introduction critique à l'Ancien Testament*, DDB, 1973, p. 724.

[55] Sur ce point difficile, la littérature abonde. Signalons l'ouvrage classique de J. DE GHELLINCK, *Pour l'histoire du mot «sacramentum»*, I. Les Anténiciens, Spicilegium Sacrum Lovaniense, 1924. Sur ORIGENE spécialement, voir: U. VON BALTHASAR, «Le mysterion d'Origène», *R.S.R.*, n. 26, 1936, pp. 513-562. C'est cependant aux analyses de H. CROUZEL, *Origène et la connaissance mystique* que nous nous référerons en priorité.

[56] Voir *Dictionnaire encyclopédique de la Bible*, Brepols, 1987, article «mystère» qui comporte une bonne bibliographie, à laquelle on ajoutera L. BOUYER, *Mysterion. Du mystère à la mystique*, OEIL, 1986.

au salut et à la vocation d'Israël (par exemple, Romains *11*,25 ou Ephésiens *3*,6). Le même mot «μυστήριον» s'applique encore à l'Eglise dont l'identité est perçue mystiquement comme «Corps du Christ» (par exemple, Ephésiens *5*,32).

Ce sens, déjà très dense, va continuer à s'affiner et à s'enrichir à travers la méditation des Pères apostoliques et de leurs successeurs qui, revisitant les Ecritures à partir de l'événement pascal, poursuivent l'inventaire et la contemplation des pensées et de l'oeuvre divines. Ainsi, l'interprétation typologique de la Révélation en Ancien et Nouveau Testament, l'articulation de l'histoire en temps de la figure et de la prophétie d'une part, temps de l'accomplissement d'autre part, relèvent de l'exploration du «mysterium» par la foi. Dès l'époque de Justin, le mot s'applique aussi bien aux textes qu'aux faits et aux personnages de l'Ancien Testament, qui contiennent le «mystère» d'une vérité à laquelle ils font signe. Il s'applique également et éminemment aux faits de la vie du Christ, dans la mesure où son Incarnation est précisément le coeur de ce μυστήριον. Ainsi de proche en proche, on le voit, le mot acquiert de nouveaux référents, ou plus exactement, il voit détailler et expliciter son référent en une multitude d'objets particuliers qui, à terme, s'identifient à la multitude des objets de la création, tout entière concernée par l'événement christologique.

On doit certainement admettre que la mentalité platonicienne a sa part dans cette évolution. C'est finalement le vocabulaire de celle-ci qui vient à fournir la définition et la compréhension la plus ramassée du μυστήριον au 3ème siècle, quand il est conçu comme «une chose sensible qui contient cachée en elle, mais dévoilée à qui sait l'y chercher, et communiquée à celui qui est suffisamment bien disposé, une réalité divine en rapport avec l'économie de Dieu dans le monde»[57]. En ce sens, on pourrait de nouveau conclure à un nouvel indice de l'hégémonie du platonisme chez les Pères, et en particulier chez Origène. Mais de nouveau aussi, la situation paraît moins immédiatement décidable qu'il n'y paraît. Du moins si l'on admet, comme nous sommes porté à le faire à la suite d'H. Crouzel, que le μυστήριον origénien demeure dans la proximité de celui dont parle Paul, compte-tenu de ce que pour l'Alexandrin «le terme désigne non le symbole chargé de signification spirituelle, mais la réalité divine que le chrétien doit s'efforcer de connaître à partir des figures de l'Ecriture»[58].

Le jeu de renvoi du sensible à l'intelligible est incontestablement

---

[57] C. VAGAGGINI, *Initiation théologique à la liturgie*, Biblica, Bruges, Paris, 1963, tome II, p. 116.

[58] Ouv. cit., p. 29. La position adoptée ici introduisant l'écart de plusieurs nuances avec les thèses de C. HANSON (*Origen's Doctrine of Tradition*, Londres, 1954), de M. HARL (ouv. cit.) ou de U. VON BALTHASAR (art. cit.).

platonicien. Mais les deux pôles de ce mouvement, en revanche, ne peuvent pas l'être. Ce qui se nomme le «sensible» est, dans ce cas précis, constitué d'événements — et d'abord ceux de l'histoire d'Israël — et de leur écriture, dont la caractéristique est que leur portée déborde ce que le regard humain laissé à lui-même y perçoit. En ce sens, ces événements et leur écriture «figurative» sont bien faits pour être dépassés, c'est-à-dire accomplis par cela même qu'ils désignent mystérieusement et prophétiquement. Par là, ils sont comme le «sensible» platonicien qui doit être quitté, à ceci près que l'accomplissement chrétien dit tout autre chose — sauf à l'entendre d'une manière étroite et idéologique — que la sortie d'une réalité qui s'évanouirait derrière celui qui la dépasse. Si l'on se trouvait véritablement dans une logique platonicienne, les «types» de l'Ancien Testament, mais aussi les actes incarnés, historiques de la vie de Jésus devraient s'abolir devant l'accomplissement des premiers et le sens spirituel des autres. Or, même si, chez Origène, la «fonction révélatrice du Verbe incarné», selon le titre de l'étude de M. Harl, soulève de multiples et subtils problèmes[59], on ne peut supposer qu'il en soit ainsi. Le μυστήριον qu'il scrute est inséparable de l'Incarnation. Et même si, à propos de cette dernière, on insiste sur son caractère d'introduction (fonction «isagogique») à une connaissance destinée à se réaliser dans un face à face dépassant toute image, elle n'en reste pas moins pour Origène, l'unique et décisif accès à la plénitude de la vérité divine.

Quant à l'«intelligible», il ne se plie pas mieux à une réinterprétation platonicienne. A aucun moment il n'est une idée. Parce que du début à la fin, il est une personne, celle du Fils, image d'une autre personne, le Père. On ne peut avoir affaire ici qu'à un «mystère personnel». Et ce point, de nouveau, fait un écart irréductible avec le platonisme[60]. A quoi il faut ajouter cet autre trait qui ne peut appartenir qu'au μυστήριον chrétien: inconnaissable par l'homme, il lui est pourtant accessible, mais selon la voie unique d'une grâce qui ne peut s'acheter ou se forcer: «Dieu personne ne le voit en y appliquant sa pensée, de même qu'on voit le visible en jetant la vue sur lui. Dieu est vu par ceux à qui il juge bon de se faire voir en se révélant lui-même. Puisque ce n'est pas (l'homme) qui le voit le premier, mais que c'est Dieu qui se montre, il se manifeste à la

---

[59] M. HARL conclut p. 358: «... Notre étude nous a montré qu'ORIGENE s'attachait rarement à la vie concrète de Jésus: en dehors de la polémique contre Celse, qui l'oblige à justifier certains traits de cette vie (la naissance, l'enfance, le comportement quotidien, l'apparence physique, la passion et la mort), ORIGENE est discret sur les faits et gestes de Jésus. Généralement il ne les a pas plus tôt rapportés qu'il s'élève à la méditation du Verbe agissant dans les âmes.

[60] Cette affirmation d'un «mystère personnel» se trouve très fortement présente dans l'ouvrage cité d'H. CROUZEL, p. 83, qui considère que c'est peut-être là, chez ORIGENE, le point «de plus grande différence avec ses sources platoniciennes, avec son condisciple Plotin, en dépit de leurs ressemblances».

contemplation de ses créatures dans la mesure où elles en sont capables. C'est pourquoi le Sauveur dit: "Je me manifesterai à lui, et non: Il faut que celui-ci me voie"»[61]. On est là aux antipodes d'une gnose.

Ainsi, dès que l'on explicite des formules commodes, mais rapides, dès qu'on les replace dans une totalité qui est leur milieu véritable, on s'aperçoit que le μυστήριον d'Origène est, sans équivoque, chrétien. Or, c'est précisément lui qui est planté au coeur de l'interprétation du Ct. que donnent à lire les *Homélies* aussi bien que le *Commentaire*.

Le court texte des *Homélies* comporte trois occurrences du mot «mysterium»[62]. Celui-ci apparaît à propos de l'exégèse de Ct. *1*,3: «Ton nom est un parfum répandu», mis en relation avec les deux onctions de parfum rapportées dans l'évangile de Marc (*14*,3) et dans celui de Luc (*7*,38). Or, considérant ce que contiennent les Evangiles, Origène note que les évangélistes «n'ont pas écrit des histoires, ni des récits, mais des mystères» (p. 80); dans ces conditions il devient légitime d'appliquer au verset du Ct. l'appellation de «propheticum mysterium». On retrouve le mot un peu plus loin pour désigner l'énigme spirituelle que contient le poème quand il décrit successivement l'épouse «belle mais encore noire» (*1*,5), puis montant revêtue de blancheur (*8*,5). Il est encore question du «mystère» caché dans les Ecritures et qui veut que celles-ci soient ouvertes par le Christ («Quis putas est dignus e nobis, qui iuxta dignitatem loci atque mysterii plenam possit explicare rationem?») (p. 140).

Le *Commentaire* mentionne également le «mysterium» et sa variante qu'est le «sacramentum». Mais surtout il revient avec insistance sur quelques grands textes pauliniens qui constituent la matrice scripturaire de cette notion. C'est ainsi qu'il cite à plusieurs reprises 1 Corinthiens *2*,7-16 («Nous parlons au contraire d'une sagesse de Dieu, mystérieuse, demeurée cachée, celle que dès avant les siècles Dieu a par avance destinée pour notre gloire, celle qu'aucun des princes de ce monde n'a connue...») ainsi qu'Ephésiens *5*,32 relatif au «sacramentum» que constitue l'amour de l'homme et de la femme. Or ces textes appartiennent chacun au corpus paulinien qui, nous l'avons déjà signalé, fixe en son départ le contenu du «mysterium». A travers leur mention le *Commentaire du Ct.* est donc solidement amarré en pleine logique néo-testamentaire, quoi qu'il puisse en être de détails ici ou là marqués des philosophies du temps.

A titre d'illustration, nous nous arrêterons au commentaire qui est proposé du verset 15 du chapitre 1[62bis]. Soit, dans la version du texte

---

[61] Ce texte est de nouveau cité par H. Crouzel, au § 4: «L'homme ne connaît le mystère que par grâce» de son chapitre: «Le paradoxe du mystère».

[62] Nous réutilisons le terme latin pour traiter de la question directement dans les *Homélies* et le *Commentaire* puisque ceux-ci ne sont consultables que dans leur version latine.

[62bis] Bae. p. 152 et sv.

que commente Origène: «Ecce es speciosa, proxima mea; ecce es speciosa; oculi tui columbae». L'explication se déroule en deux temps. Elle commence avec le premier sens, littéral ou dramatique. Origène remarque qu'il s'agit là de la seconde adresse du bien-aimé à la bien-aimée. Alors que la première la désignait comme «la plus belle parmi les femmes», l'exhortait à se connaître elle-même («nisi cognoveris te, o bona inter mulieres, egredere tu in vestigiis gregum...») et la comparait à l'attelage qui vainquit Pharaon, le bien-aimé, cette fois, la déclare belle par le seul fait de son voisinage avec lui: «Ecce es speciosa, proxima mea». Mieux, elle est devenue belle en elle-même et elle le demeure alors même que l'époux s'éloigne d'elle. C'est ainsi qu'Origène comprend que «ecce es speciosa» soit repris une seconde fois sans la répétition de «proxima mea». Vient ensuite un long développement à propos des yeux de colombe, typique de la méthode origénienne. Il est d'abord rappelé que la colombe est l'emblème de l'Esprit-Saint dont la présence est nécessaire pour entendre de manière juste («spirituali sensu») la Loi et les Prophètes. Avoir des yeux de colombe est donc une manière d'exprimer l'intelligence spirituelle. C'est pourquoi les yeux de la bien-aimée reçoivent cette qualification rehaussée de l'association avec le Ps. *68*,13 évoquant les ailes de la colombe couvertes d'argent. Puis, faisant référence au Christ et à l'Esprit-Saint manifesté sous la forme d'une colombe, Origène justifie la prescription d'Exode *12* fixant la nature des offrandes à présenter pour la Pâque et pour la purification d'un nouveau-né: un agneau dans le premier cas, des colombes dans le second. Après quoi, s'enfonçant dans le «mysterium» («Potest adhuc profundiore fortasse sacramento, quod dixit, "ecce, es preciosa, proxima mea", intelligi...») il suggère une nouvelle ligne d'interprétation, cette fois de type anagogique. «Ecce es speciosa, proxima mea» ferait référence au temps présent où l'Eglise est belle dans la mesure où elle est auprès du Christ et l'imite, tandis que la répétition de «ecce es speciosa» viserait le temps futur où elle sera belle de sa propre perfection. Pour finir, il apparie les deux colombes avec le Fils de Dieu et l'Esprit-Saint, établissant cette équation par l'intermédiaire de 1 Jean *2*,1 qui qualifie le Christ du titre d'«advocatus» donné à l'Esprit-Saint. Un dernier écho scripturaire est cherché en Zacharie *4*,3 décrivant le lampadaire du Temple flanqué de deux oliviers, signes du Fils et de l'Esprit-Saint.

On le voit, cette exégèse de Ct. *1*,15 mobilise un nombre étonnant de textes et compose les uns avec les autres des motifs à certains égards parfaitement disparates. Elle peut paraître un pur jeu formel de rapprochements forcés. Et cependant, le mot de «mysterium» revenant à deux reprises au cours de ces quelques lignes, assorti du mot «sacramentum», il semble légitime de chercher des lumières de ce côté également. A y regarder de près, l'explication a bien ce caractère multidimensionnel qu'implique le «mysterium». A partir des simples mots du verset du Ct. qui ne contiennent ni difficulté, ni énigme, est déployée la totalité des temps de l'Ancien et du Nouveau Testament, et jusqu'aux âges futurs. C'est une même réalité spirituelle qui, courant à travers le passé, le présent et l'avenir de l'histoire, dicte une prescription de la Loi, éclaire un passage de Zacharie, laisse entrevoir le temps d'au-delà du temps. Le commentaire ne cherche à surmonter aucun obstacle du texte, à dissiper nulle obscurité. Il consiste simplement, à partir des mots proposés, à circuler dans le champ d'un «mysterium» dont on sait qu'il est une immensité sans rivage, qu'il comporte une multitude inexhaustible de correspondances dont l'intelligence spirituelle peut tout au plus commencer à explorer et à inventorier quelques éléments.

Ainsi l'accent herméneutique n'est plus le même selon que l'on lit l'explication d'Origène en référence exclusive à une mentalité platonicienne ou que l'on consent à accorder sa place au motif du «mysterium». Le premier parti montre un commentaire dont l'unique préoccupation est de décaler le texte de ses signifiants originaux en le transposant d'une signification littérale à une signification spiritualisée. La seconde est beaucoup plus subtile et riche: elle consiste, en prenant rigoureusement appui sur les mots et les formes du sens dramatique et en les mettant en résonance avec la totalité du corpus scripturaire, à déployer quelques plis d'un «mysterium» qui est constitutivement l'objet de la confession de foi. La première est, d'une certaine manière, une opération purement spéculative, alors même que son objectif est d'énoncer le spirituel. C'est une technique qui peut être décrite comme telle. La seconde est «mystique» au sens où elle n'est ni démonstrative, ni apologétique, mais ressortit à la contemplation. Pour cela même, elle est par nature foisonnante et inachevée.

Il est évident que ces deux perspectives ne sont pas simplement des options ou des grilles de lecture à l'égard desquelles le lecteur devrait prendre parti, optant pour un Origène platonicien ou plus biblique. On ne peut méconnaître qu'elles sont inscrites, l'une et l'autre, par Origène lui-même, dans son commentaire. Et elles ne sont pas simplement juxtaposées: l'accès au «mysterium» se fait par l'inspective qui arrache au sensible. Le Prologue est très clair sur ce point. Parce que le sensible est transcendé, les réalités divines et célestes peuvent surgir au-delà du regard corporel. Cet aspect est indiscutable. Pourtant, si le «mysterium» s'ouvre, c'est aussi parce que positivement l'homme entre dans la contemplation et l'union amoureuse avec Dieu. Ce motif est non moins incontestable, présent qu'il est d'un bout à l'autre du *Commentaire du Cantique*, reprenant de moment en moment ce désir de l'âme exprimé au Livre I, «d'être unie au Verbe de Dieu et de vivre en société avec lui; d'entrer dans les mystères de sa sagesse et de sa science comme dans les chambres de son époux céleste» (*Bae*. P. 94, 1. 6 et 7).

Ainsi, s'il existe une saisie intellectuelle, «l'idéal de la connaissance est une fusion du connaissant et du connu» dont la source est l'amour, comme le rappelle H. Crouzel, en citant ce texte du *Commentaire sur Jean*: «Lorsqu'Adam disait d'Eve: «Voici l'os de mes os et la chair de ma chair», il ne connaissait pas sa femme. Mais lorsqu'il se fut uni à elle, on put écrire: Adam connut Eve son épouse. (...) Celui qui s'unit à la prostituée est un seul corps avec elle et celui qui s'unit au Seigneur est un seul esprit avec lui. Que celui qui s'unit à la prostituée la connaisse, que celui qui s'unit à sa femme la connaisse, mais bien plus et en toute sainteté que celui qui s'unit au Seigneur le connaisse»[63]. Même si le thème de la connaissance comme participation a des aspects platoniciens, il n'est guère possible de ramener un tel texte à une pensée spéculative abstraite. Si la tentation d'une telle spéculation existe chez Origène, on doit admettre qu'elle est totalement contrebalancée par le caractère foncièrement biblique de la théologie et de l'exégèse de l'Alexandrin. D'ailleurs même l'inspective a pour figure emblématique, aux yeux d'Origène, celle de Jacob «qui fut appelé Israël pour avoir contemplé les réalités divines, qui vit les camps du ciel et la maison de Dieu, qui aperçut les chemins des anges et les échelles dressées de la terre vers le ciel» (*Bae.* p. 78).

Enfin, il paraît impossible d'oublier que le «mysterium», qui est le terme du chemin tracé par Origène, ne peut en aucun cas, à cause de l'Incarnation, être rabattu sur un monde idéal de type platonicien. Qu'on le veuille ou non, le «mysterium» est traversé, pour le chrétien Origène, de l'affirmation de S. Jean, probablement elle-même reliée à la polémique antignostique: «Ce qui était dès le commencement, ce que nous avons entendu, ce que nous avons vu de nos yeux, ce que nous avons contemplé, ce que nos mains ont touché du Verbe de vie...» (1ère Ep. Jean *1*,1). Parce que cette dernière structure est rigoureusement fondatrice de la foi chrétienne et que, comme telle, elle constitue tout ensemble l'a priori, le terrain nourricier et le but de la lecture d'Origène, nous croyons qu'elle doit être scrupuleusement intégrée dans l'appréhension de son travail de commentateur. La nouveauté et l'originalité du «mysterium» chrétien, planté au centre de la spiritualité origénienne, sont telles que, même lorsque le discours emprunte des catégories ou des schémas aux herméneutiques païennes, ceux-ci en sont forcément retravaillés, remodelés et transformés.

c) *Exploration du sens spirituel*

Ces points relatifs au «mysterium» étant rappelés, à partir de quelles

---

[63] Com. in Jo. XIX, 4, ouv. cit. p. 520.

questions s'engendre le commentaire, selon quelle logique se construit l'explication? Trois opérations principales sont engagées. Il s'agit:

— d'expliciter la situation qui supporte, et donc légitime, l'expression des paroles du Ct. On retrouve ici le propos qui anime la recherche du sens littéral mentionnée plus haut. Mais alors que précédemment l'explication consistait à indiquer la situation dramatique qui conduisait le bien-aimé ou la bien-aimée de l'épithalame à s'exprimer dans les termes du Ct., elle a pour fin, cette fois, de dire en quoi l'Eglise ou le croyant individuel est fondé à s'exprimer de cette façon;

— de relier le passage commenté à la totalité du Ct., ou encore d'indiquer la cohérence entre les diverses situations spirituelles successives décrites par le poème;

— de justifier les signifiants employés, qu'ils soient ou non de caractère métaphorique.

Nous mettrons ce programme en évidence à partir de l'exemple du commentaire du verset 2,8: «Vox fraterni mei. Ecce hic venit saliens super montes, transiliens super colles», au Livre III du *Commentaire*. Origène expose tout d'abord le jeu scénique que ces paroles présupposent; puis, anticipant sur la suite du texte, il évoque les caractères du temps nouveau inauguré par la proximité du bien-aimé. Cette digression désigne, sans plus, le sens dramatique du texte et nous ne nous y attarderons pas. La suite du commentaire est plus complexe et porte plus loin. Elle illustre rigoureusement le mouvement que l'on vient d'indiquer. Origène commence par rendre raison de ce que l'Eglise déclare: «J'entends mon bien-aimé qui vient». Ce paragraphe est une remarquable théologie de l'«ecclesia» en raccourci: rassemblée depuis les débuts du temps, elle a entendu d'abord la parole du Bien-aimé par l'intermédiaire des Prophètes. Parole divine mais cependant encore distante. Maintenant elle le voit venir en personne, bondissant par dessus les montagnes, franchissant les collines auxquelles sont précisément comparés les Prophètes. Puis l'application est faite à l'âme: décrite tout d'abord en plein labeur, scrutant laborieusement la parole des Prophètes, peinant dans une recherche infructueuse, elle est montrée soudain saisie par l'illumination de la proximité divine, bondissant par dessus monts et collines, quand vient à s'ouvrir le sens du texte obscur (*Bae.* p. 202, 1. 1-111): «... si quando eam (animam) legis aut prophetarum vel aenigmata vel obscura quaeque dicta concludunt, si forte adesse eum sentiat anima et eminus sonitum «vocis» eius accipiat, sublevatur statim...»[64]. On remarque que le texte du Ct. tel que le lit

---

[64] «S'il arrive que l'âme soit enfermée dans l'énigme de paroles obscures de la Loi ou des Prophètes, et si soudain elle éprouve sa présence, perçoit de loin le son de sa voix, aussitôt elle est soulagée...».

ici Origène, à la fois dit de vastes mystères théologiques et évoque avec simplicité, sur un ton de confidence inhabituel, l'expérience vive du lecteur.

Une seconde vague d'explication (1. 16 et sv.) s'interroge ensuite sur la contradiction qui se forme entre ce verset qui suppose l'absence et les versets précédents qui affirmaient la présence. Origène met cette discordance en parallèle avec celle qu'il relève, à l'intérieur du Nouveau Testament, entre Matthieu *28*,20: «Voici que je suis avec vous pour toujours, jusqu'à la fin du monde» et la parole de Matthieu *25*, 5 et 6: «Comme l'Epoux tardait, elles s'assoupirent toutes et dormaient. Mais à minuit un cri retentit: "Voici l'Epoux! Sortez à sa rencontre!"» De nouveau, il cherche une explication en traitant la question au double niveau ecclésial et individuel et en décrivant des situations (tribulations et persécutions suivies du temps de paix; recherche inquiète puis satisfaite) qui justifient l'affirmation successive de l'absence et de la présence. Les versets suivants du poème disant la fin de l'hiver, servent d'appui à l'évocation de cette temporalité spirituelle qui évoque déjà Grégoire de Nysse. Enfin, le commentaire rebondit une troisième fois: «Si enim consideres, quomodo parvi temporis spatio occupatum falsis superstitionibus mundum sermo Dei percucurrit et ad agnitionem verae fidei revocavit, intelliges, quomodo "saliat super montes"...» (p. 204, 1.14 et sv.)[65]. Il ne va plus reconstituer la situation qui sert d'entour à la parole, mais chercher à rendre compte des signifiants utilisés — en l'occurrence des deux verbes «salire» et «exsilire» — pour désigner la course de l'époux identifiée par Origène à celle du Verbe de Dieu. Une série d'interprétations se pressent ici, soutenues par des textes puisés dans de multiples livres bibliques. Un long développement explique la course du Bien-aimé comme la propagation de la foi par la prédication (cf. Romains *15*,19), ou comme concernant la venue du Christ bondissant, enjambant montagnes et collines, c'est-à-dire apparaissant aux «points élevés» que sont la Loi et les Prophètes. De là, sont évoquées diverses saintes montagnes: celle de la Transfiguration, d'autres mentionnées dans les Psaumes ou bien chez les Prophètes. Et parce que le texte de Jérémie *16*,16 qui est cité introduit une référence au jugement, le commentaire prend pour finir cette nouvelle direction qui le conduit jusqu'au discours apocalyptique de Matthieu, avant d'ouvrir une dernière voie, jalonnée par le Psaume *125*: «Celui qui a foi en Dieu ressemble au mont Sion», par Isaïe *40*,4: «Que toute vallée

---

[65] «Car si tu considères comment la Parole de Dieu a, en peu de temps, parcouru le monde occupé par des mensonges et des superstitions, et comment elle l'a ramené à la reconnaissance de la vraie foi, tu comprendras en quel sens "il saute par-dessus les montagnes"».

soit comblée», par Luc *18*,14: «Celui qui s'élève sera abaissé...», par Daniel *2*,35 évoquant la pierre devenue une grande montagne qui remplit toute la terre. Le commentaire du verset se clôt par une ultime identification des montagnes avec les âmes remplies de sagesse et de sainteté desquelles coulent des flots d'eau vive, en référence à Jean *7*,37.

Sans doute est-il possible de ne retenir de ces lignes qu'un vertigineux tourniquet textuel, un simple jeu d'associations sur la base de similitudes ténues, ou encore un délire de la lettre soutenant l'obsession d'une retraduction spiritualisante du texte. C'est ce que l'on y voit en effet lorsqu'on les lit à partir de la conviction que l'exégèse patristique n'a d'autre portée que celle de manipulations sur le sens à fonction apologétique ou simplement explicative. Mais les citations qui se distribuent tout au long du commentaire nous semblent avoir plus de rigueur qu'il ne paraît à première vue et procéder d'une autre logique que celle de l'association libre.

Pour mieux le percevoir, revenons sur deux présupposés qui forment le socle invisible mais porteur de toute cette exégèse. Le premier concerne la nature du texte biblique; le second son unité.

La conviction de toute lecture patristique est que le texte a une valeur révélante qui doit être ressaisie à hauteur de chaque détail du signifiant et qui se concentre et se synthétise dans le sens spirituel. De même que chaque élément a sa nécessité dans l'ordre dramatique, il doit avoir sens et nécessité dans l'ordre spirituel que déroule la lecture. La perception de cette dernière cohérence implique que chaque marque textuelle soit minutieusement interrogée. Ainsi, on l'a déjà vu, une répétition fait sens, tout comme l'écart dans la répétition. Le non-accompli surgissant brusquement entre *1*, 3 et *1*, 4: «Post te in odorem unguentorum tuorum curremus» est pour Origène l'indice d'un état spirituel — celui des jeunes filles du poème — encore imparfait, qui ne peut dire son empressement qu'en le projetant dans l'avenir, comme une espérance et une promesse. Le pluriel sous lequel apparaissent les jeunes filles ne reste pas non plus sans enseignement: Origène y lit la désignation des Eglises — unique Eglise pour autant qu'elles sont parfaites — mais qui en revanche demeurent multiples tant qu'elles sont, comme les jeunes filles, sur le chemin de leur apprentissage.

— Un second présupposé, dont le rappel est indispensable à l'intelligence de l'entreprise d'Origène, est le principe traditionnel de «l'analogia fidei». On a déjà eu l'occasion de remarquer que celui-ci signifiait beaucoup plus que la simple reliure commune qui mettrait ensemble Ancien et Nouveau Testament pour en faire un livre unique. Il n'est pas non plus un principe herméneutique un peu abstrait, une pièce d'un dispositif interprétatif. Il constitue une proposition de foi qui régule toute la lecture patristique de la Bible. En ce sens donc, c'est bien d'emblée une sensibilité générale qui active le travail d'associations que l'on décrivait plus haut[66].

Au lecteur moderne coupé de cette manière de lire, les effets de «l'analogia fidei» apparaissent nécessairement étranges et arbitraires. Il n'en reste pas moins que nombre de commentaires sortis de cette pratique de l'Ecriture gardent aujourd'hui une impressionnante somptuosité. Le *Commentaire du Ct.* en contient plusieurs exemples remarquables. Tel, par exemple, ce long développement à l'appui du verset *1*,4: «Quia bona sunt ubera tua super vinum» où Origène, voyant le vin désigner les enseignements des Prophètes, reparcourt la Bible en passant par les différents lieux mentionnant tantôt ce signifiant, tantôt son signifié. Sont ainsi convoqués la vigne de Noé et les raisins vénéneux des plants de Gomorrhe (Deutéronome *32*, 32), l'épisode du Temple où Jésus enseigne les Docteurs de la Loi, les noces de Cana et, pour finir, la visite de la reine de Saba s'émerveillant, par le truchement des richesses matérielles de Salomon, des trésors de l'enseignement d'Israël et du vin de ses jugements.

Ou encore, à propos du verset: «Fusca sum et formosa, filiae Hierusalem», c'est l'Eglise issue des Nations que le commentaire d'Origène fait se lever, au long des siècles, en la personne de l'épouse éthiopienne de Moïse, en celles des porteurs d'offrande venus d'au-delà des fleuves d'Ethiopie, — tels que les évoque l'oracle de Sophonie sur la conversion des Nations —, en celle d'Abdémelech le Kushite (Jérémie *38*,7) par lequel le prophète est arraché à la fosse, en celle, encore et de nouveau, fascinante, de la reine de Saba (*Bae.* p. 117 et sv).

C'est encore cette même sensibilité attentive à l'unité du texte biblique qui dicte un autre principe de l'exégèse origénienne plusieurs fois attesté dans les *Homélies* et le *Commentaire*: le sens d'un mot difficile ou son sens figuré doivent être recherchés en faisant l'inventaire de ses autres contextes et emplois bibliques. Pour savoir ainsi comment doit s'entendre le «midi» de *1*,7: «Adnuntia mihi, quem dilexit anima mea, ubi pascis, ubi cubas in meridie», Origène préconise:

«Diligenter obserua, ubi meridiem legeris. Apud Ioseph meridie fratres prandium celebrant, angeli meridie Abrahae suscipiuntur hospitio, et cetera istiusmodi. Quaere et inuenies scripturam diuinam non frustra et fortuitu unumquemque usurpare sermonem»[67].

---

[66] J. DANIELOU fait le point sur les débats modernes menés autour de l'oeuvre d'ORIGENE et il montre le rôle fondateur de la référence biblique dans sa spiritualité in «Les sources bibliques de la mystique d'Origène», *Revue d'Ascétique et de Mystique*, 23, 1947, pp. 126-141.

[67] «Remarque avec attention les endroits où tu lis: midi. Dans l'histoire de Joseph, c'est à midi que les frères prennent leur repas; les anges reçoivent à midi l'hospitalité d'Abraham, et il y a d'autres mentions semblables. Cherche et tu trouveras que la divine Ecriture n'emploie pas chaque mot sans raison, au hasard», H. I, 8.

L'«ombre» dont parle 2,3 est interprétée, elle, par le détour de citations successives des *Lamentations* désignant Sédécias comme le protecteur d'Israël au milieu des Nations, de Luc *1*,35 évoquant l'Annonciation, de l'Epître aux Hébreux faisant de la Loi «l'ombre des choses à venir». Les renards qui surgissent en 2,15 ne sont assimilés aux hérétiques qu'à travers le reparcours de cinq références bibliques (Ps. *62*, 10,11; Mat. *8*,19,20; Luc *13*,31,32; Juges *15*,3,4,5; 2ème Livre d'Esdras *4*,3) qui balaient les deux tiers des occurrences qu'une concordance donne pour ce mot. Certes, l'identification proposée est loin d'être mécanique et contraignante car, l'équation «renards-hérétiques» ne se trouve évidemment nulle part formulée. Mais on ne peut cependant affirmer qu'Origène ne ferait que justifier a posteriori, et par des lectures tendancieuses, une allégorie de son invention. C'est sur la base d'un lexique biblique que se construisent bon nombre des métaphores qui paraissent, à l'instant de la lecture, déroutantes ou arbitraires. En fait, il faut affirmer que la logique de l'interprétation d'Origène est indissociable d'une familiarité vécue avec la totalité de l'Ecriture qui, en définitive, plus que tout, détermine l'ampleur de son regard de lecteur.

Cette affirmation ne nie pas pour autant la présence ici ou là de vraies «allegoria in verbis» qui se soustraient à une véritable justification biblique. Il y a incontestablement chez Origène, comme on l'a souvent remarqué, un goût pour des appariements construisant de belles séries, même au prix de l'arbitraire. C'est ainsi, par exemple, qu'il met en correspondance la suite de cinq appellations du Christ avec les cinq sens:

«Idcirco enim et "verum lumen" dicitur, ut habeant oculi animae, quo illuminentur; idcirco et "verbum", ut habeant aures, quod audiant; idcirco et "panis vitae", ut habeat gustus animae, quod gustet. Idcirco ergo et "unguentum" vel "nardus" appellatur, ut habeat odoratus animae fragrantiam Verbi. Idcirco et palpabilis ac manu contractabilis et "Verbum caro factum" dicitur, ut possit interioris animae manus contingere de Verbo vitae. Haec autem omnia unum atque idem est Verbum Dei, quod per haec singula affectibus orationis commutatum nullum animae sensum gratiae suae relinquat expertem»[68].

---

[68] «Pour cette raison, il est appelé la "vraie lumière" pour que les yeux de l'âme aient ce dont ils ont besoin pour être illuminés; il est appelé "Verbe" pour que les oreilles aient de quoi entendre; "pain de vie" pour que le palais de l'âme ait de quoi goûter. De la même façon, il est appelé "onguent" et "nard" afin que l'odorat de l'âme appréhende l'odeur du Verbe. Pour la même raison, il est dit qu'il peut être touché et palpé par la main et qu'il est appelé "le Verbe fait chair" afin que la main de l'âme intérieure puisse toucher du Verbe de vie. Mais toutes ces choses sont l'unique et même Verbe de Dieu, qui ne laisse manquer de sa grâce aucune des facultés de l'âme, dès lors qu'elle est touchée par sa parole» (Bae. pp. 167-168).

Selon cette même inspiration rhétorique et un peu artificielle, le commentaire identifie divers référents du poème. Les «cèdres de la maison» dont parle Ct. *1*,17 désignent ceux qui protègent l'Eglise, tandis que les lambris seraient plus précisément les évêques par lesquels l'ensemble de la construction est «soutenue et protégée à la fois de la pluie et de la chaleur du soleil» (p. 177, 1. 17). Ou encore, les ingrédients entrant dans la composition du chrême décrits par Exode *30*,22-25 et évoqués par Ct. *1*,3 deviennent, terme à terme, dans une allégorie raffinée et étrange, des symboles de l'Incarnation (p. 98, 1. 25 et sv).

Bien d'autres exemples pourraient confirmer cette ligne du commentaire d'Origène. Il convient cependant de rester vigilant dans leur appréciation. Redisons que plusieurs grands développements qui pourraient passer pour des modèles d'allégorisme ont, en définitive, à y bien regarder, une assise biblique. Donnons-en quelques illustrations.

L'exégèse que propose Origène de Ct. *1*,6: «Vineam meam non custodivi» est à bien des égards inattendue: il y voit une allusion à Paul «qui n'a pas gardé sa vigne, c'est-à-dire qui n'a pas gardé la tradition juive, après qu'il eut reçu la foi au Christ». Le débouché de l'interprétation est étrange, mais l'identification sur laquelle elle repose est, elle, tout à fait biblique. Non seulement l'équivalence établie entre le vin d'une part, l'enseignement de la Loi et des Prophètes de l'autre, réapparaît plusieurs fois dans le *Commentaire* (pour interpréter Ct. *1*,4 notamment), mais on peut considérer qu'elle sort tout droit de la Bible. Que l'on songe, par exemple, à Proverbes *9*,1 et sv. où la Sagesse est décrite dressant sa table, mélangeant son vin et apostrophant les passants: «Venez manger de mon pain et boire le vin que j'ai préparé» (ce texte est d'ailleurs cité par Origène dans l'exégèse qu'il donne de *2*,4: «Introducite me in domum vini»). Que l'on songe encore à la petite parabole des Synoptiques: «On ne met pas de vin nouveau dans des outres vieilles, autrement les outres éclatent, le vin se répand et les outres sont perdues» (Mat *9*,17 par exemple), qui veut opposer le vin de la doctrine traditionnelle et celui, nouveau, de l'enseignement de Jésus, chargé de la vitalité de l'Esprit, qui fait éclater les outres.

De même encore, une exégèse surprenante comme celle de Ct. *2*,3: «Sicut arbor mali inter ligna silvae» où Origène voit dans les arbres les initiateurs des hérésies dont les doctrines amères sont sans rapport avec celle du Christ désigné ici comme le pommier, n'est pas si inattendue pour qui a en mémoire ce passage de Matthieu: «Méfiez-vous des faux prophètes, qui viennent à vous déguisés en brebis, mais au-dedans sont des loups rapaces. C'est à leurs fruits que vous les reconnaîtrez. Cueille-t-on des raisins sur des épines? Ou des figues sur des chardons?» (*7*,15 et sv.). Il est clair que le texte de Matthieu, le premier, met en regard bons arbres/mauvais arbres et comporte déjà l'équivalent mauvais arbres = faux prophètes. Une nouvelle fois, Origène ne fait que puiser à l'intérieur d'un système de significations déjà élaborées.

Remarquons enfin que la théologie paulinienne de l'Eglise comme Epouse et Corps du Christ (Eph. *5*,22-32; mais aussi 2 Co *11*,2 et 1 Co *12*, et sv.) est le support de très nombreux passages qui, une fois reliés à cette référence théologique classique, ne sont plus si étranges et contournés. Ainsi par exemple, au Livre II du *Commentaire*, ce développement où Origène explique que ce qui est dit des membres de la Bien-aimée doit être entendu des membres de l'Eglise:

> «Si ergo audias sponsi "membra" nominari, ecclesiae "membra" dici intellige. In quibus sicut sunt aliqui, qui dicuntur "oculi", pro intelligentiae sine dubio ac scientiae lumine, et alii "aures" pro audiendo verbo doctrinae, alii "manus" pro bonis operibus religiosisque ministeriis, ita sunt aliqui, qui "genae" eius appellentur. "Genae" autem vultus dicuntur, in quibus honestas et verecundia animae agnoscitur, per quod sine dubio illi in "membris" ecclesiae declarantur, qui castitatis et pudicitiae excolunt honestatem. Pro his ergo ad omne corpus sponsae»[69].

Même si le détail du déploiement de l'allégorie est origénien, son point de départ n'appartient certainement pas en propre à l'Alexandrin. L'allégorie est d'abord chez Paul où elle ne figure nullement comme un ornement du discours, mais avec toute la valeur et tout le poids d'une affirmation théologique forte liant l'identité de l'Eglise à celle du Christ.

Ces quelques exemples doivent suffire à suggérer que la réduction du commentaire origénien du Ct. au platonisme ou à un formalisme rhétorique, est loin d'être à l'abri de toute discussion. Dès que les analyses de détail sont replongées dans le grand bain d'une culture et d'une sensibilité bibliques qui, de toute évidence, étaient celles d'Origène, leur cohérence, d'abord incertaine, s'affermit et s'impose. De même, perçoit-on mieux dès lors que ce commentaire relève d'une logique beaucoup plus subtile que celle de la simple explication d'un texte! Pour Origène, le Ct. n'est véritablement «mystérieux» que parce qu'il pointe le «mysterium», objet de sa foi. C'est ce dernier qui est exploré à travers la lecture d'un texte dont les Pères de l'Eglise tiennent

---

[69] «Si tu entends désignés les "membres" de l'épouse, comprend qu'il s'agit des "membres" de l'Eglise. De même qu'il y en a qui sont appelés les yeux, sans aucun doute parce qu'ils ont la lumière de l'intelligence et de la compréhension, et que d'autres sont appelés oreilles parce qu'ils entendent la parole de l'enseignement, et que d'autres encore sont nommés mains pour accomplir les oeuvres bonnes et remplir les charges du ministère, ainsi, quelques-uns, parmi eux, sont appelés joues. Mais ils sont appelés les joues du visage lorsque la beauté et la pudeur de l'âme apparaissent sur eux. Sans aucun doute ils sont comptés parmi les membres de l'Eglise ceux qui cultivent l'honneur de la chasteté et de la pureté» (Bae. pp. 154-155).

qu'il en rejoint le coeur. De là vient probablement l'impressionnant afflux de textes bibliques divers qui convergent dans l'espace pourtant réduit des quelques trente premiers versets du Ct. commentés. De là aussi ce va-et-vient qu'on a signalé, entre le plus modeste détail textuel et des perspectives théologiques grandioses. C'est pourquoi aussi, en définitive, nous pensons avec H. de Lubac, que cette exégèse demeure, dans son épaisseur, profondément typologique[70]. Elle ne l'est certes pas au sens strict où chaque mot, chaque situation du poème serait rapporté d'un événement vétéro-testamentaire à un autre néo-testamentaire. Mais elle l'est par la conviction qui traverse l'ensemble de l'interprétation que le poème biblique est porté au maximum de son sens — c'est-à-dire, en termes techniques, «accompli» — par la lecture qui l'entend du Christ et de l'Eglise. C'est ce qui se lit lorsqu'Origène commente en ces termes les mots du verset *1*,3: «Unguentum effusum nomen tuum»:

> «Sur la terre entière on nomme le Christ, dans le monde entier on publie mon Seigneur. Son nom est un parfum répandu. Ce n'est que maintenant qu'on entend le nom de Moïse, qui auparavant était enfermé dans les étroites limites de la Judée. Personne parmi les Grecs ne le mentionne, et dans aucune histoire des Lettres nous ne trouvons rien qui ait été écrit à son sujet ou au sujet des autres. Mais à peine Jésus brille-t-il dans le monde, qu'il fait ressortir avec lui la Loi et les Prophètes; et vraiment cette parole prophétique a été accomplie: «Ton Nom est un parfum répandu» (SC p. 83).

Nous avons tenté de voir plus clair dans les ressorts de l'allégorisme pratiqué par Origène dans sa lecture du Ct. Il nous faut maintenant nous arrêter sur un autre aspect de son discours en abordant la question de l'énonciation.

3. *La subjectivation du Commentaire origénien*

Retrouvant un problème que les analyses antérieures ont rendu familier, on cherchera cette fois encore à évaluer et à décrire la part de subjectivation que comporte l'interprétation d'Origène. On envisagera successivement la place du destinataire et celle du destinateur, respectivement dans les *Homélies* et dans le grand *Commentaire*.

La nature discursive des *Homélies* laisse prévoir qu'elles sont beaucoup plus subjectivées que ne l'est le *Commentaire*. Abordé à partir de la pratique moderne que l'on en a, celui-ci devrait même exclure

---

[70] Cf. l'article «Typologie et allégorisme», repris dans les *Théologies d'occasion*, en particulier p. 154.

complètement l'engagement d'un destinateur ou d'un destinataire. Ce sont précisément ces «lieux communs» que l'on se propose d'éprouver texte en mains.

a) *La place du destinataire*

1) *Dans les Homélies*

Cette place est typée par une série de marques discursives distribuées au long du commentaire et par quelques développements spécifiques traitant des problèmes que soulève la lecture du Ct.

* Un premier ensemble de marques renvoie, sans plus, au caractère homilétique du commentaire d'Origène. Parlant à un public, il s'adresse à lui, l'exhorte à la vigilance, l'implique dans sa recherche et dans son propre acte d'intelligence du texte. A titre d'exemple:

> H. I, 4: «Diligenter obserua, quae de duabus super caput fuderit Saluatoris (...)
> Obserua, inquam, et inuenies in euangelica lectione non fabulas et narrationes ab euangelistis, sed mysteria esse conscripta»[71].

En fait, il n'y a rien là de véritablement inattendu, ou qui engage une spécificité quelconque du Ct. Les deux Homélies présentent une dizaine d'occurrences de cette nature.

En revanche, on rencontre une autre série de formulations beaucoup plus instructives. Il s'agit cette fois d'adresses à l'auditeur portant directement sur les conditions de compréhension du Ct., soit essentiellement l'identification de ses référents et l'auto-identification du lecteur-auditeur aux rôles du dialogue. L'analyse d'un relevé de ces occurrences permet d'énoncer les remarques suivantes:

1. Il y a un préalable à la compréhension du Ct. qui est de le vivre. Autrement dit, seul comprendra le lecteur qui est «comme l'Epouse, en communion avec les sentiments de l'Epoux».

> Ainsi H. I, 3: «Bona igitur ubera tua super uinum. Si uideris sponsum, tunc intelliges uerum esse, quod dicitur: Quoniam bona ubera tua super uinum, et odor unguentorum tuorum super omnia aromata»[72].

---

[71] «Remarque avec soin qui des deux a arrosé la tête du Sauveur (...) Regarde bien et tu trouveras que dans le texte de l'Evangile, les évangélistes n'ont pas écrit des histoires ni des récits, mais des mystères» (SC p. 80).

[72] «"Tes seins sont donc meilleurs que le vin". Quand tu verras l'Epoux, tu comprendras qu'elle dit vrai: "Parce que tes seins sont meilleurs que le vin, et l'odeur de tes parfums est au-dessus de tous les aromates"» (SC p. 79).

2. Il en résulte que le problème n'est pas d'abord de comprendre les mots du poème dans un acte de lecture qui serait sans préalable, de pure découverte, et donc que pourraient éclairer de simples explications textuelles. La condition requise est d'avoir l'expérience de la situation que le poème met en scène afin de pouvoir lire et comprendre, c'est-à-dire, en définitive, de pouvoir entrer, pour son propre compte, dans le dialogue de l'époux et de l'épouse.

Cette situation herméneutique, remarquablement décrite par les *Homélies*, dicte en quelque sorte son programme au discours exégétique qui s'ordonne en trois moments successifs:

— l'explicitation de la situation spirituelle que suppose chaque réplique du Ct. dans la bouche des protagonistes de son action dramatique,

— une adresse parénétique invitant à vivre ce que vit l'épouse et débouchant normalement sur:

— l'implication du lecteur dans le dialogue.

Ainsi, par exemple, commentant Ct. *1*,12: «Nardus mea dedit odorem suum», Origène propose une première explication qui attribue au texte une portée prophétique en l'associant à l'onction de Béthanie rapportée par Mat. *26*,6. Puis il enchaîne immédiatement sur l'invitation à prendre soi-même le nard et à parler comme l'Epouse:

> «Et tu igitur assume nardum, ut, postquam caput Iesu suaui odore perfuderis, possis audenter effari: Nardus mea dedit odorem suum et Iesu reciprocum audire sermonem quia: Ubicumque praedicatum fuerit euangelium istud, dicetur et quod fecit haec, in memoriam eius, tuo quoque facto in uniuersis gentibus praedicato» H. II, 2[73].

On retrouve là un schéma de lecture du Ct. que l'on avait déjà rencontré dans les *Catéchèses baptismales* de Cyrille de Jérusalem ou dans les Traités d'Ambroise. Dans l'un et l'autre cas, la finalité de l'explication est la même parce qu'elle s'aligne, ici et là, sur une même conception herméneutique qui fait de la capacité du lecteur à s'impliquer dans le dialogue du poème la pierre de touche de sa compréhension. Il en résulte une nouvelle fois qu'expliquer le Ct. revient non pas à élucider ses mots, mais à fixer les conditions de leur énonciation.

* Ces données recueillies empiriquement en observant la logique explicative mise en oeuvre dans les *Homélies* se trouvent confirmées par quelques déclarations rigoureusement explicites dans lesquelles Origène

---

[73] «Toi aussi, donc, prends le nard, et après que tu l'auras répandu en suave odeur sur la tête de Jésus, tu pourras dire avec assurance: "Mon nard a répandu son odeur"; et tu pourras entendre cette réponse de Jésus que: "Partout où sera prêché cet évangile, on dira, en sa mémoire, ce qu'elle a fait"; ton geste sera aussi proclamé à toutes les nations» (SC p. 109).

s'exprime sur la lecture qu'il entreprend et à laquelle il veut introduire ses auditeurs. L'ouverture des *Homélies* contient, en quelques lignes, une véritable «théorie» de la lecture du poème. L'Alexandrin y relève d'abord le caractère superlatif du Ct. Il est dit «Cantique des Cantiques», de même qu'il est parlé du «Saint des Saints» ou du «Sabbat des Sabbats». L'analogie doit être entendue car: «Celui qui entre dans le Saint, il s'en faut de beaucoup pour qu'il soit en état de pénétrer dans le Saint des Saints; celui qui célèbre le Sabbat, institué pourtant par le Seigneur, pour son peuple, a besoin de beaucoup pour célébrer le Sabbat des Sabbats; pareillement il ne se trouvera pas sans peine, l'homme qui, se frayant un chemin à travers tous les cantiques que contiennent les Ecritures, aura la force de s'élever jusqu'au Cantique des Cantiques» (SC p. 67).

Ainsi, il existe un problème d'accès à ce texte: le lecteur doit avoir une maturité spirituelle suffisante pour pouvoir l'entendre. Cette idée est de nouveau illustrée par un développement consacré à l'échelle des Cantiques. Origène énumère sept cantiques puisés dans l'Ancien Testament, dans un ordre gradué, correspondant à sept étapes de l'histoire d'Israël, qui elles-mêmes constituent sept situations spirituelles de perfection croissante. Le septième d'entre eux est le Cantique des Cantiques. Cette approche du texte est tout à fait intéressante puisqu'elle le situe d'emblée dans une lignée de grands textes vétéro-testamentaires qui sont des prières, et donc sont lues sur le mode d'une réénonciation personnelle. Ainsi:

> «Et lorsque tu les auras tous dépassés, tu monteras plus haut encore, afin que tu puisses, âme désormais rayonnante de beauté, chanter aussi avec l'Epoux ce Cantique des Cantiques» (p. 69).

Cette citation dit à la fois la qualité que l'âme doit avoir et le type de rapport qu'elle entretiendra avec le texte. Ce dernier point est spécialement mis en lumière quelques lignes plus loin. Origène indique en effet les différentes classes de lecteurs auxquels correspondent les personnages du poème: si l'Epouse est, d'une façon générale, l'Eglise décrite par Ephésiens 5,27 «sans tache ni ride», les «jeunes filles» correspondent à un état encore pauvre d'avancement spirituel, tandis que les «jeunes hommes» représentent une situation de perfection. Après quoi Origène conclut:

> «Ceci compris, écoute le Cantique des Cantiques, et hâte toi de le pénétrer et de répéter avec l'Epouse ce que dit l'Epouse, pour pouvoir entendre ce que l'Epouse elle-même a entendu (audi canticum canticorum et festina intelligere illud et cum sponsa dicere ea, quae sponsa dicit, ut audias, quae audiuit et sponsa). Mais si tu ne peux dire avec elle ce qu'a dit l'Epouse, préoccupé d'entendre ce qui lui a été dit, hâte-toi de te

joindre aux compagnos de l'Epoux. Que si ces paroles te dépassent encore, tiens-toi avec les jeunes filles qui sont dans les bonnes grâces de l'Epouse» (SC p. 71).

Toujours en rapport avec le problème du lecteur, est également posée la question de la nature du sens qui est à lire. Deux passages sont ici précieux et doivent être considérés selon l'éclairage mutuel qu'ils se tendent. En H. I, 2, Origène insiste sur la nécessité d'accéder à une intelligence spirituelle des détails du Ct. On retrouve, dans son argumentation, la liaison précédemment établie entre la compréhension de l'Ecriture et la qualité de l'être spirituel du lecteur: «Celui qui sait entendre spirituellement les Ecritures — ou au moins qui désire l'apprendre — doit donc tendre de toutes ses forces à ne pas vivre selon la chair et le sang» (p. 75). Sont donc placés face à face amour charnel (amor carnis) et amour spirituel (amor spiritus), comme deux dispositions du coeur exclusives l'une de l'autre et responsables de deux compréhensions divergentes du texte. Car, estime Origène: «Si tu aimes la chair, tu ne comprends pas l'amour de l'esprit. Si tu méprises toutes les choses corporelles (...) alors tu peux comprendre l'amour spirituel» (Sc p. 76-77). Cependant, la manière dont sont explicitées les «choses corporelles» («corporalia») donne à penser que l'opposition met en oeuvre autre chose que ce qui s'entendrait spontanément. En effet le charnel, en bonne théologie paulinienne, est ce qui est étranger à Dieu, pensé ou vécu hors de lui ou contre lui. Cette interprétation est bien celle du début de la deuxième Homélie qui reprend l'analyse des deux amours, afin d'inviter une nouvelle fois à la lecture spirituelle: «Toi donc, qui es spirituel, entends spirituellement chanter ces paroles d'amour...» c'est-à-dire «... apprends à élever vers ce qui est meilleur, aussi bien le mouvement de ton âme que l'embrasement de ton amour naturel, suivant cette parole: "Aime-la (la Sagesse) et elle te gardera; entoure-la et elle t'exaltera"». On ne peut donc pas dire qu'il soit dans le projet d'Origène d'opposer platement une lecture que nous dirions naturaliste à une lecture spiritualisante. La distinction qu'il fait entre deux amours n'est pas celle de deux objets dont l'un serait déclaré bon et l'autre inférieur, mais de deux *manières d'aimer*. Ceci explique qu'il puisse immédiatement après citer Colossiens 3,19: «Maris, aimez vos épouses» en lui appliquant le propos qu'il vient de tenir: «Il (l'Apôtre) savait bien qu'il y a un certain amour des maris, même pour leur propre épouse qui est déshonnête, et un autre qui plaît à Dieu. Aussi, pour enseigner comment les maris doivent aimer leur femme, a-t-il ajouté: «Maris, aimez vos épouses comme le Christ a aimé l'Eglise». Cette remarque est importante si l'on veut bien ne pas juger hâtivement et de façon simpliste l'interprétation origénienne du Ct. et, avec elle, l'exégèse traditionnelle. Il est évident que l'explication qui est donnée du poème ne tire guère parti du fait que la description que l'on y lit de l'amour mutuel de Dieu et de l'homme s'exprime dans un langage qui, de bout en bout, est celui de l'amour qui lie l'homme et la femme. Mais la polémique qui s'élève ici ou là autour du sens spirituel du texte vise tout autre chose qu'à disqualifier l'amour humain au profit de l'amour divin. L'enjeu n'est pas d'éliminer toute référence à l'expérience humaine de l'amour, mais de lire le sens divin — que la tradition associe au texte — de manière effectivement spirituelle, c'est-à-dire à partir de l'expérience de l'amour divin, et non sans elle. Même si cette conclusion va contre une vision commune qui veut que le spirituel soit, peu ou prou, la négation de l'humain, elle semble requise par la lecture des *Homélies* d'Origène sur le Ct.

Au total, de ce parcours en référence à la question du destinataire, se dégage un double enseignement dont la substance nous est désormais familière:

— D'une part, l'explication est soutenue par l'idée que le sens compris est proportionné à l'intelligence spirituelle du lecteur, c'est-à-dire en réalité, à son avancement spirituel. On a là la pièce maîtresse d'une théorie de la lecture.

— D'autre part, la finalité du travail d'explication que poursuit Origène consiste à permettre la réénonciation du texte en explicitant les conditions spirituelles de celle-ci.

On se trouve, de cette manière, en présence d'un texte fortement subjectivé, constamment traversé par la présence de l'auditeur ou du lecteur à qui le Ct. doit pouvoir devenir accessible.

2) *Dans le Commentaire*

Passant à ce type de discours, on s'attendrait à trouver une prégnance moindre des phénomènes énonciatifs: on y est en présence d'une explication méthodique du poème dégagée du souci immédiat de son destinataire. Or la lecture de ce *Commentaire* réserve la surprise d'y rencontrer abondamment la figure du lecteur. Moins d'ailleurs par des marques textuelles qui inscriraient sa place dans le corps du texte que sous la forme de notations ou de développements qui énumèrent et traitent les problèmes qui s'y rapportent. Comment lire le Ct.? Tel est l'objet du *Commentaire* d'Origène tout autant que l'explication du poème. C'est cette «théorie» éparse de la lecture que l'on rappellera en s'interrogeant sur ses sources et son originalité.

Le Prologue du *Commentaire* déclare dès les premières lignes le caractère singulier du texte qu'il aborde. Empruntant à Hébreux 5,14, l'idée d'une «nourriture forte» convenant aux «parfaits» qui «ont le sens moral exercé au discernement du bien ou du mal», Origène lui assimile le Ct. Ce poème n'est pas accessible ou profitable indifféremment à tous. Il requiert une maturité et un discernement qui sachent affronter l'audace de mots qui semblent s'arrêter au registre sensuel, et qui sachent élaborer leur portée spirituelle. A qui le lirait hors de cette intelligence, le Ct. ne pourrait être qu'un objet de scandale. Aussi Origène demande-t-il au lecteur non préparé de s'abstenir du texte. Il rappelle à ce propos la pratique juive qui en réserve soigneusement l'accès et n'en fait pratiquer la lecture qu'accompagnée du soutien de Maîtres ou de Sages. Au même titre que le début de la Genèse contenant le récit de la Création, les premiers chapitres d'Ezéchiel concernant les chérubins et les derniers du même se rapportant au Temple, le Ct. est un texte qui appartient aux achèvements de la vie spirituelle.

A qui demanderait raison de ce statut singulier, Origène explique pourquoi le Ct. est ce texte difficile. Il l'est d'abord par l'objet dont il traite: l'amour qui est une réalité sujette à de multiples détournements. Comme le sait la Bible qui cherche avec obstination, spécialement au long des Livres prophétiques, à arracher l'amour à l'idôlatrie. Ces détournements trouvent leur origine dans le caractère double de l'homme, à la fois charnel et spirituel, selon la lecture qu'Origène fait des deux premiers chapitres de la Genèse. Or, cette dualité se croise avec une ambivalence qui, cette fois, atteint le langage: il n'existe en effet qu'un seul langage pour désigner à la fois les réalités de l'homme spirituel et celles de l'homme charnel. Cette homonymie est au coeur du problème que soulève le Ct. Parce que les mots sont les mêmes, là où l'homme spirituel saura lire un sens plénier et spirituel, l'homme charnel aura l'évidence d'un sens borné au charnel. L'intelligence d'un tel texte est donc totalement tributaire des dispositions de son lecteur.

Enfin, ajoute Origène, cette situation critique est redoublée par la nature même du texte. Tout comme dans les *Homélies*, il souligne son caractère superlatif et exceptionnel, manifesté par son titre et par sa place dans la liste des sept chants vétéro-testamentaires. Mais, à ces arguments, il en adjoint deux autres: reprenant la partition classique de la science en éthique ou philosophie morale, physique ou philosophie naturelle et énoptique ou spéculation, il apparie chacune de ces disciplines et un texte salomonien, en indiquant comment, chaque fois, on gravit un degré dans l'ordre de la perfection de la connaissance. A chacune de ces étapes il associe, de surcroît, une grande figure de patriarche. On obtient ainsi la correspondance suivante:

Ethique	Proverbes	Abraham
Physique	Ecclésiaste	Isaac
Enoptique	C des C.	Jacob

qui, de nouveau, situe le Ct. au sommet de la hiérarchie spirituelle. Ce qu'Origène voit confirmé, d'une autre manière, par la comparaison des titulatures de Salomon figurant en tête de chacun des trois Livres. Les *Proverbes* disent: «Salomon, fils de David, roi d'Israël», l'*Ecclésiaste* dénomme Salomon «Fils de David, roi dans Jérusalem» et le troisième Livre se présente comme «Cantique des Cantiques qui est de Salomon». Soit le passage d'Israël à Jérusalem — entendue comme Jérusalem céleste — puis à la plénitude finale — celle du Ct. — où il n'est plus question que du «Pacifique» ayant sous sa juridiction l'ensemble de la création, à la manière décrite par 1 Corinthiens *15*, 24-26.

Ces thèmes qui sont l'ossature du Prologue sont repris de place en place au long des trois Livres du *Commentaire*. En particulier, on retrouve, tendu d'un bout à l'autre, le grand principe selon lequel le texte signifie à hauteur des capacités, c'est-à-dire de l'avancement spirituel de celui qui lit. Tous les développements nombreux consacrés aux difficultés du Ct. ne sont que des harmoniques de cette proposition. A partir d'elle aussi s'organise la tâche du commentateur: elle consiste moins à lire, en précurseur ou en éclaireur, qu'à démêler et à formuler les conditions d'une lecture juste. Les *Homélies* s'alignaient sur les capacités d'un public dont Origène précisait qu'il était encore bien jeune dans l'avancement de la foi; pour lui et selon ses possibilités, il disait «un » sens des mots du Ct. Le *Commentaire*, lui, est composé en marge des contraintes qu'imposerait un public déterminé. Mais il ne cesse pas pour autant d'être préoccupé du problème du destinataire. La problématique origénienne du Ct. continue au contraire à faire de cette question l'un des enjeux centraux du travail de l'exégèse. Expliquer consiste ici à mettre en rapport différents types de compréhension avec différentes positions de lecture et ultimement à déterminer le profil du lecteur capable d'entendre le sens plénier du texte. La dramaturgie elle-même du poème, avec les différents rôles qui apparaissent dans l'ombre de ceux de l'Epoux et de l'Epouse, inscrit dans le texte cet échelonnement de situations spirituelles correspondant à des degrés variés d'implication dans le dialogue de l'Epoux et de l'Epouse. La place des concubines n'est pas celle des jeunes filles. Le texte mentionne soixante reines en ajoutant: «Unique est ma colombe». Origène commente en remarquant que ces personnages «représentent différentes classes de croyants dans le Christ, qui lui sont associées par des relations variées». Les reines signifient la plus grande plénitude de l'amour; les concubines ont, sous le rapport du progrès et des vertus, une moindre dignité; les jeunes filles sont tenues dans une plus grande distance encore: elles ne peuvent dire qu'au futur ce que l'Epoux déclare dans la perfection d'un amour présent (*Bae.* p. 111). Enfin, les «troupeaux de l'Epoux» doivent être placés plus loin encore, bien qu'ils devancent une dernière catégorie, celle des «troupeaux des compagnons» qui occupent le dernier rang de cette hiérarchie spirituelle.

De telles perspectives se retrouvent tout au long du *Commentaire*

sous des habillages différents: Origène décrit une nouvelle échelle des
nourritures corrélée à une échelle des expériences spirituelles (Livre I,
Bae. p. 104); ou encore, il prend prétexte des arbres mentionnés par le
Ct. en 2,3)«Tel le pommier parmi les arbres d'un verger, ainsi mon
Bien-Aimé parmi les jeunes hommes») pour construire une nouvelle
typologie (Livre III, *Bae.* p. 192) ayant pour critère la fécondité
spirituelle des croyants. L'image de la croissance et des âges de la vie
revient constamment pour étayer et illustrer cette idée que «chaque âme
attire le Verbe de Dieu et le prend en elle dans la mesure de sa capacité
et de sa foi». Ce qui est un thème de fond de l'exégèse origénienne —
comme l'a montré H. Crouzel en puisant ses références dans l'ensemble
de l'oeuvre de l'Alexandrin — devient, dans le *Commentaire du Ct.*, un
thème de prédilection, repris sous forme de multiples variations. Inlassablement Origène revient sur la déclaration du Livre I: «Le Père connaît
la capacité de chaque âge et sait opportunément à quelle âme envoyer les
baisers du Verbe, et quels baisers lui envoyer par des compréhensions et
des significations spirituelles». De place en place, il justifie l'exégèse
qu'il propose et son caractère infini par le rebondissement que chaque
progrès spirituel du lecteur opère dans l'ordre de sa compréhension du
texte. Enfin, se portant au point le plus avancé de la quête spirituelle qui
ouvre le sens à sa plus grande amplitude, il décrit minutieusement cette
élaboration du charnel en spirituel dont il fait le travail propre de la
lecture de l'épithalame. Le long développement du Livre III déjà
mentionné et qui, partant de la distinction entre choses visibles et choses
invisibles, trace le chemin des premières aux secondes, est une pièce
maîtresse de cette herméneutique.

Ainsi donc, force est de constater que cette lecture origénienne du
Ct., constituée à travers les âges en modèle et en référence, donne tout
autant à lire une théorie de la lecture, qu'elle fournit l'élaboration d'un
sens chrétien du texte. La place faite au problème du lecteur ne doit
d'ailleurs pas surprendre exagérément. Il fait traditionnellement partie
de la rhétorique ancienne du commentaire de prendre en compte cette
question[74]. Ainsi, même si le Ct., qui n'était lu que rattaché à la sphère
privilégiée de l'énoptique, occupe à coup sûr une place à part (d'autres
introductions de la même époque à d'autres livres bibliques ne font pas
droit à ce problème), on peut raisonnablement penser que le soin avec
lequel Origène traite du lecteur est le symptôme d'une culture attentive,
dans le rapport aux textes qu'elle lit, à une dimension «subjective» de la
lecture.

---

[74] Voir à ce propos I. HADOT, Les introductions aux commentaires exégétiques chez
les auteurs néoplatoniciens et les auteurs chrétiens, in *Les règles de l'interprétation*,
Centre d'Etudes des Religions du Livre, éd. M. TARDIEU, Cerf, 1987, pp. 99-122.

De la même façon, les différentes échelles de perfection comme les grandes trichotomies sur lesquelles s'articule la pensée d'Origène ont des correspondances bien connues dans les philosophies païennes contemporaines. Il est courant de reconnaître dans les trois degrés de perfection un écho direct du gnosticisme, lui-même placé dans le voisinage de la théorie stoïcienne qui distingue entre commençants, progressants et parfaits. Il est encore fréquent de rapporter la partition corps / âme / esprit, induisant trois figures de lecteur, à l'influence du thème platonicien des trois parties de l'âme venu jusqu'à Origène par l'intermédiaire de Philon et à partir duquel aurait été forgée la théorie des trois sens de l'Ecriture.

J. Daniélou insiste sur cet aspect du travail d'Origène, réemployant des matériaux d'emprunt. Citant le chapitre IV,2,4 du *Peri Archon*:

> «Il faut que chacun distribue en son âme les sens de l'Ecriture de trois manières: les simples doivent être construits à partir de la chair de l'Ecriture, c'est-à-dire du sens obvie; les progressants à partir de l'âme de celle-ci; le parfait à partir de la loi spirituelle qui contient l'ombre des biens à venir (Hebr. *10*,1). Comme l'homme est composé de corps et d'âme et d'esprit, ainsi la Sainte Ecriture disposée par Dieu pour le salut de l'âme»,

il commente:

> «Nous trouvons ici d'abord le goût d'Origène pour les parallélismes. La division des commençants, des progressants et des parfaits vient de Philon. Elle est d'origine stoïcienne. La trichotomie relève de la psychologie des apologistes. La relation entre les deux paraît un trait de systématisation origéniste. Et plus encore la répartition des sens de l'Ecriture qui en résulte»[75].

Puis, évoquant la correspondance entre les trois niveaux d'interprétation de l'Ecriture et les trois niveaux spirituels, J. Daniélou affirme à la suite de C. Hanson:

> «Nous sommes en pleine spéculation origéniste, hiérarchisant des données disparates empruntées à des types d'exégèse multiples».

Enfin, il est encore possible de relever la résonance platonicienne de la théorie qui place la connaissance dans la participation et affirme que seul le semblable peut connaître le semblable[76].

Mais doit-on en conclure qu'Origène ne fait qu'illustrer une herméneutique païenne à laquelle il emprunte généreusement, de manière

---

[75] *Message évangélique et culture hellénistique*, ouv. cit. pp. 259-260.
[76] CROUZEL, ouv. cit. pp. 508-513.

surabondante, des concepts qu'il compose ensuite en une grandiose synthèse un peu baroque? Une nouvelle fois, il semble difficile de s'en tenir à un tel point de vue, dès lors que, mettant un instant en suspens la vision d'un Origène dominé par la culture païenne, on s'inquiète de savoir si le champ biblique et la tradition chrétienne du 3ème siècle ne fourniraient pas de plus proches et de plus naturels appuis. On découvre alors que bon nombre des notions que l'on vient d'énumérer s'inscrivent tout aussi bien dans un registre de pertinence rigoureusement biblique. La trichotomie corps/âme/esprit que l'on dit trop approximativement et trop hâtivement platonicienne, a d'abord un sens traditionnel et spécifique à l'intérieur de la culture biblique: le corps et l'âme désignant la structure organique vivante selon qu'elle est vue du côté de son insertion dans le cosmos (corps) ou du côté de son intériorité (âme), l'esprit étant perçu comme la réalité vitale qui anime ce corps et cette âme[77]. De même, on a déjà signalé plus haut comment la théorie des sens de l'Ecriture ne décalquait ni un schéma de l'exégèse païenne, ni une disposition de celle de Philon, mais, selon la démonstration qu'en fait H. de Lubac, permettait d'assurer l'originalité irréductible d'une exégèse chrétienne.

Enfin, il est également possible d'inscrire la thèse qui proportionne le sens d'un texte à l'intelligence de son lecteur — dont le corollaire est de soustraire certains documents à une lecture publique non contrôlée — dans un champ de références proprement bibliques. Le dossier de citations constitué par H. Crouzel autour des termes χωρεῖν et χορητικός (latin «capere» et «capax») est sur ce point très éclairant. Il montre tout l'intérêt que porte Origène, dans l'ensemble de son oeuvre — mais spécialement dans le *Commentaire sur Matthieu* et dans le *Contre Celse* — à un motif qu'il trouve d'abord dans l'Ecriture: celui d'une pédagogie divine qui règle la révélation, à chaque moment et pour chacun, sur ce qui peut en être reçu et compris. L'usage évangélique de la parabole constitue un exemple typique de ce processus. Or, la manière dont Origène prétend soustraire la lecture du Ct. à des chrétiens inexpérimentés, comme la proportion qu'il établit entre sens perçu et position spirituelle du lecteur, relèvent exactement d'une logique discursive de type parabolique.

Ainsi, on le voit, d'une autre manière que les *Homélies*, mais avec une force égale, le *Commentaire* sur le Ct. rencontre, d'un bout à l'autre des trois livres que nous pouvons en lire, la question du destinataire et du lecteur du poème. Bien loin d'être effacée par la logique d'un discours

---

[77] Sur ce point, voir A.J. Festugière, *L'idéal religieux des Grecs et l'Evangile*, Paris, 1932, Excursus 3: "La division corps-âme-esprit de Thessal. 5,23 et la philosophie grecque", pp. 196-220.

explicatif, celle-ci rebondit comme la note profonde qui soutient l'ensemble du travail de l'interprétation. En ce sens, il apparaît impossible — de droit tout au moins — d'isoler l'une de l'autre une part du *Commentaire*, occupée à dire le sens du Ct., d'une autre qui s'efforce d'élucider les conditions d'élaboration de ce sens. D'ailleurs cette présence d'un destinataire qui est en même temps lecteur d'Origène et lecteur du Ct. n'est pas seulement lisible dans les développements théoriques qui émaillent le *Commentaire*. Dans la mesure où le destinataire est censé se reconnaître dans les figures de l'Eglise et de l'âme, tout ce qui est dit de ces deux dernières rejoint, concerne et implique le premier. Il en résulte en particulier que les injonctions qui pourraient être faites à l'adresse de l'Eglise ou de l'âme visent bien, par-dessus la clôture d'un commentaire explicatif, le lecteur d'Origène lui-même. Le début du premier Livre contient plusieurs occurrences de telles exhortations qui ramènent les schémas bien connus:

«Que l'Eglise (l'âme) soit comme l'Epouse»
«Qu'elle dise le Ct.»[78].

b) *La place du destinateur*

De nouveau, on observera soigneusement les données fournies par les textes, sans préjuger des résultats au nom d'une conception a priori de l'homélie et du commentaire.

1) *Dans les Homélies*

Le scénario discursif de base est ici celui d'une adresse de parole d'un destinateur à un destinataire qu'il s'agit de former à l'intelligence du texte et d'exhorter au progrès spirituel. En ce sens, le point de départ est le face à face d'un «je» et d'un «tu», dans la dissymétrie de leur savoir, de leur compétence, de leur autorité respectives, de leur accès à la parole, puisque l'un écoute ce que l'autre explique. L'examen des deux *Homélies* brouille cependant en bonne partie ce modèle. Dès que l'on considère les modalités d'intervention du «je» énonciateur ainsi que les prédicats qui y sont accrochés, on est contraint de remettre en question la représentation d'un énonciateur détenteur privilégié du sens du texte qui s'efforcerait, comme à distance, à partir de sa position de maîtrise, de faire parcourir à son auditeur un chemin où lui-même ne s'engage pas. Le «nous» qui se formule à plusieurs reprises n'est en aucun cas la désignation simplement rhétorique d'un «je» surplombant son auditoire.

---

[78] Par exemple Bae. p. 90: «Ecclesia sit desiderans Christo conjungi (...) Haec ergo Ecclesia sit quasi omnium una persona quae loquatur et dicat...».

C'est le «nous» associant un énonciateur et un énonciataire, réunis par une commune destinée ou un commun désir spirituels. Ainsi, au paragraphe 8 de la première Homélie, ce passage que nous avons déjà cité où Origène exhorte bien l'auditeur comme le ferait un maître:

> «Diligenter obserua, ubi meridiem legeris (...). Quaere et inuenies scripturam diuinam non frustra et fortuitu unumquemque usurpare sermonem»[79].

Mais immédiatement après, l'enchaînement se fait sur un «nous» qui réunit les «je» et «tu» de l'Homélie dans une même condition d'hommes qui, par eux-mêmes, sont indignes de voir l'Epoux:

> «Quis putas est dignus e nobis, ut ad meridiem usque perueniat et uideat, ubi pascat, ubi cubet sponsus in meridie?»[80].

C'est le même collectif qui est désigné en Homélie II, 3:

> «Ecclesia, quae haec loquitur, nos sumus de gentibus congregati»[81].

De même lorsque cette Homélie déclare au § 4:

> «Videamus et aliam laudem "speciosae", ut et nos aemulemur sponsae fieri»[82].

On peut estimer qu'il y a là plus qu'un procédé pédagogique un peu primitif consistant à s'inclure un instant, de façon rhétorique, dans le groupe des auditeurs.

On a confirmation de cette vue en considérant deux occurrences du «je» énonciateur présentes dans les *Homélies*. Une première se trouve en Homélie I, 2 lorsqu' Origène, ayant décrit ce qu'est l'amour spirituel, poursuit:

> «Est quidam spiritalis amplexus atque utinam contingat, ut et meam sponsam artior sponsi amplexus includat, ut et ego quoque possim dicere, quod in hoc eodem libro scriptum est: Sinistra eius sub capite meo, et dextra eius complexabitur me»[83].

---

[79] «Remarque avec attention les endroits où tu lis "midi" (...). Cherche et tu trouveras que la divine Ecriture n'emploie pas chaque mot sans raison, au hasard» (SC p. 97).

[80] «Qui, penses-tu, est digne parmi nous d'atteindre au midi pour voir où l'Epoux fait paître et où il repose à midi?» (SC p. 97).

[81] «L'Eglise qui parle ainsi, c'est nous qui avons été rassemblés de la gentilité» (SC p. 113).

[82] «Considérons aussi un autre éloge de la toute belle, pour que nous aspirions également à devenir épouses» (SC p. 117).

[83] «Il est aussi une étreinte spirituelle, et plût à Dieu qu'en moi l'Epouse ressentît cette étreinte plus étroite de l'Epoux, afin que moi aussi je puisse dire ce qui est écrit

Plus loin, au § 3, l'énonciateur revient de même, un moment, sur sa propre personne, envisageant pour lui ce qu'il souhaite pour son auditeur, mettant à sa propre intelligence des paroles du Ct. les mêmes conditions que celles qu'il pose devant tout lecteur:

> «Si autem et ad meam animam factam sponsam suam uenire dignabitur, quam oportet eam esse formosam, ut illum de caelo ad se trahat, ut descendere faciat ad terras, ut ueniat ad amatam? Quali pulchritudine decoranda est, quali debet amore feruere, ut ea loquatur ad illam, quae ad perfectam locutus est sponsam, quia ceruix tua, quia oculi tui, quia genae tuae, quia manus tuae, quia uenter tuus, quia humeri tui, quia pedes tui?»[84].

On le voit, on est très loin ici d'un discours de maîtrise où celui qui parle s'exclut des difficultés qu'il désigne ou des promesses qu'il met devant son lecteur. Origène accompagne et guide une démarche dans laquelle lui-même est attiré et pris. Le fait est d'autant plus remarquable que les *Homélies* s'adressent à un public encore peu avancé dans la vie spirituelle, à des enfants «encore à la mamelle» («qui lacte in Christo aluntur»), auxquels Origène ne cherche à découvrir qu'un premier cercle des significations du grand poème mystique.

Enfin, la subjectivation des *Homélies* est aussi celle d'un passage étonnant de la première d'entre elles, où Origène illustre son interprétation du Ct. par une référence directe et détaillée à sa propre vie spirituelle. Il faut citer l'ensemble de ce passage, l'un «des rares endroits dans les écrits des Pères, où l'on rencontre la mention d'un phénomène mystique en référence à une expérience personnelle»[85].

> «Deinde conspicit sponsum, qui conspectus abscedit. Et frequenter hoc in toto carmine facit, quod, nisi quis ipse patiatur, non potest intelligere: Saepe, Deus testis est, sponsum mihi aduentare conspexi et mecum esse quam plurimum; quo subito recedente, inuenire non potui quod quaerebam. Rursum igitur desidero eius aduentum et nonnumquam iterum uenit; et cum apparuerit meisque fuerit manibus comprehensus, rursus elabitur et, cum fuerit elapsus, a me rursus inquiritur et hoc crebro facit, donec illum uere teneam et adscendam innixa super fratruelem meum»[86].

---

dans le même livre: "Sa main gauche est sous ma tête, et sa main droite m'étreindra"» (SC p. 77).

[84] «Et si l'Epoux daigne venir aussi vers mon âme devenue son épouse, combien doit-elle être belle pour l'attirer à soi du haut du ciel, pour le faire descendre sur la terre, pour qu'il vienne auprès de l'aimée? De quelle beauté doit-elle resplendir, quelle doit être l'ardeur de son amour, pour qu'il lui dise ce qu'il a dit à l'Epouse parfaite: Ton cou, tes yeux, tes joues, tes mains, ton ventre, tes épaules, tes pieds?» (SC p. 79).

[85] Dom Rousseau, SC p. 95.

[86] «Ensuite, elle cherche du regard l'Epoux, qui, après s'être montré, a disparu. Cela arrive souvent, dans tout ce cantique, et seul peut le comprendre qui l'a lui-même éprouvé. Souvent, Dieu m'en est témoin, j'ai senti que l'Epoux s'approchait de moi, et

C'est dire de nouveau que l'intelligence du Ct. est proportionnée au vécu spirituel de son lecteur. Mais c'est le dire ici, non comme un enseignement théorique, mais sur le mode d'une transmission d'expérience.

2) *Dans le Commentaire*

La première évidence est — comme le suggérait déjà l'investigation des marques du destinataire — que ce *Commentaire* est autre chose qu'une explication érudite désinvestie de toute présence énonciative. D'un bout à l'autre, il est parcouru de références à un «nous» et à un «vous», en position de face à face.

Le premier, formulé d'une manière qui soustrait ce rôle à la subjectivité du sujet individuel, expose, explique et interprète le sens pour le second qui est censé grandir dans la compréhension du Ct. et, à travers elle, dans la vie spirituelle. On est ici en présence d'une structure rhétorique d'exposition. Le «nous» qui se dit ainsi est celui d'un rôle magistral qui initie le lecteur au parcours du poème, dirige son avancée au milieu des difficultés et des obscurités du texte. Ses marques textuelles ne font que scander les étapes de la lecture et la progression du raisonnement herméneutique («Sed nunc requiramus...», «Possumus ergo Apostolos Christi accipere...», «Nunc autem requiramus intelligentiam mysticam...», «... Quoniam duplicem expositionem dedimus agnitionis suae animae...», etc.)[87].

Dans quelques cas, le «nous» d'exposition apparaît sous la variante d'un «je» qui a pratiquement la même valeur d'introduction ou de relance de l'argumentation.

En revanche, une série très étendue construite à partir de «je» introduit un élément plus nouveau. Il s'agit du paradigme réunissant toutes les expressions de l'opinion, de l'interpétation risquée, de l'avis avancé. Les occurrences les plus classiques et les plus nombreuses de cette forme sont du type: «mihi videtur» (ex. pp. 115, 143, 175, 217, etc.), «puto ergo», ou encore «opinor». Ce «je» est associé la plupart du temps à un prédicat indiquant qu'on modalise et relativise une explica-

---

qu'il était autant qu'il se peut avec moi; puis il s'en est allé soudain, et je n'ai pu trouver ce que je cherchais. De nouveau je me prends à désirer sa venue, et parfois il revient; et lorsqu'il m'est apparu, que je le tiens de mes mains, voici qu'une fois de plus il m'échappe et une fois évanoui, je me mets encore à le rechercher. Il fait cela fréquemment, jusqu'à ce que je le tienne vraiment et que je monte appuyé sur mon bien-aimé» (SC pp. 95 et 97).

[87] «Cherchons maintenant...»; «Nous pouvons donc écouter les apôtres du Christ...»; «Mais cherchons maintenant le sens mystique...»; «Parce que nous avons donné une double explication de la connaissance de l'âme...».

tion ou une interprétation. Ainsi, même dans un commentaire poursuivant une fin d'explication «scientifique», Origène ne prétend pas mettre au jour *le* sens du texte. Il propose *un* sens qu'il construit à partir des données de l'Ecriture et de son propre sens spirituel. Une explication faible, quoiqu'à l'occasion pertinente, consiste à dire que cette prudence reflète simplement la difficulté de lecture d'un texte obscur et intimidant. Origène risquerait une interprétation dans la conscience de devoir traverser, comme à tâtons, l'opacité d'un texte mystérieux. Mais il nous paraît qu'il faut penser plus loin, en se souvenant que la dimension subjective de l'élaboration du sens est un point central de la théorie origénienne: le sens du texte est indissociable de son lecteur; c'est l'avancement spirituel de celui-ci qui règle l'ampleur de la compréhension. A partir de quoi on conçoit qu'Origène ne prétend pas proposer un sens qui serait soustrait à cette détermination. Expliquer le Ct. ne sera jamais que risquer, de là où on se trouve, un acte d'intelligence partielle. Ainsi, les multiples «mihi videtur» mentionnés plus haut, signifieraient, dans la mise en oeuvre même du commentaire, le principe de subjectivation si fortement souligné par ailleurs. L'effet de ces expressions relancées de proche en proche au fil de la lecture est, dès lors, de construire une figure de commentateur beaucoup plus subtile que celle à laquelle on est accoutumé: non celle d'un rôle de maîtrise énonçant abstraitement le sens du texte, mais celle d'un lecteur qui, tout en ayant souci de se donner des appuis objectifs, prend parti et engage sa responsabilité dans l'interprétation qu'il formule.

Cette perception du «je» origénien paraît bien corroborée par une autre série d'occurrences organisées, cette fois, autour du pronom «nous». Celui-ci n'est plus le «nous» emphatique de la rhétorique d'exposition évoquée ci-dessus. A l'inverse d'un «nous» qui marque et maintient la distance entre les rôles énonciatifs, c'est un «nous» inclusif qui met ensemble le «je» et le «tu» de l'acte de parole, son destinateur et son destinataire. L'examen des occurrences de ce pronom et des prédicats qui lui sont adjoints, permet de voir clairement quelles justifications sont à la source d'une telle conjonction. Il permet aussi d'identifier plus précisément la figure du commentateur qui organise et soutient l'ensemble du commentaire d'Origène.

Ce «nous» est d'abord celui d'une même condition humaine et spirituelle qualifiée par une même obéissance au commandement de l'amour:

«... Propter quod iubemur "diligere Deum ex toto corde nostro et ex tota anima nostra et ex totis viribus nostris", utpote eum, a quo habemus hoc ipsum, ut "diligere" possimus»[88].

---

[88] «A cause de cela, il nous faut aimer Dieu de tout notre coeur, de toute notre âme et de toutes nos forces, lui dont nous recevons le pouvoir d'aimer (Bae. p. 71, 1. 14-16).

Il est également celui d'un même projet et d'une même quête: «Si ergo et nos volumus videre Verbum Dei...» (*Bae.* p. 203); en l'occurrence, il désigne le commentateur et ses lecteurs réunis par le même désir de vivre pour eux-mêmes les événements du Ct. et engagés dans une même attention à ce texte:

> «Si ergo et nos volumus videre Verbum Dei atque animae sponsum "salientem supra montes et exsultantem super colles", primo audiamus "vocem" eius et, cum audierimus eum in omnibus, tunc etiam eum videre poterimus secundum ea, quae in praesenti loco vidisse describitur sponsa»[89].

C'est encore le «nous» unique de lecteurs qui, placés devant les mots du poème, sont soumis à la tentation des mêmes détournements ou des mêmes errances:

> «Ne ergo et nos tale aliquid incurramus ea, quae a veteribus bene et spiritaler scripta sunt, vitiose et carnaliter advertentes, tam corporis quam animae nostrae palmas protendamus ad Deum...»[90].

C'est enfin le «nous» de ceux qui, quels que soient leur position et leur avancement, demeurent soumis aux lois de l'intelligence spirituelle et ont besoin de la «miséricorde divine». Cette idée est reprise tout au long du *Commentaire*:

> «Sed opus est gratia Dei, quae horum nobis aperiat intellectum, quo possimus adverte, quid istae indicent visiones, qui sit "equus albus" et qui sit, "qui sedet super eum", cuius "nomen" est "Verbum Dei"»[91].

Enfin, toujours sous ce même régime du «nous», le commentaire du Ct. *1*,2: «Osculetur me ab osculis oris sui», décrit les deux modalités de l'intelligence spirituelle, tantôt reçue tel un baiser dans une illumination gratuite, tantôt acquise par la prière qui demande «les baisers de sa bouche». Le «nous» qui parle ici vise des lecteurs que l'Alexandrin veut enseigner, mais il est en même temps incontestablement tout proche du

---

[89] «Si donc nous voulons voir le Verbe de Dieu, l'Epoux de l'âme «sautant par-dessus les montagnes" et "bondissant par-dessus les collines", il nous faut tout d'abord écouter sa voix et, lorsque nous l'aurons écoutée en toutes choses, alors nous pourrons le voir de la même manière dont, nous dit-on, l'Epouse l'a vu ici» (Bae. p. 203, 1. 10-14).

[90] «Afin donc que la même chose ne nous arrive pas et que nous ne tournions pas de manière mauvaise et charnelle des paroles bonnes et spirituelles écrites par les Anciens, tendons vers Dieu les paumes de notre corps et de notre âme» (Bae. p. 63, 1. 25-27).

[91] «Mais il nous faut la grâce de Dieu qui nous ouvre l'intelligence de ces choses, afin que nous puissions percevoir ce que ces visions révèlent, qui est «le cheval blanc», et qui est «celui qui le monte», lui dont le nom est "Verbe de Dieu"» (Bae. p. 152, I, 8-11).

«je» qui, dans la *1ère Homélie* (§ 7) décrivait, dans un éclair de confidence, la propre expérience d'Origène vivant les venues et les disparitions de l'Epoux:

> «Quotiens ergo in corde nostro aliquid, quod de divinis dogmatibus et sensibus quaeritur, absque monitoribus invenimus, totiens "oscula" nobis data esse ab sponso Dei Verbo credamus. Ubi vero quaerentes aliquid de divinis sensibus invenire non possumus, tunc affectu orationis huius assumpto petamus a Deo visitationem Verbi eius, et dicamus: "osculetur me ab osculis oris sui"»[92].

c) *Conclusions*

Les besoins de l'exposition ont conduit à poser des partages. On a traité successivement des *Homélies*, puis du *Commentaire*. On a distingué le processus sémantique de l'interprétation allégorique d'une part, le fonctionnement énonciatif de la lecture de l'autre. Ce sont ces couples dont il faut maintenant faire l'unité, en envisageant les rapports qui s'établissent entre leurs termes.

a) Dès le départ, on a montré que l'allégorie origénienne n'était pas réductible à l'acception étroite de son exercice «in verbis». De façon beaucoup plus complexe et globale, elle est apparue comme l'acte par lequel, à partir d'une série d'options particulières et rigoureuses sur la nature de l'Ecriture, sa cohérence et sa visée (le «mysterium»), un texte était mis en résonance avec la totalité des données de la foi. L'analyse de l'énonciation a confirmé cette définition en termes d'acte qui engage, au-delà d'un processus formel sémantique, tous les aspects subjectifs de l'activité de lecture. Non seulement l'énonciation sert de milieu et de cadre à l'interprétation allégorique, mais elle doit être regardée comme l'interprétant même qui commande la fixation du sens allégorique. Jamais le sens du texte n'est dissociable de la subjectivité incluse dans l'acte qui l'explicite. C'est aussi pourquoi il est indispensable de croiser ensemble ce que l'on a dit de l'exploration du «mysterium» et des différentes formes de présence du destinateur et du destinataire dans le commentaire. Un arrêt sur la question de la paraphrase fournira un exemple remarquable de compénétration de ces deux dimensions.

L'idée communément reçue est que la paraphrase est faite pour

---

[92] «Ainsi donc, toutes les fois que nous trouvons dans notre coeur, en l'absence de guides, quelque chose dont nous sommes en quête au sujet des dogmes et des pensées dont Dieu est la source, croyons qu'il s'agit de «baisers» qui nous sont donnés par l'Epoux, le Verbe de Dieu. Quand, en revanche, nous cherchons quelque chose à propos des pensées inspirées par Dieu, sans pouvoir le trouver, alors, en faisant nôtre le sentiment qu'exprime cette prière, demandons à Dieu la visite de son Verbe et disons: «Qu'il me baise d'un baiser de sa bouche» (Bae. p. 92).

expliquer. Ou encore, que chaque paraphrase peut être définie comme un «analogon», réputé plus explicite, qui vient doubler un segment du texte constitué en objet de commentaire, c'est-à-dire désinvesti de son énonciation initiale. Tel est bien le cas lorsqu'Origène paraphrase Ct. *1*,6: «Filii matris meae pugnaverunt adversum me» en rapprochant ce verset, sous la forme d'une véritable explication, de l'attitude de Paul persécutant l'Eglise[93]. Ou encore quand il commente Ct. *1*,13: «Fasciculus guttae fratruelis meus mihi» par le rappel d'un long enchaînement de textes cités de l'Ecriture et insérés dans un discours démonstratif (Homélie II, 3). L'objectif est bien, dans de tels cas, de rendre raison du texte que l'on lit, sans toutefois que la dimension énonciative de la citation soit engagée dans la formulation de la paraphrase. Tout se passe comme si celle-ci consistait — dans une opération purement technique — à associer à un énoncé en «il» (type du «récit» dans le partage récit/discours que formule Benveniste) dégagé de toute marque énonciative, un énoncé «il'» redoublant le même effacement énonciatif.

Présent dans les *Homélies* et le *Commentaire* ce type de paraphrase est pourtant loin d'être exclusif. Le texte origénien est rempli d'autres schémas qui font jouer beaucoup plus finement paraphrase et énonciation. Soit par exemple, dans la seconde *Homélie*, l'explicitation de Ct. *2*,7: «Adiuraui vos, filiae Hierusalem, in uirtutibus et uiribus agri»:

> «Quid adiurat sponsa filias Hierusalem? Si leuaueritis et suscitaueritis caritatem. Quamdiu caritas dormit in uobis, o filiae Hierusalem, o adulescentulae, quae in me non dormit, quia uulnerata sum caritatis? In uobis autem, quae et plures estis et adulescentulae et filiae Hierusalem, dormit caritas sponsi. Adiuraui ergo uos, filiae Hierusalem, si leuaueritis et non solum leuaueritis, sed et suscitaueritis, quae in uobis est caritatem. Creator uniuersitatis cum uos conderet, inseruit cordibus uestris semina caritatis»[94].

---

[93] «Il faut considérer en quel sens l'Epouse dit: "Les fils de ma mère ont combattu contre moi". Quand la querelle de ses frères s'éleva-t-elle contre elle? Pour comprendre comment les fils de sa mère ont combattu contre elle, il faut considérer Paul persécuteur de l'Eglise. Les persécuteurs de l'Eglise se sont repentis, et ses adversaires, revenus aux étendards de leur soeur, ont prêché la foi qu'ils avaient essayé de détruire» (SC pp. 93-95).

[94] «"Je vous en conjure, filles de Jérusalem, par les vertus et les forces du champ". De quoi l'Epouse conjure-t-elle les filles de Jérusalem? "D'éveiller et faire lever la charité". Depuis combien de temps la charité dort-elle en vous, ô filles de Jérusalem, ô jeunes filles? Cette charité ne dort pas en moi, parce que je suis blessée de charité. Mais en vous, qui êtes filles de Jérusalem, qui êtes nombreuses et jeunes, la charité de l'Epoux dort. Je vous en conjure, filles de Jérusalem, si vous avez éveillé, et non seulement éveillé mais aussi fait lever la charité qui est en vous! Le Créateur de toutes choses, lorsqu'il vous créa, inséra dans vos coeurs des semences de charité» (SC p. 137).

On constate que, sur la base d'une paraphrase initiale et globale qui identifie l'Epoux au Christ, l'Epouse à l'Eglise, et les filles de Jérusalem aux jeunes filles, Origène paraphrase 2,7 en faisant réénoncer longuement par l'Epouse le contenu de l'exhortation du Ct.: non pas, donc, à l'aide d'une explication des mots, mais par leur reformulation et leur prolongement dans le cadre énonciatif strictement maintenu du texte initial. Origène lecteur du Ct. explique le texte en en faisant sa propre parole. La paraphrase n'est rien d'autre ici que cette appropriation, soit un acte évidemment et explicitement énonciatif: le sujet de l'énoncé est non seulement maintenu dans la paraphrase, mais il ne fait qu'un avec celui de l'énonciation paraphrastique.

Le *Commentaire*, autant que les *Homélies*, contient de nombreux exemples de telles paraphrases. Et toujours s'y retrouve une même intelligence du texte qui impose une plongée dans le «mysterium». Réalité infinie qui semblerait devoir creuser au maximum l'écart entre le texte et son lecteur et dont on constate que, sillonnée par la lecture allégorique, elle est tout autre chose qu'un objet de spéculation qui se considèrerait à distance. On ne tient pas un discours sur le «mysterium». On le parle en s'y enfonçant par un mouvement que manifeste justement la subjectivation de la paraphrase. Et c'est dans ce mouvement même que se fixent et se disent quelques sens du poème.

b) Pareillement, il faut réenvisager le rapport des *Homélies* au *Commentaire*. On a déjà vu que ces deux textes avaient chacun des caractéristiques historiques et discursives spécifiques. En particulier, l'un appartient à un régime de discours très subjectivé, le second passe pour le prototype magistral du commentaire patristique sous son double aspect de lecture allégorique, aujourd'hui discréditée, et de modèle précurseur de l'exégèse scientifique moderne. De même encore, les *Homélies* seraient par nature conduites à faire peser la lecture du côté de l'explication tropologique. Le *Commentaire* aurait la liberté d'être plus désintéressé.

En fait, de telles oppositions se défendent certainement, mais non pas au niveau le plus fin de l'analyse[95]. La surprise apportée par la description est au contraire de faire apparaître, dans l'un et l'autre cas, un puissant jeu de subjectivation qui montre une exégèse fortement

---

[95] C'est aussi ce que remarque E. KLOSTERMANN in «Formen der exegetischen Arbeiten des Origenes», *Theologische Literaturzeitung*, oct. 1947, col. 203-208: «... Neben diesem Streben, die Schrift durch rechte Erklärung zu verteidigen, tritt dann freilich auch hier das andere, durch die Anwendung auf das Verhalten der Leser bestimmend einzuwirken. Wenn dieser pädagogisch-paränetische Zug in den Kommentaren nicht ganz so stark hervortritt, wie in den exegetischen Homilien, so zeigt er sich doch nicht etwa nur ausnahmsweise hier und da, sondern bildet durchaus einen integrierenden Bestandteil».

«intéressée», c'est-à-dire solidaire de l'intérêt qui porte à lire un texte reçu à l'intérieur d'une théologie où la lettre est un corps et un bien pour la vie[96].

En définitive, des *Homélies* au *Commentaire*, la seule différence véritablement déterminante pourrait bien se réduire aux profils différents des destinataires. Ce sont eux qui règlent l'avancée plus ou moins profonde du commentaire, l'ouverture plus ou moins large des sens qui lèvent du texte sous l'oeil qui le lit. Mais qualitativement les *Homélies* et le *Commentaire* disent le même sens car ils établissent le même type de rapport, impliqué et subjectif entre le texte et son lecteur. Cette herméneutique se fonde sur le préalable d'une expérience spirituelle qui, dès avant la lecture du texte, a fait éprouver ce dont il parle. C'est cette expérience finalement qui mesure le sens lu et compris. Et c'est aussi ce qui explique qu'un même texte, lu à partir d'expériences diverses, puisse induire des interprétations totalement disparates. On rejoint là, à propos de l'objet particulier de la lecture, le thème des «sens spirituels» familier à Origène:

> «Tous les yeux participent à la lumière: parce qu'ils participent à la lumière, tous les yeux ont la même nature; mais, bien que tout oeil participe à la lumière, puisque l'un a un regard plus aigu, l'autre plus émoussé, tout oeil ne participe pas également à la lumière» (Peri Archon, I, 1, 7).

LES USAGES PATRISTIQUES DU CT DES CT: BILAN

Au terme de ce long parcours patristique nous proposerons quatre séries de remarques.

1. *Un dispositif de lecture complexe*

Pour fragmentaire et limitée que soit l'étude qui s'achève avec cette partie, elle devrait avoir pointé quelque chose de la riche complexité à travers laquelle l'époque patristique a fréquenté, lu et compris l'Ecriture. Il n'est pas douteux qu'une telle tradition de lecture comporte des aspects circonstanciels aujourd'hui périmés. Mais il reste en elle suffi-

---

[96] Nos conclusions rejoignent au plus près celles de l'analyse menée par K.J. TORJESEN sur une série d'échantillons d'exégèses origéniennes in *Hermeneutical Procedure and Theological Method in Origen's Exegesis*, De Gruyter, 1985 (Patristische Texte und Studien, volume 28). Cet ouvrage marque, en particulier, remarquablement, la place de l'auditeur-lecteur dans l'économie d'une exégèse décrite comme «médiation de l'activité enseignante et rédemptrice du Christ au profit de l'auditeur» (spécialement pp. 124-147).

samment de densité, de jeu subtil de l'historicité, d'entrecroisements de
la lettre et de la subjectivité auxquels est sensible l'analyse contemporaine des textes et de leur réception, pour justifier que l'on cherche à
sortir des stéréotypes à travers lesquels cette exégèse est communément
appréhendée. Les simplismes rationalistes d'un Cunitz assimilant sans
nuance le moment patristique au règne d'un mysticisme obscurantiste[97]
sont d'ailleurs sur ce point moins alarmants qu'une certaine manière
qu'ont les histoires modernes de l'interprétation d'épuiser leur sujet dans
l'énoncé de quelques sens classés et sous-classés. A ce titre, bien des
études contemporaines, minutieuses et érudites, affichent cruellement
cette cécité qui empêche d'imaginer que les textes puissent exister selon
un autre régime que celui du face à face de la lecture privée, ou encore
que la lecture puisse comporter une autre finalité qu'une «invention» de
sens.

L'examen attentif des usages du Ct. à l'époque patristique a donné à
reconnaître tout autre chose. Non pas d'abord l'existence d'un texte qui
se recevrait de l'extérieur et auquel il faudrait donner un sens, trouver
des justifications, inventer des usages qui l'acclimatent et l'intègrent.
Mais plutôt, une série de circonstances ou de lieux discursifs, de
situations spirituelles dans l'espace desquels ressurgissent la mention du
Ct., sa citation ou son explication, comme sous l'effet d'une poussée et
d'une nécessité internes.

Certes, on a eu l'occasion de le voir, à cette époque même le Ct. est
désigné, ici ou là, comme un texte difficile et périlleux. Mais les motifs de
cette appréciation ne sont aucunement d'ordre intellectuel. Il ne s'agit
pas de savoir comment faire tenir ensemble ce poème et les autres
données de la foi ou de l'Ecriture en exerçant sa sagacité ou son
inventivité herméneutique. Si l'épithalame est réservé, ce n'est pas à des
savants mais à des parfaits. Il est très clair, dans la perspective de cette
lecture patristique, qu'on fréquente et qu'on cite le Ct. dans la mesure
où ses mots apparaissent adaptés à nommer certains aspects jugés
centraux dans l'expérience spirituelle, ou parce qu'ils sont propres à
expliciter quelque chose du «mysterium» qui organise la foi. On a vu, du
reste, qu'enseigner à le lire — comme il se trouve dans les homélies et
les commentaires — revient essentiellement à faire progresser le lecteur
dans la capacité à s'impliquer dans le dialogue du poème; ce qui est
donné identiquement comme un appel à progresser dans la voie de la
perfection. Une telle lecture est proche, à certains égards, de ce que
Stanislas Breton décrit sous l'appellation de *commentaire cordial*, à
propos duquel il note: «Parce qu'il opère dans l'ordre du méta-noétique
et non du noétique, il vise la conversion du coeur et non l'épanouisse-

---

[97] Ouv. cit., pp. 1 ou 23.

ment discursif d'un intellect qui, même éduqué par la foi, n'en reste pas moins distant». On l'a remarqué plusieurs fois, l'objectif dominant de la lecture est dans une identification qui permette au lecteur d'entrer dans le rôle de l'Epouse, ce qui s'entend, préalablement à tout, comme une exhortation à revêtir la «robe nuptiale», ainsi que le note Grégoire le Grand en ouverture de son Commentaire[98]. C'est à propos de ce même *commentaire cordial* que S. Breton dit encore: «A la limite il abolit la distance du sujet à l'objet, au bénéfice d'une identification qui nous replonge dans les eaux profondes de l'origine»[99], en usant toutefois d'un concept d'origine qui n'a pas d'existence native dans la mentalité patristique.

Simultanément, l'image qui se forme au terme du parcours qui vient d'être réalisé, est celle d'un texte profondément engagé dans la vie du groupe qui le lit, jusqu'aux points les plus avancés et les plus significatifs de ses rites et de sa foi. C'est aussi pourquoi on rejoint le point de vue de L. Vischer et D. Lerch attirant l'attention sur l'intérêt que présente une histoire de l'interprétation des textes, en y voyant une tâche beaucoup moins limitée qu'il n'y paraît, pleine d'implications et de fécondité jusqu'au niveau d'une théologie fondamentale[100].

2. *Créativité d'une interprétation instituée*

De plus, parce qu'il est relié à la vie de la communauté ecclésiale, associé à des topoï spirituels et plus précisément liturgiques, le Ct. ne se propose jamais comme une lettre nue, sans ombre portée, dressée dans l'isolement d'une pure existence textuelle. Pour tout lecteur de l'âge patristique, il ne s'offre à la lecture qu'à l'intérieur d'un champ d'interprétations déjà structuré. Il n'existe que situé à la croisée d'une série de cheminements interprétatifs ouverts au parcours de la lecture. Là encore, la tentation moderne, mais anachronique, est de ne voir en cela qu'un principe de restriction qui limiterait autoritairement le champ de la liberté et des possibles en prononçant que le texte doit être entendu du baptême, de la virginité consacrée ou de l'Eglise. Ce jugement contemporain procède d'ailleurs de l'a priori — qui pourrait n'être qu'une illusion — selon lequel l'absence de préalable interprétatif garantirait à la lecture plus de liberté et de créativité.

---

[98] SC n. 314: «Nous devons venir à ces saintes épousailles de l'Epoux et de l'Epouse avec l'intelligence de la charité la plus intérieure, autrement dit, y venir avec la robe nuptiale», p. 73.

[99] Stanislas BRETON, *Ecriture et révélation*, Cogitatio Fidei, Cerf, 1979, p. 88.

[100] L. VISCHER et D. LERCH, «Die Auslegungsgeschichte als notwendige theologische Aufgabe», in *Studia Patristica*, vol. I, ed. by K. Aland et F.L. Cross, 1957, Berlin, pp. 414-419.

Ce qui s'observe dans la lecture patristique suggère une autre position. Relier la figure de l'Epoux au Christ, celle de l'Epouse à l'Eglise, a beaucoup moins pour effet de restreindre le sens du poème que de lui fournir un milieu de résonance. De même pour la liaison établie entre le Ct. et les rites de l'initiation chrétienne. Ou encore, pour la consonance placée entre ce texte et la virginité. A chaque fois, c'est un registre de pertinence nouveau qui est conféré au Ct. On pourrait dire, en ce sens, que l'exégèse patristique consiste à créer de tels champs d'écho, certes définis et particuliers, mais grâce auxquels un texte qui, seul, demeurerait livré à la saisie probablement plate de la subjectivité individuelle, acquiert des pouvoirs de suggestion inédits. C'est cette puissance de mise en résonance mutuelle du Ct. et des domaines auxquels l'associe l'âge patristique qui est, pour nous, l'explication la plus convaincante à l'extraordinaire carrière de ce poème aux premiers siècles de sa lecture chrétienne. Ainsi la prédilection des auteurs patristiques pour le Ct. s'éclaire-t-elle quand on prend la mesure de l'immense réseau de correspondances et d'échos que dessine le commentaire d'Origène dans le cadre qui pourrait sembler limitant d'une interprétation spirituelle fixée avant même que la lecture ne s'engage. Force est de constater que non seulement la liberté d'Origène n'est pas entravée mais que, de surcroît, ce qui peut paraître, à certains moments, une surinterprétation trop foisonnante, construit à terme un discours cohérent et rigoureux qui propose des développements approfondissant, pour la suite du temps, le sens théologique chrétien. On sait, en outre, que le commentaire d'Origène sur le Ct. est l'une des sources majeures du langage mystique qui se parlera dans l'Eglise, au long de nombreux siècles. Toutes les blessures d'amour qui se diront ultérieurement, tous les baisers qui se trouveront dans la littérature spirituelle, durant le Moyen-Age aussi bien qu'à l'époque baroque[101], ont leur lieu initial dans les mots du poème biblique, éveillés, médités, compris par Origène. Aussi bien l'existence d'une telle fécondité interdit-elle absolument de réduire cette lecture patristique à un simple exercice textuel.

3. *Fonction explicative du Cantique des Cantiques*

De ce rapport patristique au Ct. qui est, en définitive, celui d'une connivence capable de soutenir l'émergence du texte dans des types de discours variés, on a donné idée en recensant quelques-unes des formes

---

[101] Voir H. PFEIFFER, «Berninis Figurengruppe der Hl. Theresia, Das Motiv der Liebesverwundung in der christlichen Tradition und die Darstellung der Ekstase als spirituelles Prinzip der Barockkunst», in *Teresianum*, Ephemerides Carmeliticae, XXXIII, 1982, 1-2, pp. 679-693.

de sa citation dans la liturgie, dans le discours épistolaire ou dans l'hymnologie. On a rappelé aussi l'importance des commentaires continus dans le cadre de l'homilétique ou de travaux plus savants. Ce faisant, on a eu l'occasion de remarquer que les mots du poème n'étaient pas tant, dans cette exégèse, objets d'explication, qu'ils n'avaient eux-mêmes un rôle explicatif, en particulier de situations et de gestes rituels.

A cela, il faudrait ajouter l'immense domaine de discours qui, occupés à commenter d'autres textes bibliques, reviennent, à partir de l'exercice de cette tâche, aux mots du Ct. Ainsi, une analyse de citations chez Augustin pourrait être tout à fait éclairante à ce sujet. Augustin n'a donné aucun commentaire systématique du texte. D'une manière générale, et contrairement à ce que laisseraient présager les liens qui l'unissent à Ambroise, le Ct. n'est pas un de ses textes d'élection. Et pourtant, le poème biblique est loin d'être absent de son oeuvre. Il n'est pas question de s'engager ici dans le détail d'une question qui nécessiterait une étude en soi. Notons seulement qu'une partie des citations relève indiscutablement de la lutte contre les hérésies: débat contre Manès dans le *Contra Faustum*[102], querelle anti-donatiste quand Augustin discute des frontières de l'Eglise en faisant l'exégèse de Ct. 6, 8 «Unique est ma colombe» et combat l'interprétation tendancieuse que donnent les disciples de Donat de Ct. *1*, 7 «Où mèneras-tu paître le troupeau, où le mettras-tu au repos à l'heure de midi?» dans les *De baptismo libri*, les paragraphes 35-38 du *Sermon XLVI* ou l'*Homélie VI sur l'Evangile de Jean*[103]. Malgré cela, on doit admettre que la grande majorité des citations n'appartient ni à la polémique, ni à la querelle exégétique. Le relevé réalisé par A-M La Bonnardière[104] montre que ce sont les *Enarrationes in Psalmos*, soit des textes homilétiques ayant une visée pastorale large, qui comportent les plus fréquentes mentions de l'épithalame biblique. Or, il est frappant que l'on se retrouve, avec ces textes, dans la même logique que celle qui a été repérée à la lecture de Cyrille de Jérusalem, d'Ambroise ou d'Origène. Le projet n'est évidemment pas d'expliquer le Ct. pour lui-même: l'objet de l'«enarratio» est la compréhension du psaume. En revanche, Augustin recourt au Ct. pour fournir un appui à l'interprétation, une harmonique explicative à un verset du psaume ou encore, à travers la figure de l'Epouse, pour fixer

---

[102] Contra Faustum, *15*, 6, Ed. Vivès, t. 26, pp. 10 et 11.

[103] *De baptismo libri* VII, Livre 3ème, XVII, 22; Livre 5ème, XXVII, 38 Livre 7ème, LI, 99, Bibliothèque augustinienne, 29, DDB, 1964. *Sermon XLVI*, §§ 35-38, édité par D.C. Lambot, Brepols, C C Series Latina, XLI, 1961.

Homélie VI sur l'évangile de Jean, 10, Bibliothèque augustinienne, 71, DDB, 1969, pp. 365-367.

[104] A.M. La Bonnardiere, «Le Ct. des Ct. dans l'oeuvre de S. Augustin», *Etudes augustiniennes*, 1955, volume I, pp. 225-237.

les traits de l'énonciateur pertinent de la parole psalmique. Le passage de Ct. *2,5* et *5,8* «Parce que je suis blessée par l'amour» («quia vulnerata caritate ego sum») entre, par exemple, dans la série des textes rassemblés pour commenter Ps. *37,4* «Il n'y a plus rien de sain dans ma chair» («non est sanitas in carne mea a vultu irae tuae»). Ou encore, commentant la «force» dont parle le psaume *47*, 13,14 «Entourez Sion et embrassez-la, affermissez vos coeurs par sa force», c'est le verset de Ct. *8*, 6 «L'amour est fort comme la mort» qui sert de centre au développement qui paraphrase «virtus» par «caritas». C'est encore par le détour de Ct. *1,3* «Le roi m'a emmenée dans ses chambres» que passe le commentaire de Ps. *9,6* «Tu t'es assis sur ton trône, toi qui juges avec justice», la phrase du Ct. permettant d'identifier l'énonciateur susceptible de prononcer les mots d'un tel verset[105].

Les exemples pourraient être multipliés. Leur existence suggère bien que les mots du Ct., au-delà des difficultés qu'il peut y avoir à les interpréter, ont pour Augustin un pouvoir d'élucidation utile à mobiliser dans la lecture d'autres textes. Il s'agit, du reste, d'une propriété dont cette exégèse crédite l'ensemble de l'Ecriture. Le point remarquable à nos yeux est qu'elle vaille aussi pour un tel poème. Ainsi voit-on dans les *Enarrationes*, le Ct. entrer dans le grand échange des textes que la lecture découvre se répondant, s'attirant, s'expliquant mutuellement. Remarquons que dans cette dynamique intervient, de façon originale chez Augustin, le goût des effets rythmiques, des échos sonores, des paronomases[106]. Ce fait a conduit à reprocher à Augustin de se laisser prendre à des associations purement formelles, arbitraires au regard du sens des textes. Ce grief perd sa force dès que l'on se rappelle que l'évêque d'Hippone présuppose, avec les autres lecteurs de son temps, l'unité et la cohérence théologiques des Ecritures. C'est dans ce postulat rigoureusement tenu, tout comme dans sa soumission sans esquive à une Parole qu'il tient pour divine[107] qu'Augustin puise la liberté, parfois déroutante, de sa lecture. Cette fois encore on voit comment les principes de restriction qui organisent la lecture patristique, jouent comme de véritables principes de création qui amplifient les capacités

---

[105] Ces trois exemples figurent successivement:
— in Discours sur le Psaume *37*, v. 5, *Oeuvres complètes de S. Augustin*, Ed. Vivès, 1870, tome XII, p. 211;
— in Discours sur le Psaume *47*, v. 13,14, *ibid.*, tome XII, p. 423;
— in Discours sur le Psaume *9*, v. 6, *ibid.*, Tome XI, p. 681.
[106] Voir M. COMEAU, *La rhétorique de S. Augustin*, Paris, 1930, spécialement le chapitre III.
[107] «Ce n'est point combattre pour le sens des divines Ecritures, mais pour notre sens à nous, que de vouloir que notre sens soit celui des Ecritures, quand nous devrions au contraire vouloir que ce fût le sens des Ecritures qui fût le nôtre», *In Gen. ad litt.*, Livre I, ch. XVIII, PL 34, col. 260.

interprétatives du lecteur. Et ce qui vaut pour Augustin n'est que la concrétisation particulière, typée par une personnalité d'exception, de la situation commune de réception et d'interprétation des textes, à l'époque patristique.

4. *Exégèse et prédication, ou la subjectivation patristique de l'interprétation*

En définitive, il apparaît que les éléments mêmes qui, dans ce dispositif de lecture, sembleraient destinés à brider irrémédiablement l'initiative et l'inventivité du lecteur, jouent en sens inverse. Cette exégèse, telle qu'elle est pratiquée au long de l'époque patristique, ne barre nullement le rôle du lecteur ou du commentateur. Bien plus, elle doit être définie par cette intervention même, exercée et assumée consciemment. La difficulté que nous avons à le concevoir tient à l'idée que nous nous faisons d'une subjectivité qui ne pourrait être que subjectivisme, c'est-à-dire sentiment personnel. Quand les lecteurs du 4ème ou du 5ème siècle lisent les Ecritures, ils le font en tant que sujets, mais sujets dont l'individualité n'est pas en conflit ou en rivalité avec cette collectivité régulatrice de la lecture qu'est l'Eglise, simultanément définie comme réalité sociale, institutionnelle et mystique.

L'expression peut-être la plus forte de cette subjectivité collective qui soutient, de son début à son terme, l'acte d'exégèse est donnée dans le lien de l'interprétation à la prédication.

En effet, cette exégèse ancienne, on a eu l'occasion de l'observer, est une exégèse de prédicateurs. Circulant dans le commentaire homilétique d'Hippolyte, parmi les textes d'Ambroise concernés par le Ct., ou les catéchèses de Cyrille de Jérusalem, l'évidence de cette imbrication s'est imposée: l'exégèse naît de la prédication, s'approfondit pour répondre à des besoins pastoraux; réciproquement, la prédication, ne se conçoit que comme exégèse de l'Ecriture[108]. L'une comme l'autre, à part égale, conjoignent «eruditio» et «contemplatio». En réalité, l'écart que posent les Modernes entre les deux régimes discursifs n'existe simplement pas pour la mentalité patristique[109]. Non pas parce que le souci

---

[108] «Les Pères sont des Pasteurs; ils visent essentiellement à "édifier l'Eglise de Dieu", selon l'ambition que revendiquait ORIGENE; ils n'ont écrit que pour répondre aux besoins de l'Eglise et des hommes. Leurs traités sont, ou des catéchèses et des sermons, ou des réfutations des erreurs et des hérésies du jour, ou des réponses à des consultations, ou des manuels destinés à l'instruction des chrétiens». Y. CONGAR, «Les saints Pères, organes privilégiés de la Tradition», in *Irénikon*, 1962, Tome 35, p. 495.

[109] «... Il n'y avait pas alors d'un côté la "leçon d'Ecriture Sainte" s'adressant à un auditoire choisi, cultivé, curieux de science biblique, sans désir d'édification immédiate, et de l'autre le sermon destiné aux besoins pratiques de la vie chrétienne. C'était de la page du Livre sacré qu'on venait de lire qu'il fallait tirer, hic et nunc, l'enseignement du peuple». H. de LUBAC, *Histoire et Esprit*, ouv. cit., p. 132.

d'une objectivité savante serait inconnu, mais parce qu'il est totalement intégré à une finalité plus forte, parce que, comme l'exprime J-M Leroux à propos de Jean Chrysostome: «La détermination du sens exact des Ecritures n'a jamais été le terme de la recherche des Pères qui ne se sont intéressés à ce problème que dans la mesure de son incidence doctrinale»[110]. L'exemple d'Origène commentant simultanément le Ct. dans le cadre d'homélies et dans celui d'un grand commentaire, tel qu'on vient de l'observer, est particulièrement démonstratif. L'analyse de l'énonciation a révélé finalement l'unité profonde des deux types d'écrits. L'explication en est certainement dans cette remarque faite par H. de Lubac dans *Histoire et Esprit*: «Pas plus dans ses commentaires savants que ses sermons au peuple, Origène ne fait oeuvre de pur savant. Il n'est jamais devant la Bible comme un exégète spécialisé de nos jours». Il faut admettre que «... beaucoup plus que son exégèse sur sa prédication, c'est ici sa prédication qui a réagi sur son exégèse»[111].

On ne saurait trop souligner combien il est essentiel de prendre acte d'une telle situation pour débattre justement de l'exégèse patristique, selon ce qu'elle est, et non selon les représentations fictives qui ont pu lui être substituées ultérieurement. Restituer cette exégèse à la prédication, c'est la rendre à ce milieu d'énonciation collective au sein duquel s'est élaborée l'interprétation allégorique des textes. Et, parce que la prédication est aussi rigoureusement conçue ici comme action liturgique[112], c'est exhumer une dimension liturgique de la lecture qui, sauf exception, s'est complètement effacée des pratiques modernes de la lecture biblique.

Ainsi, notre projet initial de rendre compte de l'existence patristique du Ct. conduit-il jusqu'à cette trilogie qui articule entre elles lecture «spirituelle», prédication et liturgie. C'est dans ce cadre seulement que l'on peut poser utilement la question des sens patristiques du Ct. Et nous pensons que le problème de l'allégorie est insuffisamment situé quand il fait l'économie d'une telle description préalable.

---

[110] J.-M. LEROUX, «Relativité et transcendance du texte biblique d'après Jean Chrysostome», in *La Bible et les Pères*, PUF, 1971, Colloque de Strasbourg 1969, p. 72.

[111] Ouv. cit. pp. 125 et 131.

[112] Voir encore sur ce point A. OLIVAR, Quelques remarques historiques sur la prédication comme action liturgique dans l'Eglise ancienne, in *Mélanges liturgiques offerts au R.P. Dom B. Botte*, Louvain, 1972. Sur l'unité exégèse scientifique-exégèse spirituelle, on lira également I. de la POTTERIE: «La lecture "dans l'Esprit"», in *Communio*, Lire l'Ecriture, XI, 4, Juil.-Août 1986, p. 11-27, ainsi que les remarques pleines de force in L. BOUYER, *Gnosis, La connaissance de Dieu dans l'Ecriture*, Ed. du Cerf, 1988.

TROISIEME PARTIE

L'HISTOIRE CONTINUEE
DE LA LECTURE:
ALLEGORIE ET SUBJECTIVITE

Dans la précédente phase de ce travail, nous avions résolu d'interroger directement quelques textes représentatifs du statut du *Cantique des Cantiques* à l'âge patristique. L'empirisme de notre démarche était guidé par le souci, affirmé dans un préambule théorique, de laisser émerger le mieux possible la dimension énonciative de la lecture. Ce point de vue, qui affranchissait de l'habituelle problématique de la lecture du sens, nous a donné cette liberté de reconnaître l'interprétation du Ct. associée à une finalité systématiquement ignorée, bien qu'explicitement affirmée par les textes: celle d'éduquer le lecteur d'un commentaire du Ct., ou l'auditeur d'une homélie qui le cite, à une plénitude de la lecture où lui-même serait engagé dans le dialogue du poème. Ce faisant, l'enquête a, d'une certaine manière, apporté plus que ce que l'on escomptait: non seulement les discours étudiés se révélaient fortement marqués de la subjectivité du lecteur et de leurs destinataires, mais plus encore ils se découvraient finalisés par la recherche de cet investissement subjectif, par l'énoncé de ses voies, de ses moyens, des conditions de son progrès. Ainsi, le problème du sens à lire, des obscurités et des difficultés du poème est apparu devancé, de très loin, par la préoccupation de permettre l'accession à une véritable appropriation du texte, comme s'il était plus essentiel de devenir l'Epouse du Ct. que de comprendre tout ce qu'elle disait. Parallèlement, la question de la subjectivité est progressivement devenue la pierre de touche de notre analyse: non plus simple donnée intervenant dans la construction du sens, mais visée de la lecture, substituée à la question du sens.

Il reste que cette approche n'est pas exhaustive puisqu'en particulier elle ne faisait pas figurer, parmi les matériaux soumis à l'étude, cet autre versant de la documentation patristique constitué de textes qui, de façon plus réflexive, accompagnent la pratique de l'exégèse ancienne. En décalage avec la plupart des travaux modernes qui font exclusivement référence à de tels écrits théoriques, nous avons choisi de nous enfoncer plutôt dans le foisonnement de discours qui citent et commentent l'épithalame sans nous préoccuper de décrire ou justifier leurs opérations herméneutiques. Mais ce choix était d'ordre et de préséance. Il n'impliquait nullement l'idée de négliger des textes qui, issus des mêmes auteurs, ont joué, dès leur origine et pendant des siècles, un rôle déterminant dans la mise en oeuvre de l'exégèse chrétienne. Le moment est donc venu d'engager dans l'analyse ces documents, afin de repérer ce que, eux, disent ou taisent, concernant l'exercice de la subjectivité que l'on a précédemment mis en évidence. Tel sera le premier objectif de cette nouvelle étape: poursuivre la description de la composante subjective en interrogeant des textes patristiques plus théoriques, en entendant également, et s'il le faut, en discutant des approches modernes de cette exégèse appuyées précisément à ces traités anciens d'herméneutique. Ce premier temps servira de base à la reprise de notre interrogation maîtresse: celle de l'histoire de l'interprétation du texte du *Cantique des Cantiques*. Celle-là se formulera désormais de la manière suivante: dès lors que la lecture est envisagée comme une opération orchestrée par la subjectivité lisante, comment comprendre, d'une part, la dispersion des interprétations du Ct. qui se succèdent au cours des siècles et, d'autre part, à l'intérieur de l'option allégorique, ce phénomène de répétition qui fait reprendre indéfiniment la lecture alors même qu'il s'agit toujours de lire le même sens?

Ces questions conduiront à l'examen de nouveaux textes pris, cette fois, hors des limites de la littérature patristique. Nous retiendrons un premier échantillon de textes chrétiens des 12ème, 13ème et 16ème siècles. Inscrits dans le même cercle interprétatif d'une lecture croyante héritée des Pères, ils permettront d'explorer la nature de la répétition qui s'y exerce. Nous nous fixerons ensuite sur quelques documents-témoins de la très abondante tradition juive de lecture du poème qui suggèrent une question inverse: quel type de relation doit se concevoir entre ces textes et les documents chrétiens précédemment envisagés, au-delà du décalage interprétatif que pointe, seule, une théorie de la lecture simplement sémantique? Ainsi cherchera-t-on à mieux identifier le jeu respectif de l'écart et de l'invariance entre les deux traditions juive et chrétienne de lecture du Ct.

Chapitre I

Le sujet de l'exégèse patristique

Plusieurs théories générales de l'interprétation, du symbolisme ou de la citation considèrent aujourd'hui même l'exégèse patristique comme un moment culturel clé et y lisent l'un des grands paradigmes de l'activité de commentaire. Aussi s'attardent-elles, en particulier, à donner des descriptions minutieuses de l'allégorie patristique. De telles analyses — organisées par les questions de la philosophie ou de la sémiotique modernes — ne peuvent êtré appréciées que mises en regard de la pratique effective des Pères d'une part, des textes théoriques dans lesquels ceux-ci exposent leur projet herméneutique et leurs méthodes d'autre part. En l'occurrence, nous prendrons pour référence le chapitre IV du *Peri Archon* d'Origène et le chapitre III du *De Doctrina Christiana* d'Augustin. Outre sa portée critique, l'intérêt d'une telle confrontation est de dégager diverses représentations de ce «sujet» de l'exégèse dont on a été amené, déjà, à marquer le rôle décisif.

I. THEORIES MODERNES DE LA LECTURE PATRISTIQUE

Deux ouvrages contemporains, documentés et argumentés, chacun dans sa perspective, nous serviront de point de départ. Il s'agit de *Symbolisme et interprétation* de T. Todorov[1] et, déjà mentionné dans nos préparations théoriques, de *La seconde main* d'A. Compagnon[2].

1. *Deux représentations modernes de l'exégèse patristique*

Dans la première de ces études, T. Todorov constitue l'exégèse ancienne en modèle d'une version «finaliste» de l'interprétation, consistant à «résorber» les étrangetés d'un texte (p. 37), partout où elles se présentent, par le biais d'une association symbolique. Le ressort interprétatif est mis dans la présence d'un écart surgissant entre le sens du texte biblique et celui de l'autre texte que Todorov appelle «doctrine chrétienne». De la sorte, la lecture interprétative consiste, par une série

---

[1] T. Todorov, *Symbolisme et interprétation*, Ed. du Seuil, 1978.
[2] A. Compagnon, *La seconde main* ou Le travail de la citation, Ed. du Seuil, 1979.

d'équivalences, à relier ces deux textes et à les identifier l'un à l'autre (p. 92). L'auteur énumère également, en se réclamant d'Augustin, les divers types d'indices textuels qui déclenchent le travail d'une telle interprétation: invraisemblances doctrinales, matérielles, ou encore redondances. Le caractère «finaliste» de cette exégèse, enfin, tient en ce que «L'exégète de la Bible n'a aucun doute quant au sens auquel il aboutira; c'est même là le point le plus solidement établi de sa stratégie; la Bible énonce la doctrine chrétienne. Ce n'est pas le travail d'interprétation qui permet d'établir le sens nouveau, bien au contraire, c'est la certitude concernant le sens nouveau qui guide l'interprétation» (p. 104).

Invoquant encore Augustin, T. Todorov peut ainsi décrire une exégèse postulant, tout au long de sa lecture, l'unicité du sens à lire, et de là, ramenant la variété paradoxale des signifiants à la répétition sans fin de l'identique. De la sorte, se construirait une «stratégie» efficace, source d'une masse discursive énorme, mais foncièrement ludique et gratuite, puisqu'elle est ordonnée au parcours de chemins qui ont pour principe de revenir là d'où ils partent. Pour finir, la spécificité de la typologie chrétienne serait — de manière d'ailleurs accessoire — celle d'un contenu idéologique particulier, que désigne le terme d'«accomplissement».

A son tour, A. Compagnon produit une théorie de ce qu'il nomme «discours théologal» englobant sous cette appellation les différentes formes de métalangages pratiquées au long des douze premiers siècles de christianisme. Il définit celui-ci comme «citation généralisée», «systématisation de l'acte de citer», ou encore «accomplissement extrême du rapport entre un texte citant et un texte cité». Les arêtes vives de son analyse peuvent être ramenées à quelques propositions:

1) «Du discours théologal, le principe est la répétition» (p. 106). Soit, à partir d'une source unique — en l'occurrence la Bible —, la production d'un discours interminable, métalangage sans fin, surgi «par entraînement, par transmission de mouvement ou d'énergie». La seule originalité de ce discours lui viendrait de ce qu'il est à la fois une sur-scription (discours sur...) et une sous-scription (allégeance à quelque chose).

2) Si tous les écrits patristiques ne sont pas des commentaires, ils relèvent pourtant, uniformément, du «commenter»: ils ont tous pour principe l'opération par laquelle l'écart ou la division entre deux termes est surmonté et résolu. En effet, il n'y a de commentaire possible que là où un double contenu, ou encore la concurrence de deux objets ou de deux mots, appelle un travail de synthèse. La nécessité de l'interprétation chrétienne apparaît précisément là où deux textes, deux «testaments» se trouvent confrontés, dressés l'un en face de l'autre, dans une irréductible rivalité. C'est à Origène que revient l'initiative du discours théologal qui a pour tâche et pour raison de faire l'unité de cette

contradiction, à travers le parcours des sens de l'Ecriture. De façon plus détaillée encore, la stratégie de l'Alexandrin consiste à traiter l'une par l'autre les deux divisions qui traversent l'Ecriture: celle qui oppose Ancien et Nouveau Testament, celle qui met en regard la «lettre» et l'«esprit». Son exégèse a pour principe de les faire s'annuler mutuellement.

3) «Si au fil des pages et pour l'analyse, chaque parole biblique est pourvue de plusieurs sens, à rebours et pour la synthèse, ces sens se subsument sous un seul référent, le Christ, qui fonde la convergence des Ecritures et des sens vers l'un» (p. 184). Ce que Compagnon exprime encore, de façon plus dramatique, mais beaucoup plus discutable, en déclarant: «Chaque page, chaque livre, chaque docteur semble à l'infernale poursuite d'une cohérence inaccessible» des significations bibliques (p. 205). D'où la prolifération d'un discours sans terme, définitivement sériel, que seule la tradition vient préserver d'un emballement généralisé, en circonscrivant le domaine du possible et de l'impossible, celui de la vérité et de l'hétérodoxie.

2. *Inventaire des difficultés*

Certes, l'analyse de T. Todorov et celle de A. Compagnon usent de méthodologies hétérogènes et elles ont leur départ dans des questions différentes (le symbolisme d'une part, la citation de l'autre). Et cependant l'une et l'autre convergent, de façon tout à fait remarquable, vers une même conception de leur objet. Sans entrer dans le détail d'une analyse trop longue, nous proposerons quelques remarques.

a) *Le handicap du formalisme*

S'inscrivant dans une perspective formaliste occupée à dégager des structures, ces deux études ont tendance à neutraliser les contenus en les subsumant sous des appellations génériques, situées à mi-chemin entre le concret initial et des catégories véritablement abstraites. Ainsi de la notion de «doctrine chrétienne» dont use T. Todorov pour désigner le texte qui sert de contrepoint interprétatif à la lecture de l'Ecriture. Il semble que soit visé ici un ensemble de propositions qui constituent l'idéologie chrétienne et qui, investies silencieusement dans les textes, seraient ce que vient raviver le travail de l'interprétation. Mais l'intervention d'un tel concept pour penser la lecture laisse un peu perplexe. L'idée d'un corps de vérités existe bien dans le christianisme primitif, mais ce n'est pas à partir de lui que se construit l'intelligence des Ecritures. Même si le fait déroute une logique de description profane, on doit reconnaître que l'interprétant des Ecritures que désignent les Pères et auquel ils se réfèrent n'est autre que le Christ; non pas perçu comme une idée, ni comme une simple référence ou un horizon de la lecture. mais comme une personne que la foi expérimente dans une relation existentielle vivante. Or la nature du contenu est ici déterminante. C'est elle qui fixe la logique de l'exégèse. C'est encore elle seule qui peut légitimer l'autorité que revendique le texte biblique et les prétentions qu'ose avancer le commentaire.

L'importance de ce point est spécialement perceptible dès que l'on considère les autres exemples d'exégèse finaliste que T. Todorov range aux côtés de l'exégèse patristique. Soient la critique marxiste et la critique psychanalytique. Les unes comme les autres disposeraient d'un corps de vérités, toujours déjà donné, et ne tolèreraient que d'être vérifiées et confirmées par l'interprétation de nouveaux objets. En fait, un tel rapprochement ne respecte pas une dissymétrie fondamentale qui sépare ces trois formes de «savoir». Si, en effet, les Pères ne conçoivent de «doctrine chrétienne» que reliée à une «révélation» qui a pour effet d'interpréter nécessairement son contenu en termes de don, d'advenue, d'intelligence reçue de plus loin que l'intelligence, à l'inverse, marxisme comme psychanalyse jouent de savoirs qui sont foncièrement de maîtrise, expressions par excellence d'une clairvoyance auto-suffisante. L'une se soumet à une instance qui la déborde et dans laquelle elle reconnaît sa source, les autres ont pour principe de résorber toute extériorité. Il y a là un écart qui ne doit pas être effacé. Deux attitudes de l'intelligence sont en jeu qui introduisent à deux formes et deux capacités de savoir. C'est précisément cette différence cruciale que gomme la neutralisation des contenus.

b) *La contradiction postulée, l'unité affirmée*

Outre la question générale du formalisme, le détail des argumentations contenues dans les deux études de T. Todorov et A. Compagnon appelle la discussion. L'une et l'autre font de l'existence d'un duel entre deux textes ou deux sens le principe constitutif de l'acte interprétatif. Et ce duel est décrit comme une contradiction: il n'est, en effet, productif d'interprétation que dans la mesure où il dresse le barrage d'une incompatibilité ou l'obstacle d'un inconciliable. Ainsi, A. Compagnon décrit-il Ancien Testament et Nouveau Testament comme «deux ensembles concurrents» (p. 170); T. Todorov affirme que «l'interprétation naît de la distance entre le sens de la Bible et le sens de la doctrine chrétienne».

se fait la différence. Dans une étape précédente de ce travail, cette figure nous était déjà apparue déterminante, porteuse de la logique de la lecture, organisant le détail pratique de sa mise en oeuvre. Or, chez T.

dances», où il s'agit de «chercher à prouver» l'harmonie défaillante (p. 102). Compagnon montre un effort désespéré pour «venir à bout» (p. 221) de ce qui n'a d'autre existence que la forme de son esquive interminable. Le vocabulaire descriptif renchérit sur cette interprétation de l'exégèse ancienne: celle-ci est une «procédure», un «montage», une «technique», un «programme» à remplir pour dépasser une aporie ou simuler son dépassement.

Rien pourtant de ces descriptions ne correspond vraiment à ce qui s'observe dans l'exégèse pratiquée par les Pères. Ni la tournure volontariste attribuée à la lecture, ni son aspect de tactique n'ont d'équivalent chez ceux-ci. La raison en est, comme on a déjà eu l'occasion de le signaler, que la lecture n'y est jamais vécue comme une opération spéculative traitant de problèmes intellectuels. Les textes abondent qui manifestent une orientation inverse, chevillée à l'affirmation que l'Ecriture a un statut quasi sacramentel. Par les uns en effet, celle-ci est mise en parallèle avec l'Eucharistie[3] et, plus largement encore, avec l'ensemble de l'Incarnation[4]. Elle est dite «source d'eau qui donne la vie»[5]. Par d'autres, qui parlent volontiers de «la table de la Parole de Dieu»[6], elle est perçue comme «pain quotidien»[7]. Or, ces rapprochements sont sans commune mesure avec de simples métaphores. L'identification de l'Ecriture à la personne du Christ structure les comportements à l'égard

---

[3] Ainsi ORIGENE, «Vous qui avez l'habitude d'assister aux mystères divins, vous savez bien comment il faut conserver avec grand soin et respect le Corps de Notre Seigneur que vous recevez, pour n'en perdre aucune parcelle, pour que rien de ce qui a été consacré ne tombe à terre. Pensez-vous que ce soit un moindre délit de traiter avec négligence la parole de Dieu, que son Corps?», *Homélies sur l'Exode*, trad. M. BOURRET, S.C. n. 321, 1985, p. 387.

[4] Par exemple, le témoignage d'AUGUSTIN dans le Commentaire du Psaume 103, 4:
«Rappelez-vous que c'est ce même Verbe de Dieu qui s'étend dans toutes les divines Ecritures, et que c'est un seul et même Verbe qui résonne dans toutes les bouches des écrivains sacrés. Celui qui était au commencement auprès de Dieu, qui n'avait pas besoin de syllabes pour s'exprimer parce qu'il n'est pas soumis à la succession du temps. Nous ne devons pas nous étonner ici, si par condescendance pour notre faiblesse, il s'abaisse à faire usage des syllabes fragmentaires de notre langage puisqu'il s'abaisse aussi pour faire sienne cette faiblesse de notre corps».

[5] Cf. la déclaration de THEODORE, à propos de la réception de la *Lettre festale* d'ATHANASE (367) fixant le canon des Ecritures: «Eh bien, mes frères, il y a pour nos âmes grand profit et remède dans cette lettre qu'il nous a écrite cette année, du fait qu'il nous y détermine les sources d'eau de vie; car il importe beaucoup que nous y buvions afin d'être bien portants par la grâce de Dieu et autres faveurs qu'il nous accorde», Bibliothèque du Muséon, vol. 16, *Les vies coptes de S. Pachôme et de ses successeurs*, trad. française par L. TH. LEFORT, Louvain, 1943, réimp. 1966, p. 206.

[6] «... Ils les nourrissent à la table de la Parole» GREGOIRE LE GRAND, *Morales in Job*, I, 29, SC n. 32, p. 158.

[7] «... Il y a un pain de chaque jour que demandent les enfants. Ce pain, c'est la Parole de Dieu qui nous est distribuée chaque jour; c'est notre pain quotidien dont vivent non pas nos corps, mais nos âmes», AUGUSTIN, *Sermon 56*, 10.

du livre; elle modèle, de part en part, les attitudes spirituelles qui président à sa lecture[8].

Dans de telles conditions, l'enjeu de la lecture ne peut pas être d'élucider des obscurités ou de rattraper des contradictions. Il n'est même pas d'abord de comprendre. Mais il est de vivre une relation, en faisant croître l'intelligence spirituelle de ce qui est tenu pour un mystère de salut et de vie.

Partant de ces propositions clés, tous les aspects de l'exégèse patristique doivent être réévalués positivement, si l'on veut en saisir la logique effective. A la place de l'attention inquiète que décrivent les observateurs modernes en supposant que le fond de l'activité interprétative serait la réduction de contradictions, est posée l'affirmation d'Augustin, diversement modulée par d'autres: «Dans l'Ecriture règne la paix et tout y est bien ordonné; il n'y a point de contradiction. Toi aussi libère ton coeur de la discorde, et recherche ses harmonies. Comment la vérité pourrait-elle parler contre elle-même?»[9]. Et ce serait une facilité, et finalement une naïveté, de considérer qu'un pareil propos n'a que la portée d'une dénégation. Tout l'ensemble de l'exégèse ancienne affiche — non comme un principe abstrait, mais comme une expérience de vie — une perception rigoureusement positive, surabondamment vivifiante de l'Ecriture[10]. Bien loin qu'interpréter enferme dans le cercle de la répétition, la lecture consiste, en faisant progresser dans la reconnaissance du «mysterium», à découvrir «le trésor caché dans le champ» auquel est souvent assimilée l'Ecriture, en référence à Matthieu *13*, 44.

Redisons encore que si cette exégèse est bien en quête d'unité, il ne s'agit pas d'une unité conceptuelle, fruit d'une synthèse dialectique. L'unité dont il est ici question est une récapitulation de l'histoire, à partir de l'événement du Christ qui, rétrospectivement, projette sa lumière sur les événements dispersés et successifs du passé et montre leur cohérence. Elle est un rassemblement de nature «mystique» qui fait une totalité organique de ce qui était jusque là juxtaposé, non lié, étranger, indifférent. On le voit, dans cette logique, ce n'est pas une méthode qui produit l'unité, mais la foi en un événement existentiellement connu et appréhendé. La teneur existentielle de cette exégèse est, du reste, une de ses caractéristiques centrales. C'est elle qui rend compréhensible, par exemple, cette affirmation de Grégoire Le Grand déclarant dans son Commentaire sur Ezékiel que: «... La vie des saints Pères nous apprend

---

[8] Voir Stoltz, *L'ascèse chrétienne*, Amay, 1948, ch. IX, l'Ecriture sainte.

[9] In Joannem, *19*, 7.

[10] Ainsi Origene déclarant: «Comme une source offre d'elle-même à tous ceux qui ont soif, son eau toujours jaillissante, jamais tarie», ainsi l'Ecriture «coule d'une source intarissable et dispense, sans qu'ils aient à prendre de peine, aux hommes altérés, Dieu lui-même».

ce que nous devons comprendre dans la sainte Ecriture, car leurs actions dévoilent à nos yeux ce que les deux Testaments nous prêchent»[11]. Ce qui signifie que comprendre l'Ecriture ne consiste pas à scruter un texte. Ce n'est pas affaire livresque mais affaire de vie. On comprend en regardant les actions des Pères dont la vie interprète le texte.

De cette cohésion nouvelle du vivre et du lire, de l'unité nouvelle du sujet lecteur, en définitive, qui, de vase brisé est refait vase intact[12], l'unité de l'Ecriture est le signe et le garant. C'est pourquoi aussi elle est le principe organisateur de la lecture. Non comme une règle technique ou comme un objectif tactique, mais au titre de ce qui, dans le christianisme primitif, est le coeur d'une identité et d'une vocation[13]. Il en résulte encore que la vision précédemment rencontrée opposant Ancien Testament et Nouveau Testament comme deux textes inconciliables à concilier, concurrents à harmoniser, ne peut être maintenue. D'innombrables écrits disent la concorde des deux Testaments. Et la formule de cette concorde n'a rien à voir avec une affirmation volontariste gagnée sur l'évidence de son contraire; elle s'exprime plutôt comme une découverte émerveillée qu'on ne se lasse pas de nommer, d'éprouver, de savourer à travers de multiples symboles, mobilisant le récit de la Transfiguration ou des Noces de Cana, la référence aux deux lèvres de l'Epouse du Ct. recevant le même baiser ou encore, parmi bien d'autres, les deux séraphins d'Isaïe se criant l'un à l'autre la louange divine «comme les deux Testaments qui proclament la même vérité et dont chacun contient l'autre"»[14].

La notion d'accomplissement est évidemment cruciale: c'est par elle que passe entièrement le rapport Ancien-Nouveau Testament. Mais là encore, répètons-le, elle ne constitue pas un concept de rattrapage, une ruse théorique pour sauter un obstacle en articulant ce qui est séparé. Pour la ratio biblique, elle est la figure centrale de l'histoire. Elle est aussi, dans le déploiement du «mysterium», ce qui permet l'advenue

---

[11] *Sur Ezékiel*, 1. I, homélie 10, n. 38, PL 76, 901.

[12] «Tu n'as pas voulu rester debout avec le Seigneur; tu es tombé; tu es brisé comme un vase quand de la main de l'homme il tombe à terre; tu es brisé; parce que tu es brisé, tu es ton adversaire et ainsi tu es contre toi-même», Sermon 128, 9.

[13] Par exemple HILAIRE, *Sur la Trinité*, VIII, écrivant en référence à Gal. *3*, 27,28: «"Vous tous qui avez été baptisés dans le Christ, c'est le Christ lui-même que vous avez revêtu. Il n'y a plus Juif ni Grec, esclave ni homme libre, homme ni femme; tous vous êtes un dans le Christ Jésus". Or, qu'ils soient un dans une telle diversité de peuples, de conditions sociales, de sexes, cela provient-il d'un accord de leurs volontés? Ou plutôt de l'unité du sacrement reçu, du fait de leur unique baptême, et parce que tous, ils ont revêtu le Christ? L'accord des esprits n'a rien à faire ici. Ils sont un parce qu'ils ont revêtu le Christ unique, par la grâce de leur unique baptême».

[14] H. DE LUBAC, *Exégèse médiévale*, 1ère partie, I, p. 348, et d'une façon générale, le dossier que contiennent sur cette question les pages 328-355.

d'une nouveauté radicale (à la manière que prophétise Isaïe *43*,18-19) qui ne soit pas pour autant une pure altérité, comme telle impossible à interpréter, ni même à reconnaître.

c) L'«exégèse ancienne» des Modernes, projection de la théorie

En définitive, la difficulté à laquelle sont affrontés la majorité des observateurs modernes de l'exégèse patristique, tient à sa double situation dans le champ de notre culture. D'une part, elle appartient à notre mémoire et trouve place dans l'archéologie de nos savoirs. D'autre part, étant totalement intérieure à une mentalité et à des attitudes de foi enracinées dans l'existence chrétienne, elle déroute totalement une approche critique qui s'est construite à l'écart de ces références, ou même, en décalage conscient et polémique avec elles. Traiter de l'exégèse ancienne en éliminant celles-ci ou en en faisant un simple remplissage idéologique et anecdotique, conduit forcément à redécouper un nouvel objet, descriptible dans les termes d'une stratégie sémantique que sait penser la théorie moderne, mais dont l'exégèse ancienne n'a pas idée.

On voit ainsi se faire de curieuses duplications à l'intérieur d'analyses critiques qui finissent par reproduire la logique même qu'elles cherchent à mettre au jour dans l'exégèse ancienne: avant tout examen des textes, la cause est entendue, l'objet est déjà repéré et interprété.

L'usage que le discours critique fait de la citation des Pères fournit une bonne illustration de cette normalisation moderne qui réduit tout écart, ramène l'insolite au connu. Ainsi, par exemple, A. Compagnon citant l'*Homélie sur l'Exode* 45 d'Origène: «Ne nous livrons pas, de désespoir, au silence, ce qui n'édifie pas l'Eglise de Dieu, mais reprenons en quelques mots ce dont nous pouvons dire quelque chose, dans la mesure où nous le pouvons» et qui interprète cette citation en montrant un Origène occupé à surmonter le désespoir engendré par la tâche de théologien attelé à l'exercice d'une parole qu'il sait vaine en son fond, puisqu'interminablement répétitive de ce qui est déjà su et déjà dit. Pourtant, replongé dans son milieu, le texte d'Origène sonne bien différemment. Impossible d'y trouver rien qui procède de ce genre de désespoir ou qui ait trait à la lassitude de la répétition. Ce passage des *Homélies sur l'Exode*, important en effet relativement à l'interprétation, porte sur l'«intelligence biblique» et sur sa capacité à être intelligente selon la mesure que donne l'Esprit. L'idée est que seul celui qui a l'esprit des prophètes est capable de comprendre les prophètes ainsi que l'affirme Paul. En d'autres termes, le bon lecteur doit posséder l'esprit du rédacteur sacré. Si donc il y a une peur pour Origène, c'est celle de manquer de cet esprit et non pas celle de devoir parler. Mais s'il y a aussi une consolation pour Origène, c'est celle de croire qu'à celui qui prêche, il est fait don de cet esprit de prophétie qui a surabondé en Paul. Et s'il est ici question d'imitation («puisque le même bienheureux Apôtre nous commande de nous faire les imitateurs de cette grâce, c'est-à-dire du don de prophétie (...) essayons, nous aussi, de nous hausser jusqu'à une telle ambition, de ravir ces biens autant qu'il est en nous...»), ce ne peut être que selon la logique spirituelle spécifique qui soutient des déclarations comme celles de Paul en 1 Corinthiens 4, 16 ou encore Philippiens 3, 17. A ignorer cette rigueur, on se retrouve dans une thématique du «mime», pleine de suggestion pour une vision psychanalytique, mais totalement étrangère au texte qu'on a fait le projet de lire. Hors de ce respect qui renonce au jeu de l'interprétation projective, la citation des documents patristiques, découpés, arrachés à leur terreau et finalement détournés, ne devient plus, elle, qu'une opération de véridiction au service de la théorie[15].

Même démarche dans l'argumentation de T. Todorov appelant les mêmes réserves. Ainsi, par exemple, lorsque celui-ci entreprend de montrer comment dans l'exégèse ancienne «la recherche des équivalences devient un but en elle-même». Pour ce faire, l'analyse cite une page des *Sermons* d'Augustin en faisant un relevé détaillé du réseau foisonnant des corrélations qu'engendre le commentaire. Mais cette fois encore, la démonstration oeuvre à vide, puisqu'elle ressaisit de l'exégèse un moment soigneusement coupé de son origine et de son terme, délié de la finalité réelle de la lecture. Le formalisme encore exténue son objet, il le défigure et, à terme, il le perd. A preuve ce rapprochement qui est fait, par la même analyse, de l'exégèse d'Augustin et de celle de Joachim de Flore, bien que cette dernière soit postérieure de huit siècles à la première et soit le type même d'une dérive où se perd, au plan théologique comme au plan herméneutique, la tradition patristique. Les similitudes formelles sont, là encore, un piège. Elles laissent totalement échapper le contraste fondamental entre les deux oeuvres, tel que le décrit par exemple H. de Lubac, lorsqu'il remarque que si «tous les auteurs, anciens ou médiévaux pratiquent le symbolisme dans une intention avant tout théologique ou morale, Joachim, lui, en tire une méthode d'argumentation pour aboutir à ses vues prophétiques sur l'avenir de l'Eglise dans l'histoire et sur la fin des temps»[16].

On commence peut-être à percevoir comment, entre la représentation que nous avons tirée de la lecture des textes patristiques et celle qu'en donnent des études modernes comme celles que l'on vient de citer, c'est la figure du sujet lecteur qui forme le point sensible à partir duquel

---

[15] A quoi s'ajoute un «interpréter pour ne pas écouter» qu'analyse avec beaucoup de finesse A. FINKIELKRAUT in *La sagesse de l'amour*, Gallimard, 1986, p. 92.

[16] *Exégèse médiévale*, 2ème partie, I p. 459.

se fait la différence. Dans une étape précédente de ce travail, cette figure nous était déjà apparue déterminante, porteuse de la logique de la lecture, organisant le détail pratique de sa mise en oeuvre. Or, chez T. Todorov, on constate qu'elle est effacée purement et simplement, tandis que chez A. Compagnon elle est remplacée par un double, personnage projeté de nos catégories modernes, mais sans ressemblance avec l'original.

Sur ce dernier point pourtant, notre analyse appelle un complément, puisqu'en privilégiant l'examen de la pratique elle a provisoirement tenu à l'écart des textes où les mêmes auteurs anciens produisent la théorie de leur exégèse. Ce sont d'ailleurs ces derniers ouvrages qu'invoquent plusieurs spécialistes modernes de la patristique qui, bien que travaillant dans une autre perspective, confirment, à certains égards, plusieurs des vues critiques dont nous venons de dire les étroitesses, en faisant à leur tour du commentaire patristique une technique destinée à traiter les difficultés du texte biblique. Après avoir rappelé les conclusions de ces autres analyses contemporaines, nous reviendrons une nouvelle fois aux textes mêmes, afin d'affronter directement, à la source, l'écart qui pourrait s'observer entre les homélies et les commentaires d'une part et la théorie qui les borde, ou est censée les supporter, d'autre part.

II. LOGIQUES PATRISTIQUES DE L'ALLEGORIE

Semblable rubrique désigne un objet tellement central et complexe, lieu de questions aujourd'hui même en débat, qu'il nous faut marquer immédiatement les limites dans lesquelles nous nous tiendrons. Il ne s'agit que de rappeler ici quelques propositions majeures de l'exégèse patristique, telles qu'elles s'expriment à travers les textes théoriques anciens. Nous nous réfèrerons à deux documents constamment interrogés: le *Peri Archon* d'Origène, en ses parties directement concernées par le problème herméneutique, le chapitre III du *De Doctrina Christiana* d'Augustin[17]. L'objectif est, par ce nouveau biais, de mettre à l'épreuve les thèses précédemment discutées, assimilant l'allégorie patristique, soit à un expédient technique, soit à un processus de lecture ayant donné au christianisme l'occasion et la justification d'une parole inépuisablement répétitive.

---

[17] Nous citerons le premier de ces textes dans l'édition de H. Crouzel et M. Simonetti, *Traité des Principes*, SC n. 268 pour le chapitre IV qui nous occupera essentiellement ici. Nous citerons le *De Doctrina Christiana* d'Augustin dans l'édition de la Bibliothèque augustinienne.

1. *Les justifications de l'allégorie à travers les oeuvres spéculatives des Pères*

L'exposé de ces justifications est grandement facilité par le fait que les arguments contenus dans les oeuvres spéculatives des Pères constituent la source et le tout des représentations que l'époque moderne se donne de l'exégèse ancienne. Ces grands thèmes reçus ne sont d'ailleurs nullement l'effet d'une vision reconstituée plus ou moins fictive; ils sont indiscutablement formulés comme tels dans les oeuvres que l'on cite. Ce point doit être d'abord pris en compte, même s'il appelle le complément d'une discussion — qui remonte, en fait, à l'époque patristique — sur la provenance de telles idées, leur originalité ou leur dépendance à l'égard de pensées païennes contemporaines, et même s'il nécessite, le moment venu, la réinterprétation de celles-ci en référence aux polémiques (spécialement la lutte contre les hérésies) concomitantes à la rédaction de tels traités.

a) *L'allégorie sauve le texte et la dignité de Dieu*

Il est indubitable que les analyses de T. Todorov et d'A. Compagnon, pour s'en tenir à ce que l'on a déjà mentionné, exploitent des matériaux directement puisés à la lecture des Pères. L'allégorie patristique se présente, sans équivoque, dans de nombreux textes, comme un moyen de surmonter les obscurités de l'Ecriture et d'éviter le scandale d'une lettre qui offense la transcendance et la sainteté de Dieu.

Un long passage du *Peri Archon* d'Origène, rédigé entre 220 et 237, énumère ainsi une série d'épisodes vétéro-testamentaires étranges et déconcertants. Par exemple:

«Quel homme sensé pensera qu'il y a eu un premier et un second jour, un soir et un matin, alors qu'il n'y avait ni soleil, ni lune, ni étoile? Et pareillement un premier jour sans un ciel? Qui sera assez sot pour penser que, comme un homme qui est agriculteur, Dieu a planté un jardin en Eden, du côté de l'Orient et qu'il y a planté un arbre de vie, du bois visible et palpable, de sorte que celui qui mange du fruit de cet arbre avec des dents corporelles reprenne vie et, de même, que celui qui mange d'un autre arbre reçoive la science du bien et du mal?» (P.A. *IV*, 3,1).

Sur quoi l'Alexandrin conclut que:

«Tout cela, exprimé dans une histoire qui semble s'être passée mais ne s'est pas passée corporellement, indique de façon figurée certains mystères» (ibid.).

Ou encore, il passe en revue diverses prescriptions de la loi mosaïque dont il démontre l'illogisme ou l'impossibilité, afin d'exhorter, ici encore, à pratiquer une interprétation allégorique de l'Ecriture. De la même façon, il mentionne plusieurs prescriptions des évangiles dont il souligne la bizarrerie. Dans tous ces cas, maintenir systématiquement le sens littéral, c'est-à-dire le sens propre, conduirait à prêter à Dieu des comportements absurdes ou à lui faire formuler des exigences aberrantes.

De son côté, le *De Doctrina Christiana* d'Augustin apporte, à un peu moins de deux siècles de distance, de nouveaux parallèles à cette problématique:

> «Tout ce qui dans la parole divine ne peut se rapporter, pris au sens propre, ni à l'honnêteté des moeurs ni à la vérité de la foi, est dit, sachez-le bien, au sens figuré» (De D.C. III, X, 14).

Ou encore:

> «Pour ce qui est des actes et des paroles considérés prétendument par les ignorants comme des turpitudes et mises au compte, soit de Dieu, soit des hommes dont on nous vante la sainteté, ils sont entièrement figurés» (De D.C. III, XXIX, 41).

Bien d'autres textes d'Augustin pourraient encore être associés à de telles citations du *De Doctrina Christiana*. On a certainement là le témoignage, au moins pour une part, de ce que fut la position de l'évêque d'Hippone et, simultanément, de ce qui constitua une des données communes à l'ensemble de l'exégèse primitive[18]. On sait du reste le rôle décisif qu'a eu ce principe de lecture dans l'itinéraire personnel d'Augustin. Heurté pendant tout un temps par les rudesses de l'Ecriture, par le scandale de récits mêlés au plus obscur des violences et des turpitudes d'une histoire tout humaine, Augustin ne trouva que dans l'intelligence allégorique découverte auprès d'Ambroise la voie d'une lecture pleine, heureuse et totale de la Bible[19].

On voit aussi comment de telles citations reviennent à placer absurdité et allégorie dans un rapport d'implication mutuelle: le texte absurde nécessite l'intervention de l'interprétation allégorique. Ainsi, à qui demande le principe de discernement permettant de savoir quand on doit allégoriser, il suffit de désigner les passages du texte qui présentent

---

[18] De multiples témoignages des Pères comme de leurs commentateurs pourraient être mentionnés. Ainsi PRAT, *Origène, le théologien et l'exégète*, 1907: «Le principe fondamental qu'on doit abandonner le sens corporel, c'est-à-dire le sens propre, toutes les fois qu'il en résulte quelque chose d'impossible, d'absurde ou de faux est indiscutable et il n'est point d'exégète catholique qui n'y souscrive».

[19] Cf. C. DOUAIS, S. Augustin et la Bible, les débuts, *Revue biblique*, 1893, pp. 62-81 puis 351-377.

une forme ou une autre d'invraisemblance psychologique, historique ou doctrinale. De là découlent un principe de sélection et une méthode herméneutique. Ceux-ci sont formulés par Origène de la manière suivante:

> «...Il faut s'efforcer de comprendre tout le sens en rattachant sur le plan des réalités intelligibles la signification de ce qui est impossible selon la lettre à ce qui non seulement n'est pas impossible, mais encore est vrai selon l'histoire, en l'allégorisant avec ce qui ne s'est pas passé selon la lettre» (P.A. *IV*, III, 5, p. 363).

Même raisonnement chez Augustin, comme on l'a déjà vu à travers des citations du chapitre III du *De Doctrina Christiana* invoquées par l'analyse de T. Todorov: est à prendre au sens propre tout ce qui énonce des préceptes bons et interdit des comportements iniques; est figure, en revanche, tout ce qui amènerait à justifier le mal, d'une manière ou d'une autre[20].

b) *L'allégorie éduque le lecteur et assure le bonheur de la lecture*

Cependant, la compréhension de l'allégorie comme résorption des difficultés ou échappatoire aux contradictions du texte, n'épuise pas l'argumentation patristique. Au-delà d'une technique de rattrapage, les Pères attribuent à cette pratique une série de justifications positives et montrent en elle un mode d'expression remarquablement adapté à ce que l'Ecriture a pour objet de transmettre. Dans une étude sur *Saint Augustin et la fonction protreptique de l'allégorie*[21], J. Pépin a donné un bon résumé de ces thèses représentatives d'une exégèse qui déborde largement la personne de l'évêque d'Hippone. L'allégorie y est présentée dans ses diverses dimensions pédagogiques qui peuvent se détailler ainsi:
— Par l'effort qu'elle demande à la lecture, elle valorise la vérité, selon ce principe qu'un accès trop immédiat ne convient pas au plus haut savoir.
— Elle exclut les indignes («C'est dans le but de tenir l'esprit des impies dans l'ignorance, soit pour les convertir à la piété, soit pour les écarter des mystères, que les auteurs se sont exprimés avec une obscurité utile et salutaire» (De D.C. IV, 8, 22).
— Elle permet de pondérer le sens de l'Ecriture de manière telle

---

[20] J. PEPIN a synthétisé ces thèmes dans: A propos de l'histoire de l'exégèse allégorique: l'absurdité, signe de l'allégorie, *Studia Patristica*, vol. I, Edited by Kurt Aland et F.L. CROSS, 1957, pp. 395-413.
[21] In *Recherches augustiniennes*, vol. 1, 1958, pp. 243-286.

que les simples y aient accès et que les doctes y trouvent également matière à être enseignés[22].

— Elle écarte le dégoût, selon cette vérité qui appartient aux évidences de la culture dont vit Augustin, que le plaisir de la lecture requiert l'effort de la recherche et la surprise de son aboutissement[23]. Le terme d'«exercitatio» désigne le coeur de cette activité laborieuse et féconde par laquelle on passe d'une déroute initiale à une évidence finale.

— L'allégorie, encore, excite le désir et promet une jouissance spirituelle d'autant plus grande que celle-ci «a été enveloppée dans les voiles de l'allégorie pour qu'elle soit désirée avec plus d'ardeur et découverte avec plus de plaisir» (De Civitate Dei XVII, 20).

— Elle double cette vertu, somme toute émotionnelle, d'une véritable portée pédagogique, l'obscurité du texte étant destinée à «exercer et, en quelque sorte, limer l'intelligence des lecteurs» (De D.C. IV, 8, 22).

— Enfin, comme une récompense au chemin difficile qui a été consenti, elle embellit la découverte: «Le fait est, personne ne le conteste, que l'on apprend plus volontiers toutes choses à l'aide de comparaisons, et que l'on découvre avec beaucoup plus de plaisir ce que l'on a cherché avec quelque difficulté» (De D.C. II, 6, 8).

Tout ce qui s'exprime sur ce mode, dans le but de rendre raison de l'allégorie, est directement relié à un thème cher à la littérature patristique qui veut que les formes d'expression obscures soient les mieux adaptées à l'expression des plus hautes vérités. L'idée est que «le mystère honore le secret», comme le remarque H-I Marrou, ajoutant, à son tour, que «c'est là l'essentiel de la thèse, la plus profonde justification des obscurités scripturaires»[24]. Ainsi le De Doctrina Christiana développe-t-il toute une apologie du secret et une étonnante esthétique de l'obscur. L'argumentation se fait à la fois en termes de rendement de la lecture et de plaisir du texte. Elle donne comme vérité d'expérience

---

[22] On notera que cette idée selon laquelle «dans son sens manifeste, elle (l'Ecriture) présente de quoi nourrir les tout petits; dans ses profondeurs, elle garde de quoi ravir d'admiration les esprits les plus élevés» est exprimée par GREGOIRE dans des termes extrêmement suggestifs, en plusieurs points de ses Moralia in Job (SC n. 32 bis). Ici, il propose la comparaison avec un fleuve «aux eaux tantôt guéables, tantôt profondes, tel qu'un agneau puisse y marcher et un éléphant y nager» (Lettre-Dédicace, 4). Ailleurs, il distingue deux régimes d'existence de l'Ecriture: «... La sainte Ecriture est pour nous tantôt une nourriture, et tantôt un breuvage. Elle est nourriture dans ses passages difficiles, parce qu'elle est en quelque sorte rompue quand on l'expose, et absorbée quand on vient à la mâcher. Elle est breuvage dans ses passages clairs parce qu'on peut l'absorber telle qu'on la trouve» (1, 29).

[23] De D.C. II, 6, 8.

[24] H.-I. MARROU, Augustin et la fin de la culture antique, Ed. de Paris, 1958, p. 488.

que ce qui, d'un texte, d'abord se dérobe, soumet le lecteur à l'épreuve de la recherche, du labeur, de la persévérance, livre nécessairement plus que ne le font les passages clairs et immédiatement intelligibles. C'est précisément la promesse de ce gain qui encourage Augustin à s'arrêter de préférence aux difficultés, à les rechercher même, dans cette pensée qu'elles correspondent aux points où le texte parle avec le plus de densité et en direction des vérités les plus essentielles. De surcroît, ce labeur est jumelé, pour le même Augustin, à l'expérience d'une satisfaction plus intense du lecteur: toute difficulté surmontée est source de plaisir et de lumière. Cette certitude d'époque rejoint ce principe rhétorique qui veut qu'une idée banale retrouve vie et efficacité dès lors qu'elle est exprimée par le détour d'une forme inattendue, intrigante, d'abord énigmatique. On sait l'exemple fameux de l'exégèse qu'Augustin donne de Ct 4, 2: «Tes dents sont comme un troupeau de brebis tondues qui remontent du lavoir, chacune porte deux jumeaux et parmi elles, il n'est pas de stérile...». Il faut citer un peu longuement le commentaire de ce verset devenu aujourd'hui une curiosité fort exploitée par les analyses qui cherchent à montrer le caractère de bizarrerie obsolète de l'interprétation patristique:

«Que signifient ces mots: "vos dents"? Ceux par lesquels vous parlez. En effet, les dents de l'Eglise sont ceux par la voix desquels l'Eglise parle. Et comment sont ces dents? Elles sont "comme un troupeau de brebis tondues". Pourquoi "tondues"? Parce qu'elles ont déposé les fardeaux du monde. Est-ce qu'elles n'étaient pas tondues, ces brebis dont je vous parlais tout à l'heure, qu'avait dépouillées ce `précepte du Seigneur: "Allez, vendez tous vos biens; donnez-en le produit aux pauvres et vous aurez un trésor dans le ciel; puis venez et suivez-moi (Mat. *19*, 21)?". Elles l'ont écouté ce précepte, elles sont venues au Christ après avoir été tondues. Et parce qu'ayant cru au Christ, elles ont été baptisées, que dit l'Ecriture? Que ces brebis "montent du lavoir", c'est-à-dire du lieu de purification. "Et que toutes portent un double fruit". Quel double fruit? Les deux commandements, dans lesquels consistent la Loi et les Prophètes. "Nous sommes donc le peuple de ces pâturages et les brebis que ces mains ont créées"[25].

De toute évidence, on se trouve là en présence d'une esthétique singulière, datée, mais qui correspond à une véritable expérience de lecture. Augustin a aimé accrocher ses interprétations aux formes, jeux de mots, allitérations émergeant à la surface d'un texte, dans une lecture encore assez légère et libre pour laisser les signifiants parler et se composer avant même que le sens du texte ne précipite trop hâtivement

---

[25] Discours sur le psaume 94, Ed. Vivès, Tome 45, p. 11.

et ne recouvre le dessin des formes[26]. Mais il est non moins clair qu'une telle lecture comporte ses risques, jusqu'à perdre l'interprétation «dans une sorte de grande banlieue exégètique» où, comme le remarque Pontet, «tout se rencontre, l'imprévu, le faux, le cocasse», et où, hors de toute régulation, l'arbitraire peut proliférer à l'infini. L'exégèse patristique n'est nullement exempte de telles dérives qui ont été perçues et dénoncées à l'époque même.

Prise au jeu de cette logique, la théorie elle-même finit par s'emballer et par se fourvoyer dans le pur paradoxe. C'est ainsi, par exemple, qu'est donné un prolongement étrange à la proposition selon laquelle l'obscur est plus instructif et doit être préféré à ce qui est clair: de là, en effet, on en vient à s'émouvoir de la perte que comporte une théorie vouant tous les passages clairs à la banalité et à l'insignifiance. On imagine alors cette solution qui va pousser le paradoxe à son extrême et qui consiste à affirmer que la clarté n'est en fait que le masque rusé de la plus grande obscurité... Il s'ensuit que si l'attention doit s'appliquer aux passages obscurs, elle doit redoubler de vigilance quand elle se trouve devant les évidences de significations trop claires. Ce sont alors les textes les plus faciles qui deviennent les plus redoutables et comportent le plus de pièges car «dans un passage au premier abord difficile à comprendre, l'obscurité du moins est évidente, tandis que lorsqu'un premier sens satisfaisant se présente tout de suite à l'esprit du lecteur, il risque de s'en contenter et de ne pas pousser son analyse jusqu'au sens mystérieux que le premier dissimule»[27].

On peut ou non apprécier cette construction subtile de la théorie. On peut lui prêter des raisons esthétiques. On ne peut certainement pas lui donner de justification théologique. Nous sommes probablement ici en un point où l'exégèse patristique plonge le plus nettement, et parfois sombre, dans les influences d'un milieu et d'un moment. Le milieu est celui des rhéteurs auquel Augustin appartint pendant toute une première partie de sa vie, auprès desquels il apprit et, au nom desquels, il enseigna la rhétorique de Cicéron et celle de Quintilien, la tradition diatribique grecque et la néo-sophistique venue d'Asie. Tout cela, assimilé par lui, fut aussi transféré par lui à l'intérieur de cet espace intellectuel et spirituel nouveau du christianisme où sa vie s'établissait.

Les problèmes que posait une telle translation furent parfaitement présents à l'esprit d'Augustin, comme en témoigne le Livre II de son *De Doctrina Christiana*, mais aussi l'ensemble de sa prédication et de ses

---

[26] Sur ce goût d'Augustin, qui est aussi une philosophie du langage, voir M. Pontet, *L'exégèse de S. Augustin prédicateur*, Aubier, col. Théologie, pp. 153 et sv.; M. Comeau, *La rhétorique de S. Augustin d'après les Tractatus in Ioannem*, Paris, 1930, en particulier le chapitre III: «Figures gorgianiques».

[27] Ouv. cit., p. 484.

oeuvres de combat. Il reste qu'Augustin est enraciné dans un moment, solidaire d'une atmosphère culturelle dominée par ceux qu'H-I Marrou nomme «les lettrés de la décadence». Il est patent que s'il sauve la science païenne — pour autant, et à condition seulement, qu'elle soit la servante de la doctrine chrétienne —, à certains instants, la maîtrise du processus semble lui échapper et la dominance s'inverse: on ne fait plus que rebaptiser superficiellement, et de façon rétrospectivement peu convaincante, des procédures de la culture païenne. De là, la facilité avec laquelle de nombreux travaux modernes font la démonstration, en s'autorisant des Pères eux-mêmes, d'une lecture patristique qui serait purement et simplement alignée sur les herméneutiques païennes. De là, la reprise, jamais lassée, d'explications aboutissant à la conclusion qu'en désignant Philon et l'exégèse grecque, on dit la source et la logique de l'exégèse des Pères. Et les justifications esthétiques et psychologiques que l'on vient d'évoquer, puisées dans les traités théoriques de l'âge patristique, paraissent apporter une confirmation définitive aux convergences que le comparatisme rend toujours plus voyantes et qu'il a pour effet de valoriser.

Néanmoins une telle analyse, pour être pertinente, aurait besoin d'être exhaustive, c'est-à-dire d'engager le tout de la pratique patristique de l'exégèse. Or, à l'inverse, on peut et on doit montrer qu'elle laisse précisément de côté d'autres traits de l'allégorie chrétienne qui ont pour caractéristique de n'être plus du tout déductibles des sources païennes auxquelles on la ramène. Ce sont ces nouveaux éléments, qui réinterprètent nécessairement les données dont on vient de traiter, qu'il faut envisager maintenant, en faisant franchir à l'analyse un nouveau pas.

2. *Les sens théologiques de l'allégorie*

Redisons d'abord combien, en cet âge patristique, exégèse et théologie sont rigoureusement mêlées et mutuellement impliquées. Il en résulte qu'on ne pourra jamais raisonner de façon juste en décrivant un ensemble de techniques herméneutiques auxquelles seraient associées, par ailleurs, une série de justifications explicitant, comme de l'extérieur ou en parallèle, la fonction des premières. S'interroger sur une théologie de l'allégorie consiste nécessairement à décrire — s'il existe — un engendrement des procédures herméneutiques à partir du contenu de la foi au service de laquelle elles sont mises on oeuvre[28]. Cette condition est à nos yeux décisive si l'on veut éviter des rapprochements superficiels entre herméneutiques païennes et herméneutique patristique.

---

[28] C'est l'un des grands mérites de K.J. TORJESEN, ouv. cit. note 96, p. 000 que d'honorer cette obligation.

Nous examinerons successivement, en correspondance avec le paragraphe précédent, le chapitre IV du *Peri Archon* d'Origène et le chapitre III du *De Doctrina Christiana* d'Augustin.

a) *Remarques sur le Peri Archon, chapitre IV*

Trois ordres de remarques peuvent être formulés.

* La première observation concerne le statut du *Peri Archon* dont on ne doit pas trancher trop rapidement. L'interprétation la plus immédiate consiste à en faire un texte spéculatif. C'est ainsi qu'il a été le plus fréquemment traité[29]. Or, en soi, le texte pose de multiples problèmes liés à la définition incertaine de son genre, à l'histoire mouvementée de sa transmission et de ses traductions, à l'état dans lequel il est présentement donné à la lecture[30]. A elle seule, cette situation complexe devrait interdire tout jugement précipité. A quoi s'ajoute le fait que toute partition rigide du spéculatif et du mystique, naturelle à une intelligence moderne, est à suspecter quand on a affaire aux systèmes de pensée anciens, chrétien aussi bien d'ailleurs que platonicien. C'est ainsi qu'un spécialiste fort averti de l'oeuvre d'Origène, attentif à ces exigences, comme l'est H. Crouzel, prend sans ambage le contre-pied de l'opinion commune et voit dans le *Peri Archon* un grand texte de synthèse où la théorie s'enracine dans la vie, où s'équilibrent harmonieusement spéculation et mystique[31]. Dans ces conditions, une lecture juste consistera à aller de l'un à l'autre, à interpréter l'un par l'autre, conformément au mouvement de l'écriture du Traité d'Origène.

* Si l'on s'en tient aux parties du texte dont la tournure est la plus spéculative, on doit commencer par prendre acte de la relation étroite qui les relie à la controverse, avec le judaïsme d'un côté, avec les hérétiques de l'autre. Tel est le propos d'un premier développement (IV, 2-3) qui sert d'ouverture à la formulation du triple sens de l'Ecriture. Origène traite longuement de la question du sens littéral, dans le double vis-à-vis de l'interprétation juive des Ecritures et de celle des Marcionites. Aux premiers, il reproche de ne pas vouloir quitter un sens littéral qu'il perçoit, lui, comme un sens historique révolu. Il y voit la source du

---

[29] En particulier les thèses de Hal KOCH, in *Pronoia und Paidensis* Studien über Origenes und sein Verhältnis zum Platonismus, Berlin, 1932 et celles de E. DE FAYE in «De l'influence du gnosticisme sur Origène», *Revue de l'Histoire des Religions*, LVIII, 1923, pp. 181-235.

[30] Sur ce point, voir l'étude de Dom B. STEIDLE, Neue Untersuchungen zu Origenes Peri Archon, *Zeitschrift für die neutestamentliche Wissenschaft und die Kunde der älteren Kirche*, Giessen, XL, 1941, pp. 236-243.

[31] Voir de nouveau H. CROUZEL, ouv. cit. pp. 530 et sv.

refus juif du Christ, affirmant que «les Juifs n'ont pas cru en notre Sauveur»:

> «...parce qu'ils pensent qu'il faut suivre la lettre des prophéties le concernant et qu'ils ne le voient pas de façon sensible prêcher aux prisonniers la rémission, ni bâtir celle qu'ils croient être vraiment la ville de Dieu, ni détruire les chars d'Ephraïm et les chevaux de Jérusalem, ni manger le beurre et le miel et avant de connaître et de choisir le mal élire le bien. Ils ont pensé encore que, selon la prophétie, un loup, l'animal quadrupède, devait paître avec un agneau, et une panthère se reposer sur un chevreau, qu'un veau, un taureau et un lion devaient paître ensemble et être menés par un petit enfant, qu'une vache et une ourse devaient paître ensemble et leurs petits être élevés les uns avec les autres, qu'un lion mangerait de la paille comme un boeuf...» (P.A. IV, 2,1).

Aux hérétiques[32], Origène reproche de pervertir d'une autre manière le sens littéral, de construire à partir de lui une image de Dieu qui défigure et trahit ce que les Ecritures en révèlent, de s'adonner «à des inventions, fabriquant eux-mêmes des suppositions mythiques sur la création des réalités visibles et sur celles d'autres non visibles que leur âme a représentées en figures» (P.A. IV, 2,1). C'est ainsi que la méconnaissance du sens spirituel amène à prêter à Dieu des traits que l'on ne supporterait pas chez le plus injuste et le plus cruel des hommes.

Ce lien polémique à d'autres formes d'interprétations de l'Ecriture constitue, dans l'exposé d'Origène, une détermination qu'il est capital de repérer. Et cette détermination est en même temps une limitation puisqu'elle ramène des affirmations, dont la portée semblerait générale, au rang de réponses aux questions d'un débat où Origène est engagé, mais dont il n'est pas la source.

C'est dans ce cadre qu'il faut replacer le schéma du triple sens de l'Ecriture, mis en parallèle avec la partition corps/âme/esprit. Dans un tel contexte, il est clair que, bien loin de relever d'une rationalisation théorique a priori, ce développement a d'abord une motivation pratique: il est destiné à surmonter la double erreur qui a été désignée et qui est, aux yeux d'Origène, une double manière de ruiner la foi chrétienne. Là est, en définitive, l'enjeu spirituel autour duquel s'organise l'herméneutique que propose le *Peri Archon*. Même dans les passages où l'argumentation intellectuelle semble dominante, il apparaît que la préoccupation spirituelle reste déterminante. C'est elle qui guide et conduit le discours spéculatif. Origène demeure à chaque instant soucieux d'une orthodoxie qui est une totalité au sens où elle veut engager tout à la fois

---

[32] Cf. A. LE BOULLUEC, La place de la polémique anti-gnostique dans le Peri Archon, *Origeniana, Quaderni di «Vetera Christianorum»*, 12, Bari, 1975, pp. 47-61.

l'intelligence, la foi et la conduite morale. De cette orthodoxie, la rectitude de la lecture des Ecritures est le garant majeur. C'est d'ailleurs ce poids du spirituel que l'on va de nouveau éprouver en revenant sur la question des obscurités de l'Ecriture.

* Redisons-le, il ne nous semble pas qu'il y ait chez Origène une telle complaisance esthétisante à l'obscur qu'elle risque de le faire renoncer à la révélation que porte le texte et que la lecture doit permettre d'atteindre. Nous ne pouvons nous résoudre à la position qui consiste à majorer son goût pour l'énigme au détriment de la quête et de la reconnaissance de la vérité que l'Ecriture a pour fonction de dévoiler. En fait, le problème des obscurités de la Bible n'apparaît chez l'Alexandrin que comme un chapitre limité de son exégèse, intérieur en tout cas à une question beaucoup plus ample: celle de la recherche du sens christologique du texte biblique, dans le cadre d'une économie chrétienne de l'histoire. Seul le mysterium, on l'a déjà signalé, intéresse véritablement Origène. Et lui seul, en dernière analyse, est capable de rendre raison des particularités de l'écriture du texte.

Nous nous sommes déjà attaché à cette question au moment où nous lisions le *Commentaire* et les *Homélies sur le Ct.* Or, c'est très exactement au même «mysterium» qu'est reliée, dans le *Peri Archon*, l'interprétation des obscurités que renferme le texte. Le Traité fait, en effet, plusieurs fois allusion à des «économies mystérieuses montrées par les divines Ecritures», des «mystères que nous ne comprenons pas» (IV,2,2), des «prophéties pleines d'énigmes et de paroles obscures» (IV, 2,3). Et il est remarquable que le développement consacré à la typologie (IV, 2,6 et sv.) cite d'entrée un texte comme 1 Cor. *10*,11: «...Il faut chercher la sagesse cachée dans le mystère, celle que Dieu a prédestinée avant tous les siècles à la gloire des justes, celle qu'aucun des princes de ce monde n'a connue». On a là explicitement formulé l'enjeu central du sens spirituel chrétien.

C'est encore le motif du «mysterium», impliquant la foi chrétienne en l'Incarnation, qui éclaire, sous un autre jour, la nature de l'Ecriture biblique. Si le texte comporte des difficultés, ce n'est pas par l'effet d'une décision divine arbitraire, destinée à se jouer de l'homme, comme le souligne également Clément d'Alexandrie en faisant remarquer que ce serait supposer «que la divinité nous cache la vérité par jalousie» ou «qu'elle serait accessible aux passions humaines»[33]. S'il y a de l'obscur, c'est en vertu d'une logique dont on doit croire qu'elle est ordonnée au salut de l'homme, comme l'est, dans son ensemble, toute l'Incarnation. Dans cette perspective s'éclairent les justifications que le *Peri Archon* donne de la présence des difficultés qui freinent une compréhension

---

[33] *Stromates,* 5, 4.

limpide et immédiate. Trois arguments sont formulés qui ont trait successivement au respect de la liberté humaine, à la gloire de Dieu qui doit être préservée, et finalement, aux conditions de possibilité d'une parole qui soit à la fois humaine et révélante. Nous détaillerons un instant ces différents points.

Si la parole biblique a bien le dessein de sauver, le salut qu'elle donne ne peut être acquis au prix de la liberté de son lecteur, c'est-à-dire de ce qui, en l'homme, est la marque inaliénable de sa ressemblance avec Dieu. Une écriture qui serait trop immédiatement contraignante, en donnant à lire un sens trop évident, briserait cette liberté. Ainsi Origène peut-il, à partir de cette logique purement théologique, décrire la fonction positive des obscurités qui brouillent, de prime abord, l'intelligence de la Bible: elles sont le moyen de «rendre possible l'incroyance» qui est le revers nécessaire de la liberté de la foi.

Par ailleurs, la parole biblique ne doit pas s'aligner simplement sur les paroles de persuasion des sagesses humaines, sous peine de n'être plus connue comme parole divine, de n'être que désignation d'un savoir-faire, de cacher la gloire de Dieu au lieu de le révéler comme étant la source de son efficacité. On retrouve ici le thème des «vases d'argile», tel qu'il est développé par Paul dans la seconde Lettre aux Corinthiens (*4*,*7*).

C'est pour cette raison qu'Origène ne s'alarme pas de ce que:

> «...notre faiblesse ne puisse faire ressortir dans chacune de ses expressions la splendeur cachée des doctrines qui est déposée dans une lettre vile et méprisable: "nous avons en effet ce trésor dans des vases d'argile afin qu'éclate la démesure de la puissance de Dieu" et qu'on ne pense pas qu'elle vienne de nous, les hommes. En effet, si les méthodes de démonstration dont les hommes ont l'habitude et qui sont consignées dans les livres avaient convaincu l'humanité, on soupçonnerait avec raison notre foi d'avoir pour origine "la sagesse des hommes et non la puissance de Dieu"...» (IV,1,7).

Enfin, à la source du discours biblique est placée une redoutable aporie; celui-ci serait vain et inutile si, passant outre aux lois de la parole humaine, il était incompréhensible; mais il le serait tout autant si sa transparence était telle que son lecteur n'ait jamais la possibilité de percevoir en lui l'altérité par laquelle il déborde des discours simplement humains. Dès lors, on comprend la nécessité de ces «pierres d'achoppement» que désigne Origène. Citons un peu longuement le texte du *Peri Archon* où l'Alexandrin réfléchit à la pertinence des lois et des récits que contient le texte biblique:

> «...Si l'utilité de cette législation apparaissait d'elle-même clairement dans tous les passages, ainsi que la logique et l'habileté du récit historique, nous ne croirions pas qu'on puisse comprendre dans les Ecritures quelque

chose d'autre que le sens obvie. C'est pourquoi la Parole de Dieu a fait en sorte d'insérer au milieu de la loi et du récit comme des pierres d'achoppement, des passages choquants et des impossibilités, de peur que, complètement entraînés par le charme sans défaut du texte, soit nous nous écartions finalement des doctrines comme n'y apprenant rien qui soit digne de Dieu, soit ne trouvant aucune incitation dans la lettre nous n'apprenions rien de plus divin» (IV,2,9).

Ce raisonnement qui, loin d'être propre à Origène, fait partie de la tradition patristique[34], relève d'une logique spécifiquement biblique. Les difficultés de la lecture ne sont pas, dans cette optique, des signaux revendiquant la mise en branle d'une lecture allégorique qui ferait appel à une perspicacité intellectuelle supérieure. Ils sont, à l'inverse, le signe qu'il y a à comprendre ce qui dépasse le savoir humain, ce qui précisément ne peut être compris avec les seules ressources de celui-ci. La position d'Origène est ici extrêmement nette: passer à l'intelligence spirituelle du texte, c'est passer à l'intelligence que Dieu en donne. Tout à l'opposé, par conséquent, d'une théorie rhétorique de l'allégorie, Origène désigne une compréhension qui la rend indissociable d'un geste spirituel où, en définitive, l'intelligence met sa gloire dans celle de Dieu, en consentant à avoir besoin de lui, à recevoir de lui la plénitude de ses capacités. Ainsi parlant en IV,3,11 «des trésors cachés de la sagesse et de la connaissance que l'Esprit, par l'intermédiaire d'Isaïe, appelle ténébreux, invisibles et cachés», Origène déclare: «Pour les trouver on a besoin de Dieu, le seul qui puisse briser les portes d'airain qui les cachent et casser les verrous de fer apposés à ces portes...»[35].

---

[34] Citons, par exemple, à trois siècles de distance, GREGOIRE traitant dans ses *Moralia in Job* (IX, ch. 11, 12, PL 75, col. 865) d'un passage du Livre de Job où il est question «de l'Ourse, d'Orion, des Hyades, et celles qui sont cachées au midi» et qui commente:

«La vérité divine n'autorise nullement ici les vaines fables d'Hésiode, d'Arate, ni de Callimaque; et en nommant l'étoile de l'Ourse, elle ne veut pas dire qu'elle forme effectivement l'extrémité de la queue d'un animal (...). Ces noms d'étoiles ont été inventés par ceux qui se sont attachés à ces sciences profanes; mais l'Ecriture se sert de ces mêmes noms, afin d'exprimer ce qu'elle veut apprendre aux hommes, par des termes usités et qui soient connus. Car si elle se servait de mots inconnus, pour nous marquer les astres dont elle a dessein de parler, l'homme pour lequel les Ecritures sont faites ne les pourrait pas entendre. Ainsi l'Ecriture sacrée use des mêmes termes dont se servent les sages du siècle; de même que le créateur des hommes a bien daigné pour le bien de l'homme emprunter la voix d'une passion humaine, lorsqu'il a dit «Je me repens d'avoir fait l'homme sur la terre"», Traduction de: *Les Morales de S. Grégoire, pape, sur le livre de Job*, Paris, 1666, p. 666.

[35] Noter la formule parallèle dans *Contre Celse*, VII, 42, SC n. 150, p. 115: «... La nature humaine ne se suffit en aucune façon pour chercher Dieu et le découvrir avec pureté, à moins d'être aidée par celui qu'on cherche. Et il est découvert par ceux qui avouent, après avoir fait ce qu'ils pouvaient, qu'ils ont besoin de lui».

Ces quelques remarques sur le *Peri Archon* débordent, on le voit, les explications où l'allégorie se borne à justifier le texte ou à sauver la transcendance et la sainteté de Dieu. Origène invoque une logique qui n'est ni rhétorique, ni psychologique, mais biblique. Et finalement, on doit reconnaître qu'il met moins d'énergie, dans ces pages, à déterminer le canon d'une herméneutique, qu'il ne cherche à tirer des propriétés de l'Ecriture — telles qu'il les rencontre et telles qu'éventuellement il s'y heurte — un savoir plus grand sur leur énonciateur divin, qui est source, objet et but de sa foi. On comprend que, dans ce mouvement et cette passion, il n'y ait rien du texte qui puisse être indifférent ou inutile. Origène peut bien déclarer «la lettre vile et méprisable», il ne cesse de s'y accrocher et de trouver, même dans ses formes les plus déroutantes, des richesses qui nourrissent son étonnement, sa vie et son admiration. Ainsi écrit-il encore:

> «Ce qui est le plus étonnant c'est que, à travers des histoires de guerres, de vainqueurs et de vaincus, certains mystères sont révélés à ceux qui savent examiner cela. Et ce qui est encore plus admirable, c'est qu'à travers la législation que contient l'Ecriture, les lois de la vérité sont prophétisées, et tout cela est écrit en ordre logique avec une puissance convenant vraiment à la sagesse de Dieu» (IV,2,8).

On le voit, Origène est loin de définir simplement une méthode d'exégèse. C'est bien d'une «mystique de l'exégèse» qu'il s'agit, comme le dit fortement M. Harl dans la présentation de la *Philocalie 1-20, Sur les Ecritures*[36] où figurent — elle le souligne longuement dans son Introduction — nombre d'extraits qui associent la lecture à la prière, à l'illumination et aussi à l'humilité.

On perçoit aussi que la logique d'une telle entreprise reste nécessairement impénétrable dès lors qu'elle est tirée du contexte théologique dans lequel elle se meut. On va constater que la situation n'est guère différente lorsque l'on considère un autre grand texte de référence, postérieur d'un peu moins de deux siècles au Traité d'Origène.

b) *Remarques sur le De Doctrina Christiana, chapitre III*

Rappelons le statut particulier d'un texte comme le *De Doctrina Christiana* à l'intérieur du corpus augustinien. Rédigé probablement dès 397, puis repris en 427, on peut voir à bon droit dans cet écrit un vigoureux effort pour élaborer le rapport du christianisme à la culture profane ambiante. Il a pour objet principal la formation d'un intellectuel chrétien dans un monde où la culture immédiatement accessible est celle

---

[36] Ouv. cit. S.C. n. 302.

du paganisme gréco-latin. Au terme d'un inventaire du paganisme, le livre II se demande précisément quelles disciplines profanes restent susceptibles d'être mises au service d'une meilleure connaissance des Ecritures et pourront donc être maintenues et enseignées. Le livre IV, qui s'intéresse aux procédés d'expression, recherche plus spécialement quels orateurs païens pourront être donnés en modèle à la prédication. Dans le même but, Augustin relit le *De oratore* de Cicéron en illustrant les classifications qu'il contient d'exemples puisés dans la tradition oratoire chrétienne. Simultanément, le Traité fournit de précieux éléments à une théorie de l'interprétation préoccupée de déterminer les outils d'une lecture juste, orthodoxe et féconde de l'Ecriture. En ce sens, le *De Doctrina Christiana* peut être légitimement tenu pour un manuel d'exégèse et, comme on l'a souvent dit, pour le premier traité d'herméneutique chrétienne. En revanche, il nous semble plus hasardeux d'y voir une sémiologie systématique comme celle qu'en extraient volontiers les théoriciens modernes, pour la comparer, par exemple, avec celle des Stoïciens. La double détermination de cette herméneutique comme lecture des Ecritures, en référence, à partir et au service de la foi, interdit d'en traiter banalement comme d'une théorie sémiotique générale. Ainsi, la distinction des «vérités à découvrir» et des «signes à interpréter» qui sert d'outil à l'investigation et de cadre à l'exposé — aussi bien que la définition célèbre de «uti» et de «frui» — ne sont intelligibles que rapportées à cette problématique.

En un autre sens encore, les éléments d'herméneutique que propose le *De Doctrina Christiana* sont inconciliables avec la perspective d'une théorie générale, conçue au sens où celle-ci peut s'entendre depuis un siècle. En effet l'herméneutique qui est ici en cause n'est pas dissociable d'un corpus qui, à la fois, la revendique et la justifie. Redisons enfin, fut-ce en courant le risque de lasser, qu'on ne saisira la véritable portée du Traité d'Augustin qu'en l'associant aux autres discours du même dont le propos n'est pas de scruter l'exégèse, mais de l'exercer. Là encore, on ne doit jamais perdre de vue que pour Augustin, comme pour les autres Pères, l'Ecriture existe avant tout comme parole et l'exégèse comme prédication. C'est pourquoi un travail comme celui de M. Pontet consacré à l'exégèse de S. Augustin étudiée à travers sa prédication livre de si clairvoyantes analyses. C'est aussi pourquoi il nous semble essentiel de compléter sur trois points ce qui a été dit précédemment de l'exégèse augustinienne.

* Les objectifs de la lecture d'Augustin ne sont pas exhaustivement caractérisés par les déclarations techniques concernant le traitement des obscurités du texte, ni non plus par l'apologie de l'étrange et l'esthétique du bizarre que l'on a rappelées plus haut. Une visée beaucoup plus fondamentale, clairement exprimée par le *De Doctrina*, est, selon la formule d'Augustin, d'«édifier l'amour»:

«Quiconque donc s'imagine avoir compris les Ecritures ou du moins une partie quelconque d'entre elles sans édifier, par leur intelligence, ce double amour de Dieu et du prochain, ne les a pas encore comprises» (Livre I, 36,40).

Ce principe est dominant et normatif. Il précède la formulation de toutes les consignes herméneutiques particulières. En dernière analyse, lui seul justifie leur contenu. Il signifie, aux yeux d'Augustin, que l'opération d'interprétation n'a pas pour but de dire un sens, mais qu'elle est destinée à construire une relation. Quelles que soient les tentations esthétisantes de cette exégèse, on ne lit pas pour l'éblouissement de l'intelligence ou l'exercice de sa virtuosité, mais pour ce motif plus englobant qu'est la sainteté de la vie telle qu'elle est définie par le double commandement de l'amour de Dieu et de l'amour des hommes.

Soulignons qu'en caractérisant ainsi l'enjeu de toute exégèse, Augustin ne dilate pas simplement le registre tropologique de l'interprétation. C'est l'intelligence scripturaire dans la totalité de son exercice qui est saisie par ce principe.

Une fois cette perspective clairement mise en lumière, on s'étonne moins d'autres propos du même *De Doctrina* qui, soustraits à leur contexte, surprennent habituellement. Ainsi de ce mode d'évaluation de l'interprétation formulé au Livre I:

«Quiconque, dans les Ecritures, pense autrement que l'auteur sacré, se trompe, vu qu'elles ne mentent pas. Pourtant, comme j'avais commencé de le dire, s'il se trompe, tout en donnant une interprétation qui édifie la charité, fin du précepte, il se trompe à la manière d'une personne qui, par erreur, abandonnerait la route et poursuivrait sa marche à travers champs, vers le point où d'ailleurs, cette route conduit».

Ce qui n'empêche pas Augustin de préciser:

«Il ne faut pas moins corriger son erreur et lui montrer combien il est plus utile de ne pas abandonner la route, de crainte qu'en prenant l'habitude de dévier, il ne soit forcé d'aller jusqu'à des voies transversales et perverses» (L.I., 37,41).

* Si l'exégèse d'Augustin contient l'affirmation qu'il existe une obscurité des Ecritures que la lecture doit apprendre à réduire, elle avance également l'idée, volontiers passée sous silence, qu'il existe une obscurité du côté du lecteur. L'obstacle à l'intelligence de l'Ecriture est d'abord celui du regard obscur de ses lecteurs, «nés d'Adam», et donc «nés aveugles» comme le déclare le *Commentaire sur Jean* (*34*,9). M. Pontet souligne cette conviction d'Augustin, d'ailleurs rigoureusement biblique, qui est au principe de son exégèse:

«Ténébreux devant soi-même, l'homme enténèbre encore Dieu et le

monde, s'il s'efforce de les connaître. Ainsi les trois objets les plus
essentiels lui échappent-ils. Saint Augustin se représente l'humanité
tantôt comme un grand malade, couché à même le sol terrestre, tantôt
comme un torrent de coupables dévalant la pente du temps, mais jamais
comme une lectrice normale et saine qui n'aurait qu'à s'asseoir pour
lire»[37].

On mesure la distance qu'introduit un tel point de vue avec des
théories de l'allégorie non biblique. Celles-ci peuvent mettre les difficultés de l'interprétation au compte de l'opacité du langage ou de la nature
de son référent. Jamais, en revanche, elles ne rencontreront l'idée d'une
cécité du lecteur qui aurait besoin d'être guérie ou pourrait être
surmontée par une intervention dont celui-ci n'a pas la maîtrise. On se
retrouve, en fait, tout près d'Origène: chez ce dernier, comme chez
Augustin, la lecture comporte comme l'un de ses moments caractéristiques, cette déprise de l'intelligence qui accepte de s'exercer dans la
dépendance et sous l'inspiration de plus qu'elle-même. C'est en relation
avec ce motif aussi qu'il faut comprendre les «voiles» dont Augustin dit
qu'ils recouvrent l'Ecriture. A côté des diverses justifications qu'il en
donne (ils introduisent bénéfiquement de l'énigme; ils dérobent la
sainteté de l'Ecriture à celui qui n'en est pas digne), figure cette
conviction meilleure que, masquant la surface de l'Ecriture, ces voiles
ménagent la faiblesse de la vue humaine et la préservent d'un contact
trop direct et trop éclatant avec la révélation.
    * Si ce dernier point est le plus souvent gommé des analyses
modernes de l'exégèse patristique, un autre de ses aspects est aussi
soigneusement laissé dans l'ombre. Il s'agit de la relation qu'établit
Augustin de l'Ecriture à l'Incarnation, faisant de la Bible — parce qu'elle
est langage — une forme majeure de l'Incarnation. Ce point est essentiel
dans la mesure où il fait sauter le cortège des partages habituellement
reçus entre matériel et spirituel, forme et sens, humanité et divinité,
historicité et mystique. En particulier, il connote très différemment les
diverses aspérités du texte, inconséquences ou obscurités qui sont
censées servir de signaux au déclenchement de l'allégorie. En effet, les
altérations du texte, tout comme son obscurcissement, ne sont plus
compris comme l'effet négatif, en lui, de l'historicité du langage. Mais ils
acquièrent, jusque dans la matérialité la plus humble, valeur de révélation: même les fautes du copiste, qui pourraient sembler la forme la
moins défendable de parasitage du texte, peuvent devenir expression
d'une «condescendance» divine dont la reconnaissance sert à l'instruction spirituelle du lecteur.
    Par tous ces biais, on constate que l'on a affaire à une herméneuti-

---

[37] Ouv. cit., p. 112.

que beaucoup trop liée à des justifications théologiques pour qu'une théorie générale de la lecture ignorante de celles-ci puisse en épuiser la description.

Nous venons de mettre en regard deux formes de compréhension de l'exégèse patristique: ce que les Modernes en décrivent, ce que l'exégèse ancienne dit d'elle-même et donne à saisir de sa logique. Le pressentiment qui s'était déjà dessiné au cours des précédentes analyses se confirme: il apparaît bien que les différences de l'une à l'autre viennent se concentrer sur la représentation du sujet lecteur, engagée ici et là. En sa teneur allégorique spécifiquement chrétienne, l'exégèse ancienne est saisie, au plus près de ce qu'elle est, à travers une figure singulière, celle de celui qui la met en oeuvre. Une dernière fois nous resserrerons l'analyse autour de cette affirmation. Et c'est à sa lumière que nous reprendrons le débat célèbre, engagé dès l'Antiquité, à propos du refus de Théodore de Mopsueste de lire allégoriquement le Ct.

III. LECTURE PATRISTIQUE ET SUBJECTIVATION

1. *Du sujet technicien à la non-maîtrise du sujet patristique*

Le parcours jusque là mené a progressivement durci une opposition entre la conception que les Modernes se font de l'exégèse allégorique traditionnelle et ce qu'un examen minutieux des textes — lectures diverses du Ct. et textes plus théoriques — permet de mettre au jour. Cette opposition est aussi apparue, de plus en plus nettement, être celle de deux représentations du sujet, commandant deux manières de concevoir le sens et la finalité de l'allégorie chrétienne et donc aussi deux manières de l'apprécier. De là, l'établissement d'une corrélation entre un sujet technicien qui disqualifie l'allégorie et un autre sujet qui y trouve son lieu ainsi qu'un mode naturel de rapport à l'Ecriture. La difficulté vient de ce que le premier de ces sujets est aussi le sujet du méta-discours qui, aujourd'hui, s'efforce d'appréhender et de décrire le second. Par cette dissymétrie est engendré un puissant effet de méconnaissance.

Le méta-discours moderne, on le sait bien, a pour caractéristique d'effacer non seulement les marques de son sujet, mais de s'exercer en en neutralisant au maximum l'intervention. Un sujet technicien enquête, classe, construit des hypothèses qu'il soumet à vérification. Une «ratio» décide d'opérations dont elle doit pouvoir fixer les limites de validité et dont la puissance explicative est déterminée au départ. Et cette maîtrise méthodologique est simultanément une maîtrise de l'objet du savoir: elle modélise son objet. C'est ainsi que les observateurs modernes définissent l'exégèse patristique, soit en lui attribuant tant bien que mal leurs propres finalités, soit, négativement, en s'efforçant de montrer qu'elle n'est pas capable d'assumer les fonctions du discours critique scientifique. Dans un cas, on prête à l'analyse ancienne les objectifs de la nôtre: la pratique de l'allégorie serait une opération purement interventionniste consistant à réduire des obscurités, à tourner des difficultés. Ailleurs, et avec quelque contradiction, on qualifie cette condition écrivante à travers la description d'une censure: celle d'un sujet confiné à des rôles qui lui interdisent l'accès à l'originalité et donc à une véritable énonciation: «le "scriptor" qui recopie sans modifier, le "compilator" qui choisit et rassemble, le "commentator" qui s'introduit mais exclusivement pour expliquer, l'"auctor" enfin qui augmente et y met du sien, mais sans prendre sur lui», tous se fondant «sur une autre autorité qu'eux-mêmes et qui les dépasse»[38]. Et on a vu comment, sur cette base, était découpée une figure de «théologien» indécise et précaire que l'on oppose à celle de l'écrivain sacré, par nature auréolée de prestige, ou à celle de l'évêque assuré, lui, de l'autorité institutionnelle. N'étant ni l'un ni l'autre, le «théologien» d'A. Compagnon serait ainsi «faillible, errant, coupable, sujet prédestiné à la chute dans son entremise toujours entre deux»[39].

On sait maintenant que ce sujet problématique, malheureux, fantômatique est étranger aux lecteurs réels de l'âge patristique. Ce que l'analyse des homélies, des lettres ou des commentaires d'Hippolyte, d'Ambroise, de Jérôme, d'Origène avait déjà manifesté, se trouve confirmé par l'examen d'écrits théoriques qui, un instant, avaient semblé faire objection à nos premières conclusions. Car l'un et l'autre versant du corpus a apporté la preuve qu'en cette exégèse on ne parle pas pour traiter d'apories intellectuelles ou pour conjurer le vertige que causerait un objet dépourvu de prise ou dont on redoute qu'il ne soit qu'une fiction. En définitive, dans ses méthodes comme dans sa théorie, la lecture se révèle indissociable d'un puissant lien de socialité, du savoir d'une responsabilité perçue avec d'autant plus d'acuité que les commentateurs sont des pasteurs qui tiennent l'Ecriture pour une fontaine de vie: la galvauder ou la détourner signifie faire mourir le troupeau. C'est pourquoi Hilaire de Poitiers prévient le prédicateur: «Comment prêcher? non pas comme des hommes se parlent entre eux. T'entendant, ils ne doivent pas écouter l'un des leurs, mais la voix même de Dieu, ses ordres et ses conseils. J'insiste, fais attention! car le danger est grave si tu parles comme un médiocre des trésors de Dieu, des mystères cachés et du testament éternel»[40].

Servant la vérité du texte, l'exégèse doit servir la vie du peuple.

---

[38] A. COMPAGNON, ouv. cit., p. 158.

[39] *Ibid.*, p. 225.

[40] Sur le Psaume *13*, 1, cité par M. MESLIN, *Hilaire de Poitiers*, Ed. ouvrières, 1959, pp. 92-93.

Telle est la justification de ceux qui lisent, commentent, expliquent publiquement ou dans des commentaires écrits. A quoi il faut ajouter une autre motivation qui ne relève, elle, ni de l'argumentation, ni de la mission et qui pourtant, dès son origine, soutient la lecture, porte l'effort de l'analyse et la conviction de la parole: les Pères sont liés d'amour à la parole qu'ils lisent. L'Ecriture est reçue amoureusement et fait les délices de ceux qui s'y livrent. L'expérience d'Ezékiel (*3*, 1-3) mangeant le livre roulé est comme le paradigme de cette relation, de ces «chastes délices» dont parle Augustin dans les *Confessions*[41] et dont il fait ailleurs un avant-goût de la vie divinisée.

Ainsi, ce double rapport existentiel, qui leste à la fois de gravité et de bonheur l'exercice de la lecture, renchérit une nouvelle fois sur sa dimension subjective que disaient déjà les schémas d'ascension mystique servant de préambule ou accompagnant la lecture du Ct., prévenant inlassablement du lien qui se noue entre l'objectivité du texte et l'histoire spirituelle du lecteur. Non pas que, selon une vision idéaliste, le lecteur soit, dans l'absolu, la mesure du sens du texte. L'affirmation ici en cause est seulement que la qualité de sa foi, son avancement dans la perfection voilent ou dévoilent ce que contiennent les Ecritures, illuminent ou obscurcissent ce qu'elles disent, rendant possible que les mêmes mots soient fable ou énigme pour les uns, révélation et lumière pour les autres.

Perception qui est aux antipodes du positivisme. Aux antipodes aussi du subjectivisme, puisque cette exégèse ne cesse de prévenir contre les risques d'une annexion du sens où «la volonté propre» commanderait à la place du «sensus fidei». Bien que rien de tout cela ne figure sous la forme schématisée et abstraite d'une théorie, il suffit de considérer l'histoire de cette exégèse ancienne pour y découvrir une inlassable vigilance à ne pas laisser «obstruer les puits de l'Ecriture» par ceux qui l'asservissent à leur propre désir (Grégoire, *Moralia in Job*). Le débat avec les hérésies est à chaque fois, dans cette ligne, une lutte pour défendre l'objectivité du texte contre la réinterprétation subjective qui est toujours une manière de le ramener aux limites d'un vraisemblable trop humain. Plus précisément encore, les discussions touchant au statut à accorder à la «lettre» du texte dérivent directement de ce problème. Car tantôt la lettre sert d'abri et de justification au sentiment personnel; tantôt sa négation permet de se réfugier dans un sens spirituel où tout semble possible et justifiable. De là découle l'existence paradoxale de deux attitudes concomitantes et opposées à son égard. Les uns la déclarent piégée et dangereuse; tel est le cas d'Origène argumentant contre les hérétiques. D'autres, dont en première ligne, les représentants

---

[41] *Confessions* 11, 2, Belles Lettres, Paris, 1954, pp. 297-298.

de l'Ecole d'Antioche, insistent sur les dangers que l'on court à la mépriser et à s'en affranchir. Mais dans les deux cas, le souci est le même. Il s'agit d'opposer l'objectivité du texte aux intérêts particuliers du sujet privé. Non pas de mettre en regard d'un sujet émancipé un non-sujet soumis à l'orthodoxie; mais de faire prévaloir le sujet croyant sur le sujet privé, le premier se soumettant au texte comme à ce qui lui advient, le second se saisissant du texte, à titre personnel, pour en parler le sens. Ainsi retrouve-t-on, à l'intérieur de l'exégèse patristique, dans le débat pour l'orthodoxie, le clivage opposant l'un à l'autre le sujet patristique et le sujet technicien que l'on décrivait plus tôt. Une expression d'Origène, déjà rencontrée, pourrait servir laconiquement à marquer la frontière: une exégèse déclare qu'«elle a besoin de Dieu» pour lire (P.A. IV,3,11), une autre enjambe cette dépendance, ou considère qu'une telle proposition est suspecte[42], ou qu'elle vise un type d'exégèse qui n'est plus compatible avec les formes et les exigences nouvelles de l'exégèse scientifique.

C'est en tout cas, très exactement, ce renoncement à la maîtrise qui caractérise à nos yeux l'originalité méthodologique de la lecture patristique. C'est encore lui qui, quoi qu'il en soit des fluctuations historiques et des variétés d'écoles, donne son unité à l'exégèse ancienne. Telle est, en tout cas, l'hypothèse qui sera soumise à vérification dans la lecture de quelques nouveaux textes, non patristiques, cette fois, mais qui appartiennent à la même tradition de lecture.

Soulignons enfin, pour introduire une nouvelle précision, que cette figure du sujet patristique née de la conjonction d'une subjectivation assumée et d'un renoncement à la maîtrise se distingue non seulement de celle du sujet de la science, mais également du sujet promu par certains courants modernes de la philosophie analytique intéressés au discours religieux. On se souvient que ces derniers se sont formés dans le sillage du débat ouvert par le positivisme logique dont les formes extrêmes tendaient à disqualifier tout énoncé philosophique ou religieux (B.

---

[42] Le terme de «besoin» énonce une dépendance suspecte, comme le mote «Dieu» d'ailleurs, qui peut ne désigner que le travail du désir qui crée des objets projetés de lui-même. On n'a pas d'assurance que de tels processus ne soient pas à l'oeuvre ici. Le soupçon est donc légitime, à condition cependant de prendre acte d'une donnée qui doit laisser à penser: la clairvoyance critique de la modernité est elle-même devancée par une clairvoyance plus radicale et qui lui est bien antérieure. Il s'agit de celle du discours biblique lui-même, traversé d'un bout à l'autre, comme d'un trait de lumière vive, par le procès de l'idolâtrie. Or, en son principe, l'idolâtrie est bien ce jeu par lequel l'homme crée, à sa mesure, des figures du divin auxquelles il se soumet ensuite. Elle est définie par la Bible comme une auto-suffisance dans laquelle, en particulier, l'intelligence se fait sa propre source: elle est l'acquiescement à des biens qui font dire: «je n'ai pas besoin de Dieu». C'est ce cercle, précisément, qu'Origene ou Augustin prétendent briser quand ils édifient une exégèse qui déclare «avoir besoin de Dieu».

Russell, le premier Wittgenstein). Après avoir fait l'expérience des faiblesses d'une théorie fondant le sens d'un énoncé sur sa vérification empirique, après avoir perçu que le langage religieux débordait de partout les simplifications d'une telle conception sémantique, une problématique de nature empirique, inspirée du second Wittgenstein, a vu le jour. Effaçant cette fois le souci de la vérité du discours, faisant entièrement basculer l'évaluation sémantique du côté du sujet d'énonciation, ces nouveaux modèles se sont mis à enfler considérablement le rôle de ce dernier: la validité d'un énoncé religieux devrait s'apprécier en termes d'engagement ou de conviction de son énonciateur[43]. Il est clair que ce pur règne de la subjectivité, où les usages du langage et la force de conviction du locuteur sont mesure de la vérité d'un énoncé, est, à son tour, totalement étranger à la sphère de l'énonciation patristique. Celle-ci est bien décrite, en revanche, dans une analyse récente, pleine de subtilité, faisant la démonstration que ce que l'on nomme «confession de foi», «tout en impliquant suprêmement le croyant, n'a rien d'une auto-implication»; constatant que «non seulement il ne suffit pas de s'y impliquer pour la vérifier», ce qui, à l'inverse, constituerait l'imposture par excellence; définissant, pour finir, l'énoncé de confession comme parole qui transite son énonciateur, venant de plus loin que lui, allant plus loin que lui[44]. Par un autre biais est ainsi décrit le renoncement à une maîtrise qui serait la ruine même d'un sujet qui déclare, par la bouche d'Augustin, qu'il vaut mieux ignorer dans la foi que de savoir dans la témérité[45], c'est-à-dire qui revendique le savoir de la vérité tout en renonçant à s'en emparer.

Une grave objection cependant ne peut être passée plus longtemps sous silence. On s'est efforcé, en effet, au long des pages qui précèdent, de réévaluer la réalité de l'allégorie patristique en montrant sa logique, en décrivant le jeu de la subjectivité là où l'on penserait ne trouver qu'un formalisme sémantique abstrait. Ce faisant, on prétend avoir rendu quelque justice à une lecture du Ct. décriée ou méconnue. Pourtant, en pleine époque patristique, au 5ème siècle, dans un milieu parfaitement

---

[43] Tel est le cas en particulier chez W.F. ZURDEEG, *An analytical philosophy of Religion*, New York, 1958 ou chez I.T. RAMSEY, *Religious language*, an Empirical Placing of Theological Phrases, Londres, 1957. Nous ne faisons que désigner allusivement ici le champ d'une vaste étude qui aurait pour tâche d'évaluer les pertes et les profits qui se retirent des diverses analyses de la philosophie analytique relativement à la question du langage religieux. On trouvera de bonnes présentations des termes du problème in G. COSSE DE MAULDE: «Analyse linguistique et langage religieux», *Nouvelle Revue Théologique*, Tome 91, fév. 1969, pp. 169-202, ou dans J. POULAIN, «Problèmes logiques du discours théologique», *Les quatre fleuves*, n. 6, 1976, pp. 49-63.

[44] J.-L. MARION, «La rigueur de la louange» in *La confession de la foi*, textes présentés par Cl. BRUAIRE, Fayard, 1977, pp. 261-276.

[45] AUGUSTIN, Sermon 47, 4.

représentatif de l'exégèse officielle en un de ses courants majeurs, une voix semble défaire brutalement le lien que l'on a argumenté entre lecture croyante et allégorie: Théodore de Mopsueste déclare que le texte n'est rien de plus qu'un épithalame qui n'a à recevoir aucune portée spirituelle. Cette position fut condamnée cent ans plus tard. Mais il demeure fort intrigant qu'elle ait pu être formulée dans un tel environnement. Cette question mérite examen d'autant que, on va le voir, c'est encore à un problème relatif à l'énonciation que l'on aura affaire en en traitant.

2. *Théodore de Mopsueste et le Cantique des Cantiques: les enseignements d'une querelle ancienne*

a) *La thèse de Théodore de Mopsueste*

Elle est traditionnellement citée comme la voix discordante qui, au milieu de l'unanimité patristique en faveur de l'allégorisation du Ct., déclare que le poème n'a d'autre valeur que celle d'une anecdote historique et qu'il ne doit pas figurer au rang des Ecritures inspirées. Les partisans modernes de la lecture réaliste font évidemment honneur à Théodore d'avoir eu cette audace et d'avoir été le seul, avant le 16ème siècle, à «maintenir les droits de la saine exégèse» comme le déclare Renan dans sa propre étude[46]. On sait qu'un peu plus de cent ans après la mort de l'évêque de Mopsueste, Léonce de Byzance et les Actes du deuxième Concile de Constantinople (533) devaient accuser l'Antiochien d'avoir, en particulier, nié l'inspiration divine du *Livre de Job*, des *Proverbes*, de *Qoheleth*, du *Cantique des Cantiques* et des *Epîtres catholiques*. Ils lui reprochèrent également d'avoir, par suite d'une méfiance abusive à l'égard de l'allégorie, voué à une compréhension littérale et historique mutilante, des textes qui requièrent d'évidence une lecture spirituelle[47].

La vivacité et la confusion d'un débat qui mêle aux questions proprement théologiques et exégétiques bien des arrières pensées et

---

[46] E. RENAN, *Le Ct. des Ct. traduit de l'hébreu*. Etude sur le plan, l'âge et le caractère du poème, Paris, 1860, p. 489.

[47] Cf. J.D. MANSI, *Sacrorum Conciliorum nova et amplissima Collectio*, IX, 1763, Coll. IV, 202 et sv.: «Imo et sanctorum sanctissimum Canticum Canticorum ab omnibus divinarum rerum peritis, et ab omnibus Christianis laudatum, omnibus Ecclesiis cuncti orbis notum, et ab Judaeis inimicis crucis Christi in admiratione habitum, libidinose pro sua et mente et lingua meretricia, interpretans sua supra modum incredibili audacia ex Libris sacris abscidit». Sur cette question voir QUASTEN, III, pp. 364-394; J.M. VOSTE, «L'oeuvre exégétique de Théodore de Mopsueste au 2ème concile de Constantinople», *R.B.* 38 (1929), pp. 382-395 et 542-549; F.-X. MURPHY et P. SHERWOOD, *Constantinople II et Constantinople III*, Paris, pp. 9 et sv.; pp. 86 et sv.

jusqu'à des intérêts politiques rendent difficile d'apprécier équitable-
ment ce dossier. Alors que des travaux publiés au cours des décennies
récentes continuent à souligner la présence de tendances nestoriennes
dans les écrits de Théodore, d'autres, comme ceux de E. Amann, de J.L.
Mackenzie ou de R. Devreesse ont cherché à remonter le courant d'une
séculaire réprobation en montrant qu'elle s'est alimentée à des documents anciens certainement partiaux, douteux et souvent manipulés[48].

Pour ce qui concerne la prise de position de Théodore à l'égard du
Ct., les exégètes modernes invitent à nuancer les formules rapides et
abruptes de l'accusation. R. Devreesse écrit ainsi: «Il (Théodore) faisait
des coupures dans Job; il mesurait le degré ou la part d'inspiration dans
l'Ecclésiaste. Y allait-il plus hardiment encore avec le Ct.? N'était-il, à
ses yeux, qu'un chant d'amour qui n'avait pas sa place dans le canon?
L'accusation n'est soutenue que par une cause douteuse et un passage
d'Isho'dad de Merv laisse entendre que Théodore n'excluait peut-être
pas le Ct. aussi radicalement qu'on l'a cru»[49]. On possède en tout cas une
lettre de Théodore exposant à un ami ses pensées au sujet du Ct. Par ce
document on a bien confirmation, et semble-t-il de première main, de
l'embarras que lui causait le poème. En particulier, il se déclare en
difficulté pour décider du genre littéraire auquel le rattacher. Finalement, il formule l'hypothèse qu'il s'agit d'un épithalame relatif au
mariage de Salomon avec la fille du roi d'Egypte[50]. Tel serait le véritable
sens du texte qu'il serait indu de chercher dans des interprétations plus
profondes comme il se fait communément. A l'appui de cette thèse,
Théodore invoque le fait que ni les juifs, ni les chrétiens ne font de
lecture publique du texte. Par Isho'dad de Merv, on sait que l'absence de
citation du nom de Dieu dans le poème valait également argument à ses
yeux.

La justification la plus immédiate de cette attitude peut être trouvée
dans le combat très résolu mené par Théodore contre l'allégorisme. Ce
débat est certainement au coeur de sa réflexion et de son activité. La
plupart des ouvrages qui pourraient en témoigner ont été détruits après
la condamnation de 553, mais leur existence est attestée indirectement.
Ainsi, par exemple, du *De allegoria et historia contra Origenem*, connu
grâce à Facundus d'Hermiane et qui constitua probablement un texte de
référence à l'intérieur du courant antiochien, dans son opposition aux

---

[48] Les tendances nestoriennes sont réaffirmées, par exemple in A. SULLIVAN, *The
christology of Th. de Mopsuestia*, Rome, 1956. La réhabilitation est l'oeuvre de E.
AMANN, *DCT 15*, 1946, 235-279; J.-L. MACKENZIE, A new study of Theodore of
Mopsuestia, *T.S.*, 10, 1949, 394-408 et surtout R. DEVREESSE, *Essai sur Théodore de
Mopsueste*, S.T. 141, Cité du Vatican, 1948.
[49] Ouv. cit., p. 71.
[50] PG, 66, col. 699-700.

thèses de l'Ecole d'Alexandrie. Ou, de façon plus explicite, du *Traité contre les Allégoristes* figurant dans un manuscrit syriaque retrouvé à la fin du 19ème siècle parmi les fragments du commentaire du psaume *118*. Ce dernier écrit paraît bien être une machine de guerre dirigée contre Origène. Par l'édition et la traduction qu'en a données L. Van Rompay[51], on apprend qu'une première section y est consacrée à une explicitation d'Ephésiens 5, 28-32, texte cher également à Origène et à Théodore, et à propos duquel apparaît en toute clarté l'écart entre les deux exégèses. A l'inverse d'Origène qui fait du sens mystique le coeur du texte, Théodore déclare que son registre principal est celui du mariage humain tandis que les considérations sur le Christ et l'Eglise, unis d'un lien conjugal, viennent en sus, comme un ajout explicatif, ou encore comme un accomplissement symbolique du premier registre. En tout état de cause, le sens littéral doit rester le premier, toute explication allégorique étant nécessairement à son service: «En effet, l'allégorie consiste en ce que quelqu'un admet un sens qui diffère de ce qui est écrit — en dehors du sens littéral du texte — afin de démontrer ce qu'on s'est proposé de dire, et ce n'est pas qu'on enlève le récit historique et le sens littéral du texte, mais celui-ci reste en premier (lieu) tel qu'il est». Traitant des passages de l'Ecriture qui, pris au sens littéral, semblent inintelligibles, Théodore cherche ensuite à interpréter leur particularité par des propriétés de la langue hébraïque comme celle qui effacerait la particule «comme» dans certains cas, masquant ainsi la présence d'une comparaison. L'allégorisme qui répudie le sens littéral est finalement renvoyé à une technique païenne qui n'a pas d'équivalent dans les écrits pauliniens, contrairement à ce qu'enseigne Alexandrie.

Probablement en partie pertinente, cette manière d'expliquer la disqualification par Théodore de la lecture allégorique du Ct. ne peut être tenue pour suffisante. Si l'évêque de Mopsueste représente bien, aux côtés de Diodore de Tarse ou de Jean Chrysostome, l'une des figures de proue de l'École d'Antioche dont il a contribué à fixer et à argumenter les thèses et la méthode, sa position à l'égard du Ct. est néanmoins, à l'intérieur de sa propre famille exégétique, curieusement isolée et même contestée. Théodoret de Cyr qui fut son disciple ouvre son propre commentaire du poème par un prologue dans lequel il se démarque vigoureusement de la position de Théodore et où il condamne ceux qui «calomnient le Ct., nient que ce soit un livre spirituel et ont imaginé des fables qui ne sont pas même dignes de vieilles femmes en délire»[52]. Le commentaire par lequel Théodoret poursuit est d'ailleurs

---

[51] THEODORE DE MOPSUESTE, *Fragments syriaques du Commentaire des Psaumes* (Ps. 118 et 138-148), traduits par Lucas VAN ROMPAY, CSCO, vol. 436, Scriptores Syri, Tomus 190, Louvain 1982. Le traité est présenté pp. XXXVII-L.

[52] PG 81, col. 27 et sv., *Explanatio in Canticum Canticorum*.

dans la dépendance étroite de celui d'Origène[53]. La lecture identifie l'époux et l'épouse au Christ et à l'Eglise, puis déploie à partir de là une interprétation parfaitement accordée à l'intelligence allégorique traditionnelle. Par ailleurs, des citations «spontanées» du Ct. surgissant dans l'oeuvre de Théodoret de Cyr en des points où nulle nécessité ne les appelle, sinon une vraie connivence avec le texte, prouvent que son commentaire n'est pas un simple exercice d'exégèse imitative. Le Ct. lu et interprété spirituellement existait de manière vivante dans les mentalités à Antioche[54].

Bien qu'elle ait pour point d'application la question limitée et particulière du statut du Ct., cette dernière constatation suggère que la vue traditionnelle, qui fait du débat sur l'usage du sens allégorique la pointe du conflit opposant Antioche à Alexandrie, pourrait bien simplifier quelque peu le problème. Il est évident, parce que les protagonistes le disent et que l'examen de leurs commentaires le confirme, que la définition et l'usage de l'allégorie sont au coeur du différend. Mais, une nouvelle fois, nous devons envisager la possibilité que l'allégorie engage plus qu'une option sur le sens. Parce que l'interprétation du Ct. est rigoureusement liée au problème de l'allégorie, comme on a déjà eu amplement l'occasion de le voir, il est nécessaire de s'arrêter un instant sur ce grand moment des débats exégétiques anciens, dans l'espoir de rassembler des éléments qui permettront de situer et de mieux évaluer la position de Théodore de Mopsueste.

b) *Antioche, Alexandrie: situation de deux exégèses*

La critique moderne a permis de substituer au schématisme traditionnellement reçu sur cette question plus de finesse et de discernement. Il apparaît bien, en particulier, qu'on doit renoncer à considérer les deux

---

[53] Voir sa présentation in W. RIEDEL, *Die Auslegung des Hohenliedes in der jüdischen Gemeinde und der griechischen Kirche*, Leipzig, 1898, pp. 86-95.

[54] Voir par exemple, *Histoire des moines de Syrie* de THEODORET DE CYR, «Histoire philotée», Tome I, SC n. 234, pp. 409-411. A propos de Pierre le Galate désireux de visiter les lieux saints de Palestine, par amour du Christ, THEODORET écrit:

«Il est naturel, en effet, que ceux qui éprouvent de la tendresse pour quelqu'un ne recueillent pas seulement de la joie à le voir, mais qu'ils contemplent avec toute sorte de volupté sa demeure, ses vêtements, ses sandales. Elle possède cet amour pour l'époux la jeune fille, dont parle le Ct. des Ct., qui s'écrie en ces termes: "Comme un pommier parmi les arbres des bois, ainsi mon bien-aimé (...)". Cet homme divin n'a donc rien fait de déraisonnable, lorsque, épris d'amour pour l'époux, il empruntait le langage de l'épouse: "Je suis blessée d'amour" (Ct. 5, 8). Et comme il désirait contempler comme une ombre de l'époux, il recherchait les endroits où jaillissent pour tous les hommes les sources du salut». Ou encore d'autres exemples dans *Histoire des moines*, Traité sur la charité, t. II, SC n. 257, pp. 309-311.

grandes écoles qui ont drainé en deux courants originaux l'essentiel de l'exégèse orientale, comme deux bastions, édifiés en regard l'un de l'autre, à partir de positions rivales et mutuellement exclusives. J. Guillet prévient du danger qu'il y a à entendre sans recul des déclarations de combat multipliées par chaque école et affirmant d'autant plus vigoureusement son originalité qu'elle disqualifiait plus férocement l'autre[55]. Des textes de Diodore de Tarse, par exemple, assimilent l'allégorisme à une «infiltration de l'hellénisme dans la tradition chrétienne» et le révoquent apparemment sans appel. A l'opposé, les allégoristes affirment volontiers que quitter l'allégorie revient simplement à renier la foi chrétienne en barrant l'accès au sens christologique des textes de l'Ecriture. A distance du tumulte des exclusions réciproques, l'examen un peu serein et approfondi des deux scénarios exégétiques montre pourtant que des concepts, que la querelle dresse l'un contre l'autre, sont dans un rapport beaucoup plus subtil et supposent le sol commun d'une même attitude de fond à l'égard des Ecritures. Ainsi des notions de *theoria* et d'*allégorie*.

On sait que la «theoria» désigne pour les Antiochiens la contemplation qui est à la source de la vision prophétique. Si le sens historique doit toujours être dominant, il se dédouble en effet, selon l'expression de B. de Margerie, en un «sens historique proche» et un «sens historico-messianique plus éloigné»[56]. Le prophète est celui qui, en une seule vision, perçoit dans des événements historiques proches la préfiguration d'autres événements dont la réalisation est à venir[57]. A n'en pas douter, cette notion construit une compréhension singulière et originale de l'expérience prophétique: perçue prioritairement comme prédiction, associée à une valeur apologétique, élucidée en définitive dans des termes fortement psychologisants, même si en fait, comme le souligne encore B. de Margerie, c'est moins «la conscience subjective des écrivains bibliques» que «la réalisation objective de ce qu'ils annonçaient» qui centre l'intérêt des exégètes d'Antioche.

A cette approche qui trouve en David, le prophète, sa figure emblématique («David voyait et vivait à l'avance toute l'histoire de son peuple») s'oppose celle d'Alexandrie, plus mystique et spirituelle. Pour

---

[55] J. GUILLET, «Les exégèses d'Alexandrie et d'Antioche, conflit ou malentendu?», *RSR*, Tome 34, juil-août 1947, pp. 257-302.

[56] B. de MARGERIE, *Introduction à l'histoire de l'exégèse, I: Les Pères grecs et orientaux*, Cerf, 1980, pp. 188-213. Voir également R.M. GRANT, *L'interprétation de la Bible des origines à nos jours*, trad. Ed. du Seuil, 1967, pp. 76-86.

[57] Il en résulte cette définition de l'Ecriture donnée par THEODORE dans l'*In Abdiam*, «L'Ecriture nomme "parole du Seigneur" l'action de Dieu selon laquelle, de par la grâce de l'Esprit-Saint, les prophètes recevaient la révélation des événements futurs et "vision", cette révélation» (PG 66, col. 308). Cité in Pierre JAY, *L'exégèse de S. Jérôme d'après son commentaire sur Isaïe*, Etudes augustiniennes, 1985, dont le chapitre V, sur «La prophétie», fournit d'intéressants éléments.

cette dernière, le prophète n'est pas celui qui a une vue anticipée, mais celui qui, comme Moïse, «voit la gloire de Dieu» à l'intérieur d'une expérience spirituelle unique. D'autre part, faisant un pas supplémentaire dans l'observation, on découvre une autre différence décisive. On s'aperçoit qu'Antioche appuie son analyse du prophétisme au moment de l'*écriture* du texte. Le sens de la «theoria» est inclus dans le sens consciemment visé par le prophète. Il est partie du sens littéral originel. Alexandrie, en revanche, fixe son attention sur l'instant de la *lecture* et de l'interprétation, sans pour autant forcément négliger le texte. Le sens allégorique est ici celui qu'élabore la lecture comme un prolongement ou un accomplissement du sens originel[58]. La différence des deux exégèses, qui s'exprime classiquement dans l'opposition entre une préoccupation plus historique et critique représentée par Antioche et une perspective plus mystique qui qualifierait Alexandrie, est par conséquent aussi celle de deux points d'application distincts. Les deux familles d'exégètes n'accommodent pas sur la même étape du parcours interprétatif.

Pourtant, «theoria» et «allégorie» ne sont pas des notions contradictoires. En particulier, elles portent en commun la conviction d'un nécessaire dépassement du sens littéral. Et en fait, c'est bien un même espace de réalité historique et spirituelle qui est parcouru par les uns et par les autres à travers la lecture de l'Ecriture. Seulement le parcours se fait selon deux mouvements opposés qui typent, non pas deux lectures différentes, mais une même lecture abordée selon deux entrées. Ce pourrait bien être précisément le jeu de cette différence d'accès à un espace commun qui rende compte des tonalités différentes des deux lectures. Qui permette aussi de saisir l'origine des formes outrancières et antagonistes sur lesquelles ont pu déboucher l'une et l'autre école.

Le rappel du parallèle proposé par J. Guillet de l'exégèse du psaume 3 par Origène et par Théodore de Mopsueste peut être particulièrement éclairant.

Théodore part de l'attribution des Psaumes à David. De là, il s'efforce de discerner dans la lettre du texte les indices marquant la présence d'éléments à valeur prophétique. Lisant le texte avec autant d'attention que possible à ses déterminations historiques, il cherche à découvrir en lui le jeu d'une double connaissance historique. Il s'agit de

---

[58] Ce point est très clairement vu par R.M. GRANT dans l'ouvrage cité plus haut, p. 80. «Selon les Alexandrins, lorsque nous comprenons les prophéties de l'Ancien Testament se référant à la venue du Christ, nous ajoutons quelque chose à la portée originale du texte et c'est là une interprétation allégorique. Les Antiochiens rejettent cette idée: à leur avis les prophètes ont prédit à la fois les événements du futur immédiat de l'histoire, de l'ancien Israël et la venue finale du Christ. Leur prédiction était donc à la fois historique et christocentrique. Elle contient un double sens, l'un historique, l'autre messianique. Et ce double sens n'est pas, comme le pensent les allégoristes, surimposé à un sens littéral originel».

savoir comment David, en prononçant les mots du psaue, a su qu'il désignait plus que ce qu'il voyait d'évidence. C'est bien la «theoria» attachée à l'écriture davidique qui est l'objet propre de l'exégèse. Celle-ci a pour projet de décrypter dans le texte les traces d'une conscience singulière, prémonitoire et visionnaire qui qualifie le prophète. La grande originalité antiochienne surgit par conséquent en deux points. Elle est d'abord dans ce transport de l'exégète au lieu premier du texte tel qu'il fut écrit, en relation avec des données historiques et des fonctions spirituelles spécifiques. Elle est aussi, une fois que l'on s'est fixé en ce lieu, dans une volonté d'attention et de soumission à l'objectivité de la lettre qui, le cas échéant, stimule, mais aussi délimite rigoureusement, l'exercice de l'intelligence typologique. C'est dans le cadre d'une telle méthodologie, volontairement exigeante, que Théodore est amené à réduire le nombre des correspondances typologiques entre les deux Testaments. Celles-ci ne peuvent être postulées qu'aux points du texte vétéro-testamentaire comportant les marques objectives d'un nécessaire dépassement du sens littéral immédiat. De tels signaux sont constitués par les formulations hyperboliques ou étranges qui peuvent se rencontrer dans le texte. L'exemple classique de cette théorie de l'hyperbole est la description de Zorobabel au chapitre 9 du Livre de Zacharie: les dimensions du personnage campé sont telles qu'il y a tout lieu d'imaginer que le prophète avait conscience de déborder l'actualité historique en direction d'une figure mystérieuse, résolument transcendante, porteuse de la réalisation de l'espérance. Au total, il apparaît que, des deux éléments polaires que sont la production du texte et sa lecture, c'est le premier qui est privilégié par cette exégèse qui en fait son objet d'analyse contrôlée par des principes méthodologiques originaux. C'est sur ce terme aussi que se concentre l'identification du prophétisme comme phénomène mystique.

Si l'on considère maintenant la manière dont Origène lit, selon la même attitude croyante, le même psaume, on assiste précisément à l'inversion du dispositif. Tout le poids de l'attention reflue du moment de l'écriture du texte vers celui de son accomplissement christologique qui inclut celui de sa lecture. Le Christ étant le principe déterminant de l'intelligence du texte, c'est à partir de lui que s'organisent les perspectives d'ensemble aussi bien que les détails. La contemplation n'est plus l'oeuvre de l'écrivain prophétique; elle est l'activité même du lecteur qui, du lieu nouveau et unique qu'il occupe, voit, de la lettre, surgir des reliefs demeurés cachés, découvre dans l'histoire la série des strates qui déploie toujours plus largement et plus clairement le contenu de l'espérance jusqu'à son accomplissement. La teneur initiale du texte — qui constitue le premier terme de la figure typologique — n'est pas oubliée. Mais à l'inverse d'Antioche, ce n'est pas d'elle que part l'exégète. Elle est plutôt ce sur quoi une vision christologique de l'histoire vient accrocher sa lumière afin de recevoir de la prophétie le sens plus plénier de ce qui est accompli. L'instant propre de la lecture devient donc ici le lieu exégétique par excellence.

Nous inclinons à penser qu'il y a à chercher dans cette direction la contribution d'une petite lumière au débat complexe opposant Antioche et Alexandrie. Nous suggérons en effet qu'interviendrait dans le conflit non seulement une opposition sur la nature des sens à lire, mais aussi, et comme une structure sous-jacente, une manière différente de centrer la lecture: celle-ci se porterait sur le texte, en ses mécanismes d'écriture et ses processus de préfiguration pour Antioche; elle viserait, pour Alexandrie, le moment de la lecture en sa logique de production spécifique du sens.

En vérité, une théorie du texte lu ne peut et ne doit pas jouer ces deux moments l'un contre l'autre. Elle a au contraire pour tâche de penser leur conjonction. Mais la complexité des problèmes engagés est telle, on doit le constater, que la réflexion herméneutique le fait, en réalité, bien peu. Les Pères de l'Eglise ont, comme tous, traversé cette difficulté et ils ne l'ont pas forcément toujours bien négociée. En tout cas, ils ne l'ont certainement pas méconnue. De multiples déclarations des deux partis traduisent le même souci d'équilibre entre le respect de la lettre historique en sa formulation initiale et l'ouverture à une nouveauté christologique précisément active dans l'acte de lecture. Mais il est aussi vrai que l'expression de cette exigence désigne un point d'équilibre idéal qu'encadrent deux sortes d'excès correspondant, pour chaque méthode, à une fixation exclusive sur le pôle qu'elle a privilégié. Trop de raideur dans le parti pris pour l'histoire fit probablement perdre à certains Antiochiens le sens de l'originalité de leur situation de lecture et de son dynamisme dans la production du sens chrétien de l'Ecriture. Une attention trop exclusive au moment chrétien de l'interprétation ne manqua pas, ici ou là, à Alexandrie, de faire violence à la lettre et de priver la lecture de tout principe de réalité textuelle.

Il n'en reste pas moins que le lecteur antiochien et le lecteur alexandrin sont égaux au regard de l'orthodoxie. Ils partagent la même conviction de foi, la même soumission à l'Ecriture qu'il lisent. C'est bien la même figure de sujet croyant qui soutient les deux exégèses. Mais, à certains moments, celui-ci se laisse prendre au piège d'une querelle qui accule chacun à renchérir sur sa spécificité et à neutraliser le pôle adverse qui est pourtant son complément. Chaque fois que se produit pareil emballement l'équilibre est rompu, la lecture menacée, faussée. Les Alexandrins se perdent alors dans le maquis d'un allégorisme outrancier faisant dériver les textes bibliques vers des sens totalement arbitraires et artificiels. Par l'effet d'un processus symétrique, l'Ecole d'Antioche en vient à se priver d'une liberté de lecture qui lui fait restreindre le sens des textes à une intelligence littérale appauvrie. Tel est, semble-t-il, le cadre qu'il faut restituer à la prise de position de Théodore sur le Ct., pour pouvoir analyser plus avant la logique qui la produit.

c) *Retour à Théodore de Mopsueste*

Redisons d'abord que Théodore appartient à l'Ecole d'Antioche non comme un marginal, mais comme l'un de ses plus éminents représentants. La condamnation dont il a été l'objet ne peut annuler ce fait. R. Devreesse a décrit, à partir de l'étude de ses commentaires de Psaumes ou de petits Prophètes, la manière dont il mène l'enquête, porte en avant des questions de critique interne ou externe en lesquelles l'exégèse moderne se découvre précédée et justifiée. Le peu qui subsiste de cette oeuvre sur son versant exégétique laisse pressentir la fécondité du point de vue antiochien soucieux, comme nulle autre exégèse parmi ses contemporains, de la lettre et de l'histoire. Les solutions avancées demeurent naturellement limitées dans leur détail par ce que le savoir du moment autorisait à connaître de l'histoire du texte biblique. Mais même périmées dans leur contenu, elles désignent de façon étonnament prémonitoire ce qui deviendra l'exigence et le fondement de l'exégèse future.

Le P. Pirot a montré par ailleurs que les restrictions que Théodore apporte au canon des Ecritures n'étaient pas si surprenantes puisqu'elles relevaient moins d'un choix personnel qu'elles ne reflétaient les positions officielles de l'Eglise d'Antioche[59]. Celle-ci ne reconnaissait ni les *Paralipomènes*, ni les livres d'*Esdras* et de *Néhémie* comme livres inspirés. En refusant de surcroît les livres deutéro-canoniques de l'Ancien Testament ainsi que les *Epîtres catholiques* de Jean et de Pierre, cette même Eglise d'Antioche ne faisait d'ailleurs que s'aligner sur le canon palestinien. Sur ce point, Théodore est donc simplement le témoin de son Eglise d'appartenance.

Reste cependant la question du Ct. dont on a déjà signalé qu'elle constituait un choix interprétatif rigoureusement personnel. Les analyses qui précèdent ne dissipent pas le caractère intrigant de ce fait. Pour tenter d'en rendre compte, il peut être éclairant de rapprocher de cette prise de position celle, — également incriminée lors du procès de Théodore — que celui-ci adopta à l'égard des Psaumes. Pour tirer bon parti de ce rapprochement, il convient préalablement de faire quelques rappels.

* Sur la lecture des Psaumes.

On sait que le problème de l'interprétation chrétienne des Psaumes concerne, en son fond, leur réénonciation. Il s'agit de savoir: 1)

---

[59] DTC volume 15, 1, col. 235 et sv. article «Théodore de Mopsueste».

Comment faire légitimement une *lecture* chrétienne de ces textes? Soit: à quel titre, ce qu'ils disent, concerne-t-il le mystère du Christ? 2) Comment faire de ces textes une *prière* chrétienne? Soit: comment leur lecteur peut-il s'approprier leurs mots?

La grande majorité des Psaumes pouvant être typée comme parole dialogale entre un orant et Dieu, il s'ensuit que l'interprétation prend naturellement la forme d'une prosopologie: interpréter le Psaume veut que l'on commence par identifier les personnes engagées dans ce qui est dit ou, plus largement, que l'on parcoure la triangulation dans laquelle «je» parle à «tu» de «il». L'intérêt pour cet aspect de la lecture des Psaumes a été renouvelé récemment, et à la suite de premières suggestions d'Andresen[60], par un vaste travail de M-J Rondeau. L'auteur envisage les commentaires patristiques du Psautier selon cette problématique et dégage, du 3ème au 5ème siècle, les effets théologiques induits par cette lecture[61]. La même étude montre que le point de départ d'un tel intérêt est explicitement fourni par la littérature patristique elle-même. C'est ainsi qu'Hilaire — en cela d'ailleurs héritier d'Origène — situe remarquablement l'enjeu de la méthode prosopologique en ouverture de son commentaire du Ps.*1*: «La question capitale pour comprendre les Psaumes, c'est de pouvoir discerner au nom de qui l'on doit comprendre que les paroles sont dites, ou bien à qui elles sont dites»[62]. Ce qui nous reste de l'oeuvre d'Hilaire sur les Psaumes permet, en outre, d'observer quel méticuleux travail de repérage prosopologique s'engage à partir de là. Non seulement les personnages sont identifiés, mais — tâche plus épineuse et difficile — les échanges de l'un à l'autre, les transitions énonciatives à l'intérieur d'un même Psaume sont soigneusement décrits. Soit une argumentation qui tout ensemble parcourt le texte, envisage dans chaque cas la série ordonnée des énonciateurs pertinents et indique, pour chacun d'eux, la construction du sens (exemple pour le Psaume *3*: «Si c'est David qui parle..., si c'est le Christ qui parle...). Certes le raisonnement est conduit à partir d'une logique historique qui consiste à mettre au jour le contexte du Psaume et les circonstances vétéro- et néo-testamentaires qu'il vise. Mais, parcourant toute l'épaisseur d'une perception prophétique et aussi christologique de l'histoire (par exemple à travers une séquence comme David — le Christ — l'Eglise collective ou individuelle), ce même raisonnement conduit

---

[60] C. ANDRESEN, Zur Entstehung und Geschichte des trinitärischen Personbegriffes», *Zeitschrift für die neutestamentliche Wissenschaft und die Kunde der älteren Kirche*, 52, 1961, pp. 1-39.

[61] M.-J. RONDEAU, *Les commentaires patristiques du Psautier (IIIe-Ve siècle)*, vol. II: Exégèse prosopologique et théologie, Orientalia Christiana Analecta, 220, 1985.

[62] HILAIRE, In Ps. *1*, 1 (CSEL 22, p. 19). Ce prologue est cité longuement en traduction in RONDEAU, ouv. cit., pp. 35-37.

finalement à proximité de la personne du lecteur. La recherche prosopologique, qui a pour objet immédiat la compréhension du texte, pointe donc les perspectives énonciatives que l'on a précédemment associées à la lecture. Ainsi voit-on les Psaumes, à l'instar du Ct. des Ct., activer le même débordement de l'exégèse en direction du lecteur.

De surcroît, la recherche du sens du texte psalmique n'est pas dissociée, au long des premiers siècles, du souci de réénoncer le Psaume en prière chrétienne. P. Salmon insiste sur ce second point, qui est en fait premier dans la problématique ancienne, la préoccupation étant «moins de comprendre ces morceaux de littérature ancienne que d'en faire une prière et une prière chrétienne»[63]. C'est ainsi que, indépendamment du souci exégétique, deux formes discursives se développent autour de la lettre du Psaume: celle des *tituli* servant d'en-têtes interprétatifs et celle des *oraisons-collectes* destinées à donner un prolongement à la lecture. L'étude de ces deux formes a l'intérêt de montrer que, tout en constituant des greffes sur le texte initial, ces méta-discours proposent tout autre chose qu'une interprétation réduite à un simple commentaire du sens.

Les «tituli» ne font que reprendre l'usage juif qui fait précéder les Psaumes d'une mention d'auteur et éventuellement de précisions concernant les motifs de la rédaction et les conditions de l'exécution. En contexte chrétien, ils sont destinés à fixer la pertinence christologique du texte, soit à montrer comment celui-ci comporte, en prophétie, la mention d'évènements qui accomplissent chrétiennement la foi biblique. C'est pourquoi les «tituli» n'ignorent nullement le problème de savoir de quoi, de qui, de quels évènements parlent les Psaumes. Cependant on constate que les explications fournies à cette fin concernent moins les événements narrés ou évoqués qu'elles n'ont pour but de fixer quelles voix s'expriment dans le discours psalmique. Plus précisément, on a affaire à ce que P.M. Gy appelle une «personnification typologique» dans laquelle «on ne cherche pas à quelles circonstances de la vie de David on pourrait les (les Psaumes) rattacher, mais quelles voix du Nouveau Testament chaque Psaume exprime d'avance: Vox apostolorum, vox Ecclesiae, vox Christi ou encore vox Patris»[64].

Les «oraisons», quant à elles, offrent un autre type d'accompagnement discursif. Ce sont des prières-collectes reprenant et reformulant, à

---

[63] Dom P. SALMON, *Les «tituli psalmorum» des manuscrits latins*, Ed. du Cerf, 1959 et Città del Vaticano, 1959, Collectanea biblica latina 12, p. 38.

[64] P.-M. GY, Les tropes dans l'histoire de la liturgie et de la théologie in Gunilla IVERSEN éd., *Research on Tropes*, Stockholm, 1983. Notons que l'examen des six séries de «Tituli Psalmorum» publiés par P. SALMON (ref. supra) est ici remarquablement suggestif. Mise à part une série qui ne fait pas référence au problème de la voix, les autres — dans des proportions qui peuvent aller jusqu'à couvrir la presque totalité des «tituli» de la série — sont massivement occupés au repérage des voix.

la fin de la lecture et après un temps d'arrêt, la prière silencieuse de chacun. En fait, elles ont également une fonction interprétative qui est de fournir un adjuvant à la réénonciation du psaume, comme le montre le recueil publié en 1967 par P. Verbraken[65]. La démonstration est ici immédiate: les oraisons consistent, toutes entières, en formules d'identification de l'orant à celui qui parle dans le Psaume ou à celui dont il est parlé. L'oraison n'est que le rebond des mots du Psaume dans la bouche du lecteur qui en fait sa propre prière. Elle est l'explicitation collective de l'acte de réénonciation inclus tacitement dans l'audition du Psaume.

Ainsi pouvons-nous formuler la conclusion suivante. Le problème majeur dont traite la lecture traditionnelle des Psaumes ne semble pas concerner prioritairement la compréhension du texte. L'intérêt porté à la recherche des *voix* ainsi que le développement de discours connexes ayant un rôle d'actualisation en sont la preuve. Il s'agit d'abord de jalonner l'espace de l'Ancien au Nouveau Testament afin de permettre au lecteur chrétien de s'introduire à son tour dans le texte qu'il lit[66]. C'est sur ce point que nous semble finalement s'exercer, à la pointe de l'enquête exégétique, la conversion typologique. En ce sens, la prosopologie des «tituli» et des oraisons déborde largement un simple repérage des actants historiques du discours psalmique. C'est pourquoi aussi de tels méta-discours ne sont pas adéquatement qualifiés comme interprétatifs. Ils introduisent à une véritable pragmatique de la lecture. Elaborés dans la perspective d'une typologie qui interprète du Christ ce que la lecture vétéro-testamentaire dit du Prophète, du Juste ou du Roi, ils ont

---

[65] P. VERBRAKEN, *Oraisons sur les cent cinquante Psaumes*, Col. Lex Orandi, Ed. du Cerf, 1967.

[66] *La Lettre à Marcellinus* d'ATHANASE peut sembler faire objection à la généralité du propos que nous tenons. M.J. RONDEAU, en particulier, la cite comme un document original mais non représentatif de l'exégèse (pp. 218-222). Elle rappelle qu'ATHANASE met à part les Psaumes dans la mesure où «le "je" peut et doit être assumé par le fidèle qui découvre en lui, comme en un miroir, l'image de vie intérieure» (p. 218). La subjectivation de la lecture psalmique serait spécifique à ATHANASE et aux milieux ascétiques qu'il a fréquentés en Egypte. M.-J. RONDEAU remarque parallèlement que l'Epître ne désigne pas explicitement le Christ comme locuteur du Psautier: on n'a donc pas à proprement parler d'interprétation prosopologique. De même la formule "ek prosopon" ou le mot "prosopon" ne sont pas utilisés dans les contextes qui visent la reprise énonciative du Psaume. Il faudrait donc, dans la logique de ces remarques, disjoindre la pratique prosopologique, typique d'une exégèse savante, de la subjectivation que prône ATHANASE. Nous ne songeons nullement à contester les données ici fournies. En revanche, nous nous interrogeons sur la séparation brutale ainsi établie qui nous semble durcir une réalité beaucoup plus fluide, dans laquelle, en particulier, l'activité exégétique n'est pas exclusive d'un prolongement pragmatique et ascétique. Si donc la lecture des Psaumes par ATHANASE saute l'étape exégétique et christologique, en revanche, on a constaté que la prosopologie d'ORIGÈNE n'est pas antinomique, beaucoup s'en faut, d'une lecture réénonçante.

pour principe d'étendre à l'Eglise, c'est-à-dire au lecteur, le contenu qu'ils encadrent. En vertu de la foi en la participation sacramentelle de l'homme à ce que vit le Christ, ce qui est dit du Christ et par le Christ dans le Psaume est, ipso facto, dit par l'Eglise ou de l'Eglise, par celui ou de celui qui s'identifie à cette dernière. Dans cette mesure même, la lecture christologique a pour effet d'activer un puissant brassage énonciatif où le lecteur lui-même entre dans la parole du Psaume, se met à parler pour son compte ses mots et ses intentions. Il est important, avant de reprendre le débat avec Théodore, d'avoir clairement en vue cet enjeu de la lecture psalmique.

* Les exclusions de Théodore.

On sait le parti de Théodore relativement aux Psaumes, tel qu'il fut incriminé au deuxième Concile de Constantinople: l'Antiochien effaçait leurs «tituli» et refusait, à de rares exceptions près, de leur attribuer une pertinence christologique. Ces dispositions sont connues plus directement aujourd'hui grâce à la mise à disposition par R. Devreesse d'une collection de commentaires de Théodore sur les Psaumes, reconstituée à partir de fragments grecs et latins. L'édition récente de fragments syriaques a encore élargi l'information. Ces documents conduisent aux remarques suivantes.

Théodore qui déclare que «le Psautier tout entier est (...) rempli d'une prosopopée et de représentations figurées» pratique, sur cette base, une abondante lecture prosopologique. L'interprétation est exclusivement historique. Elle consiste à déterminer quel contexte historique sert de cadre ou de référent au Psaume. Mais, détail capital, elle joue entièrement — mis à part quatre Psaumes auxquels Théodore attribue une portée christique — à l'intérieur des frontières de l'Ancien Testament. La nature du prophétisme que l'on exposait plus haut explique cette limitation. Les titres ou arguments de quelques commentaires conservés montrent ainsi le Psaume *118*, par exemple, interprété comme étant «au sujet du peuple de Babylone», de David qui parle «en la personne ("ek prosopou") des hommes vertueux qu'il y avait alors dans la captivité» au nombre desquels Théodore énumère Daniel, Ezékiel, Zacharie et la maison d'Ananias. Le Psaume *143*, lui, serait prononcé de nouveau par David, en la personne des Macchabées «au moment où ils avaient remporté la victoire et demandaient à Dieu que leur victoire sur leurs ennemis soit rendue complète». En réalité, l'énonciateur est tantôt David parlant en son nom propre ou en celui du peuple, tantôt Israël au temps de l'Exil ou à celui des Macchabées. Pratiquement jamais le Christ.

Ce refus de prolonger l'interprétation prosopologique jusqu'à la personne du Christ est de grande conséquence. Pour la théologie probablement, comme l'estima le concile. Mais également et plus généralement, pour l'économie de la lecture. Si l'on admet, en effet, que le passage par la figure du Christ est déterminant de l'existence d'une lecture chrétienne de la Bible (hors de lui — sauf à exercer sur le texte un coup de force — celui-ci ne peut être autre chose que le patrimoine d'Israël), on pressent quelles conséquences porte le refus du registre christologique chez Théodore. Il coupe bel et bien la possibilité de fournir une vraie légitimation à la lecture chrétienne des Psaumes. Partant, il écarte celle d'une réénonciation des Psaumes comme prière chrétienne[67]. C'est précisément ce qui se constate dans le commentaire de Théodore: il montre bien comment et de qui le Psaume est la prière. Mais il ne dit pas comment ce même discours peut garder son opérativité propre dans le geste actualisant de sa lecture. Le problème de la lecture théodorienne des Psaumes n'est donc pas essentiellement qu'elle renonce aux «tituli» de la Septante pour leur substituer d'autres repères historiques. Il est beaucoup plus dans ce mode de lecture qui bloque une reprise énonciative du texte qui, on l'a vu avec les «tituli» et les oraisons, est pourtant au coeur de l'usage chrétien des Psaumes. On reconnaît la logique déjà décrite précédemment: celle d'une lecture entièrement circonscrite au moment initial de l'écriture, vouée, par conséquent, à ignorer les opérations spécifiques qui se jouent ou pourraient se jouer, dans le présent de la lecture, là où le texte n'est pas seulement déchiffré comme la prière de David ou celle d'un juif exilé, mais devient la prière propre de celui qui lit.

Au terme de ce long détour, on devrait mieux comprendre, en tout cas, la position adoptée par le même Théodore, cette fois à propos du *Cantique des Cantiques*. S'il est vrai, en effet, comme nous le soutenons, que l'identité du poème est impossible à confiner à l'identification de sa provenance, s'il est vrai que le Ct. est biblique non d'abord par son écriture, mais par la lecture qu'il permet ou appelle, ou encore plus précisément, par le choix spirituel qui l'a fait lire par Israël et inscrire au canon pour de nouvelles lectures, on comprend qu'une enquête qui, comme celle de Théodore, ignore ce qui déborde l'origine, ne puisse rien savoir d'une portée spirituelle chrétienne de ce texte. Celle-ci relève de ce que la découpe théodorienne fait tomber hors de son regard. En fait, dès lors qu'un texte — comme c'est le cas des Psaumes ou du Ct. — a pour caractéristique principale sa subjectivation, on conçoit qu'il se prête

---

[67] Là de nouveau s'ouvre le champ d'une étude à poursuivre. Elle serait celle de la «poétique» de la lecture de l'AT que pratique l'Ecole d'Antioche et qui devrait être étendue à des auteurs comme JEAN CHRYSOSTOME. Une courte incursion du côté des commentaires des Psaumes donnés par ce dernier montre qu'il les lit, à son tour, très peu christologiquement. Il en fait une lecture morale, à la manière de ce que P. MARIES a appelé «l'école littérale prophétique». Or, on peut supposer qu'une telle poétique est une réalité «dense» où convergent à la fois une théologie de l'Ecriture, de la Révélation, de la relation Israël-Nations. De là, l'intérêt qu'il y aurait à poursuivre l'analyse...

mal à l'exégèse de Théodore, puisque celle-ci est construite de manière telle qu'elle neutralise la subjectivité du lecteur au profit exclusif de celle de l'auteur inspiré. C'est donc très conséquemment que le Ct. est, sinon exclu du canon par Théodore, du moins marginalisé en document historique. Cette position, repétons-le, ne doit pas être ramenée à une simple option interprétative. Elle est beaucoup plus l'effet d'une disposition propre à la lecture pratiquée par Théodore. Notons enfin qu'un traitement moins lacunaire de la question que celui auquel nous nous résolvons ici devrait certainement chercher à élaborer le rapport de cette méthodologie aux conceptions plus générales que l'Antiochien se fait de l'Ancien Testament. M. Simonetti a montré ainsi que Théodore «tend à considérer l'Ancien Testament comme expression d'une économie refermée sur elle-même (mieux sans doute: ayant en elle-même sa raison d'être), celle du monothéisme juif en opposition au polythéisme païen et au trinitarisme chrétien qui s'exprime dans le Nouveau Testament»[68]. En conséquence de quoi, il lit essentiellement le Nouveau Testament, et d'une lecture qui cherche moins à l'enraciner dans l'Ancien Testament qu'à y lire une anticipation de l'âge futur. Dans ces conditions, on conçoit que Théodore porte un intérêt limité à la reprise chrétienne des textes de l'Ancien Testament, qu'à proprement parler il ne *lit* pas, mais à propos desquels en revanche, il développe ce regard d'historien dont l'époque moderne lui fait volontiers hommage.

---

[68] *Dizionario patristico di Antichità cristiana*, article «Theodoro di Mopsuestia», col. 3382-3386.

Trois lectures non patristiques du Cantique des Cantiques: le sens d'une répétition

La quête que nous avons entreprise, afin de retrouver la logique de l'allégorie qui commande l'histoire de la lecture spirituelle du Ct., se prolongera maintenant en une nouvelle étape. Nous nous porterons au-delà de l'époque patristique, jusqu'à ces temps du Moyen-Age où le Ct. se retrouve, texte plus que jamais privilégié par la lecture chrétienne, lu et commenté avec une obstination déconcertante[1], qui semble répéter sans se lasser, et de façon pourtant lassante aux yeux du lecteur moderne, des interprétations ayant des siècles d'existence. Telle est, du moins, la vision commune qui est donnée de cette histoire prolongée de la lecture du poème, elle-même inscrite dans la représentation plus large d'une exégèse qui, après avoir été initialement inventive et féconde, s'enfermerait ensuite dans un psittacisme dévot ou paresseux, de plus en plus désinvesti des forces vives de l'intelligence et de la foi, progressivement doublé et relayé d'ailleurs, à partir du 12ème siècle, par l'émergence d'une nouvelle exégèse réputée plus rigoureuse et plus théologique. L'*Esquisse d'une histoire de l'exégèse latine au Moyen-Age* de C. Spicq donne une bonne idée de cette perception[2]. L'auteur décrit, du 8ème siècle au 11ème siècle, le règne généralisé de la répétition telle que la manifeste l'accumulation de scolies, de gloses de toutes sortes, «eclogae», «flores», «excerptae», chaînes, commentaires de commentaires: «Toute cette période médiévale, commente Spicq, se caractérise par une répétition inlassable des devanciers, un commentaire de leurs commentaires (...). Il semble que personne n'ait le sens des vrais problèmes, tant tout le monde se contente des solutions acquises. Il manque donc un esprit d'invention ou du moins de renouvellement qui s'efforce de remonter aux sources, c'est-à-dire soit de repenser vraiment

---

[1] H. DE LUBAC, *Exégèse médiévale*, mais aussi J. LECLERCQ, *L'amour des Lettres et le désir de Dieu*, Initiation aux auteurs monastiques du Moyen-Age, Cerf, 1957, soulignent la faveur dont a bénéficié le Ct. au long du M.-A. Ce dernier rappelle que c'est «le livre qui fut le plus lu, le plus souvent commenté, dans les cloîtres du M.-A.», p. 83. Il note également que «ce texte a été l'occasion d'écrits nombreux qui constituent comme un genre littéraire nouveau: le Ct. y sert de prétexte à des exposés relatifs à la doctrine ou à la vie spirituelle», in *Mediaeval Studies*, vol. XV, 1953, pp. 95-106.

[2] *Esquisse d'une histoire de l'exégèse latine au M.-A.*, C. SPICQ, Paris, Vrin, 1944.

les méthodes et les points de vue des Pères, soit surtout de se laisser
imprégner par le texte sacré lui-même et d'en dégager l'enseignement
inépuisable» (p. 60). Toujours selon la même analyse, le 12ème siècle
viendrait casser cette routine, ouvrant un temps nouveau inauguré par le
surgissement de la problématique de la «quaestio»: la lecture, faisant
désormais lever de l'Ecriture des problèmes théologiques, aurait de plus
en plus pour objet de résoudre ceux-ci en formulant des réponses
largement indépendantes du texte lui-même.

Notre gêne n'est pas d'admettre qu'il y ait, au 12ème et au 13ème
siècle, un réel et irréversible renouvellement de l'exégèse issu d'un souci
de plus en plus attentif et éclairé de la lettre du texte. Le point qui mérite
discussion, à nos yeux, concerne bien plutôt, l'*autre* exégèse, celle qui est
décrite comme débordée, dépassée et surmontée par l'avènement de la
nouvelle herméneutique soutenue par la procédure de la «quaestio».
Est-il si sûr que sa description puisse se réduire aux stéréotypes où on
l'enferme habituellement? Sa logique est-elle épuisée par le modèle de la
glose? Tous les textes exégétiques de ce temps relèvent-ils uniformément
du recopiage interminable des «auctoritates»?

Demeurant fidèle à l'objet de ce travail, c'est évidemment en
prenant pour point d'application les commentaires médiévaux du Ct. que
nous testerons ces questions. Soit, remarquons-le, un matériau particulièrement malaisé si l'on considère l'énorme masse de documents
accumulée pendant cette période autour de l'épithalame biblique. Les
nomenclatures énumèrent en effet, à cette rubrique, des noms, pour la
majorité d'entre eux, totalement obscurs, sauf aux habitués des colonnes
de Migne[3]. Si le 12ème siècle introduit une *nouveauté réelle* en
proposant des lectures mariales du texte[4], beaucoup d'autres commentaires donnent avant tout l'impression de ne surmonter l'encombrement
de l'interprétation qu'en allant demander à des fantaisies étranges ou
gratuites un renouvellement de leur inspiration. Ainsi, pour ne nommer
que deux exemples, de Thomas de Perseigne faisant une exégèse
numérique du Ct. ou de Thomas le Cistercien lisant dans le poème un
triple épithalame: historique «enseignant l'union légitime du mariage
que Dieu institua dans la personne d'Adam et Eve», philosophique
«montrant l'union de l'éloquence et de la sagesse» et théologique
«exposant l'union de Dieu et de l'âme, du Christ et de l'Eglise»[5].

---

[3] Voir l'article «osculum» du *Dictionnaire de spiritualité*, 1982, vol. 11, col.
1012-1026. Voir encore la liste de trente-sept auteurs que fournit SPICQ, p. 397 ainsi que
les diverses monographies que contient son ouvrage.

[4] Tout d'abord avec RUPERT DE DEUTZ et HONORIUS D'AUTUN. Sur cette question
voir aussi F.X. CURLEY, «The Lady of the Canticle», in *American Ecclesiastical Review*,
vol. 133, 1955, pp. 289-299.

[5] Selon le résumé qu'en donne SPICQ, p. 290.

Cette situation rend l'investigation incontestablement difficile. On ne peut, en toute rigueur, se prononcer que sur pièces. Or les pièces sont foisonnantes, proliférantes. Nous pensons pourtant ne pas devoir renoncer à nos questions, même s'il faut se résoudre à travailler dans une perspective provisoirement limitée et sélective.

Précisons donc à l'intérieur de quelles limites nous nous situerons pour tester la vision souvent dépréciative que l'on prend de l'exégèse médiévale du Ct. Avant tout, notons que le saut que nous pratiquons, de l'époque patristique au Moyen-Age, met déjà entre parenthèses un moment de l'histoire de l'interprétation qui n'est nullement vide de documents ou dénué d'intérêt[6]. Ainsi, par exemple, nous laissons de côté le *Commentaire* rédigé par Grégoire le Grand au 6ème siècle, qui constitue un grand texte de la tradition qui devrait très légitimement figurer dans une étude visant plus d'exhaustivité: malgré d'importants emprunts à Origène, des réminiscences d'Augustin et d'Aponius, ce commentaire est loin de faire simplement nombre avec ses devanciers[7]. L'élision que nous pratiquons d'un tel texte n'a d'autre justification que la loi que nous nous sommes fixée de travailler par sondages, donc de manière partielle. Par ailleurs, concernant le Moyen-Age lui-même, notre parti sera encore plus drastiquement sélectif. Par décision, nous écartons — de façon qui peut apparaître paradoxale — le grand repère que représentent les *Sermones super Cantica Canticorum* de S. Bernard[8]. L'abondance de travaux importants déjà réalisés sur cette oeuvre n'est pas seule à nous dissuader d'appliquer nos efforts à en proposer une nouvelle analyse. La vigueur même de ce texte, l'influence exceptionnelle qu'il a eue sur la spiritualité de son siècle et des suivants est telle que sa représentativité en est rendue complexe. On peut voir en lui la quintessence de l'interprétation du Ct. au 12ème siècle. On peut aussi objecter que la puissance de l'inspiration spirituelle de Bernard a mis dans cette lecture du poème biblique une force et une originalité dont les autres lectures qui lui sont contemporaines sont précisément dénuées.

C'est pourquoi nous choisissons de lire un autre commentaire du Ct., celui qu'en donna Guillaume de S. Thierry[9], à l'époque même où Bernard rédigeait ses Sermons[10]. De même que son auteur a été

---

[6] Voir l'histoire que retrace F. Ohly, *Hohelied-Studien*, Grundzüge einer Geschichte der Hohenliedauslegung des Abendlandes bis 1200, Wiesbaden, 1958.

[7] On trouvera le texte, sa présentation et sa traduction in SC., n. 314.

[8] Les citations que nous serons amenés à en faire ici ou là seront empruntées à la traduction d'A. Beguin, in *Oeuvres mystiques* de S. Bernard, Seuil, 1953.

[9] *Exposé sur le Cantique des Cantiques*, texte édité, traduit et annoté in SC n. 82, par J.-M. Dechanet et M. Dumontier, Le Cerf, 1962. C'est à cette édition que renverront nos références.

[10] Sur la genèse de ces derniers, voir J. Leclercq, «Genèse d'un chef d'oeuvre», *Collectanea Cisterciensia* 47, 1985, pp. 99-109.

systématiquement, et jusqu'à une date récente, maintenu dans l'ombre de l'Abbé de Clairvaux, de même ce commentaire est souvent traité, hâtivement, comme une somme d'interprétations d'emprunt dont la lecture n'apporte aucune nouveauté. En fait, l'*Expositio* de Guillaume fut, en son siècle, et dans les siècles suivants, lue, appréciée, considérée comme une forte source d'inspiration. Ce statut ambigu confère à ce commentaire un titre spécial à figurer parmi les textes qu'il est intéressant de soumettre à l'analyse en vue d'éclairer la situation effective de l'exégèse médiévale du Ct. Nous lui adjoindrons un autre document, témoin d'une aire de lecture encore beaucoup plus méconnue, à peu près totalement ignorée des histoires de l'interprétation. Il s'agit des *Exercices* rédigés par Gertrude d'Helfta, l'une des grandes figures de moniales de la fin du 13ème siècle[11]. Texte à la fois confidentiel et marginal au regard d'une mémoire profane ou universitaire de l'exégèse, ces *Exercices* constituent pourtant la butte témoin d'un mode de relation original au Ct., des siècles durant, spécialement dans les milieux monastiques féminins. Enfin, poussant une pointe jusqu'au 16ème siècle, nous demeurerons dans la même logique en choisissant d'écarter ici cet autre monument qu'est le *Cantique spirituel* de Jean de la Croix, afin de faire droit à un petit document, peu connu, rescapé de la destruction, rarement étudié: *Les Pensées sur le Cantique des Cantiques* de Thérèse d'Avila[12].

L'idéal serait évidemment de ne rien sacrifier et de faire leur place à Guillaume de S. Thierry, Gertrude d'Helfta et Thérèse d'Avila, tout en maintenant la présence de Bernard et de Jean de la Croix. Mais même cet idéal serait insatisfaisant au regard de cette autre nécessité qu'il y aurait à intégrer à la démonstration, à côté des plus grands et des moins grands, les plus obscurs, les plus manifestement laborieux, les plus certainement dépourvus d'originalité, tâcherons de la glose et de la redite qui témoignent pourtant, à leur manière, de l'existence médiévale du *Cantique des Cantiques*.

Le choix que nous faisons ici d'écarter les uns et les autres — raisonné certes, mais aussi guidé par des motivations pratiques — a pour conséquence de marquer d'entrée de jeu la limite de validité des conclusions auxquelles nous pourrons prétendre: non pas description de l'exégèse médiévale du Ct., mais mise en évidence de l'existence d'une modalité de ses lectures, sans préjuger d'autres formes possibles qu'une plus ample analyse pourrait manifester. Ainsi notre propos n'a nulle-

---

[11] In *Oeuvres spirituelles*, Tome I, *Les Exercices*, Texte, Introduction et traduction par J. HOURLIER et A. SCHMITT, SC n. 127.

[12] Nous citerons le texte dans la traduction des *Oeuvres complètes* de THERESE D'AVILA, Tome III, Cerf, 1982.

ment l'amplitude d'une synthèse. Si toutefois les textes que nous allons étudier, qualifiés de seconde zone en comparaison des monuments consacrés, se révèlent porteurs d'originalité, cela signifiera simplement (mais de façon fort instructive), que l'habitude de penser l'exégèse médiévale traditionnelle à partir des stéréotypes de la glose ou des chaînes, est une facilité que se donnent les Modernes, qui ne rend pas compte de toute la réalité que l'on prétend décrire. Cela pourrait laisser imaginer, au moins à titre d'hypothèse, qu'il puisse exister dans d'autres commentaires médiévaux du Ct., certaines inventions méconnues par une manière répandue de faire l'histoire de l'exégèse sans toujours commencer par lire les textes.

I. GUILLAUME DE S. THIERRY: L'ACTUALITE DU Ct. DES Ct. AU 12ème SIECLE

Guillaume de S. Thierry croise de diverses manières le Ct. L'édition de Migne propose tout d'abord, sous son nom, deux recueils composés de citations de commentaires patristiques du poème. Il s'agit des *Excerpta ex libris Sancti Gregori Papae super Cantica Canticorum*, reprenant des extraits du commentaire de S. Grégoire et du *Commentarius in Cant. cant. e scriptis Sancti Ambrosii*, ce dernier reconstituant fictivement un commentaire ambrosien à partir de fragments tirés de la prédication et de l'exégèse de l'évêque milanais[13]. Dans les deux cas, on a affaire à un florilège de textes, sans intervention personnelle de Guillaume autre que celle du choix et du classement, témoignant seulement de son attachement aux lectures traditionnelles de l'épithalame. Un autre texte, beaucoup plus problématique, connu sous le nom de *Brevis commentatio*, est parfois attribué à Guillaume, en étant rapporté, de toutes façons, à cet épisode commun de sa vie et de celle de S. Bernard où, malades l'un et l'autre, ils se retrouvèrent, entre 1122 et 1124 à Clairvaux, échangeant leurs réflexions à propos du *Cantique des Cantiques*[14]. Enfin, une *Expositio super Cantica Canticorum* donne à lire

---

[13] Le premier texte figure in P.L. 180, col. 441-474. Le second in P.L. 15, col. 1947-2060.

[14] Sur le débat ouvert autour de ce texte on lira, *Etudes sur S. Bernard*, «Le commentaire bref du Ct. attribué à S. Bernard», pp. 105-124. Mais surtout J. HOURLIER, Guillaume de S. Thierry et la Brevis commentatio in Cantica, in *Analecta Sacri Ordinis Cisterciensis*, 1956, Fasc. 1-2, pp. 105-114. Au terme d'une analyse minutieuse des trois parties que Dom HOURLIER distingue dans le texte désigné comme *Brevis Commentatio*, il conclut que: «... L'introduction est l'oeuvre commune des deux abbés: Guillaume pour le fond: il explique son désir; S. Bernard pour la forme: il se conforme à la demande de l'abbé de S. Thierry. Le second paragraphe toutefois porte davantage, même dans le style, la marque de Guillaume. Il en va de même de ce que nous avons appelé le

la lecture propre que Guillaume faisait du poème[15].

Au-delà de la personne de l'Abbé de S. Thierry, cette situation peut être considérée comme exemplaire. Son examen apportera de nouveaux éléments qui devraient permettre de mieux saisir la nature de la lecture du Ct. continuée, en plein Moyen-Age, dans la ligne de la tradition patristique.

D'une part, l'inventaire des exégèses de Grégoire et d'Ambroise, que réalise Guillaume, est typique d'un temps d'héritiers, précédés par une énorme documentation, qui devait laisser l'impression aux contemporains que tout avait été dit, que le seul parti possible était de désigner, dans ce qu'avaient énoncé les plus grands, les trésors encore trop peu remarqués. Par ailleurs, la rédaction que fait Guillaume d'un commentaire personnel prouve que ce sentiment de plein n'était pas le tout de ce qui occupait les consciences du 12ème siècle relativement au Ct. Le commentaire de Guillaume fournit précisément l'exemple d'une oeuvre qui plonge dans le passé de la pure tradition patristique — à laquelle il semble emprunter tous ses mots et même ses thèmes — et qui, simultanément, par le truchement du Ct., intervient sur des questions de pleine actualité auxquelles elle apporte, on le verra, une contribution neuve et audacieuse. Ce faisant c'est d'ailleurs le paradoxe du 12ème siècle lui-même qui est donné à voir: alors qu'il semblerait bien, parvenu à ce temps, qu'on ait épuisé en interprétations ecclésiales, mariales ou mystiques tout ce que le poème pouvait inspirer ou inspirerait jamais, quatre-vingt-six sermons de S. Bernard, qui ne tarderont pas à être égalés aux grands commentaires patristiques consacrés, vont apporter la preuve que la lecture n'est pas tarie et que l'interprétation allégorique est autre chose qu'une répétition sans saveur ni actualité.

Ce sont ces paradoxes que nous nous proposons de détailler, en faisant successivement la part de la reprise et de la novation dans le commentaire de Guillaume, en observant la manière dont celui-ci tire du neuf de l'ancien.

1. *Au-delà de l'originalité, la force du lien aux Pères*

a) *Guillaume et le Cantique d'Origène*

Une lecture rapide du commentaire de Guillaume rend avant tout sensible sa connaturalité avec les écrits de l'âge patristique. Il en possède

---

commentaire prolixe: S. Bernard exécute le propos de son ami, mais celui-ci intervient dans l'élaboration de l'exposé». Ainsi donc «... toujours c'est, non un monologue, mais à proprement parler une conférence, dont nous aurions le résultat dans l'état actuel de la "Commentatio brevis in Cantici canticorum priora duo capitula"».

[15] Voir supra, note 9.

à ce point la couleur qu'on croirait pouvoir conclure, sans plus d'enquête, qu'il fait simplement nombre avec ses prédécesseurs, ayant en propre cette limite particulière de redire là où, eux, inventaient et construisaient à neuf. Si l'on ne peut guère y relever de motifs repris directement à Grégoire ou à Ambroise — que Guillaume connaissait bien pour en avoir fait les recensions que l'on a dites — tout en revanche témoigne, sur un mode implicite, d'une assimilation profonde, d'une intériorisation totale de l'exégèse ancienne. Mêmes opérations de la lecture, même travail de la réminiscence qui brasse l'ensemble de la Bible. En ce sens, J.M. Déchanet peut affirmer que «l'exposé est un modèle achevé de style biblique», citant, par exemple, les ricochets du commentaire à partir de «la cave au vin» de Ct. 2,4, en direction du «calice enivrant» du psaume 22,5, du «vin nouveau» de Matthieu 26,29, du «vin qui épanouit les jeunes filles» de Zacharie 9,17, de celui de la componction en Psaume 59,5 ou encore «qui met en liesse» au Psaume 103, 15[16]. Mêmes thèmes, en fait, déjà rencontrés, spécialement à la lecture d'Origène.

Dès le Prologue de l'*Expositio*, un long développement destiné à distinguer et à qualifier trois états de l'âme, auxquels correspondent trois catégories de priants, est un écho direct des partitions origéniennes. Guillaume énumère trois étapes de la vie spirituelle comme étant celles de l'homme «animal», «rationnel» et «spirituel». La première et la troisième sont reprises de S. Paul. La seconde renvoie directement à la terminologie origénienne. Les correspondances établies, de là, avec trois types de prière, sont, à leur tour, sous l'influence d'Origène. Mais c'est en fait la totalité de l'*Expositio* qui apparaît reliée à l'interprétation de l'Alexandrin. L'édition de J-M Déchanet, là aussi, inventorie pas à pas les contacts, sans prétendre le faire d'ailleurs exhaustivement. A titre d'exemples, ce sont les baisers reçus par procuration, à travers la personne des Anges, des Prophètes, des Apôtres ou des Docteurs qui ressurgissent du Commentaire d'Origène au § 36 de l'*Expositio*; ou encore, au § 164, Ct. 2,13 mentionnant «les trous de la muraille», ramène le souvenir de l'exégèse d'Origène décrivant les fissures de la pierre qu'est le Christ, par lesquelles l'homme s'introduit dans la connaissance de Dieu.

Pourtant, de tels contacts ne rendent pas compte du travail effectif de l'écriture guillelmienne. L'*Expositio* ne reprend pas simplement des «thèmes» comme on transfère un objet d'ici ailleurs. Guillaume trouve en Origène des motifs qu'il retient et c'est, partant d'eux, c'est-à-dire les quittant en s'y alimentant, qu'il développe et écrit sa propre compréhension du poème. Le commentaire de Ct. 2,4 (selon la Septante) est un bon

---

[16] Introduction de J.-M. DÉCHANET, p. 28.

témoin du processus. Il reprend certes l'exégèse typiquement origénienne de «l'ordinatio caritatis», énumérant les différents objets de
l'amour et la façon dont ils doivent être hiérarchisés. Mais il le fait en
déplaçant totalement le poids de l'interprétation, quittant un propos
moral pour une analyse psychologique (en particulier, la remarquable
description des «épreuves» ou «langueurs» de l'amour) qui est du 12ème
siècle, et non du 3ème[17].

b) *Origène au 12ème siècle*

En réalité, une telle présence d'Origène aux écrits de Guillaume ne
constitue pas simplement une influence d'auteur à auteur. C'est le 12ème
siècle comme tel qui est concerné, au point d'avoir pu être assimilé,
comme précédemment le 9ème, à un temps de «renaissance origénienne». Pourtant, cette vision devenue commune aujourd'hui, à la suite
des travaux de J. Leclercq ou de H. de Lubac, relève d'une conscience
récemment acquise[18].

Tout était disposé, au vrai, pour tamiser l'éclat de cette référence et
pour la rendre invisible — après des siècles de déclin effectif de la lecture
d'Origène — aux observateurs modernes de l'exégèse médiévale. On sait
qu'à la suite des dénonciations violentes et partiales de Jérôme, puis des
condamnations des conciles de 543 et 553 couvertes par le pape Vigile
pour des motifs fort peu défendables, Origène devait tomber sous le
coup d'une lourde suspicion dont son oeuvre ne se dégagea jamais
complètement, même aux moments où elle était le plus lue, le plus
copiée, le plus admirée. Dom Leclercq, mais aussi H. de Lubac, ont
décrit magistralement cette situation étrange et paradoxale qui met
ensemble la méfiance et l'admiration, la prudence et la ferveur, une mise
à l'écart officiellement prononcée et réitérée, avec une fréquentation
sans défaveur ni désaffection au long des siècles du Haut Moyen-Age
comme de ceux du Moyen-Age. Du moins pour l'Occident chrétien,
pour lequel les traductions de Rufin sauvegardaient un patrimoine

---

[17] H. de LUBAC souligne de la même façon la transformation que l'*Expositio* fait
subir au thème de «la belle captive» (Deutéronome *21*, 10-14): «Il ne s'agissait plus pour
lui d'illustrer l'usage fait par le chrétien des disciplines profanes ou des lettres païennes,
mais le rapport qui doit s'établir entre l'âme humaine et son Dieu. L'âme était elle-même
cette femme étrangère que le Christ avait conquise dans sa guerre victorieuse contre le
démon et qu'il se préparait à prendre pour épouse», *Exégèse médiévale*, 1ère partie, I, p.
301.

[18] On consultera spécialement J. LECLERCQ, «Origène au 12ème siècle», *Irénikon*,
24, 1951, pp. 424-439; «Nouveaux témoignages sur Origène au 12ème siècle», *Mediaeval
Studies*, 15, 1953, pp. 104-106. H. de LUBAC, *Exégèse médiévale*, 1ère partie, I, p. 221 et
sv.: «Lecture d'Origène au Moyen-Age».

ailleurs soumis à une destruction systématique, c'est cette ambivalence qui fut de règle, des siècles durant. D'où ces prudences oratoires, «précautions graduées» ainsi que les nomme H. de Lubac, accompagnant les références qu'on ne cessait pourtant de faire à l'oeuvre d'Origène. Ici, on prévient qu'on ne cite de lui «que les opinions conformes au sens catholique» (Raban Maur). Là, on invite à lire avec précaution («caute legendus») les recueils de ses textes que l'on prend la peine de composer ou de recopier (Smaragde). Ailleurs, on se protège par la citation de déclarations élogieuses du premier Jérôme (Alcuin ou Abélard), à partir de quoi on s'estime dédouané et libre de puiser à pleines mains dans un texte qu'on ne veut pas se priver d'entendre et d'admirer[19]. H. de Lubac rapporte encore cet épisode étonnant, connu par le sermon 34 *De diversis*, où l'on saisit sur le vif l'embarras, puis l'argumentation subtile mais finalement ferme, de S. Bernard, face aux objections de certains de ses moines prêts à endosser les opinions défavorables qui courent sur le compte de l'Alexandrin et à reprocher à leur Abbé de ne pas les accompagner dans leur anathème. Le ton de l'épisode est nerveux. Bernard ne veut pas encourir le reproche d'être complaisant à l'erreur. Il ne veut pas plus renchérir sur des points qui, pour être douteux, ne peuvent d'aucune manière invalider la présence massive et évidente, dans l'oeuvre d'Origène, de trésors d'intelligence spirituelle. Il concède qu'il y a chez l'Alexandrin des positions qui ne peuvent être admises. Mais il ne bronche pas sur sa conviction de fond qui le lui fait tenir pour l'un des plus hauts et des plus précieux guides qu'il puisse donner à ses moines pour les accompagner dans la lecture de la Bible.

C'est précisément ce génie scripturaire d'Origène, perçu par tous ses citateurs, qui semble être la clé de la faveur exceptionnelle qu'on ne cessa de garder à cette oeuvre, malgré toutes les vicissitudes qu'a connues sa mémoire. Ce point est remarquablement exprimé par J. Leclercq: «On admirait Origène en raison de ce qu'on connaissait de lui, c'est-à-dire surtout de ses commentaires bibliques: c'est eux qu'on trouve cités presque toujours (...) et on l'aimait parce qu'on aimait la Bible, et qu'il l'avait interprétée avec la même psychologie, la même tendance contemplative, pour répondre aux besoins qui étaient ceux des moines du Moyen-Age. On l'a aimé à cause de son sens religieux, du sens "spirituel" qu'il avait su donner à l'Ecriture Sainte»[20].

En définitive, le témoignage le plus révélateur des sentiments véritables que l'on nourrissait à son égard en plein 12ème siècle, reste

---

[19] On trouvera les références précises de ces textes in H. de LUBAC, ouv. cit. supra, pp. 277-278.
[20] J. LECLERCQ, *L'amour des Lettres et le désir de Dieu*, ouv. cit., p. 95.

probablement les catalogues des bibliothèques. Ainsi, ayant acquis par des travaux récents la connaissance de la liste des manuscrits que se procura Bernard pour l'abbaye de Clairvaux, on sait que huit d'entre eux constituaient les «libri Origenis» grâce auxquels étaient rendus accessibles aux moines de Bernard le *Periarchon* aussi bien que les Commentaires sur l'Ancien et le Nouveau Testament[21]. De même, on sait qu'à Signy, Guillaume entreprit de constituer méthodiquement, à l'imitation de Clairvaux, une ample collection origénienne qui, à la fin du 12ème siècle, se montait à six volumes in-folio. De toute évidence, au-delà des scrupules exprimés dans les discours publics, on a là la preuve de la familiarité dans laquelle vivaient ces milieux avec l'exégèse et la spiritualité d'Origène. Celle-ci ne cesse d'ailleurs d'être confirmée par de multiples études qui mettent en évidence, pour les oeuvres les plus célèbres et les plus originales, les contacts qu'elles ont avec les textes du grand Alexandrin[22].

c) *Guillaume artisan de la renaissance origénienne*

Notons que Guillaume de S. Thierry est précisément sur le trajet où s'exerce le plus décisivement ce retour d'influence, car celle-ci a pour cadre, avant tout, le monde des monastères. Plus précisément, cette renaissance origénienne du 12ème siècle, est associée à la reviviscence de l'idéal monastique, tout comme elle l'avait été, au 9ème siècle, au moment de la réforme de Benoît d'Aniane. Elle a cette fois pour épicentre l'univers cistercien qui se constitua autour de la réforme de S. Bernard. C'est dire — étant donnés les liens existant entre ce dernier et Guillaume — que l'Abbé de S. Thierry doit être tenu, non seulement pour un témoin du courant origénien, mais pour un des tout premiers artisans de la présence d'Origène à la spiritualité du 12ème siècle. A ce titre, Origène, plus encore que le Ct., pourrait être directement concerné par l'épisode de Clairvaux. On sait que Bernard et Guillaume s'y entretinrent du *Cantique des Cantiques*, en double prélude aux sermons que le premier allait prononcer et à l'*Expositio* que le second rédigerait. Or, P. Verdeyen a émis récemment l'hypothèse que l'objet des entretiens des amis ait été non seulement le texte du Ct., mais sa lecture origénienne, à travers les traductions latines du Commentaire et des Homélies. S'il en était bien ainsi, il faudrait dire que l'entretien de

---

[21] Dom WILMART, «L'ancienne bibliothèque de Clairvaux», in *Collectanea Ordinis Cisterciensium Reformatorum*, 11, 1949, pp. 117-118.
[22] Signalons en particulier l'étude récente de Luc BRESARD, *Bernard et Origène commentent le Cantique*, dont une édition vient d'être reprise à partir de celle des Collectanea Cisterciensia, t. 44, 1982, pp. 11-130; pp. 183-209; pp. 293-308.

Clairvaux n'exprime pas simplement les relations privilégiées des deux grands moines et leur goût commun pour le Ct. Il pourrait être vu comme le point de départ de la renaissance origénienne accompagnant le développement du nouvel ordre cistercien[23].

Cette conjonction de Cîteaux et d'Origène éclaire un fait qui est peu souvent reconnu. En effet, si l'on sait que le 12ème siècle est le temps où s'épanouit l'amour courtois, on remarque moins que celui-ci a son pendant spirituel sous la forme du renouveau de la mystique nuptiale. Or, cette dernière vient directement d'Origène qui, le premier, introduisit et détailla le thème du mariage mystique, assimilant la vie spirituelle à une aventure amoureuse entre l'homme et le Verbe de Dieu. La mentalité d'un 12ème siècle occupé à enseigner dans les écoles profanes l'*Ars Amatoria* d'Ovide était toute prête à l'intelligence de ce vieux motif qui renouvelait soudain, en connivence avec l'air du temps, les discours antérieurs sur la charité. En témoignent la Lettre *11* de S. Bernard[24] dont J. Leclercq dit qu'elle est: «"le" manifeste décisif de l'amour monastique au 12ème siècle»[25]; mais aussi, du même, le fameux *Traité de l'Amour de Dieu*, s'ouvrant par l'interrogation célèbre: «Voulez-vous donc que je vous dise pourquoi et comment on doit aimer Dieu?», et poursuivant: «Je réponds brièvement: la raison pour laquelle on aime Dieu, c'est Dieu lui-même; et la mesure de cet amour, c'est de l'aimer sans mesure»[26].

S. Bernard occupe certainement une place centrale dans cette conjoncture. Mais qui ne doit pas amener pourtant à minimiser d'autres oeuvres prises dans l'ombre de la sienne, comme, précisément, celle de Guillaume. L'*Expositio* est autre que les *Sermons*, mais elle poursuit aussi magistralement le dialogue de l'Epoux et de l'Epouse où le 12ème siècle courtois dit son expérience de l'amour mystique.

Ces points acquis ou fortement supputés, on ne détient pas pour autant le sens exact de ce qui s'opère dans le regain d'intérêt porté par ce temps à l'oeuvre de l'Alexandrin. Certes, en son registre, il signifie des forces neuves puisées par la vie monastique pour son renouveau. Mais on pourra toujours objecter que l'événment est tout intérieur à un milieu singulier, où il jouerait avec une fonction de maintien, en fidélité à la

---

[23] P. VERDEYEN, «La théologie mystique de Guillaume de S. Thierry», in *Ons Geestelijk Erf*, 1977, 51, décembre 1977, p. 332.
On se référera, dans la suite, à l'ensemble de cette étude publiée successivement dans les numéros suivants de la revue: mars 1977; décembre 1977; juin 1978; décembre 1978; septembre 1979; décembre 1979.

[24] Cette lettre adressée en 1125 à Guigues et aux religieux de la Grande Chartreuse, est connue encore comme «L'Epître aux Chartreux sur la charité». On trouvera son texte in S. BERNARD, *Oeuvres mystiques*, Ed. du Seuil, 1953, pp. 74-82.

[25] On lira sur ces questions les pages suggestives de J. LECLERCQ in *L'amour vu par les moines au 12ème siècle*, Cerf, 1983, pp. 32 et sv.

[26] Même édition des Oeuvres de S. BERNARD, pp. 27-73.

tradition et en barrage contre des nouveautés qui se profilent et qui sont ici jugées dangereuses. Proposition immédiatement contestable d'ailleurs si l'on prend la mesure de l'évolution qui amena l'apparition de la branche cistercienne. Non comme un repli frileux, mais dans le mouvement même des transformations qui affectent la société du 12ème siècle. J. Leclercq a bien montré comment Cîteaux, qui est autre chose qu'une restauration, accompagne le déplacement qui se fait alors dans les formes de recrutement monastique. A un temps où l'on devenait souvent moine après avoir été instruit, dès l'enfance, dans l'école monastique, succède une demande élargie et décalée. En particulier, la formation se fait beaucoup plus fréquemment en marge du monastère, dans de nouvelles écoles urbaines qu'ont fréquentées les postulants avant leur engagement. D'autres transformations sociologiques et psychologiques viennent remodeler par ailleurs la figure de la moniale, rendant possible l'oeuvre, par exemple, d'Hildegarde de Bingen, très occupée à parler de l'amour.

C'est donc bien d'un monde qui bouge, selon les grandes poussées de l'évolution sociale, que l'on parle en décrivant le lieu de la renaissance origénienne[27]. Reste pourtant ce soupçon qu' à regarder en arrière, même pour structurer le présent, on ne se coupe de ce qui est en avant et, en particulier, de toute une vie bouillonnante qui promeut alors des questions intellectuelles et spirituelles inédites. En d'autres termes, dans son attachement aux Pères et à Origène, Guillaume n'est-il pas, malgré tout, le témoin d'un monde moins préoccupé de se renouveler que de mobiliser ses énergies pour assurer une permanence? Ou encore, commentant le Ct. en consonance avec le 3ème siècle, fait-il autre chose que de vérifier, par sa relecture du poème, son appartenance à un univers révolu que commence à menacer la montée du nouveau rationalisme? Ces questions, dépourvues de finesse, ne sont pourtant pas loin de ce que présupposent bien des descriptions faisant du confort de la répétition le mobile principal de la lecture allégorique traditionnelle. Elles sont à éprouver en vérifiant maintenant la nature du lien qu'entretient Guillaume avec les discussions de son temps.

2. *Un débat du temps*

L'un de ces débats concerne directement Bernard et Guillaume qui furent parmi les adversaires les plus résolus des enseignements d'Abélard. On sait que c'est une lettre de Guillaume à son ami qui alerta celui-ci sur la troisième *Théologie* de Pierre Abélard, entraînant la

---

[27] Sur cette question, voir J. VERGER et J. JOLIVET, *Bernard-Abélard ou le cloître et l'école*, Fayard, Mame, 1982, Ch. I, La chrétienté des années 1100.

condamnation de 1140 au concile de Sens. Le ton de la lettre est extrêmement vigoureux, traversé de l'indignation que lui cause la vue d'«inventions» et de «nouveautés» qui, sous l'autorité d'Abélard, gagnent du terrain et perdent les esprits[28]. La violence de la réaction de Guillaume montre combien l'enjeu de la querelle touchait à des points sensibles de son expérience. Dans le débat ouvert sur le bon usage de la logique et de la dialectique, il semblait bien que c'était la connaissance de Dieu même et de ses voies qui était en cause, ce à quoi Guillaume avait précisément voué sa vie. L'intellectualisme dialectique d'Abélard prétendait explorer cette connaissance et affirmait que, même des questions aussi intérieures à la foi que la Trinité, pouvaient être objet d'un discours rationnel.

Une partie de la postérité qui a continué à se battre autour de la personne d'Abélard et de ses textes a pu voir là les prodromes du rationalisme. Ce qui est une position outrancière et totalement dédaigneuse de la réalité du 12ème siècle. Il n'empêche qu'aux yeux d'un spirituel comme Guillaume le risque était grand, en laissant la foi livrée à une rationalité de plus en plus sûre d'elle-même et conquérante, d'ignorer les vrais problèmes que pose la connaissance de Dieu et de perdre la trace de ses voies. Il apparaît indubitable aujourd'hui qu'il y a à la base de cette querelle un malentendu. J. Jolivet, en éminent connaisseur d'Abélard, le souligne, notant que: «Dans les "rationes" qu'Abélard fait intervenir, ils (ses contradicteurs) ont vu des essais pour découvrir et exposer le fond secret de la vie trinitaire; ils n'ont pu comprendre que ces raisons pouvaient jouer, en théologie, un rôle efficace sans porter sur la réalité divine»[29].

Ce point étant souligné, on ne peut pour autant méconnaître que ce conflit soit d'abord représentatif de l'opposition qui se creuse à partir du 12ème siècle: entre une approche spéculative qui va aller en s'affinant, ouvrant le discours théologique à de nouveaux progrès, et une autre, spirituelle et mystique, opposant à la première les raisons et les évidences d'une expérience qui affirme qu'il y a plus dans la foi que ce que la raison parvient à en articuler.

La question de la connaissance de Dieu, radicalisée en celle de sa

---

[28] Cette lettre figure in P.L. 182, col. 531-533.

[29] J. JOLIVET, *Arts du langage et théologie chez Abélard*, Paris, 1969, p. 348. C'est également ce qui est souligné par VERGER et JOLIVET, ouv. cit. supra, p. 101, où les auteurs récusent l'idée qu'ABELARD ait prétendu scruter le mystère divin. Ils rappellent les protestations de celui-ci, dès sa première *Théologie*, «Je ne prétends pas, dit-il, énoncer sur ces points la vérité, mais quelque chose de vraisemblable (...) Mon seul but est de répondre aux attaques que les pseudo-dialecticiens dirigent contre la foi chrétienne, et de le faire en me servant de leurs propres armes, de la même façon que David s'est servi de la propre épée de Goliath pour lui trancher la tête».

vision, occupe le centre de la mystique de Guillaume. C'est dire que cette mystique traverse, en son centre, l'obstacle dressé par l'affirmation d'Exode *33,20*: «Tu ne peux pas voir ma face, car l'homme ne peut me voir et rester en vie». Le *De contemplando Deo* formule en deux interrogations serrées cette aporie d'une quête qui est la vie même de Guillaume:

> «...contemplans omnes conscientiae meae angulos, vel terminos, unice et singulariter desidero videre te (...) Dico enim michi in languore desiderii: Quis amat quod non videt? Quomodo potest esse amabile, quod non aliquatenus est visibile?»[30].

Dans une telle perspective, l'expérience spirituelle ne se contente pas de fournir des réponses qui court-circuiteraient le travail de la raison théologique, mais, au contraire, elle aiguise les paradoxes, avive les tranchants de la foi, formule des réponses qui, à leur tour, manifestent une radicalité déconcertante. Car — et ce point est essentiel — la démarche de Guillaume ne consiste pas à opposer à l'intellectualisme montant des écoles le simple énoncé, abrupt et donc indiscutable, de l'expérience de la vie du cloître. Tout son effort consiste au contraire à donner un fondement théologique cohérent, intellectuellement rigoureux, à une expérience et à des intuitions spirituelles. En d'autres termes, le conflit qui oppose Guillaume à Abélard n'est pas celui du fidéisme et de l'intellectualisme. Chez l'un comme l'autre la raison est en cause, dans son exercice effectif et la conscience commune de ses responsabilités. Mais Abélard choisit de prendre la raison dans ses limites et, à l'intérieur de celles-ci, de mener aussi loin que possible l'énonciation théologique. Guillaume, lui, ne veut connaître qu'une raison qui accepte d'être dilatée et portée au-delà de ses possibilités naturelles par l'exercice de la foi.

Le *Miroir de la foi* dont J-M Déchanet dit qu'il est «le fil d'Ariane» permettant de «suivre partout Guillaume et "de courir avec lui sur les traces de l'Epoux"» formule remarquablement les tenants et les aboutissants de l'engagement de Guillaume dans ce débat d'actualité où il ne rencontre pas seulement la tentation rationalisante des autres, mais ses propres questions[31]. L'argument principal y est qu'il existe deux voies à la connaissance de Dieu: l'une qui est la foi, l'autre, l'amour. Le *Miroir* décrit ce premier degré par lequel l'homme retrouve le chemin de Dieu

---

[30] «... Je contemple tous les angles de ma conscience et ses extrémités, et je désire uniquement et exclusivement te voir (...). Je me dis en effet dans la langueur de mon désir: "Qui peut aimer ce qu'il ne voit pas? Comment pourrait-être aimable ce qui n'est pas, de quelque façon visible?», *La contemplation de Dieu*, SC n. 61 bis, p. 67.

[31] *Le miroir de la foi*, Trad. J.-M. DECHANET, Bruges, 1946.

en mobilisant ce qui, en lui, est de Dieu, modelé à son image. C'est cette foi qui fait le fond de la vie sacramentelle par laquelle Dieu est reconnu, à travers les «intermédiaires» corporels qu'il donne à sa présence. Cette première étape engage «l'homme animal». Elle revient à «connaître Dieu comme un homme connaît son ami», mais non pas encore «comme il se connaît lui-même». Cette foi consiste en «notions» ou encore en «images» qui se forment dans notre mémoire, par lesquelles nous pouvons évoquer Dieu et le connaître déjà bien au-delà de ce que la raison livrée à elle-même pourrait jamais en saisir. Mais le *Miroir* désigne une autre connaissance plus haute, vers laquelle le désir se dirige, sachant qu'il ne pourra l'atteindre complètement en ce temps, qui pourtant peut commencer à s'expérimenter comme une anticipation et une promesse. Cette «intelligence de l'amour» consiste à «contempler Dieu dans l'élan d'amour mutuel qui le fait habiter en nous et nous transporte nous-même en lui»[32].

De l'une à l'autre connaissance, la différence majeure est celle-ci: alors que dans la connaissance de la foi l'intellect tend à ramener à ses propres limites ce qu'il considère, et à en mesurer la réalité à ce qu'il est capable d'en savoir, la connaissance de l'amour a pour effet de transformer celui qui aime à l'image de ce qui est aimé, lui donnant accès à une qualité de connaissance allant jusqu'à une véritable connaturalité. Seule cette seconde voie mène au buisson ardent de la présence de Dieu. Le *Miroir* évoque ainsi cette situation nouvelle de l'âme introduite dans une étreinte décrite comme le baiser du Père et du Fils en la personne de l'Esprit.

On perçoit de toute évidence que le dialogue entre Guillaume et Abélard ne puisse être symétrique. En fait, il ne semble pas que celui-ci prétende se porter au point avancé d'où naît le discours de Guillaume. Le malentendu est précisément qu'on ait pu penser — que les intéressés eux-mêmes aient pu imaginer — que leurs paroles se répondaient. Car le thème commun de la connaissance fait illusion. Les discours en question n'ont pas vraiment d'intersection. Sans doute la nouveauté qui, avec l'oeuvre d'Abélard, détermine un virage est-elle l'apparition d'une «ratio» théologique qui s'exerce à penser seule, non pas la totalité du «mystère», telle que l'entrevoit la vie mystique, mais ce que la raison peut en saisir. Nous ne croyons pas cependant que la position de Guillaume, attachée aux grands mouvements et aux larges visions de la spiritualité des Pères, puisse se définir comme le refus de cette évolution qui amorce le tournant du 13ème siècle et le temps des grandes synthèses de la théologie scolastique. Peut-être doit-on simplement dire que la réflexion de Guillaume relève d'un projet qui, quoi qu'il en soit de

---

[32] Introduction de J.-M. DECHANET à l'*Exposé sur le Cantique des Cantiques*, p. 22.

certains aspects hautains de la pensée d'Abélard, comporte beaucoup plus d'ambition qu'elle, puisqu'elle veut s'approcher du savoir total d'une intelligence à la fois intelligente et aimante. On devrait le percevoir encore mieux en poursuivant l'analyse et en relisant, pour finir, quelques pages de l'*Expositio*. On va voir qu'elles confirment le *Miroir de la foi*, en mettant encore plus d'audace dans le discours mystique.

3. *L'inspiration venue du Cantique des Cantiques*

Ainsi sommes-nous ramenés au Ct., parole reçue par Guillaume de l'anonymat d'une tradition lointaine qui a décrété ce texte saint, mais aussi sillonnée par des générations de lecteurs dont les chemins sont devenus le texte même. Ce sont pourtant ces mots d'emprunt qui se révèlent être la parole la plus personnelle de Guillaume, celle qui rejoint l'actualité pressante du débat que l'on évoquait précédemment.

a) *Les raisons d'une prédilection*

De toute évidence Guillaume aime ce texte. Comme beaucoup de ses contemporains, et plus encore. Parce qu'avec eux d'abord, il partage cette nouvelle sensibilité qui laisse parler l'expérience plus fort qu'antérieurement. Le vécu personnel devient la première évidence qui doit être respectée et trouver son espace. En ce sens, la parole d'Héloïse, comme on a pu le montrer, n'est pas un cri de révolte contre Dieu ou l'Eglise, mais l'affirmation, effectivement passionnée, de la puissance du sentiment qui ne considère plus qu'elle ait à être refrénée, en un temps où les hommes se fient davantage à leur sentiment naturel, à leur condition humaine, à ce qui est ici-bas à portée de leur main, beaucoup plus qu'au début du Moyen-Age et qu'à l'époque de l'Eglise primitive[33]. Pour cela Guillaume peut affirmer paisiblement: «Gustare hoc est intellegere». Pour cela encore le Ct. des Ct. est immédiatement reçu, puisque le lire, c'est dire «je», c'est répondre à un texte qui sollicite du lecteur le jeu du vécu personnel. Le temps est ainsi de plain-pied avec le principe qui accompagne depuis les premiers siècles la lecture du poème et veut que n'importe qui ne puisse lire le Ct. Ce qui est précisément postuler qu'en le lisant, on ne parcourt pas simplement des mots, à distance, mais on engage ce que l'on est. Cette difficulté même qui fait que le texte peut aussi bien dire le plus haut de la vie spirituelle et l'amour le plus trivial, rejoint cette expérience d'une connaissance de Dieu qui a l'épaisseur, dirait-on charnelle, d'une vie de relation, et non la logique plate d'une

---

[33] W. von den Steinen, *Der Kosmos des Mittelalters*, Berne, 1967, p. 284, cité par Verdeyen, 3ème article, p. 343.

connaissance objective, moins exposée mais infiniment plus pauvre. Si donc Guillaume reprend spontanément la description de l'échelle mystique chère à Origène, on voit que ce n'est pas comme un plagiaire, admirateur attardé de pensées anciennes, mais dans le mouvement d'une expérience qui, neuf siècles plus tard, refait celle de la foi du 3ème siècle.

Enfin et surtout, le Ct. a cette particularité unique de pouvoir commencer à dire ce qui, dans l'expérience de Guillaume, semblerait devoir être voué au silence. Tout le saisissement qu'il y a dans le vécu de l'intimité spirituelle avec Dieu reflue dans ce poème grâce auquel il est possible de dire, mieux que ne saurait le faire aucun discours argumentatif, la certitude de l'«amor ipse est intellectus». Ainsi, il faut à Guillaume le «lit» dont parle Ct. *1*, 5 («Notre lit est couvert de fleurs»), pour exprimer quelque chose du vertige vécu de la relation mystique:

> «Lectulus floridus est amoena conscientia, et gaudium in ea Spiritus sancti, et in ipso fonte suo iugis fruitio veritatis (...) In hoc siquidem fit coniunctio illa mirabilis, et mutua fruitio suavitatis, gaudiique incomprehensibilis et incogitabilis, illis etiam in quibus fit, hominis ad Deum, creati spiritus ad increatum»[34].

Ailleurs, c'est le thème du «tabernacle spirituel» qui permet d'avancer sur ces terres peu explorées. En allusion à Ct. *1*,4 («Le roi m'a emmenée dans ses chambres»), Guillaume décrit l'habitation de l'âme-épouse et le paradoxe qui traverse l'amour de l'Epouse puisqu'il est, en elle, celui de l'Epoux:

> «Quin potius tu habitans in ea, Deus qui es ipse in ea amor tuus, fac in ea ut amet te de te, o amor eius; et tu ipse in ipsa, de ipsa ames te; et de ipsa in ipsa facias et ordines omnia secundum te»[35].

b) *Une audace sous l'inspiration du Ct.*

Mais le Ct. n'est pas seulement le lexique approprié à décrire ce que Guillaume vit à la limite du langage. Ses mots ne servent pas seulement à consigner, mais à explorer cela même qu'ils désignent, rendant l'expé-

---

[34] «Le petit lit couvert de fleurs, c'est la conscience pleine de charme où règne la joie du Saint-Esprit, où se trouve la douceur d'un inépuisable savourement de la vérité (...). C'est là en effet que se réalise cette union admirable, cette mutuelle possession dans la jouissance, incompréhensible, inconcevable même pour ceux qui en bénéficient, qui se réalise entre l'homme et Dieu, entre l'esprit créé et l'Esprit incréé» (§ 95)! (Nous reprenons ici la traduction que donne P. Verdeyen).

[35] «Bien plutôt, toi qui habites en elle, toi, Dieu, qui es toi-même en elle ton propre amour, réalise en elle qu'elle t'aime par toi, ô toi, son amour. Que toi-même en elle, tu t'aimes par elle, et que par elle et en elle, tu fasses tout, tu mettes tout en ordre en la modelant sur toi» (§ 131).

rience consciente de l'abîme divin où elle plonge. Car chez Guillaume, la
merveille que pointe le poème biblique en suggérant l'existence d'une
relation de l'homme à Dieu rigoureusement paritaire, sur le modèle de
l'amour conjugal, rejoint un autre inouï, totalement bouleversant: c'est
un même et unique amour que l'amour trinitaire et celui, encore
tâtonnant et voilé, dont l'homme fait l'expérience dans sa quête du
visage de Dieu. L'unité de l'amour est telle qu'elle emporte toute
considération de seuil ou de degré. Ce qui signifie encore que le «baiser»
que d'autres avaient décrit déjà auparavant, comme étant de Dieu à
l'homme, à travers la parole des Prophètes et à travers l'Incarnation, est
identique à celui qui, en Dieu même, réalise l'unité de l'amour. Telle est
la vision nouvelle que Guillaume propose de la vie spirituelle. De cette
conviction procèdent des formules intrépides justifiant, par exemple, le
dialogue de l'Epoux et de l'Epouse. Il faut les citer un peu longuement.
Pour plus de commodité, nous le ferons dans la traduction française:

> «On les nomme Epoux et Epouse, et la langue humaine, entre temps,
> cherche des mots pour exprimer tant bien que mal la douceur et la suavité
> de cette union, qui n'est autre que l'Unité du Père et du Fils, que leur
> Baiser, leur Etreinte, leur Bonté et tout ce qui, dans cette infiniment
> simple Unité, leur est commun à tous deux. Tout cela c'est l'Esprit-Saint,
> Dieu, Charité, à la fois Donateur et Don. C'est là, dans ce lit, que
> s'échange en son intimité cet embrassement, ce baiser par lesquels
> l'Epouse commence à connaître comme elle-même est connue. Et comme
> les amants, dans leurs baisers, par un suave et mutuel échange, transfu-
> sent l'une dans l'autre leurs âmes, ainsi l'esprit créé tout entier s'épanche
> dans l'Esprit qui le crée pour cette effusion même; en lui l'Esprit Créateur
> s'infuse en la mesure qu'il veut, et l'homme devient avec Dieu un seul
> esprit» (Expositio § 95).

On mesure l'audace de telles phrases qui entent l'union à Dieu
directement sur la vie trinitaire, en allant jusqu'au bout de leur intuition,
c'est-à-dire en maintenant totalement le réalisme du langage de l'amour.
De surcroît, s'exprimant ainsi, Guillaume en vient à prêter à l'union
mystique des effets et des fruits qui dépassent absolument ce qu'on en
conçoit ordinairement: il affirme que l'homme y accède à la plénitude de
l'être de Dieu, à laquelle il participe sans restriction, devenant lui-même
ce que Dieu est, par une conversion de sa volonté qui l'identifie à celle de
Dieu. Nul précédent sur un tel point, semble-t-il, du côté d'Ambroise ou
de Grégoire. Seul Origène — et l'Origène lecteur du Ct. — paraît devoir
être tenu pour précurseur d'une pensée dont on voit mal, du reste,
qu'elle ait pu exister dans ces termes, à l'intérieur du christianisme, sans
le modèle et l'appui des dialogues de l'épithalame biblique.
    Cette mystique guillelmienne, qui comporte un sens si puissant de
l'unité de l'amour qu'elle n'a pas peur de plonger l'homme dans le

creuset de l'amour trinitaire, devait demeurer dans une curieuse soli-
tude. Du 12ème siècle à aujourd'hui, le reproche de panthéisme lui a été
maintes fois adressé. Même des hommes comme Bernard qui avaient de
façon exemplaire le sens de l'union à Dieu, marquèrent le pas et
refusèrent ce langage. P. Verdeyen décrit en détail l'écart que forment
ces deux pensées, comment «l'abbé de Clairvaux s'efforce de montrer les
différences entre l'unité des Personnes divines et l'unité mystique entre
l'homme et son Dieu»[36], là où Guillaume maintient l'affirmation qu'il
s'agit de deux réalités connaturelles l'une à l'autre. Dans sa célèbre
Lettre aux Frères du Mont-Dieu, ce dernier confirme ses vues et les
développe. Avec la même assurance, il évoque «l'unité d'esprit» («unitas
spiritus») qui «...ipsa ipse est Spiritus sanctus, Deus caritas (...) cum in
amplexu et osculo Patris et Filii, mediam quodammodo se invenit beata
conscientia; cum modo ineffabili, incogitabili, fieri meretur homo Dei,
non Deus, sed tamen quod Deus est: homo ex gratia quod Deus ex
natura»[37]. La dernière phrase est absolument explicite et marque la
conscience parfaitement maintenue de la distance qui sépare Dieu, qui
est ce qu'il est «en vertu de sa nature», et l'homme qui l'est «par
grâce»[38]. Mais ces précisions ne furent pas reçues par ceux qui, comme
P. Pourrat aujourd'hui, considèrent, de siècle en siècle, que cet écrit se
fourvoyait dans une hétérodoxie douteuse, tentée par le panthéisme[39].
D'autres grands mystiques, par contre, ne s'y trompèrent pas. Tel

---

[36] P. VERDEYEN, O.G.E. décembre 1978, p. 260. A. SOLIGNAC souligne de son côté
combien BERNARD, à la différence de GUILLAUME, «parle de l'"osculum" avec une
prudence extrême». Pour le premier, «le baiser mystique n'introduit pas l'âme sainte
dans le mystère de l'amour trinitaire; il ne s'agit pas d'une union au niveau de la
"personne", mais seulement au niveau des "facultés" d'intelligence et d'amour». Le
même auteur souligne que les formules de GUILLAUME «sont tout à fait orthodoxes si l'on
tient compte de leur justification théologique et scripturaire, et des nuances que
GUILLAUME apporte. Elles annoncent la formule de Jean de la Croix dans la *Vive flamme*:
l'homme devient Dieu par "participation"». (*Dictionnaire de spiritualité*, art. «osculum»). Même avis dans l'*Histoire de la spiritualité chrétienne*, Tome II, LECLERCQ,
VANDENBROUCKE et BOUYER, Tome III, Aubier, 1961, «L'apport le plus original de
Guillaume de S. Thierry est cette mystique trinitaire dont il enrichit pour toujours, en
même temps que la théologie, la tradition spirituelle», p. 254.
[37] «... Elle est effectivement l'Esprit-Saint lui-même, l'Amour-Dieu (...) lorsque la
conscience bienheureuse se trouve prise dans l'étreinte et le baiser du Père et du Fils,
lorsque d'une manière ineffable, inimaginable, l'homme de Dieu mérite de devenir, non
pas Dieu certes, mais cependant "ce" que Dieu est: l'homme étant par grâce ce que Dieu
est en vertu de sa nature», *Lettre aux Frères du Mont-Dieu*, SC n. 223, introduction,
traduction et notes J.-M. DECHANET, p. 355.
[38] On notera qu'on trouve chez AUGUSTIN une formule comparable dans le traité 75
sur S. Jean: «eundem patrem nos voluerit habere per gratiam qui eius pater est per
naturam».
[39] P. POURRAT, *La spiritualité chrétienne*, II, Le Moyen-Age, pp. 192-196, Le retour
à l'unité divine.

Rusbroeck, par exemple, qui, poursuivant la tradition de la mystique nuptiale au 14ème siècle, assumait totalement la dimension trinitaire donnée à l'expérience mystique par les textes de Guillaume, qu'il attribuait d'ailleurs à S. Bernard[40].

L'analyse oblige donc à réviser l'impression première que laisse la lecture de l'*Expositio*. Sans doute, tout au long du commentaire de Guillaume, le plus voyant reste ces formulations d'équivalences bien connues qui, inexorablement, reconvertissent chaque mot du poème en significations spirituelles. De même, on l'a vu, des sources aisées à identifier alimentent cette lecture, au premier rang desquelles figurent les interprétations origéniennes. Derrière cette façade de redites pourtant, une lecture attentive découvre la présence d'un grand texte de la mystique du 12ème siècle. Une voix parle en son nom propre et selon l'actualité de son moment historique. En définitive, c'est la subjectivité même dont vit le 12ème siècle qui organise cette lecture aux allures si proches de celles des Pères. Et cette subjectivité n'y figure ni comme simple sentiment personnel, ni comme conviction privée. Mais plutôt comme une certaine puissance d'engagement qui trouve, dans le texte lu, l'écriture de l'expérience et le moyen d'explorer celle-ci. Cette inspiration subjective est surtout ce qui, s'emparant des mots du Ct., et grâce à l'entraînement d'une puissante expérience mystique, prolonge en nouveauté des «lieux» patristiques banalisés.

De la «blessure d'amour» telle que Guillaume la vit dans la liberté accrue que ce siècle donne à une telle expérience et à son expression, sort ainsi une lecture de l'épithalame, non pas autre, mais plus radicale et d'une théologie étonnamment audacieuse. Mais on voit aussi que nos catégories de lecture vraie ou fasse sont ici sans pertinence. L'*Expositio* a, en tout cas, par-delà le vrai et le faux, son évidence irrécusable, fortifiée par cette convergence initiale entre les mots du poème et le vécu du lecteur. Non que l'on s'installe dans le fidéisme ou le piétisme. Car il faut redire que c'est proprement le registre de la connaissance qui est concerné par la conduite de ce commentaire. C'est l'intelligence qui est

---

[40] A titre d'exemple ce texte cité par VERDEYEN poursuivant dans son travail le parallèle entre GUILLAUME et RUSBROECK:
«Ici la loi de l'amour est à son sommet et toute vertu devient parfaite. Nous y sommes vides de tout. Dieu, notre Père céleste, habite en nous, dans la plénitude de ses grâces, et nous habitons en lui, au-dessus de toutes nos oeuvres, dans un état de jouissance. Le Christ Jésus est en nous et nous en lui, et avec sa vie nous sommes vainqueurs du monde et de tous péchés. Avec lui, nous sommes élevés dans l'amour jusqu'à notre Père céleste. Le Saint-Esprit opère en nous et avec nous toutes nos bonnes oeuvres. Il crie en nous à voix haute mais sans paroles: «Aimez l'Amour qui vous aime éternellement», RUSBROECK, *Les sept degrés d'amour spirituel* (Wisques I); pp. 286-287 (Werken III, pp. 267-268).

en cause, au sens haut où l'entendent les grands moines du 12ème siècle, face à la revendication d'autres qui, au même moment, la veulent plus exclusivement raisonnante. Et déjà, simplement, en ce sens, cette explication du Ct. est exemplaire. Qu'on se souvienne de la distinction que fait S. Bernard, au sermon *23* sur le Ct., de la figure du «savant» et de celle du «sage». Le propos de l'abbé de Clairvaux n'est pas de décrire les catégories de lecteurs qui, effectivement, à l'époque, s'individualisent et introduisent de nouveaux contrastes dans le champ de la lecture des Ecritures. Il vise seulement à identifier ce que le prédicateur tient pour la vraie connaissance et à exhorter ses auditeurs à rechercher une plénitude de la science où le savoir se dépasse en crainte de Dieu et où il débouche sur l'expérience de sa «saveur». La pierre de touche de l'exhortation est que «ce qui rend sage est non la connaissance, mais la crainte qui touche le coeur». Ce que Bernard développe plus loin encore en ces termes: «Vraiment le commencement de la sagesse est la crainte de Dieu: l'âme ne commence à goûter Dieu que lorsque Dieu la touche pour lui donner cette crainte, non quand il l'instruit pour se faire connaître à elle. As-tu de la crainte pour la justice de Dieu, pour sa puissance? Tu goûtes la saveur du Dieu juste et puissant, car cette crainte est une saveur. Et c'est la saveur qui fait le sage, comme la science fait le savant, comme la richesse fait le riche». J. Leclercq qui cite ces phrases explicite, à son tour, cette attitude de l'intelligence: «Il y a une connaissance objective de Dieu; mais elle n'est que la préparation d'une connaissance subjective, personnelle, "engagée", dirions-nous, et ce ne sont pas là deux connaissances qui s'opposent, mais deux degrés dans une même recherche de Dieu: "ibi accessus" — "hic ingressus"»[41].

Or c'est très rigoureusement à cette logique qu'appartient l'*Expositio* de Guillaume. C'est de la pointe d'un savoir ainsi défini qu'elle relève. Méconnaître cette modalité de la lecture qui la soutient et l'organise condamne à ne voir en elle que le jeu d'une pure répétition insignifiante. La relier à elle permet de commencer à saisir la portée et l'intérêt du reparcours par Guillaume d'un chemin déjà tant pratiqué.

Notre idée n'est certainement pas d'extrapoler à l'ensemble des commentaires médiévaux ce qui est ici avancé en référence au seul texte de Guillaume de S. Thierry. On fera seulement remarquer, à la faveur de

---

[41] *Amour des Lettres et désir de Dieu*, p. 205. Il s'agit là, en fait, d'un vieux thème dont les sources sont, au moins, dans le «Amor ipse notitia est» de GREGOIRE (Hom. in evang. 27,4 [PL 76, 1206 D-1207 A]). *L'Histoire de la spiritualité chrétienne* mentionnée plus haut souligne également l'importance de cette liaison en montrant comment GUILLAUME «fait continuellement appel à l'expérience spirituelle: il analyse le donné révélé par voie de réflexion, comme tous les théologiens, mais ce recours à l'expérience fait de sa théologie une doctrine spirituelle et de sa méthode une façon de dialectique mystique», ouv. cit. p. 253.

cette lecture, combien l'habitude qui consiste à assimiler l'exégèse médiévale à une répétition paresseuse et sans imagination pèche peut-être elle-même par paresse et par simplification. Il n'est pas impossible que derrière ce qui semble pauvre, décadent, fasciné par le passé, se dissimule, dans certains cas, l'exercice de vraies lectures de l'Ecriture, actives et personnelles, dont les fins et les ressorts se sont seulement opacifiés aux yeux de la plupart des lecteurs modernes.

II. LE CT. LU PAR GERTRUDE D'HELFTA OU LE SENS NUPTIAL DE LA LITURGIE

Le saut que nous accomplissons nous porte à un siècle de distance. Il nous situe aussi dans un monde plus que jamais singulier, celui des monastères féminins du Moyen-Age: univers fermé et peu déchiffrable à l'observateur extérieur, en fait puissamment vivant, créateur, et mêlé plus qu'on ne s'y attendrait aux grands enjeux de l'histoire du moment[42]. De nouveau, il nous a fallu choisir, car plusieurs candidates se présentaient, témoins, chacune à leur manière, de liens remarquables avec le *Cantique des Cantiques*. Depuis le début du 12ème siècle, en effet, des femmes, moniales cloîtrées ou béguines, disent et nomment le secret spirituel de leur vie, scrutent le sens de la contemplation dont elles font profession, en réécrivant, de manières diverses, sous forme de traités, de lettres ou de poèmes, l'épithalame biblique de l'Epoux et de l'Epouse.

Tel est d'abord le fait de ce que l'on désigne comme la *Nonnenmystik* qui se développe en Rhénanie, dans les monastères bénédictins du 12ème siècle. Deux de ses représentantes, Elisabeth de Schönau (morte en 1164) et Hildegarde de Bingen (en 1179) ont laissé chacune une oeuvre qui permet d'approcher quelque chose de cette piété, à la fois déroutante par l'abondance des visions et extases qui la traversent, et simple de la simplicité d'une mystique qui dit la vie spirituelle, son désir et son espérance en parlant le dialogue du Ct.[43]. A la fin du même siècle, le mouvement béguinal donne une grande impulsion à cette spiritualité nuptiale. Originaire de la région du Brabant, il réunit, d'abord petitement et de façon dispersée, des groupes de femmes vivant hors des cloîtres, tout en restant le plus souvent liés à ceux-ci. La vie y est de prière, de pauvreté, d'oeuvres de charité[44]. On a pu montrer comment

---

[42] En témoigne, en particulier, la vaste correspondance d'HILDEGARDE DE BINGEN.

[43] Voir *Histoire de la Spiritualité chrétienne*, ouv. cit. Tome II, pp. 221-226.

[44] [J.-B. PORION] in *Hadewijch d'Anvers*, Ecrits mystiques des béguines, Seuil, 1954, définit ainsi la béguine: «... On retiendra qu'une béguine, à l'époque de la rédaction des textes hadewigiens, est une femme dévote non cloîtrée, vouée à la pauvreté, à la prière, aux bonnes oeuvres; d'une vie intérieure que signalent à la fois sa ferveur enthousiaste et

deux courants se conjoignaient en cette nouvelle forme de vie religieuse. L'un, proprement spirituel, draîne les diverses impatiences ou protestations face aux déficiences du clergé et à l'affadissement de la foi. Y participent aussi bien les Vaudois, les Cathares que les nouveaux ordres mendiants ou prêcheurs qui surgissent au cours du 13ème siècle. L'autre courant concerne plus largement l'évolution de la société, où la conscience individuelle s'affirme et secoue le joug — comme en témoigne le mouvement communal — des tutelles traditionnelles.

Ces milieux de béguines, constitués à la fin du 13ème siècle en puissantes communautés, vont donner un prolongement remarquable à la mystique nuptiale qui s'était épanouie jusqu'alors dans le cadre de la vie consacrée régulière. Autant que permettent d'en juger les textes qui nous en viennent, ces femmes trouvent un lieu d'élection dans les mots du Ct. Elles le fréquentent comme le fréquente l'une d'entre elles, Julienne du Mont-Cornillon, dont il est dit «qu'elle aimait ces chants... car ils ne lui étaient pas une langue étrangère»[45]. C'est là le cas, en particulier, des textes de la béguine Mechtilde de Magdebourg qui finit ses jours au monastère d'Helfta en 1282 où elle achève la rédaction de sa *Lumière de la divinité*. C'est aussi celui de Béatrice de Nazareth dont les *Sept degrés de l'amour* s'expriment dans cette proximité. Plus encore, les poèmes d'Hadewijch d'Anvers et ceux, plus tardifs, transmis sous son nom, fournissent la preuve d'une relation au Ct. des Ct., puissante, originale et créatrice. Le rapport au poème n'est en aucun cas celui d'un commentaire ou d'une explication. Il n'est pas même celui d'une citation, explicite ou implicite. Lisant ces poèmes, le lecteur constate que la même langue est parlée ici et là, non simplement parce que le lexique serait le même, les métaphores reprises de l'un aux autres. C'est l'élan lui-même de l'écriture qui semble bien venir de la même source, relever d'une même nécessité qui est de dire, en passant par le défilé de ces signifiants précis, l'indicible de la relation divine où est prise, et dans laquelle s'enfonce, une vie comme celle d'Hadewijch.

Il y a dans cette *Brautmystik* une dominante affective indéniable. L'influence de S. Bernard s'y relève aisément. Pourtant le propos extatique rejoint, ici ou là, dans l'oeuvre de la béguine, cette pensée forte et résolument théologique qui fait du «retour à Dieu», non pas seulement une expérience de la sensibilité, toujours bordée de sentimentalisme ou de spécularité, mais la restauration en l'homme de l'image divine que comporte sa création. Ainsi se brouille pratiquement — et

---

sa pure liberté; exposée aux persécutions, soit parce qu'en effet certaines déviations doctrinales ont paru dans ces milieux, soit par suite de préventions injustes et intéressées», p. 25.

[45] Cité par J. LECLERCQ, *L'amour vu par les moines au 12ème siècle*, ouv. cit. p. 62.

spécialement dans la collection tardive des Mengeldichten — l'opposition entre «Brautmystik» et «mystique de l'Essence», à travers laquelle se décrit souvent aujourd'hui la spiritualité des 14ème et 15ème siècles: l'une occupée à jouir de la perception nuptiale qu'elle a de la vie mystique, l'autre poursuivant une visée plus spéculative qui aboutira aux oeuvres maîtresses des Dominicains rhénans du 14ème siècle (Eckhart, Tauler, Suso). Les poèmes d'Hadewijch sont écrits, semble-t-il, au point d'une expérience spirituelle assez radicale pour conjoindre ces deux aspects que l'analyse distingue parfois un peu abstraitement[46].

Quant à nous, nous nous fixerons, comme nous l'avons annoncé, sur un texte de Gertrude d'Helfta qui se place précisément au seuil de ce partage. Qui manifeste aussi la conjonction du courant mystique que l'on vient de nommer avec la spiritualité bénédictine de vieille souche dont l'oeuvre de Gertrude préserve intactes la vigueur et la rigueur doctrinales. Le monastère d'Helfta constitue en effet un des lieux spirituels actifs de la fin du 13ème siècle. Perdu dans une vallée de la Saxe, éprouvé par l'anarchie qui tient lieu de vie politique à l'empire germanique en un temps de querelles féodales médiocres et incessantes, il demeure fidèle à la tradition de S. Benoît, tout en étant ouvert aux grands courants du temps. Cîteaux et la spiritualité de S. Bernard y sont présents. Celles des Franciscains et des Rhénans ne sont pas inconnues non plus d'un monastère dont la direction spirituelle est assurée, par ailleurs, par les Dominicains.

De l'oeuvre de Gertrude, probablement plus fournie à l'origine, il reste un *Mémorial de l'abondance de la divine charité*, des *Exercices* et un ensemble de *Revelationes* dénommé aujourd'hui *Le Héraut*. Ce dernier texte[47], disparate quant à sa rédaction, est un bon témoin de l'écriture liturgique de Gertrude, faisant fréquemment référence à la prière de l'Office, suivant pas à pas le déroulement des fêtes. Le Ct. est présent à ce document, spécialement au livre III qui fait, sous la plume d'une autre moniale, le récit d'épisodes de la vie de Gertrude auxquels des paroles du Ct. sont directement mêlées[48]. Mais les *Exercices* montrent encore mieux, sans intermédiaire, d'une écriture qui est celle-là même de Gertrude, ce que furent la familiarité de la moniale d'Helfta avec l'épithalame biblique, la lecture et aussi la réécriture qu'elle en fit.

---

[46] Voir *La vie spirituelle*, nov.-déc. 1982, Les mystiques rhénans, qui comporte une série d'articles sur ces auteurs. Voir encore: *La mystique rhénane*, Colloque de Strasbourg, 1961, PUF, 1963 et surtout L. Cognet, *Introduction aux mystiques rhéno-flamands*, Desclée, 1968.

[47] SC n. 139 et 143.

[48] En particulier, Livre III du *Héraut*, chapitres XXI, XXXVIII et XLII. SC n. 139. Introduction, texte, traduction et notes de P. Doyère.

1. *Les Exercices et le Cantique des Cantiques*

J. Hourlier et A. Schmitt ont indiqué les problèmes critiques soulevés par ce texte dont on ne possède aucun manuscrit permettant, par exemple, de trancher simplement de sa langue d'origine. Le titre lui-même est source d'embarras. Le mot d'*exercice* a en effet, dans la spiritualité chrétienne, une longue et mouvante histoire. Son appartenance initiale est celle du vocabulaire profane et militaire. Dès les débuts du christianisme et pendant des siècles, il désigne, sur un mode générique, l'effort qu'exige la vie spirituelle dans les deux domaines de l'action et de la contemplation[49]. Entre autres, il sert à nommer le martyre et l'ascèse. Son sens se resserre au cours du 12ème siècle et vise de façon plus limitée les «activités de prière». Plus tard seulement il inclura, comme sa caractéristique propre, l'idée d'une oraison méthodique et organisée. Cette étape est-elle acquise au 13ème siècle ou relève-t-elle du 14ème siècle? J. Leclercq fait de Gertrude l'initiatrice de la nouvelle acception[50]. J. Hourlier et A. Schmitt voient, au contraire, dans cette hypothèse une projection et s'en tiennent, pour Gertrude, à un contenu qui ne déborde pas une terminologie générale où les «exercitia» désignent simplement des documents spirituels visant à l'édification. Eludant ici cette question technique, nous indiquerons d'abord ce qu'est la structure générale des *Exercices*.

a) *Structure des Exercices*

Ils se présentent au nombre de sept. Chacun est centré sur une situation ou un événement spirituels dont il est proposé de faire mémoire en retrouvant, ou en renouvelant, la conscience de ce qu'il signifie ou opère, en répondant aussi par les mots de la prière qu'il appelle. Ainsi, par exemple, le troisième Exercice a pour objet de revivre successivement les divers gestes de la consécration monastique: des rappels descriptifs du rituel scandent le déroulement du texte, jumelés aux réponses que Gertrude suggère à son lecteur. L'intention mystique est claire dans le choix qui est fait de *sept* Exercices: c'est un chemin de perfection spirituelle qui est proposé à parcourir sous la conduite de Gertrude. La toute première étape est centrée sur le baptême. Les six autres portent sur des moments de la vie monastique, elle-même définie comme vie réalisant le contenu et la réalité de ce dernier. Le second Exercice concerne la cérémonie de la vêture. Un troisième et un quatrième s'attachent respectivement à la consécration et à la profession

---

[49] Article «Exercices spirituels» du *Dictionnaire de spiritualité*, vol. IV, 2, col. 1902 et suiv.

[50] Art. du *Dictionnaire de spiritualité* cité supra col. 1907.

monastiques. Un cinquième parcourt les trois moments de la journée, matin, midi et soir, ainsi que les sept heures canoniales, de Matines à Complies, pour y exercer à la présence de Dieu, «sans distraction», et selon la progression d'un «ars amoris» qui doit préparer, jour après jour, heure après heure, à la vision promise, «face à face». Un sixième Exercice prépare au «jubilus» de la Jérusalem céleste. Un septième et dernier énonce les ultimes préparatifs en vue de la mort, «Pâque», ou «passage» à l'espérance accomplie, à la plénitude donc de l'amour de l'Epoux et de l'Epouse.

Une première constatation est décisive pour notre propos. Le texte des *Exercices* dit «je» à «tu», explicitement, du début jusqu'à la fin. Plus précisément, ceux-ci sont des «modèles» de la prière qui convient aux moments spirituels qu'évoque Gertrude. Le «modèle» ne porte pas simplement sur les mots qui seraient à dire. Il indique pas à pas, au rythme de l'Exercice, comment diriger les pensées, quelle attitude intérieure adopter pour être conduit aux paroles qui sont proposées et pouvoir en faire une prière personnelle. Un double dialogue est donc représenté, qui constitue un double niveau dans la structure énonciative du texte. D'une part, il se forme entre Gertrude et son lecteur: celui-ci est accompagné à travers la mémoire de gestes ou de paroles reçus ou vécus par la moniale qui ordonne le récit, décrit et commente, exhorte à la prière. Mais le dialogue est aussi celui du discours adressé à Dieu, tel qu'il est proposé à dire, en prolongement ou en réponse à l'acte rituel dont l'Exercice a simultanément pour objectif de renouveler la perception spirituelle. Ce double registre de structure dialogale est particulièrement repérable dans le troisième Exercice qui célèbre le «mariage spirituel» de la consécration monastique. Outre la relation de Gertrude à son lecteur, on y voit le jeu d'échange qui constitue, en fait, le fondement de la prière. Tout y commence par la «vox Christi ad animam», doublée d'une intervention proposée sous le titre «Amor excitat animam», à laquelle répond la «vox animae se Deo offerentis». Puis, de nouveau, revient la «vox Christi» que suit une longue prière reprenant le cours et le détail de la célébration liturgique et fournissant les mots de la réponse ou de la demande de l'homme à Dieu, sur le modèle des autres Exercices. Dans le même temps et le même espace, Gertrude s'adresse au lecteur dans un discours alternativement descriptif (rappel du rituel) et exhortatif (invitation à parfaire l'interprétation et à prier).

b) *La citation du Cantique des Cantiques*

* Une seconde série de remarques nous rapprochera plus directement de l'objet propre de notre enquête. Il apparaît avant tout que le Ct. est très peu cité d'une citation textuelle et explicite. Une seule occurrence de cette nature se présente dans le quatrième Exercice. Elle insère Ct. *8*,6 dans une énonciation rapportée au Christ: «Dilectus meus clamat ad me: Pone me ut signaculum super cor tuum, et super bracchium tuum: quia fortis est ut mors dilectio»[51].

* Pour le reste, le Ct. est bien présent, mais sur le mode d'une intertextualité beaucoup plus subtile.

Ce sont d'abord les situations évoquées qui sont qualifiées en termes nuptiaux. Ainsi du baptême, que Gertrude décrit non seulement comme «aeterna salvatio», «animae et corporis reparatio», mais aussi «amoris inflammatio», «virtutis instauratio et vitae meae in te sempiterna concluio» (p. 75). Ainsi, plus explicitement encore et de manière constante dans les *Exercices*, de la consécration monastique qui est définie comme «spirituale matrimonium», «connubium amoris» (troisième Ex. p. 92) et appelle ainsi, tout au long, les mots du langage amoureux:

> «Te solum praeelegi animae meae fidum amatorem, vitae meae comitem meliorem. Propter te animi patior languorem. Tibi cordis mei offero amorem, te eligens in socium et ductorem. Corpus meum et animam tibi offero ad serviendum, quia ego tua propria sum, et tu proprie meus»[52].

Ainsi, enfin, de chaque mention de la mort qui vient relancer l'expression amoureuse, comme par exemple en cette finale du sixième Exercice:

> «Tu ipse, o amor vivens, mihi sis benedictio consummans et perficiens, et animam meam tibimetipsi dignam sponsam obviam exhibens, ut omnis vita mea in tua charitate ordinata; et mors mea in te, o vita mea beatissima, fidei, spei et charitatis vivacitate plene consummata,...»[53].

Remarquons au passage que l'équivoque n'est pas ici permise. En particulier, certains chemins que parcourent des pensées contemporaines fascinées par la mort et jouissant de s'y engouffrer ne sont pas ceux de la moniale d'Helfta. Pas plus d'ailleurs que celle-ci ne rejoint des formes de mystique faisant de la mort la pointe d'une expérience extatique dans

---

[51] SC p. 142, «Mon bien-aimé me crie: "Pose-moi comme un sceau sur ton coeur et sur ton bras; car l'amour est fort comme la mort"».

[52] P. 86: «... C'est toi seul que j'ai choisi pour l'amant fidèle de mon âme, pour le compagnon préféré de ma vie; à cause de toi mon âme souffre langueur. A toi j'offre l'amour de mon coeur, te choisissant pour compagnon et pour guide. Je t'offre mon corps et mon âme pour te servir, car moi, je suis à toi en propre, et tu es proprement mien».

[53] P. 256: «Toi-même, ô vivant amour, sois pour moi la bénédiction qui consomme et achève, fais que mon âme s'en aille au-devant de toi comme une digne épouse, en sorte que ma vie tout entière soit ordonnée dans ta charité. Consomme pleinement ma mort en toi, ô ma vie bienheureuse, dans la vigueur de la foi, de l'espérance et de la charité».

laquelle la vie vient défaillir et se perdre. Gertrude envisage la mort selon une pensée strictement biblique. L'attente impatiente qu'elle dit, concerne ce qui est vu comme nouvelle naissance à la vie, accomplissant la plénitude de vision et d'intimité dont le présent de la moniale est en quête. Ou encore, sa référence n'est pas celle d'expériences psychologiques paroxystiques, mais bien plutôt celle du Livre de l'Apocalypse, laissant entrevoir le mystère de la Jérusalem céleste, «belle comme une épouse parée pour son époux» (*21*, 2), à travers des visions qui font directement écho aux situations et aux mots du Ct.

    * Ainsi donc, c'est à partir de la perception nuptiale de ces grands moments spirituels que sont le baptême, la consécration monastique et la mort, que se développent, dans les *Exercices*, les allusions au Ct. Quelques-unes sont relativement précises et proches du texte. Les signifiants du poème ressurgissent, ici ou là, au milieu des mots de Gertrude. La mémoire du signe de la croix tracé au baptême par exemple, ramène Ct. *1*,12 («Fasciculus myrrhae dilectus meus mihi; inter ubera mea commorabitur»):

> «Fac me, amore amoris tui, praeceptorum tuorum iugum suave et onus leve semper in humeris meis portare, et sacramentum fidei sacrae tamquam fasciculum myrrhae in pectore meo in perpetuum gestare...»[54].

Ailleurs, la vie consacrée est décrite comme un enfouissement dans la caverne de l'amour de Dieu, en allusion claire à Ct. *2*,14 («columba mea in foraminibus petrae, in caverna maceriae»):

> «...introduc me vicissim in te. In petra firmissima paternae defensionis tuae absconde me. In caverna benignissimi cordis tui reconde me ab omni quod tu non est...»[55].

Dans le même voisinage sont mentionnées «les filles de Jérusalem» et est exprimé le désir: «pars mea tecum sit inter filias Ierusalem». L'Exercice III comporte une longue prière litanique qui a pour objet d'obtenir de vivre ce que montre le Ct.:

> «Pater de coelis, rex regum, eia filio tuo regi nuptias facere diligeris in me. (...). Omnes sancti angeli et archangeli, eia obtine mihi puritate angelica introire thalamum Iesu sponsi mei. (...). Omnes sancti apostoli, eia orate me experiri osculum oris melliflui illius, quod vos attrectastis vivi verbi dei

---

[54] P. 70: «Fais-moi, par amour de ton amour, porter toujours sur mes épaules le joug suave et le fardeau léger de tes préceptes, et conserver à jamais sur ma poitrine, en guise de bouquet de myrrhe, la marque de la sainte foi».

[55] P. 84: «... Et fais-moi à mon tour pénétrer en toi. Dans le rocher inébranlable de ta paternelle protection, cache-moi. Dans la caverne de ton coeur si bienveillant, enfouis-moi, loin de tout ce qui n'est pas toi».

(...). Omnes sanctae virgines, orate pro me, eia ut casto amore merear ut turtur nidificare in Iesu sponsi mei amoris vulnere (...). Omnes sancti, eia obtinetè mihi tam digne praeparatam introire nuptias agni, sicut unusquisque vestrum introivit ad videndum faciem dei»[56].

A plusieurs reprises encore se retrouve la demande de la bien-aimée du Ct. *1*,3: «Trahe me!», ou bien les «lilia convallium» de Ct. *2*,1. Mais au total, ces citations immédiatement identifiables font peu. Ce ne sont pas elles qui peuvent suffire à déterminer la parenté des *Exercices* avec le Ct. Elles représentent plutôt quelques saillants d'un ensemble plus vaste qui, du début à la fin, sans forcément citer le poème, parle la langue du Ct.

Les titres, en revanche, qui interviennent dans le déroulement de l'oraison pour nommer ou interpeller son énonciateur d'une part, et le Christ d'autre part, paraissent beaucoup plus significatifs. La bien-aimée à laquelle s'identifient Gertrude et quiconque l'accompagne dans l'Exercice, est nommée «columba mea» ou «tota pulchra». Quant au destinataire de l'oraison, il est ce «dilecti me», modulé de diverses manières.

Fixant l'identité des partenaires du dialogue, de tels mots occupent, d'une manière générale, par leur nature d'index, une place centrale dans l'économie discursive des *Exercices*. Or, sans équivoque, on doit convenir qu'ils sortent tout droit de l'épithalame biblique. Telle est, nous semble-t-il, la consonance majeure et déterminante entre les *Exercices* et le Ct.: le rapport de Gertrude (ou de son lecteur) au Christ est exactement superposable à celui que le poème pose entre le bien-aimé et la bien-aimée qui y parlent. Un tel type de contact avec le Ct. apparaît plein de suggestions. Contrairement à ce qu'on pourrait prévoir, les *Exercices* ne sont pas un jeu sur des signifiants du Ct. auxquels viendrait se prendre le rêve ou le désir mystiques. Le poème ne doit pas être considéré comme un imaginaire ou une rhétorique à l'intérieur desquels circulerait Gertrude. Il lui fournit plutôt le «modèle» d'une relation dont elle a l'expérience, à laquelle, à son tour, elle propose au lecteur de s'exercer, à partir de laquelle, enfin, se développe sa propre écriture.

A ce titre, les passages des *Exercices*, où apparaît la formule d'appartenance mutuelle de Ct. *2*,16, *6*,3 et *7*,11, sont exemplaires. («Eia

---

[56] P. 102: «Père céleste, Roi des rois, de grâce, daigne célébrer en moi les noces du Roi ton Fils (...). Tous les saints anges et archanges, de grâce, obtenez-moi d'entrer avec une pureté angélique dans la chambre nuptiale de Jésus, mon Epoux (...). Tous les saints apôtres, de grâce, priez pour que je goûte d'expérience le baiser de la bouche melliflue de Celui que vous avez touché de vos mains, le Verbe du Dieu vivant (...). Toutes les saintes vierges, priez pour moi, de grâce, afin que par mon amour chaste, je mérite de faire, comme la tourterelle, mon nid dans la blessure d'amour de Jésus, mon époux (...). Tous les saints, de grâce, obtenez-moi d'être si dignement préparée que j'entre aux Noces de l'Agneau comme chacun de vous est entré pour contempler la face de Dieu».

ego tua et tu meus» *Ex.* II, p. 86). De telles formules, à la fois, déterminent le socle énonciatif du discours de Gertrude et explicitent sa visée: d'une part, la prière des *Exercices* s'engendre de cette relation présupposée; par ailleurs, elle a pour but d'aider le lecteur à vivre celle-ci plus consciemment et plus intensément, grâce à une perception plus claire du mystère qui est engagé, grâce aussi à l'apprentissage d'une perfection de vie plus grande.

Peut-être trouvera-t-on également dans cette direction l'explication d'une autre caractéristique des *Exercices*: cette saturation du discours qui s'observe, en divers points, lorsque précipitent et s'accumulent des séries d'apostrophes nommant le bien-aimé, répétant son nom, l'interpelant d'une parole qui semble n'avoir plus d'autre but que de savourer le bonheur de connaître Dieu comme ce «bien-aimé». Dans la finale de l'Exercice VII, qui concerne le moment de la mort, se manifeste bien cette limite à laquelle atteint l'expression. On semble parvenir en un point où toute rhétorique s'épuise, où les mots s'exténuent, non par manque ou impuissance du langage, mais plutôt parce que celui-ci se perd dans l'accomplissement du désir qui le porte, dans l'accès «in-fini» à l'union avec Dieu. Redisons-le, cette perspective demeure dans la pure logique de la pensée biblique qui, dans le canon chrétien des Ecritures, fait de l'Apocalypse le symétrique de la Genèse, c'est-à-dire encore qui place les Noces de l'Agneau comme le répondant mystérieux de l'union figurée dans le récit de la création. Le propre des *Exercices* de Gertrude est seulement d'inscrire de telles pensées dans une conviction de la foi et du désir, qui conduit le discours qui les dit au-delà de ce qui se dit ordinairement, jusqu'à une frontière de silence. C'est peut-être celle-ci que désigne la finale d'un des *Mengeldichten* de la pseudo-Hadewijch déclarant:

> «Ici je m'arrête, ne trouvant plus ni fin, ni commencement, ni comparai-
> son qui puisse justifier les paroles.
> J'abandonne le thème à ceux qui le vivent:
> si pure pensée blesserait la langue
> de qui en voulût parler»[57].

Ainsi, on le voit, la relation des *Exercices* au Ct. est celle, puissamment subtile, mais déjà rencontrée précédemment dans des textes de la tradition plus ancienne, d'une intertextualité qui met en cause bien autre chose que des procédures citationnelles classiques, explicites ou même implicites. Au-delà des rencontres de mots ou d'un transfert d'imaginaire, c'est un même idiome que parlent Gertrude et le Ct., qui était déjà celui de Guillaume et de Bernard, qui était également,

---

[57] Cité in *Hadewijch d'Anvers*, ouv. cit., p. 135.

plus loin encore du 13ème siècle, celui de la *Passio* de sainte Agnès et du rituel de la consécration des vierges. Cet idiome n'est pas la langue d'une forme particulière de spiritualité: il est celui de la foi biblique qui connaît et montre la relation de Dieu à l'homme, non exclusivement, mais pourtant de façon privilégiée, à travers les mots de la relation nuptiale[58].

2. *Une lecture théologique et liturgique du Ct.*

Le lien des *Exercices* à la Bible est aussi — et probablement d'abord — leur rapport à la liturgie. La lecture montre immédiatement, confirmée par celle des *Revelationes*, le rôle important que les temps liturgiques, le rythme et le contenu de la prière de l'Office jouent dans les écrits de Gertrude. Dans son *Initiation théologique à la liturgie*, Vagaggini prend d'ailleurs son oeuvre comme modèle de spiritualité liturgique[59]. Il remarque que c'est en fait à travers la liturgie que celle-ci connaît le Ct. et il montre comment toute sa spiritualité est une manière mystique de la vivre. Décrivant cette vie mystique, il note que «non seulement la même personne qui recevait ces grâces mystiques avait une spiritualité toute centrée sur la liturgie, mais que, loin de se gêner mutuellement, mystique et liturgie, chez elle, se prêtent un mutuel appui» (p. 230).

Cette constatation est d'autant plus précieuse qu'elle vient infirmer l'idée moderne et générale selon laquelle liturgie et mystique seraient antinomiques, comme le collectif et le personnel le seraient, comme une expression commune de la foi serait exclusive d'un engagement subjectif que seule préserverait l'oraison privée. A l'inverse, il apparaît que cette liaison était naturelle à la piété médiévale, et plus encore à la manière monastique de vivre la liturgie[60]. J. Leclercq, qui mobilise dans sa propre appartenance l'héritage actuel de cette tradition, éclaire le lien nécessaire et essentiel — aujourd'hui pratiquement dénoué — qui, dans cette piété, relie culte et prière intime, liturgie et méditation. Prenant lui aussi l'oeuvre de Gertrude comme témoignage de cette symbiose où se composent la tradition de l'Ecriture, le collectif d'une proclamation publique et l'intelligenge subjective, il montre comment «la prière objective de la liturgie devient pour elle subjective»; et il commente:

---

[58] En ce sens, nous souscrivons difficilement à la conclusion de l'étude de S. BRETON, «Saint Bernard et le Ct. des Ct.», in *Collectanea Cisterciensia*, 47, 1985, pp. 119-128, faisant de la spiritualité «sponsale», un simple chemin parmi d'autres, qui n'aurait pas eu de privilège particulier dans la tradition.

[59] C. VAGAGGINI, *Il senso teologico della liturgia*, 1958, traduction française, *Initiation théologique à la liturgie*, 1969, Tome II, chapitre XXII: «L'exemple d'une mystique, Sainte Gertrude et la spiritualité liturgique».

[60] Voir J. LECLERCQ, «Dévotion privée, piété populaire et liturgique au Moyen-Age», in *Etudes de pastorale liturgique*, Lex Orandi, n. 1, 1944.

«Gertrude se souvient de ce qu'elle a entendu et chanté à l'Office divin, elle sait que ce qui fut dit alors fut adressé à elle. Pour exprimer à Dieu son action de grâces et son acceptation, elle n'a plus qu'à lui répéter ce que d'abord il lui a dit»[61].

Ainsi voit-on comment une oeuvre qui semblerait relever d'une piété privée et confidentielle vient critiquer les poncifs appliqués ordinairement à la mystique. De plus, si les *Exercices* permettent d'observer comment peuvent se conjoindre collectif et subjectif, ils manifestent aussi que la réécriture mystique du Ct. ne relève pas nécessairement d'expériences psychologiques soutenues par une sensibilité plus ou moins piétiste. Le troisième Exercice, que l'on a déjà mentionné, fournit à ce propos des éléments démonstratifs. Sa structure montre clairement que la célébration du «mariage spirituel» a pour point de départ une initiative divine. Dieu y parle le premier, et dans le langage du Ct. Les épousailles ne sont donc pas présentées comme l'émergence d'un simple désir de l'homme, fût-il spirituel, et orchestré plus ou moins imaginairement par le mime d'une union nuptiale entre l'homme et Dieu. Au contraire, le projet d'alliance est donné comme venant de Dieu: «Quaecumque igitur voluerit me diligere, hanc volo mihi desponsare, ipsamque diligere et vehementer amare...»[62]. L'Exercice est fait pour répondre à cette avance. De surcroît, on doit admettre que la perspective déborde un registre pieux et sentimental: l'horizon est la promesse — dont la rigueur théologique est certaine — mise par Gertrude dans la bouche du Christ s'adressant à l'homme: «Quod ego sum ex natura, hoc ipsa fiet ex gratia». Cette dernière phrase est encadrée dans ce troisième Exercice de propos fortement affectifs qui lui donnent un entour quasiment extatique. Mais nous tenons que l'interprétation doit se faire de celle-là vers ceux-ci. C'est la déclaration théologique qui fixe le sens exact et la portée de l'oraison subjective. Le bref développement qui, sous la rubrique «Amor excitat animam», suit

---

[61] J. LECLERCQ, «Culte liturgique et prière intime dans le monachisme au Moyen-Age», *La Maison-Dieu*, 1962, n. 69. pp. 39-55.

[62] P. 94: «Celle-là donc qui voudra m'aimer, je veux en faire mon épouse, je veux la chérir et l'aimer d'un ardent amour». On retrouve ce même ordonnancement de l'amour dans les Sermons de saint BERNARD sur le Ct. Etudiant ceux-ci, J. BLANPAIN écrit dans «Langage mystique, expression du désir», *Collectanea Cisterciensia*, Tome 36, 1974, p. 53: «Avec toute la tradition biblique et patristique, Bernard nous dit que si l'homme désire Dieu, c'est que Dieu l'a désiré le premier. Il emploie même pour le dire le vocable «desiderare», très rare dans les Sermons sur le Ct., — ainsi que d'ailleurs dans le reste de l'oeuvre bernardine, — pour exprimer les sentiments de Dieu, dans un texte on ne peut plus significatif: «Nuptiae paratae sunt... Exspectat vos Pater et *desiderat*, non solum propter nimiam caritatem qua dilixit vos, — unde et Unigenitus, qui in sinu Patris est, ipse enarravit: Pater inquiens, amat vos —, sed propter semetipsum, sicut loquitur per Prophetam: Propter meipsum ego faciam, non propter vos».

l'adresse du Christ, confirme cette analyse. Il y apparaît finalement que la justification du discours nuptial est l'Incarnation elle-même, appréhendée comme geste divin d'amour et d'union. La parole de l'épouse à l'époux qui, dans les *Exercices*, emprunte ses mots au Ct., a donc pour référent, non pas des sentiments, mais l'événement que le christianisme met au coeur de l'histoire du salut. Ce texte doit être cité dans son entier car il représente, à nos yeux, une clé de la mystique des *Exercices*:

«Supra coelum est rex qui tui tenetur desiderio. Ex corde integro amat te, et supra modum amat. Ipse te tam amat dulciter, ipse tam diligit fideliter, ut propter te dimiserit regnum suum humiliter. Quaerendo te, patiebatur ut furem apprehendi se. Ipse te tam amat cordialiter, tam diligit vehementer, tam aemulatur dulciter, tam zelatur efficaciter, ut floridum corpus suum pro te in mortem traderet hilariter. Hic est qui suo te sanguine lavit, qui sua te morte liberavit. Quamdiu te expectabit ut redames eum? Ipse nimis pretiose emit te tuumque amorem. Ipse dilexit te supra suum honorem. Ipse amavit te plus quam suum corpus nobile, cui nunquam pepercit pro te. Ille itaque dulcis amor, suavis charitas, fidelis amator, mutuum amorem exigit a te. Hoc si velocius velis acceptare, paratus est se tibi desponsare. Et ideo festina quid eligas illi renuntiare»[63].

Cette ligne continue à être tenue dans la suite de l'Exercice. La prière suggérée pour la mémoire de la consécration relève entièrement d'une intertextualité strictement biblique où, dans un langage unifié, serré et personnel, sont reprises, en l'espace de quelques lignes, des allusions au Psaume *92*, à Exode *15*, à la première Epître aux Corinthiens, au Livre des Proverbes, à la première Epître à Timothée, au Livre de Job, et enfin à celui d'Esther. Ce qui pourrait glisser vers des évocations décalées, complaisantes et équivoques de l'union nuptiale, poursuit, en fait, la méditation sur l'Incarnation. C'est encore à la même réalité théologique, vue cette fois du côté sacramentel, que l'on à affaire lorsque le quatrième Exercice fait de l'Eucharistie le point d'application du discours nuptial. Ainsi retrouve-t-on, par d'autres voies, la grande intuition développée par les catéchèses baptismales que l'on a lues plus

---

[63] P. 94: «Par delà les cieux, habite un Roi que captive le désir de te posséder. De plein coeur il t'aime, et il t'aime au-delà de toute mesure. Lui, il t'aime si tendrement; lui, il te chérit si fidèlement que, pour toi, il a délaissé son royaume humblement. Te cherchant, il a souffert qu'on l'arrêtât comme un voleur. Lui, il t'aime avec tant de coeur, il te chérit avec tant d'ardeur, il t'envie avec tant de douceur, il te jalouse avec tant d'efficace vigueur, que pour toi il a livré à la mort son corps plein de charmes, avec bonheur. C'est lui qui dans son sang t'a lavée, qui par sa mort t'a délivrée. Jusques à quand attendra-t-il que tu l'aimes en retour? Lui, il t'a achetée d'un très grand prix, toi et ton amour. Lui, il t'a chérie plus que son honneur; lui il t'a aimée plus que son noble corps, qu'il n'a pas épargné pour toi. C'est pourquoi ce doux amour, cette suave charité, cet amant fidèle exige de toi un amour réciproque. Si tu veux accepter sans retard ses avances, il est disposé à faire de toi son épouse; aussi hâte-toi de lui déclarer ton choix».

haut: ce que dite le Ct. concerne la liturgie. Et, par conséquent, la relation que Gertrude établit entre l'un et l'autre ne doit pas être simplement perçue en termes d'influence extérieure, justifiable par les circonstances de la vie de la moniale. Elle est un lien intrinsèque. Elle donne le sens de la réalité sacramentelle, «sacramentum fidei», «signe vivant et vécu de la présence du Seigneur»[64].

Trois conséquences s'imposent, dans ces conditions.

Il est impossible de réduire les *Exercices* à un registre de pure piété, telle que l'âge moderne conçoit celle-ci. Il est encore impossible de voir dans la lecture et la réécriture du Ct. qu'ils pratiquent une affaire de pur «sentiment», au sens où on l'entendra trois siècles plus tard et où on l'observera alors dans d'autres oeuvres se réclamant de l'épithalame biblique[65]. Le Ct. que Gertrude lit et réécrit a, avant tout, valeur de révélation théologique. Il est enfin impossible de considérer qu'avec les *Exercices* le Moyen-Age, lecteur du Ct., ne ferait que reproduire des modèles antérieurs d'interprétation. Sans doute Gertrude reste-t-elle en pleine solidarité avec sa tradition. Mais sa lecture creuse une intelligence du poème, et à travers celle-ci de la vie mystique, que leur radicalité subjective rend, à l'évidence, neuves et originales.

III. THERESE D'AVILA OU LA LIBERTE DE L'EPOUSE

Nous nous arrêterons pour finir à un troisième texte, également intrigant dans son registre, qui apportera une dernière touche de confirmation au panorama présenté jusque là. Il s'agit des *Pensées sur le Cantique des Cantiques* rédigées par Thérèse d'Avila entre 1566 et 1574. Le texte original en fut détruit sur l'ordre du Père Diego de Yangues, un des confesseurs de la Carmélite qui estimait malséant qu'une femme s'exprime sur ce sujet. Des copies permirent de reconstituer ultérieurement le texte et de l'éditer pour la première fois en 1611 à Bruxelles, grâce aux soins du Père Gratien. Il se présente actuellement sous la forme d'un prologue suivi de sept chapitres. Pas plus qu'avec Gertrude d'Helfta on n'a affaire à un véritable commentaire. Sept versets seulement du poème, répartis au long des *Pensées*, mais suivant l'ordre du texte, sont mentionné, au fil de l'exposé[66].

---

[64] Art. «Gertrude» de P. Doyere, *Dictionnaire de spiritualité*, vol. 6, col. 331-339.
[65] Sur ce point voir L. Cognet, *Le crépuscule des mystiques*, Desclée, 1958.
[66] Il s'agit de *1,1*: «Qu'il me baise d'un baiser de sa bouche, ton sein est meilleur que le vin» qui est l'unique référence au poème dans les quatre premiers chapitres; de *2,3* et 4: «Je me suis assise à l'ombre de celui que j'avais désiré, et son fruit est doux à mon palais. Le roi m'a introduite dans le cellier du vin, et il a ordonné en moi l'amour»; *4,7*: «Tu es toute belle mon amie»; *6,9*: «Quelle est celle qui est devenue brillante comme le soleil?» *2,5*: «Soutenez-moi avec des fleurs, fortifiez-moi avec des pommes, parce que je languis d'amour»; *8,5*: «Je t'ai réveillée sous un pommier».

Au plus extérieur, le regard n'accroche rien de vraiment nouveau. Une fois de plus, ce document témoigne de la prédilection des milieux monastiques pour le poème biblique. Même parti pris pour une lecture allégorique où l'âme croyante et consacrée est reconnue dans les traits de l'Epouse. Même tonalité mystique: celle d'une expérience amoureuse du divin. Il serait pourtant hasardeux de rendre raison de cette nouvelle convergence par l'effet d'influences livresques qui auraient mis Thérèse au contact de la littérature traditionnelle relative au Ct. Elle a lu Grégoire le Grand, probablement ses *Moralia in Job*, mais rien ne permet de penser qu'elle a fréquenté son commentaire du poème. De même, s'il est plausible qu'à travers les lectures qu'elle fit de François d'Osuna, puis, plus tard, de Bernardin Laredo, elle ait connu quelque chose des mystiques rhéno-flamands, on sait le caractère peu significatif de tels apparentements quand il s'agit d'une oeuvre portée par une inspiration avant tout empirique et personnelle, résolument anti-intellectualiste[67]. Thérèse en avertit d'ailleurs ses lecteurs: elle a bien entendu des explications sur le Ct. mais avoue ne pas les avoir retenues et être contrainte de parler à partir de ses seules ressources. En ce sens, il est plus suggestif d'inscrire les *Pensées sur le Cantique des Cantiques*, non dans la lignée de précédents littéraires, mais comme pièce de l'ensemble du corpus thérésien.

Là se révèle clairement un accord spontané, une sorte de connatu-ralité entre la spiritualité thérésienne et le texte biblique. Le thème du Ct. tel que la Carmélite d'Avila le reçoit de sa tradition ecclésiale, est très exactement en harmonie avec cette pointe et ce couronnement de l'ascension spirituelle qu'elle décrit dans la septième demeure du *Château intérieur*[68]. De la sorte, il n'y a aucune surprise à constater que le Ct. est pour elle un lieu scripturaire privilégié où elle reconnaît sa propre expérience et à propos duquel le dessein lui vient de s'exprimer à son tour. Pourtant, plusieurs des plus longs développements des *Pensées*, où elle énumère et distingue différentes acceptions de la «paix» (Ch. II), où elle décrit «l'oraison de quiétude» puis «l'oraison d'union» (Ch. IV, V, VI) relèvent, comme tels et sans réelle nouveauté, de propos de direction assez convenus. Il faut accommoder sur un autre aspect du texte pour saisir le jaillissement d'audace et de liberté qui traverse ces

---

[67] Cf. P. POURRAT, *La spiritualité chrétienne*, III, Les temps modernes, Paris, 1944, p. 191 et, plus récemment, L. COGNET, *La spiritualité moderne*, Aubier, 1966, en particulier sur ce point les pp. 71-80.

[68] Sur ce point voir O. LEROY, *Sainte Thérèse d'Avila*, Etudes carmélitaines, DDB, 1962 qui cite le texte correspondant des *Relations*: «... A partir de ce jour, ce n'est pas parce que je suis ton Créateur, ton Roi et ton Dieu, que tu veilleras à mon honneur, mais parce que tu es véritablement mon épouse. Mon honneur est, dès ce moment, le tien et le tien est le mien», p. 68.

Pensées, leur donne une originalité propre et un intérêt spécifique. Ce texte contient en effet, de manière inattendue, ce que l'on n'ose nommer une «méthodologie» de la lecture, tant la formulation reste légère et étrangère à toute préoccupation de système. Néanmoins, il se passe ici cette chose singulière que ce que d'autres, lisant le poème, font sans le dire, Thérèse le fait à son tour, mais en commençant par dire pourquoi, selon quel objectif, au nom de quelle légitimité. La clairvoyance et la détermination qui se font jour de la sorte interdisent de renvoyer ensuite les *Pensées sur le Cantique des Cantiques* à de pieuses considérations sans consistance et sans rigueur. Du même mouvement, c'est l'ensemble de la tradition de lecture confessionnelle et donc allégorique qui est touché et éclairé par le contenu de ces brèves pages d'herméneutique «sauvage»[69]. Le propos n'est ni argumentatif, ni justificatif. Une lecture explique simplement, mais avec assurance, qu'elle se choisit. Puis elle dit par où elle passe, pourquoi et avec quels bénéfices. Elle admet la possibilité d'autres chemins, la nécessité de connaissances plus hautes que les siennes. Elle revendique seulement la liberté de s'exercer, dans l'ordre qu'elle désigne, avec la légitimité qui y correspond.

Quelques lignes du Prologue fixent cette visée: «Pour moi, depuis quelques années déjà, je reçois de grandes consolations spirituelles toutes les fois que j'entends ou que je lis certaines paroles des Cantiques de Salomon, au point que, sans comprendre clairement le sens du latin traduit en castillan, mon âme se sent alors plus recueillie et plus touchée qu'elle ne l'est en lisant des livres très pieux dont j'ai l'intelligence». A certains égards, la lecture du Ct. est donc l'expérience d'une pauvreté de l'intelligence qui ne comprend pas tout. Thérèse y revient plus loin: «Ces paroles renferment, sans nul doute, des choses grandes et de profonds mystères, oui, des choses bien précieuses, car ayant demandé à des théologiens de m'expliquer ce que le Saint-Esprit avait voulu dire et quel était le véritable sens de ces paroles, j'en ai reçu cette réponse: que les docteurs en ont composé de longs traités, et n'ont pu le déclarer» (p. 234). Les «savants» mêmes auxquels elle décide de soumettre ses *Pensées* n'ont donc pas la clef. A fortiori ne prétend-elle pas la détenir. Et cependant cette déroute présente du savoir n'annule rien pour Thérèse du bonheur que procure le peu qui s'y laisse comprendre. Le point de départ de la lecture que proposent les *Pensées* sera précisément cette expérience d'une compréhension qui, tout infirme qu'elle soit, ouvre néanmoins sur une plénitude de connaissance, heureuse et comblante. De là, la résolution d'écrire: «Puisque je me délecte dans ce que le Seigneur me donne à comprendre quand j'entends citer quelque passage

---

[69] Le terme est de M. de GOEDT, «L'écriture et le mot de passe du désir», in *Le Supplément*, 1983, pp. 427-447.

de ce livre, me l'entendre dire vous procurera peut-être la même consolation» (p. 234). Les *Pensées* ont pour objet de dire ce bonheur, de le partager et de le communiquer à travers le double mouvement d'une renonciation et d'une revendication. Précisons ce point.

Le renoncement porte sur l'accession au «sens exact» du texte. L'auteur y insiste: elle n'a pas la prétention «d'en donner le sens exact», «d'écrire quelque chose de juste» (p. 234). Elle admet sans difficulté qu'il y a probablement plus à recevoir du poème que ce qu'elle est capable d'y entendre. Ce qu'elle pourra dire n'épuise pas son sujet, mais doit procurer une délectation suffisante pour que l'on s'y fixe sans avoir le regret de ce qui continue à échapper. Simultanément, et c'est là toute la force de ce texte, ce renoncement détermine une liberté: celle de pouvoir lire sereinement et pleinement, dans les limites de ce non-savoir que l'on vient de déclarer. Par là, les *Pensées* sont avant tout un étonnant plaidoyer pour la liberté et l'audace spirituelles, d'autant plus remarquable que ne s'y glisse pas d'intention réactive. Demeurant là où il lui est permis d'accéder, Thérèse d'Avila ne cherche qu'à montrer quelles richesses sont incluses dans cet ordre encore mineur de la lecture et quelle liberté s'y éprouve. Cette liberté a un contenu multiple. Elle est d'abord précisément de lire, dans la conscience acceptée que l'on ne saura pas nécessairement rejoindre le sens vrai; et donc aussi sans éprouver l'humiliation que cause la constatation que l'on ne comprend pas tout: «Lorsque vous rencontrerez dans la Sainte Ecriture, ou dans les mystères de notre foi, des choses que vous ne comprenez pas, ne vous y arrêtez guère, ainsi que je vous le disais tout à l'heure» (p. 233). De même, commentant le premier verset: «Qu'il me baise d'un baiser de sa bouche», elle écrit: «A coup sûr, il n'y a pas ici une seule lettre de superflue. La raison de cette insistance, je l'ignore, et pourtant, je vous dirai quelque chose à ce sujet. Peu importe, je le répète que l'application ne soit pas exacte, il suffit que nous en tirions profit» (p. 243). Car ce registre de la lecture n'a pas pour norme l'accession abstraite au sens, mais le profit spirituel tangible et éprouvable dont le lecteur fait l'expérience. En poursuivant l'analyse, on percevra mieux qu'un tel point de vue ne se confond pas avec un subjectivisme sans contrôle.

La liberté revendiquée est en effet, avant tout, celle de pouvoir *dire* les mots du Ct., ce qui s'exprime encore dans les *Pensées* comme un affranchissement de la peur. Tout le début du traité thérésien consiste à surmonter la «frayeur» qui naît à la fois de l'écoute des «paroles de tendresse qui expriment ce qui se passe entre Dieu et l'âme», et de la pensée qu'étant leur lecteur il soit possible de les réénoncer à titre personnel.

L'appel à la «hardiesse» que contiennent les *Pensées* porte donc sur l'enjeu même de la lecture du Ct., tel que le désigne Thérèse d'Avila, et qui est de pouvoir prononcer en nom propre les paroles de l'Epouse. Soit d'oser croire que Dieu parle comme l'Epoux et qu'on peut lui parler comme l'Epouse. Nous retrouvons donc une fois de plus la grande note continue dont on a montré qu'elle était la constante et la caractéristique des lectures traditionnelles et allégoriques du Ct. La similitude se poursuit quand on envisage la manière dont est appréhendée et décrite, dans cette perspective, la difficulté du poème biblique: non du côté de son écriture, des énigmes de son sujet et de son origine, mais du côté de sa lecture et des conditions que celle-ci requiert. C'est aussi pourquoi, une nouvelle fois, on retrouve ici les mots du Ct., non pas commentés au sens explicatif du terme, mais assortis de l'exposé des dispositions qui rendent possible et légitime leur réénonciation. Ainsi Thérèse énonce cette restriction qui simultanément autorise et encourage qui comprend son propos: parce que «ces paroles (...) ne sont dites que par l'amour», celui que «l'amour de Dieu a mis hors de lui», peut à son tour les prononcer. Celui-là seul. Mais celui-là assurément. Ce principe ainsi planté, on constate que plus le texte des *Pensées* progresse, plus la coïncidence est supposée acquise entre le lecteur de Thérèse et le lecteur pertinent du Ct., plus aussi se multiplient les formules énonciatives introduisant les paroles du poème, sous les formes variées du constat («Le Seigneur a entendu la demande que vous lui avez faite "de vous baiser d'un baiser de sa bouche"», p. 250), de l'exhortation («Que faire donc mes filles? Demander avec l'Epouse que le Seigneur "nous baise d'un baiser de sa bouche"», p. 253), ou de la prière («Non, mon Souverain, je ne vous demande qu'une chose en cette vie, c'est "que vous me baisiez d'un baiser de votre bouche"», p. 255). Telle est bien la manière dont Thérèse d'Avila «commente» le Ct. et invite le lecteur qui reconnaît son expérience dans la sienne à user du poème.

On perçoit en même temps, et comme un retour de logique, que cette situation spirituelle qui rend apte aux mots du Ct. est la même que celle qui fondait initialement la liberté revendiquée par Thérèse: «Une fois en cet état, l'âme n'a rien à craindre (...); l'amour et la foi sont à l'oeuvre, et l'âme refuse de tenir compte des raisonnements de l'entendement. Et, en effet, cette union qui existe entre l'Epoux et l'Epouse l'a instruite de certaines vérités auxquelles l'entendement n'atteint pas; c'est pourquoi elle le tient sous ses pieds» (p. 251). Texte étonnant qui montre comment l'entendement, initialement brimé par les limites que le lecteur rencontrait en lui, est maintenant invité à se soumettre à plus fort que lui: la liberté acquise par le même lecteur pour autant qu'il a parcouru l'expérience spirituelle de l'Epouse. La seule limite qui soit maintenue, est que «l'on ne s'écarte point de ce qu'enseignent l'Eglise et les Saints». Mais pour Thérèse, cette condition ne fait évidemment pas contradiction avec l'affirmation précédente. La fidélité à l'interprétation traditionnelle et ecclésiale fournit au contraire la garantie d'une vraie liberté, permettant de mener une lecture subjective qui ne vienne pas s'abîmer

simplement dans l'opinion ou le sentiment personnels. Cette fidélité
assurée, l'activité du lecteur peut s'exercer souverainement jusqu'à ne
plus avoir de compte à rendre: la vérité du sens qui se formule alors peut
avoir pour critère l'adéquation qui se découvre entre les mots du poème
et l'expérience de son lecteur[70]. On comprend qu'une telle lecture soit
étrangère au déchiffrement ou à l'élucidation. Elle n'entre pas non plus
dans le registre classique de l'argumentation. Elle est du côté de la
reconnaissance, de la confirmation, ou simplement de l'expression de ce
que contenait, sans forcément pouvoir l'articuler, l'expérience vécue. Le
premier chapitre des *Pensées* fonde la pertinence spirituelle du Ct. sur
cette rencontre des mots et du vécu, à travers la mention de «ces âmes
qui ont retiré de si grands avantages» du texte du Ct., et sur un mode
plus déguisé, à travers l'allusion à l'expérience personnelle de Thérèse:
«J'en connais une qui a été bien des années assaillie de frayeurs très
vives, et que rien ne put rassurer, jusqu'au jour où Dieu permit qu'elle
entendit certains passages des *Cantiques*... elle comprit que l'âme éprise
d'amour pour son Epoux peut éprouver dans ses relations avec lui,
toutes ces consolations, ces défaillances, ces morts, ces désolations, ces
délices et ces joies...» (p. 233). Un ordre propre dans l'intelligence du
texte est fondé sur cet irrécusable. Ce même irrécusable, le plus souvent
présupposé, c'est-à-dire recouvert du voile de l'implicite, est ce qui
soutient, en son principe, toute la tradition de lecture allégorique du
poème. A partir de cette évidence, là où elle est expérimentée et
n'éprouve même pas le besoin de s'expliciter, le *Cantique des Cantiques*
devient, pour des générations de lecteurs, parole savoureuse, mot de
passe vers ce qui ne supporte même plus de se dire. Mais hors d'elle —
Thérèse d'Avila en avertissait dès le début — le texte n'est plus que
prétexte à rire. Le partage entre ceux qui rient et ceux qui se délectent
marque donc la frontière qui sépare ceux qui savent d'expérience ce
qu'est aimer Dieu, de ceux qui ne le savent pas. Telle est la rigueur
tranchante de ce texte qui achemine en même temps celui qui en a la
force jusqu'au coeur d'un mystère brûlant qui ne peut se dire qu'en
filigrane de paroles que seul l'amour sait déchiffrer.

Pour la troisième fois au cours du parcours que nous venons de
faire, nous avons été en présence d'une lecture du Ct. dont le contenu
interprétatif peut passer pour purement répétitif. Thérèse d'Avila s'inscrit dans le droit fil traditionnel. Et cependant, à ceux qui feraient de ses
Pensées sur le Cantique des cantiques une simple réédition impersonnelle
de lieux communs confessionnels, elle oppose le plus ferme démenti: son
bon plaisir spirituel est toute la raison de sa lecture du Ct. Ainsi, ce petit

---

[70] M. de GOEDT, art. cit., p. 443 remarque que «rien n'est plus thérésien... que cette
entrée en résonance de l'expérience à l'écoute de la Parole».

texte, mineur dans l'oeuvre thérésienne, devient-il emblématique d'une manière de lire qui est une liberté dans laquelle se rejoignent, malgré les différences, Guillaume de S. Thierry aussi bien que Gertrude d'Helfta.

Cette liberté, qui fait de la lecture du poème un bon plaisir et de son interprétation un engagement de ses mots dans une expérience person-nelle, n'est sans doute pas la loi de tous les commentaires qui sont produits au même moment. Les chaînes et les gloses qui prolifèrent au long de ces mêmes siècles sont les témoins, peut-être plus voyants, d'une autre relation au texte où la répétition éteint la nouveauté et ignore l'engagement personnel. Mais l'erreur serait de faire de ce marais, dans lequel la lecture piétine et s'enlise à l'occasion, le destin de l'ensemble de l'interprétation croyante du poème biblique. En plein 12ème siècle, et outre l'oeuvre de Guillaume de Saint Thierry sur laquelle on s'est longuement arrêté, Bernard, dans ses *Sermons sur le Ct.*, le relit d'une lecture qui devient à son tour un des textes majeurs du Moyen-Age chrétien. Tout en s'inscrivant dans une rigoureuse fidélité au passé, les *Sermons* s'arrachent aux gloses innombrables accumulées autour du poème pour énoncer une parole neuve. Une nouvelle fois, il ne s'agit pas d'abord d'expliquer un texte, mais plutôt d'instruire et de former à ce qui s'écrit dans ses mots, à partir d'une prédilection qui est aussi le principe de la liberté et de la créativité qui se reconnaissent dans les *Sermons*.

Quatre siècles plus tard, dans sa prison de Tolède, Jean de la Croix écrit les strophes du *Cantique spirituel*. Nouvelle lecture qui est une réécriture où s'accomplit sans reste le passage de la métaphore — qui est la loi du commentaire — à la métonymie, où la lecture est un départ, de ce texte vers d'autres textes qui manifestent ainsi son pouvoir d'engen-drement. Ni commentaire, ni paraphrase, le *Cantique spirituel* crée sa propre voix, dans un travail de la langue qui est une nouvelle et magistrale attestation de la fécondité incluse dans l'épithalame biblique. Quelques phrases du Prologue situent bien la parenté entre le Ct. et le poème réécrit de lui. Le second, affirme Jean de la Croix, est aussi impossible à expliquer que l'est le premier. Son sens se refuse à l'interprétation discursive: «D'où vient que les saints docteurs, quoi qu'ils en disent, ne peuvent jamais venir à bout de le déclarer par paroles, comme non plus il ne se peut dire par une telle voie. Et ainsi ce que l'on en déclare d'ordinaire, c'est le moins de ce qui y est contenu»[71]. De la même façon, Jean de la Croix récuse la possibilité de rendre compte de son *Cantique spirituel*, non pas au nom d'une poéticité intouchable ou ineffable, mais à cause de ce premier gouffre d'inconnu,

---

[71] *Cantique spirituel* in *Oeuvres complètes*, traduites de l'espagnol par le P. Cyprien de la Nativité de la Vierge, édition de Lucien-Marie de S. Joseph, Bibliothèque européenne, DDB, 1967, pp. 525-526.

qui déborde le langage explicatif et qui n'est rien d'autre que l'expérience qui sert de matrice au poème. Il explique donc, mais «jusqu'à un certain point»; jusqu'à ce point où il abandonne l'initiative au lecteur, pour que celui-ci lise «selon sa façon et selon la portée de son esprit». Exactement comme se lit le *Cantique des Cantiques* aux yeux de la tradition.

Notons enfin que chacun des textes que nous avons étudiés ou mentionnés s'inscrit d'évidence dans une conjoncture historique qui a rendu possible et explicable son émergence. J. Leclercq, par exemple, montre bien les sources de l'intérêt spécifique que porte le 12ème s. au Ct., à un moment où Ovide représente, côté profane, un maître à aimer puissamment inspirateur. De même, dans le cas de Thérèse d'Avila ou de Jean de la Croix, doit-on certainement considérer que les remaniements politiques, institutionnels et culturels qui travaillent la société du 16ème siècle — et que des travaux récents de M. de Certeau ont décrits avec détail — sont directement impliqués dans l'élaboration de tels discours mystiques. Ceux-ci peuvent être lus, à bon droit, comme les témoins d'un moment historique où se jouent simltanément une perte et un passage, où «l'ambition d'une radicalité chrétienne se dessine sur un fond de décadence ou de corruption, à l'intérieur d'un univers qui se défait et qu'il faut réparer», où «en parlant de nuits, les textes renvoient donc à une situation générale (...), sont des récits de passions de et dans l'histoire»[72]. Une telle vision qui prend au sérieux la synchronie dans son ampleur complexe et surdéterminée comporte un mérite irremplaçable. Cependant, elle ne doit pas éliminer le second repère, diachronique, qui qualifie, en même temps que la synchronie, la production de tels discours. Et, concernant la question de la lecture du Ct. qui nous occupe, force est de constater que, si à chaque étape, la lecture de celui-ci est bien prise dans un jeu de contrastes spécifiques qui fixe sa portée pour ce moment, ces diversités successives ne parviennent pas à brouiller une constante de fond: soit une même manière d'aborder le poème comme un texte nécessaire et d'emblée lumineux, connaturel à son lecteur; soit une même forme d'interprétation intégrant le lire au vivre, le *dit* du savoir de la foi au *dire* de son énonciation, l'individuel de la vie spirituelle au collectif de l'action liturgique.

L'histoire de l'interprétation a curieusement tendance à faire prévaloir dans sa mémoire d'autres modalités de la lecture, que ce soit celle des gloses ou celle, plus tardive, des écrits piétistes, exposant, dans le cadre d'une piété privée, les consolations d'un texte de spiritualité. Mais la note profonde qui qualifie l'histoire de la lecture chrétienne du Ct. a

---

[72] M. de CERTEAU, L'énonciation mystique, *RSR*, Tome 64, avril-juin 1976, p. 184; puis *La fable mystique*, Gallimard 1982, spécialement la seconde et la troisième partie.

bien plus de vigueur théologique et de densité énonciative, comme voudraient l'avoir démontré quelque peu les diverses analyses que nous avons présentées. Et la répétition qui s'observe y est le creusement d'une connaissance qui, partant de la centaine de versets du poème biblique, se prolonge et se renouvelle de lectures en lectures, diverses et pourtant reliées entre elles par une même figure de lecteur, maintenue à travers les modulations historiques de la subjectivité.

CHAPITRE III

Shir ha Shirim: quelques aspects de subjectivation dans la tradition juive

Nous avons déjà indiqué que notre propos d'ensemble n'étant pas génétique, nous ne pensions pas devoir nous astreindre à l'ordre chronologique qui voudrait évidemment que toute considération sur l'interprétation du Ct. commence par son début, en l'occurrence, par ses lectures juives. Ce parti — relié au type de questionnement que l'on a choisi — ne comportait néanmoins nullement l'idée de minimiser en quoi que ce soit la place et le rôle de cette tradition qui, dès avant le christianisme, puis parallèlement à lui, a gardé, lu, expliqué, vécu, à l'occasion réécrit le Ct. Aussi, avec modestie, compte-tenu de l'ampleur du sujet, proposerons-nous maintenant quelques rappels en cette direction. Cette nouvelle étape — qui ne se confond ni avec un pour-mémoire ou un hommage à des devanciers ou des accompagnateurs — s'inscrit, en fait, rigoureusement, dans la trame de notre problématique: les textes que l'on va mentionner seront considérés essentiellement selon l'acte de lecture qu'ils supposent ou constituent. A l'horizon des analyses qui suivent, nous voudrions tester une double question qui peut se formuler de la manière suivante: l'écart interprétatif qui sépare les lectures chrétiennes et juives est-il redoublé par celui de dispositions énonciatives elles-mêmes différentes? Ou, au contraire, est-il possible de désigner, à côté du disparate des sens exprimés, un invariant qui serait au principe des lectures que font du Ct. les deux groupes qui en sont les porteurs et les interprètes privilégiés? Pour ce faire, et tout en gardant le souci de ne pas outrepasser les limites de notre compétence, nous décrirons de quelles manières le Ct. est engagé dans la tradition juive, en présentant les lieux discursifs qui en traitent et la façon dont le texte y intervient et y est géré.

I. TOPOGRAPHIE DES LECTURES DU SHIR HA SHIRIM

Une première remarque: si le Zohar et la Kabbale ont avec le Ct. des liens étroits et privilégiés à travers lesquels le poème a acquis une portée spirituelle et mystique sans précédent, ils sont loin d'être les seuls lieux de la tradition juive concernés par la méditation de l'épithalame. L'histoire juive de sa lecture est, en réalité, foisonnante, complexe, continue, dès l'époque rabbinique, faite de relations obvies au texte dont la littérature traditionnelle porte des traces explicites et d'autres, beaucoup moins accessibles, qui se déchiffrent en pointillés parce qu'elles plongent dans des secteurs de la mystique dont la tradition elle-même a pu marginaliser le souvenir[1].

1. *Le Shir ha Shirim public et officiel*

a) *Les débats sur la canonicité*

Au registre de ce qui s'est transmis et se connaît le plus officiellement figurent les discussions de l'assemblée de Yavné réunie à la fin du 1er siècle. Celle-ci s'occupa, entre autres, de savoir si le Ct. «souille ou non les mains». On sait que cette question est une manière traditionnelle d'interroger sur le caractère ou non sacré d'un texte[2]. Le *Talmud* (Traité Yadaïm III, 5) en a retenu l'affirmation de Rabbi Aqiba selon laquelle «Personne n'a jamais contesté en Israël que le Ct. salisse les mains. Car le monde entier fut incomparable le jour où le Ct. sublime fut transmis à Israël, car toutes les Ecritures (Kethoubim) sont saintes, mais le Ct. est la plus sainte des Ecritures». De ces débats tranchés par l'autorité et les superlatifs de Rabbi Aqiba les partisans d'une lecture naturaliste ont, dans les temps récents, tiré argument pour soutenir que l'introduction du Ct. au canon des Ecritures était un épisode tardif, résultat d'un jeu d'influence de Rabbi Aqiba au sein de l'assemblée, contre un usage contemporain qui demeurait avant tout profane, comme le prouverait encore une boraïtha ancienne affirmant: «Nos maîtres ont rapporté: "Celui qui lit un verset du Ct. pour le tourner en chanson ou celui qui lit un verset dans un banquet, hors de son temps, amène le malheur sur l'univers"» (Sanhédrin). On remarquera qu'une telle interprétation des origines de la lecture allégorique du Ct. oblige à supposer une inexplicable distraction des rabbins qui auraient admis, sur la foi d'un discours persuasif et contre toute raison spirituelle, qu'un écrit profane puisse être ordonné soudain au plus saint de l'expérience croyante: la relation d'amour de Dieu et d'Israël. Certes, il est aujourd'hui impossible de

---

[1] Outre les renseignements que l'on trouvera sur l'histoire des lectures juives du Ct. dans les divers ouvrages mentionnés infra, on pourra consulter, malgré son ancienneté, l'étude classique de S. SALFED, «Das Hohelied bei den jüdischen Erklärern des Mittelalters», in *Magazin für die Wissenschaft des Judentums*, Berlin, 1878, n. 5, pp. 110-178. Egalement *Encyclopaedia Judaïca*, Jérusalem, vol. 15, col. 144-152.

[2] Sur cette question de «l'impureté» de l'Ecriture sainte, on lira avec intérêt les remarques d'E. LEVINAS dans sa «Leçon talmudique» présentée au XXIIème Colloque des Intellectuels juifs de Langue française, publ. *La Bible au présent*, Gallimard, 1982, p. 327 et sv.

produire des documents témoignant directement de l'exégèse faite du Ct. antérieurement à la destruction du second Temple. Mais la découverte récente, dans la bibliothèque de Qûmran, de quatre exemplaires du Ct. donne toutes raisons de supposer l'existence, avant le 1er siècle, d'une lecture allégorique actualisante comparable à celle des milieux pharisiens du début de notre ère. L'inconnue qui demeure porte sur le rapprochement avec la célébration de la Pâque dont on ne sait s'il était déjà réalisé.

D'autres éléments prouvent d'ailleurs que l'avis d'Aqiba formulé à Yavné était loin d'être simplement personnel et isolé. Ainsi, la *Mekhilta* cite aussi souvent le Ct. que le Livre de *Job* et presqu'autant que les *Proverbes*[3]. De plus, une étude récente, reparcourant la *Hagada des Tannaïtes* publiée par W. Bacher à la fin du siècle dernier, étoffe et renforce la réalité d'une lecture spirituelle traditionnelle abondante et active aux premiers siècles de notre ère[4]. D. Barthélémy y rappelle que non seulement on n'a pas de trace d'une discussion qui aurait opposé l'école de Shammaï et celle de Hillel sur la canonicité du Ct., mais que certaines argumentations shammaïtes reposent manifestement sur une interprétation allégorique du poème. La même *Hagada* rapporte que Eleazar ben Azaria — dont l'assemblée de Yavné déclara la promotion à la place de Gamaliel II — reconnaissait le Ct. pour «la fleur de farine du froment de la sagesse de Salomon». Gamaliel II, lui-même, argumentait à partir du Ct. pour prouver la résurrection des morts. Ainsi donc, on peut estimer que si Rabbi Aqiba avait une vénération particulière pour l'épithalame — comme le confirmeraient encore les vestiges d'un commentaire qu'il en fit et dont quelques fragments auraient été intégrés au *Shir ha Shirim Rabbah*[5] —, cet attrait pour le poème dépassait sa personne et était celui de tout un courant actif du judaïsme pharisien du 1er siècle[6]. Le plus plausible pour expliquer l'existence du débat de

---

[3] J. BONSIRVEN, *Exégèse rabbinique et paulinienne*, Paris, 1939, p. 218.

[4] D. BARTHELEMY, L'état de la Bible juive depuis le début de notre ère jusqu'à la deuxième révolte contre Rome (131-135), in *Le canon de l'Ancien Testament*, sa formation et son histoire, Labor et Fides, 1984, p. 9-46.

[5] Sur ce sermon de Rabbi AQIBA voir G. VAJDA, *L'amour de Dieu dans la théologie juive du Moyen-Age*, J. Vrin, 1957, pp. 45, 46.

[6] A ce titre, on peut certainement souscrire à l'avis de J. BONSIRVEN appuyé à des remarques antérieures de P. VULLIAUD, «Au moment de l'avènement du christianisme, la tradition paraît universellement accréditée qui voit, décrits dans le poème, l'amour de Dieu pour Israël et les relations entre le Seigneur et son peuple. On fait souvent à Rabbi Aqiba l'honneur d'avoir découvert et fait admettre cette interprétation: ainsi aurait-il pu défendre le Ct. contre ceux qui voulaient l'exclure du canon des Ecritures. Mais d'autres docteurs avant lui avaient proclamé la sublimité et l'excellence du Ct; et, comme l'observe très justement P. VULLIAUD, "R. Aqiba n'aurait pas imposé une toute nouvelle manière de voir à ses adversaires"»: c'est donc que l'interprétation mystique avait déjà cours».

Yavné est que certains, au même moment, faisaient en marge de cette lecture spirituelle un usage profane du poème, qui justifia les prises de position et les mises en garde de l'assemblée.

En ce débat, un point paraît devoir être souligné. Les données historiques demeurent relativement maigres sur une question de toute évidence sensible, puisqu'au second siècle Rabbi Maïr revenait encore sur le problème de la canonicité pour déclarer que «Le livre de Qohélet ne souille pas les mains et le cas du Ct. est controversé» (*Talmud de Babylone*). Mais ces incertitudes doivent être placées en regard du fait massif et indiscutable de la continuité de la lecture spirituelle du Shir ha Shirim. Mise à part une courte lignée d'auteurs qui, à partir du 18ème siècle et en consonance avec le développement ambiant de la lecture critique, avancèrent des interprétations profanes (et encore Mendelsohn, qui prenait ses distances avec le sens allégorique, ne le niait pas pour autant), le tout de la tradition de lecture juive du Ct. est allégorique. Si l'on a gardé le souvenir des débats s'élevant de moment en moment, ceux-ci n'eurent jamais lieu hors de cette hypothèse, reçue de tous, que l'épithalame était présent dans la Bible pour le profit spirituel du lecteur. Toute la littérature midrashique qui cite et commente le *Shir ha Shirim* procède de cette conviction qu'elle sert à détailler et à démontrer. S'il y eut hésitation ou perplexité, celles-ci portèrent sur le contenu de l'allégorie et non sur sa légitimité. Ainsi par exemple, on discuta pour savoir si Ct. *1*,12 ou *2*,2, 17 ou *5*,2 devaient être lus comme des reproches adressés à Israël, en l'occurrence comme la désignation de son idolâtrie. Et dès le second siècle, à propos du premier de ces versets, une règle herméneutique, qui fera dorénavant autorité, fut énoncée par la bouche de Rabbi Juda, selon laquelle: «On n'interprète pas le Ct. à la honte, mais à la louange d'Israël: car Il (Dieu) n'a donné le Ct. que pour la louange d'Israël» (*Shir ha Shirim Rabbah*). Plus encore, on est en droit d'affirmer aujourd'hui que les débats ne concernèrent pas une alternative rationaliste de l'interprétation, mais plutôt les audaces d'élaborations mystiques qui, dès les premiers siècles semble-t-il, furent associées au poème. Avant de considérer, en bordure du moins, cet obscur et foisonnant domaine, il faut indiquer brièvement ce qu'est l'existence du Ct. dans la littérature officielle du judaïsme rabbinique: dans le Talmud d'une part, dans le Midrash de l'autre, ce dernier devant faire l'objet d'une analyse ultérieure séparée. On y adjoindra la question du Targum.

b) *Le Shir ha Shirim dans le Talmud et le Midrash*

* Le *Talmud* n'a pas pour objectif direct le commentaire du texte biblique. On constate cependant que la quasi totalité des versets du Ct. y est engagée, ici où là, à des titres divers et selon des associations dont les

points de départ apparaissent souvent fort distants du poème. Au traité
Sanhédrin, par exemple, Gamaliel relie Isaïe 26, 19: «Que tes morts
revivent! Que mes cadavres se relèvent! Réveillez-vous et chantez,
habitants de la poussière! Car la rosée est une rosée vivifiante, et la terre
redonnera le jour aux morts» à Ct. 7,9: «Ta bouche est pareille au bon
vin. Il va droit à mon bien-aimé, il coule aux lèvres de ceux qui
dorment», en faisant du sommeil le tournant d'un texte vers l'autre.
Ailleurs, c'est Ct. 1,5: «Je suis noire mais belle» que l'on trouve
mentionné et interprété à propos des jours de la semaine, au terme d'une
digression sur la dignité du shabbat. Ces considérations se concluent
ainsi: «Moi, (Israël) je suis noir les jours de semaine, mais beau le jour
du shabbat».

Un relevé systématique et un début d'analyse de telles insertions du
Ct. dans le discours du *Talmud* engageraient dans une étude dont les
proportions sont sans rapport avec nos possibilités[7]. Nous renoncerons
donc à rien dire de la logique interprétative qui, dans ce domaine,
conduit à citer le *Shir ha Shirim* ou à chercher en lui des appuis
argumentatifs. Notons seulement l'orientation générale et constante du
contenu de l'interprétation: elle est clairement et sans équivoque celle
d'une identification de Dieu et d'Israël respectivement à l'époux et à
l'épouse du poème, selon l'explication proposée, par exemple, au Traité
Berakoth II, 8:

> «Il est dit: "Mon Bien-Aimé est descendu au jardin, au parterre des
> plantes aromatiques, pour paître son troupeau dans les jardins" (6,2).
> Comment se fait-il qu'après avoir parlé d'un jardin, il soit question de
> plusieurs? "Mon Bien-Aimé", c'est l'Eternel; "est descendu au jardin"
> signifie l'univers; "vers le parterre des aromates", c'est Israël; "pour faire
> paître son troupeau dans les jardins", ce sont les nations du monde; et
> "pour cueillir les roses", ce sont les Justes qu'il leur enlève».

* Le *Midrash* (de «darash», la racine de la recherche) est le mode
de lecture-recherche qui domine la relation juive à l'Ecriture durant les
dix premiers siècles de notre ère. Il s'agit d'une modalité de lecture
profondément originale dont on indiquera plus loin quelques grandes
caractéristiques. Si la production des interprétations midrashiques
couvre une plage chronologique délimitée, le corpus de propositions et
de solutions exégétiques qui s'est constitué à travers elle, est devenu un
bien commun de la tradition où l'on a continué à puiser bien au-delà du

---

[7] La publication récente des *Aggadoth du Talmud de Babylone*, dans la collection
«Les dix Paroles» aux Editions Verdier, 1982, offre en particulier une abondante
documentation dont il serait intéressant de travailler les nombreuses références au Shir
ha Shirim.

10ème siècle, alors même que le judaïsme produisait de nouvelles synthèses spirituelles et mystiques.

Le *Shir ha Shirim* est présent à plusieurs de ces documents midrashiques, soit comme objet direct de la lecture, soit comme référence transversale. Nous n'en prendrons pour l'instant qu'un seul exemple, celui de la *Mekhilta* qui — pour son fond au moins — appartient à la première littérature rabbinique, antérieure aux grandes synthèses talmudiques[8]. La *Mekhilta* est avant tout un commentaire du Livre de l'Exode. De la sorte, et à la différence du Talmud, on est en présence d'une référence au poème beaucoup plus unifiée et homogène. Le Ct. sert de contrepoint à la narration historique. Quelques exemples suivant la progression des quatre traités Pisḥa, Beshallaḥ, Shirata et Baḥodesh en donneront une idée. A propos du «passage», «pâque» de Dieu au milieu du peuple d'Israël, sont cités les versets 8 et 9 de Ct. *2*: «Voici mon bien-aimé, voici qu'il arrive bondissant au-dessus des montagnes... voici qu'il surgit derrière notre mur» (Traité Pisḥa, p. 56-57). Les «dépouilles de l'Egypte» mentionnées par Exode *12*, 35-36 sont expliquées par Ezékiel *16*,7 et par Ct. *1*,11: «Nous ferons pour toi des cercles d'or, avec des clous d'argent». Le passage de la Mer Rouge est paraphrasé par Ct. *2*,14 («Ma colombe, dans le creux du rocher... car ta voix est tendre et ton visage est beau à voir»);

«A quoi ressemblaient les Israélites à ce moment là? A une colombe fuyant devant un faucon et s'apprêtant à entrer dans le creux d'un rocher où se trouve un serpent sifflant. Si elle reste dehors, il y a le faucon! Si elle entre, il y a le serpent! C'est dans une telle détresse que se trouvaient les Israélites à ce moment où la mer formait une muraille tandis que l'ennemi les poursuivait. Immédiatement ils se tournèrent vers la prière. C'est d'eux qu'il est affirmé dans les écritures sacrées de la tradition: "Ma colombe, dans le creux du rocher..." (Ct. *2*,14). Et quand il poursuit: "car ta voix est tendre et ton visage est beau à voir", cela signifie que sa voix est tendre dans la prière et que son aspect est beau quand elle étudie la Torah» (Beshallaḥ, p. 211).

Enfin, encore, la question des «Nations» est abordée par l'intermédiaire des mots du Ct.:

«Toutes les Nations du monde demandent à Israël: "Qu'a donc votre bien-aimé que n'aurait pas un autre bien-aimé, vous qui nous adjurez!" (Ct. *5, 9*), vous qui êtes si prêts à mourir pour lui, si prêts à vous laisser tuer pour lui! Car il est dit: "C'est pourquoi les jeunes filles t'aiment",

---

[8] Voir l'édition et la traducion anglaise de la *Mékhilta de Rabbi Ishmael* par J.Z. LAUTERBACH, The Jewish Publication Society of America, 1933. Avec cependant des précisions intéressantes concernant la datation du texte, son contenu et aussi l'évaluation de l'édition de LAUTERBACH in H.L. STRACK. G. STEMBERGER, *Introduction au Talmud et au Midrash*, Trad. et adaptation fçaises de M-R HAYOUN, 7ème édition, Ed. du Cerf, 1986, pp. 293-298.

signifiant par là qu'elles t'aiment jusqu'à la mort... Aussitôt que les Nations du monde entendent son éloge, elles disent à Israël: "Nous vous rejoindrons", comme il est dit: "Où est allé ton ami, ô toi la plus belle d'entre les femmes? Où s'est tourné ton ami, que nous le cherchions avec toi" (Ct. 6,1). Israël, cependant dit aux Nations du monde: "Vous ne pouvez pas avoir part avec lui, car "mon bien-aimé est à moi et je suis à lui" (Ct. 2, 16). "Je suis à mon bien-aimé, et mon bien-aimé est à moi" (Ct. 6, 3)» (Shirata, p. 26-27).

* La même ligne interprétative se retrouve dans le *Targum*, lecture-commentaire de la Bible. Celui du *Shir ha Shirim*, rédigé probablement au 7ème siècle mais qui comporte des éléments beaucoup plus anciens[9], est extrêmement paraphrastique. La lecture du poème est totalement historique: il est censé retracer, étape après étape, l'histoire d'Israël, de Moïse jusqu'à l'époque du Talmud.

Le Ct. y est très valorisé puisque l'ouverture du *Targum* mentionne «dix chants qu'Israël a chantés ou chantera» et fait du *Shir ha Shirim* le dernier d'entre eux qui «sera chanté par les enfants de l'exil quand ils sortiront de captivité, comme il est dit et expliqué par le prophète Isaïe: "Ce cantique vous sera une joie comme la nuit où l'on célèbre la fête de Pâque, et la joie de votre coeur sera comme celle du peuple qui se présentera devant l'Eternel trois fois par an, avec des instruments de musique et au son de la trompette, pour monter sur la montagne du Seigneur et se prosterner devant l'Eternel, le Fort d'Israël"».

La libération d'Egypte, le don de la Loi à Israël, l'adoration du veau d'or, la construction et la dédicace du Temple, l'exil et le retour permis par Cyrus, le règne des Asmonéens et l'infamie d'Alexandre Janée, tous ces épisodes auxquels s'adjoint l'espérance du roi-Messie, sont placés en

---

[9] W. RIEDEL en a donné une traduction allemande in *Die Auslegung des Hohen-liedes in der jüdischen Gemeinde und der griechischen Kirche*, Leipzig, 1898, p. 9 et sv. P. VULLIAUD, à son tour, en a donné une traduction française dans *Le Cantique des Cantiques d'après la tradition juive*, 1925, rééd. 1975, Editions d'Aujourd'hui. Voir également les analyses de G. VERMES in *Scripture and Tradition in judaïsm*, Leiden, 1961, montrant, sur la base de l'équivalence Liban = Temple, que ce Targum renferme des éléments de tradition bien antérieurs à la rédaction. Le même auteur en tire d'ailleurs une conclusion tout à fait intéressante. Il estime que l'équation Liban = Temple, déjà suggérée par des textes post-exiliques (Trito-Isaïe, Psaume *92*,13-14) n'a pu s'affirmer pour devenir traditionnelle au début du second siècle avant J-C que sous l'influence du Ct. (le seul livre post-exilique où le Liban ait une importance particulière) qui devait donc être lu dès cette époque, de façon allégorique. Situant la rédaction du poème durant le 4ème ou 3ème siècle, il en tire argument pour déclarer peu vraisemblable le passage, à l'intérieur d'un espace de temps aussi court, d'un statut de poème profane à celui d'allégorie religieuse. Il faudrait plutôt penser, selon VERMES, que d'emblée le poème a eu un sens religieux allégorique.

Sur la question générale du Targum on consultera en outre R. LE DEAUT, *Introduction à la littérature targumique*, Institut Biblique Pontifical, Rome, 1966.

parallèle aux versets de l'épithalame. On notera surtout la manière dont se construit la paraphrase: non pas du poème vers le récit, mais l'inverse. Le régime du texte est prioritairement narratif. C'est le récit qui sert de point de départ et appelle les mots du Ct., soit dans la bouche de Dieu, soit dans celle de l'Assemblée d'Israël:

> «La Communauté d'Israël dit: "L'Eternel m'a introduite à l'école de la doctrine au mont Sinaï pour que j'affirme la Loi de la bouche de Moïse, le grand Scribe; il a déployé le drapeau de ses préceptes sur moi par élection, et j'ai dit: "Tout ce que l'Eternel a commandé, je le ferai, et je l'écouterai".
> Lorsque j'ai entendu sa voix qui parlait du milieu des flammes, j'ai tremblé et j'ai été saisie de peur. Alors je me suis approchée de Moïse et d'Aaron et je leur ai dit: "Recevez vous-même la parole (pitgama) de l'Eternel du milieu du feu, et introduisez-moi dans la maison d'étude (béth medrâschâ) et soutenez-moi avec les paroles de la Loi, par lesquelles le monde se soutient, et mettez sur mon cou le manteau de l'interprétation des paroles saintes qui sont douces à mon palais, comme les fruits du jardin d'Eden. Je les méditerai de telle sorte que je guérirai, car je languis d'amour"»[10].

On voit là que le poème prolonge le récit en lui fournissant ses dialogues. A l'inverse d'une structure explicative où l'on demanderait aux épisodes de l'histoire de servir de référence aux mots de l'épithalame afin de l'expliquer, on a affaire à une intertextualité dans laquelle chacun des discours successivement sert de contrepoint à l'autre. Contrairement à la réputation souvent faite à de semblables textes, nulle perception d'arbitraire dans ce targum. C'est au contraire la fluidité des échanges entre texte narratif et texte poétique qui impose son évidence.

De tels textes midrashiques et targumiques sont ainsi à la source d'un vaste capital d'associations qui double le texte du poème. C'est cette tradition — au sens précis du terme, c'est-à-dire comme produit de la transmission — qui accompagne encore bien des commentaires médiévaux du *Shir ha Shirim*. Ainsi celui de Saadia, au 10ème siècle, qui ramène la formule du commentaire éclipsée pendant des siècles par la littérature midrashique, puise directement et pratiquement sans innovation à ce fonds[11]. D'autres commentaires contemporains de Saadia, issus curieusement de cercles Karaïtes, ne s'écartent pas plus de l'interprétation traditionnelle. Yafet Ben Ali, par exemple, indique Vajda, interprète collectivement, historiquement et eschatologiquement. Le seul correctif par lequel se marque chez lui un écart avec le midrash est ce fait qu'«aux protagonistes habituels, Dieu, la communauté d'Israël et le

---

[10] VULLIAUD, ouv. cit. pp. 74-75.
[11] Pour la présentation de ce commentaire voir SALFED, ouv. cit. pp. 125-131.

Messie, s'ajoute le petit groupe des justes, des karaïtes de stricte observance, tout voués à leur piété ascétique et au deuil pour Sion»[12]. L'envahissement progressif de commentaires philosophiques où l'union de l'époux et de l'épouse devient celle de l'âme raisonnable et de l'intellect agent (Juda Ibn Aqnin ou Samuel Ibn Tibbon par exemple)[13], tel que le dénoncera en particulier Ibn Ezra, n'éteindra pas la lecture midrashique. D'autres grands lecteurs du Ct. maintiennent l'équilibre, mettent ensemble l'innovation et la fidélité à la tradition. Tel est le cas éminemment de Salomon Ben Isaac (Rashi) dont le commentaire a tout l'intérêt d'associer l'héritage du Talmud et du Midrash à une nouvelle approche exégétique plus philologique et plus soucieuse de la lettre du texte. Un soin extrême est consacré à examiner les difficultés textuelles. Mais le sens obvie (pschat) qui est ainsi travaillé n'élimine pas les autres registres de l'interprétation: il devient plutôt la base sur laquelle sont posées les constructions complexes de l'interprétation traditionnelle. L'oeuvre de Rashi est ainsi le témoin remarquable d'une synthèse entre de nouvelles exigences et de nouvelles possibilités de l'exégèse et une intelligence spirituelle traditionnelle qui n'est pas un simple effet des dispositions techniques de la lecture.

Il reste que, parallèlement au vaste courant de la tradition orale officielle que l'on vient d'évoquer, et quelquefois en interférence avec lui, le judaïsme rabbinique vit également d'une autre sensibilité que l'on peut appeler «mystique» en ce qu'elle s'arrête plus longuement à la contemplation de mystères qu'elle discerne à l'horizon inatteignable, mais fascinant, de la Torah écrite. C'est cette tradition qu'il faut maintenant introduire.

2. *Le Shir ha Shirim et la tradition mystique*

Les travaux contemporains de G. Scholem ont restitué une chronologie longue de la mystique juive. Grâce à eux, il devient plus sensible aujourd'hui que, bien avant le *Zohar* ou la Kabbale de Safed, des spéculations mystiques ont apporté au judaïsme officiel, rabbinique et halakhique une forte doublure de contemplation et de gnose. Dès l'époque de Yavné que l'on évoquait précédemment, cette sensibilité

---

[12] Ouv. cit. pp. 79-84.

[13] G. VAJDA tient le commentaire d'IBN AQNIN pour une des oeuvres majeures de la littérature judéo-arabe du 12ème siècle. Il met son apport décisif dans «l'interprétation allégorico-philosophique du Ct., comme troisième sens se juxtaposant au sens littéral (mais purement figuratif puisque l'auteur ne conteste pas que l'imagerie seule et non l'intention relève, dans le Ct., de l'amour profane) et au sens historico-messianique du Midrash», «En marge du "Commentaire sur le Ct" de J. Ibn Aqnin», *Revue des Etudes juives*, Janv.-Juin 1965, pp. 185 et sv.

spirituelle, reconvertissant des «images mythiques» en «symboles mystiques»[14], aurait ainsi été vivante et active. C'est elle qui aurait précisément soutenu les convictions d'un Rabbi Aqiba défendant une intelligence plus mystique de l'Ecriture.

a) *La mystique de la Merkaba et du Sh'iur Qoma*

La mystique de la Merkaba, dans la littérature des Hekhalot, est un témoin particulièrement intéressant de ce courant. Nous nous y arrêterons un instant, puisque, on va le voir, le *Shir ha Shirim* y est directement impliqué.

Cette gnose ancienne a pour point de départ le chapitre premier du Livre d'Ezékiel, où est décrit le char céleste («merkaba») et où est désigné, en termes très énigmatiques, un «être ayant l'apparence d'un homme» (*1*, 26) qui est assis sur le trône divin[15]. Partant de ce texte, la littérature des Hekhalot se donne pour but d'explorer les voies qui, traversant les espaces célestes ou Sept Temples (Hekhalot), acheminent jusqu'à ce trône. Il s'agit donc d'un voyage mystique qui livre toute une série de secrets indicibles portant aussi bien sur la création du monde que sur les hiérarchies des anges. Son terme introduit, lui, au secret des secrets, en donnant accès à la contemplation mystique de la divinité: figure d'homme, corps visible dont il est mystérieusement affirmé ici qu'il est possible d'en prendre les mesures, d'où l'appellation de «Sh'iur Qoma» qui sert à désigner ce courant ésotérique. On voit la transgression: malgré l'interdit de la figuration, explicitement absolu (Ex. *20*, 4), malgré les affirmations réitérées dans les récits de théophanies qu'il n'y a pas de «forme» à voir (Deut. *4*, 12 ou 15), la divinité est ici décrite corporellement. L'Irreprésentable reçoit les mesures d'un corps géant qui se toise et s'évalue. De plus, à ce corps primordial est reliée l'affirmation de la Genèse disant l'homme «créé à l'image de Dieu». Ainsi cristallisent en une mystique très déroutante, à certains égards transgressive et, semblerait-il, impie, des allusions anthropomorphiques, éparses dans l'Ecriture et suggérant, de façon très intrigante, l'existence d'un «tselem Adonaï» (forme sensible de la divinité). Ce qui restait disséminé et discontinu dans le texte biblique devient, dans ces spéculations, le principe d'une contemplation ésotérique, d'ailleurs doublement sensible puisqu'à la forme visible de l'homme assis sur le trône est associée la forme audible du Nom de Dieu qui ressaisit et contient autrement l'identité divine.

---

[14] G. SCHOLEM, *La mystique juive*, Les thèmes fondamentaux, Le Cerf, Coll. Patrimoines, Judaïsme, 1985, p. 41.

[15] Sur la mystique de la «merkaba» on consultera G. SCHOLEM, ouv. cit. supra, mais aussi *Les grands courants de la mystique juive*, Payothèque, 1968, spécialement le chapitre II.

Il n'y aurait pas lieu de s'arrêter ici à cette production très étrange de l'ancienne mystique, qui émerge aujourd'hui difficilement de vieux textes fragmentaires et souvent incompréhensibles, si le Shir ha Shirim n'en était pas une pièce maîtresse. En effet, à côté d'Ezékiel *1*, l'autre grand texte d'appui de la doctrine du Shi'ur Qoma est précisément l'épithalame biblique dans les descriptions du corps de l'époux qu'il donne en plusieurs points et spécialement au chapitre *5*:

«Mon chéri est ocre clair,
il se reconnaît entre dix mille.
Sa tête est de l'or, de l'or fin,
ses boucles sont des palmes,
noires comme le corbeau.
Ses yeux sont des colombes
au bord des cours d'eau,
se baignant dans le lait,
posées sur des vasques.
Ses joues, des parterres d'aromates,
des massifs embaumés.
Ses lèvres, des lis,
elles distillent la myrrhe fluide.
Ses mains, des pivots d'or
garnis de pierres de Tarsis.
Son ventre, une plaque d'ivoire
couverte de lapis lazuli.
Ses jambes, des colonnes d'albâtre
fondées sur des socles d'or fin (...)».

Ainsi la mystique du Shi'ur Qoma revient-elle à condenser trois figures en une seule: celle de la divinité est en même temps celle de l'homme créé «à l'image de Dieu» et celle de l'amant du Ct. A la mention mystérieuse et, en définitive, peu suggestive d'une «figure d'homme» contenue dans le texte d'Ezékiel, le poème vient apporter — comme un principe autorisant la représentation et la stimulant — des descriptions qui, d'un seul coup, dans cette perspective mystique, portent au plus loin la perception corporelle du divin. On voit, dans ces conditions, ce qu'il y a d'étriqué à dire que le poème est lu allégoriquement. Ce qui est en cause n'est pas un mode de lecture, mais, dès avant la lecture, une forme d'identification qui voit dans le *Shir ha Shirim* un texte ésotérique, incluant des secrets inouïs et allant jusqu'à la connaissance de Dieu par la vision d'un corps mesurable. A partir de là s'énoncent les conditions et les modalités de la lecture; mais on est loin évidemment du plat registre de l'interprétation du sens du texte.

Reste à situer cette curieuse lecture du Shir ha Shirim dans le temps et dans son temps. Le débat est ici ouvert. Scholem, de nouveau, argumente vigoureusement. Pour cela, il se réfère aux restrictions que mentionne Origène au Prologue de son Commentaire du Ct.: on se souvient qu'il y indique quatre textes bibliques qui doivent être soustraits à la lecture de quiconque n'a pas atteint l'âge mûr. Parmi eux figure le Ct. Or, démontre Scholem concernant ce dernier texte, s'il y a défense, c'est parce qu'à l'époque où écrit Origène, le poème a le statut d'un texte ésotérique: déjà pour les Tannaïm du 2ème siècle, la révélation du Ct. est celle-là même de la Merkaba, telle qu'elle s'était manifestée à la mer des Joncs et au mont Sinaï. Pour cette raison, l'accès du poème doit être réservé et sa lecture soigneusement contrôlée.

Cet arrêt sur la doctrine du Shi'ur Qoma permet de prendre une meilleure vue de la configuration interprétative dans laquelle s'inscrit le Shir ha Shirim durant les premièrs siècles de notre ère. Existent simultanément, et imbriquées l'une dans l'autre, une intelligence histori-que et une intelligence mystique du poème. La première — on le verra mieux avec la littérature midrashique — concerne le dévoilement de Dieu à Israël, lors de la sortie d'Egypte, au passage de la mer Rouge et lors de la révélation du Sinaï. Mais en même temps, — et c'est la seconde dimension du texte —, dans ces événements de l'histoire sont dévoilés les mystères désignés en énigmes par la vision d'Ezékiel. Ainsi donc, tandis que le Ct. se constitue, côté chrétien, en texte de l'initiation chrétienne, il est, côté juif, le grand lieu d'émergence scripturaire d'une corporéité de la divinité étrange et paradoxale, à la fois insensée à l'aune du sens biblique et cependant congruente à une série de détails scripturaires épars, dont l'énigme initiale est comme aspirée et interprétée ici par le grand mouvement de la mystique de la Merkaba et des visions du Shi'ur Qoma.

Cette gnose du Shi'ur Qoma plongera les siècles ultérieurs dans un malaise et un embarras profonds. Pourtant, cette association du Ct. aux arcanes de la vision mystique ne se perdra pas pour autant, bien au contraire.

b) *La mystique de la Kabbale*

Le Livre du *Bahir* — dont la présentation est midrashique, mais les préoccupations essentiellement cosmogoniques et cosmologiques — éla-bore, dans un texte difficile, souvent peu compréhensible, un discours sur la «shekhina» (présence de Dieu) qui croise le Ct.: le poème y est considéré comme symbolisant la dernière «sefira», «logement» de toutes les autres[16].

---

[16] R. LOEWE, «The divine garment and Shi'ur Qomah», *Harvard Theological Review*, 1965, n. 58, pp. 153-160 décrit cette relation au Ct. et montre comment le Targum s'écrit ici ou là en opposition aux doctrines du Shi'ur Qomah.

C'est pourquoi il est tenu pour «la synthèse condensée des autres Livres sacrés»[17].

La Kabbale enfin, dès le *Zohar*, puis dans ses développements du 16ème siècle à Safed, met le *Shir ha Shirim* au centre de ses références. Ce domaine est trop ample et singulier pour que l'on prétende en traiter au passage et allusivement. Tout en restant sur le seuil, rappelons quelques données élémentaires.

Le corps de doctrine kabbalistique, mystique et ésotérique issu de l'Ecole de Provence avec Isaac l'Aveugle et de l'Ecole d'Espagne avec Nahmanide et Aboulafia au cours du 13ème siècle, entretient des relations très étroites avec le Shir ha Shirim. Le Livre de la Splendeur ou *Zohar*[18], qui surgit dans le premier de ces milieux au début du 13ème siècle, manifeste, dès son ouverture, un lien très spécial au Ct. puisqu'il commence par la citation de Ct. 2,12: «Comme la rose au milieu des ronces, telle est mon aimée parmi les jeunes filles». Sur quoi le texte enchaîne, en reprenant par la bouche de Rabbi Ezéchias un motif du midrash: «Qu'est-ce que la rose? C'est la communauté d'Israël». Ce que le même texte commente plus loin: «Comme la rose est entourée d'épines pour réhausser son prix, Israël a été placé par Dieu au milieu des épines, c'est-à-dire parmi les Egyptiens et, pourrions-nous ajouter, de façon plus générale, parmi les soixante-dix nations, c'est-à-dire l'ensemble de tous les peuples de la terre» (*Zohar* II, 18b). La suite du texte puise de façon continue des références dans le Ct. au point qu'il est possible de voir dans le *Zohar* un véritable commentaire de celui-ci. La valorisation du poème y est d'ailleurs parfaitement explicite puisque le texte kabbalistique reprend à sa manière et amplifie la définition superlative de Rabbi Aqiba:

«Le Cantique des Cantiques est le résumé de toute l'Ecriture Sainte, de toute l'oeuvre de la création, le résumé du mystère des patriarches, le résumé de l'exil d'Egypte, de la délivrance d'Israël et du cantique chanté lors du passage de la Mer Rouge, le résumé du Décalogue et de l'apparition au mont Sinaï, ainsi que de tous les événements qui se sont passés en Israël durant son séjour dans le désert, jusqu'à la construction du Temple; le résumé du mystère du Nom sacré et suprême, le résumé de la dispersion d'Israël parmi les peuples et de sa délivrance, le résumé enfin de la résurrection des morts et des événements qui auront lieu jusqu'au jour appelé le "Sabbat du Seigneur"; ce cantique renferme tout ce qui existe, tout ce qui existait et tout ce qui existera. Tous les événements qui

---

[17] Cf. G. SCHOLEM, *Les origines de la Kabbale*, Aubier-Montaigne, Coll. Pardès, 1966, p. 181.

[18] Une traduction est actuellement en cours, réalisée par C. MOPSIK, aux Editions Verdier, Coll. «Les dix Paroles», tome I, 1981, tome II, 1984, destinée à remplacer celle de J. de PAULY.

se passeront au septième millénaire, qui est le Sabbat du Seigneur, sont résumés dans le Cantique des Cantiques» (II : 144a)[19].

De son côté, le commentaire du Ct. par Ezra de Gérone, et dont G. Vajda a donné une traduction il y a quelques années[20], permet de juger d'une interprétation, verset par verset, issue de la théosophie kabbalistique du 13ème siècle. Ezra de Gérone y prend le contrepied d'un autre commentaire — celui d'Ibn Ezra — décrivant trois registres du texte en exposant successivement un commentaire grammatical du poème, un commentaire littéral et un commentaire allégorique conforme au sens du midrash. Ezra de Gérone refuse une telle interprétation qui juxtapose des niveaux de sens différents sans les hiérarchiser clairement ni rendre compte de leur articulation mutuelle. De même, il refuse de s'en tenir à une exégèse historico-haggadique qu'il juge pertinente mais encore très extérieure à la véritable portée du texte. La gnose kabbalistique offre seule, estime-t-il, le principe d'une lecture totale, fidèle à la tradition des Sages d'Israël. C'est celle-ci qui organise sa lecture, construite simultanément sur plusieurs plans: celui, théosophique des «sefirot», celui de l'âme en quête de purification et de retour à ses origines, le plan terrestre enfin, lui-même assorti comme le précédent de répercussions théosophiques.

On verra plus loin que c'est encore le monde kabbalistique qui enrichira de sa lecture du Ct. certains aspects de la liturgie.

La place du Ct. dans la tradition juive apparaît donc clairement à la lumière de ce que la mystique lui demande et trouve en lui. Le *Shir ha Shirim* est un texte d'initiation aux plus hauts mystères. Les débats de Yavné sur la canonicité, auxquels il est convenu de revenir sans cesse, malgré le laconisme des textes qui s'en font l'écho, ne doivent pas faire illusion: ce poème n'est pas une réalité encombrante en quête de justifications. Quoi qu'il en soit du détail des interprétations et des procédures de la lecture que nous n'avons pas évoquées ici, l'existence du Ct. est, aux yeux des mystiques des siècles successifs, une grâce et une insigne faveur divine auxquelles doivent être rendu hommage par le travail fervent de la lecture.

II. LECTURES MIDRASHIQUES DU SHIR HA SHIRIM

On s'est efforcé précédemment de repérer les principaux lieux de la tradition juive concernés par l'interprétation du *Shir ha Shirim*. Ce

---

[19] Nous citons le texte ici d'après A.D. GRAD in *Le véritable Cantique de Salomon*, Maisonneuve et Larose, 1970.

[20] G. VAJDA, *Le commentaire d'Ezra de Gérone sur le Ct. des Ct.*, Aubier-Montaigne, Coll. Pardès, 1969, p. 144.

faisant, on a traité la lecture à son point d'aboutissement, là où se forment des significations, résultat de l'acte d'interprétation. On pourrait certes continuer à explorer la littérature midrashique sous ce rapport, sûr d'y glaner un vaste matériau. On y trouverait, par exemple, la lecture que font les *Pirke de Rabbi Eliezer* du chapitre *15* de la Genèse où l'«alliance entre les morceaux», scellée au cours du sacrifice présenté par Abraham, est mise en rapport avec le Ct.: la colombe du sacrifice, offerte avec la génisse, la chèvre, le bélier, et la tourterelle, étant rapprochée de Ct. *2*, 14: «Ma colombe cachée au creux des rochers» et de Ct. *6,9*: «Unique est ma colombe, unique est ma parfaite»[21]. On y trouverait encore, dans *Nombres Rabbah 13*, 2, une description de l'Eden promis aux justes, écrite avec les versets du Ct.:

> «Dans l'au-delà, le Saint Unique (béni soit-il!) préparera un banquet pour les justes dans le jardin d'Eden, et il n'y aura pas besoin de se procurer des aromates et des parfums, car un vent du nord et un vent du midi y souffleront, chargés de tous les aromes du jardin d'Eden, qui répandront leur saveur. Les Israélites diront devant le Saint Unique (béni soit-il!): "Un hôte prépare-t-il un repas pour des voyageurs sans s'y asseoir avec eux? Un garçon d'honneur dispose-t-il un banquet pour les invités sans y prendre part lui-même? Si telle est ta volonté, "que mon bien-aimé vienne dans son jardin et en mange les fruits précieux" (Ct. *4*, 16). Alors le Saint Unique (béni soit-il!) leur répondra: "Je ferai comme vous le désirez". Il entrera dans le jardin d'Eden, ainsi qu'il est écrit: "Je suis venu dans mon jardin, ma soeur, mon épouse"».

Pareil inventaire aurait certainement son intérêt. S'en tenir à lui cependant risquerait de renouveler sans plus le geste que l'on reprochait précédemment aux histoires de l'interprétation chrétienne du poème, fixées exclusivement sur les sens de l'épithalame. Conformément au parti de ce travail, nous reviendrons donc, en-deçà de l'interprétation, à l'acte qui en est la source. C'est aux premiers chapitres du *Shir ha Shirim Rabbah* que nous emprunterons quelques exemples illustratifs de la mise en oeuvre de cette herméneutique midrashique[22].

Ce dernier texte doit être situé. Il constitue le document le plus développé de la littérature midrashique sur le Ct., puisqu'il regroupe et rédige, probablement aux alentours du 8ème siècle, les documents épars existant alors sur le *Shir ha Shirim*[23]. Bien qu'une trame historique ne

---

[21] *Pirke de Rabbi Eliezer*, Ed. Verdier, Coll. «Les dix Paroles», 1983, chapitre 15, pp. 88-91.

[22] Nous citerons le *Shir ha Shirim Rabbah* d'après l'édition du *Midrash Rabbah*, par Maurice SIMON, The Soncino Press, volume IX, 1ère éd. 1939, 3ème éd. 1961.

[23] Ce midrash encore appelé «hazita» ne doit pas être confondu avec le texte plus tardif du petit midrash «zouta». Sur le texte qui nous occupe ici voir H.L. STRACK, G. STEMBERGER, ouv. cit. pp. 359-360.

soit pas absente de l'exposition, le propos est essentiellement de compilation. Il s'agit de réunir, à propos de chaque verset du Ct., des explications tirées de la Mishna, de baraïtot, de tosaftot, de midrashim haggadiques ou encore du Talmud. En conséquence, l'ouvrage est, par nature, disparate. Mais l'interprétation de fond reste ferme: on lit le Ct. allégoriquement, de Dieu et d'Israël; ici ou là, on trouve en lui le support de considérations sur la rédemption messianique.

Pris en son point d'aboutissement, un tel texte peut à bon droit surprendre par sa nature de catalogue et par l'intervention, à plusieurs reprises, de développements parasites, sans relation signifiante directe avec le poème commenté. Il déroute effectivement, comme l'expriment des jugements à la manière de J. Bonsirven concluant à son sujet que l'on y retrouve «cette liberté et cette fantaisie de l'exégèse rabbinique qui lui permettent de découvrir en chaque mot tout ce qui lui plaît»[24]. Il est à remarquer que l'inconfort du lecteur est d'autant plus grand que l'attente est plus exclusivement celle d'une stricte logique sémantique pour laquelle le texte a son sens que la lecture a pour objet de retrouver et de recueillir. Plus il est entendu que le midrash a pour objet de commenter le texte et de l'expliquer, moins il paraît remplir son contrat. Plus on attend de lui un sens simplement discursif, plus son énigme s'épaissit. Il reste alors, au mieux et sans réel profit, à classer les allégories que développe le commentaire: allégories de l'amour de Dieu pour Israël et d'Israël pour son Dieu, exégèses qui voient dans le Ct. le récit symbolique de la sortie d'Egypte, exégèses enfin qui appliquent les images du Ct. soit aux institutions théocratiques, soit à des doctrines traditionnelles.

Une autre manière de passer à côté de cette littérature rabbinique consiste à la ramener aux règles herméneutiques («midot») qu'elle a mises en forme à différents moments[25]. Ainsi estime-t-on la décrire en rappelant les sept règles de Hillel, ou les treize règles de Rabbi Ismaël ou encore, celles plus tardives, de Rabbi Eliezer. Probablement y a-t-il dans cette manière de faire, et comme malgré elle, une intuition centrale. Car les «midot» de l'herméneutique rabbinique sont plus, dans cette tradition, qu'une série de principes régulant techniquement la lecture: si l'on peut les formuler, c'est parce que l'Ecriture elle-même les contient. Les

---

[24] J. BONSIRVEN, Exégèse allégorique chez les Rabbins tannaïtes, R.S.R. 1933, n. 23, pp. 513-541; n. 24, 1934, pp. 35-46. La citation que nous faisons est dans le second article p. 43.

[25] Bonne présentation de ces diverses séries de règles in Moses MIELZINER, *Introduction to the Talmud*, 4ème édition, New York, 1968, pp. 120-130. Voir également Saul LIEBERMAN, *Hellenism in Jewish Palestine* (Studies in the literary transmission beliefs and manners of Palestine in the I. Century BCE - IV century CE), New York, 2ème édition, 1962, pp. 47-82: «Rabbinic interpretation of Scripture».

énoncer revient par conséquent à énoncer le semblable de l'Ecriture, par quoi celle-ci est susceptible d'être éclairée. La tradition qui transmet les règles de Rabbi Ismaël leur attribue, du reste, ce statut paradoxal d'être parole humaine exprimée dans le langage humain de la Torah et, simultanément, parole divine révélée au Sinaï. Ces mêmes règles sont d'ailleurs reprises dans la prière du matin: ce simple fait suggère assez qu'elles doivent être perçues autrement par ceux qui les utilisent que comme de simples consignes techniques destinées à guider et à faciliter la lecture. Cela étant, il n'est pas du tout sûr, en revanche, que les analyses modernes, qui décrivent le midrash à travers ces seules règles, aient claire conscience de leur portée effective à l'intérieur de l'exégèse rabbinique. En fait, elles y sont traitées comme exposant banalement une méthode d'interprétation. C'est l'attitude que l'on trouve, par exemple, dans l'*History of Interpretation* de F.W. Farrar que nous avons déjà eu l'occasion de mentionner: de même que l'exégèse patristique dont l'auteur fait le procès se réduit pour lui à quelques passages strictement normatifs tels que les règles de Tychonius, de même il pense décrire l'exégèse rabbinique à travers la mention des sept règles de Hillel. Sans doute la démarche est-elle différente de celle que l'on indiquait précédemment en référence à une conception purement sémantique de la lecture, mais son effet est identique: l'une comme l'autre ignorent également la logique effective de l'exégèse rabbinique qui n'est pas plus une simple technique herméneutique qu'elle n'est un capital de significations adjointes aux mots de la Torah écrite.

Renonçant à toute originalité, mais non à la réalité de cette exégèse, nous rappellerons maintenant quelques principes qui fondent son exercice et éclairent, par ricochet, l'existence du Ct. dans le midrash[26].

1. *La place de l'oralité*

C'est formuler une évidence, pourtant souvent méconnue, que de rappeler que la parole midrashique constitue pour la tradition où elle se développe, l'accompagnement nécessaire de la Torah écrite, en même temps qu'elle est la manifestation tangible d'une logique du sens qui ne sépare à aucun moment l'écrit de l'oral, «mikra» de «mishna», ce qui est lu de ce qui est répété.

En d'autres termes, il n'y a de Torah écrite que reçue, soutenue, interprétée par la présence de la Torah orale, comme le représente le texte célèbre du traité Shabbat rapportant l'histoire du païen qui voulait

---

[26] Pour une systématique de l'exercice de cette exégèse midrashique, nous renvoyons à la remarquable synthèse de D. BANON, *La lecture infinie*, Les voies de l'interprétation midrashique, Préface d'E. LEVINAS, Ed. du Seuil, 1987.

que lui soit enseignée la Torah écrite en faisant l'économie de la Torah orale: «Le premier jour Hillel lui enseigna: Aleph, beth, gimel, daleth. Le lendemain il lui présenta les choses à l'envers. Le païen lui dit: Mais hier tu ne m'as pas dit cela! Hillel lui dit alors: Ne me fais-tu donc pas confiance? Fais-moi aussi confiance en ce qui concerne la Torah orale» (Shabbat 30b -31a).

De même qu'on ne lit pas sans avoir appris à le faire en entrant dans la relation maître-disciple, de même le texte n'existe pas coupé du mouvement de la transmission de ce qui a déjà été questionné en lui, dit de lui, compris de lui. Le midrash, sous sa double forme halakhique (concernant la jurisprudence et les règles rituelles) et haggadique (registre du récit, de la légende et de la loi morale) engrange ce patrimoine de parole vive et détermine le caractère d'oralité dont est marquée la relation au texte. Tout l'intérêt du déploiement de dialogues midrashiques, souvent lents et laborieux, différant interminablement leurs conclusions, est de rendre sensible — et à certains égards beaucoup mieux que le Targum, qui n'en donne que le résultat — la socialité d'une recherche du sens qui permet simultanément de pénétrer dans l'Ecriture et de la traverser en direction de la pratique et de l'action. On perçoit la synthèse qui est au principe d'une telle lecture. Non seulement elle ignore le face à face individuel avec le texte, puisqu'elle exclut une relation avec lui qui ne soit pas médiatisée par la Torah orale. Mais encore, elle ne conçoit pas d'être prise dans la limitation que comporterait l'investigation du texte pour lui-même. Celui-ci est assorti d'une portée existentielle trop lourde pour que la relation que l'on entretient avec lui soit contrainte dans les limites d'un projet simplement spéculatif. Le contrepoint de la Torah orale assure au contraire l'insertion constante de l'écrit dans l'histoire d'une collectivité qui, non seulement lit, mais parle ce qu'elle lit avec les mots des Pères et avec les siens propres, transmet à son tour paroles et écriture. Ainsi, la place de l'oralité est-elle celle de la socialité; plus précisément, elle est la marque d'une subjectivité sociale qui supporte et organise entièrement l'acte de lecture.

Dans ces conditions, on ne s'étonnera pas qu'à proprement parler le Shir ha Shirim n'existe pas comme un texte isolé, dont les limites seraient refermées sur lui-même. Sont donnés simultanément un texte à lire et son interprétant sous la forme d'un contexte de discours et de situations dans lequel les «usagers» du texte l'ont progressivement inscrit. Toute lecture personnelle du poème est devancée par ce méta-discours qui est une immense énonciation transhistorique où le groupe atteste, pour chaque nouveau lecteur, que le texte peut et doit être lu, c'est-à-dire, en définitive, qu'il concerne l'identité et la vie d'Israël.

2. Quel sens du texte?

On conçoit déjà comment le point précédent peut rejaillir sur la question du sens et dérouter, en particulier, nos problématiques du «sens vrai». L'exégèse rabbinique comporte bien l'idée d'un sens de référence, mais celui-ci ne s'élabore pas sur la base d'un texte unique. Il est le produit de deux textes, celui de la Torah écrite et celui de la Torah orale. Le sens de base ne peut donc s'identifier à ce que nous nommons «sens littéral». Dans la logique communautaire qui a été énoncée plus haut, il est le sens «accrédité», «reçu» par la tradition: ce qui se voit a besoin d'être étayé par ce qui s'entend. Le sens «vrai» ou «privilégié» est celui qui est élaboré en communauté. On saisit là l'écart qui se fait avec une problématique du sens «objectif». La notion de «sens vrai», telle que nous l'entendons, n'a en fait pas d'objet ici. Le sens juste du texte est le sens subjectivé par l'exercice de la lecture collective.

Pour autant, le problème des sens multiples continue bien à se poser. Il est admis que la Torah a légitimement des sens multiples ordonnés autour du sens central qui soutient la pratique. En réalité, cette multiplicité des sens est le répondant de ce qu'est la Torah qui possède une infinité de «facettes» («panim») parce que, selon l'explication que donnent les Sages méditant sur l'oeuvre de la création et de la révélation, elle est la parole divine infinie qui a consenti à se restreindre, à se resserrer, à se concentrer dans les limites étroites de la parole humaine[27]. Lire consiste donc à déployer cette parole dense; comprendre, à cumuler, sans espoir d'exhaustivité, des intelligences successives et croisées de ce qu'elle dit. L'innovation est par conséquent une dimension constitutive de cette lecture[28]. La manière dont elle multiplie interminablement les connexions sémantiques ne fait qu'honorer la nature surdéterminée de l'Ecriture. Toutefois, cette pratique a une régulation ferme et contraignante: toute nouveauté est admise à condition qu'elle n'annule aucun sens antérieurement formulé. Autrement dit, on y est dans une logique du cumul qui garantit à la fois la liberté et la fidélité, selon une perception de l'histoire que l'on a déjà eu l'occasion de dire: chaque moment du présent s'engendre des précédents moments, de ce qu'ils

---

[27] Sur ce thème voir E.E. URBACH, *The Sages*, Their concepts and beliefs, The Magnes Press. The Hebrew University of Jerusalem, 1975, chapitre III: The «Shekhina» - The presence of God in the world, décrivant la toute puissance de Dieu qui se limite et permet la création de la révélation.

[28] A titre d'illustration, ce passage du *Talmud de Babylone* (Haghiga 3 a-b): Rabbi Yehoshua dit un jour à ses disciples: «Une école ne peut durer si l'on n'y enseigne pas chaque jour quelque chose de nouveau». Les disciples répondirent que justement ce shabbat, rabbi Eléazar ben Abarias avait enseigné quelque chose de nouveau: «Les mots de l'Ecriture, avait-il dit, sont comme les racines d'une plante: elles croissent et se multiplient"».

enseignent et garantissent, à partir de quoi il est possible d'identifier le présent et de s'y avancer. C'est ainsi que le Ct. n'a pas «un» sens. Son sens est cette sommation ouverte des sens que chaque moment du présent lui associe en le lisant sous la pression de ses questions et de ses besoins, sous l'inspiration d'une exégèse menée à la fois dans une liberté totale et «avec un absolu et amoureux respect pour le texte»[29].

3. La lecture pour l'action

Le meilleur sens du texte peut encore être défini autrement: il est celui qui ordonne le mieux l'écrit au vivre, conformément à cette hiérarchie fondamentale qui veut que l'action l'emporte sur l'étude et qui fait que le Talmud n'est plus grand que l'action que parce qu'il est à sa source et à son service. Ainsi rejoint-on une autre modalité de la subjectivation. La première tâche de cette lecture est en effet de rendre le texte présent, c'est-à-dire utile, actif, engagé dans la vie. Non pas en l'actualisant, c'est-à-dire en le toilettant de manière telle qu'il s'harmonise avec le présent, qu'il n'y fasse pas d'écart. Mais en manifestant sa puissance transhistorique, qui fait que des événements du passé sont encore des événements du présent, que la Torah des pères est encore Torah des fils, que le don fait hier se renouvelle aujourd'hui et que l'espérance reste actuelle.

Cette dimension de l'exégèse juive est bien connue. On sait qu'elle prend appui sur une série de détails remarquables du texte de la Torah, en particulier sur la présence de déictiques et d'embrayeurs (type «ici», «aujourd'hui», «ce jour-ci» / «ce jour-là»), qui induisent explicitement le glissement de l'énonciation initiale du texte vers ses réénonciations à venir. L'un des textes emblématiques est ici la confession de foi de Deutéronome 26, 5-10, «Mon père était un araméen errant...», prononcée par le paysan qui vient au Temple offrir les prémices de sa récolte. Du début à la fin, la parole mise sur ses lèvres noue étroitement le «je» et le «nous», l'«aujourd'hui» et l'«hier»: «Tu iras trouver le prêtre alors en charge et tu lui diras: «Je déclare aujourd'hui à Yahvé mon Dieu que je suis arrivé au pays que Yahvé avait juré à nos pères de nous donner (...). Mon père était un araméen errant qui descendit en Egypte, et c'est en petit nombre qu'il vint s'y réfugier, avant d'y devenir une grande nation, puissante et nombreuse. Les Egyptiens nous maltraitèrent, nous brimèrent (...). Yahvé nous fit sortir d'Egypte à main forte et bras étendu, par une grande terreur, des signes et des prodiges. Il nous a conduits ici et nous a donné ce pays, pays où ruissellent le lait et le miel. Voici que

---

[29] Ariel RATHAUS, Lecture de la Bible dans la tradition midrashique, *Sidic*, vol. IX, n. 2, 1976, p. 18.

j'apporte maintenant les prémices de la terre que tu m'as donnée Yahvé». Toute cette longue narration qui repasse l'histoire d'Israël tiré des Nations, rassemblé, délivré, fait dépositaire et gérant de la Terre promise, a pour objet d'inclure le «je» de l'orant dans le «nous» du peuple ainsi constitué. Finalement, la confession de foi est cette inclusion même de celui qui parle dans le récit du «nous». On trouverait des caractéristiques comparables dans le chapitre *19* de l'Exode avec les mêmes effets d'identification et d'intégration.

De manière analogue, les paroles du Shir ha Shirim qui sont paroles de Salomon à l'épouse et réponse de celle-ci à l'époux, doivent en même temps être paroles reçues et paroles prononcées par quiconque est l'épouse, dans le moment présent de la lecture. Nous retrouvons là un motif familier, homogène à ce que nous observions dans l'interprétation chrétienne ancienne. Un des buts de l'exégèse devient donc d'expliciter les présupposés énonciatifs des paroles du poème, afin qu'à son tour le lecteur puisse y satisfaire.

C'est ainsi qu'il est très remarquable que, sous un foisonnement de références et de rapprochements bigarrés, l'ouverture du Shir ha Shirim Rabbah soit explicitement consacrée à ce problème, à partir de cette autre question: qui est donc l'auteur du *Shir ha Shirim?* Proverbes *22, 29* sert à «ouvrir» le débat: «Vois-tu un homme prompt à la besogne? Il entrera au service des rois. Il ne restera pas au service des gens obscurs». Joseph est ensuite donné comme exemple d'un tel homme diligent, lui dont il est écrit: «Il alla au palais accomplir son travail» (Gn. *39*,11). De là est progressivement explicité le fait que celui qui est capable de faire de l'amour de Dieu pour Israël le plus grand des chants, peut être comparé à un homme qui, comme Joseph, se tient devant les rois. Car il faut être empressé devant les rois pour faire un tel chant qui se chante, en effet, devant les rois. Mais pour chanter le chant du roi, il faut être roi soi-même. Celui qui chante le chant d'amour du roi, est par là même roi. Mais encore, et à cause de Proverbes *8, 15* décrivant les justes qui se tiennent devant les rois «parce qu'ils se tiennent fermes dans la Torah», les justes sont rois. Et chacun peut être roi à condition de servir Dieu et la Torah. C'est donc bien un roi, en la personne du lecteur, qui chante le Shir ha Shirim, chant royal de Salomon. Tel est le premier gain, décisif, de ces quelques lignes d'ouverture du midrash: le lecteur apprend qui il est, en apprenant quel texte il lit; et cette connaissance l'oblige: le roi doit vivre royalement, dans la fidélité à la Torah, service royal.

Toujours dans la foulée de ces premières pages, le lecteur du midrash est entraîné dans une longue digression appuyée à Ct *1,2* dont le but est de donner, sous la suggestion du Ct., une nouvelle intelligence de ce qu'est la Torah. Partant de «Tes baisers sont meilleurs que le vin», le midrash rappelle que «les paroles de la Torah sont comparées à l'eau, au vin, à l'huile, au miel et au lait». Puis, il fait de ces comparaisons successives (dont celle qui est suggérée par le texte du Ct.) l'objet de longues justifications:

«De même que l'eau s'étend d'une extrémité à l'autre de la terre, comme il est dit: «Il étend la terre sur les eaux» (Ps *136*,6), ainsi la Torah va d'un bout à l'autre de la terre, comme il est dit: "La mesure de la Sagesse est plus haute que la terre"(Job *11*,8). De même que l'eau vient du ciel, comme il est dit: "Quand il donne de la voix, c'est un mugissement d'eaux dans le ciel" (Jer. *10*,13), ainsi la Torah vient du ciel, comme il est dit: "Du haut des cieux j'ai parlé avec vous" (Ex. *20*, 19) (...). De même que l'eau recouvre la nudité de la mer, comme il est dit: "Comme les eaux couvrent la mer" (Isaïe *11*,9) ainsi la Torah recouvre la nudité d'Israël comme il est dit: "L'amour couvre toutes les offenses" (Prov. *10*,12). De même que l'eau descend goutte à goutte et forme des rivières, ainsi de la Torah; un homme apprend deux halachahs aujourd'hui, puis deux demain, jusqu'à ce qu'il devienne un fleuve qui coule. De même que l'eau n'a pas de goût tant que l'on n'a pas soif, de même la Torah n'a pas de goût si l'on ne se fatigue pas pour elle. De même que l'eau quitte un lieu élevé et va dans un lieu plus bas, de même la Torah quitte celui dont la pensée est hautaine et celle s'attache à celui qui est humble (...). De même que quand il s'agit d'eau, un homme de condition n'a pas honte de dire à un petit: "Donne-moi de l'eau à boire", de même quand il s'agit des paroles de la Torah, un grand savant ne doit pas avoir honte de dire à un moins savant: "Enseigne-moi un chapitre, une parole, un verset et même une seule lettre". De même l'eau, un homme qui ne sait pas nager, il sera englouti par elle; de même les paroles de la Torah, un homme qui ne sait pas y trouver son chemin et se laisser enseigner par elles, finalement il lui arrivera malheur».

Puis, lorsque le raisonnement construit sur l'équivalence eau-Torah bute sur une difficulté, le midrash passe à la comparaison avec le vin: l'eau ne réjouit pas le coeur de l'homme, alors que la Torah le fait, celle-ci sera donc plus justement comparée au vin! Mais «devrai-je dire que, de même que le vin est quelquefois mauvais pour la tête et pour le corps, de même des paroles de la Torah? Non, puisqu'elle est comparée à l'huile». Mais, de même que l'huile est amère au commencement et douce à la fin, en est-il de même de la Torah? Non puisqu'elle est comparée au miel et au lait (...)»[30].

On discerne par cet exemple quelques traits de l'herméneutique du midrash: un verset du *Shir ha Shirim* apporte la suggestion d'une comparaison qui va développer autour d'elle tout un réseau de comparaisons nouvelles, homogènes mais différentes, à travers lesquelles est présentée une véritable théologie de la Torah. On remarque également

---

[30] *Midrash Rabbah*, pp. 33-36.

le mouvement de l'interprétation. Bien que l'on soit dans un midrash ayant pour point de départ le texte du *Shir ha Shirim*, l'explication vise non le texte, mais ce que le texte permet de connaître. Plus exactement, partant du projet de justifier le texte, c'est la vie que l'on justifie. S'il y a une énigme dans le texte, c'est pour que, la travaillant, on progresse dans une intelligence juste de la vie, c'est-à-dire de sa propre identité forgée à travers une histoire singulière et des devoirs que comporte la consécration à la sainteté. C'est de cette façon encore qu'est faite l'exégèse de Ct. *1,5*: «Je suis noire mais belle, filles de Jérusalem». Partant de ce verset, c'est la mémoire de l'histoire d'Israël qui est reparcourue, dans son existence paradoxale de noirceur et de beauté, de révolte humaine et de salut divin, de refus et de prière, de murmure et de fidélité:

> «...J'étais noire à Mara comme il est dit: "Et le peuple murmura contre Moïse en disant: "Que boirons-nous?" (Ex. *15*,24) et j'étais belle à Mara comme il est dit: "Et il criait vers le Seigneur et le Seigneur lui montra un arbre et il le jeta dans les eaux et les eaux furent rendues douces» (Ex. *15*,25) (...). J'étais noire à cause d'Achan comme il est dit: "Les enfants d'Israël profanèrent les choses sacrées" (Josué 7,1) mais j'étais belle à cause de Josué comme il est dit: «Et Josué dit à Achan "Mon fils, rends gloire à Dieu". J'étais noire à cause des fils d'Israël et belle à cause des rois de Juda. Si déjà j'étais si belle avec ceux qui étaient noirs, combien plus le serai-je avec mes prophètes!»[31].

De nouveau, on perçoit comment le «mystère» du texte est là pour amener à reconnaître un plus grand mystère qu'il aide à explorer; en l'occurrence celui de la communauté d'Israël «noire à ses propres yeux, mais belle devant son créateur», comme le déclare encore le Midrash. Ainsi cette attention passionnée au texte[32], jusqu'à devenir parfois vétilleuse et semble-t-il arbitraire, est l'index d'une passion conjointe également radicale: celle d'un agir qui accomplisse le précepte de la sainteté. Cette exégèse est donc foncièrement pratique. C'est aussi pourquoi le Midrash n'est pas ordonné à l'explication de l'Ecriture mais à son accomplissement, au sens où «accomplir l'Ecriture», c'est découvrir grâce au midrash précisément, ce à quoi l'Ecriture engage dans l'ordre de l'action. Ainsi, par exemple, «...l'Ecriture qui dit: "Tu aimeras le Seigneur... de toute ton âme..." (Deut. *6*,5) n'est accomplie que si on a vu, avec Rabbi Aqiba, qu'elle signifie: "Tu aimeras le

---

[31] Ibidem pp. 51-52.

[32] Il y aurait évidemment tout à dire relativement aux procédures que met en oeuvre cette exégèse. On en trouvera, dans la seconde partie de MIELZINER, ouv. cit. note 25, une présentation simple et précieuse. *L'enfant illégitime*, sources talmudiques de la psychanalyse, de G. HADDAD, Hachette, 1981, fournit dans sa perspective propre des renseignements suggestifs.

Seigneur même s'il te prend ton âme", c'est-à-dire ta vie que tu dois donner dans le martyre»[33]. A partir de quoi il devient possible d'accomplir dans la pratique l'Ecriture déjà accomplie par la méditation des Sages.

4. *La lecture de la Torah totale*

La profusion des citations qui s'accumulent à chaque moment du midrash et la liberté des associations qui y sont pratiquées doivent enfin être reconnues comme signes de la totalité de la Torah. Car la Torah est Torah totale et le midrash a pour objet de manifester cette totalité. De là, les procédés classiques qui se retrouvent évidemment dans le Shir ha Shirim Rabbah. C'est par exemple celui de l'«ouverture» de l'explication homilétique par le rapprochement du texte avec un second d'où l'on revient au premier («petihah darshanit»). Ou c'est encore la pratique de la «hariza» consistant à «faire un collier» des paroles de la Torah en passant de la Torah aux Prophètes, et des Prophètes aux Hagiographes avec cette conséquence que l'unité de l'Ecriture ainsi reconstituée et donnée à voir refait le Sinaï. Un passage célèbre du *Talmud de Jérusalem* (Haghiga 2, 77b) décrit avec pittoresque les effets incendiaires de cette herméneutique. En la pratiquant un jour chez Abuyah, Rabbi Eliezer et Rabbi Yehochoua mettent le feu à la maison de leur hôte auprès duquel ils se justifient en ces termes: «...Nous étions assis et nous faisions un collier avec les paroles de la Torah. Nous passions de la Torah aux Prophètes et des Prophètes aux Hagiographes et voici que ces paroles sont devenues joyeuses comme elles l'étaient quand elles furent données au Sinaï et le feu s'est mis à les lécher comme il les léchait au Sinaï». De cette totalisation qu'accomplit le midrash, le Shir ha Shirim Rabbah fournirait de très nombreux exemples. Au vrai, c'est la tâche du midrash de la produire en chaque point de la lecture, insérant le particulier dans le tout, montrant que le tout est dans le particulier, rendant tangible la réalité de l'Ecriture comme parole unique.

Nous en donnerons un seul exemple, de nouveau pris au commentaire des premiers versets du Shir ha Shirim. Le poète dit en effet: «Nous serons heureux et nous serons en joie par toi», désignant la joie par les deux mots de «gil» et de «simhah». Le midrash, qui le cite, ajoute aussitôt: «Dix termes de joie sont utilisés en rapport avec Israël». Et il énumère ces mots en les illustrant d'une citation:

> «'Gilah': «Réjouis-toi avec force, ô fille de Sion» (Zach. *9*,9);
> 'Sisah': «Je suis plein d'allégresse dans le Seigneur» (Is. *61*,10);

---

[33] Sur les «trois accomplissements de l'Ecriture», voir les présentations qu'en donnent P. LENHARDT et A-C AVRIL in *La lecture juive de l'Ecriture*, Profac, Lyon, 1982.

'Simhah': «Réjouissez-vous avec Jérusalem» (Is. *66*,10);
'Rinah': «Chante, réjouis-toi, fille de Sion» (Zach. *2*,14);
'Pishah': «Eclate en cris de joie et en clameurs» (Is. *54*,1);
'Zahalah': «Pousse des cris de joie et d'allégresse» (Is. *12*,6);
'Olzah': «Mon coeur exulte dans le Seigneur» (1 Samuel *2*,1);
'Olzah': «Et je lui rends grâce» (Ps. *28*,7);
'Hedwah': «Et les enfants d'Israël firent avec joie la dédicace» (Esd. *6*,16);
'Teru'ah': «Acclamez le Seigneur toute la terre»,
        «Acclamez Dieu en éclats de joie» (Ps. *47*,2)»[34].

La «leçon» du midrash est claire: la joie est un devoir pour Israël. Chaque circonstance de la vie l'appelle sous une forme particulière et appropriée que désigne l'un des noms de l'énumération. Même la mort ne dispense pas de la joie. Ainsi, cette exégèse qui brasse Prophètes et Hagiographes déploie visiblement l'unité invisible de l'Ecriture et lui donne pour répondant, — perçu grâce à l'unité de cette Ecriture —, l'unité de l'existence vécue en fidélité à la Torah.

Sans doute, les motifs de cette exégèse sont-ils chargés d'une vigueur propre qui est celle de leur milieu d'origine[35]. Mais il doit déjà être sensible qu'ils ne sont pas totalement étrangers à ce qui s'est observé antérieurement dans les lectures chrétiennes du Ct. que nous avons étudiées. Avant de mieux marquer ces parallélismes, nous nous arrête-rons à une dernière modalité de la lecture juive du *Shir ha Shirim* en liaison, cette fois, avec l'action liturgique.

III. LE SHIR HA SHIRIM, MIDRASH LITURGIQUE

Deux circonstances de la vie liturgique juive sont concernées par le *Shir ha Shirim*. Ce sont, de haute date, la célébration de la Pâque et, plus récemment, celle du Shabbat. Dans les deux cas, le texte est lu ·comme une explication du moment liturgique. Il n'est pas commenté. C'est au contraire lui qui ouvre le sens de la sortie d'Egypte ou de l'entrée dans le repos du Shabbat. Une interprétation mutuelle se fait dans cette relation, tacitement, puisque les correspondances ne sont pas énoncées, et cependant radicalement, par la superposition sans distance, du récit de la sortie d'Egypte et de l'action dramatique du Ct. d'un côté, du moment sabbatique de l'énonciation et des mots du poème de l'autre.

---

[34] *Midrash Rabbah*, p. 48.
[35] On trouvera dans l'article «midrash» du S.D.B., colonnes 1263-1281, rédigé par R. BLOCH, une bonne synthèse sur la question.

1. *Le Shir ha Shirim a Pessah*

Le *Shir ha Shirim* fait partie des «Megillot», c'est-à-dire des Cinq Rouleaux dont la lecture est reliée à la célébration d'une fête liturgique. *Ruth* est lu à la Pentecôte ou Chavouot, *Eicha* (Les Lamentations) au neuvième jour du mois d'Av, *Qohélet* à Soukkoth, *Esther* à Pourim. *Shir ha Shirim*, qui est en tête de la série, est lu «de tradition» à Pessah. Sa lecture trouve place après le Seder, dans la partie de la célébration occupée par le Hallel et conclue par d'autres chants célébrant la libération passée et à venir du peuple[36].

L'extension de cet usage n'est pas facile à apprécier. Manifestement, il s'agit d'une lecture facultative et non pas généralisée. Sa mention est explicite aujourd'hui pour quelques communautés seulement[37]. Plus largement, c'est pour le septième jour de Pessah (soit le 21 Nisan) ou pour le shabbat de la semaine de Pâque que le texte est lu[38]. Dans ce dernier cas, l'origine de l'usage peut être aisément précisée: il s'agit d'une introduction due aux Kabbalistes qui instituèrent pour ce jour une veillée d'étude commémorant le passage de la Mer Rouge. Le *Shir ha Shirim* y est lu en dernier d'une série de lectures, pour ce qu'il décrit les rapports amoureux entre le peuple de Dieu et la Shekhina.

L'origine de l'usage est encore plus difficile à déterminer. Est signalé habituellement, sans autre précision, le lien qui est établi, dans le judaïsme postérieur à la destruction du Temple, entre les Cinq Rouleaux et la célébration de fêtes liturgiques. Mais le moment où commence cet usage reste obscur. Dans le cas du Shir ha Shirim on n'en a pas d'attestation avant le 5ème siècle; ce qui ne signifie évidemment pas que la tradition liturgique des Cinq Rouleaux ne plonge pas dans un temps antérieur. Plus intéressante, et probablement plus praticable, est la question de savoir comment se justifie un tel usage. Posée dans les seuls termes de la critique historique, elle se heurte à de nombreuses difficultés qui sont reliées au problème de la canonicité. Plusieurs ont imaginé entre le Ct. et là Pâque des relations initialement extrinsèques, qui auraient pu être ensuite cautionnées par des exégèses ad hoc. On a déjà signalé ces hypothèses. L'une veut que le Ct. ait d'abord été lu comme poème de mariage à l'occasion de la Pâque, fête familiale située à une époque de l'année où se célébraient volontiers les épousailles (Bentzen). Après l'Exil, cette tradition aurait été maintenue, associant

---

[36] *Encyclopédie de la Mystique juive*, sous la direction de A. ABECASSIS, et G. NATAF, Berg International, Paris, 1977; en particulier: I. ROUCHE, G. NATAF, La vie liturgique et mystique, col. 1427-1433.

[37] Voir *La Pâque dans la conscience juive*, Edition Albin Michel, Coll. Présence du judaïsme, 1959.

[38] *Encyclopédie de la Mystique juive*, col. 1444.

désormais le Cantique au rituel pascal et à toutes les résonances religieuses de la fête d'Israël. Une autre suppose, dans la préhistoire de la Pâque juive, une interférence avec le rituel païen de célébration du Nouvel-An, trouvant là l'explication à la récitation du Cantique. Ce texte, en consonance avec le climat hiérogamique, aurait été légitimé a posteriori par l'activité targumique et midrashique.

Pourtant, cet a posteriori et le caractère forcé de l'exégèse que l'on doit ainsi supposer s'accordent mal avec ce qui s'observe dans les textes. Le fait est que la littérature midrashique argumente sans embarras et avec prolixité la relation entre la Pâque et le Ct. Toute cette interprétation baigne dans un climat d'évidence au moins égal à celui des autres midrashim. Et l'accrochage se fait sur beaucoup plus que le seul verset *1,9* mentionnant «le char de Pharaon» que l'on allègue ordinairement. Le Targum de Ct. *2,9* est un vrai midrash de l'Exode, comme le rappelle R. Le Déaut citant ce passage:

> «Au temps où se révéla (אתגלי) la gloire de Yahvé en Egypte dans la nuit de la Pâque pour tuer tous les premiers-nés... il protégea (אגן) les maisons où nous étions, guetta par la fenêtre, épia par le treillis, et vit (חזא) le *sang du sacrifice de la Pâque* et *le sang de la circoncision imprimé* (חקיק) sur nos portes... Il regarda du haut des cieux (מן שמי מרומא) et vit (חמא) le peuple mangeant le sacrifice de la fête et il les épargna (חס) et il ne donna pas pouvoir à l'ange exterminateur de nous exterminer...»[39].

Le *Midrash rabbah* reprend cette lecture en l'enrichissant d'une portée messianique. En effet, Pâque étant mémorial («zikkaron»), a reçu aussi très tôt une interprétation eschatologique et messianique, la première délivrance devenant signe de la délivrance eschatologique et ravivant, à chaque célébration pascale, l'attente messianique. Moïse est devenu le type du Messie. C'est cette double figure que le Midrash interprète de l'Epoux du Ct. Cette même double identification se retrouve dans les recueils d'homélies que sont la *Pesikta de Rav Kahana* et la *Pesikta Rabbati* qui fournissent, à plusieurs siècles de distance, de bons développements associant la Pâque et *Shir ha Shirim*[40]. C'est ainsi par exemple, que les deux Pesikta lisent Ct. *2,8*: «La voix de mon ami, voici, c'est lui» successivement de Moïse et du Messie apportant le salut en «bondissant par-dessus les montagnes», c'est-à-dire en réduisant le délai mis à la rédemption (P.R. p. 315). «Mon bien-aimé est comme la

---

[39] LE DEAUT, *La nuit pascale*, Analecta Biblica 22, Rome, 1963, p. 211.
[40] *Pesikta de Rav Kahana*, traduction allemande d'après l'édition de Buber, par A. WUNSCHE, Leipzig, 1885 (sera abrégé ici par PRK); il s'agit d'un des tout premiers textes homilétiques midrashiques contenant surtout des homélies sur des textes reliés à certaines fêtes. *Pesikta Rabbati*, Discourses for feasts, fasts and special Shabbats translated by W.G. BRAUDE, Yale University Press, 1968 (abrégé ici en PR).

gazelle», apparaissant et disparaissant, reçoit toute une série d'harmoniques: tantôt c'est Dieu qui bondit d'Egypte à la Mer Rouge, de la Mer Rouge au Sinaï (P.R. p. 317); tantôt c'est Moïse, le premier Messie, qui apparaît puis disparaît; tantôt le Messie lui-même qui sera dissimulé après s'être montré (P.R.K. p. 58).

«Car l'hiver est passé, la pluie a cessé, elle s'est enfuie. Les fleurs sont apparues» est également lu dans les deux Pesikta en commentaire direct de l'Exode. Le temps de la chanson/ taille est commenté par la *Pesikta Rabbati* selon les deux sens du mot «zamar», chanter et couper:

> «"Le temps de la chanson est arrivé" se rapporte à la saison où les plantes sont émondées ou taillées, de sorte que la phrase est interprétée: le temps de la circoncision est venu; le temps est venu pour les Égyptiens d'être abattus; le temps est venu pour les idoles d'être extirpées de la terre: "Contre tous les dieux de l'Egypte, j'exécuterai mes jugements" (Ex. *12*,12); le temps est venu pour la Mer Rouge d'être ouverte en deux: "Et les eaux furent divisées" (Ex. *14*,21); le temps est venu de chanter le chant de la Mer Rouge: "Alors, Moïse et les enfants d'Israël entonnèrent ce chant" (Ex. *15*,1); le temps est venu pour que la Torah soit donnée: "O Seigneur, ma force est mon chant" (Ex. *15*,2), un verset qu'interprète R. Bebai comme impliquant: "Tes lois ont été mes chants" (Ps. *119*,54) et R. Tanḥuma comme impliquant que le temps est venu pour Israël d'élever sa voix en un chant adressé au Saint-Béni soit-il: "Ma force est un chant pour le Seigneur" (Ex. *15*,2)» (p. 325).

Ou encore, «Le roi s'est fait un baldaquin» (Ct. *3*,9) est commenté par la *Pesikta de Rav Kahana* en identifiant le baldaquin à la tente de la Rencontre. C'est ce même motif qui revient à propos de *3*,11, désignant la couronne dont la mère de Salomon l'a couronné au jour de ses noces.

D'autres passages que seule pourrait prendre en compte une étude spécialisée sont ainsi rattachés aux épisodes du récit exodique.

2. *Le Shir ha Shirim et la liturgie du Shabbat*

C'est essentiellement sous l'influence de la Kabbale que le Ct. a été officiellement associé à la célébration du Shabbat. Mais cet usage ne s'est nullement établi comme une pure innovation sans appuis dans la littérature antérieure. Autant que l'on puisse remonter, c'est-à-dire jusqu'aux premiers siècles de notre ère, on trouve des éléments signifiant cette affinité entre le Ct. et la célébration du Shabbat.

Appartenant à la plus ancienne littérature midrashique, *Genèse Rabbah* 11, 9 rapporte ainsi un enseignement étonnant de Bar Yochai sur le Shabbat, personnifié sous forme d'une figure féminine que Dieu donne pour époux à Israël:

> «Rabbi Siméon bar Yochai enseignait ceci: le Sabbat dit à Dieu: "Sei-

gneur de l'univers, tout le monde a un compagnon, il n'y a que moi qui n'en ai pas". Dieu lui répondit: "C'est l'assemblée d'Israël qui est ton compagnon". Et quand Israël se trouva en face du Sinaï, Dieu lui dit: "Souviens-toi de la promesse que j'ai faite à Sabbat en lui disant que tu serais son compagnon". Ceci correspond à ce qui est écrit: "Souviens-toi du jour du Sabbat pour le sanctifier"» (Exode, *20*,8).

Le *Talmud*, de son côté, comporte des allusions à des formes primitives de "Qabalat Shabbat" (accueil du Shabbat). Il mentionne ainsi la pratique de certains maîtres du *Talmud* accoutumés à se couvrir d'un manteau la veille du Shabbat en criant: «Venez, laissez venir à nous la reine du Shabbat» et en désignant le Shabbat du nom de «fiancée» ou de «princesse» (Shab. 119 a)[41]. Ailleurs, il fait allusion à ce vieillard rencontré par Simon ben Yochaï et son fils qui, le vendredi soir, se hâtait en portant deux fagots de myrtes, afin disait-il, d'honorer le Shabbat. Ou encore, il rapporte la pratique de certains disciples de la Torah réservant l'union conjugale à la nuit du vendredi[42].

Un document iconographique du 15ème siècle, rare et curieux, représentant une cérémonie de «Qabalat Shabbat», oblige à admettre qu'une interprétation nuptiale du Shabbat existait également en plein Moyen-Age[43].

Ce sont néanmoins les kabbalistes du 16ème siècle qui élaboreront tous ces éléments en une forte synthèse identifiant la Fiancée, la Shekhina et le Shabbat. Le *Zohar* parlera longuement de la Shekhina comme du «champ des pommiers sacrés», «élément féminin qui, fertilisé par le Roi, devient le lieu d'engendrement des âmes des justes». A partir de quoi se développera, au milieu du 16ème siècle, un curieux rite:

«Longtemps avant le Sabbat, à l'heure de "Min'ha", les kabbalistes de Safed et Jérusalem avaient l'habitude, habillés de blanc (en tout cas pas en rouge ou noir, car ces vêtements auraient indiqué les puissances dirigeantes ou limitantes), de sortir de la ville pour se rendre dans le champ qui, par l'arrivée de la Shekhina, était métamorphosé en "pré sacré". Ce défilé représente une procession qui va au-devant de la fiancée. On chantait alors des hymnes particuliers à la fiancée et des psaumes de joie (comme le Psaume 29, d'autres 95-99)»[44].

C'est pour cette célébration que fut écrit le célèbre hymne d'Alkabez de Safed, le *Lekha Dodi*, qui devait être reçu ensuite par l'ensemble

---

[41] Cf. Elie MUNK, *Le monde des prières*, tome III: «Les prières du Shabbat», Colbo, 1973, p. 5 et sv.

[42] Voir *Le Shabbat dans la conscience juive*, Données et textes, Congrès juif mondial, PUF, 1975, p. 155 et sv.

[43] Th. et M. METZGER, *La vie juive au Moyen-Age* illustrée par les manuscrits hébraïques enluminés du XIIIème au XVIème siècle, Fribourg, Paris, 1982, pp. 244-245.

[44] *Le Shabbat dans la conscience juive*, ouv. cit. p. 156.

des communautés juives pour la célébration du Shabbat[45]. Le rite a disparu ensuite, mais la liturgie du vendredi soir en a gardé, dans l'ensemble du judaïsme, une tonalité féminine inspirée du Ct. que rend sensible, aujourd'hui encore, la valorisation qu'elle comporte du rôle de la maîtresse de maison.

CONCLUSIONS

La confrontation des données (partielles puisqu'essentiellement relatives au midrash) concernant l'existence du Ct. dans le judaïsme avec les analyses présentées antérieurement à propos du mode de présence de ce même poème à la tradition chrétienne, amène à formuler une série d'observations.

a) Sans doute est-on conduit à prendre acte de ce que l'une et l'autre tradition a sa spécificité. Il est clair que, dans le détail de l'interprétation allégorique, chaque lecture prend des directions différentes. Le grand clivage est celui qui interprète les deux rôles de l'épouse et de l'époux du poème, d'Israël et de Dieu ici, de l'Eglise et du Christ là.

Le statut liturgique du texte est également — du moins au point présent — sensiblement différent: le judaïsme connaît des lectures in extenso, mêlées à la grande liturgie de la Pâque ou à la liturgie domestique du Shabbat, tandis que le christianisme ne cite plus le poème que très fragmentairement et avec une retenue qui en fait un texte en partie marginal.

Ces constatations qui éloignent l'un de l'autre les deux usages juif et chrétien ne doivent cependant pas tromper. Concernant la lecture liturgique, on a vu que la situation était tout autre aux débuts du christianisme: de même que le judaïsme fait mémoire de la délivrance d'Egypte en recourant au Shir ha Shirim, de même, pendant plusieurs siècles, le christianisme a engagé les mots du Ct. dans la description et l'explication des sacrements de l'initiation chrétienne qui forment le coeur de sa foi. Dans chaque cas, pour le judaïsme et pour le christianisme, c'est donc une référence centrale de la foi professée qui est abordée à l'aide du Ct.

De plus, concernant l'interprétation allégorique, le fait premier et dominant, au-delà des divergences, est bien qu'elle soit pratiquée en commun par les deux traditions, et même — durant les premiers siècles — dans une interaction étroite faite de controverse mais également d'échanges et d'emprunts. On a pu montrer, par exemple, comment

---

[45] Voir Ismar ELBOGEN, *Der jüdische Gottesdienst in seiner geschichtlichen Entwickelung*, Leipzig, 1913, p. 108. On trouvera également un dossier détaillé de textes in *Le livre du Shabbat*, A. PALLIERE et M. LIBER, Fondation Sefer, 1974.

Rabbi Yohanan et Origène étaient mutuellement avertis de leurs exégèses et construisaient chacun, en plusieurs points, leur explication du Ct. comme une critique et une réponse à l'autre[46]. C'est, en fait, à tout un jeu subtil de connivence et de polémique, d'influence et de distance que l'on assiste, dès que l'on s'engage dans la confrontation de l'exégèse origénienne avec l'exégèse contemporaine des Sages d'Israël[47]. Et comme Origène est devenu source et référence dans la suite des siècles, la contribution originelle du judaïsme à l'exégèse chrétienne du Ct. a été définitivement entérinée et a continué d'être exploitée en plein Moyen-Age[48]. Mais les débats mêmes des premiers siècles n'ont pu avoir lieu que parce que judaïsme et christianisme lisaient à partir de prémisses partagées.

b) Dans l'une et l'autre tradition, et malgré quelques discussions très situées, on constate que le Ct. figure comme un texte parfaitement intégré. Loin de demeurer en bordure, accroché fragilement par une herméneutique de complaisance au corpus canonique, il est au centre de l'expérience croyante. Ce centre peut être, à tel ou tel moment, celui d'une expérience mystique en sa pointe la plus secrète et la plus avancée; c'est bien ce que l'on trouve dans les doctrines du Shi'ur Qoma ou de la Kabbale, comme dans certaines relectures mystiques chrétiennes. Mais cet aspect ne doit pas obscurcir cet autre régime d'existence du texte que l'on a vu attesté, par exemple, lorsque Jérôme enseigne à Pammachius le sens de son repos et de son sommeil en lui apprenant à connaître, grâce à Ct. 5,2: «Je dors, mais mon coeur veille», qu'il y a une présence à Dieu qui est de la nuit comme du jour. Cette même proximité du texte à l'expérience est encore ce qui se montre dans la *Pesikta de Rav Kahana* faisant de Ct. 2,9: «Mon ami ressemble à une gazelle» la description de Dieu parcourant la terre et bondissant d'une maison d'étude à une autre, afin de bénir les fils d'Israël qui s'y trouvent, ou, selon la *Pesikta Rabbati*, regardant comme le bien-aimé par la fenêtre, c'est-à-dire par-dessus l'épaule des prêtres. De tels textes attestent une familiarité de même nature dans la relation à l'épithalame biblique. Et dans les deux cas, judaïsme et christianisme, cette familiarité a une portée méditative. Ici, on lit le Ct. après le Seder, comme pour récapituler amoureusement, grâce à lui, la mémoire du salut, évoquer son actualité et son avenir; là,

---

[46] R. KIMELMAN, Rabbi Yohanan and Origen on the Song of Songs: a third-century jewish disputation, *Harvard Theological Review*, Janv.-Avril 1980, p. 567-595.

[47] E.E. URBACH, The Homiletical interpretations of the Sages and the expositions of Origen on Canticles, and the jewish-christian disputation, *Scripta Hierosolymitana*, vol. XXII, pp. 247-275, The Magnes Press, Jérusalem, 1971.

[48] Sur ce point voir B. SMALLEY, *The study of the Bible in the Middle Ages*, Oxford, 1952, p. 149 et sv.; J. LECLERCQ, *L'amour vu par les moines au 12 ème siècle*, Editions du Cerf, 1983, pp. 123-127.

on en fait la conscience du mystère où engage le baptême ou la vie consacrée. Et, on l'a vu aussi, la connivence est si forte, qu'une écriture en surgit, dans les deux traditions, que ce soit celle du *Lekha Dodi* d'Alkabez de Safed ou du *Cantique spirituel* de Jean de la Croix.

c) D'où il résulte une convergence supplémentaire. L'essentiel des lectures juives et chrétiennes qui ont été mentionnées ne peut être ramené au principe du commentaire, dans son acception moderne. L'une et l'autre tradition commentent beaucoup moins le texte qu'elles ne laissent celui-ci commenter la liturgie ou d'autres passages scripturaires. Ainsi donc apparaît le paradoxe: un texte qui aujourd'hui se présente comme un chantier de questions ouvertes qui semblent défier la science des exégètes est, dans la lecture vive de ces deux traditions, un texte de référence auquel on vient s'appuyer, à qui on vient demander l'intelligence de l'histoire, du rite ou de la vie.

d) Enfin, on doit reconnaître une dernière affinité décisive entre les lectures spirituelles et allégoriques du Ct. pratiquées par le judaïsme et le christianisme: celle d'une lecture qui est à la fois totale et subjectivée.

Dans les deux cas, en effet, le texte n'est jamais lu isolément mais lié à un contexte, enserré dans un englobant qui est soit celui de la Torah «teminah» (écrite et orale), soit celui de l'ensemble des Ecritures. C'est à l'intérieur de ce périmètre que se construisent les associations qui sont la lecture même. Et l'on cesse de trouver celles-ci arbitraires et forcées quand on perçoit que cette totalité est le milieu naturel d'une telle lecture.

En même temps, cette totalité discursive est aussi une totalité historique et concrète puisqu'elle est celle du groupe qui l'a produite et qui la garde, dans une histoire qui conduit le texte jusque sous les yeux de son lecteur présent. Les Sages d'Israël comme les Pères de l'Eglise sont les figures emblématiques d'une telle collectivité où le passé engendre le présent et le rend à son tour fécond, puisque — on l'a vu encore — dans l'un et l'autre cas, le rapport à la tradition n'est pas celui d'une allégeance pesante, figeant l'innovation, mais au contraire le principe d'un élan qui stimule des nouveautés d'autant plus vigoureuses qu'elles prennent appui sur le sol ferme de ce qui a été répété (mishnah), c'est-à-dire éprouvé comme utile à la vie.

Ainsi, de ces deux traditions, au point où on les a saisies, c'est l'image d'une même poétique de la lecture qui se forme, organisée par une même conception de la subjectivité et de l'histoire, un même exercice de l'énonciation[49]. Certes, cette conclusion ne saurait concer-

---

[49] On lira avec intérêt l'analyse convergente de J. RADERMAKERS, «Parole consacrée et exégèse juive», en appendice à J-P SONNET, *La parole consacrée*, Louvain, 1984, pp. 169-184.

ner, en toute rigueur, que les documents qui ont été examinés ici. En particulier, elle n'engage pas le versant de la lecture kabbalistique du Shir ha Shirim qui, avec ses pratiques anagrammatiques, ses jeux de chiffrage et de déchiffrage du signifiant, introduit dans une logique textuelle spécifique dont la prise en compte imposerait certainement un remaniement de l'analyse. De même, si l'interprétation allégorique du Ct. est le gros de l'exégèse chrétienne du texte, elle n'est pas son tout et d'autres de ses modalités pourraient objecter à notre analyse.

Toutefois, la lecture midrashique d'une part, celle des Pères de l'autre, constituent pour chacune de leur tradition et pour l'interprétation du Ct. en particulier, des moments suffisamment marquants et décisifs pour qu'une conclusion tirée de leur examen et de leur comparaison mutuelle ne soit pas purement sectorielle et anecdotique. C'est bien, en tout cas, l'existence d'une lecture allégorique comme lecture subjectivée qui est confirmée, dans la diversité de ses résultats, par le parcours qui vient d'être fait. Ainsi, peut-on espérer avoir rejoint quelque chose de la cohérence qui modèle, au long de l'histoire, un vaste continent de textes associés au *Cantique des Cantiques*.

CONCLUSION

Au terme de cette recherche qui a entremêlé autour du Ct. des Ct. des voix d'exégètes et d'historiens, de philosophes et de linguistes, qui a convoqué dans un même espace les Sages d'Israël, Origène l'Alexandrin, la Saxe bénédictine du 13ème siècle, placé en vis à vis les Pères de l'Eglise et leurs lecteurs modernes, que pouvons-nous conclure? Quelles conséquences tirer de l'examen des quelques modèles anciens de lecture et d'exégèse que l'on a rencontrés? Quel éclairage nouveau reçoit le poème biblique de cette longue marche à l'intérieur de l'histoire de son interprétation?

Pour plus de clarté, redisons ce que fut notre point de départ. Non pas un projet démonstratif, un sens du Ct. à objecter ou à défendre. Mais plutôt cette supposition que nos questions modernes n'étaient pas les seules possibles, que d'autres modes de relation au texte avaient pu exister que celui qui en fait une énigme, d'autres justifications à sa lecture que celle, banale pour nous, de devoir l'expliquer. Que l'interprétation allégorique aussi pouvait ne pas être seulement cette opération contournée et plus ou moins arbitraire par laquelle on inventerait une cohérence à ce qui n'en a plus ou pas assez. Que la question du Ct., en somme, pouvait déborder les formes du savoir où nous l'envisageons présentement.

Dans cette perspective, notre objectif a été de chercher à réouvrir l'intelligence de quelques étapes passées de la lecture du poème, traitées volontiers aujourd'hui comme des moments obscurs, sinon marqués d'obscurantisme. Non pas simplement par curiosité rétrospective, mais avec cette idée que l'on ne pouvait correctement poser la question de l'identité d'un texte en ignorant — ou en interprétant à la hâte, selon des catégories projetées — les temps antérieurs de ses lectures avec leurs logiques et leurs finalités propres.

Ainsi les détours plus historiques ou théoriques que l'on a pratiqués avaient pour but premier de remettre en perspective historique les problématiques présentes et de ramener au jour des questions — l'énonciation au sein de discours réputés «explicatifs», l'intervention de la tradition dans l'acte de lecture — que les modèles courants minimisent ou écartent. Bien loin de vouloir plier les discours anciens à des abstractions préliminaires, le dessein était donc de redonner du jeu à nos théories contemporaines utiles, mais nécessairement électives et partielles, susceptibles donc de brider la compréhension que l'on pouvait prendre de scénarios herméneutiques éloignés des nôtres.

De ce parti choisi et mis en oeuvre est résultée la situation suivante.

1. Parcourant des textes qui croisent le Ct. des Ct. dans la littérature chrétienne et juive des premiers siècles ou du Moyen-Age, nous n'avons pas d'abord rencontré des sens du texte, mais des situations de parole auxquelles les mots du poème venaient se prendre: homélies baptismales, discussions de maître à disciple dans l'exégèse rabbinique, discours épistolaire, liturgie domestique du Shabbat, etc. Non pas des interprétations du poème donc, mais ses *lecteurs* mêmes. Situation tautologique, dira-t-on, puisque c'est à eux que l'on avait le projet de se rendre attentif, à partir de cette hypothèse qu'ils représentaient plus qu'un oeil qui parcourt le texte et enregistre le sens. Pas simplement tautologique, car rien ne permettait de prévoir qu'on allait trouver beaucoup plus qu'une simple composante, en l'occurrence énonciative, de procédures discursives complexes. Or, la surprise a été de voir à l'oeuvre non seulement une paraphrase débordant largement la production d'un sémantisme explicatif, ou une citation établissant un rapport entre deux actes de parole — conformément aux définitions que l'on s'en était initialement donné dans les termes d'une théorie de l'énonciation (1ère Partie, chapitre III) — mais l'élaboration implicite, à travers de telles pratiques, d'une véritable théorie de la lecture croyante et du temps historique de la tradition.

Traitant du lecteur, on a constamment été en présence de figures consistantes et denses, simultanément collectives et personnelles, sujets que l'on peut nommer individuellement mais qui immédiatement font surgir, avant eux et autour d'eux, l'accompagnement d'autres voix, un monde d'autres sujets hors desquels eux-mêmes deviennent incompréhensibles. Constamment aussi on a vu comment ces sujets s'engendraient ou se connaissaient à travers la lecture d'un texte, elle-même inscrite dans une solidarité de croyance qui est aussi une commune attitude à l'égard de l'Ecriture, non de maîtrise, mais de soumission, non de fondamentalisme, mais d'intelligence active, traitant les faits de l'Ecriture comme évènements de l'histoire (de sorte que les Pères et ceux qui les prolongent ont «beaucoup moins l'impression de commenter un texte ou de déchiffrer des énigmes verbales que d'interprèter une histoire»[1]), dans la référence constante à un corpus total (selon l'«analogia fidei») et à un lieu ecclésial défini comme principe d'identité et d'unité.

A certains égards cette surprise pouvait être tempérée s'agissant de

---

[1] H. de LUBAC, *Catholicisme*, Ed. du Cerf, 1965, p. 112.

l'exégèse juive qui a la réputation, du moins sous un certain regard contemporain, de savoir associer, dans un même acte, l'écriture avec l'oralité et la socialité inhérente à cette dernière. En revanche, l'examen des textes chrétiens patristiques a conduit à reconnaître que de telles dispositions appartenaient aussi de façon moins prévisible à d'autres lecteurs, en tout cas pour ce temps premier où l'exégèse chrétienne demeure frontalière de l'exégèse juive dont elle est issue, même si leurs contenus théologiques s'affrontent avec virulence. La lecture d'Hippolyte, d'Origène ou d'Ambroise lecteurs du Ct. nous a placé sous cette évidence que décrit remarquablement, sur un mode spéculatif, Stanislas Breton, lui-même se présentant comme lecteur d'Aristote: «... le discours, plus généralement le "logos", a son sens ultime, son accomplissement ou son "entéléchie" dans l'auditeur qui le reçoit. D'où une inversion des rôles. Ce n'est point l'auteur mais le récepteur qui représente ici la causalité par excellence, en dépit de son apparente passivité (...) c'est l'audition-lecture qui définit l'être même de cet étant qu'est le discours (oral ou écrit)»[2]. Et on a pu voir comment une reprise par ce biais de l'allégorie ancienne était susceptible d'en donner une intelligence plus fidèle à ce que fut son fonctionnement réel: l'attention à la dimension énonciative de cette procédure permettant de remonter le courant des simplifications auxquelles s'en tiennent souvent les descriptions modernes. On a pu voir enfin que même l'épisode intrigant que constitue la prise de position de Théodore de Mopsueste à l'intérieur de l'histoire de l'interprétation ancienne du poème, n'était plus aussi énigmatique si l'on percevait que le débat opposant Antioche et Alexandrie s'alimentait aussi à une divergence initiale dans la manière de situer ici et là le rôle du lecteur dans l'acte interprétatif.

Non seulement les lectures que l'on a examinées manifestent que l'on ne peut penser la réalité du texte du Ct. sans engager la référence à ses lecteurs, mais elles montrent, pour la plus grande partie de l'histoire de la lecture, le jeu d'un service réciproque qui dépasse cette première liaison: le lecteur lisant le Ct. se rend attentif et présent à un texte qui, lui-même, lui est entièrement destiné comme la voie d'intelligence des actes liturgiques qu'il pose, des évènements qu'il célèbre ou, plus généralement, de son identité et de sa situation spirituelles. Ainsi le sujet-lecteur n'est-il pas simplement l'agent de la lecture, mais proprement sa finalité, la «fin» que sert l'acte d'intelligence du texte. La seule condition mise à l'efficace d'une telle lecture, dans la tradition qui lit ainsi, est que le lecteur consente à s'exposer au texte, c'est-à-dire renonce à obturer le dialogue du poème en interprétant le «je» et le «tu» de celui-ci ou de celle-là, en acceptant de se prendre au pur jeu dialogique que la tradition qui garde ce texte considère comme le secret

---

[2] Stanislas BRETON, *Ecriture et Révélation*, Ed. du Cerf, 1979, p. 39.

merveilleux où s'identifie l'homme et où s'identifie Dieu, l'un de la parole de l'autre, dans la symétrie d'un dialogue qui est elle-même une révélation. Redisons-le ici, car ce point est capital, la finalité d'une telle lecture et des discours «explicatifs» qui accompagnent le texte n'est pas de comprendre ce que dit le poème mais, au-delà même de la compréhension, de pouvoir dire les mots du poème et de se les entendre dire. C'est pourquoi les textes anciens «expliquent» si peu, mais consacrent toutes leurs ressources à décrire les situations légitimant la réénonciation.

2. C'est ce que F. Rosenzweig avait remarquablement perçu, désignant l'envers de cette démarche, en évoquant les interminables interpolations et bouleversements pratiqués par la critique sur le texte, avec pour but, toujours, de «transformer la part lyrique, le Je et le Tu du poème, en un Lui et Elle épiques et clairs»[3].

C'est précisément dans ce partage qu'au terme du présent travail nous mettons la structure majeure de l'histoire de l'interprétation du poème. En regard de descriptions qui égrènent des sens du texte (de l'allégorie au sens naturel avec toutes les modulations de contenu de chacune), nous décrivons une histoire articulée par ce choix: ou bien lire d'une lecture qui assume le «je» et le «tu» dans un dialogue subjectif où le lecteur est impliqué, ou bien lire en se donnant pour tâche la reconversion de ce «je» et de ce «tu» en rôles dramatiques dont le lecteur n'est plus que le spectateur désengagé. Aux premières de ces lectures nous avons donné le nom de lectures subjectivées; nous qualifierons les secondes de lectures désubjectivées.

Non pas que ces dernières d'ailleurs laissent leur lecteur hors jeu. Il suffirait pour s'en convaincre de relire, par exemple, l'étude qu'E. Renan consacra au Ct. il y a un peu plus d'un siècle[4]. En cette lecture exemplaire — qui se voulait également à distance de l'allégorie et de la subjectivité — sont formulées et argumentées toutes les revendications d'un savoir faisant de l'émancipation de la tradition le gage de son sérieux et de son objectivité. En elle aussi sont visibles, le plus clairement, les effets d'un parti interprétatif pour lequel la rectitude scientifique serait inversement proportionnelle à la part accordée au biface de l'allégorie et de la subjectivité. On se souvient que Renan interprète le Ct. des Ct. comme le fruit d'une distraction, «l'oeuvre d'un de ces moments d'oubli où le peuple de Dieu laissait reposer ses espérances infinies». Il s'agirait donc de le lire «dans sa chaste nudité», objectivement, loin des préjugés confessionnels et des rêves que la piété

---

[3] F. ROSENZWEIG, ouv. cit. p. 237.
[4] E. RENAN, *Le Cantique des Cantiques*, traduit de l'hébreu, Etude sur le plan, l'âge et le caractère du poème, Paris, 1860.

y projette. Et cependant — malgré les rigoureuses dispositions méthodologiques de la Préface — le lecteur de Renan découvre avec effarement
comment celui-ci s'engouffre, de page en page, dans une étourdissante
invention. Au prix de subtils doubles jeux de parole, Renan lit un drame
à trois personnages mettant en rivalité amoureuse Salomon et un pâtre à
propos d'une bergère, illustrant par là le contraste entre un amour
sincère et rustique et l'amour sensuel et grossier du sérail. Aux prises
avec les difficultés de la finale (8,7-14), il interprète les paroles échan-
gées par les frères de la Sulamite comme le projet qu'auraient ceux-ci de
tirer parti de la beauté de leur soeur... en la vendant à un harem. Ainsi
les versets venant en finale du poème seraient aussi sa préface et
donneraient la clé de toute l'intrigue. Sans cesse, Renan imagine une
chronologie d'un raffinement baroque étourdissant et pour finir, il
invente — sans l'ombre d'une justification historique — l'appartenance
du Ct. à un introuvable système dramatique hébraïque, témoin d'une
liberté, d'une «fraîcheur», d'«une naïveté» ayant régné à haute époque,
avant que la spiritualité austère «d'Esdras et même, en remontant plus
haut, celle de Josias et de Jérémie» ne viennent poser leur lourde chape
sur l'esprit d'Israël (p. 478). On le voit, le projet «hors allégorie», «hors
subjectivité» se révèle ici hautement problématique. Certes, la volonté
déclarée de Renan est bien de ne connaître que le texte, fidèlement et
méthodiquement lu, à la lumière du savoir de l'homme de science; hors
subjectivité donc. Et, en particulier, il est de rompre avec la tradition de
croyance qui, pendant des siècles, a lu le poème en sachant qu'elle
pouvait y trouver ses délices et ses consolations. Pourtant les précautions
de Renan contre la subjectivité ne lui servent de rien. Pire, son déni
semble redoubler le jeu. Impossible de prétendre qu'il engage moins de
lui-même dans sa lecture du Ct. que ne le font les Rabbis ou les Pères, les
mystiques juifs ou chrétiens dont les textes ont été lus plus haut. En fait,
il engage massivement, et somme toute très banalement, les stéréotypes
à travers lesquels le 19ème siècle positiviste a connu la Bible, la foi juive
et la foi chrétienne.

On doit donc admettre qu'entre diverses lectures, le partage ne se
fait pas d'abord sur les «processus», mais sur les finalités, les intentions
déclarées de la lecture: pour Renan, par exemple, il s'agit d'échapper à
ce qu'il considère comme le piège de la subjectivité croyante; pour
d'autres, comme les Pères, il s'agit, à l'inverse, de ménager ses entrées
dans le poème à la subjectivité du lecteur. La séparation porte, en
définitive, sur des sujets de la lecture inscrits dans des solidarités
différentes, reliés autrement, ici et là, à l'histoire et à la tradition, et donc
au texte; de là posant aussi, selon des méthodologies opposées, la
question du «sens vrai» du Ct.

Précisons encore qu'une fois ce partage désigné à l'intérieur de
l'histoire du Ct., il devient possible de fixer la place respective des divers

types d'exégèses recensés au début de notre recherche. De différencier des formes de lecture subjective sur la base de distinctions entre les figures du sujet croyant qui y sont engagées (lecture juive / lecture chrétienne), de la pondération respective du sens historique et du sens allégorique (Antioche / Alexandrie), ou encore des contenus investis dans la lecture (ecclésiale / mariale, par exemple). De même encore, à l'intérieur de l'ensemble des lectures désubjectivées, de montrer un sous-ensemble qui lit le Ct. en l'isolant du reste du corpus biblique et un autre qui cherche à construire les connexions entre le poème et son contexte, entre une exégèse qui se pense comme un point de vue non exclusif sur le texte et une autre qui assimile la lecture à une exploration historico-critique.

3. Cependant, à définir ainsi la lecture traditionnelle comme lecture subjectivée et à lui avoir consacré l'essentiel de ce travail, nous tombons sous un soupçon que nous ne voulons pas laisser dans l'ombre. La subjectivité de la lecture qui a été de la sorte mise en valeur n'entre-t-elle pas en rivalité avec l'objectivité que se fixe l'enquête scientifique? A lui accorder cette place dans l'histoire de la lecture du Ct., n'est-on pas en train d'objecter l'exégèse du passé à celle du présent? Ne risque-t-on pas, par un jeu de bascule bien courant, de redonner du relief à des aspects obscurcis de l'histoire du texte pour construire une forme alternative à une exégèse qui les ignore aujourd'hui? De telles questions font partie du débat contemporain sur le Ct. et se retrouvent explicitement formulées chaque fois que sont mis en présence les travaux scientifiques sur le texte et des formes de lecture plus libre[5]. Il est donc essentiel de s'expliquer clairement pour éviter, soit de tomber dans des oppositions simplistes, soit de se priver de tirer de la confrontation du passé et du présent des suggestions et des inspirations. Nous détaillerons deux séries de réflexions.

a) Dans la perspective qui est la nôtre, le sens est une synthèse et non une projection subjective. Pour avoir fait une large place aux processus de subjectivation de la lecture, nous n'avons nullement estimé que le sens du texte serait l'annexion de ses signifiants par un lecteur qui les soumettrait purement et simplement, sans le frein d'aucun principe de réalité, au jeu projectif de ses intérêts et de ses besoins. Tout à l'inverse, le sens tel que nous l'avons vu se former dans les lectures du Ct. est cette synthèse réglée à la fois par des éléments textuels et par la situation empirique de la lecture. En l'occurrence, il est apparu comme une relation établie entre une structure dialogique du texte et une situation de lecture, plus précisément comme l'inscription du dialogue du

---

[5] Cf. récemment encore la présentation comparée de l'ouvrage de B. Arminjon et de la dernière étude de R.J. Tournay in *Revue des Sciences religieuses*, Strasbourg, Janv. 1985, n. 1, pp. 61-64.

poème dans une situation (liturgique, épistolaire, homilétique ou plus généralement discursive) qui l'interprète. Si le poème a besoin d'être proféré par une voix qui interprète ses mots, partie comme parole dite, partie comme parole reçue, dans le même mouvement, le Ct. est lu, non comme un texte à interpréter, mais comme un texte interprétant. C'est lui qui, dans les lectures anciennes, explicite la réalité de la Pâque ou celle du baptême avant de requérir une élucidation de ses mots. Et c'est à l'intérieur d'une telle perspective qui a pour coeur l'objectivité du rite ou du moment qu'elle accompagne, que la lecture du poème se subjectivise. Nullement donc en fonction d'une connivence affective, esthétique ou psychologique désamarrée de toute base extérieure au sujet. Le cas des écrits de Gertrude d'Helfta est ici exemplaire: on aurait pu redouter une fuite en direction d'expériences émotionnelles, on a dû constater que les citations faites par la moniale d'Helfta étaient systématiquement ancrées dans l'objectivité de l'action liturgique. Certes nous n'avons pas poussé notre exploration du côté des lectures du piétisme[6]. On y trouverait probablement une situation autre. Mais force est de constater que ni la tradition patristique, ni la tradition médiévale, ni le judaïsme n'ont lu le Ct. au titre d'une intimité psychologique limitée au vécu de l'individu.

En définitive, et pour rejoindre un propos plus théorique, nous dirons que le soupçon que l'on perde l'objectivité du texte en centrant l'intérêt sur la reprise subjective de la lecture est lui-même le fruit d'une simplification. Il est l'effet de cette réduction qui fait que l'identité d'une oeuvre est pensée trop pauvrement comme celle d'un sens a priori qui n'entrerait pas véritablement dans un travail d'élaboration, qui ne serait pas affecté par l'histoire au sein de laquelle le texte est lu et reçu. Tout l'intérêt théorique du Ct. des Ct. est de démasquer une telle illusion en donnant l'exemple d'un texte qui va jusqu'à proposer un sens littéral qui est déjà, historiquement, un sens reçu dans et par la communauté qui est à la source de sa sauvegarde et de sa transmission. Ainsi est-on en présence d'un énoncé qui croise de façon exemplaire et suprêmement intriquée la matérialité de ses mots avec l'histoire à la fois collective et subjective de leur interprétation.

C'est aussi pourquoi la canonicité du texte est concernée par l'histoire de l'interprétation.

Si la canonicité d'un document ne peut jamais être appréhendée comme une propriété textuelle, mais doit être vue comme l'effet d'une consécration où est engagée l'autorité du groupe qui le désigne comme

---

[6] Ainsi la requête de P. VULLIAUD que soit étudiée la littérature piétiste allemande inspirée du Ct. reste-t-elle à honorer. Il y a là, en effet, un abondant matériau qui intéresse au premier chef l'histoire de l'herméneutique (en particulier la querelle entre SEMLER et les piétistes à propos du Ct.).

tel, elle ne peut pas, pour autant, passer pour une décision simplement arbitraire. En outre, si le corpus biblique est bien constitué de documents sédimentés où s'est constituée progressivement la mémoire d'un groupe, sous la forme de récits, de légendes, comme de traditions étiologiques, le rapport au passé est tel, Israël, qu'on ne peut pas non plus simplement y concevoir la canonisation comme un effet d'archivage plus ou moins contrôlé. La relation au passé est ici décisive, comme le prouve, à l'intérieur du corpus, l'abondance des relectures et des réécritures[7]. Mais ce n'est pas le passé, comme trace abstraite de ce qui est révolu, qui justifie un pareil intérêt. Le passé est mémorisé et archivé dans la mesure où il apporte ses cautions à la vie présente, ses appuis à l'espérance, ses figures à l'avenir. En d'autres termes, la canonicité implique une ratification reliée à des raisons positives, c'est-à-dire en l'occurrence à des nécessités spirituelles —, et non pas une politique de laissez-faire culturel. C'est pourquoi les explications qui mettent la canonicité du Ct. au compte d'une méprise, ou d'un attachement historique à une vieille pratique sociale, ou d'un coup de force, ou de l'en-tête salomonien qui aurait donné le change, ne paraissent pas suffisamment convaincantes pour qu'on estime la question règlée.

Du reste, il nous semble que l'on prend bien peu en compte habituellement en ce débat les caractéristiques spirituelles du moment auquel on rapporte le plus communément la rédaction du Ct., ou son accueil dans la culture spirituelle d'Israël. Il n'est en effet pas indifférent que dans cette dernière phase du retour d'Exil, où se creuse l'attente de la réalisation des promesses, la conscience que le peuple reçoit de lui-même passe par des figures féminines, celles de Judith, d'Esther, de l'épouse du Ct. Cette nouveauté qui surgit alors dans la conscience et dans la foi d'Israël ne peut être comprise que dans sa relation au problème fondamental que pose l'annonce contemporaine de la nouvelle alliance. Soit, comment la nouveauté radicale vers laquelle les yeux sont tendus trouvera-t-elle à s'inscrire dans une continuité qui la rende reconnaissable? Comment, traversant cette nouveauté, Israël pourra-t-il être le même et autre? Dès lors, il n'est pas si surprenant qu'en cette conjoncture se profilent dans la méditation post-exilique des figures féminines, promesses d'une naissance, annonces que c'est de la réalité déjà existante que va naître le futur. On trouverait certainement dans cette direction de recherche des arguments intéressant le statut canonique du Ct. Mais on reconnaîtra que l'analyse va rarement en ce sens et qu'elle lui préfère souvent des arguments assez plats[8]. En tout cas,

---

[7] Sur cet aspect, voir par exemple, l'introduction de l'ouvrage de P. GIBERT, *La Bible à la naissance de l'histoire*, Fayard, 1979.

[8] Voir A. BENTZEN, Remarks on the canonisation of the Song of Songs, *Studia Orientalia* Joanni Pedersen, 1953, pp. 41-47.

ceux-ci font un étrange écart, par leur pauvreté, avec les justifications que manifeste l'histoire ultérieure de la lecture du texte dans le judaïsme comme dans le christianisme. Le parcours que l'on a accompli prouve amplement que les raisons n'ont pas manqué, tout au long des siècles, de citer, lire et relire le Ct. Et pourquoi les raisons qui l'ont ainsi fait lire n'auraient-elles pas un rapport avec celles qui au départ l'auraient fait élire, conserver et déclarer canonique? Si notre information manque pour fixer le détail des motivations initiales de la canonicité, du moins l'histoire de l'interprétation peut-elle fournir ici, non pas certes une suppléance, mais au moins une contribution éclairante[9]. Pareille conviction représente d'ailleurs bien autre chose qu'un pis-aller. Elle est une manière de vouloir penser, cette fois encore, l'existence des textes et leur éventuelle inscription au canon, en termes concrets, c'est-à-dire historiques, et non abstraitement, en reconstituant spéculativement l'histoire.

b) Nous en viendrons enfin à cette suspicion qui voudrait que la remise au jour de la subjectivité dans la lecture ait pour contrepartie de suggérer une disqualification de l'exégèse critique dont les postulats imposent la désubjectivation.

Remarquons tout d'abord que la reprise théorique opérée par ce travail n'a pas consisté à refuser les prémisses de l'exégèse historico-critique. Elle a seulement cherché à désigner une incomplétude (touchant les représentations du texte et de l'histoire engagées). Non pas pour disqualifier, mais pour situer cette exégèse. Car une incomplétude peut être un principe méthodologique parfaitement fécond si elle est explicitée et assumée. Elle est en revanche un handicap et une source de confusion quand elle est niée.

Par ailleurs, ce serait évidemment une erreur de dresser l'une contre l'autre une exégèse ancienne et une exégèse moderne, l'une comme étant subjectivée, l'autre objective. La réalité est plus subtile puisque les deux modèles que l'on désigne possèdent d'une part une aire de recouvrement et sont d'autre part dans un rapport de dissymétrie.

Le recoupement tient au fait que l'exégèse ancienne est loin d'ignorer le souci d'un texte correctement établi, l'investigation des sources, la recherche du sens littéral. Dans ces conditions, les exigences de l'exégèse critique ne sont pas exclues de son exercice. On sait que ni

---

[9] On lira en ce sens A. LACOCQUE, L'insertion du Ct. des Ct. dans le canon, *Revue d'Histoire et de Philosophie religieuses*, 1962, tome 42, pp. 38-44. Remarquons enfin qu'une telle argumentation s'accorde aux conclusions de l'herméneutique lorsque celle-ci s'énonce chez RICOEUR, *Temps et récit*, III, p. 262: «L'acte de lecture s'inclut ainsi dans une communauté lisante, qui, dans certaines conditions favorables, développe la sorte de normativité et de canonicité que nous reconnaissons aux grandes oeuvres, celles qui n'ont jamais fini de se décontextualiser et de se recontextualiser dans les circonstances culturelles les plus variés».

Origène, ni Jérôme, ni Jean Chrysostome, pour ne mentionner que des auteurs présents à ce travail, n'ont été indifférents à de telles préoccupations. En fait, si la part de l'enquête philologique ou historique n'est pas toujours aisée à reconnaître dans leurs écrits, c'est que les ressources de l'arsenal critique sont aujourd'hui sans commune mesure avec ce qu'elles pouvaient être en leur temps. Ainsi le contenu critique de leurs travaux est-il le plus souvent invisible, soit par péremption, soit par trop d'évidence. Mais c'est probablement un raccourci simplificateur que d'en inférer un manque d'exigence.

La dissymétrie, elle, porte sur la synthèse qu'opère l'exégèse ancienne et que la nôtre a décidé de ne plus prendre en charge. On a vu abondamment comment tout savoir acquis sur le texte était, dans les exégèses subjectivées, reversé dans un englobant qui le reprenait et l'élaborait. Cette intégration subjective du savoir objectif est précisément caractéristique d'une telle exégèse. En d'autres termes, celle-ci se présente comme un acte de lecture complet qui ne met pas en écart ou en rivalité le savoir et l'élaboration subjective, mais au contraire se fait une tâche de les articuler et de les composer l'un avec l'autre. Pour parler autrement, on y lit intelligemment, mais pour la vie qui est plus que l'intelligence, même si elle n'est pas indifférente à l'intelligence.

Or on sait qu'une telle synthèse qui est le propre et aussi la richesse de l'exégèse ancienne, s'est défaite au cours de l'histoire des transformations de l'herméneutique que l'on a eu l'occasion de décrire. Une exégèse critique s'est constituée progressivement en marge de toute appropriation subjective. Avec cette conséquence: d'un côté, la rigueur; de l'autre, la vie, la piété... par construction non rigoureuses. Soit un fossé à la place de la synthèse. On voit dès lors la suggestion que peut constituer aujourd'hui l'exégèse ancienne. Non pas que l'exégèse critique se subjectivise, ce qui serait une contradiction qui en ruinerait la définition et le projet. Mais que la science critique soit réinscrite dans un acte herméneutique global; que le savoir, dans la surabondance de ses résultats, soit relayé et relevé par la subjectivation dont on a décrit le processus. A travers quoi le savoir pourrait redevenir un moyen de nourrir l'intelligence collective, ce que la situation présente ne lui permet pas toujours de faire. On le constate, en tout cas, une telle suggestion ne consiste pas à traiter l'exégèse ancienne comme une référence substantialisée. En revanche, elle voit en elle un modèle historique qui peut être un aiguillon puissant pour prolonger et renouveler les pratiques du présent.

Une dernière fois nous reviendrons sur le Ct. des Ct. en associant précisément la question moderne du «qu'est-ce que ce texte?» aux enseignements tirés de son histoire.

La recherche qui a été menée nous a permis de conclure que le Ct. n'était pas seulement les mots qui le composent, mais ces mots augmentés de ce que ses lecteurs en ont fait. Nous ajouterons pour finir un dernier trait par lequel il peut s'identifier, à savoir ce partage que sa lecture opère entre les lecteurs: d'un côté ceux qui le déclarent témoin des plus hautes valeurs spirituelles, de l'autre ceux qui protestent qu'il est absurde de lui imposer le poids de tant de gravité et que la tradition allégorique n'est qu'une curiosité accidentelle. En ce sens le Ct. est un texte discriminant dont la lecture dévoile le lieu de son lecteur. Comme tout texte d'ailleurs, mais avec des conséquences ici plus voyantes qu'à l'accoutumée. En ce sens encore nous ne verrions pas tant de distance entre le Ct. et le «mashal» sapientiel, cette énigme qui requiert la sagesse pour être percée et qui donc manifeste qui a la sagesse et qui ne l'a pas... «Mashal» non par construction ou par écriture, sans doute, mais par fonctionnement, tel que la lecture le montre. Thérèse d'Avila avait peut-être une intuition comparable lorsqu'elle distinguait entre ceux qui rient à l'interprétation spirituelle du poème et ceux qui ne rient pas, et lorsqu'elle se résolvait à parler pour ceux-ci, en acceptant de ne pas être comprise de ceux-là.

Mais on a vu aussi, à circuler dans l'immense corpus chrétien et juif qui borde le Ct., que ce partage ne fait pas une frontière. Toute cette littérature est au contraire une carte des entrées du poème, un entraîne-ment à se glisser dans son dialogue, là où la perplexité intellectuelle ou l'amusement détaché sont changés en évidence heureuse, puisque c'est cette dernière modalité qui domine l'histoire des lectures du texte. On peut décider, si l'on veut, que de telles lectures sont définitivement. étranges; du moins apprend-on, à les fréquenter, qu'elles concernent autre chose que le «commentaire» des Modernes, issu de cette idée trop simple que, là où un texte résiste à son lecteur, il suffirait de l'expliquer.

Bibliographie Générale

Aggadoth du Talmud de Babylone, Coll. «Les dix Paroles», Ed. Verdier, 1982.

ALTANER, B. *Précis de Patrologie*, Trad. H. CHIRAT, Paris, 1961.

AMBROISE DE MILAN
— *Des sacrements. Des mystères*, Ed. et trad. Dom B. Botte, SC n. 25 bis, 1980.
— *Les écrits des vierges*, Solesmes, 1971, d'après l'édition critique d'O. Faller: Sancti Ambrosii de Virginibus, Florilegium Patristicum 31, 1933, Bonn.

ANDRIEU, M. *Les «Ordines Romani» du Haut Moyen-Age*, Louvain, Spicilegium, 1931 et sv., 5 volumes parus.

ANGENIEUX, J. «Structure du Ct. des Ct.», *Ephemerides Theologicae Lovanienses*, 41, 1965, p. 96-142; «Le Ct. des Ct. en huit chants à refrains alternants», ibidem 44, 1968, p. 87-140.

ARMINJON, BL. *La cantate de l'amour: lecture suivie du Ct. des Ct.*, DDB, 1983.

AUDET, J.P. «Le sens du Ct. des Ct.», R.B. LXII, 1955, pp. 197-221.

AUGUSTIN
— *De Doctrina christiana*, Bibliothèque augustinienne, 1949.
— *Enarrationes in Psalmos*, Ed. Vivès, tomes 11-15.
— *Contra Faustum*, Ed. Vivès, Tome 26.
— *De baptismo libri*, Bibliothèque augustinienne, Tome 29, 1964.
— *Sermons* édités par C. LAMBOT, Brepols CC Series latina, XLI, 1961,
— *Homélies sur l'Evangile de Jean*, Bibliothèque augustinienne, Tome 71, 1969.

AUSTIN, J.L. *How to do things with words?*, Oxford, 1962, Trad. française: *Quand dire c'est faire*, Ed. du Seuil, 1970.

AUVRAY, A. «Richard Simon et Spinoza» in *Religion, érudition et critique à la fin du 17ème siècle et au début du 18ème siècle*, PUF, 1968, pp. 200-214.

BALTHASAR, URS VON
— «Le mysterion d'Origène», R.S.R. n. 26, 1936, pp. 513-562.
— *Parole et mystère chez Origène*, Cerf, 1957.

BANON, D. *La lecture infinie, Les voies de l'interprétation midrachique*, préface de E. LEVINAS, Ed. du Seuil, 1987.

BARDY, G.
— *La théologie de l'Eglise de S. Irénée au concile de Nicée*, Coll. Unam Sanctam 14, Cerf, 1947.
— «Marie et le Ct. chez les Pères», *Bible et vie chrétienne*, Sept. Nov. 1954, pp. 32-41.

BARRE, H. «La lettre du pseudo-Jérôme sur l'Assomption», *R. Bénédictine*, 1958, Tome XVIII, pp. 203-225.

BARTH, K. *Dogmatique*, Ed. Labor et Fides Genève, 1960.

BARTHELEMY, D. «L'état de la Bible juive depuis le début de notre ère jusqu'à la deuxième révolte contre Rome (131-135)», *Le canon de l'Ancien Testament*, sa formation et son histoire, Labor et Fides, 1984, pp. 9-46.

BEAUCHAMP, P.
— «Propositions sur l'Alliance de l'AT comme structure centrale», R.S.R.
    1970, n. 58, pp. 161-193.
— L'un et l'autre Testament, Ed. du Seuil, 1976.
— «Critique et lecture: tendances actuelles de l'exégèse biblique», Colloque
    des intellectuels juifs, La Bible au présent, Coll. Idées, Gallimard, 1982.
— Parler d'Ecritures saintes, Ed. du Seuil, 1987.
BEGUERIE, P. «La Bible née de la liturgie», La Maison-Dieu, n. 126, 1976, pp.
    10-116.
BENVENISTE, E. Problèmes de linguistique générale, Tome II, Gallimard, 1974.
BENTZEN, A. «Remarks on the canonisation of the Song of Songs», Studia
    orientalia, Joanni Pedersen, 1953, pp. 41-47.
BERNARD, Saint Oeuvres mystiques, traduction d'A. BEGUIN, Ed. du Seuil, 1953.
BERRENDONNER, A. Eléments de pragmatique linguistique, Ed. de Minuit, 1981.
Bible de tous les temps, Tome 1: Le monde grec ancien et la Bible sous la
    direction de C. MONDESERT, Beauchesne, 1984, Tome 4: Le Moyen-Age et
    la Bible sous la direction de P. RICHE et G. LOBRICHON, Beauchesne 1984,
    Tome 8: Le monde contemporain et la Bible sous la direction de C. SAVART
    et J.-N. ALETTI, Beauchesne, 1985.
BLANPAIN, J. «Langage mystique, expression du désir», Collectanea Cistercien-
    sia, tome 36, 1974.
BODIN, Y. S. Jérôme et l'Eglise, coll. Théologie historique, n. 6, 1966.
BONSIRVEN, J.
— «Exégèse allégorique chez les Rabbins tannaïtes», R.S.R. 1933, n. 23, pp.
    513-541; n. 24, 1934, pp. 35-46.
— Exégèse rabbinique et paulinienne, Paris, 1933.
BOUYER, L. Mysterion, Du mystère à la mystique, O.E.I.L., 1986.
BRENNER, A. «Aromatics and perfumes in the Song of Songs», Journal for the
    study of the Old Testament, 1983, n. 25, pp. 75-81.
BRESARD, L. Bernard et Origène commentant le Cantique, Recueil d'articles des
    Collectanea Cisterciensia, 1983.
BRETON, S.
— Politique, écriture, religion chez Spinoza, Profac, Lyon, 1973.
— Ecriture et révélation, Cogitatio Fidei, Cerf, 1979.
— «Saint Bernard et le Ct. des Ct.», Collectanea Cisterciensia, 47, 1985, pp.
    119-128.
BUDDE, K. «Was ist das Hohelied?», Preussische Jahrbücher, 78, 1894, pp. 92-117.
BUZY, D.
— «La composition littéraire du Ct. des Ct.», R. B., XLIX, 1940, pp. 169-194.
— «Un chef d'oeuvre de poésie pure: le Ct. des Ct.», Mémorial Lagrange,
    1940, pp. 147-162.
— «L'allégorie matrimoniale de Yahvé et d'Israël et le Ct. des Ct.», R.B. LII,
    1944, pp. 77-90.
— «Le Ct. des Ct., exégèse allégorique ou parabolique?», Mélanges Lebreton,
    I, R.S.R., 39, 1951-52, pp. 99-114.
CAMELOT, P. Spiritualité du baptême, Lex Orandi, n. 30, 1963.
CASALIS, G., GOLLWITZER, H., PURY, R. de, Un chant d'amour insolite: le Ct.
    des Ct., DDB, 1984.

Cassirer, E. *La philosophie des Lumières*, Fayard, 1966.

Cavallera, F. *Saint Jérôme. Sa vie et son oeuvre*, Spicilegium Sacrum Lovaniense, Louvain, Paris, 1922.

Cazelles et alii. *La parole dans la liturgie*, Lex Orandi, n. 48, 1970.

Certeau, M. de
— «L'énonciation mystique», R.S.R., Tome 64, Avril-Juin 1976, pp. 183-215.
— *L'écriture de l'histoire*, Gallimard, 1975.
— *La fable mystique*, Gallimard, 1982.

Chappuzeau, G. «Die Auslegung des Hohenliedes durch Hippolyt von Rom», *Jahrbuch für antike Christentum*, 1976, 19, pp. 45-81.

Charles, M.
— *Rhétorique de la lecture*, Seuil, 1977.
— «La lecture critique», *Poétique*, 34, Avril 1978, pp. 129-151.

Charlier, C. «Alcuin, Florus et l'apocryphe hiéronymien Cogitis me sur l'Assomption», *Studia Patristica* (Texte und Untersuchungen 63), Berlin, 1957, Tome 1, pp. 70-81.

Chauvet, L.M. *Du symbolique au symbole. Essai sur les sacrements.* Ed. du Cerf, 1979.

Chenevert, J. *L'Eglise dans le Commentaire d'Origène sur le Ct. des Ct.*, Studia 24, DDB, Bellarmin, 1979.

Chevalier, U. *Repertorium hymnologicum.* Catalogue des chants, hymnes, proses, séquences, tropes en usage dans l'Eglise latine depuis les origines jusqu'à nos jours. Bruxelles, Bollandistes, 1892-1921, 6 volumes. Réimpression 1959.

Chirat, H. *L'assemblée chrétienne à l'âge apostolique*, Lex Orandi n. 10, 1949.

Cognet, L.
— *Le crépuscule des mystiques*, Desclée, 1958.
— *La spiritualité moderne*, Tome 1, Aubier, 1966.
— *Introduction aux mystiques rhéno-flamands*, Desclée, 1968.

Comeau, M. *La rhétorique de saint Augustin*, Paris, 1930.

Compagnon, A. *La seconde main ou le Travail de la citation*, Ed. du Seuil, 1979.

Congar, Y. «Les saints Pères, organes privilégiés de la Tradition», *Irénikon*, 1962, tome 35, pp. 480-494.

Connolly, R.H. «The Odes of Salomon: jewish or christian?», *The Journal of Theological Studies*, Oct. 1911, vol. 13, п. 49, pp. 298-309.

Cosse de Maulde, G. «Analyse linguistique et langage religieux», *Nouvelle Revue Théologique*, tome 91, Fév. 1969, pp. 169-202.

Couffignal, R. «Le glaive et la couronne. Approches nouvelles du Ct. des Ct. 3, 6-11», *Revue Thomiste*, 1984, n. 4, pp. 607-617.

Cross, F.L. *S. Cyril of Jerusalem, lectures on the christian sacrements*, Londres, 1951.

Crouzel, H. *Origène et la connaissance mystique*, DDB, 1961.

Cunitz, E. *Histoire critique de l'interprétation du Ct. des Ct.*, Strasbourg, 1834.

Curley, F.X. «The Lady of the Canticle», *American Ecclesiastical Review*, vol. 133, 1955, pp. 289-299.

Cyrille de Jerusalem
— *Catéchèses mystagogiques*, Edition et notes A. Piedagnel, traduction de P. Paris, S.C. n. 126, 1966.

— *Catéchèses baptismales et mystagogiques*, Ed. du Soleil levant, Namur, 1962.

DALMAIS, I.H.
— «L'hymnographie syrienne», *La Maison-Dieu*, 1967, n. 92, pp. 63-72.
— «Le Ct. des Ct. dans la liturgie chrétienne», *Bible et Terre sainte*, n. 162, 1974, pp. 6-7.
— «La poésie dans les liturgies orientales», *La Maison-Dieu*, n. 151, 1982, pp. 7-17.

DANIELOU, J.
— «Traversée de la Mer rouge et baptême aux premiers siècles», R.S.R., 1946, pp. 402-430.
— «Les sources bibliques de la mystique d'Origène», *Revue d'ascétique et de mystique*, 23, 1947, pp. 126-141.
— *Sacramentum futuri*, Études sur les origines de la typologie biblique, Beauchesne, 1950.
— *Dictionnaire de Spiritualité*, Article «Typologie patristique», Tome IV, 1, col. 133 et sv.
— *Bible et liturgie*, Lex orandi, n. 11, Ed. du Cerf, 1951.
— *Philon d'Alexandrie*, Fayard, 1958.
— *Message évangélique et culture hellénistique*, DDB, 1961.

DELEUZE, G. *Nietzsche et la philosophie*, PUF, 1962.

DELITZSCH, K. «Hoheslied» in *Bibl. Kommentar über d. AT*, IV, Leipzig, 1875.

DEVREESSE, R. *Essai sur Théodore de Mopsueste*, Studi e Testi 141, Cité du Vatican, 1948.

DILTHEY, W. «Origines et développement de l'herméneutique», 1900, trad. in *Dilthey*, A. KREMER-MARIETTI, Seghers, 1971, pp. 130-149.

DOELGER, F.J., *Der Exorcismus im christlichen Taufritual*, Paderborn, 1909.

DOUAIS, C. «S. Augustin et la Bible, les débuts», R.B., 1893, pp. 62-81 et 351-377.

DUBARLE, A.M. «L'amour humain dans le Ct. des Ct.», R.B., LXI, 1954, pp. 67-86.

DUSSAUD, R., *Le Ct. des Ct.: essai de reconstitution des sources du poème attribué à Solomon*, 1919.

ELBOGEN, I. *Der jüdische Gottesdienst in seiner geschichtlichen Entwickelung*, Leipzig, 1913.

Encyclopaedia Judaïca, Jérusalem, volume 15, article «Song of Songs», col. 144-152.

Encyclopédie de la Mystique juive sous la direction de A. ABECASSIS et G. NATAF, Berg International, Paris, 1977.

ENGBERDING, H. «Die Kirche als Braut in der ostsyrischen Liturgie», *Orientalia Christiana Periodica*, 1937, vol. III.

EPHREM
— *Hymnes sur le paradis*, traduit du syriaque par R. LAVENANT, S.C. n. 137.
— *Des Heiligen Ephrem des Syrers Paschahymnen*, übersetzt von E. BECK, CSCO vol. 249, Scripti Syri, tomus 109, Louvain 1964.
— *Des Heiligen Ephrem des Syrers Hymnen de Virginitate*, CSCO vol. 224, tomus 95.
— *Des Heiligen Ephrem des Syrers Hymnen de Fide*, CSCO, vol. 155, tomus 74, 1967.

EURINGER, S. «Schöpferische Exegese im äthiopischen Hohenliede», *Biblica*, 1936, XVII, pp. 327-344, puis pp. 481-500.

EXUM, C. «A Literary and Structural Analysis of the Song of Songs», *Zeitschrift für die alttestamentlische Wissenschaft*, n. 85, 1973, pp. 47-79.

FARRAR, F.W. *History of interpretation*, eight lectures, Londres, 1886.

FETZ, R.L. «Expérience et histoire, la notion hégelienne de l'expérience et son interprétation par M. Heidegger et H.G. Gadamer», *Revue de Théologie et de Philosophie*, 111, 1979, pp. 1-12.

FEUILLET, A.
— «Le Ct. des Ct et la tradition biblique», *Nouvelle Revue Théologique*, LXXIV, 1952, pp. 706-733.
— *Le Ct. des Ct.*, Lectio divina n. 10, Ed. du Cerf, 1953.
— «La formule d'appartenance mutuelle (2,16) et les interprétations divergentes du Ct. des Ct.», R.B. LXVIII, 1961, pp. 5-38.
— «La femme vêtue de soleil (Apoc. *12*) et la glorification de l'Epouse du Ct. des Ct. (*6*, 10). Réflexions sur le progrès dans l'interprétation de l'Apocalypse et du Ct. des Ct.» *Nova et Vetera*, 1984, 59, n. 1, pp. 36-67.
— «Les épousailles messianiques et les références au Ct. des Ct. dans les évangiles synoptiques», *Revue thomiste*, 1984, 84, n. 2, pp. 161-211, puis n. 3, pp. 399-424.

FISCHER, B.
— «Le Christ dans les Psaumes. La dévotion aux Psaumes dans l'Eglise des martyrs», *La Maison-Dieu*, n. 27, 1951, pp. 86-113.
— «Les titres chrétiens des Psaumes dans le nouvel Office divin», *La Maison-Dieu*, 135, 1978, pp. 149-158.

FOUCAULT, M. «Qu'est-ce qu'un auteur?», *Bulletin de la Société française de Philosophie*, tome LXIV, 1969, pp. 73-95.

FOX, M.V. «Love, passion and perception in israelite and egyptian love poetry», *Journal of biblical literature*, 1983, 102/2, pp. 219-228.

FREDE, H.J. «Bibelzitate bei Kirchenväter», *La Bible et les Pères*, PUF 1971, Colloque de Strasbourg, 1969.

FRERE, *Studies in early roman liturgy*, Londres, 1935.

FUCHS, C. *La paraphrase*, PUF, 1982.

GADAMER, H.G.
— *Conférence de Walberberg*, 12.10.1965, *Archives de Philosophie*, 33, 1970, pp. 3-27.
— *Vérité et Méthode, les grandes lignes d'une herméneutique philosophique*. Traduction française Le Seuil, 1976.
— *Seminar: Philosophische Hermeneutik*, herausgegeben von H.G. GADAMER und G. BOEHM, Suhrkamp, 1979.

GARDINER, A.H. «The library of A. Chester Beatty, description of a hieratic papyrus», *The Chester Beatty Papyri*, n. 1, Londres, 1931.

GEISELMANN, R. «Un malentendu éclairci: la relation "Ecriture-Tradition" dans la théologie catholique», *Istina*, 1958, n. 5, pp. 197-214.

GERLEMANN, G. Das Hohelied, in *Biblischer Kommentar Altes Testaments*, XVIII, Neukirchener Verlag des Erziehungsvereins, 1963-1965.

GERTRUDE D'HELFTA
— *Les Exercices*, in *Oeuvres spirituelles*, tome 1, texte, introduction et traduc-

tion par J. HOURLIER et A. SCHMITT, S.C. n. 127, 1967.
— *Le Héraut, Oeuvres spirituelles*, S.C. n. 139 et 143, éd. et trad. P. DOYERE.
GIBERT, P. *La Bible à la naissance de l'histoire*, Fayard, 1979.
GILBERT, P. «La composition des recueils de poèmes amoureux égyptiens et celle du Ct. des Ct.», *Chronique d'Egypte*, Avril 1948, nn. 45-46.
GISEL, P. *Vérité et histoire, La théologie dans la modernité*, Edition Beauchesne, Labor et Fides, Théologie historique n. 41, 1977.
GOEDT, M. DE «L'écriture et le mot de passe du désir», *Le Supplément*, 1983, pp. 427-447.
GRAD, A.D. *Le véritable Cantique de Salomon*, Maisonneuve et Larose, 1970.
GRAFFIN, F. «Recherches sur le thème de l'Eglise-Epouse dans les liturgies et la littérature patristique de langue syriaque», *Orient Syrien*, III, 3, 1958, pp. 317-336.
GRANT, R.M. *L'interprétation de la Bible des origines chrétiennes à nos jours*, trad. Seuil, 1967.
GREBAUT, S. «Note sur la poésie éthiopienne», *Revue de l'Orient chrétien*, 1909, XIV, pp. 90-98.
GREGOIRE LE GRAND, *Commentaire du Ct. des Ct.*, éd. et trad. R. BELANGER, S.C. n. 314, 1984.
GREISCH, J.
— «La crise de l'herméneutique, réflexions méta-critiques sur un débat actuel», in *La crise contemporaine, du modernisme à la crise des herméneutiques*, Beauchesne, Théologie historique n. 24, 1973.
— *Herméneutique et grammatologie*, éd. du CNRS, 1977.
GRELOT, P. «Le sens du Ct. des Ct. d'après deux commentaires récents», R.B. LXXI, 1964, pp. 42-56.
GRUNIG, B.N. «Pièges et illusions de la pragmatique linguistique», in *Modèles linguistiques*, Tome 1, fasc. 2, PUL.
GUENEE, B. *Histoire et culture historique de l'Occident médiéval*, Ed. Aubier-Montaigne, 1980.
GUILLAUME DE S. THIERRY
— *Exposé sur le Ct. des Ct.*, texte édité et traduit par J.M. DECHANET et M. DUMONTIER, S.C. n. 82, 1962.
— *Lettre aux Frères du Mont-Dieu*, éd. et trad. par J.M. DECHANET, S.C. n. 223, 1975.
— *La contemplation de Dieu*, éd. et trad. par J. HOURLIER, S.C. n. 61 bis, 1968.
— *Le miroir de la foi*, trad. J.M. DECHANET, Bruges, 1946.
GUILLET, J. «Les exégèses d'Alexandrie et d'Antioche, conflit ou malentendu?», R.S.R. tome 34, Juillet-Août 1947, pp. 257-302.
GY, P.M. «Les tropes dans l'histoire de la liturgie et de la théologie», in *Research on Tropes*, Gunilla IVERSEN éd., Stockholm, 1983.
HABERMAS, J. *Connaissance et intérêt*, Trad. franç. Gallimard, 1976.
HADDAD, G. *L'enfant illégitime, sources talmudiques de la psychanalyse*, Hachette, 1981.
HADEWIJCH D'ANVERS, *Ecrits mystiques des béguines* [J.-B. PORION], éd. du Seuil, 1954.
HANSON, C. *Origen's Doctrine of Tradition*, Londres, 1954.
HARL, M. *Origène et la fonction révélatrice du Verbe incarné*, Patristica

Sorbonensia, 2, Ed. du Seuil, 1958.

HARRISSON, O. «The formulas "ad virgines sacras", a study of the sources», *Ephemerides liturgicae*, n. 66, 1952, pp. 252-269 et 352-366.

HAURET, C. «L'interprétation des Psaumes selon l'école "Myth and ritual"», R.S.R., Janv. 1960, pp. 1-34.

HAZARD, P. *La crise de la conscience européenne, 1680-1715*, Boivin, 1935.

HIPPOLYTE
— *Beati Hippolyti Sermo, Interpretatio Cantici Canticorum*, version géorgienne traduite par G. GARITTE, C.S.C.O. vol. 264, 1965.
— G.N., BONWTESCH: *Hippolyts Kommentar zum Hohenlied* auf grund von N. Marrs Ausgabe der grusinischen Texte herausgegeben (T.U. 23, 2c), Leipzig, 1902.

HIRSCH, E.D.
— *Validity in interpretation*, New Haven and London, Yale University Press, 1971.
— «Gadamer's theory of interpretation», *Review of Metaphysics*, 1965, vol. II, pp. 245-264.

HARING, G. *Die Anfänge der historisch-kritischen Theologie*, J. Semlers Schriftverständnis und seine Stellung zu Luther, Vandenhoeck und Ruprecht, Göttingen, 1961.

HOURLIER, J. «Guillaume de S. Thierry et la Brevis Commentatio in Cantica», *Analecta Sacri Ordinis Cisterciensis*, 1956, Fasc. 1-2, pp. 105-114.

ISAMBERT, F. *Rite et efficacité symbolique*, Le Cerf, 1979.

ISER, W. *L'acte de lecture, Théorie de l'effet esthétique*, trad. franç. Pierre Mardaga éd., 1985.

JACQUES, F. *Dialogues*, recherches logiques sur le dialogue, PUF, 1979.

JACQUES DE SAROUG. *Homélie sur le voile de Moïse*, traduit in *La vie spirituelle*, Juillet 1954, Tome 92, pp. 142-156.

JAUSS, H.R. *Pour une esthétique de la réception*, Trad. franç. Gallimard, 1978.

JAY, P. *L'exégèse de S. Jérôme d'après son commentaire sur Isaïe*, Etudes augustiniennes, 1985.

JEAN CHRYSOSTOME Saint
— *Huit catéchèses baptismales inédites*, éd. et trad. par A. WENGER, S.C. n. 50, 1957.
— *De Virginitate*, S.C. 125, éd. H. MUSURILLO, trad. B. GRILLET.

JEAN DE LA CROIX Saint
— *Cantique spirituel*, in *Oeuvres complètes*, traduites de l'espagnol par le Père Cyprien de la Nativité de la Vierge, édition de Lucien-Marie de S. Joseph, Bibliothèque européenne, DDB, 1967, pp. 525-526.

JENNY, L. «La stratégie de la forme», *Poétique*, 27, pp. 279 et sv.

JÉRÔME Saint, *Lettres*, éd. et trad. par J. LABOURT, éditions des Belles Lettres, 2ème tirage, 1982, 8 tomes.

JOLIVET, J. *Arts du langage et théologie chez Abélard*, Paris, 1969.

JOUON, P. *Le Cantique des Cantiques*, Paris, 1909.

JUNGMANN, J. *La liturgie des premiers siècles*, Lex Orandi n. 33.

KERBRAT-ORECCHIONI: *L'énonciation, De la subjectivité dans le langage*, A. Colin, 1980.

KHOURI-SARKIS, G. «La fête de l'Eglise dans l'année liturgique syrienne»,

Irénikon, 1955, tome XXVIII, n. 2, pp. 186-193.

KIMELMAN, R. «Rabbi Yohanan and Origen on the Song of Songs: a third-century jewish disputation», *Harvard Theological Review*, Janv.-Avr. 1980, pp. 567-595.

KLOSTERMANN, E. «Formen der exegetischen Arbeiten des Origenes», *Theologische Literaturzeitung*, Oct. 1947, col. 203-208.

KRAMER, S.N. *Le mariage sacré à Sumer et à Babylone*, Trad. de l'anglais et adapté par J. BOTTERO, Berg International, 1983.

KRISTEVA, J.
— *La révolution du langage poétique*, Ed. du Seuil, 1974.
— *Histoires d'amour*, Denoël, 1983.

KUGEL, J. *The Idea of Biblical Poetry, Parallelism and its History*, Yale University Press, 1981.

LA BONNARDIERE, A.-M. «Le Ct. des Ct. dans l'oeuvre de S. Augustin», *Revue des Etudes augustiniennes*, 1955, pp. 225-237.

LACOCQUE, A. «L'insertion du Ct. des Ct. dans le canon», *Revue d'Histoire et de Philosophie religieuses*, 1962, tome 42, pp. 38-44.

LACOCQUE, A. «L'insertion du Ct. des Ct. dans le canon», *Revue d'Histoire et de Philosophie religieuses*, 1962, tome 42, pp. 38-44.

LADRIERE, J. *L'articulation du sens*, Tome II: Les langages de la foi, Ed. du Cerf, 1984.

LAMBOT, D.C. «L'homélie du pseudo-Jérôme sur l'Assomption et l'Evangile de la Nativité de Marie d'après une lettre inédite d'Hincmar», *Revue Bénédictine*, Tome XLVI, 1934, pp. 265-282.

LANCHON, R. «Le temps pascal dans la liturgie syrienne», *Orient Syrien*, VII, 3, 1962, pp. 336-352.

LANDY, F. *Paradoxes of Paradise: Identity and difference in the Song of Songs*, The Almond Press, 1983.

LAPOINTE, R. *Dialogues bibliques et dialectique interpersonnelle*, Paris, Tournai, Montréal, 1971.

LA POTTERIE, I. de «La lecture 'dans l'Esprit'», *Communio*, XI, 4, 1986, p. 11-27.

LE BOULLUEC, A. «La place de la polémique antignostique dans le Peri Archon» *Origeniana, Quaderni di «Vetera Christianorum»* 12, Bari, 1975, pp. 47-56.

LECLERCQ, J.
— «Dévotion privée, piété populaire et liturgique au Moyen-Age», *Etudes de Pastorale liturgique*, Lex Orandi, n. 1, 1944.
— «Origène au 12ème siècle», *Irénikon* 24, 1951, pp. 425-439.
— «Nouveaux témoignages sur Origène au 12ème siècle», *Mediaeval Studies*, 15, 1953, pp. 104-106.
— *Initiation aux auteurs monastiques du Moyen-Age, L'amour des Lettres et le désir de Dieu*, Cerf, 1957.
— «Culte liturgique et prière intime dans le monachisme au Moyen-Age», *La Maison-Dieu*, 1962, n. 69, pp. 39-55.
— *L'amour vu par les moines au 12ème siècle*, Cerf, 1983.
— «Genèse d'un chef-d'oeuvre», *Collectanea Cisterciensia*, 47, 1985, pp. 99-109.
— *La femme et les femmes dans l'oeuvre de S. Bernard*, Tequi, 1982.

LECLERCQ, VANDENBROUCKE, BOUYER, *Histoire de la spiritualité chrétienne*,

Tome 2: *La spiritualité du Moyen-Age*, Aubier, 1961.

LE DEAUT, R.
— *La Nuit pascale*, Analecta Biblica, 22, Rome, 1963.
— *Introduction à la littérature targumique*, Institut Biblique Pontifical, Rome, 1966.

LENHARDT, P. et AVRIL, A.C. *Les lectures juives de l'Ecriture*, Profac, Lyon, 1982.

LERCH, D. «Zur Geschichte der Auslesung des Hohenliedes», *Zeitschrift für Theologie und Kirche*, 1957, pp. 257-277.

LEVINAS, E.
— *Humanisme de l'autre homme*, Fata Morgana, 1972.
— *Totalité et infini*, La Haye, Boston, Londres, 1981.
— «Leçon talmudique» présentée au XXIIème Colloque des Intellectuels juifs de Langue française, publ. *La Bible au présent*, Gallimard, 1982, pp. 313-339.

LIEBERMAN, S., *Hellenism in jewish Palestine* (Studies in the literary transmission, beliefs and manners of Palestine in the 1. Century B.C.E. - 4. century C.E.), New York, 2ème édition, 1962.

Le livre du Shabbat, recueil de textes de la littérature juive par A. PALLIERE et M. LIBER, Fondation Sefer, 2ème édition, 1974.

LOEWE, R. «The divine garment and the Shi'ur Qoma», *Harvard Theological Review*, 1965, n. 58, pp. 153-160.

LOWTH, R. *Leçons sur la poésie sacrée des Hébreux*, traduction française 1812 de l'ouvrage paru à Oxford en 1753.

LUBAC, H. DE
— *Catholicisme*, Coll. Unam Sanctam, Cerf, 1ère éd. 1938.
— *Histoire et Esprit*, Aubier, 1950.
— *Exégèse médiévale*, 4 volumes, Aubier, 1959-1964.
— *Théologies d'occasion*, DDB, 1984.

LYS, D. *Le plus beau chant de la création*, Col. Lectio Divina n. 51, Cerf, 1968.

MALLON, A. «Les théotokies ou offices de la sainte Vierge dans le rite copte», *Revue de l'Orient chrétien*, 1904, IX, pp. 17-31.

MARGERIE, B. DE, *Introduction à l'histoire de l'exégèse*, I, Les Pères grecs et orientaux, Cerf, 1980.

MARION, J.-L. «La rigueur de la louange», in *La confession de la foi*, Textes présentés par Cl. BRUAIRE, Fayard, 1977.

MARROU, H.I. *Augustin et la fin de la culture antique*, Ed. de Paris, 1958.

MARTIMORT, A.G. *L'Eglise en prière*, Tome IV, La liturgie et le temps, Nelle édition, DDB, 1983.

MASPERO, G. «Les chants d'amour du papyrus de Turin et du papyrus Harris n. 500», *Journal asiatique*, 1883, pp. 5-47.

MEEK, T.J.
— «Canticles and the Tammuz cult», *American Journal of Semitic Languages and Literatures*, 1922-23, 39, pp. 1-14.
— «The Song of Songs and the fertility cult», *A Symposium on the Song of Songs*, ed. W.H. SCHOFF, 1924, pp. 48-79.
— Commentaire du Ct. in *Interpreter's Bible*, ed. G.A. BUTTRICK et alii, 12 volumes, 1956, pp. 91-148.

Mekhilta de Rabbi Ismaël, J.Z. LAUTERBACH, The Jewish Publication Society of America, 1933.

Mélanges NIDA, Ed. K. ALAND, Mouton, 1974, Der deutsche Pietismus als Wegbereiter für die Arbeit der Bibelgesellschaften.

MENARD, E. *La tradition, Révélation, Ecriture, Eglise selon S. Thomas d'Aquin*, DDB, Studia n. 18, 1964.

MESCHONNIC, H.
— *Le cinq Rouleaux*, Gallimard, 1970.
— *Pour la poétique*, II, Gallimard, 1973.
— «La vie pour le sens, Groethusen», *Nouvelle Revue Française*, n. 299, Déc. 1977, pp. 100-108.
— «Langage, histoire, une même théorie», N.R.F., n. 296, Sept. 1977, pp. 84-124.
— *Jona et le signifiant errant*, Gallimard, 1981.
— *Critique du rythme*, Verdier, 1982.
— *Les états de la poétique*, PUF, 1985.
— *Critique de la théorie critique, Langage et histoire*, Séminaire de poétique sous la direction d'H. MESCHONNIC, P.U.V. 1985.

METZ, R. *La consécration des vierges dans l'Eglise romaine*, PUF, 1954.

METZGER Th. et M. *La vie juive au Moyen-Age*, Fribourg, Paris, 1982.

MIELZINER, M. *Introduction to the Talmud*, 4ème édition New York, 1968.

MILBURN, R.L.P., *Early christian interpretations of history*, Londres, 1954.

MORIN, D.G. «Du sermon pour l'Assomption attribué à S. Jérôme», *Revue bénédictine* n. 5, 1888, pp. 350 et sv.

MURPHY, F.X. et P. SHERWOOD, *Histoire des Conciles oeucuméniques*, Constantinople II et Constantinople III, Ed. de l'Orante, 1974.

MURPHY, R.E.
— «Recent literature on the Canticle of Canticles», *The Catholic Biblical Quarterly*, volume XVI, 1954, reprint 1964.
— «Towards a commentary on the Song of Songs», ibid. vol. XXXIX, 1977, pp. 482-496.
— «Patristic and medieval exegesis. Help or hindrance?», ibid. vol. XLIII, 1981, pp. 505-516.

La Mystique rhénane, Colloque de Strasbourg, 1961, PUF, 1963.

NAUTIN, P. *Origène*, Beauchesne, 1977.

NEHER, A.
— «Le symbolisme conjugal: expression de l'histoire dans l'Ancien Testament», in *Revue d'Histoire et de Philosophie Religieuses*, 1954, pp. 30-49.
— *L'exil de la parole*, Seuil, 1970.

NEUSCHOTZ DE JASSY, *Le Ct. des Ct. et le mythe d'Osiris-Hetep*, 1914.

NIKIPROWETZKI, V. *Le commentaire de l'Ecriture chez Philon d'Alexandrie*, Brill, 1977.

NOCENT, A.
— *Quaestiones de initiatione christiana*, Pontificum Institutum Liturgicum Anselmianum, 1969-1970.
— «Apports du judaïsme à la liturgie chrétienne du mariage», *Sidic*, vol. 14, n. 1, 1981, pp. 11-19.

NOLLET, G. «Le culte de Marie en Ethiopie», in *Maria, Etudes sur la Sainte*

Vierge sous la direction d'H. du Manoir, tome 1er, Beauchesne, 1949, pp. 397-413.

Odes and Psalms of Salomon (The), Cambridge, 1909, trad. J. GUIRAU et A.G. HAMANN, DDB, 1981.

OHLY, F. *Hohelied Studien: Grundzüge einer Geschichte der Hohenliedauslegung des Abendlandes bis 1200*, Wiesbaden, 1958.

OLIVAR, A. «Quelques remarques historiques sur la prédication comme action liturgique dans l'Eglise ancienne», *Mélanges liturgiques offerts à Dom B. Botte*, Louvain, 1972.

ORIGÈNE
— *Commentaire du Ct. des Ct.*, édition Baehrens, *Oeuvres d'Origène* Tome VIII, G.C.S. tome 33; traduction anglaise de R.P. LAWSON in *Ancient Christian Writers*, The Newman Press, Londres, 1957.
— *Homélies sur le Ct.*, S.C. n. 37 bis, texte et trad. Dom ROUSSEAU, 1966.
— *Traité des Principes*, S.C. 268, éd. et trad. par H. CROUZEL et M. SIMONETTI.
— *Philocalie 1-20, Sur les Ecritures*, Introduction, texte, traduction, notes par M. HARL, S.C. n. 302, 1983.

Pâque dans la conscience juive (La), Ed. Albin Michel, Coll. Présence du judaïsme, 1959.

Parole de Dieu et liturgie, Congrès de Strasbourg, 1958, Lex Orandi, n. 25.

PAUL, M. «An unrecognized medical idiom in Canticles 6,12 and Job 9,21», *Biblica*, 1978, 59, pp. 545-547.

PAULIN, A. *S. Cyrille de Jérusalem catéchète*, Lex Orandi, n. 29, 1957.

PEIRCE, C.S. *The Philosophy of Peirce, Selected Writings*, Londres, New York, 1940.

PELLETIER, A.-M. «Sur deux exégèses», *Esprit*, Sept. 1982, pp. 96-102.

PEPIN, J.
— «A propos de l'histoire de l'exégèse allégorique: l'absurdité signe de l'allégorie», *Studia Patristica*, vol. 1, 1957, pp. 395-413.
— «Saint Augustin et la fonction protreptique de l'allégorie», *Recherches augustiniennes*, vol. 1, 1958, pp. 243-286.

Pesikta de Rav Kahana, trad. allemande d'après l'édition de BUBER par A. WUNSCHE, Leipzig, 1885.

Pesikta Rabbati, Discourses for feasts, fasts and special Shabbats translated by W.G. BRAUD, Yale University Press, 1968.

PHILON D'ALEXANDRIE, *Allégorie des Lois*, texte grec et trad. franç. par L. BREHIER, PARIS, 1909.

PIRET, P. *L'Ecriture et l'Esprit*, Une étude théologique sur l'exégèse et les philosophies, Editions de l'Institut d'Etudes théologiques, Bruxelles, 1987.

Pirke de Rabbi Eliezer, éd. Verdier, Coll. Les dix Paroles, 1983.

PONTET, M. *L'exégèse de S. Augustin prédicateur*, Aubier, Coll. Théologie, 1945.

POPE, M.H. Song of Song, *The Anchor Bible*, New York, 1977.

POUGET G. et GUITTON, J. *Le Ct. des Ct.*, Gabalda, 1934.

POULAIN, J. «Problèmes logiques du discours théologique», *Les quatre fleuves*, n. 6, 1976, pp. 49-63.

PRAT, *Origène, le théologien et l'exégète*, 1907.

PRIGENT, P.
— *Les testimonia dans le christianisme primitif*, L'Epître de Barnabé *1*,16 et ses sources, Gabalda, 1961.
— «Les citations de l'Ecriture chez les Pères», *Revue d'histoire et de psychologie religieuses*, 1966, n. 1, pp. 161-168.
QUASTEN, J. *Initiation aux Pères de l'Eglise*, 3 volumes, Ed. du Cerf, 1955-1963.
RABIN, C. «The Song of Songs and Tamil Poetry», *Studies in Religion*, 3, 1973, pp. 105-219.
RAD, G. VON
— *Théologie de l'Ancien Testament*, Labor et Fides, trad. franç. 1965.
— *Israël et la Sagesse*, Labor et Fides, 1971.
RAMSEY, I.T. *Religious language, An empirical placing of theological phrases*, Londres, 1957.
RAURELL, F. «Erotic pleasure in the Song of Songs», *Laurentianum*, 1983, fasc. 1-2, pp. 3-45.
RECANATI, F. *La transparence et l'énonciation*, Seuil, 1979.
RENAN, E. *Le Ct. des Ct. traduit de l'hébreu*, Paris, 1860.
RICOEUR, P.
— «La tâche de l'herméneutique», in *Exegesis*, Neuchâtel/Paris, Delachaux et Niestlé, 1975.
— La fonction herméneutique de la distanciation, ibid.
— Herméneutique philosophique et herméneutique biblique, ibid.
— *Temps et Récit*, I, II, III, Ed. du Seuil, 1983-85.
RIEDEL, W. *Die Auslegung des Hohenliedes in der jüdischen Gemeinde und der griechischen Kirche*, Leipzig, 1898.
RIEDLINGER, H. *Die Makellosigkeit der Kirche in den lateinischen Hohenliedkommentaren*, Münster, 1958.
ROBERT A.
— «Le genre littéraire du Ct. des Ct.», R.B., LII, 1944, pp. 192-213.
— «La description de l'Epoux et de l'Epouse dans Ct. 5, 11-15 et 7, 2-6», *Mélanges E. Podechard*, 1945, pp. 211-223.
— «Les appendices du Ct.», R.B., LV, 1948, pp. 161-183.
ROBERT A. et TOURNAY R. avec le concours de FEUILLET A., *Le Cantique des Cantiques*, traduction et commentaire, Gabalda, 1963.
ROMANOS LE MÉLODE, *Hymnes*, S.C. n. 99, préface P. LEMERLE, texte, traduction et notes J. GROSDIDIER DE MATON, 1964.
RONDEAU, M.-J. *Les commentaires patristiques du Psautier*, IIIème-Vème siècle, vol. II. Exégèse prosopologique et théologie, Orientalia Christiana Analecta, Rome, 1985.
RORDORF, W. et SCHNEIDER, A. *L'évolution du concept de tradition dans l'Eglise ancienne*, Ed. Peter Lang, 1982.
ROSENZWEIG, F. *L'Etoile de la Rédemption*, Coll. Esprit/Seuil, traduction française, 1982.
ROWLEY, H.-H. «*The Servant of the Lord, and other Essays on the Old Testament*» 1ère publication 1937 in *The Journal of Theological Studies*, n. 38, rééd. 1965.
SAGOT, S. *Le Ct. dans le «De Isaac et anima» d'Ambroise de Milan*, Etude

textuelle et recherches sur les anciennes versions latines, *Recherches augustiniennes*, Volume XVI, 1981.

SALFED, S. «Das Hohelied bei den jüdischen Erklärern des Mittelalters», *Magazin für die Wissenschaft des Judentums*, Berlin, 1878, n. 5, pp. 110-178.

SALMON, P. *Les «tituli psalmorum» des manuscrits latins*, Cerf, 1959.

SANDERS, J.A. *Identité de la Bible, Torah et canon*, Lectio Divina, n. 87, Cerf, 1975.

SCHLEIERMACHER, E. *Hermeneutik und Kritik*, Suhrkamp, 1977.

SCHMIDT, E. *Le mariage chrétien dans l'oeuvre de S. Augustin*, Une théologie baptismale de la vie conjugale, Etudes augustiniennes, 1983.

SCHMITTNER, W. *Kritik und Apologetik in der Theologie J.S. Semlers*, Kaiserverlag, München, 1963.

SCHMÖKEL «Zur kultischen Deutung des Hohenliedes», *Zeitschrift für alttestamentliche Wissenschaft*, 1952, n. 64, pp. 148 et sv.

SCHOLEM, G.
— *Les origines de la Kabbale*, Aubier-Montaigne, Coll. Pardès, 1966.
— *Les grands courants de la mystique juive*, Payothèque, 1968.
— *La mystique juive*, les thèmes fondamentaux, Cerf, Coll. Patrimoines, Judaïsme, 1985.

SCHOTT, S. *Les chants d'amour de l'Egypte ancienne*, Paris, 1956.

SEARLE, J.R. *Speech Acts*, 1969, trad. française: *Les actes de langage*, Hermann, 1972.

SEGAL, M.H., «The Song of Songs», *Vetus Testamentum*, 12, 1962, pp. 470-490.

Shabbat dans la conscience juive (Le), Données et textes, Congrès juif mondial, PUF, 1975.

Shir ha Shirim Rabbah, édition du *Midrash Rabbah* par Maurice Simon, The Soncino Press, Volume IX, 1ère éd. 1939, 3ème éd. 1961.

SIMON, R. *Histoire critique du Vieux Testament*, Slatkine Reprints, 1971, réimpression de l'édition de Rotterdam de 1685.

SMALLEY, B. *The Study of the Bible in the Middle Ages*, Oxford, 1952.

SOLIGNAC, A. article «osculum» du *Dictionnaire de Spiritualité*, Col. 1012-1026.

SONNET, J.P. *La parole consacrée*, Bibliothèque des Cahiers de l'Institut de Linguistique de Louvain, n. 25, 1984.

SPICQ, C. *Esquisse d'une histoire de l'exégèse latine au Moyen-Age*, Vrin, 1944.

SPINOZA, *Oeuvres* 2, éd. C. APPUHN, Garnier Flammarion, 1965.

STAROBINSKI, J. *Les mots sous les mots*, Les anagrammes de F. DE SAUSSURE, Gallimard, 1971.

STEINMANN, J. *Richard Simon*, DDB, 1959.

STRACK, H.L. *Einleitung in Talmud und Midrash*, 6ème édition, Münich, 1976.

SYNAVE, P. «La doctrine de S. Thomas d'Aquin sur le sens littéral des Ecritures», R.B. 35, 1926, pp. 40-65.

SZONDI, P. «L'herméneutique de Schleiermacher», *Poétique* 2, 1970, pp. 141-165.

TARDIEU, M. éd.: *Les règles de l'interprétation*, Centre d'Etudes des religions du Livre, Ed. du Cerf, 1987.

TAVARD, G.H. *Ecriture ou Eglise? La crise de la Réforme*, Unam Sanctam, n. 42, 1963.

THEODORE DE MOPSUESTE
— *Homélies catéchétiques*, éd. et trad. française de P. TONNEAU, Cité du
Vatican, 1949.
— *Fragments syriaques du Commentaire des Psaumes* (Ps 118 et 138-148),
traduits par Lucas van Rompay, C.S.C.O. volume 436, Scriptores Syri,
Tomus 190, Louvain, 1982.
Théorie de la Littérature, Seuil, 1965.
THERESE D'AVILA *Oeuvres complètes*, tome 3, Cerf, 1982.
TODOROV, T.
— «La lecture comme construction», *Poétique*, 24, pp. 417-425, 1975.
— *Symbolisme et interprétation*, Seuil, 1978.
— *Mikhaïl Bakhtine, le principe dialogique*, suivi de Ecrits du Cercle de
Bakhtine, Seuil, 1981.
TORJESEN, K.J. *Hermeneutical Procedure and theological Method in Origen's
exegesis*, De Gruyter, 1986.
TOURNAY, R.J.
— *Le Cantique des Cantiques*, Cerf, 1967.
— *Quand Dieu parle aux hommes le langage de l'amour*, Etudes sur le Ct. des
Ct., Cahiers de la Revue Biblique, n. 21, Gabalda, 1981.
TRIBLE, P. «Depatriarchalizing in biblical interpretation», *Journal of the Ameri-
can Academy of Religion*, 41, 1973, pp. 30-48.
URBACH, E.E.
— «The homiletical interpretations of the Sages and the expositions of Ori-
gen on Canticles, and the jewish christian disputation», *Scripta Hierosoly-
mitana*, volume XXII, pp. 247-275, The Magnes Press, Jérusalem,
1971.
— *The Sages, their concepts and beliefs*, The Magnes Press, Jérusalem, 1975.
URBINA, I.O. DE «Le paradis eschatologique d'après Ephrem», *Orientalia
Christiana Periodica*, vol. XXI, 1955, pp. 467-472.
VAGAGGINI, C. *Initiation théologique à la liturgie*, 2 volumes, Biblica, Bruges,
Paris, 1963.
VAJDA, G.
— *L'amour de Dieu dans la théologie juive du Moyen-Age*, Vrin, 1957.
— «En marge du Commentaire sur le Ct. de J. Ibn Aqnin», *Revue des Etudes
juives*, Janv. Juin 1955.
— *Le commentaire d'Ezra de Gérone sur le Ct. des Ct.*, Aubier-Montaigne,
Coll. Pardès, 1969.
VERBRACKEN, P. *Oraisons sur les 150 Psaumes*, Coll. Lex Orandi, Cerf, 1957.
VERDEYEN, P. «La théologie mystique de Guillaume de S. Thierry», *Ons
Geestelijk Erf*, Mars 1977, Déc. 1977, Juin 1978, Déc. 1978, Sept. 1979,
Déc. 1979.
VERGER J. et JOLIVET, J. *Bernard-Abélard ou le cloître et l'école*, Fayard, Mame,
1982.
VERMES, G. *Scripture and Tradition in judaïsm*, Leiden, 1961.
VINCENT DE LERINS, *Le Commonitorium*, trad. P. DE LABRIOLLE, DDB, 1978.
VISCHER, L. et LERCH, D. «Die Auslegung als notwendige theologische
Aufgabe», *Studia Patristica*, vol. I, ed. by K. ALAND et F.L. CROSS, Berlin,
pp. 414-419.

VOOGHT, P. DE
— «Ecriture et Tradition d'après des études catholiques récentes», *Istina*, 1958, n. 5, pp. 183-196.
— «Le rapport Ecriture-Tradition d'après S. Thomas d'Aquin et les théologiens du 13ème siècle», *Istina*, 1962, pp. 499-510.
VOSTE, J.-M. «L'oeuvre exégétique de Théodore de Mopsueste au 2ème Concile de Constantinople», R.B. XXXVIII, 1929, pp. 382-395 et 542-549.
VRIES, W. DE «Der Kirchenbegriff der von Rom getrennten Syrer», *Orientalia Christiana Analecta*, Rome, 1955.
VULLIAUD, P. *Le Cantique des Cantiques d'après la tradition juive*, 1925, rééd. 1975, Ed. d'Aujourd'hui.
WEBER, M. *L'éthique protestante et l'esprit du capitalisme*, 1947, trad. franç. Plon, 1964.
WEBSTER, E.C. «Pattern in the Song of Song», *Journal for the Study of the Old Testament*, 1982, n. 22, pp. 73-93.
WELSERSHEIMB, L. «Das Kirchenbild der griechischen Väterkommentare zum Hohen Lied», *Zeitschrift für katholische Theologie*, t. 70, 1948, p. 394-449.
WITTEKINDT, W. *Das Hohelied und seine Beziehungen zum Ištarkult*, 1926.
WINANDY, J. *Le Ct. des Ct., poème d'amour mué en écrit de Sagesse*, Casterman, 1960.
WOLFSON, H.A. *The Philosophy of the Church Fathers*, 1956.
WORRELL, W.H. «The Odes of Salomon and the Pistis Sophia», *The Journal of theological Studies*, Janv. 1912, vol. 13, n. 50, pp. 29-45.
WÜRTHWEIN, E. «Zum Verständnis des Hohenliedes», *Theologische Rundschau*, Tübingen, 1967, pp. 177-213.
WYATT, N. «Jedidiah» and Cognate Forms as a Title of royal Legitimation, *Biblica*, 1985, 66, n. 1, pp. 112-125.
YERUSHALMI, Y.H. *Zakhor, Histoire juive et mémoire juive*, Ed. de la Découverte, 1984.
ZURDEEG, W.F. *An analytical Philosophy of Religion*, New York, 1958.

Index des auteurs cités

Abécassis A., 404
Abélard, 348-52
Adorno T.W., 117
Albright W.F., 48, 50
Alkabez de Safed, 63, 407, 410
Altaner B., 200 n. 1
Amann E., 323
Ambroise de Milan (S.): XVII , 145, 152,
  156-63, 165-175, 179, 205-6, 210-12, 214,
  227 n. 21, 262, 284, 286, 302, 318, 342-3,
  415
Andresen C., 331
Andrieu D., 150
Angénieux J., 38-9, 42-4
Apollonios de Rhodes, 8
Aponius 68, 339
Akiba Rabbi, XVI, 380-1, 388, 391
Aristobule, 233
Aristote, 415
Arminjon Bl., 1, 418 n. 5
Athanase (S.), 68, 210 n. 19, 211-2, 295 n.
  5, 333 n. 66
Audet J.-P., 14 n. 37, 16-9, 33, 39, 49-51,
  56-7, 62
Augustin (S.), XVII, 62, 68, 77-8, 83, 162,
  211-2, 284-6, 291-2, 295-6, 299, 300,
  302-6, 308, 313-6, 319, 320, 321 n. 45,
  339, 355 n. 38
Austin J.L., 128, 147

Bacher W., 381
Bakhtine M., 128 n. 31, 129-30
Balthasar Urs von, 217 n. 3, 246 n. 55, 247
  n. 58
Banon D., XVIII n. 2, 395 n. 26
Bardenhewer O., 221 n. 15
Bardy G., 175 n. 65, 217 n. 3, n. 5, 221 n.
  15
Barre H., 175 n. 64
Barth K., 21-5, 55
Barthélémy D., 381
Basile (S.), 228

Béatrice de Nazareth, 359
Beauchamp P., XVI, 23 n. 50, 101, 135
Béguerie P., 149 n. 13
Béguin A., 339 n. 8
Bellarmin R. (S.), 84
Bentzen A., 12, 420 n. 8
Benveniste E., XIX, 69 n. 39, 140, 278
Bernon, 231
Bernard (S.), 63, 68, 83 n. 55, 143 n. 2,
  339-42, 345-8, 355-7, 359, 366, 368 n. 62,
  376
Betti E., 100
Blanpain J., 368 n. 62
Bloch R., 403 n. 35
Bodin Y., 204 n. 5
Bonsirven J., 381 n. 3, 394
Bonwetsch G.W., 218, 219 n. 11
Bossuet, 28, 43, 54, 94
Botte B., 159, 163 n. 43, 217 n. 5
Bottero J., 5
Bouyer L., 246 n. 56, 287 n. 112
Bréhier E., 236 n. 41
Brenner A., 48
Brésard L., 143 n. 2, 229 n. 29, 346 n. 22
Breton S., 88, 281-2, 367 n. 58, 415
Briend J., 25 n. 55
Buber M., 136
Budde K., 7, 11-2, 43-4
Bultmann R., 100, 106
Buzy D., 31-2, 36, 38, 43, 46, 52, 141

Callimaque, 8
Calmet Dom, 43
Camelot Th., 152 n. 19, 161 n. 38
Capelle, 217 n. 5
Casalis G., 1
Cassirer E., 88 n. 65, 90, 93 n. 70
Castellion, 14 n. 38
Cavallera F., 200 n. 1, 228 n. 22
Cazelles H., 6 n. 20, 36 n. 76, 148, 246 n.
  54
Certeau M. de, 97 n. 76, 377

Chappuzeau G., 223 n. 17, 224 n. 18
Charles M., 71 n. 43, 145
Charlier C., 20, 175 n. 64
Chauvet L.M., 148
Chénevert J., 217 n. 3, 243 n. 51
Chevalier U., 183
Chirat H., 150 n. 15
Cicéron, 306, 314
Clément d'Alexandrie (S.), 79 n. 51, 310
Cognet L., 360 n. 46, 370 n. 65, 371 n. 68
Collingwood, 116
Comeau M., 285 n. 106, 306 n. 26
Compagnon A., 131-2, 231, 291-5, 298, 300-1, 318
Congar Y., 79 n. 51, 286 n. 108
Cosse de Maulde G., 321 n. 43
Couffignal R., 4 n. 13, 50 n. 18
Cross F.L., 153 n. 26
Crouzel H., 244 n. 53, 246 n. 55, 247, 248 n. 60, 249 n. 61, 252, 268, 269 n. 76, 270, 300 n. 17, 308
Cunitz E., 66-7, 281
Curley F.X., 338 n. 4
Cyprien (S.), 211, 212 n. 23
Cyrille de Jérusalem (S), XVII, 144, 152-5, 160-2, 179, 214, 262, 284, 286

Dalmais I.H., 150 n. 14, 184 n. 4, 187 n. 9, 195
Daniélou J., 149 n. 13, 152-3, 161, 162 n. 41, 217 n. 5, 218 n. 10, 222 n. 16, 233 n. 34, 234, 238 n. 44, 256 n. 66, 269
Déchanet J.M., 339 n. 9, 343, 350, 351 n. 32
Deleuze G., 132
Delitzsch F., 7 n. 21, 28, 50
Derrida J., 100
Devreesse R., 323, 330, 334
Dhorme E., 45, 141
Dillmann, 197
Dilthey W., 83-5, 97, 99, 100, 106, 121
Diodore de Tarse, 324-5
Doelger J., 163 n. 43
Dornseiff F., 9 n. 27
Douais C., 302 n. 18
Doyère P., 360 n. 48, 370 n. 64
Dubarle A.M., 14-7, 20-1, 36, 51, 54, 65
Durand de Mende G., 165

Dussaud R., 37 n. 78
Duval R., 194 n. 25

Eckhart, 360
Eikhenbaum B., 118 n. 12
Elbogen I., 408 n. 45
Eliezer Rabbi, 394
Elisabeth de Schönau (Ste), 358
Engberding H., 188 n. 12
Ephrem (S.), 189-91
Epiphane de Salamine, 199
Euringer S., 195
Eusèbe, 218, 228, 232 n. 33
Evagre, 177
Exum J.C., 43-5
Ezra de Gérone, 392

Facundus d'Hermiane, 323
Farrar F.W., 67 n. 36, 395
Favret-Saada J., 71 n. 41
Faye E. de, 308 n. 29
Festugière A.J., 177 n. 69, 270 n. 77
Fetz R.L., 112 n. 4
Feuerbach, 100
Feuillet A., XVIII, 1, 2 n. 6, 15, 17, 26, 31, 46, 49, 61
Finkielkraut A., 299 n. 15
Fischer B., 141, 182
Flacius, 84, 86
Foucault M., 36 n. 77
Fournier P., 26
Fox M.V., 10 n. 30, 25
Francke, 85-6
Frede H.J., 146 n. 5
Frere, 151
Fuchs C., 132-3

Gadamer H.G., 83 n. 58, 84, 87 n. 62, 88, 109-18, 121, 124, 126
Gardiner A.H., 4
Garitte G., 218
Geiselmann R., 83 n. 55
Gélin A., 20
Gérard de Bologne, 81
Gerleman G., 4, 5, 48-9
Gertrude d'Helfta (Ste), XVII, 340, 358, 360-70, 376, 419
Ghellinck J. de, 246 n. 55

Gibert P., 420 n. 7
Gilbert P., 4, 10
Gisel P., 71 n. 42, 94-5, 106 n. 88
Goedt M. de, 372 n. 69, 375 n. 70
Goethe, 71
Gollwitzer H., 1, 52, 62
Gordis R., 49
Grad A.D., 392 n. 19
Graffin F., 188 n. 11, 192
Grant R.M., 74 n. 46, 326 n. 56, 327 n. 58
Grebaut S., 198 n. 31
Grégoire le Grand (S.), 143 n. 2, 227 n. 21,
    295 n. 6, 296, 304 n. 22, 312 n. 34, 319,
    339, 342-3, 351 n. 41, 371
Grégoire de Nazianze (S.), 228 n. 24
Grégoire de Nysse (S.), 233, 254
Greisch J., 100, 106, 121
Grelot P., 20, 58
Griffith J.G., 5
Grotius, 14 n. 38
Guénée B., 105 n. 95
Guillaume de S. Thierry, XVII, 339-44,
    346-54, 356-7, 366, 376
Guillaume d'Occam, 81
Guillet J., 326-7
Guitton J., 47, 141, 238
Gunkel H., 6, 37, 100
Gy P.M., 332

Habermas J., 100, 109, 115-8
Haddad G., 401 n. 32
Hadewijch d'Anvers, 359-60
Hadot I., 268 n. 74
Haller M., 6, 48
Hamel A., 225 n. 20
Hamman A.G., 184 n. 5, 199 n. 32
Hanson C., 247 n. 58, 269
Harl M., 242 n. 49, 247 n. 58, 248, 313
Harnack A. Von, 184
Harris R., 184
Harrisson O., 167 n. 49
Hauret C., 54, 55 n. 24
Hazard P., 93
Hegel, 110-1
Heidegger M., 99, 100, 112
Hempel H., 6
Henri de Gand, 80
Herder, 66

Hilaire de Poitiers (S.), 297 n. 13, 318, 331
Hildegarde de Bingen (Ste), 348, 358
Hillel, 381, 394-5
Hippolyte de Rome (S.), XVII, 63, 75,
    144, 150, 163, 215-27, 286, 318, 415
Hirsch E.C., 100, 114-5, 124
Hödel L., 137 n. 51
Homère, 232
Honorius d'Autun, 338 n. 4
Hornig G., 83 n. 57, 94 n. 72, 95
Hourlier J., 340 n. 11, 341 n. 14, 361
Humboldt W., 111, 124 n. 27

Ibn Aqnin, 387
Ibn Ezra, 73 n. 45, 392
Irénée (S.), 79, 222
Isambert F., 147 n. 8
Iser W., 118, 120, 140-1
Isho'dad de Merv, 323
Ismael Rabbi, 394-5

Jacobi, 38, 47, 66
Jacques F., 139 n. 53
Jacques de Saroug, 191-4
Jauss H.R., XIX, 109, 118-9, 125
Jay P., 326 n. 57
Jean Chrysostome (S.), 152, 162, 212-3,
    287, 324, 335 n. 67, 422
Jean de la Croix (S.), XVI, 63, 130, 183,
    340, 376-7, 410
Jenny L., 131 n. 35
Jérôme (S.), 77, 143-5, 175, 177 n. 69,
    200-12, 214, 228, 318, 344, 409, 422
Joachim de Flore, 299
Jolivet J., 348 n. 27, 349 n. 29
Joüon P., 29, 46
Julienne du Mont-Cournillon, 359
Jungmann J., 152 n. 19
Justin (S.), 215, 222, 247

Kant, 111
Käsemann E., 100
Kerbrat-Orecchioni, 131 n. 36
Khouri-Sarkis G., 188 n. 10
Kilmelman R., 409 n. 46
Klostermann E., 279
Kock H., 308 n. 29
Kracauer S., 119 n. 16

Kramer S.N., 5
Kremer-Marietti A., 84 n. 59
Krinetzki L., 43
Kristeva J., 129, 146 n. 6, 239
Kugel J., XXI n. 5

La Bonnardière A.M., 162 n. 40, 211 n. 20, 284
Lacoque A., 421 n. 9
Ladrière J., 58, 147
Lambot D.C., 175
Lanchon R., 189 n. 13
Landy F., 53 n. 23
Lapointe R., 134, 139, 141
Larcher L., 246 n. 54
Laredo B., 371
Lautréamont, 129
Lawson R.P., 229 n. 29
Le Boulluec A., 309 n. 32
Le Cler J., 35 n. 73
Leclercq J., 143, 228 n. 26, 337 n. 1, 339 n. 10, 344-5, 347-8, 357, 359 n. 45, 361, 367 n. 60, 368 n. 61, 377, 409 n. 48
Le Déaut R., 385 n. 9, 405 n. 39
Lefort L., 211 n. 21, 295 n. 5
Lenhardt P., 402 n. 33
Lerch D., 68-9, 144 n. 3, 282
Leroux J.M., 287
Leroy O., 371 n. 68
Lessing, 83 n. 55, 94, 104, 107
Lévinas E., XVIII n. 2, 136, 380 n. 2, 395 n. 26
Lieberman S., 394 n. 25
Loewe R., 390 n. 16
Lubac H. de, XVII, 29, 77 n. 48, 78, 143 n. 2, 231 n. 31, 232 n. 32, 234-5, 236 n. 40, 237, 239, 243 n. 52, 260, 270, 286 n. 109, 287, 297 n. 14, 299, 337 n. 1, 344-5, 414 n. 1
Luther, 68, 81-2, 114, 231
Lys D., 12-3, 21-4, 49, 52

Mackenzie J.L., 323
Mallon A., 197 n. 30
Mansi J.D., 322 n. 47
Marcion, 215
Margerie B. de, 325
Maries P., 335 n. 67

Marion J.L., 321 n. 44
Marrou H.I., 304, 307
Marr, 218
Martimort A.G., 152 n. 19, 182 n. 2
Marx, 100
Maspero G., 4
Mechtilde de Magdebourg (Ste), 359
Meek T.J., 6, 9, 50, 141
Méliton de Sardes, 215
Ménard E., 80
Mendelsohn, 382
Méthode d'Olympe, 177, 211
Meschonnic H., XIX, XXI n. 4, 45, 73, 99 n. 79, 104, 115 n. 10, 122-4, 137
Meslin M., 318 n. 40
Metz R., 164-5
Metzger Th., 407 n. 43
Michaelis J.D., 66
Mielziner M., 394 n. 25, 401 n. 32
Milburn L.P., 229 n. 28
Moehler J., 83 n. 55
Molinet J.P., 180 n. 73
Morin D.J., 175 n. 64
Mowinckel S., 6, 137
Mukarovski, 118
Munk E., 407 n. 41
Murphy F.X., 322 n. 47
Murphy R.E., 1, 34, 47, 64
Mutembe P., 180 n. 73

Nautin P., 150 n. 15, 215 n. 2, 217 n. 5, n. 6, 229 n. 29
Neher A., 134, 136, 138
Neuschotz de Jassy, 8, 12
Nicolas de Lyre, 63, 81
Nietzsche, 71, 100
Nikiprowetski V, 236 n. 41
Nocent A., 163 n. 43, 180
Nollet G., 196, 197 n. 30 bis, 198 n. 31

Ohly F., 144 n. 3, 339 n. 6
Olivar A., 287 n. 112
Origène, XVII, 68-9, 75, 78, 83, 141, 143-4, 150, 195, 210, 215-7, 218 n. 10, 222, 227-230, 235, 237-9, 241-80, 283-4, 286 n. 108, 287, 291-3, 295, 296 n. 10, 298, 300, 301, 303, 308-13, 318-20, 324, 327-8, 331, 333 n. 66, 339, 342-8, 353,

390, 409, 413, 415, 422
Osuna F.d', 371
Ovide, 347, 377

Paul M., 10 n. 29
Paschase Radbert, 175
Paulin A., 153 n. 26
Pêcheux M., 133 n. 41
Peirce C.S., 132 n. 35
Pelletier A.-M., 70 n. 40, 96 n. 75
Pépin J., 230, 303
Peschke E., 85 n. 60
Pfeiffer H., 283 n. 101
Philon d'Alexandrie, 222, 233, 236-8, 244,
    269, 307
Piret P., 74 n. 46
Pirot L., 330
Pitra J.B., 218 n. 7
Plutarque, 232
Pontet M., 306 n. 26, 314-5
Pope M.H., 3 n. 7, 5, 8, 49, 61
Porphyre, 232
Potterie I. de la, 287 n. 112
Pouget G., 47, 51, 238
Poulain J., 321 n. 43
Pourrat P., 177 n. 69, 355, 371 n. 67
Prat, 302 n. 18
Prigent P., 146 n. 5
Prudence, 166
Pseudo-Héraclite, 232
Pury R. de, 1, 52

Quasten J., 184 n. 6, 219 n. 11, 229 n. 27,
    322 n. 47
Quintilien, 235, 306

Rabin C., 48
Rad J. von, 2 n. 6, 48 n. 13
Radermakers J., 410 n. 49
Rambach J.J., 87
Ramsey I.T., 321 n. 43
Rashi S. ben Isaac, 387
Rathaus A., 398 n. 29
Raurell F., 24 n. 53
Recanati F., 128 n. 31
Reese J.M., 246 n. 54
Reichenbach, 128
Renan E., 14 n. 38, 38, 47, 322, 416, 417

Reuss E., 14 n. 38
Richard M., 218 n. 6
Ricoeur P., XIX, 83 n. 56, 109, 121-2, 124,
    421 n. 9
Riedel W., 217 n. 3, 229 n. 29, 325 n. 53,
    385 n. 9
Riedlinger, 144 n. 3
Ringgren H., 141
Ritzer K., 180 n. 73
Robert A., 3, 13, 15, 17, 29, 30, 34, 38, 43,
    45, 48, 50, 51 n. 21, 54-7, 59, 61, 141
Romanos le Mélode, 191
Rompay L. van, 324
Rondeau M.J., 242 n. 49, 331, 333 n. 66
Rordorf W., 76 n. 47, 215 n. 1
Rosenzweig F., 136-9, 142, 416
Rousseau O., 143, 228, n. 24, n. 26, 229 n.
    29, 242, 273 n. 85
Rowley H.H., 3 n. 7, 11, 14 n. 38, 20, 35,
    46 n. 8, 67
Rudolf W., 49
Rufin, 228, 344
Rupert de Deutz, 63, 68, 75, 338 n. 4
Rusbroeck, 75, 356
Russell B., 207, 321

Saadia, 72, 386
Sagot S., 161 n. 39
Salfed S., 380 n. 1, 386 n. 11
Salmon P., 332
Sanders J.A., 149 n. 13
Saussure F. de, 50, 98
Schiller, 111
Schleiermacher, 97-9, 104, 106, 110
Schmidt E., 152 n. 25, 212 n. 25
Schmitt A., 340 n. 11, 361
Schmittner W., 94 n. 72
Schmöckel H., 9, 11 n. 32, 38
Scholem G., 387, 388 n. 14, n. 15, 389-91
Schoot S., 4 n. 12
Searle J.R., 128, 146
Segal M.H., 48-9
Semler, 66, 94 n. 72, 419 n. 6
Shammai, 381
Simon R., 91-3
Simonetti M., 300 n. 17, 336
Smalley B., 409 n. 48
Solignac A., 355 n. 36

Sonnet J.P., 128 n. 31, 147 n. 7, 410 n. 49
Spicq C., 337, 338 n. 3, n. 5
Spinoza, 87, 89, 91-2, 94, 103-4
Starobinski J., 50 n. 20
Steidle B., 308 n. 30
Steinen W. von den, 352 n. 33
Steinmann J., 91 n. 68
Stoltz A., 296 n. 8
Strack H.L., 393 n. 23
Sullivan A., 323 n. 48
Suso, 360
Synave P., 80 n. 52
Szondi P., 97 n. 77

Tardieu M., 268 n. 74
Tauler, 360
Tavard G.H., 80
Tertullien, 161, 211-12, 235
Théocrite, 8
Théodore de Mopsueste, XVI, 4, 14 n. 38, 49, 66, 152, 317, 322-8, 330, 334-6, 415
Théodoret de Cyr, 162, 324-5
Thérèse d'Avila (Ste), XVII, 340, 370-5, 423
Thomas d'Aquin (S.), 80
Thomas le Cistercien, 338
Thomas de Perseigne, 338
Todorov T., 33 n. 68, 128 n. 31, 140, 231, 291-4, 299-301, 303
Tonneau P., 152 n. 23
Tournay R.J., XVIII, XXI n. 6, 1, 3, 5, 6, 8, 13, 27, 31, 34, 45, 48, 50, 61, 418 n. 5
Trible P., 53 n. 22
Tychonius, 395
Tynianov J., 37 n. 79, 118 n. 12, 129

Urbach E.E., 397 n. 27, 409 n. 47
Urbel P. de, 151
Urbina I.O., 189 n. 14

Vagaggini C., 149 n. 13, 247 n. 57, 367 n. 59
Vajda G., 381 n. 5, 386, 387 n. 13, 392 n. 20
Verbracken P., 333
Verdeyen P., 346, 347 n. 23, 355
Verger J., 348 n. 27
Vermes G., 385 n. 9
Vincent de Lérins, 75
Virzel R., 134
Vischer L., 282
Vooght P. de, 80 n. 53
Voste J.M., 322 n. 47
Vries W. de, 188 n. 10
Vulliaud P., 381 n. 6, 386 n. 10, 419 n. 6

Weber M., 85 n. 60
Webster E.C., 45
Weimann R., 125
Welsersheimb L., 144 n. 3, 224
Wenger A., 162
Wetzstein J.G., 6, 7 n. 21, 11, 44, 51
Widengren G., 6, 9 n. 28
Wilmart Dom, 346 n. 21
Winandy J., 8 n. 26, 19, 20, 26, 28, 44, 47 n. 11, 49, 51, 52, 62
Wittekindt W., 6
Wittgenstein L., 321
Wölfflin H., 130
Wolfson H.A., 237 n. 43
Wurthwein E., 3 n. 7, 34, 43, 63
Wyatt N., 50 n. 19

Yangues D. de, 370
Yerushalmi Y.H., 105
Yohanan Rabbi, 409

Zac S., 88 n. 64
Zurdeeg W.F., 321 n. 43

TIPOGRAFIA POLIGLOTTA DELLA PONTIFICIA UNIVERSITÀ GREGORIANA
PIAZZA DELLA PILOTTA, 4 - ROMA